Gesellschaftsrechtliche Maßgaben für Abschluss und Durchführung isolierter Gewinnabführungsverträge im GmbH-Konzernrecht

Europäische Hochschulschriften Recht

European University Studies in Law

Publications Universitaires Européennes de Droit

Band/Volume **6820**

Nils Jakob Hausmann

Gesellschaftsrechtliche Maßgaben für Abschluss und Durchführung isolierter Gewinnabführungsverträge im GmbH-Konzernrecht

PETER LANG

Berlin - Bruxelles - Chennai - Lausanne - New York - Oxford

Bibliografische Information der Deutschen Nationalbibliothek
Die Deutsche Nationalbibliothek verzeichnet diese Publikation in der Deutschen Nationalbibliografie; detaillierte bibliografische Daten sind im Internet über http://dnb.d-nb.de abrufbar.

Zugl.: Düsseldorf, Univ., Diss., 2024

DE 61
ISSN 0531-7312
ISBN 978-3-631-92946-9 (Print)
E-ISBN 978-3-631-92957-5 (E-PDF)
E-ISBN 978-3-631-92958-2 (E-PUB)
DOI 10.3726/b22518

Verlegt durch Peter Lang GmbH, Berlin (Deutschland)
info@peterlang.com

Diese Publikation wurde begutachtet.

www.peterlang.com

Vorwort

Die vorliegende Arbeit wurde im Sommersemester 2023 von der juristischen Fakultät der Heinrich-Heine-Universität als Dissertation angenommen. Rechtsprechung und Literatur sind bis August 2024 berücksichtigt.

Diese Arbeit markiert den Abschluss eines spannenden Lebensabschnitts, der von wertvollen Erfahrungen und persönlichen Herausforderungen geprägt war und den ich ohne die Unterstützung und das Vertrauen vieler Menschen nicht so erfolgreich hätte meistern können.

Herzlicher Dank gebührt zunächst meinem Doktorvater *Prof. Dr. Ulrich Noack*, der durch konstruktive Kritik und wertvolle Rückmeldungen zum Gelingen dieser Arbeit beigetragen hat und dessen vertrauensvolle Betreuung mir die Möglichkeit gegeben hat, meine Ideen frei zu entwickeln, ohne dabei den roten Faden aus den Augen zu verlieren. Zudem danke ich *Prof. Dr. Dieter Leuering* für die Erstellung des Zweitgutachtens, die den zügigen Abschluss des Promotionsverfahrens erleichtert hat.

Mein tiefster Dank gilt meinen Eltern *Thomas* und *Silvia Hausmann*, die mir mit ihrer Liebe, Geduld und unermüdlichen Unterstützung in jeder Lebensphase den Rücken gestärkt und mich stets dazu ermutigt haben, meine Ziele zu verfolgen. Ohne ihre Unterstützung und ihren Glauben an mich wäre die Anfertigung dieser Arbeit undenkbar gewesen. Ebenso möchte ich meinen beiden Schwestern *Neele* und *Jule* danken, die mir nicht nur emotionalen Halt gegeben, sondern auch durch ihre Begeisterung und ihren Humor immer wieder neue Energie geschenkt haben. Ihr seid ein unverzichtbarer Teil meines Lebens.

Besonderen Dank möchte ich ferner meiner Verlobten *Anna-Lina Wolframm* aussprechen. Mit ihrem Optimismus und ihrem unerschütterlichen Rückhalt, wertvollen Denkanstößen und ihrer Bereitschaft, über meine Ideen zu diskutieren, war sie in der gesamten Zeit der Anfertigung dieser Dissertation eine unverzichtbare Stütze.

Wuppertal, Dezember 2024 — Nils Jakob Hausmann

Gliederung

Vorwort ... 5

Inhaltsverzeichnis ... 9

Teil 1: Allgemeines ... 31

A. Einführung ... 31

B. Steuerrechtlicher Hintergrund ... 38

C. Konzernrechtliche Wirkung des isolierten Gewinnabführungsvertrags ... 44

D. Regelungsregime ... 49

Teil 2: Abschluss des Gewinnabführungsvertrags ... 61

A. Zuständigkeit ... 61

B. Zustimmung der Gesellschafter ... 62

C. Form ... 94

D. Mitwirkung des Aufsichtsrats ... 101

E. Registerpublizität ... 107

F. Rückwirkung ... 115

Teil 3: Informations- und Prüfungspflichten ... 121

A. Einleitung ... 121

B. Vertragsbericht ... 123

C. Vertragsprüfung ... 145

D. Unterrichtung der Gesellschafter ... 162

Teil 4: Sicherung der Gesellschaft und der Gläubiger 171

A. Grenzen der Gewinnabführung 171

B. Verlustausgleichspflicht 202

Teil 5: Sicherung der außenstehenden Gesellschafter 231

A. Verfassungsrechtliche Notwendigkeit einer Kompensation 231

B. Ausgleichs- und Abfindungsansprüche 240

C. Nachträglicher Eintritt außenstehender Gesellschafter 282

Teil 6: Rechtsschutz 295

A. Anfechtungs- und Nichtigkeitsklage 295

B. Anwendung des Spruchverfahrens im GmbH-Konzernrecht 297

C. Keine Übertragung des Freigabeverfahrens auf die GmbH 337

Teil 7: Schluss 347

A. Zusammenfassung der wesentlichen Ergebnisse 347

B. Fazit 352

Literaturverzeichnis 355

Inhaltsverzeichnis

Teil 1: Allgemeines 31

A. Einführung 31

I. Problemaufriss 31

1. Die GmbH als gewinnabführungsverpflichtete Gesellschaft 31

2. Regelungslücke im Vertragskonzernrecht der GmbH 32

II. Gegenstand der Untersuchung 33

1. Isolierte Gewinnabführungsverträge 33

2. Konzernrecht der GmbH 35

III. Ziel der Untersuchung 35

IV. Gang der Untersuchung 36

V. Terminologische Klarstellungen 37

B. Steuerrechtlicher Hintergrund 38

I. Relevanz für die ertragsteuerliche Organschaft 38

1. Körperschaftsteuerliche Organschaft 39

2. Gewerbesteuerliche Organschaft 40

3. Umsatzsteuerliche Organschaft 41

II. Steuerlicher Bedeutungsverlust des Beherrschungsvertrags 41

III. Geplante Reform der Konzernbesteuerung 42

1. Moderne Gruppenbesteuerungsmodelle 42

2. Scheitern der Reformbemühungen 43

3. Fazit 44

C. Konzernrechtliche Wirkung des isolierten Gewinnabführungsvertrags 44

I. Abgrenzung vom Beherrschungsvertrag 44

1. Kein Weisungsrecht 44

2. Keine Legitimation nachteiliger Einflussnahme 46

II. Integrationsverstärkende Wirkung des Gewinnabführungsvertrags 48

D. Regelungsregime 49
I. Rechtsquellen des GmbH-Vertragskonzernrechts 49
1. GmbHG 49
2. Aktienkonzernrecht 50
3. Steuerrecht 50
4. Umwandlungsrecht 51
II. Übertragung des Aktienkonzernrechts auf die GmbH 52
1. Meinungsstand 52
a. Rechtsprechung des BGH 52
b. Literatur 52
2. Stellungnahme 54
a. Regelungslücke 54
b. Vergleichbare Interessenlage 54
aa. Wesentliche Gemeinsamkeiten bei der Konzerneinbindung als abhängige Gesellschaft 54
bb. Rechtsformspezifische Unterschiede zwischen GmbH und AG 55
c. Fazit 56
III. Analoge Anwendung der Satzungsänderungsvorschriften? 57
1. Meinungsstand 57
2. Stellungnahme 57
a. Fehlende Vergleichbarkeit von Satzungsänderung und Gewinnabführungsvertrag 57
b. Rechtsklarheit 58
c. Verweis auf das Aktienkonzernrecht 59
IV. Ergebnis 59

Teil 2: Abschluss des Gewinnabführungsvertrags 61

A. Zuständigkeit 61

B. Zustimmung der Gesellschafter 62
I. Zustimmungsbeschluss der Untergesellschaft 62
1. Beschlussquorum 64

a. Meinungsstand ... 64
aa. Rechtsprechung ... 64
bb. Literatur ... 64
b. Korrelation zwischen Mehrheitserfordernis und Minderheitenschutz ... 66
c. Systematische Erwägungen ... 68
aa. Zweckänderung, Gleichbehandlungsgrundsatz, etc. ... 68
bb. Mehrheitsprinzip ... 69
cc. Vergleich zum Umwandlungsrecht ... 70
(1) Mehrheitserfordernis bei Verschmelzungs-, Spaltungs- und Formwechselbeschluss ... 70
(2) Vergleichbarkeit von Unternehmensvertrag und Verschmelzung ... 71
(3) Umgehungsmöglichkeit über Formwechsel zur AG ... 72
d. Teleologische Erwägungen ... 73
aa. Schutz der außenstehenden Gesellschafter ... 73
(1) Fehlendes Vetorecht trotz Zustimmungslösung ... 74
(2) Anwendung gesetzlicher Schutzmechanismen ... 74
bb. Organisationsrechtliche Dimension des Konzernrechts ... 75
(1) Konzernermöglichung ... 75
(2) Missbrauchsgefahr bei der Zustimmungslösung ... 76
(3) Interessenausgleich durch Übertragung des aktienkonzernrechtlichen Regelungssystems ... 78
e. Differenzierende Ansicht ... 78
f. Fazit ... 79

2. Stimmrecht des anderen Vertragsteils ... 80
a. Meinungsstand ... 80
b. Stellungnahme ... 81
II. Zustimmungsbeschluss der Obergesellschaft ... 82
1. Meinungsstand ... 82
2. Diskussion der Argumente ... 83
a. Grundsatz der unbeschränkten Vertretungsmacht ... 83
b. Wirtschaftliches Risiko ... 84
c. Abfindung in Anteilen ... 84
3. Fazit ... 85
III. Beschlussmodalität ... 86
1. Problematik ... 86
2. Diskussion der Argumente ... 87
a. Vergleich zum Umwandlungsrecht ... 87
b. Vorteile der Versammlung ... 87
c. Vergleich zu anderen Strukturentscheidungen ... 88
d. Beurkundungserfordernis ... 89
3. Stellungnahme ... 90
IV. Vorweggenommene Zustimmung ... 91
1. Abstimmung über einen Vertragsentwurf ... 91
2. Ermächtigung der Geschäftsführung ... 92
a. Untergesellschaft ... 92
b. Obergesellschaft ... 93
3. Ergebnis ... 93
C. Form ... 94
I. Zustimmungsbeschlüsse ... 94
1. Notarielle Beurkundung bei der Untergesellschaft ... 94
2. Schriftform bei der Obergesellschaft ... 95
II. Gewinnabführungsvertrag ... 96
1. Schriftform ... 96
2. Beifügung des Vertrags als Anlage zu den Zustimmungsbeschlüssen ... 97
3. Beurkundungserfordernis aus § 15 Abs. 4 GmbHG ... 98

a. Abfindung in GmbH-Anteilen 98
b. Sonstige Fälle der Abfindung 98
aa. Analoge Anwendung des § 15 Abs. 4 GmbHG auf Erwerbsverpflichtungen 99
bb. Keine Anwendbarkeit auf Gewinnabführungsverträge 100
III. Ergebnis 100
D. Mitwirkung des Aufsichtsrats 101
I. Zustimmungserfordernis 101
1. Fakultativer Aufsichtsrat 101
2. Obligatorischer Aufsichtsrat 101
II. Verweigerung der Zustimmung 103
1. Fakultativer Aufsichtsrat 103
2. Obligatorischer Aufsichtsrat 104
III. Mitbestimmungsrechtliche Regelung des § 32 MitbestG 105
1. Regelungsgehalt 105
2. Anwendung im GmbH-Konzernrecht 106
E. Registerpublizität 107
I. Eintragung im Handelsregister der Untergesellschaft 107
1. Konstitutive Wirkung der Eintragung 107
2. Anmeldung zum Handelsregister 108
a. Vornahme der Anmeldung 108
aa. Geschäftsführer und Prokuristen 108
bb. Bevollmächtigung 109
b. Inhalt und Form der Anmeldung 110
3. Eintragung und Bekanntmachung 111
II. Eintragung im Handelsregister der Obergesellschaft 112
1. Meinungsstand 112
2. Diskussion der Argumente 113
a. Informationsbedürfnis der Gläubiger 113
b. Überladung des Handelsregisters 114
c. Wertung des UmwG 114
3. Fazit 115

F. Rückwirkung 115
1. Zulässigkeit des rückwirkenden Abschlusses 115
2. Reichweite der Rückwirkung 117
a. Steuerrechtliche Grenze 117
b. Gesellschaftsrechtliche Grenze 117
aa. Meinungsstand 117
bb. Stellungnahme 118

Teil 3: Informations- und Prüfungspflichten 121
A. Einleitung 121
I. Die aktienkonzernrechtlichen Regelungen der §§ 293a ff. AktG 121
II. Meinungsstand zur Übertragung auf die GmbH 121
B. Vertragsbericht 123
I. Sinn und Zweck der Berichterstattung 123
II. Übertragung auf die GmbH 124
1. Vertragsbericht auf der Ebene der Untergesellschaft 124
a. Auskunfts- und Einsichtsrecht aus § 51a GmbHG 124
aa. Initiativlast 124
bb. Verantwortung des Mehrheitsgesellschafters 125
b. Vergleich zum Umwandlungsrecht 126
c. Wertungswidersprüche im Mischkonzern 126
aa. Berichtspflicht bei der als AG organisierten Obergesellschaft 126
bb. Kein Vertragsbericht auf der Ebene der als GmbH organisierten Untergesellschaft? 127
cc. Stellungnahme 128
d. Entlastung der Geschäftsführung 128
e. Modifizierung des § 51a GmbHG durch aktienkonzernrechtliche Wertungen 129
f. Ergebnis 130
2. Vertragsbericht auf der Ebene der Obergesellschaft 130
III. Einzelheiten des Vertragsberichts 132

1. Inhalt 132
a. Hintergrund des Vertragsschlusses 132
b. Vertragsinhalt und Auswirkungen auf die Rechtsstellung der Gesellschafter 132
c. Bemessung der Kompensationsregelung 133
d. Geheimhaltungsbedürftige Informationen 134
2. Umfang 134
3. Form 135
a. Erstellung eines schriftlichen Berichts 135
b. Unterzeichnung in vertretungsberechtigter Zahl 136
aa. Meinungsstand 136
bb. Stellungnahme 136
IV. Ausnahmen von der Berichtspflicht 137
1. Verzichtserklärung 137
a. Verzicht durch die Gesellschafter eines Rechtsträgers 138
aa. Kritik an den Regelungen im Aktienkonzern- und Umwandlungsrecht 138
bb. Größeres Flexibilitätsbedürfnis bei der GmbH 139
b. Form des Verzichts 139
aa. Öffentlich beglaubigte Verzichtserklärung 139
bb. Gesellschafterbeschluss 141
2. Keine Berichtspflicht bei fehlender Beteiligung außenstehender Gesellschafter 142
a. Entbehrlichkeit des Vertragsberichts bei der Untergesellschaft 142
aa. Fehlen einer Ausnahmeregelung im Aktienkonzernrecht 142
bb. Übertragung auf die GmbH 143
cc. Konkrete Ausgestaltung der Ausnahmeregelung 144
b. Entbehrlichkeit des Vertragsberichts bei der Obergesellschaft 145
C. Vertragsprüfung 145

I. Vertragsprüfung auf der Ebene der Untergesellschaft 145
1. Einleitung 145
2. Diskussion der Argumente 146
a. Schutzbedürfnis der außenstehenden Gesellschafter 146
b. Entlastung des Spruchverfahrens 147
3. Stellungnahme 148
II. Vertragsprüfung auf der Ebene der Obergesellschaft 149
III. Erforderlichkeit eines Prüfungsverlangens 149
1. Die umwandlungsrechtliche Regelung des § 48 UmwG 149
2. Keine obligatorische Prüfung des Barabfindungsangebots 151
3. Äußerung des Prüfungsverlangens 152
a. Form 152
b. Frist 152
IV. Durchführung der Vertragsprüfung 153
1. Auswahl und Bestellung des Vertragsprüfers 153
a. Gerichtliche Bestellung 153
b. Vorschlagsrecht der Parteien 154
c. Auswahl des Prüfers 155
aa. Selbständige Auswahl durch das Gericht 155
bb. Abweichung von den vorgeschlagenen Prüfern 156
2. Gegenstand der Vertragsprüfung 157
a. Ausgleichs- und Abfindungsansprüche 157
b. Inhalt des Gewinnabführungsvertrags 157
c. Vertragsbericht als Gegenstand der Vertragsprüfung? 158
3. Prüfungsbericht 159
4. Parallelprüfung 160
a. Kritik an der parallelen Tätigkeit des Vertragsprüfers 160
b. Stellungnahme 161

D. Unterrichtung der Gesellschafter ... 162
I. Vorfeld der Gesellschafterversammlung ... 162
1. Gewinnabführungsvertrag, Vertragsbericht und Prüfungsbericht ... 163
a. Auslage in den Räumlichkeiten der Gesellschaft oder Übersendung ... 163
b. Stellungnahme ... 163
2. Jahresabschlüsse und Lageberichte ... 164
3. Einzelheiten der Übersendung ... 165
a. Form ... 165
aa. Elektronische Übermittlung ... 165
bb. Vorgaben für die Einberufung ... 166
b. Frist ... 166
II. Unterrichtung während der Gesellschafterversammlung ... 167
1. Mündliche Erläuterung durch den Geschäftsführer ... 167
2. Auslage der Unterlagen ... 168
3. Auskunft über die Angelegenheiten des anderen Vertragsteils ... 169

Teil 4: Sicherung der Gesellschaft und der Gläubiger ... 171

A. Grenzen der Gewinnabführung ... 171
I. Einführung ... 171
1. Vorbemerkung zum Aktienkonzernrecht ... 171
2. Meinungsstand zur Übertragung auf die GmbH ... 172
3. Steuerrechtlicher Hintergrund ... 173
a. Beschränkung der Gewinnabführung als Voraussetzung der steuerlichen Organschaft ... 173
b. Unabhängigkeit der Gewinnabführungsbeschränkung von den steuerlichen Vorgaben ... 174
II. Minderung des abführbaren Jahresüberschusses um bestimmte Abzugsposten ... 175

1. Ausgleich eines Verlustvortrags ... 175
   a. Rechtslage im Aktienkonzernrecht und Übertragung auf die GmbH ... 175
      aa. Vorvertraglicher Verlust ... 175
      bb. Finanzielle Stabilisierung der Untergesellschaft ... 176
   b. Stellungnahme ... 177
2. Gesetzliche Rücklage ... 177
   a. Keine Pflicht zur Rücklagenbildung bei der GmbH ... 177
   b. Sonderfall der UG ... 178
      aa. Verhältnis zwischen Gewinnabführungspflicht und Thesaurierungsgebot ... 179
      bb. Keine Unzulässigkeit des Gewinnabführungsvertrags ... 181
         (1) Beschränkte Gewinnabführung ... 181
         (2) Stellungnahme ... 181
      cc. Ausgestaltung der Thesaurierungspflicht ... 182
         (1) Beschränkung der Gewinnabführung nach Auffüllung der gesetzlichen Rücklage ... 182
         (2) Keine schnellere Auffüllung der gesetzlichen Rücklage ... 183
      dd. Ergebnis ... 185
3. Ausschüttungsgesperrter Betrag ... 185

III. Abführung von Rücklagen ... 186
1. Abführung vorvertraglicher Rücklagen ... 186
   a. Mehrpersonengesellschaft ... 186
      aa. Schwächere Kapitalbindung ... 187
      bb. Schutz der außenstehenden Gesellschafter ... 188
   b. Einpersonengesellschaft ... 189
      aa. Schutz der Gesellschaftsgläubiger ... 189
      bb. Entzug von Rücklagen im Wege der Gewinnausschüttung ... 189

cc. Andere Sicherungsmechanismen ... 191
dd. Stellungnahme ... 191
2. Abführung innervertraglicher Rücklagen ... 191
a. Innervertragliche Gewinnrücklagen ... 191
b. Innervertragliche Kapitalrücklagen ... 192
c. Kapitalrücklage nach § 272 Abs. 2 Nr. 4 HGB ... 193
aa. Zuzahlung der Gesellschafter ... 193
bb. Vermeintlicher Irrtum des Gesetzgebers im Aktienkonzernrecht ... 195
cc. Anreiz für Rücklagenbildung ... 195
dd. Ergebnis ... 196
IV. Abführung eines Gewinnvortrags ... 196
1. Vorvertraglicher Gewinnvortrag ... 196
2. Innervertraglicher Gewinnvortrag ... 197
V. Abführung stiller Reserven ... 198
VI. Einfluss des anderen Vertragsteils auf die Ergebnisermittlung ... 199
1. Möglichkeit der Einflussnahme durch Ausübung des Weisungsrechts ... 199
2. Gefahr der nachteiligen Einflussnahme ... 199
a. Mehrpersonengesellschaft ... 199
aa. Unzulässigkeit nachteiliger Weisungen ... 199
bb. Abgrenzung nachteiliger Weisungen ... 200
cc. Regelung im Gewinnabführungsvertrag ... 200
b. Einpersonengesellschaft ... 201
VII. Ergebnis ... 201
B. Verlustausgleichspflicht ... 202
I. Einführung ... 202
1. Dogmatische Grundlage und Übertragung auf die GmbH ... 202
2. Steuerlicher Hintergrund ... 204
II. Keine Beschränkung auf das Stammkapital ... 205
1. Meinungsstand ... 205

2. Diskussion der Argumente ... 206
a. Ersatz für Kapitalerhaltungsregeln ... 206
b. Schutzinstrument sui generis ... 206
c. Konzerneinbindung ... 207
3. Ergebnis ... 208
III. Verlustverrechnung mit Rücklagen und Gewinnvorträgen ... 208
IV. Einzelheiten des Verlustausgleichsanspruchs ... 209
1. Fälligkeit und Höhe ... 209
a. Meinungsstand ... 209
b. Diskussion der Argumente ... 210
aa. Verhältnis zur Feststellung des Jahresabschlusses ... 210
bb. Unterjährige Beendigung ... 211
cc. Manipulationsgefahr ... 212
c. Fazit ... 212
2. Abschlagszahlungen auf den Verlustausgleichsanspruch ... 213
a. Schutz vor einem existenzbedrohenden Liquiditätsengpass ... 213
b. Allgemeiner Liquiditätsschutz? ... 214
aa. Meinungsstand ... 214
bb. Stellungnahme ... 214
3. Verzinsung ... 215
a. Fälligkeitszinsen ... 215
aa. Meinungsstand ... 215
bb. Diskussion der Argumente ... 216
(1) Ausnahmecharakter der Vorschrift ... 216
(2) Verlustausgleichsanspruch als gesetzliches Schuldverhältnis ... 216
(3) Liquiditätsschutz der abhängigen Gesellschaft ... 217
cc. Fazit ... 218
b. Verzugszinsen ... 218
aa. Meinungsstand ... 218

bb. Erforderlichkeit einer Mahnung ... 219
cc. Verschuldenserfordernis ... 219
4. Disposition über den Verlustausgleichsanspruch ... 220
a. Verzicht und Vergleich ... 220
aa. Beschränkungen des Aktienkonzernrechts ... 220
bb. Übertragung auf die GmbH ... 221
(1) Sperrfrist ... 221
(2) Sonderbeschluss der außenstehenden Gesellschafter ... 221
cc. Fazit ... 222
b. Stundung und Stillhalteabkommen ... 222
c. Erfüllungssurrogate ... 223
d. Abtretung ... 225
e. Aufrechnung ... 225
aa. Aufrechnung durch die Untergesellschaft ... 225
(1) Bilanzielle Betrachtungsweise ... 226
(2) Überbewertung der passivierten Verbindlichkeit ... 226
(3) Fazit ... 227
bb. Aufrechnung durch den anderen Vertragsteil ... 227
(1) Kein Aufrechnungsverbot im Vertragskonzernrecht ... 227
(2) Werthaltigkeit der Gegenforderung ... 228
cc. Fazit ... 229
5. Verjährung ... 229

Teil 5: Sicherung der außenstehenden Gesellschafter ... 231

A. Verfassungsrechtliche Notwendigkeit einer Kompensation ... 231
I. Ausschluss vom Gewinnbezug und Wertverlust der Beteiligung ... 231
II. Außenstehende Gesellschafter ... 232
1. Teleologische Begriffsbestimmung ... 232
2. Ausschluss bestimmter Minderheitsgesellschafter ... 232

a. Meinungsstand 232
b. Stellungnahme 233
3. Abgrenzung zwischen außenstehenden und nicht außenstehenden Gesellschaftern 234
a. 100 %-Beteiligung 234
aa. Minderheitsgesellschafterin ist Mutter des anderen Vertragsteils 234
bb. Minderheitsgesellschafterin ist Tochter des anderen Vertragsteils 235
cc. Minderheitsgesellschafterin ist Schwester des anderen Vertragsteils 236
b. Beherrschungs- oder Gewinnabführungsvertrag 236
aa. Minderheitsgesellschafterin als berechtigte Vertragspartei 236
bb. Minderheitsgesellschafterin als verpflichtete Vertragspartei 236
c. Beteiligung unter 100 % 237
aa. Problematik 237
bb. Stellungnahme 238
(1) Beteiligung der Minderheitsgesellschafterin am anderen Vertragsteil 238
(2) Beteiligung des anderen Vertragsteils an der Minderheitsgesellschafterin 239
d. Fazit 240
B. Ausgleichs- und Abfindungsansprüche 240
I. Wahlrecht zwischen Verbleib und Ausscheiden 241
1. Verbleib in der Gesellschaft 241
2. Ausscheiden aus der Gesellschaft 242
a. Vertragliches Austrittsrecht 242
b. Gesetzliches Austrittsrecht 243
c. Verhältnis zwischen vertraglichem und gesetzlichem Austrittsrecht 244
3. Aufnahme in den Gewinnabführungsvertrag 245

II. Einzelheiten des Ausgleichsanspruchs 246
1. Art und Höhe des Ausgleichs 246
a. Fester Ausgleich 246
aa. Zukünftige Entwicklungen 247
bb. Null-Ausgleich 248
(1) Meinungsstand 248
(2) Stellungnahme 249
b. Variabler Ausgleich 250
aa. AG oder KGaA als Obergesellschaft 250
bb. GmbH als Obergesellschaft 250
(1) Meinungsstand 250
(2) Stellungnahme 251
c. Wahlrecht der Vertragsparteien 252
2. Entstehung und Fälligkeit 252
a. Fester Ausgleich 253
b. Variabler Ausgleich 253
III. Einzelheiten des Abfindungsanspruchs 254
1. Abfindung in Anteilen 254
a. Meinungsstand 254
b. GmbH als Obergesellschaft 255
aa. Fortsetzung der unternehmerischen Beteiligung 255
bb. Personalistische Struktur des anderen Vertragsteils 255
(1) Persönliche Verbundenheit der Gesellschafter 255
(2) Statutarische Gestaltungsfreiheit 256
cc. Keine Differenzierung nach der Realstruktur 256
dd. Stellungnahme 257
c. AG als Obergesellschaft 258
d. Alternative Barabfindung 259
aa. Die umwandlungsrechtliche Regelung des § 29 Abs. 1 UmwG 259

bb. Analoge Anwendung im GmbH-Konzernrecht ... 259
cc. Widerspruchserfordernis ... 260
(1) Planungssicherheit ... 260
(2) Besonderheiten der vertragskonzernrechtlichen Abfindungsregelung ... 261
(3) Stellungnahme ... 261
e. Einschränkungen der Anteilsabfindung ... 263
aa. Rechtslage im Aktienkonzern- und Umwandlungsrecht ... 263
bb. Keine generelle Anteilsgewährungspflicht im Unternehmensvertragsrecht ... 264
cc. Analoge Anwendung des § 305 Abs. 2 AktG ... 264
2. Höhe der Abfindung ... 266
a. Gebot der vollen wirtschaftlichen Entschädigung ... 266
b. Statutarische Abfindungsbeschränkungen ... 267
aa. Zulässigkeit gesellschaftsvertraglicher Einschränkungen des Abfindungsanspruchs ... 267
bb. Problemstellung ... 269
(1) Methodische Bedenken ... 269
(2) Praktische Relevanz ... 270
cc. Diskussion der Argumente ... 270
(1) Übervorteilung einzelner Gesellschafter ... 270
(2) Zweck der Abfindungsbeschränkung ... 271
(3) Ausscheiden aus wichtigem Grund ... 271
dd. Fazit ... 272
3. Anspruchsentstehung und Fälligkeit ... 272
a. Annahme des Abfindungsangebots ... 272
aa. Annahmefrist ... 273
(1) Regelung im Gewinnabführungsvertrag ... 273
(2) Fristverlängerung bei Überprüfung im Spruchverfahren ... 274
bb. Form der Annahme ... 274

b. Fälligkeit ... 275
4. Verzinsung ... 276
a. Barabfindung ... 276
b. Anteilsabfindung ... 276
c. Anrechnung empfangener Ausgleichsleistungen ... 277
aa. Problematik und Meinungsstand ... 277
bb. Stellungnahme ... 278
IV. Ausnahmen von der Kompensationspflicht ... 279
1. Keine außenstehenden Gesellschafter ... 279
2. Verzicht auf Kompensationsansprüche ... 279
a. Meinungsstand ... 279
b. Diskussion der Argumente ... 280
aa. Schutz der außenstehenden Gesellschafter ... 280
bb. Flexibilitätsbedürfnis ... 281
cc. Stellungnahme ... 281
c. Form des Verzichts ... 281
C. Nachträglicher Eintritt außenstehender Gesellschafter ... 282
I. Gewinnabführungsvertrag enthält Kompensationsregelung ... 282
1. Problematik ... 282
2. Originärer oder derivativer Erwerb der Kompensationsansprüche ... 282
a. Dogmatischer Hintergrund ... 283
b. Fallgruppenbetrachtung ... 284
aa. Fälle des rechtsgeschäftlichen Anteilserwerbs ... 284
(1) Anteilserwerb von außenstehendem Gesellschafter ... 284
(2) Anteilserwerb von nicht außenstehendem Gesellschafter ... 285
bb. Statusänderung ... 285
3. Fazit ... 286
II. Gewinnabführungsvertrag enthält keine Kompensationsregelung ... 286

1. Vorbemerkung zum Aktienkonzernrecht 286
2. Analoge Anwendung des § 307 AktG im GmbH-Konzernrecht 287
a. Meinungsstand 287
b. Diskussion der Argumente 287
aa. Geringeres Schutzbedürfnis 287
bb. Erfordernis der notariellen Beurkundung 288
cc. Gewährleistungsrechte 288
dd. Überschießende Tendenz 289
(1) Abschluss eines neuen Gewinnabführungsvertrags 289
(2) Vertragsänderung 290
ee. Missbrauchsgefahr 290
c. Fazit 292
3. Sonderfall der Statusänderung 292
a. Nachträglicher Erwerb der Eigenschaft als außenstehender Gesellschafter 292
b. Schutzbedürfnis 293
c. Fazit 294

Teil 6: Rechtsschutz 295

A. Anfechtungs- und Nichtigkeitsklage 295
I. Analogie zum aktienrechtlichen Beschlussmängelrecht 295
II. Konzernrechtsrelevante Einschränkungen des Anfechtungsrechts 296
B. Anwendung des Spruchverfahrens im GmbH-Konzernrecht 297
I. Vorbemerkung zum Spruchverfahren 297
II. Überprüfung der Kompensationsregelung 298
1. Meinungsstand 298
2. Übertragbarkeit des Spruchverfahrens auf ungeregelte Fälle 299
a. Kein abschließender Anwendungsbereich des SpruchG 299
b. Rechtsprechung des BGH 299

c. Methodische Grundlage der Übertragung ... 300
3. Systematische Erwägungen ... 301
a. Beeinträchtigung des Legalitätsinteresses ... 301
aa. Bedeutung des Legalitätsinteresses im GmbH-Recht ... 301
bb. Stellungnahme ... 302
b. Präventionswirkung ... 303
c. Gemeinsamer Vertreter ... 304
d. Vergleich zum Umwandlungsrecht ... 305
4. Teleologische Erwägungen ... 306
a. Verfahrenstechnische Vorteile des Spruchverfahrens ... 306
aa. Rechtsschutzbegehren ... 306
bb. Verteilung der Kostenlast ... 308
(1) Gerichtskosten ... 308
(2) Außergerichtliche Kosten ... 309
(3) Fazit ... 310
cc. Darlegungs- und Beweislast ... 311
(1) Amtsermittlung im Spruchverfahren ... 311
(2) Einschränkung des Amtsermittlungsgrundsatzes ... 312
(3) Stellungnahme ... 313
dd. Sachkompetenz des Gerichts; Verfahrensdauer und Prozesskosten ... 314
b. Reduzierung des Missbrauchspotentials ... 316
aa. Problem der faktischen Registersperre ... 316
bb. Kein professionalisierter Missbrauch im GmbH-Recht ... 317
cc. Abstrakte Missbrauchsgefahr ... 319
dd. Missbrauchspotential des Spruchverfahrens ... 319
ee. Stellungnahme ... 321
III. Fehlen einer Kompensationsregelung ... 322
a. Fehlen von Abfindungsansprüchen ... 322
b. Fehlen von Ausgleichsansprüchen ... 323

aa. Meinungsstand ... 323
bb. Ablehnung der Nichtigkeitsfolge ... 324
(1) Schutz der außenstehenden Gesellschafter ... 324
(2) Nachträglich eintretende Gesellschafter ... 324
(3) Rechtsunsicherheit als Folge der Nichtigkeit ... 325
cc. Anfechtungsklage oder Spruchverfahren ... 326
(1) Schutzbedürfnis der außenstehenden Gesellschafter bei fehlender Ausgleichsregelung ... 326
(2) Überprüfung eines Null-Ausgleichs im Spruchverfahren ... 327
(3) Stellungnahme ... 327
IV. Bewertungsbezogene Informationsmängel ... 328
1. Anfechtungsausschluss im Aktienkonzern- und Umwandlungsrecht ... 328
2. Informationserteilung in der Gesellschafterversammlung ... 329
a. Meinungsstand zur Übertragung auf die GmbH ... 329
b. Diskussion der Argumente ... 329
aa. Vergleich zur Rechtslage bei fehlender Kompensationsregelung ... 329
bb. Sachzusammenhang und Prozessökonomie ... 330
cc. Verlagerung der Missbrauchsgefahr ... 331
dd. Totalverweigerung ... 332
c. Fazit ... 332
3. Informationserteilung im Vorfeld der Gesellschafterversammlung ... 333
a. Beschränkter Anwendungsbereich des § 243 Abs. 4 S. 2 AktG ... 333
b. Kritik an der Entscheidung des Gesetzgebers ... 334
c. Besondere Bedeutung des Vertragsberichts ... 335
d. Stellungnahme ... 335
V. Ergebnis ... 336

C. Keine Übertragung des Freigabeverfahrens auf die GmbH 337
I. Meinungsstand 337
II. Diskussion der Argumente 339
1. Wille des Gesetzgebers 339
2. Vergleich zum Umwandlungsrecht 340
3. Missbrauchspotential 340
a. Freigabeverfahren als Verteidigungsmittel der Gesellschaft 340
b. Zweck des Freigabeverfahrens 341
4. Entwertung des Anfechtungsrechts 342
a. Aufhebung der faktischen Registersperre 342
b. Wirtschaftliche Interessenabwägung 342
c. Eintragung trotz schwerer Mängel 343
d. Bestandsschutz des eingetragenen Gewinnabführungsvertrags 344
III. Stellungnahme 345

Teil 7: Schluss 347

A. Zusammenfassung der wesentlichen Ergebnisse 347
I. Abschluss des Gewinnabführungsvertrags 347
II. Vertragsbericht und Vertragsprüfung 347
III. Schutz der Gesellschaft und ihrer Gläubiger 348
1. Beschränkung der Gewinnabführung 348
2. Verlustausgleichspflicht 349
IV. Schutz der außenstehenden Gesellschafter 350
1. Ausgleichs- und Abfindungsansprüche 350
2. Nachträglicher Eintritt außenstehender Gesellschafter 351
V. Rechtsschutz 351
B. Fazit 352

Literaturverzeichnis 355

Teil 1: Allgemeines

A. Einführung

I. Problemaufriss

1. Die GmbH als gewinnabführungsverpflichtete Gesellschaft

Obwohl es sich bei dem Gewinnabführungsvertrag um einen im Aktiengesetz geregelten Vertragstyp handelt, der aufgrund seiner systematischen Stellung *prima facie* nur der AG und der KGaA zugänglich ist, herrscht seit jeher Einigkeit, dass auch die GmbH Partei eines Gewinnabführungsvertrags sein kann.[1] Dies überrascht schon deshalb wenig, da bei der GmbH als der mit Abstand am weitesten verbreiteten Gesellschaftsform[2] gerade in Konzernverhältnissen ein großes praktisches Bedürfnis besteht, sie zur Optimierung der Steuerlast in einen Organkreis einzubinden.[3] Doch auch in gesetzessystematischer Hinsicht stellt die Anerkennung des Gewinnabführungsvertrags im GmbH-Konzernrecht kein Problem dar, weil die Gewinnverteilung bei der GmbH gemäß § 29 Abs. 3 S. 2

---

1 BGH, Beschluss vom 24.10.1988 – II ZB 7/88 = NJW 1989, 295 – *Supermarkt*; Beschluss vom 30.01.1992 – II ZB 15/91 = NJW 1992, 1452 – *Siemens*; *Emmerich*, in: Emmerich/Habersack, Aktien-/GmbH-KonzernR, § 291 Rn. 66; *ders*, in: Scholz, GmbHG, Anhang § 13 Rn. 282; *Servatius*, in: Michalski, GmbHG, Systematische Darstellung 4 Rn. 314; *Beurskens*, in: Noack/Servatius/Haas, GmbHG, Anhang KonzernR Rn. 94; *Wicke*, GmbHG, Anhang § 13 Rn. 2; *Keßler*, Handbuch GmbH-Konzern, S. 91; *Krafka*, Registerrecht, Teil 1 Rn. 1110; *Stoll*, Garantiekapital, S. 147; *Skibbe*, GmbHR 1968, 245; *Lutter*, ZGR 1986 Sonderheft 6, 192 (195); *Esch*, BB 1986, 272; *Krieger*, DStR 1992, 432; *Knepper*, DStR 1994, 377; *Hommelhoff/Freytag*, DStR 1996, 1409 (1411); *Koerfer/Selzner*, GmbHR 1997, 285; *Kerkhoff*, GmbHR 1999, 226; *Halm*, NZG 2001, 728; *Cahn/Simon*, Der Konzern 2003, 1 (3); *Priester*, NZG 2012, 641; *Hegemann*, GmbHR 2012, 315; *Beck*, DNotZ 2013, 90 (92); *Beck*, GmbHR 2014, 1075; *Göhmann/Winnen*, RNotZ 2015, 53; *Stephan*, Der Konzern 2015, 349; *Mylich*, AG 2016, 529 (531); *Wicke*, GmbHR 2017, 686; *Schöning/Steininger*, NZG 2022, 253.

2 Vgl. die Zahlen zur Verbreitung der verschiedenen Rechtsformen bei *Kornblum*, GmbHR 2016, 691 (692).

3 Zur steuerlichen Motivation für den Abschluss eines Gewinnabführungsvertrags siehe Teil 1 B. I.

GmbHG der Disposition des Satzungsgebers überlassen ist.[4] Es bestehen daher keine prinzipiellen Bedenken gegen eine Regelung, die die Abführung des Gewinns an einen Gesellschafter zum Gegenstand hat. Dies kommt seit 2008 auch im Gesetz zum Ausdruck: In § 30 Abs. 1 S. 2 GmbHG findet der Gewinnabführungsvertrag nunmehr ausdrückliche Erwähnung. Daneben wird der Abschluss eines Gewinnabführungsvertrags mit einer GmbH in den Vorschriften zur körperschaft- und gewerbesteuerlichen Organschaft vorausgesetzt.[5]

2. *Regelungslücke im Vertragskonzernrecht der GmbH*

Als problematisch erweist sich dabei, dass das GmbHG neben dieser knappen Erwähnung des Gewinnabführungsvertrags keine vertragskonzernrechtlichen Regelungen enthält.[6] Die Reformbemühungen Anfang der 70er Jahre, die die Einführung eines eigenen GmbH-Konzernrechts zum Gegenstand hatten,[7] sind gescheitert und wurden seitdem nicht wieder aufgegriffen.[8] Vor dem Hintergrund, dass sich die GmbH aufgrund ihrer flexiblen Organisationsstruktur hervorragend als Konzerngesellschaft eignet und sich deshalb in der Praxis großer Beliebtheit erfreut,[9] ist das Schweigen des Gesetzgebers ein Hindernis, wenn es

---

4 Zu den Möglichkeiten einer statutarischen Abweichung vom gesetzlich vorgesehenen Gewinnverteilungsschlüssel *Ekkenga*, in: Münchener Kommentar zum GmbHG, § 29 Rn. 191 ff.

5 Siehe § 17 KStG und § 2 Abs. 2 S. 2 GewStG.

6 In einer Reihe von Normen wird jedoch die Einbindung der GmbH in einen Konzern bzw. die Begründung einer Unternehmensverbindung vorausgesetzt, siehe die §§ 42a Abs. 4, 46 Nr. 1b, 51a Abs. 2 S. 1 GmbHG.

7 Die Bundesregierung hatte in der 6. und 7. Legislaturperiode inhaltsgleiche Vorschläge eines reformierten GmbHG in den Bundestag eingebracht, vgl. den Gesetzentwurf vom 31.01.1972, BT-Drucksache 6/3088 und den Gesetzentwurf vom 26.02.1973, BT-Drucksache 7/253.

8 Auch die europäische Konzernrechtsentwicklung ist erheblich ins Stocken geraten, seit der Richtlinienentwurf zur Vereinheitlichung des europäischen Konzernrechts im Jahr 1984 keine Mehrheit gefunden hat, vgl. *Finken/Weitbrecht*, ZIP 1990, 959 (963); *Teichmann*, AG 2013, 184, der jedoch anmerkt, dass konzernrechtliche Regelungen zum Teil in anderen europäischen Rechtsetzungsakten verwirklicht wurden.

9 *Fleischer*, in: Münchener Kommentar zum GmbHG, Einleitung Rn. 47; *Schmidt*, Gesellschaftsrecht, S. 1210 f.; *Kropff*, in: FS Semler 1993, S. 517 (520), der in der GmbH die typische Rechtsform eines abhängigen Konzernunternehmens sieht; *Wiedemann*, GmbHR 2011, 1009 (1014), der die GmbH als bestgeeignete Rechtsform für eine Konzernierung bezeichnet; *Hommelhoff*, ZGR 2012, 535 (536).

um den rechtssicheren Abschluss und die Durchführung eines Gewinnabführungsvertrags geht.[10] Das ist insbesondere mit Blick auf die steuerliche Organschaft problematisch, die von der Wirksamkeit des Gewinnabführungsvertrags abhängt und nicht selten daran scheitert, dass der Gewinnabführungsvertrag gegen gesellschaftsrechtliche Vorgaben verstößt.[11] Die in der Literatur seit vielen Jahrzehnten geführte Diskussion um die Anwendung der Satzungsänderungsvorschriften einerseits und die Übertragung aktienkonzernrechtlicher Regelungen andererseits hat ein unübersichtliches System hervorgebracht, das wenig zur Verbesserung der Rechtssicherheit beiträgt.[12] Die grundlegenden Entscheidungen des BGH zum Vertragskonzernrecht der GmbH haben zwar in einigen Punkten für Rechtssicherheit gesorgt,[13] konnten insgesamt jedoch nur bedingt Abhilfe schaffen, da eine Reihe zentraler Fragen unbeantwortet geblieben ist.[14]

II. Gegenstand der Untersuchung

1. Isolierte Gewinnabführungsverträge

Den Untersuchungsgegenstand bilden isolierte Gewinnabführungsverträge. Darunter sind nach heute überwiegendem Begriffsverständnis Unternehmensverträge zu verstehen, die nur eine Gewinnabführungsverpflichtung zum Gegenstand

---

10 Kritisch zur Untätigkeit des Gesetzgebers *Wiedemann*, GmbHR 2011, 1009 (1009 f.); *Kropff*, in: FS Semler 1993, S. 517 (521).

11 *Neumayer/Imschweiler*, GmbHR 2011, 57; zu den steuerlichen Folgen einer verunglückten Organschaft *Neumann*, in: Gosch, KStG, § 14 Rn. 539.

12 *Beurskens*, in: Noack/Servatius/Haas, GmbHG, Anhang KonzernR Rn. 94; *Zeidler*, NZG 1999, 692; *Halm*, NZG 2001, 728, der konstatiert, dass in vielen Punkten Rechtsunsicherheit herrscht.

13 BGH, Beschluss vom 24.10.1988 - II ZB 7/88 = NJW 1989, 295 - *Supermarkt;* Beschluss vom 30.01.1992 - II ZB 15/91 = NJW 1992, 1452 - *Siemens.*

14 Insbesondere die Frage nach der für den Zustimmungsbeschluss erforderlichen Mehrheit und die damit zusammenhängenden Fragen des Minderheitenschutzes konnten offengelassen werden, da in dem zur Entscheidung vorliegenden Sachverhalt alle Anteile der gewinnabführungsverpflichteten Gesellschaft in der Hand des anderen Vertragsteils lagen. Doch auch im Hinblick auf den zulässigen Inhalt und die Beendigung von Gewinnabführungsverträgen ist vieles ungeklärt, vgl. die Feststellungen bei *Timm*, GmbHR 1989, 11 (14 ff.); *Hoffmann-Becking*, WiB 1994, 57; *Müller-Eising/Schmitt*, NZG 2011, 1100; *Peters/Hecker*, DStR 2012, 86.

haben und keine Beherrschungsvereinbarung enthalten.[15] Mittlerweile besteht Einigkeit, dass eine solche Gestaltung ohne Weiteres zulässig ist und dass Gewinnabführungsverträge nicht mit einem Beherrschungsvertrag kombiniert werden müssen.[16] Dies folgt bereits aus den gesetzlichen Regelungen der §§ 300 Nr. 1, 316, 324 Abs. 2 S. 1 AktG, die den isolierten Abschluss eines Gewinnabführungsvertrags voraussetzen.[17] Während früher der Abschluss kombinierter Beherrschungs- und Gewinnabführungsverträge der Regelfall war,[18] erfreuen sich heute isolierte Gewinnabführungsverträge zunehmender Beliebtheit.[19] Dieser Befund rechtfertigt es, dem isolierten Gewinnabführungsvertrag eine eingehende

---

15 *Langenbucher*, in: Schmidt/Lutter, AktG, § 291 Rn. 66; *Prinz*, in: FS Seibert 2019, S. 681. Ein anderes Begriffsverständnis findet sich bspw. bei *van Venrooy*, BB 1986, 612, der unter einem isolierten Unternehmensvertrag einen Vertrag ohne Abhängigkeitsverhältnis versteht; vgl. zu diesem Begriffsverständnis auch *Ebenroth/Parche*, BB 1989, 637 (638); *Schwarz*, MittRhNotK 1994, 50 (54), der das Begriffsverständnis *van Venrooys* zu Recht als sprachlich ungenau kritisiert.

16 OLG Karlsruhe, Beschluss vom 12.04.2001 – 11 Wx 77/00 = NJW-RR 2001, 973 (974); LG Kassel, Beschluss vom 15.11.1995 – 12 T 10/95 = NJW-RR 1996, 1510 (1511); *Servatius*, in: BeckOK GmbHG, Systematische Darstellung KonzernR Rn. 348; *ders*, in: Michalski, GmbHG, Systematische Darstellung 4 Rn. 316; *Emmerich*, in: Scholz, GmbHG, Anhang § 13 Rn. 282; *Schwarz*, MittRhNotK 1994, 50 (55); *Cahn/Simon*, Der Konzern 2001, 1 (3); *Ulrich*, GmbHR 2004, 1000; *Simon*, ZGR 2007, 71 (102); *Mühl/Wagenseil*, NZG 2009, 1253; *Schöning/Steininger*, NZG 2022, 253; aus dem aktienkonzernrechtlichen Schrifttum *Altmeppen*, in: Münchener Kommentar zum AktG, § 291 Rn. 150; *Mülbert*, in: Großkomm. zum AktG, § 291 Rn. 153; *Müller*, in: Wachter, AktG, § 291 Rn. 23; *Schenk*, in: Bürgers/Körber/Lieder, AktG, § 291 Rn. 18.

17 *Mülbert*, in: Großkomm. zum AktG, § 291 Rn. 153; *Altmeppen*, in: Münchener Kommentar zum AktG, § 291 Rn. 151; *Müller*, in: Wachter, AktG, § 291 Rn. 23; *Ebenroth/Parche*, BB 1989, 637 (638); *Cahn/Simon*, Der Konzern 2001, 1 (3).

18 *Hoffmann-Becking*, WiB 1994, 57 (58); *Hommelhoff/Freytag*, DStR 1996, 1409 (1411); *Altmeppen*, DB 1999, 2453 (2454), der den isolierten Gewinnabführungsvertrag vor der Unternehmenssteuerreform noch für nahezu bedeutungslos hielt; *Zeidler*, NZG 1999, 692; *Halm*, NZG 2001, 728 (729); *Holler*, Anfechtungsklage und Spruchverfahren, S 32; *Theiselmann*, BB 2011, 2819 (2820).

19 *Altmeppen*, GmbHG, Anhang § 13 Rn. 117; *Emmerich*, in: Emmerich/Habersack, Aktien-/GmbH-KonzernR, § 291 Rn. 6; *ders.*, in: Scholz, GmbHG, Anhang § 13 Rn. 282; *Müller*, in: Wachter, AktG, § 291 Rn. 23; *Cahn/Simon*, Der Konzern 2003, 1 (2); *Ulrich*, GmbHR 2004, 1000; *Theiselmann*, BB 2011, 2819 (2820); weitergehend *Priester*, ZGR 1986 Sonderheft 6, 151 (155), der dem isolierten Gewinnabführungsvertrag schon im Jahr 1986 größere Bedeutung einräumt als kombinierten Beherrschungs- und Gewinnabführungsverträgen.

Untersuchung zu widmen, die seiner besonderen Bedeutung im GmbH-Konzernrecht Rechnung trägt.[20]

2. *Konzernrecht der GmbH*

Die Untersuchung beschränkt sich auf das Vertragskonzernrecht der GmbH, also auf solche Sachverhalte, bei denen auf der Seite der gewinnabführungsverpflichteten Gesellschaft eine GmbH steht. Bei dem anderen Vertragsteil kann es sich um eine GmbH (reiner GmbH-Konzern) oder einen Rechtsträger anderer Rechtsform handeln (Mischkonzern). Im Folgenden soll von dem Grundfall eines reinen GmbH-Konzerns ausgegangen werden, bei dem beide Vertragsteile in der Rechtsform einer GmbH organisiert sind. An den Stellen, an denen die Überlegungen auf den Fall eines Mischkonzerns mit einer als AG organisierten Obergesellschaft übertragbar sind, wird ausdrücklich darauf hingewiesen. Die umgekehrte Konstellation mit einer AG als gewinnabführungsverpflichteter Gesellschaft ist dem Aktienkonzernrecht zuzuordnen, das nicht zum Gegenstand dieser Untersuchung gehört und deshalb nur dort näher beleuchtet wird, wo es erforderlich ist, um Erkenntnisse für die Übertragung aktienkonzernrechtlicher Regelungen auf die GmbH zu gewinnen. Die Untersuchung beschränkt sich ferner auf den Abschluss und die Durchführung des Gewinnabführungsvertrags. Ausgeklammert bleiben die Probleme, die sich im Rahmen der Beendigung eines Gewinnabführungsvertrags stellen.

III. Ziel der Untersuchung

Ziel der Untersuchung ist es, Klarheit in die Anforderungen an Abschluss und Durchführung isolierter Gewinnabführungsverträge im GmbH-Konzernrecht zu bringen. Dazu soll ein Ansatz entwickelt werden, der auf dem Vertragskonzernrecht des Aktiengesetzes aufbaut und die dort normierten Grundsätze unter Berücksichtigung der strukturellen Unterschiede zwischen den beiden Rechtsformen auf die GmbH überträgt. Dem liegt die Hypothese zugrunde, dass die §§ 291 ff. AktG ein rechtsformübergreifendes, vertragskonzernrechtliches Gesamtkonzept enthalten, dessen Wertungen an vielen Stellen auf die GmbH übertragen werden können. Es soll gezeigt werden, dass es daneben keines Rückgriffs auf die in Rechtsprechung und Literatur noch immer als Grundlage des

20 Vgl. *Priester*, ZGR 1986 Sonderheft 6, 151 (156), der den Gewinnabführungsvertrag als konstituierendes Merkmal des GmbH-Vertragskonzerns bezeichnet.

Unternehmensvertragsrechts herangezogenen GmbH-rechtlichen Satzungsänderungsvorschriften bedarf.

Besonderes Augenmerk soll auf der Frage liegen, wie die aktienkonzernrechtlichen Regelungen für den Abschluss eines Gewinnabführungsvertrags sowie die bei der Vertragsdurchführung eingreifenden Schutzmechanismen konkret auf das Unternehmensvertragsrecht der GmbH übertragen werden können und welche Anpassungen erforderlich sind, um den rechtsformspezifischen Besonderheiten der GmbH Rechnung zu tragen. An den Stellen, an denen die Unterschiede zwischen AG und GmbH einer Analogie zu den Vorschriften des aktienrechtlichen Vertragskonzernrechts entgegenstehen, soll herausgearbeitet werden, ob und inwieweit die Regelungen des Umwandlungsrechts für den Abschluss eines Unternehmensvertrags fruchtbar gemacht werden können.

IV. Gang der Untersuchung

Im ersten Teil der Untersuchung soll zunächst auf den steuerrechtlichen Hintergrund und die konzernrechtliche Dimension des Gewinnabführungsvertrags eingegangen werden, bevor eine Darstellung der verschiedenen Rechtsquellen folgt, aus denen sich GmbH-konzernrechtliche Wertungen ableiten lassen. Sodann wird im zweiten Teil der Untersuchung der Abschluss des Gewinnabführungsvertrags näher beleuchtet und herausgearbeitet, welche Anforderungen an die Form des Vertragsschlusses und die für seine Wirksamkeit konstitutiven Zustimmungsbeschlüsse zu stellen sind. Insbesondere wird gezeigt, dass der Zustimmungsbeschluss bei der gewinnabführungsverpflichteten Gesellschaft in Anlehnung an die Wertungen des Aktienkonzern- und Umwandlungsrechts mit qualifizierter Mehrheit gefasst werden kann und nicht von dem Einverständnis sämtlicher Gesellschafter abhängig ist.

Im dritten Teil der Untersuchung wird das Augenmerk auf die im Aktienkonzernrecht vorgesehenen Informations- und Prüfungspflichten gelegt und erörtert, inwieweit sich diese Vorgaben auf die GmbH übertragen lassen. Gegenstand des vierten und fünften Teils ist die Frage, wie die Gläubiger und die außenstehenden Gesellschafter bei Abschluss eines Gewinnabführungsvertrags geschützt werden können und ob die im Vertragskonzernrecht der AG geregelten Schutzmechanismen analoge Anwendung finden.

Im Anschluss richtet sich der Blick auf die Frage, welche Möglichkeiten die außenstehenden Gesellschafter haben, die Einhaltung der zuvor herausgearbeiteten Schutzmechanismen gerichtlich durchzusetzen. Hier wird insbesondere näher beleuchtet, ob das auf Bewertungsstreitigkeiten zugeschnittene und im Aktienkonzern- und Umwandlungsrecht schon lange etablierte Spruchverfahren auf das Vertragskonzernrecht der GmbH übertragen werden kann, um den außenstehenden Gesellschaftern einen effektiveren Weg zur Durchsetzung ihrer Rechte zu eröffnen. Dabei soll auch auf die Frage eingegangen werden, wie sich die Gesellschaft gegen missbräuchliche Klagen verteidigen kann und auf welchem Weg ein Gleichgewicht zwischen dem Legalitätsinteresse der Gesellschafter und dem Eintragungsinteresse der am Gewinnabführungsvertrag beteiligten Rechtsträger hergestellt werden kann.

V. Terminologische Klarstellungen

Im konzern- und steuerrechtlichen Schrifttum wird der Gewinnabführungsvertrag teilweise in Abweichung von der aktiengesetzlichen Terminologie als Ergebnisabführungsvertrag bezeichnet.[21] Auch wenn der Begriff des Ergebnisabführungsvertrags stärker zum Ausdruck bringt, dass der andere Vertragsteil nicht nur von den Gewinnen der Untergesellschaft profitiert, sondern im Fall eines Jahresfehlbetrags auch deren Verluste übernehmen muss, ist die Bezeichnung als Gewinnabführungsvertrag treffender, da sich aus dem Vertrag selbst nur die Pflicht der Untergesellschaft zur Abführung ihres Gewinns ergibt, während es sich bei der Verlustausgleichspflicht um eine gesetzlich angeordnete Rechtsfolge des Vertragsschlusses handelt.[22] Im Folgenden ist deshalb zutreffend vom Gewinnabführungsvertrag die Rede.[23]

Die dem Steuerrecht entlehnte, früher für kombinierte Beherrschungs- und Gewinnabführungsverträge übliche Bezeichnung als Organschaftsvertrag wird

---

21 So bspw. *Liebscher*, in: Münchener Kommentar zum GmbHG, Anhang § 13 Rn. 701; *Grewer*, DStR 1997, 745; *Esch*, BB 1986, 272; *Heurung/Oblau/Röker*, GmbHR 2002, 620 (624); *Bredow/Liebscher*, BB 2003, 393; *Hermanns*, RNotZ 2015, 632; *Nodoushani*, DStR 2017, 399; ohne einheitliche Terminologie *Neyer/Schlepper*, BB 2007, 413, die abwechselnd von Gewinnabführungsvertrag und Ergebnisabführungsvertrag sprechen.

22 Näher zur Qualifikation der Verlustausgleichspflicht als gesetzliches Schutzverhältnis siehe Teil 4 B. I. 2.

23 Zur Frage der korrekten Terminologie *Egelhof*, Ausschüttungssperren in der Organschaft, S. 2 (Fn. 11). Auch in der Literatur ist überwiegend vom Gewinnabführungsvertrag die Rede, siehe *Beurskens*, in: Noack/Servatius/Haas, GmbHG, Anhang KonzernR Rn. 97; *Altmeppen*, GmbHG, Anhang § 13 Rn. 117; *ders.*, in: Münchener Kommentar zum AktG, § 291 Rn. 142 ff.; aus dem steuerrechtlichen Schrifttum *Neumann*, in: Gosch, KStG, § 14 Rn. 171.

hier nicht gewählt und sollte aufgegeben werden.[24] Denn der Beherrschungsvertrag ist nicht mehr Voraussetzung der ertragsteuerlichen Organschaft und hat deshalb seine Relevanz für die Begründung einer Organschaft vollständig verloren.[25]

Die gewinnabführungsverpflichtete Gesellschaft wird im Folgenden als Untergesellschaft oder abhängige GmbH bezeichnet, wohingegen bei der gewinnabführungsberechtigten Gesellschaft von der Obergesellschaft oder dem anderem Vertragsteil die Rede ist. Im steuerrechtlichen Zusammenhang wird die gewinnabführungsverpflichtete Gesellschaft mit Blick auf die steuerliche Organschaft als Organgesellschaft und die gewinnabführungsberechtigte Gesellschaft als Organträger bezeichnet.

B. Steuerrechtlicher Hintergrund

I. Relevanz für die ertragsteuerliche Organschaft

Die große Bedeutung von Gewinnabführungsverträgen ergibt sich vornehmlich aus ihrer Relevanz für die steuerliche Organschaft.[26] Diese bildet das Herzstück des deutschen Konzernsteuerrechts,[27] da sie eine Abweichung vom steuerlichen Trennungsprinzip ermöglicht, wonach selbständige Rechtsträger ungeachtet ihrer Konzernzugehörigkeit grundsätzlich separat zu besteuern sind.[28] Durch die Bildung einer steuerlichen Organschaft werden die in den Organkreis eingebundenen Gesellschaften trotz ihrer rechtlichen Selbständigkeit gemeinsam besteuert. Die Regeln zur Organschaft bilden damit die Grundlage für eine einheitliche Konzernbesteuerung, die den zahlreichen Verflechtungen innerhalb der

---

24 Zum Begriff des Organschaftsvertrags *Prinz*, in: FS Seibert 2019, S. 681 (682); *Priester*, ZGR 1986 Sonderheft 6, 151 (154); *Schwarz*, MittRhNotK 1994, 50 (54); *Zeidler*, NZG 1999, 692.

25 Zum steuerlichen Bedeutungsverlust des Beherrschungsvertrags siehe Teil 1 B. II.

26 *Emmerich*, in: Emmerich/Habersack, Aktien-/GmbH-KonzernR, § 291 Rn. 47, 66; *ders.*, in: Scholz, GmbHG, Anhang § 13 Rn. 282; *Wicke*, GmbHG, Anhang § 13 Rn. 2; *Veil*, Unternehmensverträge, S. 18; *Priester*, ZGR 1986 Sonderheft 6, 151 (155); *Krieger*, DStR 1992, 432; *Zöllner*, ZGR 1992, 173 (175); *Hoffmann-Becking*, WiB 1994, 57 (58); *Schwarz*, MittRhNotK 1994, 50 (54); *Schlögell*, GmbHR 1995, 401; *Halm*, NZG 2001, 728 (728 f.); *Mues*, RNotZ 2005, 1 (3).

27 *Egelhof*, Ausschüttungssperren in der Organschaft, S. 2; *Prinz*, in: FS Seibert 2019, S. 681 (683), der den Gewinnabführungsvertrag als zentralen Baustein der ertragsteuerlichen Organschaft bezeichnet.

28 *Kessler*, in: Kessler/Kröner/Köhler, Konzernsteuerrecht, § 1 Rn. 1; *Teufel*, in: *Lüdicke/Sistermann*, Unternehmensteuerrecht, § 2 Rn. 1.

Unternehmensgruppe Rechnung trägt und die wirtschaftliche Realität dadurch besser abbildet als die nach dem Trennungsprinzip gebotene Einzelbesteuerung der Konzerngesellschaften.

Rechtstechnisch wird die einheitliche Besteuerung durch eine Einkommenszurechnung von der Organgesellschaft zum Organträger gewährleistet.[29] Dabei wird die Organgesellschaft zum Zwecke der Gewinnermittlung weiterhin als eigenständiges Steuersubjekt betrachtet, infolge der Einkommenszurechnung zum Organträger jedoch nicht mit der jeweiligen Ertragsteuer veranlagt.[30] Die Zusammenrechnung der Betriebsergebnisse führt dazu, dass die bei einer Organgesellschaft angefallenen Verluste auf der Ebene der Konzernspitze mit den Gewinnen einer anderen in den Organkreis eingebundenen Gesellschaft bzw. mit den Gewinnen des Organträgers verrechnet werden können.[31] Die Saldierung von Gewinnen und Verlusten innerhalb des Konzerns trägt maßgeblich zur Steueraufwandsminimierung bei, die zu den Fundamentalzielen einer geordneten Konzernsteuerplanung gehört.[32]

1. Körperschaftsteuerliche Organschaft

Besondere Bedeutung kommt der körperschaftsteuerlichen Organschaft zu, die in den §§ 14-19 KStG geregelt ist und eine einheitliche Abführung der Körperschaftsteuer ermöglicht. Zentrale Voraussetzung der körperschaftsteuerlichen Organschaft ist der Abschluss eines zivilrechtlich wirksamen Gewinnabführungsvertrags zwischen dem Organträger und der Organgesellschaft.[33] Daran hat sich auch im Zuge der Unternehmenssteuerreform[34] im Jahr 2001 nichts geändert.

---

29 Zu Ermittlung und Zurechnung des Organeinkommens *Rödder/Liekenbrock*, in: Rödder/Herlinghaus/Neumann, KStG, § 14 Rn. 477.

30 BFH, Urteil vom 23.01.2002 - XI R 95/97 = BB 2002, 1296 (1297); *Rode*, in: Brandis/Heuermann, KStG, § 14 Rn. 201; *Rödder/Liekenbrock*, in: Rödder/Herlinghaus/Neumann, KStG, § 14 Rn. 477.

31 *Prinz*, in: FS Seibert 2019, S. 681 (682 f.); *Schäfer/Wind/Mager*, DStR 2013, 2399; *Hoffmann-Becking*, WiB 1994, 57 (58); *Mues*, RNotZ 2005, 1 (3).

32 Zum Konzept der Steuerbarwertminimierung und den Zielen der Konzernsteuerplanung *Kessler*, in: Kessler/Kröner/Köhler, Konzernsteuerrecht, § 1 Rn. 13.

33 *Emmerich*, in: Scholz, GmbHG, Anhang § 13 Rn. 282; *Weiss*, in: Michalski, GmbHG, Systematische Darstellung 3 Rn. 91; *Vogt*, in: Beck'sches Handbuch GmbH, § 21 Rn. 78.

34 Ausgangspunkt der Reform war das Gesetz zur Senkung der Steuersätze und zur Reform der Unternehmensbesteuerung vom 23.10.2000 (Steuersenkungsgesetz), BGBl. I S. 1433 und das Gesetz zur Ergänzung des Steuersenkungsgesetzes vom 19.12.2000 (Steuersenkungsergänzungsgesetz), BGBl. I S. 1812, durch die bei der

Liegen die Voraussetzungen für eine Einbeziehung in den Organkreis vor, ist der von der Organgesellschaft erwirtschaftete Gewinn zwingend dem anderen Vertragsteil zuzurechnen, ohne dass es eines Antrags der beteiligten Rechtsträger bedarf.[35] Auf der Ebene des Organträgers erhöhen die Gewinne der Organgesellschaft das zu versteuernde Einkommen[36] bzw. den Gesamtbetrag der Einkünfte[37] und werden dadurch vom Organträger versteuert.[38]

2. *Gewerbesteuerliche Organschaft*

Anders als bei der körperschaftsteuerlichen Organschaft war der Abschluss eines Gewinnabführungsvertrags für die Bildung einer gewerbesteuerlichen Organschaft bis zur Umsetzung der Unternehmenssteuerreform nicht zwingend erforderlich.[39] § 2 Abs. 2 S. 2 GewStG aF verlangte lediglich die finanzielle, wirtschaftliche und organisatorische Eingliederung, nicht jedoch den Abschluss eines Gewinnabführungsvertrags zwischen Organträger und Organgesellschaft. Zum Veranlagungszeitraum 2002 wurde der Abschluss eines Gewinnabführungsvertrags jedoch zur zwingenden Voraussetzung für die Bildung einer gewerbesteuerlichen Organschaft.[40] Für die Anwendung der eine Gewinn- und Verlustverrechnung ermöglichenden Betriebsstättenfiktion knüpft das Gewerbesteuerrecht in § 2 Abs. 2 S. 2 GewStG nun an die Tatbestandsvoraussetzungen der körperschaftsteuerlichen Organschaft an. Der Bedeutungszuwachs des Gewinnabführungsvertrags fällt daher im Hinblick auf die gewerbesteuerliche Organschaft noch deutlicher aus als im Körperschaftsteuerrecht, da der Gewinnabführungsvertrag als neue Voraussetzung für die einheitliche Konzernbesteuerung hinzugekommen ist, während die körperschaftsteuerliche Organschaft einen solchen schon vor der Unternehmenssteuerreform voraussetzte.

Körperschaftsteuer ein Systemwechsel vom Anrechnungs- zum Halbeinkünfteverfahren eingeleitet wurde, vgl. *Rech*, BC 2000, 219; *Heurung/Oblau/Röker*, GmbHR 2002, 620.

35 *Rödder/Liekenbrock*, in: Rödder/Herlinghaus/Neumann, KStG, § 14 Rn. 477.

36 BFH, Urteil vom 23.01.2002 – XI R 95/97 = BB 2002, 1296 (1297).

37 So die Finanzverwaltung, vgl. R 29 Abs. 1 Nr. 16 KStR.

38 *Rödder/Liekenbrock*, in: Rödder/Herlinghaus/Neumann, KStG, § 14 Rn. 478.

39 *Heurung/Oblau/Röker*, GmbHR 2002, 620 (624).

40 Gesetz zur Fortentwicklung des Unternehmenssteuerrechts vom 20.12.2001 (Unternehmenssteuerfortentwicklungsgesetz), BGBl. I S. 3858.

3. *Umsatzsteuerliche Organschaft*

Etwas anderes gilt für die umsatzsteuerliche Organschaft, die in ihren Voraussetzungen von der körperschaft- und gewerbesteuerlichen Organschaft abweicht und gemäß § 2 S. 1 Nr. 2 UStG noch immer an die finanzielle, wirtschaftliche und organisatorische Eingliederung der Organgesellschaft anknüpft und keinen Gewinnabführungsvertrag voraussetzt.

II. Steuerlicher Bedeutungsverlust des Beherrschungsvertrags

Dass die Bedeutung isolierter Gewinnabführungsverträge in der Konzernpraxis zugenommen hat, ist vor allem darauf zurückzuführen, dass der Beherrschungsvertrag im Zuge der Unternehmenssteuerreform seine Relevanz für die körperschaft- und gewerbesteuerliche Organschaft verloren hat.[41] Die bis zum 31.12.2000 geltende Vorschrift des § 14 Nr. 2 S. 1 KStG aF setzte für die Begründung einer körperschaftsteuerlichen Organschaft die organisatorische Eingliederung der Organgesellschaft voraus. Der steuerliche Nutzen eines Beherrschungsvertrags lag darin, dass die organisatorische Eingliederung durch den Abschluss des Beherrschungsvertrags unwiderleglich vermutet wurde.[42] Durch das Steuersenkungsgesetz ist die organisatorische Eingliederung zum Veranlagungszeitraum 2001 als Voraussetzung der steuerlichen Organschaft entfallen.[43] Damit ist der Abschluss eines Beherrschungsvertrags aus körperschaftsteuerlicher Sicht obsolet, da die damit einhergehende Vermutung der organisatorischen Eingliederung keinen Nutzen mehr bietet.

Ähnliches gilt für die gewerbesteuerliche Organschaft. Auch hier diente der Beherrschungsvertrag früher als Mittel, um die organisatorische Eingliederung sicherzustellen.[44] Im Zuge der Unternehmenssteuerreform hat der Gesetzgeber die gewerbesteuerliche Organschaft an die körperschaftsteuerliche Organschaft

---

41 *Emmerich*, in: Emmerich/Habersack, Aktien-/GmbH-KonzernR, § 291 Rn. 6; *Veil*, Unternehmensverträge, S. 19; *Cahn/Simon*, Der Konzern 2003, 1 (2); *Schön*, ZHR 168 (2004), 629 (631); *Mues*, RNotZ 2005, 1 (4); *Simon/Leuering*, NJW-Spezial 2006, 363 (364); *Schreiber*, Konzernrechtsfreie Kontrolle, S. 1.

42 *Krieger*, DStR 1992, 432; *Koerfer/Selzner*, GmbHR 1997, 285; *Zeidler*, NZG 1999, 692; im Fall der Einpersonengesellschaft war schon nach altem Recht kein Beherrschungsvertrag erforderlich, vgl. *Keßler*, Handbuch GmbH-Konzern, S. 91.

43 Gesetz zur Senkung der Steuersätze und zur Reform der Unternehmensbesteuerung vom 23.10.2000 (Steuersenkungsgesetz), BGBl. I S. 1433; zu den dadurch ausgelösten Implikationen für das Organschaftsrecht; *Cahn/Simon*, Der Konzern 2001, 1 (2); *Ulrich*, GmbHR 2004, 1000.

44 *Cahn/Simon*, Der Konzern 2003, 1.

angepasst und für einen Gleichlauf der Tatbestandsvoraussetzungen gesorgt.[45] Damit ist der Abschluss eines Beherrschungsvertrags auch im Gewerbesteuerrecht für die Bildung einer steuerlichen Organschaft entbehrlich geworden.

III. Geplante Reform der Konzernbesteuerung

1. Moderne Gruppenbesteuerungsmodelle

Schon lange ist die Einführung einer neuen Gruppenbesteuerung im Gespräch, die die steuerliche Organschaft ersetzen und den Abschluss eines Gewinnabführungsvertrags entbehrlich machen soll.[46] Die ersten dahingehenden Reformideen wurden schon vor der Jahrtausendwende unterbreitet.[47] Danach nahm die Diskussion weiter an Fahrt auf,[48] was schließlich dazu führte, dass die Regierungsparteien in ihrem Koalitionsvertrag aus dem Jahr 2009 die Prüfung der Einführung eines modernen Gruppenbesteuerungssystems ankündigten, das an die Stelle der Organschaft treten sollte.[49] Vor diesem Hintergrund mehrten sich auch in der Literatur die Stimmen, die eine grundlegende Reform des Konzernsteuerrechts forderten.[50] Als Wurzel allen Übels wurde der Gewinnabführungsvertrag ausgemacht.[51] Die Kritik stützte sich insbesondere auf den mit dem Abschluss des Vertrags verbundenen Aufwand und die bei der Durchführung in vielen Punkten bestehende Rechtsunsicherheit, die zwangsläufig auf das Steuerrecht abfärbt, da

---

45 Die Betriebsstättenfiktion knüpft nunmehr an das Vorliegen der Voraussetzungen der körperschaftsteuerlichen Organschaft an, § 2 Abs. 2 S. 2 GewStG.

46 Das Rechtsinstitut der Organschaft stellt im internationalen Vergleich eine Besonderheit dar, vgl. *Rödder*, ZHR 171 (2007), 380 (389); *Herzig*, DStR-Beihefter 2010, 61 (62); *Egelhof*, Ausschüttungssperren in der Organschaft, S. 2; in Österreich wurde die dem deutschen Recht nachempfundene Organschaft im Jahr 2005 zugunsten einer Gruppenbesteuerung aufgegeben, dazu *Jochum*, FR 2005, 577 (581 f.).

47 *Krebühl*, DB 1995, 743.

48 *Krebühl*, DStR 2001, 1730 (1732); *ders.*, DStR 2002, 1241 (1244); *Schön*, ZHR 168 (2004), 629; *Jochum*, FR 2005, 577; *Herzig/Wagner*, DB 2005, 1, die insbesondere auf die europarechtlichen Probleme des Ausschlusses ausländischer Tochtergesellschafter aus dem Organkreis hinweisen.

49 Koalitionsvertrag von CDU, CSU und FDP vom 26.10.2009, S. 14.

50 *Herzig*, FR 2009, 1037 (1039); *ders.*, DStR-Beihefter 2010, 61; *Günkel/Wagner*, Ubg 2010, 603; *Kessler/Philipp*, Ubg 2010, 867; *Frey/Sälzer*, BB 2012, 294.

51 *Herzig*, FR 2009, 1037 (1039); *ders.*, DStR-Beihefter 2010, 61 (62); *Günkel/Wagner*, Ubg 2010, 603; *Frey/Sälzer*, BB 2012, 294, die plakativ von einer Befreiung aus den Schlingen des Gewinnabführungsvertrags sprechen; aA *Ismer*, DStR 2012, 821 (828), der dem Gewinnabführungsvertrag weniger kritisch gegenübersteht.

die steuerliche Anerkennung von der zivilrechtlichen Wirksamkeit des Gewinnabführungsvertrags abhängt.[52]

2. *Scheitern der Reformbemühungen*

Trotz aller Kritik am derzeitigen System der Organschaft konnten sich die Reformvorschläge aufgrund fehlender Aufkommensneutralität nicht durchsetzen.[53] Die Einführung eines modernen Gruppenbesteuerungssystems[54] hat es nicht erneut auf die politische Agenda geschafft,[55] so dass der Gewinnabführungsvertrag als Voraussetzung der steuerlichen Organschaft bis auf Weiteres erhalten bleibt.[56] Das mag auch darauf zurückzuführen sein, dass der Gewinnabführungsvertrag nicht nur Nachteile aufweist, sondern an einigen Stellen Vorteile gegenüber den Gruppenbesteuerungsmodellen bietet.[57] Denn der Gewinnabführungsvertrag schafft aufgrund der damit verbundenen Verlustausgleichspflicht eine legitimatorische Grundlage für die Durchbrechung des steuerlichen Trennungsprinzips und rechtfertigt dadurch die Steuervorteile, die den durch eine Organschaft verbundenen Konzerngesellschaften im Gegensatz zu anderen Wirtschaftsteilnehmern zugutekommen.[58] Ferner stellt er eine Verknüpfung zwischen Steuer- und Konzernrecht her und führt damit zur Anwendung zahlreicher Sicherungsmechanismen, durch die ein effektiver Schutz der Gläubiger und der außenstehenden Gesellschafter gewährleistet wird.[59]

---

52 *Krebühl*, DStR 2002, 1241 (1243); *Kessler/Philipp*, Ubg 2010, 867; *Herzig*, DStR-Beihefter 2010, 61 (62); ausführlich zu den Kritikpunkten *Hörnle*, Gruppenbesteuerung ohne Gewinnabführungsvertrag, 2019, S. 72 ff.; *Prinz*, in: FS Seibert 2019, S. 681 (683).

53 *Kessler*, in: Kessler/Kröner/Köhler, Konzernsteuerrecht, § 1 Rn. 57; *Prinz*, in: FS Seibert 2019, S. 681 (698).

54 Ausführliche Darstellung der vorgeschlagenen Modelle bei *Hörnle*, Gruppenbesteuerung ohne Gewinnabführungsvertrag, 2019, S. 97 ff.

55 Schon in der folgenden Legislaturperiode sah der Koalitionsvertrag zwischen CDU, CSU und SPD vom 16.12.2013 keine grundlegenden Änderungen bei der Unternehmensbesteuerung mehr vor, vgl. dazu *Seer*, GmbHR 2014, 505, der konstatiert, dass keine Reformbereitschaft mehr erkennbar ist.

56 *Schreiber*, Konzernrechtsfreie Kontrolle, S. 10; *Egelhof*, Ausschüttungssperren in der Organschaft, S. 1, der feststellt, dass die Rufe nach einer Reform ungehört verhallt sind.

57 Zu den Nachteilen der Gruppenbesteuerungsmodelle *Ismer*, DStR 2012, 821 (827 f.).

58 *Neumann*, in: Gosch, KStG, § 14 Rn. 170.

59 *Ismer*, DStR 2012, 821 (828); bei den Gruppenbesteuerungsmodellen finden lediglich die Regeln über faktische Konzerne Anwendung, vgl. *Hörnle*, Gruppenbesteuerung ohne Gewinnabführungsvertrag, S. 144 ff.

3. *Fazit*

Dass der Gewinnabführungsvertrag allen Unkenrufen zum Trotz als Voraussetzung der ertragsteuerlichen Organschaft bis jetzt überlebt hat, heißt nicht, dass kein Anlass zur Kritik besteht. Die von den Befürwortern einer Reform geäußerten Bedenken müssen ernstgenommen und Lösungsvorschläge entwickelt werden, um die Praktikabilität der Organschaft zu gewährleisten. Um die Hürden für die Bildung einer körperschaftsteuerlichen Organschaft auf ein angemessenes Maß zu senken, ist ein erster, in seiner Bedeutung jedoch nicht zu unterschätzender Schritt, Rechtssicherheit in Bezug auf die Voraussetzungen für den Abschluss und die Durchführung des Gewinnabführungsvertrags herzustellen. An dieser Stelle soll die vorliegende Arbeit einen Beitrag leisten, um das Problem fehlender Rechtssicherheit bei isolierten Gewinnabführungsverträgen im GmbH-Konzernrecht zu beheben.

C. Konzernrechtliche Wirkung des isolierten Gewinnabführungsvertrags

I. Abgrenzung vom Beherrschungsvertrag

1. *Kein Weisungsrecht*

Anders als ein Beherrschungsvertrag verschafft der isolierte Gewinnabführungsvertrag der Obergesellschaft kein unmittelbares Weisungsrecht.[60] Im GmbH-Konzernrecht kommt diesem Umstand indes nur geringe Bedeutung zu, da die Gesellschafter hier ohnehin über ein gesetzliches Weisungsrecht gegenüber dem Geschäftsführer verfügen.[61] Das beherrschungsvertragliche Weisungsrecht bietet zwar insofern Vorteile, als es keinen Gesellschafterbeschluss voraussetzt und

60 § 308 Abs. 1 S. 1 AktG ist weder direkt noch entsprechend anwendbar, vgl. *Emmerich*, in: Emmerich/Habersack, Aktien-/GmbH-KonzernR, § 291 Rn. 70; *Leuering/Goertz*, in: Hölters/Weber, AktG, § 308 Rn. 7; *Altmeppen*, in: Münchener Kommentar zum AktG, § 291 Rn. 152; *Koppensteiner*, in: Kölner Kommentar zum AktG, § 291 Rn. 89; *Egelhof*, Ausschüttungssperren in der Organschaft, S. 20.

61 Zum Weisungsrecht der Gesellschafter und der damit korrespondierenden Folgepflicht des Geschäftsführers *Kleindiek*, in: Lutter/Hommelhoff, GmbHG, § 37 Rn. 17; *Stephan/Tieves*, in: Münchener Kommentar zum GmbHG, § 37 Rn. 123; *Lenz*, in: Michalski, GmbHG, § 37 Rn. 16; *Beurskens*, in: Noack/Servatius/Haas, GmbHG, § 37 Rn. 35; *Paefgen*, in: Habersack/Casper/Löbbe, GmbHG, § 37 Rn. 41 ff.; ausführlich zu

dadurch zu einer Vereinfachung der Leitungsstruktur führt.[62] Schließlich ist der Mehrheitsgesellschafter nicht mehr auf den Umweg über die Gesellschafterversammlung angewiesen[63] und kann dadurch insbesondere in der mehrgliedrigen Gesellschaft Anfechtungsrisiken ausschließen.[64] Nichtsdestotrotz kommt dem Fehlen eines unmittelbaren vertraglichen Weisungsrechts im GmbH-Konzernrecht nur eine untergeordnete Bedeutung zu, da die Organisationsstruktur der GmbH dem Mehrheitsgesellschafter weitergehende Einflussmöglichkeiten als in der AG eröffnet und dadurch die Konzerneinbindung erleichtert.[65] Dies wird insbesondere an der Stellung des Geschäftsführers deutlich, der anders als im Aktienrecht keinen eigenverantwortlichen Entscheidungsspielraum hat, sondern dazu verpflichtet ist, den Weisungen der Gesellschafter Folge zu leisten und der jederzeit mit seiner Abberufung rechnen muss, wenn er sich gegen den Willen des Mehrheitsgesellschafters auflehnt.[66] Der Mehrheitsgesellschafter kann deshalb

---

Umfang und Grenzen des Weisungsrechts *Mennicke*, NZG 2000, 622; *Ebert*, GmbHR 2003, 444.

62 Das aus dem Beherrschungsvertrag resultierende Weisungsrecht kann durch jede formelle oder informelle Form der Einflussnahme ausgeübt werden, vgl. *Altmeppen*, in: Münchener Kommentar zum AktG, § 308 Rn. 9; *Emmerich*, in: Emmerich/Habersack, Aktien-/GmbH-KonzernR, § 308 Rn. 23; *Langenbucher*, in: Schmidt/Lutter, AktG, § 308 Rn. 3.

63 *Wilde*, Beherrschungs- und Gewinnabführungsverträge, S. 35; *Priester*, ZGR 1986 Sonderheft 6, 151 (157); *Zöllner*, ZGR 1992, 173 (175); *Hoffmann-Becking*, WiB 1994, 57 (58); *Schwarz*, MittRhNotK 1994, 50 (59); *Hommelhoff/Freytag*, DStR 1996, 1409 (1411); *Koerfer/Selzner*, GmbHR 1997, 285; *Halm*, NZG 2001, 728 (729); *Mues*, RNotZ, 2005, 1 (4); *Simon/Leuering*, NJW-Spezial 2006, 363 (364).

64 *Wilde*, Beherrschungs- und Gewinnabführungsverträge, S. 35; *Schwarz*, MittRhNotK 1994, 50 (59); *Halm*, NZG 2001, 728 (729).

65 *Liebscher*, in: Münchener Kommentar zum GmbHG, Anhang § 13 Rn. 666; *Priester*, ZGR 1986 Sonderheft 6, 151 (155); *Cahn/Simon*, Der Konzern 2003, 1 (3). Zu weit ginge es, dem Beherrschungsvertrag wegen des bei der GmbH bestehenden Weisungsrechts jegliche Bedeutung abzusprechen, so jedoch *Flume*, DB 1989, 665 (666).

66 Zum Grundsatz der freien Abberufbarkeit *Stephan/Tieves*, in: Münchener Kommentar zum GmbHG, § 38 Rn. 7; *Schneider/Schneider*, in: Scholz, GmbHG, § 38 Rn. 12; *Beurskens*, in: Noack/Servatius/Haas, GmbHG, § 38 Rn. 2; *Paefgen*, in: Habersack/Casper/Löbbe, GmbHG, § 38 Rn. 9; *Kleindiek*, in: Lutter/Hommelhoff, GmbHG, § 38 Rn. 2, der zutreffend konstatiert, dass die Abberufung im Belieben der Gesellschafter steht.

auch ohne Beherrschungsvertrag umfassenden Einfluss auf die Geschäftsführung nehmen, um seine Unternehmenspolitik durchzusetzen.[67]

2. *Keine Legitimation nachteiliger Einflussnahme*

Der Beherrschungsvertrag legitimiert die nachteilige Einflussnahme auf die Untergesellschaft.[68] Dem anderen Vertragsteil ist es daher erlaubt, Maßnahmen zu ergreifen, die im Konzerninteresse liegen, sich jedoch zum Nachteil der abhängigen Gesellschaft auswirken.[69] Für den Gewinnabführungsvertrag gilt dies nicht. In Rechtsprechung[70] und Literatur[71] besteht weitgehend Einigkeit, dass nachteilige Einflussnahme nur gestattet ist, wenn sie durch einen Beherrschungsvertrag legitimiert wird. Die teilweise vertretene Gegenansicht, wonach auch der isolierte Gewinnabführungsvertrag Nachteilszufügungen erlaube,[72] vermag nicht zu überzeugen. Die Regelung des § 308 Abs. 1 S. 2 AktG, der eine nachteilige Einflussnahme grundsätzlich erlaubt, findet ausweislich des eindeutigen Wortlauts und der systematischen Stellung der Vorschrift nur bei Bestehen eines

---

67 *Liebscher*, in: Münchener Kommentar zum GmbHG, Anhang § 13 Rn. 666; *Koerfer/Selzner*, GmbHR 1997, 285.

68 *Emmerich*, in: Emmerich/Habersack, Aktien-/GmbH-KonzernR, § 308 Rn. 45; *Altmeppen*, in: Münchener Kommentar zum AktG, § 308 Rn. 102; *Zöllner*, ZGR 1992, 173 (175); *Kropff*, in: FS Semler 1993, S. 517 (528).

69 Eine nachteilige Weisung liegt im Konzerninteresse, wenn sich daraus für irgendein konzernverbundenes Unternehmen zumindest mittelbar ein Vorteil ergibt, vgl. *Emmerich*, in: Emmerich/Habersack, Aktien-/GmbH-KonzernR, § 308 Rn. 46; *Altmeppen*, in: Münchener Kommentar zum AktG, § 308 Rn. 102.

70 BGH, Urteil vom 11.11.1991 - II ZR 287/90 = DNotZ 1992, 721 (723).

71 *Kropff*, in: FS Semler 1993, S. 517 (540); *Servatius*, in: BeckOK GmbHG, Systematische Darstellung KonzernR Rn. 348.1; *Schnorbus*, in: Rowedder/Pentz, GmbHG, Anhang § 52 Rn. 117; *Wilde*, Beherrschungs- und Gewinnabführungsverträge, S. 34; *Priester*, ZGR 1986 Sonderheft 6, 151 (157); *Hoffmann-Becking*, WiB 1994, 57 (58); *Hommelhoff/Freytag*, DStR 1996, 1409 (1411); *Koerfer/Selzner*, GmbHR 1997, 285 (286); *Mues*, RNotZ, 2005, 1 (4); zum Aktienkonzernrecht: *Veil/Walla*, in: BeckOGK AktG, § 291 Rn. 111; *Altmeppen*, NZG 2010, 361 (366).

72 *Lutter*, ZGR 1986 Sonderheft 6, 192 (195); *Altmeppen*, GmbHG, Anhang § 13 Rn. 123; *Cahn/Simon*, Der Konzern 2003, 1 (20).

Beherrschungsvertrags Anwendung.[73] Im Umkehrschluss sind nachteilige Maßnahmen bei einem isolierten Gewinnabführungsvertrag unzulässig.[74]

Die Unzulässigkeit nachteiliger Weisungen korrespondiert mit dem Schutzsystem des faktischen Konzerns, das bei Abschluss eines isolierten Gewinnabführungsvertrags weiterhin Anwendung findet.[75] Im Aktienrecht folgt dies aus § 316 AktG, der die Obergesellschaft bei Abschluss eines isolierten Gewinnabführungsvertrags nur von der Pflicht zur Aufstellung eines Vertragsberichts, nicht jedoch von der Beachtung der § 311 ff. AktG befreit.[76]

Im Vertragskonzernrecht der GmbH kann insofern nichts anderes gelten.[77] Statt dem im Aktienkonzernrecht in § 311 AktG geregelten gestreckten Nachteilsausgleich gilt im faktischen GmbH-Konzern jedoch ein striktes Schädigungsverbot, das aus der mitgliedschaftlichen Treuepflicht abgeleitet wird und die abhängige Gesellschaft vor jedweder nachteiligen Einflussnahme des Mehrheitsgesellschafters schützt.[78] Anders verhält es sich nur in der Einpersonengesellschaft. Hier wird eine Anwendung des Schädigungsverbots in Rechtsprechung und Literatur weitgehend abgelehnt, da es an schutzbedürftigen Minderheitsgesellschaftern fehle und der Alleingesellschafter gegenüber der Gesellschaft nicht zur Treue verpflichtet sei.[79] Existenzgefährdende Maßnahmen sind jedoch auch dem Al-

---

73 *Müller*, in: FS Goerdeler 1987, S. 375 (380); *Leuering/Goertz*, in: Hölters/Weber, AktG, § 308 Rn. 7.

74 AA *Lutter*, ZGR 1986 Sonderheft 6, 192 (195), der § 308 AktG analog anwenden will und sich damit über die im Gesetz angelegte Differenzierung zwischen beiden Vertragstypen hinwegsetzt.

75 *Habersack*, in: Emmerich/Habersack, Aktien-/GmbH-KonzernR, § 311 Rn. 1; aA *Koppensteiner*, in: Kölner Kommentar zum AktG, § 291 Rn. 3, der den gestreckten Nachteilsausgleich beim Gewinnabführungsvertrag für sinnlos hält, da der Ausgleich ohnehin wieder als Gewinn an den anderen Vertragsteil abgeführt werde.

76 *Müller*, in: FS Goerdeler 1987, S. 377 (382); *Habersack*, in: Emmerich/Habersack, Aktien-/GmbH-KonzernR, § 316 Rn. 10; *Altmeppen*, in: Münchener Kommentar zum AktG, § 291 Rn. 151.

77 *Servatius*, in: BeckOK GmbHG, Systematische Darstellung KonzernR Rn. 348.1.

78 BGH, Urteil vom 05.06.1975 – II ZR 23/74 = NJW 1976, 191 – *ITT*; Urteil vom 16.09.1985 – II ZR 275/84 = NJW 1986, 188 (190) – *Autokran*; OLG Bremen Urteil vom 18.05.1999 – 3 U 2/98, ZIP 1999, 1671 (1674) – *Bremer Vulkan*; *Emmerich*, in: Scholz, GmbHG, Anhang § 13 Rn. 103; *Liebscher*, in: Münchener Kommentar zum GmbHG, Anhang § 13 Rn. 391, 412; 423 ff.; *Priester*, ZGR 1986 Sonderheft 6, 151 (156).

79 BGH, Urteil vom 28.09.1992 – II ZR 299/91 = NJW 1993, 193 (194); *Hommelhoff*, ZGR 2012, 535 (539); *Leuering/Rubner*, NJW-Spezial 2018, 527 (528).

leingesellschafter untersagt, da die Gesellschaft insoweit ein schutzwürdiges Bestandsinteresse hat.[80]

II. Integrationsverstärkende Wirkung des Gewinnabführungsvertrags

Der Gewinnabführungsvertrag geht in seiner Wirkung nicht so weit wie ein Beherrschungsvertrag, da er dem anderen Vertragsteil weder ein unmittelbares Weisungsrecht verschafft, noch Nachteilszufügungen legitimiert. Anders als der Beherrschungsvertrag löst der isolierte Gewinnabführungsvertrag daher nicht die unwiderlegliche Abhängigkeitsvermutung des § 18 Abs. 1 S. 2 AktG aus.[81] Dies erscheint sachgerecht, da zahlreiche Maßnahmen, die typischerweise ergriffen werden, um die Einbindung der abhängigen Gesellschaft in den Konzern voranzutreiben,[82] aufgrund des bei Abschluss eines isolierten Gewinnabführungsvertrags geltenden Schädigungsverbots von vornherein unzulässig sind. Es wäre jedoch falsch, daraus den Schluss zu ziehen, dass der Gewinnabführungsvertrag bei der Konzernbildung keine Rolle spielt. Denn auch wenn der Gewinnabführungsvertrag nicht so weit reicht wie ein Beherrschungsvertrag, stellt er ein starkes Indiz für das Vorliegen eines Abhängigkeitsverhältnisses dar bzw. festigt ein bestehendes Abhängigkeitsverhältnis und entfaltet insofern integrationsverstärkende Wirkung.[83] Dass der Abschluss eines isolierten Gewinnabführungsvertrags die Konzernintegration vorantreibt, wird insbesondere daran deutlich, dass der Vertragsschluss zu einer Suspendierung der Kapitalerhaltungsvorschriften führt und dadurch die Einbindung in das konzerninterne Finanzmanagement erleichtert.[84] Die Einrichtung eines zentralen Finanzmanagements bietet wirtschaftliche Vorteile, da eine Bündelung der Liquiditätsreserven den Zinsertrag steigert und

80 *Liebscher*, in: Münchener Kommentar zum GmbHG, Anhang § 13 Rn. 420; *Emmerich*, in: Scholz, GmbHG, Anhang § 13 Rn. 104.

81 *Emmerich*, in: Emmerich/Habersack, Aktien-/GmbH-KonzernR, § 291 Rn. 71; *Altmeppen*, in: Münchener Kommentar zum AktG, Vorbemerkung § 291 Rn. 5.

82 Zu den konzernintegrierenden Maßnahmen auf der Grundlage eines Beherrschungsvertrags *Veil*, Unternehmensverträge, S. 7 ff.

83 Zur indiziellen Wirkung des Gewinnabführungsvertrags *Emmerich*, in: Emmerich/Habersack, Aktien-/GmbH-KonzernR, § 291 Rn. 71.

84 *Liebscher*, in: Münchener Kommentar zum GmbHG, Anhang § 13 Rn. 461; *Ekkenga*, in: Münchener Kommentar zum GmbHG, § 30 Rn. 276; *Emmerich*, in: Emmerich/Habersack, Aktien-/GmbH-KonzernR, § 291 Rn. 68; *Altmeppen*, NZG 2010, 361; *Beck*, GmbHR 2014, 1075 (1077); *Göhmann/Winnen*, RNotZ 2015, 53; *Bünning/Stoll*, BB 2016, 555, die jedoch zu Recht darauf hinweisen, dass zur Dispensierung

die optimale Verteilung der überschüssigen Zahlungsmittel auf die Konzerngesellschaften zu einer Reduzierung der Fremdfinanzierungskosten beiträgt.[85] Für die abhängige Gesellschaft ist mit der Einbindung in das konzernweite Finanzmanagement jedoch ein erheblicher Verlust an Selbständigkeit in einem der wichtigsten Bereiche der Unternehmenssteuerung verbunden, was sich im Fall der Beendigung des Gewinnabführungsvertrags zum Nachteil der Gesellschaft auswirken kann. Der Abschluss eines isolierten Gewinnabführungsvertrags entfaltet mithin auch konzernrechtliche Wirkung und eignet sich daher als Mittel zur Konzernbildung.[86]

D. Regelungsregime

I. Rechtsquellen des GmbH-Vertragskonzernrechts

1. GmbHG

Da es an einem kodifizierten GmbH-Konzernrecht fehlt, stellt sich die Frage, nach welchen Vorschriften sich der Abschluss eines isolierten Gewinnabführungsvertrags im GmbH-Recht richtet, welche Vorgaben bei der Durchführung des Vertrags zu beachten sind und welche konkreten Anforderungen an den Schutz der außenstehenden Gesellschafter und Gläubiger zu stellen sind. Um die vertragskonzernrechtlichen Fragestellungen zu beantworten, kommt zunächst das GmbHG als Rechtsquelle in Betracht. Da das GmbHG jedoch nahezu keine konzernrechtlichen Regelungen enthält, erweist es sich als schwierig, hieraus Erkenntnisse für den Abschluss von Gewinnabführungsverträgen zu ziehen. Der Rückgriff auf das GmbHG ist nur insoweit anerkannt, als es um die Parallele zur Satzungsänderung geht: Da der Gewinnabführungsvertrag die Gewinnverteilung und den Gesellschaftszweck verändert,[87] und damit eine grundsätzlich dem

von den Kapitalerhaltungsvorschriften auch ein Beherrschungsvertrag in Betracht kommt.

85 Ausführlich zu den Vorteilen eines zentralen Finanzmanagements *Demleitner*, Cash Pooling im Konzern, Rn. 12.

86 *Altmeppen*, in: Münchener Kommentar zum AktG, Vorbemerkung § 291 Rn. 5.

87 Dass mit der Änderung der Gewinnverteilung beim Abschluss eines Gewinnabführungsvertrags auch eine Änderung des Gesellschaftszwecks einhergeht, ist weithin anerkannt, vgl. *Rehbinder*, in: FS Fleck 1988, S. 253 (256); *Grauer*, Konzernbildungskontrolle im GmbH-Recht, S. 161; *Kort*, Beherrschungs- und Gewinnabführungsverträge, S. 113; *Veil*, Unternehmensverträge, S. 143; Wilde, Beherrschungs- und

Gesellschaftsvertrag vorbehaltene Regelung trifft, sollen sich die Wirksamkeitsvoraussetzungen für den Zustimmungsbeschluss aus der analogen Anwendung der §§ 53, 54 GmbHG ergeben.[88] Die Fragen, die sich im Hinblick auf die Durchführung des Gewinnabführungsvertrags und die Anforderungen an den Schutz der außenstehenden Gesellschafter und Gläubiger stellen, lassen sich dagegen kaum unter Rückgriff auf die Vorschriften des GmbHG beantworten.

2. *Aktienkonzernrecht*

Ein anderer Weg, um das Vertragskonzernrecht der GmbH auf eine normative Grundlage zu stellen, ist der Analogieschluss zum Aktienkonzernrecht. Im Aktiengesetz hat der Gesetzgeber in den §§ 291 ff. AktG ein ausdifferenziertes Regelungssystem geschaffen, das den Abschluss und die Durchführung von Unternehmensverträgen umfassend regelt und die Interessen von Mehrheits- und Minderheitsgesellschaftern sowie Gläubigern in einen Ausgleich bringt. Der Rückgriff auf das Vertragskonzernrecht des AktG bietet vor allem den Vorteil, dass es sich dabei um ein umfassendes Regelungssystem handelt, das potentiell auf alle Fragen des Abschlusses eines Unternehmensvertrags Antworten bietet. Durch den Rückgriff auf dieses Regelungssystem kann Rechtssicherheit geschaffen werden, da eine Zersplitterung des GmbH-Vertragskonzernrechts auf verschiedene Rechtsquellen verhindert wird.

3. *Steuerrecht*

Ferner enthält das Steuerrecht als Wiege des Unternehmensvertragsrechts[89] Vorschriften zum Abschluss von Gewinnabführungsverträgen mit einer GmbH als Organgesellschaft. Diesen Regelungen ist jedoch entgegen vereinzelt vertretener Ansicht[90] keine gesellschaftsrechtliche Wirkung beizumessen, da sie sich

---

Gewinnabführungsverträge, S. 44; *Koehler*, Der Gewinnabführungsvertrag, S. 45; *Priester*, ZGR 1986 Sonderheft 6, 151 (159); *Koerfer/Selzner*, GmbHR 1997, 285 (288); *Halm*, NZG 2001, 728 (731).

88 *Weigel*, in: FS Quack 1991, S. 505 (512); *Priester*, ZGR 1986 Sonderheft 6, 151 (167 ff.); *Lutter/Hommelhoff*, NJW 1988, 1240 (1241); *Heckschen*, DB 1989, 29; *Richter/Stengel*, DB 1989, 1861; *Schwarz*, MittRhNotK 1994, 50 (51); *Wilde*, Beherrschungs- und Gewinnabführungsverträge, S. 49.

89 *Skibbe*, GmbHR 1968, 245; *Gäbelein*, GmbHR 1989, 502 (504); *Knepper*, DStR 1994, 377 (377 f.) mit prägnanter Darstellung der Entwicklung der Unternehmensverträge aus dem durch Richterrecht geschaffenen Institut des Organvertrags.

90 OLG Düsseldorf, Urteil vom 20.03.1980 – 6 U 143/79 = BB 1981, 1482; *Esch*, BB 1986, 272 (276), der die Wirksamkeitsvoraussetzungen für Gewinnabführungsverträge

ausschließlich auf die Voraussetzungen für die steuerliche Anerkennung des Gewinnabführungsvertrags beziehen und ihrerseits einen zivilrechtlich wirksamen Gewinnabführungsvertrag voraussetzen.[91] Die Vorschriften zur Bildung einer körperschaft- oder gewerbesteuerlichen Organschaft lassen daher keine Rückschlüsse auf die gesellschaftsrechtlichen Anforderungen zu, die an den Abschluss und die Durchführung von Gewinnabführungsverträgen im GmbH-Konzernrecht zu stellen sind.[92]

4. *Umwandlungsrecht*

Auch das Umwandlungsrecht kommt als Rechtsquelle für das Vertragskonzernrecht der GmbH in Betracht, da Verschmelzung und Unternehmensvertragsschluss in wirtschaftlicher Hinsicht Gemeinsamkeiten aufweisen, die eine Übertragung einzelner Wertungen im Wege des Analogieschlusses möglich erscheinen lassen.[93] Das gilt insbesondere im Hinblick auf eine Reihe von Rechtsinstituten, die sich sowohl im Umwandlungsrecht als auch im Vertragskonzernrecht wiederfinden, wie zum Beispiel der Vertragsbericht, die Vertragsprüfung oder die Abfindung in Anteilen des anderen Rechtsträgers. Ein Blick auf deren Einsatz bei der Verschmelzung einer GmbH kann wertvolle Erkenntnisse für das GmbH-Vertragskonzernrecht liefern. Dieser bisher nur wenig diskutierte Weg, Antworten auf die ungelösten Fragen des GmbH-Vertragskonzernrechts zu finden, bietet Vorteile, da das Umwandlungsgesetz auf die GmbH abgestimmte Regelungen enthält. Anders als bei der analogen Anwendung aktienkonzernrechtlicher Vorschriften stellt sich hier also nicht die Frage, ob die rechtsformspezifischen Unterschiede zwischen AG und GmbH einem Analogieschluss entgegenstehen.

---

unmittelbar den §§ 14-17 KStG entnehmen will; ähnlich *Gäbelein*, GmbHR 1989, 502 (505).

91 BFH, Urteil vom 18.12.2002 – I R 51/01 = BB 2003, 619; *Neumann*, in: Gosch, KStG, § 14 Rn. 207; *Hönle*, DB 1979, 485 (489); *Lutter/Hommelhoff*, NJW 1988, 1240 (1240 f.); *Timm*, GmbHR 1989, 11; *Knepper*, DStR 1994, 377; *Weber*, GmbHR 2003, 1347; *Grauer*, Konzernbildungskontrolle im GmbH-Recht, S. 186.

92 So schon *Martens*, DB 1970, 813; *Rix*, MittRhNotK 1986, 29 (40); *Zeidler*, NZG 1999, 692; *Mues*, RNotZ, 2005, 1 (3 Fn. 9).

93 Zur Vergleichbarkeit von Verschmelzung und Unternehmensvertragsschluss siehe Teil 2 B. I. 1. c. cc. (2).

II. Übertragung des Aktienkonzernrechts auf die GmbH

1. *Meinungsstand*

a. *Rechtsprechung des BGH*

Der BGH war lange Zeit eher zurückhaltend, was die analoge Anwendung aktienkonzernrechtlicher Vorschriften auf die GmbH angeht und hat stattdessen versucht, die Voraussetzungen für den Abschluss eines Gewinnabführungsvertrags aus den Normen des GmbHG herzuleiten. Das wird bei einem Blick auf die dogmatische Begründung deutlich, mit der der BGH im Supermarkt-Beschluss die Zustimmung der Gesellschafter als Wirksamkeitsvoraussetzung des Gewinnabführungsvertrags eingeordnet hat.[94] Statt auf die entsprechenden Regelungen des Aktienkonzernrechts zurückzugreifen, wendete der Senat § 53 GmbHG analog an und begründete dies mit der satzungsüberlagernden Wirkung des Unternehmensvertrags. Auch die Anforderungen an die Form des Unternehmensvertrags und die konstitutive Handelsregistereintragung leitete der Senat aus den Vorschriften über Satzungsänderungen her, anstatt § 294 AktG analog anzuwenden.

Diese Zurückhaltung bei der analogen Anwendung aktienkonzernrechtlicher Vorschriften war wohl vor allem von der inzwischen überwundenen Vorstellung geprägt, dass sich der Gesetzgeber mit dem Scheitern der Reformbemühungen in den Jahren 1972/1973 gegen eine Übernahme der aktienkonzernrechtlichen Wertungen entschieden habe und Vorgaben zu Form und Registereintragung des Unternehmensvertrags daher nicht aus einer Analogie zum Vertragskonzernrecht der AG gewonnen werden könnten.[95] In den Folgeentscheidungen hat sich der BGH von seiner anfänglichen Linie entfernt. Mittlerweile wendet er die Vorschriften des Aktienkonzernrechts grundsätzlich analog an und will nur dann auf die Übertragung aktienkonzernrechtlicher Vorschriften verzichten, wenn diese auf den Strukturunterschieden zwischen AG und GmbH beruhen oder im Hinblick auf ihren Schutzzweck nicht auf die GmbH übertragbar sind.[96]

b. *Literatur*

Nachdem die analoge Anwendung vertragskonzernrechtlicher Vorschriften des AktG in der früheren vertragskonzernrechtlichen Literatur überwiegend auf

---

94 BGH, Beschluss vom 24.10.1988 – II ZB 7/88 = NJW 1989, 295 (298) – *Supermarkt*.
95 Vgl. OLG Düsseldorf, NJW 1987, 3208 (3209); *Esch*, BB 1986, 272 (274).
96 BGH, Urteil vom 16.06.2015 – II ZR 384/13 = NJW-RR 2015, 1175 (1176).

Ablehnung gestoßen ist,[97] steht die herrschende Meinung dem Rückgriff auf das Vertragskonzernrecht der AG mittlerweile aufgeschlossen gegenüber und überträgt die Regelungen im Wege der Einzelanalogie auf die GmbH, wenn deren rechtsformspezifische Besonderheiten einer Analogie nicht entgegenstehen.[98] Dabei soll für jede Vorschrift gesondert zu prüfen sein, ob die Interessenlage im GmbH-Recht vergleichbar ist und einen Analogieschluss erlaubt.[99] Manche Stimmen gehen noch einen Schritt weiter und befürworten eine eingeschränkte Gesamtanalogie.[100] Dabei sollen die aktienkonzernrechtlichen Vorschriften grundsätzlich auf die GmbH übertragen werden und eine Analogie nur dann ausscheiden, wenn die besonderen Wertungen des GmbH-Rechts einer Übertragung entgegenstehen. Eine reine Gesamtanalogie wird unter Verweis auf die strukturellen Unterschiede zwischen GmbH und AG allgemein abgelehnt.[101] Nur noch vereinzelt vertreten wird die Ansicht, dass das Vertragskonzernrecht in erster Linie aus den Vorschriften des GmbHG herzuleiten sei und nur im Ausnahmefall auf eine Analogie zum Aktienkonzernrecht zurückgegriffen werden dürfe.[102]

---

97 *Hönle*, DB 1979, 485 (487); *Esch*, BB 1986, 272 (274); *Priester*, ZGR 1986 Sonderheft 6, 151 (152); *ders.*, in: FS Peltzer 2001, S. 327 (332).

98 *Liebscher*, in: Münchener Kommentar zum GmbHG, Anhang § 13 Rn. 661; *Emmerich*, in: Scholz, GmbHG, Anhang § 13 Rn. 285; *Göhmann/Winnen*, RNotZ 2015, 53; *Wilde*, Beherrschungs- und Gewinnabführungsverträge, S. 30; *Kropff*, in: FS Semler 1993, S. 517 (523); *Schwarz*, MittRhNotK 1994, 50 (51); *Halm*, NZG 2001, 728 (736); *Fleischer*, GmbHR 2008, 673 (680); *Beck*, DNotZ 2013, 90 (92); *Wicke*, GmbHR 2017, 686 (690).

99 *Wilde*, Beherrschungs- und Gewinnabführungsverträge, S. 30; *Halm*, NZG 2001, 728 (736); *Beck*, GmbHR 2014, 1075 (1076).

100 *Servatius*, in: Michalski, GmbHG, Systematische Darstellung 4 Rn. 318; *Kropff*, in: FS Semler 1993, S. 517 (522 f.); *Stephan*, Der Konzern 2015, 349 (352).

101 *Emmerich*, in: Scholz, GmbHG, Anhang § 13 Rn. 131; *Wilde*, Beherrschungs- und Gewinnabführungsverträge, S. 29; *Priester*, ZGR 1986 Sonderheft 6, 151 (152); *Esch*, BB 1986, 272 (274); *Rix*, MittRhNotK 1986, 29 (31); *Vetter*, AG 1994, 110 (113); *Vetter*, ZIP 1995, 345 (348); *Hoffmann-Becking*, WiB 1994, 57 (59); *Schwarz*, MittRhNotK 1994, 50; *Zeidler*, NZG 1999, 692; *Halm*, NZG 2001, 728 (736); *Beck*, DNotZ 2013, 90 (92).

102 *Beurskens*, in: Noack/Servatius/Haas, GmbHG, Anhang KonzernR Rn. 94; in diese Richtung auch *Beck*, GmbHR 2014, 1075.

2. *Stellungnahme*

a. *Regelungslücke*

Die für eine analoge Anwendung aktienkonzernrechtlicher Vorschriften erforderliche Regelunglücke kann angesichts des Fehlens vertragskonzernrechtlicher Vorschriften im GmbHG grundsätzlich bejaht werden.[103] Der Annahme einer planwidrigen Regelungslücke steht auch das Scheitern der GmbH-Reform Anfang der 1970er Jahre nicht entgegen.[104] Der Einwand, dass der Gesetzgeber sich damit bewusst gegen die Einführung eines GmbH-Konzernrechts nach dem Vorbild des Aktiengesetzes entschieden habe,[105] kann nicht überzeugen, da das Scheitern der Reform vielmehr darauf zurückzuführen ist, dass in Detailfragen zur Unternehmensmitbestimmung keine Einigung erzielt werden konnte.[106] Dass der Gesetzgeber seitdem keinen weiteren Versuch zur Einführung eines GmbH-Vertragskonzernrechts unternommen hat, ist kein Argument gegen die Existenz einer planwidrigen Regelungslücke, sondern spricht gerade für die Möglichkeit eines Analogieschlusses, da der Gesetzgeber die Ausformung des GmbH-Vertragskonzernrechts Rechtsprechung und Literatur überlassen wollte.[107]

b. *Vergleichbare Interessenlage*

aa. Wesentliche Gemeinsamkeiten bei der Konzerneinbindung als abhängige Gesellschaft

Aus konzernrechtlicher Perspektive weisen AG und GmbH wesentliche Gemeinsamkeiten auf, die an vielen Stellen eine Übertragung der aktienkonzernrechtlichen Wertungen auf die GmbH nahelegen.[108] So handelt es sich bei GmbH und AG um Kapitalgesellschaften, die auf die Verfolgung erwerbswirtschaftlicher Zwecke

---

103 *Weigel*, in: FS Quack 1991, S. 505 (513), nach dessen Ansicht am Bestehen einer Regelungslücke kein Zweifel besteht.

104 *Lutter/Hommelhoff*, NJW 1988, 1240.

105 So jedoch OLG Düsseldorf, NJW 1987, 3208 (3209); *Esch*, BB 1986, 272 (274); *Flume*, DB 1989, 665 (666).

106 Vgl. die Ausführung des BGH in seinem Beschluss vom 24.10.1988 – II ZB 7/88 = BGHZ 105, 324 (336) = NJW 1989, 295 (297) – *Supermarkt*; *Kropff*, in: FS Semler 1993, S. 517 (521); *Wilde*, Beherrschungs- und Gewinnabführungsverträge, S. 23; *Koerfer/Selzner*, GmbHR 1997, 285 (290).

107 *Timm*, GmbHR 1987, 8; *Lutter/Hommelhoff*, NJW 1988, 1240; *Assmann*, in: FS 100 Jahre GmbHG 1992, S. 657 (664).

108 *Kropff*, in: FS Semler 1993, S. 517 (520); *Richter/Stengel*, DB 1989, 1861 (1863).

ausgerichtet sind und für deren Verbindlichkeiten nur das Gesellschaftsvermögen in Anspruch genommen werden kann und nicht die dahinterstehenden Gesellschafter.[109] Da der Gläubigerschutz bei beiden Rechtsformen über ein Mindestkapital gewährleistet wird, das einer besonderen bilanziellen Bindung unterliegt und als Reservefonds dient, stellen sich im Fall einer unternehmensvertraglichen Konzerneinbindung auch hier ähnliche Fragen zur Erhaltung der den Gläubigern zur Verfügung stehenden Haftungsmasse. Nichts anderes gilt für den Schutz der außenstehenden Gesellschafter, die aufgrund des im Kapitalgesellschaftsrecht geltenden Mehrheitsprinzips auch bei wichtigen Entscheidungen übergangen werden können und daher in vielen Fällen ähnlichen Risiken ausgesetzt sind.[110] So kommt die Gefahr, dass ein Mehrheitsgesellschafter eigene Interessen verfolgt, die vom Gesellschaftsinteresse abweichen und die Rechtsposition der außenstehenden Gesellschafter gefährden, bei AG und GmbH gleichermaßen zum Tragen.[111] Gerade wenn die Gesellschaft als abhängiges Unternehmen in einen Konzern eingebunden wird, stellen sich daher in vielen Fällen ähnliche Fragen, die nicht von der Rechtsform als AG oder GmbH abhängig sind und daher eine analoge Anwendung aktienkonzernrechtlicher Vorschriften rechtfertigen.[112]

bb. Rechtsformspezifische Unterschiede zwischen GmbH und AG

Nichtsdestotrotz weisen GmbH und AG eine Reihe rechtsformspezifischer Unterschiede auf, die der analogen Anwendung aktienkonzernrechtlicher Vorschriften entgegenstehen können. Zu nennen sind insbesondere die stärkere Ausgestaltung der Gesellschafterstellung in der GmbH, die Weisungsgebundenheit des Geschäftsführers, die höheren Anforderungen an die Übertragung von Geschäftsanteilen, die unterschiedliche Reichweite der Kapitalbindung und die statutarische Gestaltungsfreiheit bei der GmbH.[113] Noch größere Bedeutung kommt indes den rechtstatsächlichen Unterschieden zwischen GmbH und AG zu, die

---

109 *Fastrich*, in: Noack/Servatius/Haas, GmbHG, Einleitung Rn. 3.

110 Zur Geltung des Mehrheitsprinzips *Fleischer*, in: Münchener Kommentar zum GmbHG, Einleitung Rn. 29.

111 *Kropff*, in: FS Semler 1993, S. 517 (521).

112 *Hommelhoff/Freytag*, DStR 1996, 1409 (1416); *Hegemann*, GmbHR 2012, 315 (318); *Kropff*, in: FS Semler 1993, S. 517 (521); *Vetter*, AG 1994, 110 (113), der daraus den Schluss zieht, dass sich die Beantwortung konzernrechtlicher Fragen im GmbH-Recht zwangsläufig am kodifizierten Aktienkonzernrecht zu orientieren hat; aA noch *Flume*, DB 1989, 665 (666).

113 *Kropff*, in: FS Semler 1993, S. 517 (522 f.); *Schilling*, ZHR 140 (1976), 528 (534); *Wilde*, Beherrschungs- und Gewinnabführungsverträge, S. 23 ff.

beide Rechtsformen im Hinblick auf die Gesellschafterzahl, die Beteiligung an der Unternehmensleitung und das Verhältnis unter den Anteilsinhabern deutlich voneinander abheben. Die GmbH erfreut sich insbesondere in der mittelständischen Wirtschaft großer Beliebtheit und verfügt daher typischerweise nur über eine Handvoll Gesellschafter,[114] die als Geschäftsführer unmittelbar an der Leitung des Unternehmens beteiligt sind und deren Zusammenarbeit von einem persönlichen Vertrauensverhältnis geprägt ist.[115] Die AG ist demgegenüber auf kapitalintensive Großunternehmen zugeschnitten und weist deshalb regelmäßig eine große Zahl von Kleinaktionären auf, die sich weder gegenseitig kennen, noch unternehmerisch an der Gesellschaft beteiligen, sondern ausschließlich Anlageinteressen verfolgen.[116] Bei der GmbH lässt sich daher grundsätzlich von einer personalistisch geprägten Kapitalgesellschaft sprechen, wohingegen es sich bei der AG um eine kapitalistisch strukturierte Gesellschaft handelt.[117]

c. *Fazit*

Angesichts der Gemeinsamkeiten von GmbH und AG und vor dem Hintergrund, dass die §§ 291 ff. AktG ein in sich stimmiges vertragskonzernrechtliches Gesamtkonzept bieten, sprechen gute Argumente dafür, die Vorschriften auch im Vertragskonzernrecht der GmbH als Grundlage für den Abschluss eines Gewinnabführungsvertrags heranzuziehen.[118] Aufgrund der rechtsformspezifischen Unterschiede muss dennoch stets mit Blick auf die konkrete Norm geprüft werden, ob eine vergleichbare Interessenlage vorliegt, die eine Übertragung der aktienkonzernrechtlichen Regelungen erlaubt.

---

114 *Bayer/Hoffmann*, GmbHR 2014, 12 (13), die bei ihrer Auswertung der in der Ownership Data Base des Bureau van Dijk hinterlegten Unternehmensdaten zu dem Ergebnis kommen, dass über 97 % der als GmbH eingetragenen Gesellschaften weniger als fünf Gesellschafter haben; ähnlich schon die Ergebnisse von *Kornblum/Hampf/Naß*, GmbHR 2000, 1240 (1245); Gesellschaften mit großem Gesellschafterkreis bilden bei der GmbH hingegen die Ausnahme, vgl. *Bayer/Hoffmann*, GmbHR 2014, 12 (14), die nur 49 GmbHs mit über 100 Gesellschaftern feststellen konnten.

115 *Fleischer*, in: Münchener Kommentar zum GmbHG, Einleitung Rn. 38; *ders.*, NZG 2014, 1081 (1084).

116 *Habersack*, in: Münchener Kommentar zum AktG, Einleitung Rn. 5, der zutreffend darauf hinweist, dass die Kapitalsammelfunktion bei der AG im Vordergrund steht.

117 *Fleischer*, in: Münchener Kommentar zum GmbHG, Einleitung Rn. 37, der die AG treffend als Vermögensgemeinschaft von Eigenkapitalgebern bezeichnet; zur personalistischen Prägung der GmbH *Schmidt*, Gesellschaftsrecht, S. 985.

118 *Servatius*, in: BeckOK GmbHG, Systematische Darstellung KonzernR Rn. 319; *Beck*, GmbHR 2012, 777 (785); *Stephan*, Der Konzern 2015, 349 (352).

III. Analoge Anwendung der Satzungsänderungsvorschriften?

1. Meinungsstand

Auch wenn der BGH im Grundsatz von einer analogen Anwendung der aktienkonzernrechtlichen Vorschriften ausgeht, hält er im Hinblick auf das konstitutive Zustimmungserfordernis, die Form des Zustimmungsbeschlusses und die Eintragung des Gewinnabführungsvertrags im Handelsregister an der analogen Anwendung der GmbH-rechtlichen Satzungsänderungsvorschriften fest, anstatt auf die Analogie zum Aktienkonzernrecht zurückzugreifen. Auch im vertragskonzernrechtlichen Schrifttum der GmbH herrscht noch immer die Ansicht vor, dass das Zustimmungserfordernis und die formalen Anforderungen an den Zustimmungsbeschluss aus einer analogen Anwendung der Satzungsänderungsvorschriften herzuleiten sind.[119]

2. Stellungnahme

a. Fehlende Vergleichbarkeit von Satzungsänderung und Gewinnabführungsvertrag

Die Anwendung der Satzungsänderungsvorschriften auf den Abschluss eines Gewinnabführungsvertrags kann nicht überzeugen.[120] Eine direkte Anwendung der Satzungsänderungsvorschriften scheidet schon deshalb aus, weil der Abschluss eines Gewinnabführungsvertrags den Wortlaut des Gesellschaftsvertrags unberührt lässt[121] und deshalb keine Satzungsänderung darstellt.[122] Doch auch eine analoge Anwendung der Satzungsänderungsvorschriften erscheint wenig überzeugend: Zwar führt der Abschluss eines Gewinnabführungsvertrags zu einer Änderung

---

119 Zum konstitutiven Zustimmungserfordernis siehe Teil 2 B. I. Zu den formalen Anforderungen an den Zustimmungsbeschluss siehe Teil 2 C. I. 1.

120 So auch *Altmeppen*, GmbHG, Anhang § 13 Rn. 29.

121 Da der Gewinnabführungsvertrag auch schuldrechtliche Elemente enthält, in der Regel nur für einen bestimmten Zeitraum abgeschlossen wird und sein Abschluss auch Nichtgesellschaftern offensteht, ist der Inhalt des Vertrags nicht in die Satzung aufzunehmen, BGH, Beschluss vom 24.10.1988 – II ZB 7/88 = NJW 1989, 295 (298) – *Supermarkt*; *Mues*, RNotZ 2005, 1 (16).

122 *Grauer*, Konzernbildungskontrolle im GmbH-Recht, S. 163; *Wilde*, Beherrschungs- und Gewinnabführungsverträge, S. 49; *Priester*, ZGR 1986 Sonderheft 6, 151 (167 f.); *Mues*, RNotZ 2005, 1 (16); *Beck*, DNotZ 2013, 90 (98); *ders.*, GmbHR 2014, 1075 (1076).

des Gesellschaftszwecks und ist insofern auf materieller Ebene mit einer Änderung der Satzung vergleichbar.[123] Dem stehen jedoch wesentliche Unterschiede gegenüber, die einen Gewinnabführungsvertrag von der bloßen Modifizierung der Gewinnverteilung durch Satzungsänderung abheben. Denn der Gewinnabführungsvertrag ist in erster Linie ein strategisches Instrument zur Optimierung der Konzernsteuerlast, bei dem die Änderung des Gesellschaftszwecks nur eine Begleiterscheinung darstellt, die gegenüber den steuerlichen Zielen in den Hintergrund tritt. Der Abschluss eines Gewinnabführungsvertrags unterscheidet sich damit grundlegend von einer Satzungsänderung, deren ausschließlicher Zweck in der Änderung des Gewinnverteilungsschlüssels liegt und deren Wirkungen sich auf den innergesellschaftlichen Bereich beschränken. Es erscheint kontraintuitiv, bei der Frage nach der rechtlichen Behandlung des Gewinnabführungsvertrags die Nähe zur Satzungsänderung hervorzuheben, obwohl die mit dem Vertragsschluss einhergehende Überlagerung der gesetzlichen bzw. im Gesellschaftsvertrag vorgesehenen Gewinnverteilung bei der Motivation der beteiligten Rechtsträger nur eine untergeordnete Rolle spielt.

b. Rechtsklarheit

Der Rückgriff auf die Vorschriften über Satzungsänderungen kann auch aus Gründen der Rechtsklarheit nicht überzeugen. Der Vergleich zur Satzungsänderung erlaubt zwar die Übertragung einzelner Wertungen, mit denen bestimmte Fragen des Abschlusses eines Gewinnabführungsvertrags beantwortet werden können, er bietet jedoch keine Anhaltspunkte zu den zahlreichen Fragen der Durchführung des Vertrags, des Minderheiten- und Gläubigerschutzes sowie der Vertragsbeendigung.[124] So lässt sich zwar das Erfordernis eines Zustimmungsbeschlusses und die konstitutive Handelsregistereintragung auf die Vorschriften der §§ 53, 54 GmbHG stützen, andere vertragskonzernrechtliche Fragen können jedoch nicht durch Heranziehung des GmbHG beantwortet werden und machen daher den Rückgriff auf andere Rechtsquellen erforderlich. Das führt dazu, dass die Voraussetzungen teilweise aus dem GmbHG unter Betonung der Parallele zur

---

123 BGH, Beschluss vom 24.10.1988 – II ZB 7/88 = NJW 1989, 295 (298) – *Supermarkt; Brandes*, WM 1989, 329 (329 f.); *Grauer*, Konzernbildungskontrolle im GmbH-Recht, S. 163; *Ballerstedt*, DB 1956, 837 (839); *Hoffmann-Becking*, WiB 1994, 57 (58); *Hommelhoff/Freytag*, DStR 1996, 1409 (1412); *Lutter/Hommelhoff*, NJW 1988, 1240 (1241); insofern von einer Satzungsüberlagerung sprechend *Weigel*, in: FS Quack 1991, S. 505 (512); *Priester*, ZGR 1986 Sonderheft 6, 151 (168); *Wilde*, Beherrschungs- und Gewinnabführungsverträge, S. 48; *Beck*, GmbHR 2014, 1075 (1076).

124 *Altmeppen*, ZIP 1998, 1853 (1857 Fn. 36).

Satzungsänderung und teilweise aus der analogen Anwendung aktienkonzernrechtlicher Vorschriften hergeleitet werden müssen.[125] Die analoge Anwendung der Satzungsänderungsvorschriften führt insofern zu einer Verkomplizierung des GmbH-Vertragskonzernrechts, die die Rechtsklarheit erheblich beeinträchtigt und das Auffinden der im Einzelfall einschlägigen Rechtsgrundlage unnötig erschwert.

c. *Verweis auf das Aktienkonzernrecht*

Für die Analogie zum Vertragskonzernrecht der AG spricht auch der Verweis in § 30 Abs. 1 S. 2 GmbHG auf die vertragskonzernrechtliche Grundnorm des § 291 AktG. Hierin kommt zum Ausdruck, dass im Hinblick auf Inhalt und Wirkung des Gewinnabführungsvertrags keine grundlegenden Unterschiede zwischen Aktien- und GmbH-Konzernrecht bestehen.[126] Geht man richtigerweise davon aus, dass der Gewinnabführungsvertrag im Aktien- und im GmbH-Konzernrecht die gleichen Wirkungen entfaltet,[127] stellt sich die Frage, warum die Voraussetzungen für den Abschluss grundlegend divergieren sollten. Vielmehr erscheint es sachgerecht, auch im Hinblick auf die Voraussetzungen für seinen Abschluss und seine Durchführung unabhängig von der Rechtsform der Untergesellschaft auf die dogmatische Grundkonzeption des Aktienrechts zurückzugreifen. Im Aktienkonzernrecht hat der Gesetzgeber durch die Einführung des § 293 Abs. 1 S. 4 AktG ausdrücklich klargestellt, dass ein Rückgriff auf die Regelungen zur Satzungsänderung ausscheidet. Vor diesem Hintergrund erscheint es konsequent, auch im GmbH-Vertragskonzernrecht auf die Anwendung der Vorschriften über Satzungsänderungen zu verzichten.

IV. Ergebnis

Bei der Beantwortung GmbH-konzernrechtlicher Fragestellungen kann grundsätzlich auf die Normen des Aktienkonzernrechts zurückgegriffen werden, wobei die Voraussetzungen für einen Analogieschluss stets im Einzelfall zu prüfen sind. Dies mag man wahlweise als beschränkte Gesamtanalogie oder prinzipielle Einzelanalogie bezeichnen. Eines Rückgriffs auf die Satzungsänderungsvorschriften bedarf es nicht, da die entscheidenden Wertungen dem

---

125 *Kropff*, in: FS Semler 1993, S. 517 (525), der deshalb von gespaltenen Analogien spricht.

126 *Beck*, GmbHR 2014, 1075 (1076).

127 *Schwarz*, MittRhNotK 1994, 50 (51); *Beck*, GmbHR 2014, 1075 (1076).

sachnäheren Aktienkonzernrecht entnommen und auf die GmbH übertragen werden können.[128] Wo die analoge Anwendung aktienkonzernrechtlicher Vorschriften unproblematisch möglich ist und an welchen Stellen die Übertragung auf die GmbH Bedenken ausgesetzt ist, soll in den folgenden Kapiteln näher untersucht werden.

128 Inhaltlich ergeben sich durch den Rückgriff auf die aktienkonzernrechtlichen Vorschriften kaum Unterschiede, da auch die §§ 53, 54 GmbHG einen notariell beurkundeten Zustimmungsbeschluss und die Eintragung des Gewinnabführungsvertrags im Handelsregister voraussetzen, vgl. *Kropff*, in: FS Semler 1993, S. 517 (525); *Beck*, DNotZ 2013, 90 (99).

Teil 2: Abschluss des Gewinnabführungsvertrags

A. Zuständigkeit

Der Abschluss eines Unternehmensvertrags ist ein Akt der Außenvertretung und fällt damit bei einer als GmbH organisierten Gesellschaft in den Zuständigkeitsbereich der Geschäftsführung.[129] Sind mehrere Geschäftsführer bestellt, ist ein Handeln in vertretungsberechtigter Zahl erforderlich.[130] Davon kann nur im Fall der Gesamtvertreterermächtigung abgewichen werden, bei der ein Geschäftsführer ein anderes Organmitglied analog § 78 Abs. 4 S. 1 AktG zur Vornahme eines Rechtsgeschäfts ermächtigt, für das der Gesellschaftsvertrag Gesamtvertretung anordnet. Eine rechtsgeschäftliche Vertretung durch Prokuristen scheidet aus, da es sich bei dem Abschluss eines Gewinnabführungsvertrags um ein Grundlagengeschäft handelt, das von der Prokura nicht gedeckt ist,[131] wenngleich dies im Konzernrecht, anders als im Umwandlungsrecht,[132] nicht explizit geregelt ist. Ein Prokurist kann jedoch im Wege der gemischten Gesamtvertretung beim Vertragsschluss mitwirken, die Gesellschaft also zusammen mit einem Geschäftsführer

---

129 *Schnorbus*, in: Rowedder/Pentz, GmbHG, Anhang § 52 Rn. 93; *Verse*, in: Henssler/Strohn, GmbHG, Anhang § 13 Rn. 67; *Heckschen/Kreußlein*, in: Heckschen/Heidinger, Die GmbHG, Kap. 15 Rn. 29; *Link*, in: Hauschild/Kallrath/Wachter, Notarhandbuch, § 22 Rn. 40; *Grauer*, Konzernbildungskontrolle im GmbH-Recht, S. 164; *Wilde*, Beherrschungs- und Gewinnabführungsverträge, S. 57; *Hönle*, DB 1979, 485 (487); *Sonnenschein*, ZGR 1981, 429 (435 f.); *Priester*, ZGR 1986 Sonderheft 6, 151 (158); *Fleck*, ZGR 1988, 104 (134); *Kleindiek*, ZIP 1988, 613 (616); *Krieger*, DStR 1992, 432 (434); *Hoffmann-Becking*, WiB 1994, 57 (59); *Schwarz*, MittRhNotK 1994, 49 (60); *Mues*, RNotZ 2005, 1 (14 f.); *Beck*, DNotZ 2013, 90 (93); *Göhmann/Winnen*, RNotZ 2015, 53 (54).

130 *Heckschen/Kreußlein*, in: Heckschen/Heidinger, Die GmbH, Kap. 15 Rn. 29; *Link*, in: Hauschild/Kallrath/Wachter, Notarhandbuch, § 22 Rn. 40; *Göhmann/Winnen*, RNotZ 2015, 53 (54).

131 *Merkt*, in: Hopt, HGB, § 49 Rn. 2; *Servatius*, in: BeckOK GmbHG, Systematische Darstellung KonzernR Rn. 360.1; *ders.*, in: Michalski, GmbHG, Systematische Darstellung 4 Rn. 360; *Verse*, in: Henssler/Strohn, GmbHG, Anhang § 13 Rn. 67; *Hermanns*, RNotZ 2015, 632; *Göhmann/Winnen*, RNotZ 2015, 53 (54).

132 Vgl. § 4 Abs. 1 S. 1 UmwG, der zwingend eine organschaftliche Vertretung voraussetzt.

vertreten.[133] Dies ist möglich, da die durch die Prokura vermittelte rechtsgeschäftliche Vertretungsmacht bei der unechten Gesamtvertretung zur organschaftlichen Vertretungsmacht erstarkt.[134]

B. Zustimmung der Gesellschafter

I. Zustimmungsbeschluss der Untergesellschaft

Mittlerweile ist allgemein anerkannt, dass der Abschluss eines Gewinnabführungsvertrags nicht von der organschaftlichen Vertretungsmacht des Geschäftsführers gedeckt ist,[135] sondern zu seiner Wirksamkeit eines Zustimmungsbeschlusses der Gesellschafter bedarf.[136] Bis zur Erteilung der Zustimmung durch die Gesellschaf-

---

133 *Link*, in: Hauschild/Kallrath/Wachter, Notarhandbuch, § 22 Rn. 40; *Servatius*, in: Michalski, GmbHG, Systematische Darstellung 4 Rn. 360; *Verse*, in: Henssler/Strohn, GmbHG, Anhang § 13 Rn. 67; *Hermanns*, RNotZ 2015, 632 (633); die gemischte Gesamtvertretung wird auch im Umwandlungsrecht allgemein für zulässig gehalten, siehe *Drygala*, in: Lutter, UmwG, § 4 Rn. 8; *Mayer*, in: Widmann/Mayer, UmwG, § 4 Rn. 35; *Schröer/Greitemann*, in: Semler/Stengel/Leonard, UmwG, § 4 Rn. 8; *Winter*, in: Schmitt/Hörtnagl, UmwG, § 4 Rn. 14; *Böttcher*, in: Böttcher/Habighorst/Schulte, UmwG, § 4 Rn. 12; *Melchior*, GmbHR 1999, 520 (523); *Mues*, RNotZ 2005, 1 (15); *Göhmann/Winnen*, RNotZ 2015, 53 (54).

134 BGH, Urteil vom 31.03.1954 – II ZR 57/53 = NJW 1954, 1158; Beschluss vom 14.02.1974 – II ZB 6/73 = NJW 1974, 1194; *Schneider/Schneider*, in: Scholz, GmbHG, § 35 Rn. 112; *Beurskens*, in: Noack/Servatius/Haas, GmbHG, § 35 Rn. 50; *Merkt*, in: Hopt, HGB, § 49 Rn. 3; *Lenz*, in: Michalski, GmbHG, § 35 Rn. 61; *Servatius*, in: BeckOK GmbHG, Systematische Darstellung KonzernR Rn. 360.1; *ders.*, in: Michalski, GmbHG, Systematische Darstellung 4 Rn. 360; *Belz*, in: Rowedder/Pentz, GmbHG, § 35 Rn. 36; *Beuthien/Müller*, DB 1995, 461; *Schaub*, DStR 1999, 1699 (1704); *Köhl*, NZG 2005, 197 (199); kritisch *Krebs*, ZHR 159 (1995), 635 (638 f.).

135 *Mues*, RNotZ 2005, 1 (15) spricht daher zu Recht von einer Durchbrechung des Grundsatzes der unbeschränkten Vertretungsmacht. Nach früher teilweise vertretener Ansicht entfaltete der Zustimmungsbeschluss nur im Innenverhältnis Wirkung, siehe *Skibbe*, GmbHR 1968, 245 (246); *Ballerstedt*, DB 1956, 837 (839).

136 BGH, Beschluss vom 24.10.1988 – II ZB 7/88 = NJW 1989, 295 – *Supermarkt*; *Emmerich*, in: Scholz, GmbHG, Anhang § 13 Rn. 286; *Schnorbus*, in: Rowedder/Pentz, GmbHG, Anhang § 52 Rn. 93; *Beurskens*, in: Noack/Servatius/Haas GmbHG, Anhang KonzernR Rn. 94; *Krafka*, Registerrecht, Teil 1 Rn. 1110; *Grauer*, Konzernbildungskontrolle im GmbH-Recht, S. 164; *Wilde*, Beherrschungs- und Gewinnabführungsverträge, S. 64; *Koehler*, Der Gewinnabführungsvertrag, S. 44; *Hönle*, DB 1979, 485 (487); *Priester*, ZGR 1986 Sonderheft 6, 151 (159); *Lutter/*

ter ist der Vertrag schwebend unwirksam.[137] Aus Gründen der Rechtssicherheit kann vom Erfordernis eines Zustimmungsbeschlusses auch dann nicht abgewichen werden, wenn alle Anteile der Untergesellschaft in der Hand des anderen Vertragsteils liegen.[138]

Keine Einigkeit besteht im Hinblick auf die normative Anknüpfung des konstitutiven Zustimmungserfordernisses. Der BGH wendet § 53 Abs. 1 GmbHG analog an und verweist zur Begründung auf die satzungsüberlagernde Wirkung des Gewinnabführungsvertrags.[139] Auch in der Literatur wird das Zustimmungserfordernis überwiegend auf § 53 Abs. 1 GmbHG gestützt.[140] Hält man in Übereinstimmung mit der hier vertretenen Ansicht den Rückgriff auf die aktienkonzernrechtlichen Wertungen für vorzugswürdig, ist das Zustimmungserfordernis aus einer analogen Anwendung des § 293 Abs. 1 S. 1 AktG herzuleiten.[141]

Hommelhoff, NJW 1988, 1240 (1241); *Krieger*, DStR 1992, 432 (434); *Hoffmann-Becking*, WiB 1994, 57 (59); *Schwarz*, MittRhNotK 1994, 49 (60); *Koerfer/Selzner*, GmbHR 1997, 285 (286); *Kerkhoff*, GmbHR 1999, 226; *Kleinert/Lahl*, GmbHR 2003, 698 (698 f.); *Mues*, RNotZ 2005, 1 (15); *Veith/Schmid*, DB 2012, 728 (730); *Hegemann*, GmbHR 2012, 315; *Beck*, GmbHR 2012, 777 (783); *ders.*, DNotZ 2013, 90 (93); *ders.*, GmbHR 2014, 1075 (1077); *Göhmann/Winnen*, RNotZ 2015, 53 (54); aA *Pache*, GmbHR 1995, 90 (92), der auf das Erfordernis eines Beschlusses verzichten will und stattdessen die Ansicht vertritt, dass der Unternehmensvertrag von allen Gesellschaftern zu unterzeichnen ist.

137 *Link*, in: Hauschild/Kallrath/Wachter, Notarhandbuch, § 22 Rn. 41.

138 BGH, Beschluss vom 24.10.1988 – II ZB 7/88 = NJW 1989, 295 – *Supermarkt*; Beschluss vom 30.01.1992 – II ZB 15/91 = NJW 1992, 1452 – *Siemens*; *Kort*, Beherrschungs- und Gewinnabführungsverträge, S. 105, der in diesem Fall von einem Zustimmungsentschluss spricht; *Hoffmann-Becking*, WiB 1994, 57 (59); *Schwarz*, MittRhNotK 1994, 50 (59); *Mues*, RNotZ 2005, 2 (15).

139 BGH, Beschluss vom 24.10.1988 – II ZB 7/88 = NJW 1989, 295 (298) – *Supermarkt*.

140 *Emmerich*, in: Scholz, GmbHG, Anhang § 13 Rn. 286; *Verse*, in: Henssler/Strohn, GmbHG, Anhang § 13 Rn. 68; *Schnorbus*, in: Rowedder/Pentz, GmbHG, Anhang § 52 Rn. 93; *Kort*, Beherrschungs- und Gewinnabführungsverträge, S. 104; *Wilde*, Beherrschungs- und Gewinnabführungsverträge, S. 65; *Weigel*, in: FS Quack 1991, S. 505 (512); *Hönle*, DB 1979, 485 (487); *Timm*, GmbHR 1987, 8 (10); *Priester*, ZGR 1986 Sonderheft 6, 151 (159); *Lutter/Hommelhoff*, NJW 1988, 1240 (1241); *Kleindiek*, ZIP 1988, 613 (616); *Ulrich*, GmbHR 2004, 1000; *Mues*, RNotZ 2005, 1 (15); *Hermanns*, RNotZ 2015, 632 (633); *Boor*, RNotZ 2017, 65 (74).

141 So auch *Hermanns*, RNotZ 2015, 632 (633); offenlassend *Liebscher*, in: Münchener Kommentar zum GmbHG, Anhang § 13 Rn. 756.

1. Beschlussquorum

a. Meinungsstand

aa. Rechtsprechung

Die Frage nach der für den Zustimmungsbeschluss erforderlichen Mehrheit ist seit Jahrzehnten Gegenstand des konzernrechtlichen Diskurses und aufgrund der Untätigkeit des Gesetzgebers noch immer nicht geklärt.[142] Der BGH hat sich in seinen grundlegenden Beschlüssen zum Vertragskonzernrecht der GmbH zwar zu den Wirksamkeitsvoraussetzungen eines Gewinnabführungsvertrags geäußert, aber die Frage der erforderlichen Beschlussmehrheit offengelassen.[143] Auch in den Folgeentscheidungen hat der BGH nicht explizit Stellung genommen. Teilweise wird zwar ein Urteil aus dem Jahr 2011[144] so verstanden, dass der Senat einen qualifizierten Mehrheitsbeschluss genügen lässt.[145] Diese Interpretation kann indes nicht überzeugen, da es in dem Urteil nicht um den Abschluss, sondern um die Kündigung eines Unternehmensvertrags und damit um eine völlig andere Sachverhaltskonstellation ging.[146]

bb. Literatur

Nach früher überwiegend vertretener Auffassung kommt es für die Wirksamkeit des Gewinnabführungsvertrags auf die Mitwirkung aller Gesellschafter an.[147] Innerhalb dieser Ansicht wird nicht einheitlich beurteilt, wie das Mitwir-

---

142 Die gescheiterte Reform des GmbH-Konzernrechts sah in § 232 Abs. 1 S. 2 des Gesetzentwurfs einen qualifizierten Mehrheitsbeschluss vor, Regierungsentwurf vom 31.01.1972, BT-Drucksache 6/3088, S. 63 und Regierungsentwurf vom 26.02.1973, BT-Drucksache 7/253, S. 63.

143 Vgl. *Wiedemann*, GmbHR 2011, 1009 (114).

144 BGH, Urteil vom 31.05.2011 – II ZR 109/10 = NZG 2011, 902

145 *Altmeppen*, GmbHG, Anhang § 13 Rn. 35; *Müller-Eising/Schmitt*, NZG 2011, 1100 (1101).

146 *Kiefner*, in: Münchener Handbuch GesR, Band 3, § 70 Rn. 6 (Fn. 28); *Hegemann*, GmbHR 2012, 315 (321); *Peters/Hecker*, DStR 2012, 86 (88 f.).

147 *Beurskens*, in: Noack/Servatius/Haas, GmbHG, Anhang Rn. 106; *Emmerich*, in: Emmerich/Habersack, Aktien-/GmbH-KonzernR, § 293 Rn. 43a; *ders.*, in: Scholz, GmbHG, Anhang § 13 Rn. 286; *Wicke*, GmbHG, Anhang § 13 Rn. 6; *Martens*, DB 1970, 813 (816); *Schilling*, ZHR 140 (1976), 528 (535); *Hönle*, DB 1979, 485 (487); *Priester*, ZGR 1986 Sonderheft 6, 151 (162); *Fleck*, ZGR 1988, 104 (134); *Ebenroth/Müller*, BB 1991, 358 (359); *Zöllner*, ZGR 1992, 173 (174); *Schwarz*, MittRhNotK

kungserfordernis konkret ausgestaltet ist.[148] Manche halten einen einstimmigen Zustimmungsbeschluss für ausreichend,[149] während andere die Zustimmung sämtlicher Gesellschafter fordern.[150] Die Ansichten unterscheiden sich nur geringfügig voneinander, da sie nur dann zu abweichenden Ergebnissen kommen, wenn opponierende Minderheitsgesellschafter der Abstimmung über den Gewinnabführungsvertrag fernbleiben. Dann stellt sich die Frage, ob die nicht an der Abstimmung beteiligten Gesellschafter dem Gewinnabführungsvertrag nachträglich zustimmen müssen, damit dieser wirksam werden kann. Die Ansichten gewährleisten ein ähnlich hohes Schutzniveau, da die Minderheitsgesellschafter die Wahrung ihrer Interessen durch Teilnahme an der Abstimmung über den Gewinnabführungsvertrag in beiden Fällen selbst in der Hand haben. Im Folgenden soll deshalb auf eine Differenzierung zwischen diesen beiden Unteransichten verzichtet und einheitlich von der Zustimmungslösung gesprochen werden.

Nach der Gegenansicht kann der Zustimmungsbeschluss mit einer qualifizierten Mehrheit von drei Vierteln der Stimmen[151] gefasst werden.[152] Eine vermittelnde Ansicht will die Anforderungen an den Zustimmungsbeschluss von

---

1994, 49 (61); *Pache*, GmbHR 1995, 90 (92); *Zeidler*, NZG 1999, 692 (693); *Mues*, RNotZ 2005, 1 (17); *Veith/Schmid*, DB 2012, 728 (730).

148 Vgl. *Priester*, ZGR 1986 Sonderheft 6, 151 (160 Fn. 44).

149 *Schilling*, ZHR 140 (1976); 528 (535); Martens, DB 1970, 813 (817); *Priester*, ZGR 1986 Sonderheft 6, 151 (162); *Ebenroth/Müller*, BB 1991, 358 (359).

150 *Emmerich*, in: Scholz, GmbHG, Anhang § 13 Rn. 286; *Hönle*, DB 1979, 485 (487); *Rix*, MittRhNotK 1986, 29 (33); *Fleck*, ZGR 1988, 104 (134); *Kleindiek*, ZIP 1988, 613 (617); *Ulmer*, BB 1989, 10 (14); *Zöllner*, ZGR 1992, 173 (174); *Schwarz*, MittRhNotK 1994, 50 (61).

151 AA *Krafka*, Registerrecht, Teil 1 Rn. 1110, der auf drei Viertel des vertretenen Stammkapitals abstellt.

152 *Hommelhoff*, in: Lutter/Hommelhoff, GmbHG, Anhang § 13 Rn. 89; *Servatius*, in: BeckOK GmbHG, Systematische Darstellung KonzernR Rn. 380.1; *ders.*, in: Michalski, GmbHG, Systematische Darstellung 4 Rn. 380; *Kort*, Beherrschungs- und Gewinnabführungsverträge, S. 111; *Grauer*, Konzernbildungskontrolle im GmbH-Recht, S. 192; *Wilde*, Beherrschungs- und Gewinnabführungsverträge, S. 91; *Koehler*, Der Gewinnabführungsvertrag, S. 45; *Flume*, DB 1956, 455 (457); *Ballerstedt*, DB 1956, 837 (839); *Skibbe*, GmbHR 1968, 245 (246); *Timm*, AG 1982, 93 (100); *ders.*, GmbHR 1987, 8 (11); *ders.*, ZGR 1987, 403 (430); *Lutter*, ZGR 1986 Sonderheft 6, 192 (197); *Esch*, BB 1986, 272 (275); *Heckschen*, DB 1989, 29 (30); *Richter/Stengel*, DB 1993, 1861 (1866); *Hoffmann-Becking*, WiB 1994, 57 (59 f.); *Humbeck*, BB 1995, 1893 (Fn. 7); *Bungert*, NJW 1995, 1118 (1119); *Koerfer/Selzner*, GmbHR 1997, 285 (290); *Halm*, NZG 2001, 728 (734); *Weber*, GmbHR 2003, 1347 (1348); *Theiselmann*, BB 2011, 2819 (2819 f.); *Beck*, GmbHR 2012, 777 (784); *ders.*, GmbHR

der Realstruktur der Gesellschaft abhängig machen. Bei einer kapitalistisch ausgestalteten Gesellschaft soll ein qualifizierter Mehrheitsbeschluss genügen, während bei einer personalistisch strukturierten Gesellschaft die Zustimmung aller Gesellschafter erforderlich sei.[153]

b. Korrelation zwischen Mehrheitserfordernis und Minderheitenschutz

Die Komplexität des Streits resultiert daraus, dass die Frage nach der erforderlichen Mehrheit untrennbar mit der Frage des Minderheitenschutzes verbunden ist.[154] Lässt man einen Mehrheitsbeschluss genügen, besteht Einigkeit, dass die außenstehenden Gesellschafter auf das Eingreifen gesetzlicher Schutzmechanismen angewiesen sind, die den Ausschluss vom Gewinnbezug kompensieren.[155] Wenn die Wirksamkeit des Gewinnabführungsvertrags hingegen von der Mitwirkung aller außenstehenden Gesellschafter abhängt, kann jeder einzelne den Abschluss des Gewinnabführungsvertrags verhindern bzw. sein Einverständnis unter die

---

2014, 1075 (1077); *Stephan*, Der Konzern 2015, 349 (353 f.); *Schöning/Steininger*, NZG 2022, 253 (258).

153 *Liebscher*, in: Münchener Kommentar zum GmbHG, Anhang § 13 Rn. 765.

154 *Grauer*, Konzernbildungskontrolle im GmbH-Recht, S. 168; *Wilde*, Beherrschungs- und Gewinnabführungsverträge, S. 104 ff.; *Koehler*, Der Gewinnabführungsvertrag, S. 44 f.; *Martens*, DB 1970, 813 (817); *Hönle*, DB 1979, 485 (488); *Timm*, GmbHR 1987, 8 (11); *Kleindiek*, ZIP 1988, 613 (617 f.); *Krieger*, DStR 1992, 432 (433); *Hoffmann-Becking*, WiB 1994, 57 (59); *Hommelhoff/Freytag*, DStR 1996, 1409 (1412); *Koerfer/Selzner*, GmbHR 1997, 285 (286); *Halm*, NZG 2001, 728 (733); *Cahn/Simon*, Der Konzern 2003, 1 (3 f.); *Weber*, GmbHR 2003, 1347; *Mues*, RNotZ 2005, 1 (16 f.); *Baldamus*, ZGR 2007, 819 (843); *Hegemann*, GmbHR 2012, 315; *Stephan*, Der Konzern 2015, 349 (352); *Göhmann/Winnen*, RNotZ 2015, 53; *Blath*, RNotZ 2017, 218 (219); *Hasbach*, DStR 2019, 81 (82).

155 LG Dortmund, Beschluss vom 11.03.1998 – 20 AktE 4/97 = GmbHR 1998, 941; *Emmerich*, in: Scholz, GmbHG, Anhang § 13 Rn. 287; *Servatius*, in: BeckOK GmbHG, Anhang KonzernR Rn. 337a; *Grauer*, Konzernbildungskontrolle im GmbH-Recht, S. 168; *Kort*, Beherrschungs- und Gewinnabführungsverträge, 138 f.; *Wilde*, Beherrschungs- und Gewinnabführungsverträge, S. 105; *Koehler*, Der Gewinnabführungsvertrag, S. 49; *Hönle*, DB 1979, 485 (488); *Priester*, ZGR 1986 Sonderheft 6, 151 (177); *Timm*, ZGR 1987, 403 (431); *ders.*, GmbHR 1987, 8 (11); *ders.*, GmbHR 1989, 11 (14); *Scharpf*, DB 1990, 296; *Zöllner*, ZGR 1992, 173 (193); *Richter/Stengel*, DB 1993, 1861 (1866); *Hoffmann-Becking*, WiB 1994, 57 (59); *Humbeck*, BB 1995, 1893 (Fn. 7); *Hommelhoff/Freytag*, DStR 1996, 1409 (1412); *Koerfer/Selzner*, GmbHR 1997, 285 (289 f.); *Bredow/Liebscher*, BB 2003, 393; *Weber*, GmbHR 2003, 1347 (1348); *Baldamus*, ZGR 2007, 819 (843); *Hegemann*, GmbHR 2012, 315 (315 f.); *Stephan*, Der Konzern 2015, 349 (353); *Hasbach*, DStR 2019, 81 (82).

Bedingung einer angemessenen Kompensation stellen und so selbst für seinen Schutz sorgen.[156] Die auf den ersten Blick formale Frage des Beschlussquorums stellt sich daher bei näherer Betrachtung als Dreh- und Angelpunkt des vertragskonzernrechtlichen Minderheitenschutzes dar.

Da das Mehrheitserfordernis beim Zustimmungsbeschluss mit der Frage nach dem Schutz der außenstehenden Gesellschafter korrespondiert, führt die Unsicherheit bei der Frage nach der erforderlichen Abstimmungsmehrheit in der praktischen Rechtsanwendung zu erheblichen Problemen. Um den Gewinnabführungsvertrag rechtssicher abzuschließen, wird häufig empfohlen, nicht nur die Zustimmung aller Gesellschafter zum Vertragsschluss einzuholen, sondern zusätzlich Ausgleichs- und Abfindungsansprüche in den Gewinnabführungsvertrag aufzunehmen.[157] Nur so kann gewährleistet werden, dass der Gewinnabführungsvertrag in jedem Fall einer gerichtlichen Überprüfung standhält. Die kumulative Anwendung der Schutzmechanismen führt zu einer Überhöhung des Minderheitenschutzes, die den Vertragsschluss unnötig verkompliziert und die damit verbundenen Kosten in die Höhe treibt. Für die Praxis bedarf es deshalb einer Entscheidung, ob der Schutz der außenstehenden Gesellschafter durch ein Zustimmungserfordernis oder durch die Übertragung anderer Schutzmechanismen zu gewährleisten ist.

---

156 *Liebscher*, in: Münchener Kommentar zum GmbHG, Anhang § 13 Rn. 943; *Beurskens*, in: Noack/Servatius/Haas, GmbHG, Anhang KonzernR Rn. 118; *Verse*, in: Henssler/Strohn, GmbHG, Anhang § 13 Rn. 69, 107; *Link*, in: Hauschild/Kallrath/Wachter, Notarhandbuch, § 22 Rn. 28; *Grauer*, Konzernbildungskontrolle im GmbH-Recht, S. 168; *Martens*, DB 1970, 813 (817); *Zöllner*, ZGR 1992, 173 (194); *Krieger*, DStR 1992, 432 (433); *Hoffmann-Becking*, WiB 1994, 57 (59); *Schwarz*, MittRhNotK 1994, 50 (59); *Hommelhoff/Freytag*, DStR 1996, 1409 (1412); *Bredow/Liebscher*, BB 2003, 393; *Mues*, RNotZ 2005, 1 (12); *Baldamus*, ZGR 2007, 819 (843); *Hegemann*, GmbHR 2012, 315; *Göhmann/Winnen*, RNotZ 2015, 53; *Hasbach*, DStR 2019, 81 (82); abweichend *Priester*, ZGR 1986 Sonderheft 6, 151 (177 f.), der auch auf dem Boden der Zustimmungslösung die §§ 304, 305 AktG analog anwenden will.

157 So bspw. *Weber*, GmbHR 2003, 1347 (1349); ähnlich *Mues*, RNotZ 2005, 1 (17), der aus notarieller Perspektive dazu rät, in jedem Fall auf die Zustimmung aller Gesellschafter hinzuwirken.

c. *Systematische Erwägungen*

aa. Zweckänderung, Gleichbehandlungsgrundsatz, etc.

Die Vertreter der Zustimmungslösung stützen ihre Ansicht traditionell auf die mit dem Vertragsschluss einhergehende Änderung des Gesellschaftszwecks,[158] den Gleichbehandlungsgrundsatz,[159] den Kernbereich der Mitgliedschaft[160] und das Verbot der Leistungsvermehrung[161]. Diese Argumente sind mittlerweile in einer Reihe von Untersuchungen[162] kritisch überprüft und zu Recht als wenig stichhaltig erachtet worden.[163] Selbst die Vertreter der Zustimmungslösung

158 *Beurskens*, in: Noack/Servatius/Haas, GmbHG, Anhang Rn. 106; *Emmerich*, in: Scholz, GmbHG, Anhang § 13 Rn. 286; *Leuschner*, in: Habersack/Casper/Löbbe, GmbHG, Anhang § 77 Rn. 170; *Wicke*, GmbHG, Anhang § 13 Rn. 6; *Hönle*, DB 1979, 485 (487); *Ebenroth/Müller*, BB 1991, 358 (359); *Schwarz*, MittRhNotK 1994, 49 (61).

159 *Priester*, ZGR 1986 Sonderheft 6, 151 (163); *Rix*, MittRhNotK 1986, 29 (33);

160 *Schwarz*, MittRhNotK 1994, 49 (61); *Ulrich*, GmbHR 2004, 1000 (1001).

161 *Hönle*, DB 1979, 485 (487); *Priester*, ZGR 1986 Sonderheft 6, 151 (162 f.); *Ebenroth/Müller*, BB 1991, 358 (359); *Schwarz*, MittRhNotK 1994, 49 (61).

162 Herauszuheben sind die Arbeiten von *Kort*, Beherrschungs- und Gewinnabführungsverträge; *Grauer*, Konzernbildungskontrolle im GmbH-Recht, S. 167 ff.; *Wilde*, Beherrschungs- und Gewinnabführungsverträge, S. 71 ff. und *Maierhofer*, Schutz der außenstehenden Gesellschafter; besondere Beachtung verdienen außerdem die Aufsätze von *Richter/Stengel*, DB 1993, 1861; *Koerfer/Selzner*, GmbHR 1997, 285; *Halm*, NZG 2001, 728; *Hegemann*, GmbHR 2012, 315 (316 ff.) und jüngst *Schöning/Steininger*, NZG 2022, 253.

163 Zur Änderung des Gesellschaftszwecks: *Kort*, Beherrschungs- und Gewinnabführungsverträge, S. 113 f.; *Wilde*, Beherrschungs- und Gewinnabführungsverträge, S. 71 f.; *Koehler*, Der Gewinnabführungsvertrag, S. 46; *Grauer*, Konzernbildungskontrolle im GmbH-Recht, S. 174; *Koerfer/Selzner*, GmbHR 1997, 285 (288); *Halm*, NZG 2001, 728 (731); *Hegemann*, GmbHR 2012, 315 (316 f.); *Schöning/Steininger*, NZG 2022, 253 (255). Zum Gleichbehandlungsgrundsatz: *Wilde*, Beherrschungs- und Gewinnabführungsverträge, S. 80; *Richter/Stengel*, DB 1993, 1861 (1865); *Koerfer/Selzner*, GmbHR 1997, 285 (288); *Halm*, NZG 2001, 728 (731); *Schöning/Steininger*, NZG 2022, 253 (256). Zum Kernbereich der Mitgliedschaft: *Kort*, Beherrschungs- und Gewinnabführungsverträge, S. 115 f.; *Wilde*, Beherrschungs- und Gewinnabführungsverträge, S. 78; *Richter/Stengel*, DB 1993, 1861 (1865); *Schöning/Steininger*, NZG 2022, 253 (256). Zum Verbot der Leistungsvermehrung: *Kort*, Beherrschungs- und Gewinnabführungsverträge, S. 114; *Grauer*, Konzernbildungskontrolle im GmbH-Recht, S. 177; *Wilde*, Beherrschungs- und Gewinnabführungsverträge, S. 74; *Fette*, GmbHR 1986, 73 (74); *Heckschen*, DB 1989, 29 (30); *Koerfer/Selzner*, GmbHR

räumen mittlerweile ein, dass sich daraus keine schlagkräftigen Argumente für ein Zustimmungserfordernis ableiten lassen.[164] An dieser Stelle soll es daher bei einem Verweis auf die oben genannten Untersuchungen bleiben, um den Blick direkt auf die entscheidenden Argumente richten zu können.

bb. Mehrheitsprinzip

Entscheidend gegen die Annahme eines Zustimmungserfordernisses spricht die Mehrheitsherrschaft als allgemeines, das Kapitalgesellschaftsrecht prägendes Prinzip.[165] Im Gegensatz zu Personengesellschaften sind Kapitalgesellschaften, sowie Körperschaften im Allgemeinen, auf einen größeren Mitgliederkreis ausgelegt, der die Willensbildung nach dem Mehrheitsprinzip unumgänglich macht.[166] Hinge jede Entscheidung von der Zustimmung sämtlicher Mitglieder ab, würde sich der Willensbildungsprozess in die Länge ziehen und die Handlungsfähigkeit der Gesellschaft beeinträchtigen.[167] Deshalb genügt sogar bei den die rechtliche Grundlage der Körperschaft berührenden Satzungsänderungen ein qualifizierter Mehrheitsbeschluss.[168] Einstimmigkeits- und Zustimmungserfordernisse wie in § 33 Abs. 1 S. 2 BGB, § 53 Abs. 3 GmbHG bilden die Ausnahme[169] und können deshalb kaum als Blaupause für ungeregelte Fälle wie die erforderliche Mehrheit beim Abschluss eines Gewinnabführungsvertrags herangezogen werden.[170] Wie

---

1997, 285 (287); *Halm*, NZG 2001, 728 (731); *Hegemann*, GmbHR 2012, 315 (316); *Stephan*, Der Konzern 2015, 349 (352); *Blath*, RNotZ 2017, 218 (221); *Schöning/Steininger*, NZG 2022, 253 (255).

164 *Liebscher*, Münchener Kommentar zum GmbHG, Anhang § 13 Rn. 764, der konzediert, dass der Abschluss eines Unternehmensvertrags nicht widerspruchsfrei unter die angesprochenen Normen subsumiert werden kann, sich jedoch mit der Aussage behilft, dass die Rechtsinstitute in einer Gesamtschau für ein Zustimmungserfordernis sprächen.

165 *Kort*, Beherrschungs- und Gewinnabführungsverträge, S. 112; *Wilde*, Beherrschungs- und Gewinnabführungsverträge, S. 89; *Koerfer/Selzner*, GmbHR 1997, 285 (287); zur Geltung des Mehrheitsprinzips auch *Timm*, ZGR 1987, 403 (404); *Hegemann*, GmbHR 2012, 315 (316).

166 Auch bei Personengesellschaften ist in vielen Fällen das Mehrheitsprinzip praktikabler, vgl. *Kort*, Beherrschungs- und Gewinnabführungsverträge, S. 112.

167 *Blath*, RNotZ 2017, 218.

168 Siehe § 33 Abs. 1 S. 1 BGB, § 179 Abs. 2 S. 1 AktG, § 53 Abs. 2 S. 1 GmbHG.

169 *Timm*, ZGR 1987, 403 (404); *Hegemann*, GmbHR 2012, 315 (316); *Blath*, RNotZ 2017, 218.

170 *Kort*, Beherrschungs- und Gewinnabführungsverträge, S. 112; *Beck*, GmbHR 2012, 777 (784).

weit die Mehrheitsherrschaft reicht, wird bei einem Blick auf die Auflösung der Gesellschaft deutlich, die gemäß § 60 Abs. 1 Nr. 2 GmbHG ebenfalls mit einer Mehrheit von drei Vierteln der Stimmen beschlossen werden kann.[171] Wenn für die Auflösung der Gesellschaft ein qualifizierter Mehrheitsbeschluss genügt, kann für eine weniger einschneidende Maßnahme wie den Abschluss eines Gewinnabführungsvertrags kaum die Zustimmung aller Gesellschafter erforderlich sein.[172]

cc. Vergleich zum Umwandlungsrecht

(1) Mehrheitserfordernis bei Verschmelzungs-, Spaltungs- und Formwechselbeschluss

Für einen Mehrheitsbeschluss spricht auch der Vergleich zum Umwandlungsrecht, wo für grundlegende Strukturänderungen wie der Verschmelzung, der Spaltung oder dem Formwechsel in eine andere Kapitalgesellschaft gemäß den §§ 50 Abs. 1 S. 1, 125 S. 1, 240 Abs. 1 S. 1 UmwG ebenfalls ein Gesellschafterbeschluss mit qualifizierter Mehrheit genügt.[173] Verschmelzung und Aufspaltung führen zum liquidationslosen Erlöschen des übertragenden Rechtsträgers und gehen damit hinsichtlich ihrer Eingriffsintensität über den Abschluss eines Gewinnabführungsvertrags hinaus, der die Gesellschaft in ihrem Bestand unbe-

171 Bei entsprechender Satzungsbestimmung kann die Auflösung der Gesellschaft auch mit einfacher Mehrheit beschlossen werden, vgl. *Berner*, in: Münchener Kommentar zum GmbHG, § 60 Rn. 96; *Casper*, in: Habersack/Casper/Löbbe, GmbHG, § 60 Rn. 39; *Haas*, in: Noack/Servatius/Haas, GmbHG, § 60 Rn. 17; *Scheller*, in: Scholz, GmbHG, § 60 Rn. 30; *Gesell*, in: Rowedder/Pentz, GmbHG, § 60 Rn. 16; *Kleindiek*, in: Lutter/Hommelhoff, GmbHG, § 60 Rn. 6.

172 *Servatius*, in: Michalski, GmbHG, Systematische Darstellung 4 Rn. 380; *Wilde*, Beherrschungs- und Gewinnabführungsverträge, S. 85 f.; *Koerfer/Selzner*, GmbHR 1997, 285 (289); *Halm*, NZG 2001, 728 (732 f.); *Hegemann*, GmbHR 2012, 315 (317).

173 *Hommelhoff*, in: Lutter/Hommelhoff, GmbHG, Anhang § 13 Rn. 89; *Servatius*, in: Michalski, GmbHG, Systematische Darstellung 4 Rn. 380; *Wilde*, Beherrschungs- und Gewinnabführungsverträge, S. 86 ff.; *Koerfer/Selzner*, GmbHR 1997, 285 (289); *Halm*, NZG 2001, 728 (732); *Weber*, GmbHR 2003, 1347 (1348); *Hegemann*, GmbHR 2012, 315 (317); noch zu der bis zum 31.12.1994 geltenden Vorgängerregelung des § 20 Abs. 2 S. 1 KapErhG (Gesetz über die Kapitalerhöhung aus Gesellschaftsmitteln und über die Verschmelzung von Gesellschaften mit beschränkter Haftung vom 23.12.1959, BGBl. I S. 789), nach der bei der Verschmelzung einer GmbH ebenfalls eine Mehrheit von drei Vierteln der abgegebenen Stimmen genügte: *Kort*, Beherrschungs- und Gewinnabführungsverträge, S. 112; *Timm*, AG 1982, 93 (100); *ders.*, GmbHR 1987, 8 (11); *ders.*, ZGR 1987, 403 (430); *Heckschen*, DB 1989, 29 (30).

rührt lässt.[174] Wenn der Gesetzgeber die Entscheidung über derart weitreichende Maßnahmen einer qualifizierten Mehrheit überlässt, muss dies erst recht für den Abschluss eines Gewinnabführungsvertrags gelten.[175]

Gegen eine Übertragung der umwandlungsrechtlichen Wertungen wird angeführt, dass die Gesellschafter bei einer Umwandlung Anteile am übernehmenden bzw. neuen Rechtsträger erhalten und damit weiterhin an einer selbständigen und unternehmerisch tätigen Gesellschaft beteiligt sind, wohingegen sie durch den Abschluss eines Gewinnabführungsvertrags auf ihre finanzielle Beteiligung reduziert würden.[176] Die Argumentation verliert ihre Grundlage, wenn man die §§ 304, 305 AktG auf die GmbH analog anwendet und richtigerweise auch bei der GmbH eine Abfindung in Anteilen zulässt.[177]

(2) Vergleichbarkeit von Unternehmensvertrag und Verschmelzung

Dem Vergleich zum Umwandlungsrecht kommt umso mehr Gewicht zu, als Unternehmensvertragsschluss und Verschmelzung in wirtschaftlicher Hinsicht vergleichbare Vorgänge darstellen. Der Gesetzgeber geht noch einen Schritt weiter und formuliert in der Begründung zum Entwurf des UmwBerG, dass es sich bei Verschmelzung und Unternehmensvertragsschluss um austauschbare rechtliche Instrumente handele.[178] Diese Formulierung ist in der Literatur teilweise auf Widerspruch gestoßen,[179] da sich Unternehmensvertrag und Verschmelzung in rechtlicher Hinsicht deutlich voneinander unterscheiden. Während der übertragende Rechtsträger im Zuge einer Verschmelzung untergeht, bleiben bei Abschluss eines Unternehmensvertrags zwei selbständige Rechtsträger bestehen. Dadurch läuft zumindest ein Teil der mit einer Verschmelzung bezweckten Synergieeffekte ins

---

174 *Wilde*, Beherrschungs- und Gewinnabführungsverträge, S. 86; *Halm*, NZG 2001, 728 (732); *Weber*, GmbHR 2003, 1347 (1348); *Hegemann*, GmbHR 2012, 315 (318); *Beck*, GmbHR 2012, 777 (784).

175 *Koerfer/Selzner*, GmbHR 1997, 285 (289); *Halm*, NZG 2001, 728 (732); *Weber*, GmbHR 2003, 1347 (1348).

176 *Priester*, ZGR 1986 Sonderheft 6, 151 (163); *Fleck*, ZGR 1988, 104 (134); *Schwarz*, MittRhNotK 1994, 49 (61); ähnlich *Beurskens*, in: Noack/Servatius/Haas, GmbHG, Anhang Rn. 106, der darauf hinweist, dass im Umwandlungsrecht spezielle Schutzmechanismen vorgesehen seien, an denen es im Vertragskonzernrecht der GmbH fehle.

177 Zum Schutz der außenstehenden Gesellschafter siehe Teil 5 B. Speziell zur Abfindung in Anteilen der Obergesellschaft siehe Teil 5 B. III. 1.

178 Begründung zum Regierungsentwurf vom 01.02.1994 (UmwBerG), BT-Drucksache 12/6699, S. 178.

179 Ausführlich zur Kritik *Bungert*, DB 1995, 1384 passim.

Leere. Angesichts dieses grundlegenden Unterschieds kann nicht per se davon ausgegangen werden, dass zwei Unternehmen, die eigentlich eine Verschmelzung planen, stattdessen zur Umgehung der umwandlungsrechtlichen Vorgaben einen Unternehmensvertrag schließen.[180] Doch auch wenn der Abschluss eines Gewinnabführungsvertrag die rechtliche Selbständigkeit der beteiligten Rechtsträger unberührt lässt und sich insofern von der Verschmelzung unterscheidet, sind beide Vorgänge in wirtschaftlicher Hinsicht miteinander vergleichbar.[181] Dies wird insbesondere daran deutlich, dass die Untergesellschaft durch die Verpflichtung zur Gewinnabführung ihre eigenwirtschaftliche Betätigung aufgibt und ihren Gewinn fortan auf Rechnung des anderen Vertragsteils erwirtschaftet.[182] Demgegenüber verpflichtet sich die Obergesellschaft zum Ausgleich eines etwaigen Jahresfehlbetrags, was zu einer Verlagerung des wirtschaftlichen Risikos auf die Obergesellschaft führt. Durch die Übernahme der Verlustausgleichspflicht wird die Untergesellschaft von ihrem unternehmerischen Risiko befreit. Damit gibt die gewinnabführungsverpflichtete Gesellschaft während der Vertragslaufzeit ihre wirtschaftliche Selbständigkeit auf.[183] Ferner werden durch den Abschluss eines Gewinnabführungsvertrags die Kapitalerhaltungsvorschriften außer Kraft gesetzt. Der Abschluss eines Gewinnabführungsvertrags begünstigt mithin die finanzielle Verflechtung der beteiligten Gesellschaften, was den Eindruck einer wirtschaftlichen Einheit zwischen Ober- und Untergesellschaft zusätzlich verstärkt.[184] Bei wirtschaftlicher Betrachtung ist der Abschluss eines Gewinnabführungsvertrags daher mit einer Verschmelzung vergleichbar.

(3) Umgehungsmöglichkeit über Formwechsel zur AG

Dass die umwandlungsrechtlichen Regelungen bei der Frage nach den Anforderungen an den Zustimmungsbeschluss im GmbH-Konzernrecht nicht außer Acht gelassen werden dürfen, wird ferner daran deutlich, dass ein Zustimmungserfordernis durch Formwechsel in eine Aktiengesellschaft und anschließenden

---

180 *Bungert*, DB 1995, 1384 (1386).

181 *Altmeppen*, in: Münchener Kommentar zum AktG, § 293a Rn. 1; *ders.*, ZIP 1998, 1853 (1854); *Humbeck*, BB 1995, 1893; in diese Richtung auch *Bungert*, DB 1995, 1384 (1385), der den Gedanken der Vergleichbarkeit von Verschmelzung und Unternehmensvertragsschluss im Ausgangspunkt für zutreffend hält.

182 *Altmeppen*, ZIP 1998, 1853 (1854).

183 Ebenda.

184 Zur Einrichtung eines zentralen Finanzmanagements bereits unter Teil 1 C. II.

Abschluss des Gewinnabführungsvertrags umgangen werden kann.[185] Da § 240 Abs. 1 S. 1 UmwG für den Formwechsel einer GmbH in eine Kapitalgesellschaft anderer Rechtsform eine Mehrheit von drei Vierteln der abgegebenen Stimmen genügen lässt, obliegt die Entscheidung über die Umwandlungsmaßnahme der Gesellschaftermehrheit. Da § 293 Abs. 1 S. 2 AktG für den Abschluss eines Gewinnabführungsvertrags im Aktienkonzernrecht einen qualifizierten Mehrheitsbeschluss genügen lässt, kann die GmbH gegen den Willen der Minderheitsgesellschafter in eine AG umgewandelt werden, um anschließend einen Gewinnabführungsvertrag zu schließen, für den ein Beschluss mit qualifizierter Mehrheit ausreicht.[186]

d. Teleologische Erwägungen

aa. Schutz der außenstehenden Gesellschafter

Ferner verweisen die Befürworter der Zustimmungslösung auf das Schutzbedürfnis der außenstehenden Gesellschafter. Vor dem Hintergrund der personalistischen Struktur der GmbH müsse der Abschluss eines Gewinnabführungsvertrags von der Zustimmung aller Gesellschafter abhängig sein, um den Schutz der Minderheit effektiv zu gewährleisten. Tatsächlich kommt den außenstehenden Gesellschaftern auf dem Boden der Zustimmungslösung eine starke Verhandlungsposition zu, da sie es in der Hand haben, den Gewinnabführungsvertrag durch Verweigerung ihrer Zustimmung zu verhindern oder ihre Zustimmung von einer angemessenen Kompensation abhängig zu machen. Doch bei näherer Betrachtung gewährleistet auch die Zustimmungslösung keinen lückenlosen Schutz, da sie gerade die Gruppe besonders schutzbedürftiger Gesellschafter außer Acht lässt, die aufgrund mangelnder Geschäftserfahrung und fehlendem

---

185 *Kort*, Beherrschungs- und Gewinnabführungsverträge, S. 116 f.; *Wilde*, Beherrschungs- und Gewinnabführungsverträge, S. 88 f.; *Koerfer/Selzner*, GmbHR 1997, 285 (289); *Halm*, NZG 2001, 728 (732); *Weber*, GmbHR 2003, 1347 (1348); *Hegemann*, GmbHR 2012, 315 (318).

186 Der von *Priester*, ZGR 1986 Sonderheft 6, 151 (166) vorgebrachte Einwand, dass es sich dabei um ein rechtsmissbräuchliches Verhalten handeln könnte, erscheint wenig tragfähig, da es den Rechtsträgern grundsätzlich unbenommen sein muss, von der ihnen durch das Umwandlungsgesetz eingeräumten Gestaltungsfreiheit Gebrauch zu machen, vgl. *Kort*, Beherrschungs- und Gewinnabführungsverträge, S. 117; *Wilde*, Beherrschungs- und Gewinnabführungsverträge, S. 89. In der Praxis würde sich eine auf Umgehung des GmbH-rechtlichen Zustimmungserfordernisses gerichtete Absicht jedenfalls kaum beweisen lassen.

Verhandlungsgeschick nicht in der Lage sind, Kompensationsansprüche im Verhandlungsweg selbst durchzusetzen.

(1) Fehlendes Vetorecht trotz Zustimmungslösung

Problematisch sind ferner die Fälle, in denen die Satzung für den Abschluss eines Gewinnabführungsvertrags eine qualifizierte Mehrheit genügen lässt. Eine solche Regelung im Gesellschaftsvertrag wird allgemein für zulässig gehalten, solange die für Satzungsänderungen erforderliche Dreiviertelmehrheit nicht unterschritten wird.[187] Die Abbedingung des Zustimmungserfordernisses führt dazu, dass der Gewinnabführungsvertrag gegen den Willen einzelner Gesellschafter geschlossen werden kann. Den außenstehenden Gesellschaftern steht in diesem Fall kein Vetorecht zu, mit dem sie den Abschluss des Gewinnabführungsvertrags verhindern und eine angemessene Kompensation im Verhandlungsweg durchsetzen können. Ähnlich verhält es sich, wenn die Gesellschafter aufgrund ihrer mitgliedschaftlichen Treuepflicht zur Zustimmung verpflichtet sind.[188] Auch hier sind sie nicht in der Lage, den Gewinnabführungsvertrag zu verhindern.

(2) Anwendung gesetzlicher Schutzmechanismen

In beiden Fällen versagt die Argumentation der fehlenden Schutzbedürftigkeit, weil den außenstehenden Gesellschaftern eben kein Vetorecht zusteht, mit dem sie selbst für ihren Schutz sorgen können. Vielmehr sind sie auf das Eingreifen gesetzlicher Schutzmechanismen angewiesen. Dies räumen auch die Befürworter der Zustimmungslösung ein, die für diese Fälle auf die analoge Anwendung der §§ 304, 305 AktG zurückgreifen wollen.[189]

Die Anwendung der aktienkonzernrechtlichen Schutzmechanismen auf die Fälle zu beschränken, in denen die außenstehenden Gesellschafter nicht über ein faktisches Vetorecht verfügen, führt jedoch zu erheblichen Wertungswidersprüchen. Dies wird bei einem Blick auf die Zustimmungspflicht deutlich, die nur dann eingreift, wenn der Abschluss des Gewinnabführungsvertrags sachlich gerechtfertigt ist. In diesen Fällen sollen die vertragsschließenden Rechtsträger

---

187 *Emmerich*, in: Scholz, GmbHG, Anhang § 13 Rn. 287; *Leuschner*, in: Habersack/Casper/Löbbe, GmbHG, Anhang § 77 Rn. 172; *Wilde*, Beherrschungs- und Gewinnabführungsverträge, S. 130; *Priester*, DB 1989, 1013 (1015); *Zöllner*, ZGR 1992, 173 (195 f.); *Mues*, RNotZ 2005, 1 (17).

188 *Emmerich*, in: Scholz, GmbHG, Anhang § 13 Rn. 212.

189 *Beurskens*, in: Noack/Servatius/Haas, GmbHG, Anhang KonzernR Rn. 118; *Emmerich*, Scholz, GmbHG, Anhang § 13 Rn. 212; *Priester*, DB 1989, 1013 (1015 f.); *Zöllner*, ZGR 1992, 173 (196).

zur Aufnahme von Ausgleichs- und Abfindungsansprüchen verpflichtet sein. Die außenstehenden Gesellschafter sind damit gerade dann besonders gut geschützt, wenn der Abschluss des Gewinnabführungsvertrags von vernünftigen wirtschaftlichen Erwägungen getragen und insofern sachlich gerechtfertigt ist. In den Fällen hingegen, in denen der Abschluss des Gewinnabführungsvertrags wirtschaftlich nicht erforderlich ist, sondern auf den Partikularinteressen des Mehrheitsgesellschafters beruht, soll keine Pflicht zur Aufnahme von Ausgleichs- und Abfindungsansprüchen bestehen, so dass die außenstehenden Gesellschafter selbst für ihren Schutz verantwortlich sind. Damit sind die außenstehenden Gesellschafter in den Fällen weniger geschützt, in denen der Gewinnabführungsvertrag willkürlich vom Mehrheitsgesellschafter durchgesetzt und den außenstehenden Gesellschaftern aufgedrängt wird. Ähnliches gilt für den Fall, dass der Gesellschaftsvertrag eine Mehrheitsklausel enthält, denn auch hier sollen die außenstehenden Gesellschafter in den Genuss einer obligatorischen Aufnahme von Ausgleichs- und Abfindungsansprüchen kommen, obwohl sie sich aufgrund der Satzungsregelung auf den Abschluss eines Gewinnabführungsvertrags einstellen konnten. Ebnet die Satzung hingegen nicht den Weg zum Abschluss eines Gewinnabführungsvertrags durch eine Mehrheitsklausel, sollen die außenstehenden Gesellschafter selbst für ihren Schutz verantwortlich sein. Angesichts dieser Wertungswidersprüche erscheint es vorzugswürdig, grundsätzlich von einem Mehrheitsbeschluss auszugehen und die §§ 304, 305 AktG analog anzuwenden, um ein einheitliches Schutzniveau zu gewährleisten.

bb. Organisationsrechtliche Dimension des Konzernrechts

(1) Konzernermöglichung

Während das Konzernrecht traditionell als Schutzrecht verstanden worden ist,[190] setzt sich in jüngerer Zeit zunehmend die Einsicht durch, dass das Konzernrecht auch eine organisationsrechtliche Komponente aufweist und damit zumindest auch dem Zweck dient, die Bildung von Konzernen zu ermöglichen, soweit dies

---

190 Der Gesetzgeber hatte bei der Einführung der §§ 291 ff. AktG im Jahr 1965 in erster Linie den Schutz der außenstehenden Gesellschafter und Gläubiger vor Augen, vgl. *Hommelhoff*, in: FS Fleck 1988, S. 127; auch der BGH orientierte sich bei der Ausformung des konzernrechtlichen Unternehmensbegriffs hauptsächlich an Überlegungen zum Schutz der außenstehenden Gesellschafter, vgl. Urteil vom 13.10.1977 – II ZR 123/76 = NJW 1978, 104 – *Veba/Gelsenberg*; kritisch zu diesem Ansatz *Teichmann*, AG 2013, 184 (186).

wirtschaftlich sinnvoll und geboten ist.[191] Dem liegt der Gedanke zugrunde, dass die Konzentration von Unternehmen ein natürlicher Prozess in einer funktionierenden Marktwirtschaft ist, der zwar auf der einen Seite Risiken für außenstehende Gesellschafter begründet, auf der anderen Seite jedoch zur Wertschöpfung beiträgt und damit aus gesamtwirtschaftlicher Perspektive wünschenswert ist.[192]

Diesem Zweck der Konzernermöglichung läuft es zuwider, wenn die Anforderungen an den Abschluss eines Unternehmensvertrags so hoch gesetzt werden, dass eine Hürde entsteht, die die potentiellen Vertragsparteien davon abhält, sich unternehmensvertraglich zu binden. Im schlimmsten Fall hat dies zur Folge, dass Unternehmen abwandern und sich zu Märkten orientieren, die im Hinblick auf die Bildung einer Unternehmensgruppe weniger restriktiv sind. Um der doppelten Zielsetzung des Konzernrechts gerecht zu werden, muss der Schutz der außenstehenden Gesellschafter mit der Ermöglichung der Konzernbildung in Einklang gebracht werden.

(2) Missbrauchsgefahr bei der Zustimmungslösung

Die Zustimmungslösung kann diese Maßgabe nicht erfüllen, da sie den Abschluss des Unternehmensvertrags vom Einverständnis sämtlicher Gesellschafter abhängig macht und damit in Kauf nimmt, dass die Konzernierung trotz wirtschaftlich überzeugender Argumente am Widerstand eines einzelnen Gesellschafters scheitert. Durch ihr Vetorecht können querulatorische Gesellschafter den Abschluss des Gewinnabführungsvertrags blockieren und die den Vertragsparteien dadurch entstehenden finanziellen Nachteile als Druckmittel einsetzen, um überzogene Kompensationszahlungen zu erzwingen.[193]

---

191 Dazu ausführlich *Mülbert*, ZHR 163 (1999), 1 (28), der die organisationsrechtliche Komponente gegenüber dem Schutzgedanken für vorrangig hält; *Hommelhoff*, ZGR 2012, 535 (536); *Teichmann*, AG 2013, 184 (190), der das Konzernrecht zutreffend mit dem aus der Rechtsökonomie stammenden Begriff des *Enabling Law* umschreibt; *Beck*, GmbHR 2014, 1075 (1077); *ders.*, AG 2017, 726; kritisch *Koppensteiner*, Kölner Kommentar zum AktG, § 15 Rn. 13, der jedoch ebenfalls einräumt, dass die konzernrechtlichen Regelungen nicht ausschließlich auf den Schutz außenstehender Gesellschafter zurückgeführt werden können (Rn. 14).

192 BVerfG, Urteil vom 07.08.1963 – 1 BvL 16/60 = NJW 1962, 1667 (1668); *Mülbert*, ZHR 163 (1999), 1 (30).

193 *Grauer*, Konzernbildungskontrolle im GmbH-Recht, S. 189; *Wilde*, Beherrschungs- und Gewinnabführungsverträge, S. 82; *Rix*, MittRhNotK 1986, 29 (33); *Schöning/Steininger*, NZG 2022, 253 (257); kritisch *Zeidler*, NZG 1999, 692 (693), der einwendet, dass die Gefahr der Obstruktion nicht nur auf dem Boden der Zustimmungslösung bestehe, da die außenstehenden Gesellschafter die Eintragung des

Die Vertreter der Zustimmungslösung wollen dieses Problem durch eine aus der mitgliedschaftlichen Treuebindung herzuleitende Zustimmungspflicht lösen.[194] Nach dieser Ansicht sollen die außenstehenden Gesellschafter unter bestimmten Voraussetzungen dazu gezwungen sein, ihre Zustimmung zum Gewinnabführungsvertrag zu erteilen. So soll verhindert werden, dass der Abschluss eines wirtschaftlich gebotenen Gewinnabführungsvertrags an der Obstruktion durch eine Minderheit scheitert oder einzelne Gesellschafter ihr Vetorecht zu eigennützigen Zwecken missbrauchen. Auch unter den Befürwortern einer Zustimmungspflicht ist jedoch höchst unklar, unter welchen Voraussetzungen sich die mitgliedschaftliche Treuepflicht zu einer Zustimmungspflicht verdichtet. Teilweise wird eine Zustimmungspflicht schon dann bejaht, wenn der Abschluss des Gewinnabführungsvertrags wirtschaftliche Vorteile mit sich bringt und die außenstehenden Gesellschafter für den Eingriff in ihre Rechtsposition angemessen entschädigt werden.[195] Setzt man die Anforderungen an die Zustimmungspflicht jedoch derart niedrig an, hat dies zur Folge, dass die außenstehenden Gesellschafter in beinahe jedem Fall zur Zustimmung verpflichtet sind. Das Regel-Ausnahme-Verhältnis zwischen freier Entscheidung und Zustimmungspflicht wird dadurch in sein Gegenteil verkehrt, so dass letztlich kein Unterschied zum Mehrheitsbeschluss besteht, bei dem die außenstehenden Gesellschafter ebenfalls übergangen werden können. Andere setzen die Anforderungen höher an und wollen die Zustimmungspflicht nur dann bejahen, wenn der Abschluss des Gewinnabführungsvertrags erforderlich ist, um das Überleben der Gesellschaft zu gewährleisten.[196] Das führt allerdings zu dem Problem, dass die Zustimmungspflicht nur im Ausnahmefall Anwendung findet und das Problem der Obstruktion durch einzelne Gesellschafter nicht lösen kann.[197] Auch für die Gesellschaft bietet das Instrument der Zustimmungspflicht keinen geeigneten Schutz, wenn es um den zügigen Abschluss eines Gewinnabführungsvertrags geht. Denn um

---

Gewinnabführungsvertrags auch ohne Zustimmungserfordernis blockieren können, indem sie Anfechtungsklage gegen den Zustimmungsbeschluss erheben und so die faktische Registersperre auslösen. Diese Gefahr ist jedoch deutlich verringert, wenn man richtigerweise das Spruchverfahren auf die GmbH überträgt und damit die Anfechtbarkeit des Zustimmungsbeschlusses wegen bewertungsbezogener Mängel ausschließt, dazu unter Teil 6 B.

194 *Martens*, DB 1970, 813 (816); *Priester*, ZGR 1986 Sonderheft 6, 151 (164 f.); *Schwarz*, MittRhNotK 1994, 50 (61 f.).

195 *Priester*, ZGR 1986 Sonderheft 6, 151 (165).

196 *Martens*, DB 1970, 813 (816).

197 *Hegemann*, GmbHR 2012, 315 (318).

die Zustimmungspflicht durchzusetzen, muss der außenstehende Gesellschafter zunächst auf Abgabe einer entsprechenden Willenserklärung verklagt werden.[198] Daran wird deutlich, dass die Zustimmungspflicht das Problem der Obstruktion nicht lösen kann. Es handelt sich vielmehr um eine Notlösung, zu der die Vertreter der Zustimmungslösung gezwungen sind, um die Nachteile auszugleichen, die die Abweichung vom Mehrheitsprinzip mit sich bringt.

(3) Interessenausgleich durch Übertragung des aktienkonzernrechtlichen Regelungssystems

Demgegenüber sieht die an den Bestimmungen des Aktienkonzernrechts angelehnte Analogielösung ein fein austariertes System vor, das zum einen den Schutz der Minderheitsgesellschafter gewährleistet und zum anderen die Interessen der potentiellen Vertragsparteien am Abschluss des Unternehmensvertrags berücksichtigt. Dabei wird dem Willen des Mehrheitsgesellschafters grundsätzlich der Vorrang eingeräumt, so dass der Vertragsschluss nicht an der Opposition einzelner Minderheitsgesellschafter scheitern kann. Der Eingriff in die Rechtsposition der außenstehenden Gesellschafter wird jedoch durch zwingende gesetzliche Vorgaben zum Schutz des Gesellschaftsvermögens und vor allem durch Ausgleichs- und Abfindungsansprüche kompensiert. Dadurch wird sowohl der schutz- als auch der organisationsrechtlichen Komponente des Konzernrechts Rechnung getragen, da die außenstehenden Gesellschafter hinreichend geschützt sind, während der Mehrheitsgesellschafter es in der Hand hat, über den Abschluss eines Unternehmensvertrags zu entscheiden. Insgesamt verengt die Zustimmungslösung den Blick auf die Schutzkomponente des Konzernrechts,[199] was zu einer Überbewertung des Minderheitenschutzes führt und die außenstehenden Gesellschafter zum Denken in überhöhten Preisen animiert.[200]

e. *Differenzierende Ansicht*

Die zwischen kapitalistisch und personalistisch strukturierten Gesellschaften differenzierende Ansicht kann nicht überzeugen, da ein Großteil der Gesellschaften nicht eindeutig der einen oder anderen Gruppe zugeordnet werden kann.[201] Die

198 Ebenda.

199 Dies wird deutlich bei *Priester*, ZGR 1986 Sonderheft 6, 151 (164), der die Bedeutung des Zustimmungserfordernisses für den Präventivschutz der Gesellschafter betont.

200 So die Formulierung von *Lutter*, ZGR 1986 Sonderheft 6, 192 (196); *Hommelhoff*, in: Lutter/Hommelhoff, GmbHG, Anhang § 13 Rn. 88.

201 *Wilde*, Beherrschungs- und Gewinnabführungsverträge, S. 83; *Fleischer*, DB 2011, 2132 (2136); *Hegemann*, GmbHR 2012, 315 (318).

Bestimmung der Realstruktur der GmbH gestaltet sich deshalb schwierig, da die meisten Gesellschaften personalistische und kapitalistische Elemente miteinander vereinen und insofern atypisch ausgestaltet sind. Dies gilt im Besonderen für das Konzernrecht, wo die Untergesellschaft häufig von vornherein als Konzernbaustein konzipiert wird und dadurch stark von ihrem gesetzlichen Leitbild abweicht. Die Einordnung als personalistisch oder kapitalistisch strukturierte Gesellschaft ist deshalb stets eine Wertungsfrage, bei der eine Grenzziehung angesichts der vorhandenen Typenvielfalt kaum möglich ist. Im GmbH-Recht ist dies auch auf die größere Gestaltungsfreiheit zurückzuführen, die den Gesellschaftern eine individuelle Regelung ihrer Rechtsverhältnisse erlaubt und die Bestimmung der Realstruktur zusätzlich erschwert. Auch das GmbHG verzichtet auf eine Differenzierung nach der Realstruktur der Gesellschaft und bringt damit zum Ausdruck, dass eine rechtssichere Einordnung kaum möglich ist. Für die konzernrechtliche Beratungspraxis hätte eine Differenzierung nach der Realstruktur zur Folge, das regelmäßig nicht sicher festgestellt werden kann, mit welcher Mehrheit der Zustimmungsbeschluss zu fassen ist und ob der Gewinnabführungsvertrag Ausgleichs- und Abfindungsansprüche enthalten muss. Dies würde angesichts der gravierenden Folgen, die eine Unwirksamkeit des Gewinnabführungsvertrags für die Anerkennung der steuerlichen Organschaft hat, dazu führen, dass aus Gründen der Rechtssicherheit in jedem Fall die Zustimmung aller außenstehenden Gesellschafter eingeholt werden muss. Damit bestünde im Ergebnis kein Unterschied zur Zustimmungslösung.

f. Fazit

Bezüglich der für den Zustimmungsbeschluss der Untergesellschaft erforderlichen Mehrheit sprechen die besseren Argumente dafür, sich am aktienkonzernrechtlichen Vorbild zu orientieren und analog § 293 Abs. 1 S. 2 AktG eine Mehrheit von drei Vierteln der abgegebenen Stimmen genügen zu lassen. Die Voraussetzungen für den Abschluss eines Gewinnabführungsvertrags können nicht herabgesetzt,[202]

---

202 *Leuschner*, in: Habersack/Casper/Löbbe, GmbHG, Anhang § 77 Rn. 172; *Hommelhoff*, in: Lutter/Hommelhoff, GmbHG, Anhang § 13 Rn. 89; *Krafka*, Registerrecht, Teil 1 Rn. 1110; *Grauer*, Konzernbildungskontrolle im GmbH-Recht, S. 223; *Wilde*, Beherrschungs- und Gewinnabführungsverträge, S. 129 f.; *Esch*, BB 1986, 272 (275); *Timm*, ZGR 1987, 403 (430); *ders.*, GmbHR 1987, 8 (11); *Richter/Stengel*, DB 1993, 1861; *Hommelhoff/Freytag*, DStR 1996, 1409 (1412); *Mues*, RNotZ 2005, 1 (17); *Hegemann*, GmbHR 2012, 315 (316 Fn. 5).

jedoch durch eine entsprechende Satzungsregelung verschärft werden.[203] So kann der Gesellschaftsvertrag eine höhere Stimmen- oder Kapitalmehrheit vorsehen oder den Abschluss eines Gewinnabführungsvertrags von der Zustimmung sämtlicher Gesellschafter abhängig machen. Überlässt man die Entscheidung über den Gewinnabführungsvertrag der Mehrheit, ist der Fokus auf die Anwendung gesetzlicher Schutzmechanismen zu legen, durch die der Bestand der Gesellschaft gesichert und der Schutz der außenstehenden Gesellschafter gewährleistet wird.[204]

2. *Stimmrecht des anderen Vertragsteils*

a. *Meinungsstand*

Wenn der andere Vertragsteil an der Untergesellschaft beteiligt ist, stellt sich die Frage, ob er an der Abstimmung über den Gewinnabführungsvertrag teilnehmen darf oder einem Stimmverbot unterliegt. Der BGH hat sich in einem Urteil aus dem Jahr 2011 ausdrücklich gegen ein Stimmverbot ausgesprochen.[205] Auch in der Literatur entspricht es der überwiegend vertretenen Ansicht, dass der andere Vertragsteil nicht von der Abstimmung ausgeschlossen ist.[206] Nur vereinzelt wird an der Auffassung festgehalten, dass der andere Vertragsteil gemäß § 47 Abs. 4

---

203 *Emmerich*, in: Emmerich/Habersack, Aktien-/GmbH-KonzernR, § 293 Rn. 33, der sogar ein statutarisches Verbot des Abschlusses eines Unternehmensvertrags für zulässig hält; *Krafka*, Registerrecht, Teil 1 Rn. 1110.

204 Dazu sogleich unter Teil 4 und Teil 5. Zur Anwendung der in den §§ 293a ff. AktG geregelten und auf den Schutz der außenstehenden Gesellschafter ausgerichteten Informations- und Prüfungspflichten siehe Teil 3.

205 Das Urteil des BGH vom 31.05.2011 – II ZR 109/10 = BB 2011, 2066 betraf den Fall einer Kündigung des Gewinnabführungsvertrags, die Ausführungen des Senats lassen sich jedoch auf den Abschluss eines Gewinnabführungsvertrags übertragen, vgl. *Müller-Eising/Schmitt*, NZG 2011, 1100 (1101); einschränkend *Beck*, GmbHR 2012, 777 (784).

206 *Kort*, Beherrschungs- und Gewinnabführungsverträge, S. 105 ff.; *Grauer*, Konzernbildungskontrolle im GmbH-Recht, S. 193; *Wilde*, Beherrschungs- und Gewinnabführungsverträge, S. 99 ff.; *Skibbe*, GmbHR 1968, 245 (246); *Hönle*, DB 1979, 485 (488); *Timm*, ZGR 1987, 403 (429 Fn. 144); *Priester*, ZGR 1986 Sonderheft 6, 151 (159 f.); *Rix*, MittRhNotK 1986, 29 (34); *Schwarz*, MittRhNotK 1994, 49 (62); *Braunfels*, MittRhNotK 1994, 233 (238); *Theiselmann*, BB 2011, 2819 (2822); *Veith/Schmid*, DB 2012, 728 (730); *Hegemann*, GmbHR 2012, 315; *Beck*, GmbHR 2012, 777 (784); *ders.*, DNotZ 2013, 90 (93); *Göhmann/Winnen*, RNotZ 2015, 53 (55); *Schöning/Steininger*, NZG 2022, 253 (258).

S. 2 Alt. 1 GmbHG einem Stimmverbot unterliegt.[207] Diese Ansicht geht von einem mit qualifizierter Mehrheit zu fassenden Zustimmungsbeschluss aus, will den Schutz der Minderheitsgesellschafter jedoch nicht durch Ausgleichs- und Abfindungsansprüche, sondern durch das Stimmverbot des anderen Vertragsteils gewährleisten.

b. Stellungnahme

Ist der andere Vertragsteil von der Teilnahme an der Abstimmung ausgeschlossen, liegt die Entscheidung über das wirksame Zustandekommen des Gewinnabführungsvertrags in den Händen der Minderheitsgesellschafter. Den Minderheitsgesellschaftern wird dadurch ein Druckmittel eingeräumt, mittels dessen sie einen Ausgleich für den Eingriff in ihr Gewinnbezugsrecht durchsetzen können. Im Ergebnis steht diese Ansicht daher der Zustimmungslösung nahe, bei der die außenstehenden Gesellschafter durch ihr Vetorecht ebenfalls selbst für ihren Schutz sorgen können. Die oben gegen die Zustimmungslösung angeführten Argumente können deshalb auch hier fruchtbar gemacht werden. Die Annahme eines Stimmverbots widerspricht den Wertungen des UmwG, erschwert die Konzernbildung und führt zu erheblichen Schutzlücken, wenn der andere Vertragsteil nicht Gesellschafter ist. Denn in diesem Fall findet die Stimmverbotsregelung von vornherein keine Anwendung.[208] Daneben scheitert die Anwendung der Stimmverbotsregelung an allgemeinen Erwägungen: Beim Abschluss eines Unternehmensvertrags handelt es sich nach überwiegend vertretener Ansicht um einen sog. Sozialakt,[209] ein korporatives Rechtsgeschäft, das den innergesellschaftlichen Bereich betrifft und bei dem die Verfolgung mitgliedschaftlicher Interessen so sehr im Vordergrund steht, dass es im Gegensatz zu individualrechtlichen Rechtsgeschäften von vornherein aus dem Anwendungsbereich der Stimmverbotsregelung ausgenommen ist.[210]

---

207 *Altmeppen*, GmbHG, Anhang § 13 Rn. 39.

208 *Grauer*, Konzernbildungskontrolle im GmbH-Recht, S. 192.

209 OLG Hamburg, Urteil vom 29.10.1999 – 11 U 45/99 = NZG 200, 421; OLG Stuttgart, Urteil vom 07.02.2001 – 20 U 52/97 = BB 2001, 794; *Bayer*, in: Lutter/Hommelhoff, GmbHG, § 47 Rn. 49; *Hönle*, DB 1979, 485 (487 f.); *Priester*, ZGR 1986 Sonderheft 6, 151 (159); *Kort*, Beherrschungs- und Gewinnabführungsverträge, S. 108; *Grauer*, Konzernbildungskontrolle im GmbH-Recht, S. 194; *Wilde*, Beherrschungs- und Gewinnabführungsverträge, S. 100; *Theiselmann*, BB 2011, 2819 (2822); *Göhmann/Winnen*, RNotZ 2015, 53 (55).

210 BGH, Urteil vom 31.05.2011 – II ZR 109/110 = ZIP 2011, 1465 (1466); OLG Stuttgart, Urteil vom 07.02.2001 – 20 U 52/97 = BB 2001, 794; *Schmidt/Bochmann*, in: Scholz,

II. Zustimmungsbeschluss der Obergesellschaft

1. Meinungsstand

Neben dem Zustimmungsbeschluss der Untergesellschaft ist im Aktienkonzernrecht gemäß § 293 Abs. 2 AktG auch auf der Seite des anderen Vertragsteils ein Zustimmungsbeschluss erforderlich. Der BGH hat die Regelung des § 293 Abs. 2 AktG auf die GmbH analog angewendet und die Wirksamkeit des Gewinnabführungsvertrags damit auch im GmbH-Konzernrecht von der Zustimmung der Gesellschafter beider Vertragsparteien abhängig gemacht.[211] In der Folge hat der BGH dies für den Mischkonzern mit einer als AG organisierten Obergesellschaft bestätigt.[212] Auch in der Literatur wird die Annahme eines konstitutiven Zustimmungserfordernisses auf der Ebene des anderen Vertragsteil überwiegend befürwortet.[213] Teilweise stößt die analoge Anwendung des § 293 Abs. 2 AktG jedoch auf heftige Kritik.[214]

GmbHG, § 47 Rn. 110; *Bayer*, in: Lutter/Hommelhoff, GmbHG, § 47 Rn. 49; *Grauer*, Konzernbildungskontrolle im GmbH-Recht, S. 193; kritisch zu dieser Differenzierung *Noack*, in: Noack/Servatius/Haas, GmbHG, § 47 Rn. 80.

211 BGH, Beschluss vom 24.10.1988 – II ZB 7/88 = NJW 1989, 295 (297) – *Supermarkt*.

212 BGH, Beschluss vom 30.01.1992 – II ZB 15/91 = NJW 1992, 1452 (1453) – *Siemens*.

213 *Emmerich*, in: Emmerich/Habersack, Aktien-/GmbH-KonzernR, § 293 Rn. 36a, 46; *ders.*, in: Scholz, GmbHG, Anhang § 13 Rn. 286; *Servatius*, in: Grigoleit, AktG, § 293 Rn. 21; *Beurskens*, in: Noack/Servatius/Haas, GmbHG, KonzernR Rn. 110; *Krafka*, Registerrecht, Teil 1 Rn. 1111; *Egelhof*, Ausschüttungssperren in der Organschaft, S. 16; *Weigel*, in: FS Quack 1991, S. 505 (514); *Hoffmann-Becking*, WiB 1994, 57 (60); *Schwarz*, MittRhNotK 1994, 50 (62); *Koerfer/Selzner*, GmbHR 1997, 285 (286); *Bärwaldt/Schabacker*, AG 1998, 182 (184); *Kerkhoff*, GmbHR 1999, 226; *Kleinert/Lahl*, GmbHR 2003, 698 (698 f.); *Bredow/Liebscher*, BB 2003, 393; *Ulrich*, GmbHR 2004, 1000; *Mues*, RNotZ 2005, 1 (18); *Veith/Schmid*, DB 2012, 728 (730); *Hegemann*, GmbHR 2012, 315; *Hermanns*, RNotZ 2015, 632 (633).

214 *Altmeppen*, in: Münchener Kommentar zum AktG, § 293 Rn. 107 ff.; *ders.*, ZIP 1998, 1853 (1859 f.); *Kort*, Beherrschungs- und Gewinnabführungsverträge, S. 125; *Hönle*, DB 1979, 485 (486); *Flume*, DB 1989, 665 (667); *Timm*, GmbHR 1989, 11 (16); *Gäbelein*, GmbHR 1989, 502 (506); *Vetter*, AG 1993, 168 (169); *Priester*, ZGR 1986 Sonderheft 6, 151 (174), der zwar einen Zustimmungsbeschluss für erforderlich hält, diesem jedoch lediglich Innenwirkung beimisst; differenzierend *Lutter*, ZGR 1986 Sonderheft 6, 192 (198 f.), der § 293 Abs. 2 AktG nur dann analog anwenden will, wenn eine Pflicht zur Anteilsabfindung besteht.

2. *Diskussion der Argumente*

a. Grundsatz der unbeschränkten Vertretungsmacht

Gegen die analoge Anwendung des § 293 Abs. 2 AktG spricht der Grundsatz der unbeschränkten Vertretungsmacht, wonach die Vertretungsmacht eines organschaftlichen Vertreters im Außenverhältnis keinen Beschränkungen unterworfen werden kann. Der Grundsatz zieht sich durch das gesamte Gesellschaftsrecht[215] und sorgt dafür, dass sich die Geschäftspartner eines Rechtsträgers grundsätzlich darauf verlassen können, dass dessen organschaftliche Vertreter Rechtshandlungen wirksam vornehmen können.[216] Ausnahmen vom Grundsatz der unbeschränkten Vertretungsmacht beeinträchtigen die Rechtssicherheit und unterliegen deshalb hohen Rechtfertigungsvoraussetzungen.[217] Nach allgemeiner Ansicht kann sich ein Vertragspartner nur in den Fällen nicht auf § 37 Abs. 2 GmbHG berufen, in denen ein Grundlagengeschäft oder ein Fall des Missbrauchs der Vertretungsmacht vorliegt, also der Geschäftsführer seine Befugnisse offensichtlich überschreitet oder mit dem Geschäftspartner kollusiv zusammenwirkt.[218] Dass der Anwendungsbereich eines konstitutiven Zustimmungserfordernisses nicht ohne Weiteres ausgedehnt werden kann, kommt auch in einem jüngeren Urteil des BGH zum Ausdruck, in dem sich der Senat abweichend von seiner bisherigen Auffassung[219] und der bis dahin herrschenden Literaturmeinung[220]

---

215 Vgl. § 37 Abs. 2 GmbHG, § 82 Abs. 1 AktG, §§ 124 Abs. 4 HGB, § 27 Abs. 2 GenG.

216 *Paefgen*, in: Habersack/Casper/Löbbe, GmbHG, § 37 Rn. 69; *Müller*, NZG 2019, 807.

217 *Bredthauer*, NZG 2008, 816 (819).

218 *Lenz*, in: Michalski, GmbHG, § 37 Rn. 41; *Hoffmann/Bartlitz*, DB 2019, 1833 (1836); ähnlich *Paefgen*, in: Habersack/Casper/Löbbe, GmbHG, § 37 Rn. 84, nach dessen Ansicht der Vorwurf rechtsmissbräuchlichen Verhaltens jedoch nicht dem Geschäftsführer, sondern dem Geschäftspartner zu machen ist.

219 In seinem Urteil vom 09.01.1995 – II ZR 24/94 = NJW 1995, 596 sah der Senat in der Vorgängerreglung des § 179a AktG noch einen allgemeinen Rechtsgedanken, der auf andere Gesellschaftsformen übertragbar sei.

220 *Eickelberg/Mühlen*, NJW 2011, 2476 (2480); *Leitzen*, NZG 2012, 491 (494); *Hüren*, RNotZ 2014, 77 (85); *Bayer/Lieder/Hoffmann*, AG 2017, 717 (718), die von einem rechtsformübergreifenden Grundsatz sprechen, nach dem die Übertragung des gesamten Gesellschaftsvermögens außerhalb der Kompetenz der Geschäftsführung liege und stattdessen in den Zuständigkeitsbereich der Gesellschafter falle; aA nunmehr *Stein*, in: Münchener Kommentar zum AktG, § 179a Rn. 14; *Tebben*, in: Scholz, GmbHG, § 53 Rn. 176, die sich der vom BGH eingeschlagenen Linie angeschlossen haben; *Bredthauer*, NZG 2008, 816 (819), der eine Übertragung des § 179a AktG auf die GmbH schon vor der Rechtsprechungsänderung des BGH abgelehnt hat.

gegen eine analoge Anwendung des § 179a AktG im GmbH-Recht entschieden hat.[221] Der Grundsatz der unbeschränkten Vertretungsmacht findet daher auch im Bereich der Gesamtvermögensübertragung Anwendung. Daran wird deutlich, dass bei der Statuierung konstitutiver Zustimmungserfordernisse Zurückhaltung geboten ist.

b. Wirtschaftliches Risiko

Die Durchbrechung des Grundsatzes unbeschränkter Vertretungsmacht könnte dadurch gerechtfertigt sein, dass der Abschluss eines Gewinnabführungsvertrags für den anderen Vertragsteil mit einem erheblichen wirtschaftlichen Risiko verbunden ist. Schließlich übernimmt der andere Vertragsteil eine unbeschränkte Verlustausgleichspflicht und ist bei Beendigung des Gewinnabführungsvertrags analog § 303 AktG zur Sicherheitsleistung verpflichtet.[222] Dem wird jedoch zu Recht entgegengehalten, dass der andere Vertragsteil auch im Fall eines Betriebspacht- oder Betriebsüberlassungsvertrags zum Verlustausgleich verpflichtet ist und das Aktiengesetz für diesen Fall kein Zustimmungserfordernis vorsieht.[223] Außerdem sind auch andere risikoreiche Geschäfte, wie die Gewährung von Bürgschaften oder die Übertragung des gesamten Gesellschaftsvermögens, nicht von der Zustimmung der Gesellschafter abhängig, so dass das Zustimmungserfordernis nicht allein mit den wirtschaftlichen Risiken des Vertragsschlusses erklärt werden kann.[224]

c. Abfindung in Anteilen

Der Gewinnabführungsvertrag führt jedoch auch dazu, dass der andere Vertragsteil den außenstehenden Gesellschaftern der Untergesellschaft in bestimmten Fällen eine Abfindung in Anteilen anbieten muss.[225] Nehmen die außenstehenden Gesellschafter das Abfindungsangebot an, werden sie zu Anteilsinhabern des anderen Vertragsteils. Auf der Ebene des anderen Vertragsteils kommt es

---

221 BGH, Urteil vom 08.01.2019 – II ZR 364/18 = NZG 2019, 505.

222 Die Regelung des § 303 AktG ist nach ständiger Rechtsprechung und allgemeiner Auffassung in der Literatur im GmbH-Konzernrecht analog anzuwenden, BGH, Urteil vom 07.10.2014 – II ZR 361/13 = NZG 2014, 1340; mwN *Liebscher*, in: Münchener Kommentar zum GmbHG, Anhang § 13 Rn. 935; *Emmerich*, in: Scholz, GmbHG, Anhang § 13 Rn. 291; *Kropff*, in: FS Semler 1993, S. 517 (531). Zur analogen Anwendung des § 302 AktG siehe Teil 4 B. I. 1.

223 *Vetter*, BB 1989, 2125 (2126 ff.).

224 *Gäbelein*, GmbHR 1989, 502 (505).

225 Zur Abfindung in Anteilen der Obergesellschaft siehe Teil 5 B. III. 1.

dadurch nicht nur zu einer Veränderung der personellen Zusammensetzung des Gesellschafterkreises, sondern auch zu einer Verringerung der Beteiligungsquote der bisherigen Gesellschafter, was einen erheblichen Eingriff in deren Rechtssphäre darstellt. Die Pflicht zur Anteilsabfindung hebt den Gewinnabführungsvertrag von anderen risikoreichen Geschäften ab, da sie sich unmittelbar auf die Rechtsstellung der Gesellschafter auswirkt. Vor diesem Hintergrund erscheint es sachgerecht, die Gesellschafter in die Entscheidung über den Gewinnabführungsvertrag miteinzubeziehen. Doch auch mit der Pflicht zur Anteilsgewährung lässt sich das konstitutive Zustimmungserfordernis nicht einwandfrei erklären, da der Zustimmungsbeschluss richtigerweise auch dann konstitutive Wirkung entfaltet, wenn mangels außenstehender Gesellschafter keine Abfindung in Anteilen anzubieten ist.[226]

3. *Fazit*

Weder die Anteilsabfindung noch das mit dem Vertragsschluss verbundene wirtschaftliche Risiko können für sich genommen das konstitutive Zustimmungserfordernis auf der Ebene der Obergesellschaft erklären. Beide Begründungsansätze können jedoch kumulativ zur Rechtfertigung des Zustimmungserfordernisses herangezogen werden. Dies wird auch in der Gesetzesbegründung zum AktG deutlich, wo das Erfordernis eines konstitutiven Zustimmungsbeschlusses auf die Gesamtheit der mit dem Gewinnabführungsvertrag verbundenen Rechtswirkungen gestützt wird.[227] Da sowohl die Verlustausgleichspflicht als auch die Pflicht zur Anteilsabfindung auch bei der GmbH zur Anwendung kommen, besteht eine vergleichbare Interessenlage, die die analoge Anwendung des § 293 Abs. 2 AktG rechtfertigt.[228] Auf der Ebene des anderen Vertragsteils ist deshalb ein Zustim-

226 Beschluss vom 30.01.1992 – II ZB 15/91 = NJW 1992, 1452 – *Siemens*; *Emmerich*, in: Emmerich/Habersack, Aktien-/GmbH-KonzernR, § 293 Rn. 36a; *Servatius*, in: Grigoleit, AktG, § 293 Rn. 19; *Deilmann*, in: Hölters/Weber, AktG, § 293 Rn. 7; *Koch*, AktG, § 293 Rn. 17; *Wilde*, Beherrschungs- und Gewinnabführungsverträge, S. 117; *Hoffmann-Becking*, WiB 1994, 57 (60); *Mues*, RNotZ 2005, 2 (19).

227 Begründung zum Regierungsentwurf vom 03.02.1962 (AktG), BT-Drucksache IV/171, S. 218.

228 Früher wurde das Zustimmungserfordernis überwiegend mit dem Argument in Abrede gestellt, dass die Pflicht zur Anteilsabfindung im Vertragskonzernrecht der GmbH keine Anwendung finde, siehe *Gäbelein*, GmbHR 1989, 502 (506); *Altmeppen*, ZIP 1998, 1853 (1859); ähnlich *Lutter*, ZGR 1986 Sonderheft 6, 192 (198). Mit den gleichen Argumenten war auch in den gescheiterten Reformentwürfen aus den Jahren 1972 und 1973 auf ein Zustimmungserfordernis beim anderen

mungsbeschluss erforderlich, der analog § 293 Abs. 2 S. 2 AktG mindestens einer Mehrheit von drei Vierteln der abgegebenen Stimmen bedarf.[229]

III. Beschlussmodalität

1. Problematik

Während die Willensbildung im Aktienrecht auf die Hauptversammlung beschränkt ist, können Beschlüsse im GmbH-Recht nicht nur in einer Versammlung, sondern gemäß § 48 Abs. 2 GmbHG auch im schriftlichen Verfahren gefasst werden.[230] Die Versammlung kann sowohl in Präsenz als auch fernmündlich oder in Form einer Videokonferenz abgehalten werden.[231] Da die Ausgestaltung des Willensbildungsprozesses gemäß § 45 Abs. 2 GmbHG dem Satzungsgeber überlassen ist, kann der Gesellschaftsvertrag darüber hinaus weitere Formen versammlungsloser Beschlussfassung vorsehen.[232] Daher stellt sich die Frage, ob die Entscheidung über den Gewinnabführungsvertrag auf der Ebene von Ober- und Untergesellschaft in einer Gesellschafterversammlung getroffen werden muss oder ob der Zustimmungsbeschluss auch im schriftlichen Verfahren oder in einer anderen im Gesellschaftsvertrag vorgesehenen Form gefasst werden kann. Teilweise wird die Ansicht vertreten, dass es zwingend der Durchführung einer Gesellschafterversammlung bedürfe.[233]

Vertragsteil verzichtet worden, Begründung zum Regierungsentwurf eines GmbHG vom 31.01.1972, BT-Drucksache 6/3088, S. 211; Begründung zum Regierungsentwurf eines GmbHG vom 26.02.1973, BT-Drucksache 7/253, S. 211.

229 BGH, Beschluss vom 24.10.1988 – II ZB 7/88 = NJW 1989, 295 (298) – *Supermarkt*; *Emmerich*, in: Scholz, GmbHG, Anhang § 13 Rn. 286; *Krafka*, Registerrecht, Teil 1 Rn. 1111; *Wilde*, Beherrschungs- und Gewinnabführungsverträge, S. 122; *Egelhof*, Ausschüttungssperren in der Organschaft, S. 16; *Weigel*, in: FS Quack 1991, S. 505 (512); *Priester*, ZGR 1986 Sonderheft 6, 151 (173); *Altmeppen*, DB 1994, 1273; *Koerfer/Selzner*, GmbHR 1997, 285 (286); *Kerkhoff*, GmbHR 1999, 226; *Mues*, RNotZ 2005, 2 (19); *Veith/Schmid*, DB 2012, 728 (730).

230 Zur Beschlussfassung im Umlaufverfahren *Lieder*, in: FS Vetter 2019, S. 419 (421); *Miller/Nehring-Köppl*, WM 2020, 911.

231 Siehe § 48 Abs. 1 S. 2 GmbHG, eingefügt durch das Gesetz zur Ergänzung der Regelungen zur Umsetzung der Digitalisierungsrichtlinie und zur Änderung weiterer Vorschriften vom 15.07.2022, BGBl. I S. 1146; kritisch zur Gleichstellung von Präsenzversammlung und virtueller Versammlung *Bochmann*, NZG 2022, 531.

232 *Lieder*, in: FS Vetter 2019, S. 419 (421); zu den verschiedenen Gestaltungsmöglichkeiten *Blasche*, GmbHR 2011, 232; *Miller/Nehring-Köppl*, WM 2020, 911 (914).

233 *Wilde*, Beherrschungs- und Gewinnabführungsverträge, S. 96.

2. *Diskussion der Argumente*

a. *Vergleich zum Umwandlungsrecht*

Für das Erfordernis einer Gesellschafterversammlung spricht der Vergleich zum Umwandlungsrecht, wo § 13 Abs. 1 S. 2 UmwG für den Verschmelzungsbeschluss zwingend die Durchführung einer Gesellschafterversammlung voraussetzt.[234] Das Gleiche gilt über § 125 S. 1 UmwG für den Spaltungsbeschluss und gemäß § 193 Abs. 1 S. 2 UmwG für den Formwechselbeschluss. Die Beschlussfassung im schriftlichen Verfahren ist nach im umwandlungsrechtlichen Schrifttum einhellig vertretener Ansicht ausgeschlossen.[235] Vor dem Hintergrund, dass die Verschmelzung und der Abschluss eines Gewinnabführungsvertrags in wirtschaftlicher Hinsicht vergleichbare Vorgänge darstellen,[236] könnte die gesetzgeberische Wertung des § 13 Abs. 1 S. 2 UmwG auch im Vertragskonzernrecht Wirkung entfalten und dazu führen, dass der Zustimmungsbeschluss zwingend in einer Gesellschafterversammlung gefasst werden muss.

b. *Vorteile der Versammlung*

Die Beschlussfassung in einer Versammlung bietet den Vorteil, dass die Gesellschafter in einen unmittelbaren Austausch miteinander treten und den Abschluss des Gewinnabführungsvertrags untereinander und mit der Geschäftsführung erörtern können.[237] Gerade im Hinblick auf die Diskussion von Streitfragen bietet die Gesellschafterversammlung einen Mehrwert, da die Geschäftsführung direkt mit kritischen Fragen konfrontiert und so die Aufmerksamkeit aller Gesellschafter auf die neuralgischen Punkte gelenkt werden kann. Angesichts der erheblichen Auswirkungen des Gewinnabführungsvertrags auf die Gesellschaft und die Rechtsstellung der außenstehenden Gesellschafter, ist es von besonderer Bedeutung, dass die mit dem Vertragsschluss verbundenen Risiken offengelegt werden und allen Anteilsinhabern zur Kenntnis gelangen. Dafür bieten

234 In der Literatur ist insoweit von einem Versammlungszwang die Rede, siehe *Rieckers/Cloppenburg*, in: BeckOGK UmwG, § 13 Rn. 40; *Erkens*, in: Kölner Kommentar zum UmwG, § 13 Rn. 10; *Maulbetsch*, in: Maulbetsch/Klumpp/Rose, UmwG, § 13 Rn. 39.

235 *Drygala*, in: Lutter, UmwG, § 13 Rn. 9; *Böttcher*, in: Böttcher/Habighorst/Schulte, UmwG, § 13 Rn. 15; *Rieckers/Cloppenburg*, in: BeckOGK UmwG, § 13 Rn. 41; *Maulbetsch*, in: Maulbetsch/Klumpp/Rose, UmwG, § 13 Rn. 39.

236 Siehe dazu bereits unter Teil 2 B. I. 1. c. cc. (2).

237 *Gehling*, in: Semler/Stengel/Leonard, UmwG, § 13 Rn. 14.

die Kommunikationsmöglichkeiten im Rahmen einer Versammlung eine höhere Gewähr als die kontaktlose Abstimmung im Umlaufverfahren.

Der dagegen gerichtete Einwand, dass die Gesellschafter sich in der Versammlung vertreten lassen können und die Vorteile eines unmittelbaren Austauschs dadurch ins Leere liefen,[238] vermag nicht zu überzeugen. Zwar ist die Stellvertretung auch bei der Abstimmung über eine umwandlungsrechtliche Strukturmaßnahme trotz Versammlungszwang zulässig,[239] die Gesellschafter haben es jedoch in der Hand, selbst an der Versammlung teilzunehmen und die dadurch geschaffenen Kommunikationsmöglichkeiten wahrzunehmen. Außerdem kommen die mit der Versammlung verbundenen Vorteile auch dann zum Tragen, wenn sich ein Gesellschafter vertreten lässt. Schließlich kann der Vertreter genauso dazu in der Lage sein, sinnvolle Wortbeiträge zu leisten und kritische Fragen zu stellen, um die anderen Gesellschafter auf problematische Punkte aufmerksam zu machen und einen offenen Diskurs in Gang zu setzen.

c. *Vergleich zu anderen Strukturentscheidungen*

Ein gewichtiges Argument gegen das Erfordernis einer Gesellschafterversammlung liegt jedoch in dem Umstand, dass das GmbHG für andere Strukturmaßnahmen, die ebenso tief oder noch tiefer in die Rechtssphäre der Gesellschafter eingreifen, keine Versammlung voraussetzt, sondern eine Beschlussfassung im schriftlichen Verfahren genügen lässt.[240] Sogar die Auflösung der Gesellschaft muss nicht zwingend in einer Versammlung beschlossen werden.[241] Vor diesem Hintergrund ist es schwer zu begründen, warum für den Abschluss eines Gewinnabführungsvertrags die Durchführung einer Gesellschafterversammlung erforderlich sein soll.

Auch die Gesetzesbegründung zum UmwG enthält keine überzeugenden Argumente für einen Versammlungszwang, sondern verweist auf die vermeintlich schon vorher bestehende Rechtslage.[242] Tatsächlich war vor der Einführung des UmwG jedoch hoch umstritten, ob der Verschmelzungsbeschluss nur in einer

---

238 *Erkens*, in: Kölner Kommentar zum UmwG, § 13 Rn. 12, der den Versammlungszwang deshalb für rechtspolitisch fragwürdig hält.

239 *Zimmermann*, in: Kallmeyer, UmwG, § 13 Rn. 13; *Drygala*, in: Lutter, UmwG, § 13 Rn. 9; *Böttcher*, in: Böttcher/Habighorst/Schulte, UmwG, § 13 Rn. 16.

240 *Lieder*, in: FS Vetter 2019, S. 419 (443).

241 BayObLG, Beschluss vom 02.11.1994 – 3Z BR 152/94 = NJW-RR 1995, 1001; *Berner*, in: Münchener Kommentar zum GmbHG, § 60 Rn. 103; *Haas*, in: Noack/Servatius/Haas, GmbHG, § 60 Rn. 19; *Nerlich*, in: Michalski, GmbHG, § 60 Rn. 40.

242 Begründung zum Regierungsentwurf vom 04.02.1994 (UmwBerG), S. 85.

Gesellschafterversammlung oder auch im schriftlichen Verfahren gefasst werden kann.[243] Aufgrund dieses Begründungsdefizits und in Anbetracht der Wertungswidersprüche zu anderen Strukturmaßnahmen ist der Versammlungszwang schon im Umwandlungsrecht teilweise erheblicher Kritik ausgesetzt, die eine Ausweitung des Anwendungsbereichs auf das Vertragskonzernrecht zweifelhaft erscheinen lässt.[244]

d. *Beurkundungserfordernis*

Teilweise wird die Ansicht vertreten, dass das für die Zustimmung zu einem Gewinnabführungsvertrag vorgesehene Beurkundungserfordernis die Beschlussfassung in einer Versammlung erforderlich mache.[245] Tatsächlich konnten nach früher herrschender Ansicht auch Satzungsänderungsbeschlüsse aufgrund der dazu erforderlichen Beurkundung nur in einer Gesellschafterversammlung gefasst werden.[246] Mittlerweile ist jedoch anerkannt, dass ein Beschluss auch im schriftlichen Verfahren notariell beurkundet werden kann.[247] Dazu sind dem Notar die von den Gesellschaftern schriftlich abgegebenen Stimmen vorzulegen, so dass er die Beschlussfassung durch Aufnahme eines notariellen Tatsachenprotokolls nach §§ 36 ff. BeurkG beurkunden kann.[248] Für die Zulässigkeit dieses Vorgehens spricht der Vergleich zur Beurkundung der Beschlussfassung im Rahmen einer Versammlung.[249] Auch hier fertigt der Notar ein Tatsachenprotokoll über die von ihm tatsächlich wahrgenommene Stimmabgabe durch die Gesell-

---

243 *Erkens*, in: Kölner Kommentar zum UmwG, § 13 Rn. 10; *Drygala*, in: Lutter, UmwG, § 13 Rn. 9; *Winter*, in: Schmitt/Hörtnagl, UmwG, § 13 Rn. 2; *Rieckers/Cloppenburg*, in: BeckOGK UmwG, § 13 Rn. 41.

244 *Lieder*, in: FS Vetter 2019, S. 419 (443), der die ersatzlose Streichung empfiehlt; kritisch auch *Erkens*, in: Kölner Kommentar zum UmwG, § 13 Rn. 12.

245 *Wilde*, Beherrschungs- und Gewinnabführungsverträge, S. 96.

246 So jedoch in einem *obiter dictum* der BGH, Urteil vom 01.12.1954 – II ZR 285/53 = NJW 1955, 220; KG, Beschluss vom 16.03.1959 – 1 W 137/59 = NJW 1959, 1446; heute nur noch *Schnorbus*, in: Rowedder/Pentz, GmbHG, § 53 Rn. 56, der zur Begründung anführt, dass die Beurkundung der einzelnen Stimmabgabe dem Formerfordernis des § 53 Abs. 2 S. 1 GmbHG nicht genüge.

247 *Harbarth*, in: Münchener Kommentar zum GmbHG, § 53 Rn. 64; *Noack*, in: Noack/Servatius/Haas, GmbHG, § 53 Rn. 55; *Ulmer/Casper*, in: Habersack/Casper/Löbbe, GmbHG, § 53 Rn. 46; *Altmeppen*, GmbHG, § 53 Rn. 26; *Gummert*, in: Henssler/Strohn, GmbHG, § 53 Rn. 22; *Hoffmann/Bartlitz*, in: Michalski, GmbHG, § 53 Rn. 81; *Miller/Nehring-Köppl*, WM 2020, 911 (913); *Hitzel*, NZG 2020, 1174.

248 *Hitzel*, NZG 2020, 1174 (1178).

249 *Miller/Nehring-Köppl*, WM 2020, 911 (914).

schafter an. Die Beurkundung im schriftlichen Verfahren unterscheidet sich nur insofern von der Beurkundung in einer Gesellschafterversammlung, als nicht die Abstimmung mittels Handzeichen vom Notar protokolliert wird, sondern die schriftliche Stimmabgabe. Ähnliche Erwägungen gelten für die Beurkundung einer fernmündlichen oder audiovisuellen Beschlussfassung: Auch hier kann der Notar den Zustimmungsbeschluss nach den §§ 36 ff. BeurkG beurkunden, indem er an der Telefon- oder Videokonferenz teilnimmt und seine Wahrnehmungen über die Stimmabgabe der Gesellschafter in ein notarielles Tatsachenprotokoll aufnimmt.[250] Das Erfordernis der notariellen Beurkundung setzt daher nicht die Beschlussfassung in einer Gesellschafterversammlung voraus.

3. *Stellungnahme*

Die Übertragung des § 13 Abs. 1 S. 2 UmwG auf den Abschluss eines Gewinnabführungsvertrags vermag nicht zu überzeugen. Die Vorschrift stellt eine Ausnahmeregelung dar, die vor dem Hintergrund der Wertungswidersprüche zu anderen Strukturmaßnahmen schon im Umwandlungsrecht berechtigten Bedenken ausgesetzt ist und daher nicht im Wege des Analogieschlusses auf das Vertragskonzernrecht übertragen werden kann. Der in einer Versammlung stattfindende unmittelbare Austausch kann zwar durch eine versammlungslose Beschlussfassung nur schwer ersetzt werden, die Gesellschafter sind jedoch durch die Erstattung eines Vertragsberichts und die Vertragsprüfung hinreichend geschützt. Dadurch werden sie schon vor der Beschlussfassung umfassend über die Chancen und Risiken des Vertragsschlusses informiert und sind daher auch ohne Durchführung einer Versammlung in der Lage, die für und gegen den Gewinnabführungsvertrag angeführten Argumente nachzuvollziehen und eine eigene Abwägung anzustellen.[251] Aufgrund der umfassenden Informationserteilung haben die Gesellschafter es selbst in der Hand, schon im Vorfeld der Beschlussfassung in den Austausch mit anderen Gesellschaftern zu treten, um etwaige Bedenken zu erörtern. Auch die Erfüllung der Informationspflichten gegenüber den Gesellschaftern macht die Durchführung einer Gesellschafterversammlung nicht erforderlich, da der Vertragsbericht und die zur Beurteilung des Gewinnabführungsvertrags erforderlichen Unterlagen, anders als im Aktienrecht, nicht bei der Beschlussfassung auszulegen, sondern den Gesellschaftern vor der Abstimmung

---

250 *Hitzel*, NZG 2020, 1174 (1178).

251 Zur Übertragung der in den §§ 293a ff. AktG vorgesehenen Informations- und Prüfungspflichten sogleich unter Teil 3.

zu übersenden sind.[252] Es erscheint daher vorzugswürdig, den Abschluss des Gewinnabführungsvertrags nicht von der zeit- und kostenintensiven Durchführung einer Gesellschafterversammlung abhängig zu machen, sondern die Entscheidung über die Beschlussmodalität den Gesellschaftern zu überlassen.

IV. Vorweggenommene Zustimmung

1. Abstimmung über einen Vertragsentwurf

Der für die Wirksamkeit des Gewinnabführungsvertrags erforderliche Zustimmungsbeschluss der Gesellschafter wird im Regelfall nach Abschluss des Vertrags gefasst. Die zeitliche Reihenfolge von Vertragsschluss und Beschlussfassung kann jedoch auch umgedreht werden, so dass die Gesellschafter ihre Zustimmung vor Abschluss des Vertrags erteilen.[253] Damit die Gesellschafter in diesem Fall wissen, worüber sie abstimmen, ist den Gesellschaftern ein konkreter Vertragsentwurf vorzulegen, von dem bis zum späteren Abschluss des Gewinnabführungsvertrags nicht mehr abgewichen werden darf.[254] Der Vergleich zum Umwandlungsrecht zeigt, dass einer solchen Vorgehensweise mit antizipierter Zustimmung durch die Gesellschafterversammlung keine Bedenken entgegenstehen. Denn aus § 13 Abs. 3 S. 2 UmwG und § 4 Abs. 2 UmwG ergibt sich, dass die Gesellschafter dem Umwandlungsvorgang bereits vor Abschluss des Verschmelzungsvertrags zustimmen können, wenn ihnen ein vollständiger Entwurf des Verschmelzungsvertrags vorgelegt wird.[255] Wie im Aktienkonzernrecht machen nachträgliche

---

252 Näher zu den Unterrichtungspflichten im Vorfeld der Beschlussfassung über den Gewinnabführungsvertrag sogleich unter Teil 3 D. I. 1.

253 *Schwarz*, MittRhNotK 1994, 50 (56).

254 *Link*, in: Hauschild/Kallrath/Wachter, Notarhandbuch, § 22 Rn. 45; *Kort*, Beherrschungs- und Gewinnabführungsverträge, S. 104; *Schwarz*, MittRhNotK 1994, 50 (56); *Mues*, RNotZ 2005, 2 (15); *Göhmann/Winnen*, RNotZ 2015, 53 (55).

255 Zur antizipierten Zustimmung im Umwandlungsrecht *Drygala*, in: Lutter, UmwG, § 13 Rn. 8; *Gehling*, in: Semler/Stengel/Leonard, UmwG, § 13 Rn. 28; *Winter*, in: Schmitt/Hörtnagl, UmwG, § 13 Rn. 17; *Zimmermann*, in: Kallmeyer, UmwG, § 13 Rn. 7; *Böttcher*, in: Böttcher/Habighorst/Schulte, UmwG, § 13 Rn. 12, der darauf hinweist, dass die Beschlussfassung über einen Vertragsentwurf im Umwandlungsrecht der Regelfall ist.

Änderungen, die über rein redaktionelle Anpassungen hinausgehen,[256] einen erneuten Zustimmungsbeschluss erforderlich.[257]

2. *Ermächtigung der Geschäftsführung*

Fraglich ist, ob eine vorweggenommene Zustimmung auch dann zulässig ist, wenn noch kein Vertragsentwurf vorliegt, der Gegenstand der Abstimmung sein könnte. Die Gesellschafter sollen in diesem Fall ihre Zustimmung zu einem Vertrag erteilen, der in seinen Grundzügen noch völlig unbestimmt ist. Es geht daher nicht um die Zustimmung zu einem konkreten Vertrag, sondern vielmehr um die Ermächtigung des Geschäftsführers zum künftigen Abschluss eines Gewinnabführungsvertrags.

a. *Untergesellschaft*

Auf der Ebene der Untergesellschaft ist eine solche Ermächtigung nach allgemeiner Ansicht unzulässig.[258] Dies ergibt sich schon aus der analogen Anwendung der in den §§ 293a ff. AktG vorgesehenen Informations- und Prüfungspflichten.[259] Die Gesellschafter können nur dann vor der Beschlussfassung umfassend über den Vertragspartner und die mit dem Abschluss des Gewinnabführungsvertrags verbundenen Risiken informiert werden, wenn die wesentlichen Umstände des Vertragsschlusses und der Inhalt des Gewinnabführungsvertrags zu diesem Zeitpunkt bereits feststehen. Durch die Möglichkeit eines Ermächtigungsbeschlusses, mit dem die Gesellschafter ihre Einwilligung zu einem in seinen Konturen noch völlig unbestimmten Gewinnabführungsvertrag erteilen, würde der mit den Informations- und Prüfungsvorschriften verfolgte Schutzzweck unterlaufen.[260] Da im Umwandlungsrecht ähnliche Informationspflichten eingreifen, besteht auch

---

256 Zur Ausnahme für redaktionelle Änderungen *Zimmermann*, in: Kallmeyer, UmwG, § 13 Rn. 7; *Gehling*, in: Semler/Stengel/Leonard, UmwG, § 13 Rn. 28.

257 *Winter*, in: Schmitt/Hörtnagl, UmwG, § 13 Rn. 19; *Zimmermann*, in: Kallmeyer, UmwG, § 13 Rn. 7.

258 *Emmerich*, in: Emmerich/Habersack, Aktien-/GmbH-KonzernR, § 293 Rn. 44; *Heckschen/Kreußlein*, in: Heckschen/Heidinger, Die GmbH, Kap. 15 Rn. 49; *Grauer*, Konzernbildungskontrolle im GmbH-Recht, S. 222; *Wilde*, Beherrschungs- und Gewinnabführungsverträge, S. 126; *Rix*, MittRhNotK 1986, 29 (34); *Krieger*, DStR 1992, 432 (434); *Schwarz*, MittRhNotK 1994, 49 (60 Fn. 166); *Mues*, RNotZ 2005, 2 (15).

259 Ausführlich zum Inhalt der in den §§ 293a ff. AktG vorgesehenen Informations- und Prüfungspflichten und deren Übertragung auf die GmbH siehe Teil 3.

260 *Timm*, GmbHR 1989, 11 (18); *Krieger*, DStR 1992, 432 (434).

hier Einigkeit, dass die Zustimmungserteilung zu einem zukünftigen Verschmelzungsvorhaben unzulässig ist. Die Letztentscheidungskompetenz kann nicht von den Gesellschaftern auf ein anderes Gesellschaftsorgan übertragen werden.[261]

b. Obergesellschaft

Auf der Ebene der Obergesellschaft wird die Erteilung einer Ermächtigung hingegen teilweise sowohl durch Gesellschafterbeschluss als auch durch gesellschaftsvertragliche Regelung für zulässig gehalten.[262] Als Argument für die Zulässigkeit wird darauf verwiesen, dass gerade bei großen Publikumsgesellschaften eine Vielzahl von Gewinnabführungsverträgen bestehe, deren Abschluss durch eine Ermächtigung der Geschäftsführung erheblich vereinfacht werden könne.[263] Die besseren Argumente sprechen jedoch dafür, auch auf der Ebene der Obergesellschaft in jedem Fall einen Zustimmungsbeschluss zu verlangen. Anderenfalls würden auch hier die Informations- und Prüfungspflichten ins Leere laufen, da weder der Vertragspartner noch der Vertragsinhalt vor der Abstimmung feststeht. Vor dem Hintergrund, dass der Gewinnabführungsvertrag auch für die Obergesellschaft gravierende Auswirkungen hat, ist es erforderlich, dass deren Gesellschafter ihre Entscheidung in Kenntnis aller für den Vertragsschluss relevanten Umstände treffen. Dies ist jedoch erst möglich, wenn der Vertragspartner und der wesentliche Vertragsinhalt feststehen, da sich die Gesellschafter erst dann ein Bild von der wirtschaftlichen Verfassung der Untergesellschaft und den mit dem Vertragsschluss verbundenen Risiken machen können.

3. Ergebnis

Die Zustimmung der Gesellschafter kann im Vorfeld des Vertragsschlusses als Einwilligung oder zeitlich nachfolgend als Genehmigung erteilt werden. Wird der Zustimmungsbeschluss vor Vertragsschluss gefasst, ist den Gesellschaftern ein verbindlicher Vertragsentwurf vorzulegen. Unzulässig ist hingegen die Ermächtigung der Geschäftsführung, einen Gewinnabführungsvertrag nach eigenem Ermessen auszuhandeln und abzuschließen. Das gilt sowohl auf der Ebene der gewinnabführungsverpflichteten Gesellschaft als auch für den anderen Vertragsteil.

---

261 *Gehling*, in: Semler/Stengel/Leonard, UmwG, § 13 Rn. 33; *Böttcher*, in: Böttcher/Habighorst/Schulte, UmwG, § 13 Rn. 19; *Drygala*, in: Lutter, UmwG, § 13 Rn. 8.

262 *Krieger*, DStR 1992, 432 (434); zumindest für den Fall wirtschaftlich unbedeutender Gewinnabführungsverträge *Hoffmann-Becking*, WiB 1994, 57 (60).

263 *Hoffmann-Becking*, WiB 1994, 57 (60).

C. Form

I. Zustimmungsbeschlüsse

1. Notarielle Beurkundung bei der Untergesellschaft

In seinem Supermarkt-Beschluss hat der BGH entschieden, dass der Zustimmungsbeschluss auf der Ebene der Untergesellschaft notariell zu beurkunden ist.[264] Auch in der Literatur herrscht weitgehend Einigkeit über das Erfordernis der notariellen Beurkundung.[265] Kritik an dieser Auffassung stammt überwiegend aus früherer Zeit und wird heute nur noch vereinzelt vertreten.[266] Dogmatisch soll sich das Beurkundungserfordernis aus der analogen Anwendung des § 53 Abs. 2 S. 1 GmbHG ergeben.[267] Die Herleitung aus den aktienkonzernrechtlichen Vorschriften gestaltet sich an dieser Stelle schwierig, da das Beurkundungserfordernis für den Zustimmungsbeschluss im Aktienkonzernrecht nicht explizit geregelt ist, sondern aus der allgemeinen Beurkundungspflicht für

264 BGH, Beschluss vom 24.10.1988 – II ZB 7/88 = NJW 1989, 295 – *Supermarkt*.

265 *Schnorbus*, in: Rowedder/Pentz, GmbHG, Anhang § 52 Rn. 101; *Verse*, in: Henssler/Strohn, GmbHG, Anhang § 13 Rn. 68; *Krafka*, Registerrecht, Teil 1 Rn. 1110; *Wilde*, Beherrschungs- und Gewinnabführungsverträge, S. 93; *Koehler*, Der Gewinnabführungsvertrag, S. 52; *Weigel*, in: FS Quack 1991, S. 505 (514); *Hönle*, DB 1979, 485 (488); *Priester*, ZGR 1986 Sonderheft 6, 151 (167); Timm, GmbHR 1987, 8 (10); *Lutter*, ZGR 1986 Sonderheft 6, 192 (195); *ders./Hommelhoff*, NJW 1988, 1240 (1241); *Kleindiek*, ZIP 1988, 613 (617); *Fleck*, ZGR 1988, 104 (134); *Richter/Stengel*, DB 1993, 1861; *Hoffmann-Becking*, WiB 1994, 57 (59); *Hommelhoff/Freytag*, DStR 1996, 1409 (1412); *Koerfer/Selzner*, GmbHR 1997, 285 (286); *Bärwaldt/Schabacker*, AG 1998, 182 (184); *Kerkhoff*, GmbHR 1999, 226; *Bredow/Liebscher*, BB 2003, 393; *Ulrich*, GmbHR 2004, 100; *Mues*, RNotZ 2005, 1 (15 f.); *Veith/Schmid*, DB 2012, 728 (730); *Hegemann*, GmbHR 2012, 315; *Beck*, DNotZ 2013, 90 (100); *Göhmann/Winnen*, RNotZ 2015, 53 (55).

266 OLG Düsseldorf, Urteil vom 20.03.1980 – 6 U 143/79 = BB 1981, 1482; *Esch*, BB 1986, 272 (275); *Gäbelein*, DB 1989, 502 (506), nach dessen Ansicht Formerfordernisse generell nicht im Wege der richterlichen Rechtsfortbildung statuiert werden können; *Flume*, DB 1989, 665 (668), der allenfalls den Gewinnabführungsvertrag selbst für beurkundungsbedürftig hält; *Kort*, Beherrschungs- und Gewinnabführungsverträge, S. 130; *Kleinert/Lahl*, GmbHR 2003, 698 (704 f.).

267 BGH, Beschluss vom 24.10.1988 – II ZB 7/88 = NJW 1989, 295 – *Supermarkt*; *Bredow/Liebscher*, BB 2003, 393; *Ulrich*, GmbHR 2004, 100; *Mues*, RNotZ 2005, 1 (15 f.); *Veith/Schmid*, DB 2012, 728 (730).

Hauptversammlungsbeschlüsse folgt, die es bei der GmbH gerade nicht gibt.[268] Dennoch sollte aus Gründen der Rechtsklarheit auch an dieser Stelle auf die Parallele zur Satzungsänderung und die Analogie zu § 53 Abs. 2 S. 1 GmbHG verzichtet werden.[269] Das Erfordernis der notariellen Beurkundung lässt sich stattdessen mit dem Schutz der außenstehenden Gesellschafter vor einer übereilten Entscheidung und der Notwendigkeit einer rechtssicheren Dokumentation des Vertragsschlusses rechtfertigen. Aufgrund der weitreichenden Konsequenzen, die der Abschluss eines Gewinnabführungsvertrags für die Selbständigkeit der Untergesellschaft mit sich bringt, erscheint es sinnvoll, die Beschlussfassung über den Gewinnabführungsvertrag von der Mitwirkung eines Notars abhängig zu machen.

2. *Schriftform bei der Obergesellschaft*

Während der Zustimmungsbeschluss auf der Ebene der Untergesellschaft der notariellen Beurkundung bedarf, soll nach der Rechtsprechung des BGH für den Zustimmungsbeschluss des anderen Vertragsteils die Schriftform genügen.[270] Die Literatur hat sich dem weitgehend angeschlossen.[271] Die niedrigeren formalen Anforderungen lassen sich damit rechtfertigen, dass die Auswirkungen des Gewinnabführungsvertrags auf den anderen Vertragsteil weniger einschneidend sind als für die Untergesellschaft, die durch den Vertragsschluss ihre selbständige Teilnahme am Wirtschaftsverkehr aufgibt und ihre Gewinne fortan auf Rechnung eines anderen Unternehmens erwirtschaftet. Zwar droht auch den Gesell-

268 *Altmeppen*, in: Münchener Kommentar zum AktG, § 293 Rn. 33 Fn. 76; *ders.*, ZIP 1998, 1853 (1857 Fn. 36); *Beck*, DNotZ 2013, 90 (98).

269 Anders die herrschende Meinung, die das Beurkundungserfordernis aus einer Analogie zu § 53 Abs. 2 S. 1 GmbHG herleitet, BGH, Beschluss vom 24.10.1988 – II ZB 7/88 = NJW 1989, 295 (298) – *Supermarkt*; *Liebscher*, in: Münchener Kommentar zum GmbHG, Anhang § 13 Rn. 774; *Leuschner*, in: Habersack/Casper/Löbbe, GmbHG, Anhang § 77 Rn. 169; *Schnorbus*, in: Rowedder/Pentz, GmbHG, Anhang § 52 Rn. 101; *Rix*, MittRhNotK 1986, 29 (36); *Beck*, DNotZ 2013, 90 (100).

270 BGH, Beschluss vom 24.10.1988 – II ZB 7/88 = NJW 1989, 295 (298) – *Supermarkt*.

271 *Emmerich*, in: Emmerich/Habersack, Aktien-/GmbH-KonzernR, § 293 Rn. 46; *Krafka*, Registerrecht, Teil 1 Rn. 1111; *Kort*, Beherrschungs- und Gewinnabführungsverträge, S. 131; *Wilde*, Beherrschungs- und Gewinnabführungsverträge, S. 123; *Priester*, ZGR 1986 Sonderheft 6, 151 (173); *Vetter*, AG 1994, 110 (114); *Altmeppen*, ZIP 1998, 1853 (1859 Fn. 67); *Bärwaldt/Schabacker*, AG 1998, 182 (184); *Kerkhoff*, GmbHR 1999, 226; *Bredow/Liebscher*, BB 2003, 393; *Ulrich*, GmbHR 2004, 1000; *Mues*, RNotZ 2005, 1 (18); *Veith/Schmid*, DB 2012, 728 (730); *Göhmann/Winnen*, RNotZ 2015, 53 (55); aA für notarielle Beurkundung des Zustimmungsbeschlusses *Heckschen*, DB 1989, 29 (30); tendenziell auch *Weigel*, in: FS Quack 1991, S. 505 (516).

schaftern des anderen Vertragsteils durch den Gewinnabführungsvertrag eine Beeinträchtigung ihrer Rechtsstellung, da eine etwaige Abfindung in Anteilen zum Eintritt neuer Gesellschafter führt und eine Verwässerung der Beteiligungsquote zur Folge hat.[272] Diese Beeinträchtigung wiegt jedoch weniger schwer als die Auswirkungen des Gewinnabführungsvertrags auf die Rechtsposition der außenstehenden Gesellschafter der Untergesellschaft. Denn für diese führt der Abschluss des Gewinnabführungsvertrags zum Ausschluss ihres Gewinnbezugsrechts und in vielen Fällen zu einem Wertverlust ihrer Beteiligung.[273] Es erscheint daher sachgerecht, nur auf der Ebene der Untergesellschaft vom Erfordernis der notariellen Beurkundung auszugehen und für den Zustimmungsbeschluss des anderen Vertragsteils die Schriftform genügen zu lassen.

II. Gewinnabführungsvertrag

1. Schriftform

Für den Gewinnabführungsvertrag genügt grundsätzlich die Schriftform.[274] Dies ergibt sich nach zutreffender Ansicht aus der analogen Anwendung des § 293 Abs. 3 AktG, der für Unternehmensverträge im Aktienkonzernrecht die

---

272 Zur Abfindung in Anteilen der Obergesellschaft siehe Teil 5 B. III. 1.

273 Zu den Auswirkungen des Gewinnabführungsvertrags auf die Rechtsstellung der außenstehenden Gesellschafter siehe Teil 5 A. I.

274 BGH, Beschluss vom 24.10.1988 – II ZB 7/88 = NJW 1989, 295 (299) – *Supermarkt*; *Beurskens*, in: Noack/Servatius/Haas, GmbHG, Anhang Rn. 102; *Altmeppen*, GmbHG, Anhang § 13 Rn. 31; *Verse*, in: Henssler/Strohn, GmbHG, Anhang § 13 Rn. 67; *Servatius*, in: BeckOK GmbHG, Systematische Darstellung KonzernR Rn. 365; *Schnorbus*, in: Rowedder/Pentz, GmbHG, Anhang § 52 Rn. 101; *Heckschen/Kreußlein*, in: Heckschen/Heidinger, Die GmbHG, Kap. 15 Rn. 30; *Link*, in: Hauschild/Kallrath/Wachter, Notarhandbuch, § 22 Rn. 36; *Kort*, Beherrschungs- und Gewinnabführungsverträge, S. 132; *Wilde*, Beherrschungs- und Gewinnabführungsverträge, S. 61; *Koehler*, Der Gewinnabführungsvertrag, S. 52; *Esch*, BB 1986, 272 (275); *Priester*, ZGR 1986 Sonderheft 6, 151 (167); *Lutter*, ZGR 1986 Sonderheft 6, 192 (195); *ders./Hommelhoff*, NJW 1988, 1240 (1241); *Rix*, MittRhNotK 1986, 29 (36); *Timm*, GmbHR 1987, 8 (10); *Fleck*, ZGR 1988, 104 (134); *Krieger*, DStR 1992, 432 (434); *Hoffmann-Becking*, WiB 1994, 57 (59); *Schwarz*, MittRhNotK 1994, 49 (60); *Hommelhoff/Freytag*, DStR 1996, 1409 (1412); *Koerfer/Selzner*, GmbHR 1997, 285 (286); *Kerkhoff*, GmbHR 1999, 226; *Kleinert/Lahl*, GmbHR 2003, 698 (698); *Ulrich*, GmbHR 2004, 1000; *Mues*, RNotZ 2005, 1 (16); *Hegemann*, GmbHR 2012, 315; *Beck*, DNotZ 2013, 90 (94).

Schriftform vorsieht.[275] Die notarielle Beurkundung ist aus konzernrechtlicher Sicht nicht erforderlich, da der Schutz der Gesellschafter vor einer übereilten Entscheidung und die Dokumentation des Vertragsschlusses durch die Beurkundung des Zustimmungsbeschlusses gewährleistet werden.[276] Dass nicht der Gewinnabführungsvertrag selbst, sondern lediglich der Zustimmungsbeschluss der notariellen Beurkundung bedarf, mag auf den ersten Blick verwundern, erscheint bei näherer Betrachtung jedoch durchaus überzeugend. Schließlich soll die Schutzfunktion der notariellen Beurkundung denjenigen Personen zugutekommen, die durch das Rechtsgeschäft Nachteile zu befürchten haben. Dies sind jedoch nicht die den Vertrag abschließenden und lediglich als organschaftliche Vertreter der beteiligten Rechtsträger handelnden Geschäftsführer, sondern die Gesellschafter, die durch den Zustimmungsbeschluss die eigentliche Entscheidung über den Gewinnabführungsvertrag treffen und dessen wirtschaftliche Konsequenzen zu tragen haben.[277] Es erscheint deshalb sachgerecht, den Zustimmungsbeschluss der strengeren Form zu unterwerfen und seine Wirksamkeit von der Beurkundung durch einen Notar abhängig zu machen, während für den Gewinnabführungsvertrag die Schriftform genügt.

2. Beifügung des Vertrags als Anlage zu den Zustimmungsbeschlüssen

Der Gewinnabführungsvertrag ist den Zustimmungsbeschlüssen analog § 293g Abs. 2 S. 2 AktG als Anlage beizufügen.[278] Fraglich ist, ob es sich um eine echte Bezugnahme gemäß § 9 Abs. 1 S. 2 BeurkG handelt, bei der der Gewinnabfüh-

---

275 Explizit für die analoge Anwendung der aktienkonzernrechtlichen Regelung *Altmeppen*, GmbHG, Anhang § 13 Rn. 31; *Heckschen/Kreußlein*, in: Heckschen/Heidinger, Die GmbHG, Kap. 15 Rn. 30; *Kiefner*, in: Münchener Handbuch GesR, Band 3, § 70 Rn. 5; *Link*, in: Hauschild/Kallrath/Wachter, Notarhandbuch, § 22 Rn. 36; *Priester*, ZGR 1986 Sonderheft 6, 151 (167); *Hoffmann-Becking*, WiB 1994, 57 (59); *Schwarz*, MittRhNotK 1994, 49 (60); *Mues*, RNotZ 2005, 1 (16); aA *Kort*, Beherrschungs- und Gewinnabführungsverträge, S. 132 und *Wilde*, Beherrschungs- und Gewinnabführungsverträge, S. 61, die das Schriftformerfordernis aus der satzungsüberlagernden Wirkung des Gewinnabführungsvertrags herleiten.

276 AA noch *Flume*, DB 1989, 656 (668), der sich für die notarielle Beurkundung des Gewinnabführungsvertrags ausspricht.

277 BGH, Beschluss vom 24.10.1988 – II ZB 7/88 = NJW 1989, 295 (299) – *Supermarkt*, in dem der Senat zutreffend darauf hinweist, dass dem Zustimmungsbeschluss die tragende Bedeutung zukommt.

278 BGH, Beschluss vom 30.01.1992 – II ZB 15/91 = NJW 1992, 1452 – *Siemens*; *Link*, in: Hauschild/Kallrath/Wachter, Notarhandbuch, § 22 Rn. 46; *Krafka*, Registerrecht, Teil 1 Rn. 1111; *Wilde*, Beherrschungs- und Gewinnabführungsverträge, S. 95;

rungsvertrag mitbeurkundet wird, oder um eine unechte Bezugnahme, bei der der Gewinnabführungsvertrag nur aus Gründen der Dokumentation als Anlage aufzunehmen ist.[279] Vor dem Hintergrund, dass eine notarielle Beurkundung des Gewinnabführungsvertrags gerade nicht erforderlich ist, kann es sich nur um eine unechte Bezugnahme handeln, bei der es nicht zu einer Mitbeurkundung des Gewinnabführungsvertrags kommt.[280]

3. Beurkundungserfordernis aus § 15 Abs. 4 GmbHG

a. Abfindung in GmbH-Anteilen

Auch wenn es aus konzernrechtlicher Perspektive keiner notariellen Beurkundung des Gewinnabführungsvertrags bedarf, kann eine Beurkundung aufgrund GmbH-rechtlicher Vorgaben erforderlich sein. Das ist gemäß § 15 Abs. 4 GmbHG der Fall, wenn es sich bei dem anderen Vertragsteil um eine GmbH handelt und der Gewinnabführungsvertrag ein Angebot zur Abfindung in Anteilen enthält.[281] Denn in diesem Fall verpflichtet sich der andere Vertragsteil dazu, den außenstehenden Gesellschaftern Geschäftsanteile als Abfindung zu gewähren. Diese Verpflichtung löst gemäß § 15 Abs. 4 GmbHG ein Beurkundungserfordernis aus.[282]

b. Sonstige Fälle der Abfindung

Sieht der Gewinnabführungsvertrag eine Barabfindung vor oder handelt es sich bei dem anderen Vertragsteil um eine AG, die den außenstehenden Gesellschaftern

---

Hoffmann-Becking, WiB 1994, 57 (59); *Mues*, RNotZ 2005, 1 (16); *Göhmann/Winnen*, RNotZ 2015, 53 (55).

279 Im Beschluss des BGH vom 30.01.1992 – II ZB 15/91 = NJW 1992, 1452 heißt es dazu lediglich, der Vertrag sei als Anlage beizufügen.

280 *Link*, in: Hauschild/Kallrath/Wachter, Notarhandbuch, § 22 Rn. 46; *Krafka*, Registerrecht, Teil 1 Rn. 1111; *Wilde*, Beherrschungs- und Gewinnabführungsverträge, S. 95; *Mues*, RNotZ 2005, 1 (16); *Göhmann/Winnen*, RNotZ 2015, 53 (55).

281 Zur Abfindung in Anteilen siehe Teil 5 B. III. 1.

282 *Beurskens*, in: Noack/Servatius/Haas, GmbHG, Anhang KonzernR Rn. 102; *Schnorbus*, in: Rowedder/Pentz, GmbHG, Anhang § 52 Rn. 101; *Verse*, in: Henssler/Strohn, GmbHG, Anhang § 13 Rn. 67; *Altmeppen*, GmbHG, Anhang § 13 Rn. 31; *Kiefner*, in: Münchener Handbuch GesR, Band 3, § 70 Rn. 5; *Servatius*, in: BeckOK GmbHG, Systematische Darstellung KonzernR Rn. 366; *Link*, in: Hauschild/Kallrath/Wachter, Notarhandbuch, § 22 Rn. 28; *Schwarz*, MittRhNotK 1994, 49 (60); *Bredow/Liebscher*, BB 2003, 393; *Mues*, RNotZ 2005, 1 (16); *Hermanns*, DNotZ 2013, 9 (12); *ders.*, RNotZ 2015, 632 (633); *Göhmann/Winnen*, RNotZ 2015, 53.

der gewinnabführungsverpflichteten Gesellschaft eine Abfindung in Aktien anbietet, ist § 15 Abs. 4 GmbHG zunächst nicht einschlägig, da es an der Verpflichtung zur Übertragung von Geschäftsanteilen fehlt. Die Anwendung des § 15 Abs. 4 GmbHG könnte sich hier jedoch daraus ergeben, dass der andere Vertragsteil sich zum Erwerb der von den außenstehenden Gesellschaftern gehaltenen Geschäftsanteile an der Untergesellschaft verpflichtet. Das ist der Fall, wenn außenstehende Gesellschafter an der abhängigen GmbH beteiligt sind und der Gewinnabführungsvertrag eine Abfindungsregelung enthält, durch die sich der andere Vertragsteil dazu verpflichtet, die von den außenstehenden Gesellschaftern gehaltenen Geschäftsanteile gegen Zahlung einer Abfindung zu erwerben.[283]

aa. Analoge Anwendung des § 15 Abs. 4 GmbHG auf Erwerbsverpflichtungen

Fraglich ist, ob das Beurkundungserfordernis auch die Verpflichtung zum Erwerb von Geschäftsanteilen erfasst. Obwohl der Wortlaut der Vorschrift ausdrücklich nur von der Verpflichtung zur Abtretung von Geschäftsanteilen spricht, überwiegt zu Recht die Ansicht, nach der auch eine Erwerbsverpflichtung der notariellen Form bedarf.[284] Dies wird zum Teil damit begründet, dass eine Erwerbsverpflichtung im Fall ihrer Geltendmachung eine Pflicht zur Abtretung auslöse.[285] Dieser Begründungsansatz geht indes in die falsche Richtung, da eine isolierte Erwerbspflicht gerade nicht mit einer Abtretungsverpflichtung korrespondiert.[286] Dies wird am Beispiel einer Put-Option deutlich, deren Ausübung im freien Ermessen des Gesellschafters steht. Hier bindet sich nur der Vertragspartner, während der Optionsberechtigte frei darüber entscheiden kann, ob er seinen Geschäftsanteil veräußert. Erst mit Ausübung der Option ist er zur Abtretung seines Geschäftsanteils verpflichtet.

Dennoch sprechen die besseren Argumente für ein Beurkundungserfordernis. Denn der Zweck des Formerfordernisses, spekulativen Handel mit

---

283 Zur Aufnahme von Ausgleichs- und Abfindungsansprüchen in den Gewinnabführungsvertrag siehe Teil 5 B.

284 OLG München, Urteil vom 07.12.1994 – 7 U 4659/94 = BB 1995, 427; OLG München, Urteil vom 20.03.1996 – 7 U 5523/95 = MittBayNot 1996, 385; *Löbbe*, in: Habersack/Casper/Löbbe, GmbHG, § 15 Rn. 68; *Servatius*, in: Noack/Servatius/Haas, GmbHG, § 15 Rn. 33; *Ebbing*, in: Michalski, GmbHG, § 15 Rn. 83; *Verse*, in: Henssler/Strohn, GmbHG, § 15 Rn. 71.

285 *Ebbing*, in: Michalski, GmbHG, § 15 Rn. 83; *Servatius*, in: Noack/Servatius/Haas, GmbHG, § 15 Rn. 33; *Verse*, in: Henssler/Strohn, GmbHG, § 15 Rn. 71.

286 *Löbbe*, in: Habersack/Casper/Löbbe, GmbHG, § 15 Rn. 68.

Geschäftsanteilen zu verhindern,[287] kommt bei Abtretungs- und Erwerbsverpflichtungen gleichermaßen zum Tragen, so dass das Beurkundungserfordernis in beiden Fällen Anwendung finden muss. Die Vorschrift des § 15 Abs. 4 GmbHG ist daher im Fall einer Erwerbsverpflichtung grundsätzlich analog anzuwenden.

bb. Keine Anwendbarkeit auf Gewinnabführungsverträge

Fraglich ist, ob § 15 Abs. 4 GmbHG auch auf die in einem Gewinnabführungsvertrag enthaltene Erwerbsverpflichtung anzuwenden ist. Denn für eine analoge Anwendung des § 15 Abs. 4 GmbHG ist nur dort Raum, wo Sinn und Zweck des Beurkundungserfordernisses eine Übertragung gebieten. Dies ist bei einem Gewinnabführungsvertrag zweifelhaft, da die Vertragsparteien zur Aufnahme einer Abfindungsregelung verpflichtet sind und die Geschäftsanteile daher gerade nicht Gegenstand eines spekulativen Handels sind. Die Mitwirkung eines Notars ist auch nicht aus anderen Gründen geboten, da die Gesellschafter durch die Beurkundung des Zustimmungsbeschlusses ausreichend geschützt sind und die Dokumentation des Vertragsschlusses dadurch gewährleistet ist, dass der Gewinnabführungsvertrag den Zustimmungsbeschlüssen als Anlage beizufügen ist. Die analoge Anwendung des § 15 Abs. 4 GmbHG auf die in einem Gewinnabführungsvertrag vorgesehene Erwerbsverpflichtung würde außerdem dazu führen, dass der Vertrag bei Beteiligung außenstehender Gesellschafter stets der notariellen Beurkundung bedürfte.[288] Dies steht im Widerspruch zu den konzernrechtlichen Maßgaben, nach denen grundsätzlich nur der Zustimmungsbeschluss der notariellen Beurkundung unterliegt, während für den Gewinnabführungsvertrag die Schriftform genügt. Die in einem Gewinnabführungsvertrag vorgesehene Erwerbsverpflichtung bedarf daher nicht der notariellen Beurkundung.

III. Ergebnis

Der Zustimmungsbeschluss der gewinnabführungsverpflichteten Gesellschaft unterliegt der notariellen Beurkundung, während für den Zustimmungsbeschluss

---

287 Begründung zum Regierungsentwurf vom 25.07.2007 (MoMiG), BT-Drucksache 16/6140, S. 31; BGH, Urteil vom 24.03.1954 – II ZR 23/53 = NJW 1954, 1157; BGH, Urteil vom 10.03.2008 – II ZR 312/06 = NZG 2008, 377 (378); *Weller/Reichert*, in: Münchener Kommentar zum GmbHG, § 15 Rn. 16; *Löbbe*, in: Habersack/Casper/Löbbe, GmbHG, § 15 Rn. 68; *Ebbing*, in: Michalski, GmbHG, § 15 Rn. 83; *Loritz*, DNotZ 2000, 90 (95); *Wertenbruch*, NZG 2008, 454 (455).

288 Etwas anderes würde nur dann gelten, wenn die außenstehenden Gesellschafter auf die Einräumung von Ausgleichs- und Abfindungsansprüchen verzichten, siehe dazu Teil 5 B. IV. 2.

auf der Ebene des anderen Vertragsteils die Schriftform genügt. Der Gewinnabführungsvertrag bedarf in analoger Anwendung des § 293 Abs. 3 AktG der Schriftform. In den Fällen, in denen es sich bei dem anderen Vertragsteil um eine GmbH handelt und der Gewinnabführungsvertrag eine Abfindung in Anteilen vorsieht, ergibt sich aus § 15 Abs. 4 GmbHG das Erfordernis der notariellen Beurkundung des Gewinnabführungsvertrags. Das im Gewinnabführungsvertrag enthaltene Angebot zum Erwerb der von den außenstehenden Gesellschaftern gehaltenen Geschäftsanteile löst dagegen keine Beurkundungspflicht aus.

D. Mitwirkung des Aufsichtsrats

I. Zustimmungserfordernis

1. Fakultativer Aufsichtsrat

Verfügt eine am Gewinnabführungsvertrag beteiligte GmbH über einen fakultativen Aufsichtsrat, stellt sich die Frage nach dessen Mitwirkung beim Abschluss des Gewinnabführungsvertrags. Da der Aufsichtsrat in erster Linie Überwachungsorgan ist,[289] muss seine Zustimmung auch bei grundlegenden Entscheidungen von großer wirtschaftlicher Tragweite für die Gesellschaft grundsätzlich nur dann eingeholt werden, wenn die Satzung ein entsprechendes Zustimmungserfordernis vorsieht.[290] Beim Abschluss eines Gewinnabführungsvertrags ist die Mitwirkung des Aufsichtsrats deshalb nur dann erforderlich, wenn der Gesellschaftsvertrag die Entscheidung über den Vertragsschluss unter den Vorbehalt der Zustimmung des Aufsichtsrats stellt.[291]

2. Obligatorischer Aufsichtsrat

Auch wenn die abhängige GmbH der Mitbestimmung unterliegt und deshalb nach den Vorschriften des DrittelbG oder des MitbestG zur Bildung eines Aufsichtsrats

---

289 Das gilt wegen des Verweises in § 52 Abs. 1 GmbHG auf § 111 Abs. 1 AktG nicht nur im Aktienrecht, sondern grundsätzlich auch für den fakultativen Aufsichtsrat einer GmbH, vgl. *Gaul/Otto*, GmbHR 2003, 6 (7); *Vetter*, GmbHR 2011, 449 (452), der zutreffend darauf hinweist, dass ein als Aufsichtsrat bezeichnetes Gesellschaftsorgan auch in der Satzung nicht von seiner Überwachungsaufgabe befreit werden kann („Wo Aufsichtsrat drauf steht, muss auch Aufsichtsrat drin sein").

290 Vgl. § 52 GmbHG iVm § 111 Abs. 4 S. 1 AktG.

291 *Schwarz*, MittRhNotK 1994, 50 (63); *Zeidler*, NZG 1999, 692 (694).

verpflichtet ist,[292] besteht im Fall des Abschlusses eines Gewinnabführungsvertrags kein gesetzliches Zustimmungserfordernis des obligatorischen Aufsichtsrats. Im Vergleich zur mitbestimmungsfreien GmbH ergibt sich jedoch die Besonderheit, dass die Satzung oder die Geschäftsordnung des Aufsichtsrats einen Katalog mit zustimmungsbedürftigen Geschäften vorsehen muss.[293] Nach zutreffender Ansicht kann der Aufsichtsrat selbst dann weitere Zustimmungsvorbehalte statuieren, wenn die Satzung bereits einen Zustimmungskatalog enthält,[294] da die Gesellschafter den Aufgabenkreis des Aufsichtsrats anderenfalls auf ein Minimum beschränken und dadurch dessen Kompetenzen aushöhlen könnten.[295] Vor dem Hintergrund, dass es sich bei dem Abschluss eines Gewinnabführungsvertrags um eine Maßnahme von erheblicher Bedeutung für die Risikoexposition der Gesellschaft handelt, wird der Gesellschaftsvertrag regelmäßig einen entsprechenden Zustimmungsvorbehalt statuieren.[296] Ein Verstoß gegen das Zustimmungserfordernis lässt die Wirksamkeit des Gewinnabführungsvertrags jedoch unberührt, da das Zustimmungserfordernis nur im Innenverhältnis zwischen den Gesellschaftsorganen Wirkung entfaltet und die Vertretungsmacht des Vorstands unberührt lässt.[297]

---

292 Die Pflicht zur Einrichtung eines Aufsichtsrats kann sich ferner aus dem Montan-Mitbestimmungsgesetz (Montan-MitbestG) und dem Mitbestimmungsergänzungsgesetz (MitbestErgG) ergeben, die Unternehmen bzw. Konzerne erfassen, deren Zweck in der Förderung oder Verarbeitung von Montanerzeugnissen liegt und die außerdem über mehr als 1000 Arbeitnehmer verfügen. Aufgrund des Strukturwandels in der Montanindustrie verringert sich der Anwendungsbereich dieser Regelungen jedoch stetig, vgl. *Heermann*, in: Habersack/Casper/Löbbe, GmbHG, § 52 Rn. 9.

293 Das ergibt sich aus dem Verweis des § 1 Nr. 3 S. 2 DrittelbG bzw. des § 25 Abs. 1 Nr. 2 MitbestG auf die durch das am 26.07.2002 in Kraft getretene Transparenz- und Publizitätsgesetz (TransPuG) geänderte Vorschrift des § 111 Abs. 4 S. 2 AktG (vorher war die Aufnahme eines Zustimmungskatalogs optional), vgl. dazu *Giedinghagen*, in: Michalski, GmbHG, § 52 Rn. 230; *Gaul/Otto*, GmbHR 2003, 6 (11).

294 *Giedinghagen*, in: Michalski, GmbHG, § 52 Rn. 228; *Fonk*, ZGR 2006, 841 (845), der den Wortlaut des § 111 Abs. 4 S. 2 AktG zu Recht als unglücklich kritisiert.

295 *Deilmann*, BB 2004, 2253 (2254); *Schnorbus/Ganzer*, BB 2020, 386.

296 Für Maßnahmen, die zu einer grundlegenden Veränderung der Ertragslage oder des unternehmerischen Risikos führen, ist zwingend ein Zustimmungsvorbehalt anzuordnen, siehe *Rieckers*, in: Meyer-Sparenberg/Jäckle, Beck'sches M&A-Handbuch, § 22 Rn. 4; *Koch*, AktG, § 111 Rn. 68.

297 *Habersack*, in: Münchener Kommentar zum AktG, § 111 Rn. 148; *Groß-Bölting/Rabe*, in: Hölters/Weber, AktG, § 111 Rn. 91; *Koch*, AktG, § 111 Rn. 72; *Grigoleit/Tomasic*, in: Grigoleit, AktG, § 111 Rn. 95; *Rieckers*, in: Meyer-Sparenberg/Jäckle,

II. Verweigerung der Zustimmung

1. *Fakultativer Aufsichtsrat*

Verweigert der Aufsichtsrat seine nach dem Gesellschaftsvertrag erforderliche Zustimmung, kann die Gesellschafterversammlung die verweigerte Zustimmung ersetzen, indem sie den Geschäftsführer zum Abschluss des Gewinnabführungsvertrags anweist.[298] Auf eine Vorlage durch den Geschäftsführer kommt es anders als im Aktienrecht nicht an, da dem Geschäftsführer einer GmbH im Gegensatz zum Vorstand keine eigenverantwortliche Leitungsmacht zusteht und die Gesellschafter jegliche Geschäftsführungsentscheidungen ohne Weiteres an sich ziehen können.[299]

Fraglich ist jedoch, mit welcher Mehrheit sich die Gesellschafterversammlung über die Entscheidung des Aufsichtsrats hinwegsetzen kann. Das Aktienrecht verlangt dafür in § 111 Abs. 4 S. 4 AktG eine Mehrheit von drei Vierteln der abgegebenen Stimmen. Da § 52 Abs. 1 GmbHG auf § 111 AktG verweist, könnte man davon ausgehen, dass mangels abweichender Satzungsregelung[300] auch bei der GmbH eine qualifizierte Mehrheit erforderlich ist.[301] Die in § 52 Abs. 1 GmbHG genannten aktienrechtlichen Vorschriften sind jedoch nur *mutatis mutandis* auf die GmbH zu übertragen, bedürfen also der Modifikation, wenn die strukturellen

Beck'sches M&A-Handbuch, § 22 Rn. 6; *Spindler/Veil*, in: BeckOGK AktG, § 111 Rn. 98; *Schwarz*, MittRhNotK 1994, 50 (63); *Fonk*, ZGR 2006, 841 (871).

298 OLG Koblenz, Urteil vom 09.08.1990 – 6 U 888/90 = ZIP 1990, 1576; *Habersack*, in: Habersack/Henssler, MitbestG, § 25 Rn. 66; *Giedinghagen*, in: Michalski, GmbHG, § 52 Rn. 234; *Oetker*, ZIP 2015, 1461 (1465); *Schwarz*, MittRhNotK 1994, 50 (63); *Schnorbus/Ganzer*, BB 2020, 451 (459).

299 *Schnorbus*, in: Rowedder/Pentz, GmbHG, § 52 Rn. 36; *Heermann*, in: Habersack/Casper/Löbbe, GmbHG, § 52 Rn. 112; *Giedinghagen*, in: Michalski, GmbHG, § 52 Rn. 234; *Belz*, in: Rowedder/Pentz, GmbHG, § 37 Rn. 34; *Deilmann*, BB 2004, 2253 (2256); *Streicher*, GmbHR 2014, 1188 (1193); *Oetker*, ZIP 2015, 1461 (1468); differenzierend *Habersack*, in: Habersack/Henssler, MitbestG, § 25 Rn. 66 f., der eine Vorlage durch den Geschäftsführer nur dann für entbehrlich hält, wenn die Initiative für das zustimmungsbedürftige Geschäft ursprünglich von der Gesellschafterversammlung ausgegangen ist.

300 Aus § 52 Abs. 1 GmbHG ergibt sich, dass die Bestimmungen des Gesellschaftsvertrags in jedem Fall Vorrang gegenüber der analogen Anwendung aktienrechtlicher Vorschriften haben, vgl. dazu *Spindler*, in: Münchener Kommentar zum GmbHG, § 52 Rn. 10; *Gaul/Otto*, GmbHR 2003, 6 (12); *Vetter*, GmbHR 2011, 449.

301 OLG Koblenz, Urteil vom 09.08.1990 – 6 U 888/90 = ZIP 1990, 1576; *Belz*, in: Rowedder/Pentz, GmbHG, § 37 Rn. 34.

Unterschiede zwischen AG und GmbH dies erforderlich machen.[302] Angesichts der hierarchischen Organisationsstruktur der GmbH,[303] die von der besonderen Machtstellung der Gesellschafterversammlung geprägt ist und aufgrund des Umstands, dass die Gesellschafter Weisungen grundsätzlich mit einfacher Mehrheit erteilen können, sprechen jedoch die besseren Argumente gegen eine Übertragung des aktienrechtlichen Mehrheitserfordernisses.[304] Die Gesellschafter können die verweigerte Zustimmung des Aufsichtsrats zum Abschluss des Gewinnabführungsvertrags daher durch einfachen Mehrheitsbeschluss ersetzen.

2. *Obligatorischer Aufsichtsrat*

Unterliegt die Gesellschaft der Mitbestimmung, stellt sich das Verhältnis zwischen dem Weisungsrecht der Gesellschafterversammlung und dem Zustimmungsvorbehalt des Aufsichtsrats in einem anderen Licht dar.[305] Da die aktienrechtlichen Vorgaben bei einem obligatorischen Aufsichtsrat zwingend zu beachten sind,[306] wird vor allem in der mitbestimmungsrechtlichen Literatur die Ansicht vertreten, dass die Gesellschafterversammlung einer mitbestimmten GmbH die verweigerte Zustimmung des Aufsichtsrats in analoger Anwendung des § 111 Abs. 4 S. 4 AktG nur mit einer Mehrheit von drei Vierteln der abgegebenen Stimmen ersetzen kann.[307] Vorzugswürdig erscheint indes auch hier die Ansicht, die einen einfachen

302 *Spindler*, in: Münchener Kommentar zum GmbHG, § 52 Rn. 14; *Noack*, in: Noack/Servatius/Haas, GmbHG, § 52 Rn. 30; *Geißler*, GmbHR 2019, 861 (862).

303 Vgl. dazu *Vetter*, GmbHR 2011, 449, der betont, dass die hierarchische Leitungsstruktur der GmbH bei der Frage nach den Kompetenzen eines fakultativen Aufsichtsrats zu berücksichtigen ist.

304 *Heermann*, in: Habersack/Casper/Löbbe, GmbHG, § 52 Rn. 112; *Noack*, in: Noack/Servatius/Haas, GmbHG, § 52 Rn. 30; *Giedinghagen*, in: Michalski, GmbHG, § 52 Rn. 234; *Schnorbus*, in: Rowedder/Pentz, GmbHG, § 52 Rn. 36; *Altmeppen*, GmbHG, § 52 Rn. 74; *Schwarz*, MittRhNotK 1994, 50 (63); *Deilmann*, BB 2004, 2253 (2256); *Vetter*, GmbHR 2011, 449 (456); *Streyl/Schaper*, ZIP 2017, 410 (415); *Geißler*, GmbHR 2019, 861 (863); *Schnorbus/Ganzer*, BB 2020, 451 (459).

305 Ausführlich zu dieser im Spannungsverhältnis zwischen Mitbestimmungs- und Gesellschaftsrecht liegenden Problematik *Deilmann*, BB 2004, 2253; *Streicher*, GmbHR 2014, 1188; *Oetker*, ZIP 2015, 1461.

306 Vgl. § 25 Abs. 1 Nr. 2 MitbestG bzw. § 1 Abs. 1 Nr. 3 S. 2 DrittelbG. Die aufgrund mitbestimmungsrechtlicher Vorgaben anwendbaren aktienrechtlichen Vorschriften können im Gesellschaftsvertrag nicht eingeschränkt oder abbedungen werden, vgl. *Giedinghagen*, in: Michalski, GmbHG, § 52 Rn. 237.

307 *Habersack*, in: Habersack/Henssler, MitbestG, § 25 Rn. 66; *Oetker*, in: Kommentar zum Arbeitsrecht, DrittelbG, § 1 Rn. 18; *Streicher*, GmbHR 2014, 1188 (1192);

Mehrheitsbeschluss genügen lässt.[308] Denn auch bei der mitbestimmten Gesellschaft ist dem Umstand Rechnung zu tragen, dass die Regelung des § 111 Abs. 4 S. 4 AktG auf die Organisationsverfassung der AG zugeschnitten ist und nicht ohne Weiteres auf die GmbH übertragen werden kann, wo die Gesellschafterversammlung nach der gesetzgeberischen Grundkonzeption eine herausgehobene Stellung einnimmt und in der Lage ist, die gesellschaftsinterne Kompetenzverteilung jederzeit durch einfachen Mehrheitsbeschluss zu verändern.[309] In der Praxis wird die Frage nach der für die Ersetzung des versagten Einverständnisses erforderlichen Mehrheit nur selten relevant, da der Gewinnabführungsvertrag ohnehin nur dann wirksam werden kann, wenn eine satzungsändernde Mehrheit den Vertragsschluss befürwortet.[310]

III. Mitbestimmungsrechtliche Regelung des § 32 MitbestG

1. Regelungsgehalt

Besondere Bedeutung kommt der Mitwirkung des Aufsichtsrats zu, wenn beide Unternehmen paritätisch mitbestimmt sind und der andere Vertragsteil mindestens ein Viertel der Anteile an der Untergesellschaft hält.[311] Um zu verhindern, dass den Interessen der Arbeitnehmer aufgrund der doppelten Mitbestimmung zu

---

Oetker, ZIP 2015, 1461 (1469 f.); differenzierend *Heermann*, in: Habersack/Casper/Löbbe, GmbHG, § 52 Rn. 243, der das aktienrechtliche Mehrheitserfordernis nur dann anwenden will, wenn der Geschäftsführer nicht mit einfacher Mehrheit abberufen werden kann, was grundsätzlich nur im Anwendungsbereich des MitbestG der Fall ist (gemäß § 31 Abs. 1 S. 1 MitbestG richtet sich die Abberufung nach § 84 AktG).

308 *Henssler*, in: Henssler/Strohn, GmbHG, § 52 Rn. 38; *Noack*, in: Noack/Servatius/Haas, GmbHG, § 52 Rn. 254; *Spindler*, in: Münchener Kommentar zum GmbHG, § 52 Rn. 15; *Uffmann*, in: Münchener Handbuch zum Arbeitsrecht, Band 4, § 381 Rn. 10; *Giedinghagen*, in: Michalski, GmbHG, § 52 Rn. 234; *Gaul/Otto*, GmbHR 2003, 6 (12); *Deilmann*, BB 2004, 2253 (2256); *Vetter*, GmbHR 2011, 449 (456); *Streyl/Schaper*, ZIP 2017, 410 (415).

309 *Noack*, in: Noack/Servatius/Haas, GmbHG, § 52 Rn. 254; *Uffmann*, in: Münchener Handbuch zum Arbeitsrecht, Band 4, § 381 Rn. 10; *Gaul/Otto*, GmbHR 2003, 6 (12); *Deilmann*, BB 2004, 2253 (2256); *Vetter*, GmbHR 2011, 449 (456); *Streyl/Schaper*, ZIP 2017, 410 (415).

310 Zu der für den Zustimmungsbeschluss erforderlichen Mehrheit bereits unter Teil 2 B. I. 1.

311 *Zeidler*, NZG 1999, 692 (694); *Mues*, RNotZ 2005, 1 (15).

großes Gewicht zukommt,[312] hat der Gesetzgeber für diesen Fall die Regelung des § 32 MitbestG geschaffen,[313] die bei wichtigen unternehmerischen Entscheidungen eine zwingende Mitwirkung des Aufsichtsrats vorsieht und die Entscheidung dabei allein in die Hände der Anteilseignervertreter legt. Anders als im Fall eines statutarischen Zustimmungserfordernisses entfaltet der Zustimmungsbeschluss des Aufsichtsrats im Anwendungsbereich des § 32 MitbestG Außenwirkung,[314] so dass der Vertreter des anderen Vertragsteils die Stimmrechte in der Gesellschafterversammlung der Untergesellschaft nicht wirksam ausüben kann, wenn es an der Zustimmung des Aufsichtsrats fehlt. Nimmt er gleichwohl an der Abstimmung teil, so handelt er als Vertreter ohne Vertretungsmacht und setzt sich dem Haftungsrisiko des § 179 BGB aus.[315] Auch im Hinblick auf den Gewinnabführungsvertrag kann ein Verstoß gegen § 32 MitbestG gravierende Konsequenzen haben, da der Zustimmungsbeschluss in der Folge anfechtbar ist und sich dadurch die Eintragung des Gewinnabführungsvertrags erheblich verzögern kann.[316] Der Aufsichtsrat hat jedoch die Möglichkeit, das Abstimmungsverhalten gemäß den §§ 177, 180 BGB zu genehmigen, so dass die Stimmabgabe durch den Vertreter der Obergesellschaft *ex tunc* wirksam wird.[317]

2. *Anwendung im GmbH-Konzernrecht*

Obwohl die Regelung des § 32 MitbestG grundsätzlich für alle Rechtsformen gilt, die in den Anwendungsbereich des MitbestG fallen, ist die Anwendung auf den Abschluss eines Gewinnabführungsvertrags mit einer paritätisch mitbestimmten GmbH Zweifeln ausgesetzt, da die der Norm zugrundeliegende Gefahr einer überproportionalen Gewichtung von Arbeitnehmerinteressen hier nicht besteht. Denn aufgrund ihres Weisungsrechts können die Gesellschafter dem Geschäftsführer Vorgaben für die Ausübung des Stimmrechts in der Untergesellschaft erteilen und so in jedem Fall über den Abschluss des Gewinnabführungsvertrags

---

312 *Annuß*, in: Münchener Kommentar zum AktG, MitbestG § 32 Rn. 1; *Giedinghagen*, in: Michalski, GmbHG, § 52 Rn. 236, der von einer Kumulation der mitbestimmungsrechtlichen Einflussnahme spricht.

313 Im Bereich der Montanmitbestimmung sieht § 15 MitbestErgG eine inhaltsgleiche Regelung vor.

314 *Annuß*, in: Münchener Kommentar zum AktG, MitbestG § 32 Rn. 10; *Giedinghagen*, in: Michalski, GmbHG, § 52 Rn. 236.

315 *Giedinghagen*, in: Michalski, GmbHG, § 52 Rn. 236a; *Annuß*, in: Münchener Kommentar zum AktG, MitbestG § 32 Rn. 11; *Zeidler*, NZG 1999, 692 (694).

316 *Zeidler*, NZG 1999, 692 (694).

317 *Giedinghagen*, in: Michalski, GmbHG, § 52 Rn. 236a; *Zeidler*, NZG 1999, 692 (694).

entscheiden. Ein Zustimmungsbeschluss des Aufsichtsrats ist deshalb entbehrlich, wenn der Geschäftsführer bei der Beschlussfassung über den Gewinnabführungsvertrag auf Weisung der Gesellschafter handelt.[318]

E. Registerpublizität

I. Eintragung im Handelsregister der Untergesellschaft

1. Konstitutive Wirkung der Eintragung

Während die Frage nach der Eintragung des Gewinnabführungsvertrags lange Zeit umstritten war,[319] herrscht heute Einigkeit, dass der Gewinnabführungsvertrag in das Handelsregister der abhängigen Gesellschaft einzutragen ist und erst mit der Eintragung wirksam wird.[320] Unklarheit besteht lediglich über die dogmatische Herleitung des konstitutiven Eintragungserfordernisses.[321] Während

---

318 So auch *Wilde*, Beherrschungs- und Gewinnabführungsverträge, S. 134 f.

319 Gegenstimmen stammen überwiegend aus der Zeit vor dem Supermarkt-Beschluss des BGH, siehe OLG Düsseldorf, Urteil vom 20.03.1980 - 6 U 143/79 = BB 1981, 1482; *Kort*, Beherrschungs- und Gewinnabführungsverträge, S. 132; *Esch*, BB 1986, 272 (275 f.); *Gäbelein*, DB 1989, 502 (506), nach dessen Ansicht ein Eintragungserfordernis nicht im Wege der richterlichen Rechtsfortbildung statuiert werden kann.

320 BGH, Beschluss vom 24.10.1988 – II ZB 7/88 = NJW 1989, 295 – *Supermarkt*; OLG München, Beschluss vom 14.07.2009 - 31 Wx 16/09 = NZG 2009, 1031; OLG Zweibrücken, Beschluss vom 29.10.2013 – 3 W 82/13 = NZG 2015, 319; *Altmeppen*, GmbHG, Anhang § 13 Rn. 32; *Kiefner*, in: Münchener Handbuch GesR, Band 3, § 70 Rn. 9; *Krafka*, Registerrecht, Teil 1 Rn. 1111; *Wilde*, Beherrschungs- und Gewinnabführungsverträge, S. 152, 155; *Koehler*, Der Gewinnabführungsvertrag, S. 52; *Timm*, GmbHR 1987, 8 (10); *Priester*, ZGR 1986 Sonderheft 6, 151 (169); *Lutter*, ZGR 1986 Sonderheft 6, 192 (196); *Fleck*, ZGR 1988, 104 (134); *Lutter/Hommelhoff*, NJW 1988, 1240 (1241); *Kleindiek*, ZIP 1988, 613 (617); *Hoffmann-Becking*, WiB 1994, 57 (59, 62); *Schwarz*, MittRhNotK 1994, 49 (63); *Pache*, GmbHR 1995, 90 (92); *Hommelhoff/Freytag*, DStR 1996, 1409 (1412); *Koerfer/Selzner*, GmbHR 1997, 285 (286); *Bärwaldt/Schabacker*, AG 1998, 182 (184); *Kerkhoff*, GmbHR 1999, 226; *Ulrich*, GmbHR 2004, 1000 (1001); *Mues*, RNotZ 2005, 1 (19); *Veith/Schmid*, DB 2012, 728 (730); *Hegemann*, GmbHR 2012, 315; *Beck*, DNotZ 2013, 90 (94); *Göhmann/Winnen*, RNotZ 2015, 53 (55); so auch schon *Ballerstedt*, DB 1956, 837 (839) und *Skibbe*, GmbHR 1968, 245 (246), die im Abschluss eines Gewinnabführungsvertrags noch eine Satzungsänderung sahen.

321 Vgl. *Mues*, RNotZ 2005, 1 (19), der die Frage aufgrund fehlender praktischer Relevanz dahinstehen lässt.

der BGH und ihm folgend die überwiegende Literaturauffassung die konstitutive Eintragung auf eine Analogie zu § 54 Abs. 3 GmbHG stützen,[322] sprechen die besseren Argumente gegen die Anwendung der GmbH-rechtlichen Vorschriften zur Satzungsänderung.[323] Vorzugswürdig erscheint stattdessen der Rückgriff auf das Aktienkonzernrecht, wo die konstitutive Wirkung der Eintragung in § 294 AktG Abs. 2 AktG explizit geregelt ist.[324]

2. *Anmeldung zum Handelsregister*

a. *Vornahme der Anmeldung*

aa. Geschäftsführer und Prokuristen

Der Gewinnabführungsvertrag ist von den Geschäftsführern in vertretungsberechtigter Zahl zur Eintragung ins Handelsregister anzumelden.[325] Ein Handeln durch sämtliche Geschäftsführer, wie es § 78 Hs. 2 GmbHG für die Gründung sowie für Maßnahmen der Kapitalerhöhung und -herabsetzung vorsieht, ist nicht erforderlich. Die Vertretung durch Prokuristen scheidet aus, da die Anmeldung des Gewinnabführungsvertrags wie sein Abschluss zu den Grundlagengeschäften gehört, die von der Vertretungsmacht eines Prokuristen nicht umfasst sind.[326] Hinsichtlich der Zulässigkeit gemischter Gesamtvertretung gilt für die Handelsregisteranmeldung nichts anderes als für den Abschluss des

---

322 BGH, Beschluss vom 24.10.1988 – II ZB 7/88 = NJW 1989, 295 – *Supermarkt*; *Wilde*, Beherrschungs- und Gewinnabführungsverträge, S. 155; *Ballerstedt*, DB 1956, 837 (839); *Priester*, ZGR 1986 Sonderheft 6, 151 (169); *Timm*, GmbHR 1987, 8 (10 f.); *Lutter/Hommelhoff*, NJW 1988, 1240 (1242); *Hoffmann-Becking*, WiB 1994, 57 (59); *Göhmann/Winnen*, RNotZ 2015, 53 (55); ähnlich *Kiefner*, in: Münchener Handbuch GesR, Band 3, § 70 Rn. 9, der § 54 Abs. 1 GmbHG analog anwenden will; *Koehler*, Der Gewinnabführungsvertrag, S. 52.

323 Dazu bereits unter Teil 1 D. III.

324 So auch *Krafka*, Registerrecht, Teil 1 Rn. 1111; *Bärwaldt/Schabacker*, AG 1998, 182 (184); *Ulrich*, GmbHR 2004, 1000 (1001); in diese Richtung auch *Lutter*, ZGR 1986 Sonderheft 6, 192 (196).

325 *Krafka*, Registerrecht, Teil 1 Rn. 1112; *Link*, in: Hauschild/Kallrath/Wachter, Notarhandbuch, § 22 Rn. 55; *Altmeppen*, GmbHG, Anhang § 13 Rn. 32; *Wilde*, Beherrschungs- und Gewinnabführungsverträge, S. 155; *Schwarz*, MittRhNotK 1994, 49 (63); *Göhmann/Winnen*, RNotZ 2015, 53 (56).

326 BGH, Beschluss vom 02.12.1991 – II ZB 13/91 = NJW 1992, 975; *Schaub*, DStR 1999, 1699 (1701).

Gewinnabführungsvertrags: Sieht der Gesellschaftsvertrag die Vertretung durch einen oder mehrere Geschäftsführer mit einem Prokuristen vor, können diese auch die Anmeldung des Gewinnabführungsvertrags gemeinsam vornehmen.[327]

bb. Bevollmächtigung

Fraglich ist, ob der Gewinnabführungsvertrag auf der Grundlage einer Vollmacht durch einen Prokuristen oder durch einen Dritten zur Eintragung angemeldet werden kann. Da es sich bei der Anmeldung um nichts anderes als den Antrag auf Eintragung handelt, stehen der rechtsgeschäftlichen Vertretung grundsätzlich keine Bedenken entgegen.[328] Auch das Gesetz geht in § 12 Abs. 1 S. 2 HGB davon aus, dass Handelsregisteranmeldungen auf der Grundlage einer Vollmacht vorgenommen werden können. Dementsprechend ist die Vertretung durch einen Bevollmächtigten auch bei der Anmeldung von Satzungsänderungen problemlos möglich.[329] Im Rahmen der Gesellschaftsgründung und bei der Anmeldung von Kapitalmaßnahmen ist die Zulässigkeit rechtsgeschäftlicher Vertretung hingegen umstritten.[330] Dies beruht darauf, dass die Anmeldung in der Regel die Versicherungen nach § 8 Abs. 2 und Abs. 3 bzw. § 57 Abs. 2 GmbHG enthält, die nur von den Geschäftsführern persönlich abgegeben werden können.[331] Da im

---

327 *Emmerich*, in: Emmerich/Habersack, Aktien-/GmbH-KonzernR, § 294 Rn. 6; *Link*, in: Hauschild/Kallrath/Wachter, Notarhandbuch, § 22 Rn. 55; *Schaub*, DStR 1999, 1699 (1704); *Göhmann/Winnen*, RNotZ 2015, 53 (56); zur identischen Rechtslage im Aktienkonzernrecht *Altmeppen*, in: Münchener Kommentar zum AktG, § 294 Rn. 7; *Paschos*, in: Henssler/Strohn, AktG, § 294 Rn. 2. Zur Zulässigkeit der gemischten Gesamtvertretung beim Abschluss des Gewinnabführungsvertrags bereits unter Teil 2 A.

328 *Lieder*, in: Münchener Kommentar zum GmbHG, § 57 Rn. 30; *Schaub*, DStR 1999, 1699.

329 *Harbarth*, in: Münchener Kommentar zum GmbHG, § 54 Rn. 14; *Noack*, in: Noack/Servatius/Haas, GmbHG, § 54 Rn. 3; *Schnorbus*, in: Rowedder/Pentz, GmbHG, § 54 Rn. 6; *Ising*, NZG 2012, 289 (290).

330 Dagegen *Altmeppen*, GmbHG, § 7 Rn. 5; *Schaub*, DStR 1999, 1699 (1701); differenzierend *Servatius*, in: Noack/Servatius/Haas, GmbHG, § 7 Rn. 3, der nur bei der Gesellschaftsgründung eine Bevollmächtigung ausschließt.

331 Zum höchstpersönlichen Charakter der abzugebenden Versicherungen *Ulmer/Casper*, in: Habersack/Casper/Löbbe, GmbHG, § 7 Rn. 14; *Lieder*, in: Münchener Kommentar zum GmbHG, § 57 Rn. 32; *Ising*, NZG 2012, 289 (290). Nach teilweise vertretener Ansicht kann die Anmeldung der Gesellschaftsgründung oder einer Kapitalmaßnahme daher nur dann durch einen rechtsgeschäftlichen Vertreter vorgenommen werden, wenn die Versicherungen nicht in der Anmeldung enthalten sind, sondern von den Geschäftsführern separat abgegeben und als eigenständige

Rahmen der Anmeldung eines Gewinnabführungsvertrags jedoch keine persönliche Versicherung erforderlich ist, stehen der Anmeldung durch einen Bevollmächtigten hier ebenso wenig Bedenken entgegen, wie bei der Anmeldung einer Satzungsänderung.[332]

Die Vollmacht ist in öffentlich beglaubigter Form mit den Unterlagen einzureichen. Da bei der Anmeldung eines Gewinnabführungsvertrags keine höchstpersönliche Versicherung erforderlich ist, kann die Anmeldung auch durch den Notar vorgenommen werden, der den Zustimmungsbeschluss der Untergesellschaft und erforderlichenfalls den Gewinnabführungsvertrag beurkundet hat.[333] Aus § 378 Abs. 2 FamFG ergibt sich in diesem Fall eine widerlegliche Vermutung für die Vertretungsmacht des beurkundenden Notars.[334]

b. Inhalt und Form der Anmeldung

Die Anmeldung orientiert sich inhaltlich an den Vorgaben des § 294 Abs. 1 S. 1 AktG[335] und muss neben dem Bestehen und der Art des Unternehmensvertrags auch Angaben zu Firma und Sitz des anderen Vertragsteils sowie das Datum des Vertragsschlusses enthalten.[336] Der Gewinnabführungsvertrag und die Niederschriften der Zustimmungsbeschlüsse beider Gesellschaften müssen mit der

---

Anlage beigefügt werden, vgl. *Herrler*, in: Münchener Kommentar zum GmbHG, § 7 Rn. 22; *Lieder*, in: Münchener Kommentar zum GmbHG, § 57 Rn. 32; aA *Schaub*, DStR 1999, 1699 (1701), der die Differenzierung zwischen der Anmeldung und der Abgabe der Versicherungen als überkonstruiert bezeichnet, da die Versicherung integraler Bestandteil der Anmeldung sei.

332 *Emmerich*, in: Emmerich/Habersack, Aktien-/GmbH-KonzernR, § 294 Rn. 6; *Link*, in: Hauschild/Kallrath/Wachter, Notarhandbuch, § 22 Rn. 55; *Altmeppen*, in: Münchener Kommentar zum AktG, § 294 Rn. 8; *Ising*, NZG 2012, 289 (290).

333 Siehe dazu *Eickelberg*, in: Sternal, FamFG, § 378 Rn. 5; *Schemmann*, in: Haußleiter, FamFG, § 378 Rn. 10; *Ising*, NZG 2012, 289 (290).

334 *Schemmann*, in: Haußleiter, FamFG, § 378 Rn. 15; *Eickelberg*, in: Sternal, FamFG, § 378 Rn. 8. Eine widerlegliche Vermutung der Vertretungsmacht sah schon die Vorgängerreglung des § 129 FGG vor, dazu *Schaub*, DStR 1999, 1699 (1702).

335 *Servatius*, in: Michalski, GmbHG, Systematische Darstellung 4 Rn. 388; *Kiefner*, in: Münchener Handbuch GesR, Band 3, § 70 Rn. 9; *Schnorbus*, in: Rowedder/Pentz, GmbHG, Anhang § 52 Rn. 101;

336 *Krafka*, Registerrecht, Teil 1 Rn. 1113, der in seinem Formulierungsvorschlag auch das Datum des Zustimmungsbeschlusses der gewinnabführungsverpflichteten Gesellschaft nennt.

Anmeldung eingereicht werden.[337] Den Zustimmungsbeschlüssen ist jeweils der Gewinnabführungsvertrag als Anlage beizufügen.[338] Hinsichtlich der Form der Anmeldung sind die Vorgaben des § 12 HGB zu beachten.[339]

3. *Eintragung und Bekanntmachung*

Nach der Prüfung der Anmeldeunterlagen ist der Gewinnabführungsvertrag im Handelsregister einzutragen. Die Eintragung kann entgegen der allgemeinen Regel nicht durch einen Rechtspfleger vorgenommen werden, sondern muss gemäß § 17 Nr. 1 lit. d RPflG durch den Richter erfolgen. Im Hinblick auf den konkreten Inhalt der Eintragung ist zum einen der mit der Eintragung verfolgte Publizitätszweck und zum anderen die Wertung des § 294 Abs. 1 AktG zu berücksichtigen.[340] Gläubiger und Investoren sollen sich durch Einsichtnahme in das Handelsregister ohne großen Aufwand ein Bild von den rechtlichen Verhältnissen der Gesellschaft machen können.[341] Aus diesem Grund ist in Spalte 6 des Registerblattes[342] nicht nur das Bestehen des Gewinnabführungsvertrags, sondern auch dessen Abschlussdatum, der Name des anderen Vertragsteils sowie das Datum des Zustimmungsbeschlusses der gewinnabführungsverpflichteten Gesellschaft

---

337 BGH, Beschluss vom 30.01.1992 – II ZB 15/91 = NJW 1992, 1452 – *Siemens*; *Krafka*, Registerrecht, Teil 1 Rn. 1112; *Servatius*, in: Michalski, GmbHG, Systematische Darstellung 4 Rn. 389; *Wilde*, Beherrschungs- und Gewinnabführungsverträge, S. 156; *Hoffmann-Becking*, WiB 1994, 57 (59); *Mues*, RNotZ 2005, 1 (19); aA *Pache*, GmbHR 1995, 90 (92), nach dessen Ansicht nur der Unternehmensvertrag der Anmeldung beizufügen ist. Ausführlich zu den Unterlagen, die im Aktienkonzernrecht der Anmeldung beizufügen sind *Altmeppen*, in: Münchener Kommentar zum AktG, § 294 Rn. 24 f.

338 *Mues*, RNotZ 2005, 1 (19).

339 *Emmerich*, in: Emmerich/Habersack, Aktien-/GmbH-KonzernR, § 294 Rn. 6; *Beurskens*, in: Noack/Servatius/Haas, GmbHG, Anhang KonzernR Rn. 102.

340 *Hoffmann-Becking*, WiB 1994, 57 (59); *Wilde*, Beherrschungs- und Gewinnabführungsverträge, S. 158.

341 *Lutter/Hommelhoff*, NJW 1988, 1240 (1242).

342 Siehe § 43 Nr. 6 lit. b sublit. cc HRV.

einzutragen.[343] Der Zustimmungsbeschluss des anderen Vertragsteils wird nicht eingetragen, sondern lediglich zu den Registerakten genommen.[344]

II. Eintragung im Handelsregister der Obergesellschaft

1. Meinungsstand

Eine Eintragungspflicht im Handelsregister der Obergesellschaft wird überwiegend abgelehnt.[345] Dies erscheint überzeugend, da § 294 AktG ausdrücklich nur die Eintragung im Handelsregister der Untergesellschaft verlangt.[346] Hoch umstritten ist hingegen die Frage, ob die Obergesellschaft das Bestehen des Gewinnabführungsvertrags aus freien Stücken eintragen lassen kann. Während dies von der überwiegend vertretenen Ansicht für möglich gehalten wird,[347]

---

343 BGH, Beschluss vom 24.10.1988 – II ZB 7/88 = NJW 1989, 295 (297) – *Supermarkt*; *Krafka*, Registerrecht, Teil 1 Rn. 1114; *Servatius*, in: Michalski, GmbHG, Systematische Darstellung 4 Rn. 386; *Altmeppen*, GmbHG, Anhang § 13 Rn. 33; *Wilde*, Beherrschungs- und Gewinnabführungsverträge, S. 158; *Hoffmann-Becking*, WiB 1994, 57 (59); *Schwarz*, MittRhNotK 1994, 50 (63); *Hommelhoff/Freytag*, DStR 1996, 1409 (1412); *Mues*, RNotZ 2005, 2 (19).

344 *Krafka*, Registerrecht, Teil 1 Rn. 1114; *Schwarz*, MittRhNotK 1994, 50 (63); *Mues*, RNotZ 2005, 2 (19 f.).

345 AG Duisburg, Beschluss vom 18.11.1993 – HRB 3196 = AG 1994, 568; *Leuschner*, in: Habersack/Casper/Löbbe, GmbHG, Anhang § 77 Rn. 179; *Beurskens*, in: Noack/Servatius/Haas, GmbHG, KonzernR Rn. 110; *Servatius*, in: Michalski, GmbHG, Systematische Darstellung 4 Rn. 387; *Hommelhoff*, in: Lutter/Hommelhoff, GmbHG, Anhang § 13 Rn. 87; *Krafka*, Registerrecht, Teil 1 Rn. 1111; *Wilde*, Beherrschungs- und Gewinnabführungsverträge, S. 161; *Egelhof*, Ausschüttungssperren in der Organschaft, S. 16; *Vetter*, AG 1994, 110 (114); *Altmeppen*, ZIP 1998, 1853 (1859 Fn. 67); *Zeidler*, NZG 1999, 692 (694); *Göhmann/Winnen*, RNotZ 2015, 53 (55); aA LG Bonn, Beschluss vom 27.04.1993 – 11 T 2/93 = GmbHR 1993, 443; *Weigel*, in: FS Quack 1991, S. 505 (516); *Priester*, ZGR 1986 Sonderheft 6, 151 (175); *Priester*, GmbHR 2015, 169 (171 ff.); *Heckschen*, DB 1989, 29 (31).

346 *Altmeppen*, DB 1994, 1273; *Mues*, RNotZ 2005, 1 (20).

347 OLG Celle, Beschluss vom 04.06.2014 – 9 W 80/14 = GmbHR 2014, 1047; *Servatius*, in: Michalski, GmbHG, Systematische Darstellung 4 Rn. 387; *Hommelhoff*, in: Lutter/Hommelhoff, GmbHG, Anhang § 13 Rn. 87; *Beurskens*, in: Noack/Servatius/Haas, GmbHG, KonzernR Rn. 110 (Fn. 350); *Prinz*, in: FS Seibert 2019, S. 681 (682); *Wilde*, Beherrschungs- und Gewinnabführungsverträge, S. 162; *Zeidler*, NZG 1999, 692 (694); *Mues*, RNotZ 2005, 1 (20); *Göhmann/Winnen*, RNotZ 2015, 53 (55); *Enders*, NZG 2015, 623 (625).

lehnen andere die Eintragungsfähigkeit ab.[348] Der BGH hat sich in einem Beschluss vom 31.01.2023 letzterer Ansicht angeschlossen und die Eintragungsfähigkeit im Handelsregister des anderen Vertragsteils verneint.[349]

2. Diskussion der Argumente

a. Informationsbedürfnis der Gläubiger

Für die Eintragungsfähigkeit spricht, dass es sich bei dem Abschluss eines Gewinnabführungsvertrags um eine Maßnahme von großer wirtschaftlicher Bedeutung handelt, die aufgrund der Verlustausgleichspflicht auch für die Obergesellschaft erhebliche Risiken birgt.[350] Sowohl die Gläubiger als auch die Arbeitnehmer des anderen Vertragsteils haben deshalb ein gesteigertes Interesse daran, von dem Abschluss des Gewinnabführungsvertrags zu erfahren. Vor diesem Hintergrund erscheint es sinnvoll, der Obergesellschaft die Möglichkeit zu bieten, das Bestehen des Gewinnabführungsvertrags mit deklaratorischer Wirkung eintragen zu lassen, um gegenüber ihren Gläubigern und nachträglich eintretenden Gesellschaftern für Transparenz zu sorgen.

Dem kann nicht entgegengehalten werden, dass das Bestehen des Gewinnabführungsvertrags bereits aus den Pflichtangaben im Jahres- und Konzernabschluss hervorgeht.[351] Zwar ist der Jahresabschluss im Handelsregister frei abrufbar, so dass die Gläubiger ihr Informationsinteresse auf diesem Wege befriedigen können. Dass das Bestehen des Gewinnabführungsvertrags aus dem Jahres- und Konzernabschluss ersichtlich ist, kann die Eintragung im Handelsregister dennoch nicht ersetzen. Denn während sich das Bestehen eines Gewinnabführungsvertrags im Fall der Eintragung ohne weiteres aus einem einfachen Abdruck des Handelsregisterblattes ergibt, bedarf es ohne die Eintragung einer weitergehenden Prüfung der hinterlegten Rechnungslegungsunterlagen. Dadurch wird der Zugang zur Information über das Bestehen des Gewinnabführungsvertrags wesentlich erschwert.

---

348 AG Duisburg, Beschluss vom 18.11.1993 – HRB 3196 = AG 1994, 568; AG Erfurt, Beschluss vom 02.10.1996 – HRB 8340 = AG 1997, 275; *Krafka*, Registerrecht, Teil 1 Rn. 1111; *Altmeppen*, in: Münchener Kommentar zum AktG § 294 Rn. 13; *ders.*, DB 1994, 1273; *Vetter*, AG 1994, 110 (113 f.); *Wachter*, DB 2023, 1058.

349 BGH, Beschluss vom 31.01.2023 – II ZB 10/22.

350 *Heckschen*, DB 1989, 29 (31).

351 *Vetter*, AG 1994, 110 (114).

b. Überladung des Handelsregisters

Gegen die Eintragungsfähigkeit wird eingewendet, dass nicht jede unternehmerische Maßnahme von wirtschaftlicher Tragweite eingetragen werden könne, da dies zu einer Überladung des Handelsregisters führe, durch die die Übersichtlichkeit der eingetragenen Informationen beeinträchtigt werde.[352] Dem lässt sich jedoch entgegenhalten, dass an anderer Stelle Tatsachen der Eintragungspflicht unterliegen, die für die Gläubiger der Gesellschaft von weitaus geringerem Interesse sind als das Bestehen eines Gewinnabführungsvertrags. Beispielhaft sei auf die bei der Befreiung von den Beschränkungen des § 181 BGB geltenden Eintragungspflichten hingewiesen,[353] die in der Literatur zu Recht auf Kritik gestoßen sind.[354] Vor diesem Hintergrund erscheint es kaum überzeugend, im Fall eines Gewinnabführungsvertrags, der sich aufgrund seiner integrationsverstärkenden Wirkung deutlich von anderen risikoreichen unternehmerischen Entscheidungen abhebt, sogar die Eintragungsfähigkeit mit dem Argument der Überladung des Handelsregisters abzulehnen. Es ist nicht nachvollziehbar, warum gerade der Abschluss eines Gewinnabführungsvertrags die Übersichtlichkeit in nicht hinnehmbarer Weise beeinträchtigen soll, während andere Tatsachen von weitaus geringerer Tragweite einer Eintragungspflicht unterliegen.

c. Wertung des UmwG

Dem anderen Vertragsteil die Eintragung des Gewinnabführungsvertrags zu versagen, würde ferner Wertungswidersprüche zum Umwandlungsrecht hervorrufen, wo eine Strukturänderung unter Beteiligung mehrerer Rechtsträger nicht nur bei jedem beteiligten Rechtsträger ins Handelsregister eingetragen werden kann, sondern sogar zwingend einzutragen ist. Das gilt sowohl für die Verschmelzung, die gemäß § 19 Abs. 1 S. 1 UmwG zuerst im Handelsregister des übertragenden Rechtsträgers einzutragen ist und mit der Eintragung im Register des übernehmenden Rechtsträgers wirksam wird, als auch für die Spaltung, die gemäß

---

352 *Altmeppen*, in: Münchener Kommentar zum AktG § 294 Rn. 13.

353 Nach überwiegend vertretener Ansicht ist sowohl eine statutarische Befreiung als auch eine Befreiung durch das Bestellungsorgan im Handelsregister einzutragen, grundlegend BGH, Beschluss vom 28.02.1983 – II ZB 8/82 = NJW 1983, 1676; KG, Beschluss vom 21.03.2006 – 1 W 252/05 = NZG 2006, 718; zu Recht kritisch *Stephan/Tieves*, in: Münchener Kommentar zum GmbHG, § 35 Rn. 194; zu den neu eingeführten Eintragungspflichten im Recht der Personenhandelsgesellschaften *Servatius*, NZG 2002, 456.

354 *Baetzgen*, RNotZ 2005, 193 (207); mit ausführlicher Darstellung der Entwicklung der Rechtsprechung *Altmeppen*, NZG 2013, 401.

§ 130 Abs. 1 S. 1 UmwG zuerst beim übernehmenden Rechtsträger einzutragen ist und anschließend mit der Eintragung im Handelsregister des übertragenden Rechtsträgers Wirksamkeit erlangt. Vor dem Hintergrund der wirtschaftlichen Vergleichbarkeit von Verschmelzung und Unternehmensvertragsschluss wäre es widersprüchlich, im Vertragskonzernrecht der GmbH nicht nur auf eine zwingende Eintragung im Handelsregister des anderen Vertragsteils zu verzichten, sondern sogar die Eintragungsfähigkeit zu verneinen.

3. Fazit

Das Informationsbedürfnis der Gläubiger und der Vergleich zur Rechtslage im Umwandlungsrecht sprechen für die Eintragungsfähigkeit des Gewinnabführungsvertrags im Handelsregister des anderen Vertragsteils. Ferner können die beteiligten Rechtsträger schon aus Gründen der Rechtssicherheit ein Interesse an der Eintragung haben, um die Anerkennung der steuerlichen Organschaft im Fall der zukünftigen Einführung einer Eintragungspflicht nicht zu gefährden.[355] Richtigerweise ist deshalb der Ansicht zu folgen, die es dem anderen Vertragsteil freistellt, das Bestehen des Gewinnabführungsvertrags im Handelsregister eintragen zu lassen.[356] Anders als auf der Ebene der Untergesellschaft kommt der Eintragung jedoch nur deklaratorische Wirkung zu.

F. Rückwirkung

1. Zulässigkeit des rückwirkenden Abschlusses

Gewinnabführungsverträge können nach allgemeiner Ansicht rückwirkend abgeschlossen werden.[357] Auch wenn der BGH diese Frage für den Beherrschungs-

---

355 *Zeidler*, NZG 1999, 692 (694).

356 Vgl. *Wachter*, DB 2023, 1058 (1059), der zu Recht auf die Transparenzbemühungen des europäischen Gesetzgebers hinweist und sich *de lege ferenda* für die Eintragungsfähigkeit ausspricht.

357 BGH, Urteil vom 05.04.1993 – II ZR 238/91 = ZIP 1993, 751 (755); Urteil vom 02.06.2003 – II ZR 85/02 = ZIP 2003, 1933 (1935); OLG Hamburg, Urteil vom 13.07.1990 – 11 U 30/90 = GmbHR 1991, 417; OLG München, Urteil vom 14.06.1991 – 23 U 4638/90 = AG 1991, 358; OLG Düsseldorf, Urteil vom 12.07.1996 – 17 U 201/95 = AG 1996, 473 (474); OLG Karlsruhe, Beschluss vom 12.04.2001 – 11 Wx 77/00 = AG 2001, 536 (537); *Schnorbus*, in: Rowedder/Pentz, GmbHG, Anhang § 52 Rn. 100; *Mülbert*, in: Großkomm. zum AktG, § 291 Rn. 155; *Koch*, AktG, § 294 Rn. 20; *Servatius*, in: Grigoleit, AktG, § 294 Rn. 8; *Deilmann*, in: Hölters/Weber,

vertrag ausdrücklich offen gelassen hat,[358] besteht weitgehend Einigkeit, dass ein Beherrschungsvertrag nicht mit Rückwirkung ausgestattet werden kann.[359] Dies ist darauf zurückzuführen, dass Nachteilszufügungen anderenfalls nachträglich durch Abschluss des Beherrschungsvertrags legitimiert werden könnten, so dass bereits entstandene Ersatzansprüche aus einem Verstoß gegen das Schädigungsverbot wieder entfallen würden.[360] Die überwiegend vertretene Ansicht hält eine auf Rückwirkung des Beherrschungsvertrags gerichtete Vereinbarung deshalb zu Recht für nichtig.[361] Die Gefahr eines nachträglichen Wegfalls von Ersatzansprüchen besteht bei einem Gewinnabführungsvertrag nicht, da dieser das Schädigungsverbot unberührt lässt und nachteilige Einflussnahmen daher nicht legitimiert.[362] Gegen eine rückwirkende Gewinnabführungsverpflichtung bestehen vor diesem Hintergrund grundsätzlich keine Bedenken. Dies kommt auch in der steuerrechtlichen Regelung des § 14 Abs. 1 S. 2 KStG zum Ausdruck, wo die Möglichkeit des rückwirkenden Abschlusses eines Gewinnabführungsvertrags ausdrücklich vorausgesetzt wird.

AktG, § 291 Rn. 57; *Schenk*, in: Bürgers/Körber/Lieder, AktG, § 291 Rn. 18; *Krieger*, DStR 1992, 432 (434); *Hoffmann-Becking*, WiB 1994, 57 (62); *Knepper*, DStR 1994, 377 (378); *Schwarz*, MittRhNotK 1994, 50 (59); *Grashoff*, BB 1997, 1647 (1651); *Grewer*, DStR 1997, 745; *Mues*, RNotZ 2005, 1 (13).

358 BGH, Urteil vom 05.04.1993 – II ZR 238/91 = ZIP 1993, 751 (755).

359 OLG Hamburg, Urteil vom 06.10.1989 – 11 W 91/89 = ZIP 1989, 1326; OLG Hamburg, Urteil vom 13.07.1990 – 11 U 30/90 = GmbHR 1991, 417; OLG Karlsruhe, Urteil vom 12.10.1993 – 11 Wx 48/93 = AG 1994, 283; LG Kassel, Beschluss vom 15.11.1995 – 12 T 10/95 = GmbHR 1996, 292; OLG Karlsruhe, Beschluss vom 12.04.2001 – 11 Wx 77/00 = AG 2001, 536 (537); *Schnorbus*, in: Rowedder/Pentz, GmbHG, Anhang § 52 Rn. 100; *Kiefner*, Münchener Handbuch GesR, Band 3, § 70 Rn. 3; *Koch*, AktG, § 294 Rn. 19; *Servatius*, in: Grigoleit, AktG, § 294 Rn. 7; *Schenk*, in: Bürgers/Körber/Lieder, AktG, § 291 Rn. 18; *Hoffmann-Becking*, WiB 1994, 57 (62); *Schwarz*, MittRhNotK 1994, 50 (59); *Grashoff*, BB 1997, 1647 (1651); *Mues*, RNotZ 2005, 1 (13); aA *Altmeppen*, GmbHG, Anhang § 13 Rn. 34, der den rückwirkenden Abschluss eines Beherrschungsvertrags für zulässig hält.

360 OLG München, Urteil vom 14.06.1991 – 23 U 4638/90 = AG 1991, 358 (359); *Emmerich*, in: Emmerich/Habersack, Aktien-/GmbH-KonzernR, § 291 Rn. 15; *Schwarz*, MittRhNotK 1994, 50 (55 Fn. 84); *Mues*, RNotZ 2005, 1 (13).

361 OLG Hamburg, Urteil vom 13.07.1990 – 11 U 30/90 = AG 1991, 21; OLG Karlsruhe, Urteil vom 12.10.1993 – 11 Wx 48/93 = AG 1994, 283; LG Kassel, Beschluss vom 15.11.1995 – 12 T 10/95 = GmbHR 1996, 292; *Schwarz*, MittRhNotK 1994, 50 (55).

362 Siehe dazu bereits unter Teil 1 C. I. 2.

2. *Reichweite der Rückwirkung*

Auch wenn über die Zulässigkeit des rückwirkenden Abschlusses Einigkeit besteht, ist unklar, wie weit die Rückwirkung des Gewinnabführungsvertrags reicht. Insofern ist zwischen den steuerrechtlichen und den gesellschaftsrechtlichen Vorgaben zu unterscheiden, die nicht notwendigerweise deckungsgleich sind.[363]

a. Steuerrechtliche Grenze

Früher konnte sich die Gewinnabführungsverpflichtung in steuerlicher Hinsicht auch auf das vergangene Geschäftsjahr erstrecken, wenn der Gewinnabführungsvertrag in einem Geschäftsjahr abgeschlossen, aber erst im nächsten eingetragen wurde.[364] Mit Einführung der Regelung des § 14 Abs. 1 S. 2 KStG durch das Steuervergünstigungsabbaugesetz[365] im Jahr 2003 hat sich die Rechtslage dahingehend geändert, dass eine Einkommenszurechnung frühestens für das Kalenderjahr in Betracht kommt, in dem das Geschäftsjahr der Organgesellschaft, in dem der Gewinnabführungsvertrag eingetragen worden ist, endet. Eine rückwirkende Gewinnabführungsverpflichtung ist daher grundsätzlich nur noch für das zum Zeitpunkt der Eintragung laufende Geschäftsjahr möglich.[366]

b. Gesellschaftsrechtliche Grenze

aa. Meinungsstand

Im Konzernrecht wird die Frage nach der Grenze der Rückwirkung unterschiedlich beantwortet. Während teilweise in Übereinstimmung mit der steuerrechtlichen Regelung nur eine Rückwirkung auf den Beginn des laufenden Geschäftsjahres für zulässig gehalten wird,[367] kann der Gewinnabführungsvertrag nach anderer Ansicht auch mit Wirkung für das vergangene Geschäftsjahr

---

363 *Koch*, AktG, § 294 Rn. 20; *Servatius*, in: Grigoleit, AktG, § 294 Rn. 8.

364 § 14 Abs. 1 Nr. 3 S. 1 KStG in der Fassung vom 15.10.2002.

365 Gesetz zum Abbau von Steuervergünstigungen und Ausnahmeregelungen vom 16.05.2003 (StVergAbG), BGBl. I S. 661.

366 *Wicke*, GmbHG, Anhang § 13 Rn. 4; *Hommelhoff*, in: Lutter/Hommelhoff, GmbHG, Anhang § 13 Rn. 96.

367 OLG München, Urteil vom 14.06.1991 – 23 U 4638/90 = AG 1991, 358 (359); *Emmerich*, in: Emmerich/Habersack, Aktien-/GmbH-KonzernR, § 291 Rn. 77; *Prinz*, in: FS Seibert 2019, S. 681 (682); *Schwarz*, MittRhNotK 1994, 50 (59).

abgeschlossen werden.[368] Innerhalb letzterer Ansicht ist wiederum unklar, wie lange ein rückwirkender Abschluss möglich ist. Teilweise wird ein auf das vergangene Geschäftsjahr zurückwirkender Abschluss des Gewinnabführungsvertrags nur so lange für möglich gehalten, wie noch keine Feststellung des Jahresabschlusses erfolgt ist,[369] andere stellen auf die Fassung des Gewinnverwendungsbeschlusses ab.[370] Nach der Beschlussfassung über die Gewinnverwendung ist eine Rückwirkung auf das vergangene Geschäftsjahr unzweifelhaft nicht mehr möglich, da der Anspruch der Gesellschafter auf den Bilanzgewinn nicht rückwirkend beseitigt werden kann.[371]

bb. Stellungnahme

Nach zutreffender Ansicht ist die Rückwirkung auf das laufende Geschäftsjahr begrenzt. Dies lässt sich jedoch nicht mit dem Einwand begründen, dass die Berechnung der den außenstehenden Gesellschaftern einzuräumenden Ausgleichs- und Abfindungsansprüche einen auf das vergangene Geschäftsjahr zurückwirkenden Abschluss unmöglich mache.[372] Schließlich kann der Gewinn des vergangenen Geschäftsjahres bei der Bemessung der Kompensationsregelung ohne Weiteres berücksichtigt werden.[373] Auch die Verlustausgleichspflicht des anderen Vertragsteils steht einer Rückwirkung auf das vergangene Geschäftsjahr

---

368 *Keßler*, Handbuch GmbH-Konzern, S. 94; *Mülbert*, in: Großkomm. zum AktG, § 291 Rn. 159; *Koch*, AktG, § 294 Rn. 20; *Servatius*, in: Grigoleit, AktG, § 294 Rn. 8; *Knepper*, DStR 1994, 377 (378 f.); *Hoffmann-Becking*, WiB 1994, 57 (62); *Grewer*, DStR 1997, 745.

369 *Servatius*, in: Grigoleit, AktG, § 294 Rn. 8; *Hoffmann-Becking*, WiB 1994, 57 (62).

370 OLG Frankfurt, Beschluss vom 20.06.1996 – 20 W 440/94 = GmbHR 1996, 859, in dem sich der Senat jedoch noch auf eine alte Fassung des § 14 KStG bezieht, wonach es für die steuerliche Anerkennung der Organschaft genügte, wenn der Gewinnabführungsvertrag bis zum Ende des folgenden Geschäftsjahres im Handelsregister eingetragen wurde; *Mülbert*, in: Großkomm. zum AktG, § 291 Rn. 159; *Koch*, AktG, § 294 Rn. 20; *Knepper*, DStR 1994, 377 (378 f.).

371 BGH, Urteil vom 05.04.1993 – II ZR 238/91 = ZIP 1993, 751 (755); *Hoffmann-Becking*, WiB 1994, 57 (62); *Knepper*, DStR 1994, 377 (379). Teilweise wird eine Rückwirkung auf das vergangene Geschäftsjahr auch nach Fassung des Gewinnverwendungsbeschlusses für möglich gehalten, wenn alle Gesellschafter auf ihre Gewinnansprüche verzichten, siehe *Mülbert*, in: Großkomm. zum AktG, § 291 Rn. 159.

372 So jedoch *Emmerich*, in: Emmerich/Habersack, Aktien-/GmbH-KonzernR, § 291 Rn. 77.

373 *Mülbert*, in: Großkomm. zum AktG, § 291 Rn. 157; *Servatius*, in: Grigoleit, AktG, § 294 Rn. 8.

nicht entgegen, da auch die Verlustausgleichspflicht in der Weise rückwirkend angewendet werden kann, dass der andere Vertragsteil zum Ausgleich eines im vergangenen Geschäftsjahres entstandenen Fehlbetrags verpflichtet ist.[374]

Nichtsdestotrotz löst die Rückwirkung auf ein vergangenes Geschäftsjahr Bedenken aus, da sie das den außenstehenden Gesellschaftern zustehende Wahlrecht zwischen Ausgleich und Abfindung beeinträchtigt.[375] Denn die außenstehenden Gesellschafter sollen nach der *ratio legis* der im GmbH-Recht analog anzuwendenden §§ 304, 305 AktG bei Abschluss des Gewinnabführungsvertrags darüber entscheiden können, ob sie in der Gesellschaft verbleiben oder gegen Zahlung einer Abfindung ausscheiden.[376] Wird der Gewinnabführungsvertrag rückwirkend abgeschlossen, wird dieses Wahlrecht unterlaufen, da die Gesellschafter ihre Austrittsentscheidung nicht rückwirkend, sondern nur *pro futuro* treffen können. Zu dieser Verkürzung des den außenstehenden Gesellschaftern zustehenden Wahlrechts kommt es zwar auch im Fall der Rückwirkung auf den Beginn des laufenden Geschäftsjahres, die damit verbundene Beeinträchtigung wiegt jedoch weniger schwer als die Rückwirkung auf ein bereits abgeschlossenes Geschäftsjahr. Die besseren Argumente sprechen deshalb für einen Gleichlauf der gesellschaftsrechtlichen Rechtslage mit den steuerrechtlichen Vorgaben, wonach die Rückwirkung des Gewinnabführungsvertrags auf das laufende Geschäftsjahr begrenzt ist.

---

374 *Grewer*, DStR 1997, 745; *Servatius*, in: Grigoleit, AktG, § 294 Rn. 8.

375 *Servatius*, in: Grigoleit, AktG, § 294 Rn. 7, der dieses Argument jedoch nur für den Beherrschungsvertrag in Ansatz bringt.

376 Zum Wahlrecht der außenstehenden Gesellschafter siehe Teil 5 B. I.

Teil 3: Informations- und Prüfungspflichten

A. Einleitung

I. Die aktienkonzernrechtlichen Regelungen der §§ 293a ff. AktG

Durch das UmwBerG[377] im Jahr 1994 wurden die §§ 293a ff. AktG in das Vertragskonzernrecht eingefügt, um den informationellen Schutz der außenstehenden Gesellschafter bei Abschluss eines Unternehmensvertrags an das Schutzniveau im Umwandlungsrecht anzugleichen.[378] Im Umwandlungsrecht war für die Verschmelzung einer AG schon vorher die Erstattung eines Verschmelzungsberichts und die Durchführung einer externen Prüfung vorgesehen.[379] Durch die Einführung verbindlicher Vorgaben über die Erstattung eines Vertragsberichts, die unabhängige Prüfung des Unternehmensvertrags und die Unterrichtung der Gesellschafter wird gewährleistet, dass die außenstehenden Gesellschafter frühzeitig und umfassend über den Hintergrund des Gewinnabführungsvertrags, die wirtschaftliche Situation der beteiligten Rechtsträger und die Vorgehensweise bei der Berechnung der Kompensationsansprüche informiert werden.

II. Meinungsstand zur Übertragung auf die GmbH

Unklar ist, ob auch im Vertragskonzernrecht der GmbH Informations- und Prüfungspflichten eingreifen. Bedenken stützen sich vor allem darauf, dass die §§ 293a ff. AktG nicht frei von Widersprüchen sind,[380] als zu kompliziert empfun-

---

377 Gesetz zur Bereinigung des Umwandlungsrechts vom 28.10.1994 (UmwBerG), BGBl. I S. 3210.

378 Begründung zum Regierungsentwurf vom 01.02.1994 (UmwBerG), BT-Drucksache 12/6699, S. 178.

379 Vgl. die §§ 8-12 UmwG zur Erstattung des Verschmelzungsberichts und zur Durchführung einer Verschmelzungsprüfung sowie die §§ 63, 64 UmwG zur Information der außenstehenden Aktionäre vor und während der Hauptversammlung, in der über den Gewinnabführungsvertrag entschieden wird. Zu den Parallelregelungen für die Verschmelzung einer GmbH sogleich unter Teil 3 B. II. 1. b.

380 *Altmeppen*, ZIP 1998, 1853, der in diesem Zusammenhang von Ungereimtheiten und unvernünftigen Gesetzesanordnungen spricht und deshalb in einigen Punkten vom Wortlaut der Vorschriften abweichen will.

den werden[381] und schon im Aktienkonzernrecht als Überregulierung kritisiert worden sind.[382] Ferner seien die Informations- und Prüfungsvorschriften auf die kapitalistisch strukturierte AG zugeschnitten und könnten deshalb nicht auf die GmbH übertragen werden.[383] Bei den Vertretern der Zustimmungslösung stößt die Übertragung aktienkonzernrechtlicher Schutzvorschriften auf die GmbH außerdem deshalb auf Ablehnung, weil die außenstehenden Gesellschafter aufgrund ihres Vetorechts selbst für ihren Schutz sorgen könnten[384] und weil mangels Pflicht zur Aufnahme von Ausgleichs- und Abfindungsansprüchen im GmbH-Konzernrecht der Hauptgegenstand von Vertragsbericht und Vertragsprüfung wegfalle.[385] Vor dem Hintergrund, dass die Zustimmungslösung zunehmend von der Ansicht verdrängt wird, die einen qualifizierten Mehrheitsbeschluss genügen lässt und den Schutz der außenstehenden Gesellschafter durch Ausgleichs- und Abfindungsansprüche gewährleistet, findet die Anwendung von Informations- und Prüfungspflichten im GmbH-Konzernrecht jedoch zu Recht immer mehr Zustimmung.[386]

---

381 *Stephan*, Der Konzern 2015, 349 (352), der die Informations- und Prüfungspflichten als übermäßig schwerfällig bezeichnet.

382 *Koch*, AktG, § 293a Rn. 4; *Bungert*, DB 1995, 1384 (1386); besonders kritisch wird dabei die Einbeziehung sonstiger Unternehmensverträge nach § 292 AktG gesehen, vgl. *Altmeppen*, ZIP 1998, 1853 (1854 f.).

383 *Altmeppen*, ZIP 1998, 1853 (1858); *ders.*, GmbHG, Anhang § 13 Rn. 116, 47; *ders.*, in: Münchener Kommentar zum AktG, § 293a Rn. 15.

384 *Koch*, AktG, § 293a Rn. 6; *Emmerich*, in: Emmerich/Habersack, Aktien-/GmbH-KonzernR, § 293a Rn. 11; *ders.*, in: Scholz, GmbHG, Anhang § 13 Rn. 202; *Koehler*, Der Gewinnabführungsvertrag, S. 48; *Bungert*, DB 1995, 1449 (1455); *Zeidler*, NZG 1999, 692 (694); *Mues*, RNotZ 2005, 1 (18); *Stephan*, Der Konzern 2015, 349 (352 f.).

385 *Liebscher*, in: Münchener Kommentar zum GmbHG, Anhang § 13 Rn. 790; *Koch*, AktG, § 293a Rn. 6; *Bungert*, DB 1995, 1449 (1453 f.).

386 *Servatius*, in: Michalski, GmbHG, Systematische Darstellung 4 Rn. 383, 100; *ders.*, in: Grigoleit, AktG, § 293a Rn. 3; *ders.*, in: BeckOK GmbHG, Systematische Darstellung KonzernR Rn. 100, 383; *Koppensteiner*, in: Kölner Kommentar zum AktG, Vorbemerkung § 291 Rn. 172, der die §§ 293a ff. AktG zumindest in Teilen auf die GmbH übertragen will; *Heckschen/Kreußlein*, in: Heckschen/Heidinger, Die GmbH, Kap. 15 Rn. 61; *Neun*, Berichts- und Prüfungspflichten, S. 245; *Wilde*, Beherrschungs- und Gewinnabführungsverträge, S. 139 ff.; *Humbeck*, BB 1995, 1893 (1893 f.); *Huesmann*, Entschädigung und Spruchverfahren, S. 84 ff., der eine Vertragsprüfung bei der GmbH ablehnt und nur eine Übertragung der Informationspflichten befürwortet; *Maierhofer*, Schutz außenstehender Gesellschafter, S. 137.

B. Vertragsbericht

I. Sinn und Zweck der Berichterstattung

Dem Vertragsbericht kommt als Instrument des Minderheitenschutzes besondere Bedeutung zu, da er gewährleistet, dass die außenstehenden Gesellschafter mit den für den Gewinnabführungsvertrag relevanten Informationen versorgt und dadurch in die Lage versetzt werden, die Chancen und Risiken des Vertragsschlusses sowie die Auswirkungen auf ihre persönliche Rechtsstellung einzuschätzen.[387] Da der Gewinnabführungsvertrag nach vorzugswürdiger Ansicht nicht nur Abfindungs- sondern auch Ausgleichsansprüche enthalten muss, stellt sich für die außenstehenden Gesellschafter die Frage, ob sie als Minderheitsgesellschafter in der abhängigen GmbH verbleiben oder ob sie gegen Zahlung einer Abfindung aus der Gesellschaft ausscheiden.[388] Die außenstehenden Gesellschafter stimmen daher nicht nur über den Gewinnabführungsvertrag ab, sondern stehen auch vor der Entscheidung über ihre persönliche Zukunft in der Gesellschaft. Vor diesem Hintergrund kommt der Information der außenstehenden Gesellschafter im Unternehmensvertragsrecht eine noch größere Bedeutung zu als bei der Eingliederung oder Verschmelzung, wo eine Fortsetzung der Beteiligung von vornherein ausgeschlossen ist und die außenstehenden Gesellschafter insofern keine Wahlmöglichkeit haben. Nur wenn die Gesellschafter Kenntnis über den Hintergrund und die Beweggründe sowie die erwarteten Vor- und Nachteile des Vertragsschlusses haben und in der Lage sind, die Angemessenheit der ihnen angebotenen Kompensationsregelungen zu beurteilen, können sie eine sachgerechte Entscheidung über ihren Verbleib in der Gesellschaft treffen. Hier setzt der Vertragsbericht an, indem er den außenstehenden Gesellschaftern Informationen über die Umstände des Vertragsschlusses, die wirtschaftliche Lage der vertragschließenden Unternehmen sowie die Vorgehensweise bei der Ermittlung des Unternehmenswerts verschafft und dadurch eine Plausibilitätskontrolle der in den Gewinnabführungsvertrag aufgenommenen Kompensationsregelung ermöglicht. Hinzu kommt, dass der Vertragsbericht die Einbindung aller Gesellschafter in den Entscheidungsprozess gewährleistet und so die Akzeptanz für den Vertragsschluss steigert und das Risiko einer gerichtlichen Auseinandersetzung reduziert.

---

387 Begründung zum Regierungsentwurf vom 01.02.1994 (UmwBerG), BT-Drucksache 12/6699, S. 178; *Veil/Walla*, in: BeckOGK AktG, § 293a Rn. 2; *Altmeppen*, ZIP 1998, 1853.

388 Zum Wahlrecht der außenstehenden Gesellschafter siehe Teil 5 B. I.

II. Übertragung auf die GmbH

1. *Vertragsbericht auf der Ebene der Untergesellschaft*

a. Auskunfts- und Einsichtsrecht aus § 51a GmbHG

Gegen die Übertragung der Berichtspflicht auf die GmbH wird vor allem vorgebracht, dass sich die außenstehenden Gesellschafter die benötigten Informationen durch Ausübung ihres Auskunfts- und Einsichtsrechts selbst beschaffen könnten und deshalb nicht auf die Erstattung eines Vertragsberichts angewiesen seien.[389] Tatsächlich räumt § 51a GmbHG den Gesellschaftern ein umfassendes Informationsrecht ein, das deutlich über das den Aktionären einer AG zur Verfügung stehende Auskunftsrecht hinausgeht und durch dessen Ausübung sie jederzeit Auskunft über die Angelegenheiten der Gesellschaft verlangen und Einsicht in die Geschäftsunterlagen nehmen können.[390] Trotzdem erscheint fraglich, ob das Auskunfts- und Einsichtsrecht die Erstattung eines Vertragsberichts ersetzen kann, ohne dass es zu einer Herabsenkung des informationellen Schutzniveaus kommt.

aa. Initiativlast

Von zentraler Bedeutung ist an dieser Stelle vor allem der Umstand, dass die Initiativlast für die Geltendmachung des allgemeinen Auskunfts- und Einsichtsrechts bei den außenstehenden Gesellschaftern liegt, während dieselben bei der Vertragsberichterstattung ohne eigenes Tätigwerden mit den relevanten Informationen versorgt werden.[391] Dass die Verlagerung der Initiativlast im Hinblick auf den Schutz der außenstehenden Gesellschafter problematisch ist, wird besonders bei einem Blick auf geschäftlich unerfahrene Gesellschafter deutlich. Diesen drohen bei der eigenverantwortlichen Informationsbeschaffung Nachteile, da eine effektive Ausübung des Informationsrechts in vielen Fällen davon abhängt, dass der Gesellschafter über spezielle rechtliche und wirtschaftliche Kenntnisse

---

389 *Schnorbus*, in: Rowedder/Pentz, GmbHG, Anhang § 52 Rn. 102; *Liebscher*, in: Münchener Kommentar zum GmbHG, Anhang § 13 Rn. 790; *Koch*, AktG, § 293a Rn. 6; *Koehler*, Der Gewinnabführungsvertrag, S. 48; *Altmeppen*, ZIP 1998, 1853 (1858); *Mues*, RNotZ 2005, 1 (18); *Stephan*, Der Konzern 2015, 349 (353).

390 Zum Dualismus aus Auskunft und Einsicht *Altmeppen*, GmbHG, § 51a Rn. 5, der zu Recht darauf hinweist, dass es sich dennoch um ein einheitliches Informationsrecht handelt. Zur beschränkten Reichweite des aktienrechtlichen Auskunftsrechts *Kubis*, in: Münchener Kommentar zum AktG, § 131 Rn. 38.

391 *Maierhofer*, Schutz außenstehender Gesellschafter, S. 126 f.

verfügt, die es ihm ermöglichen, die benötigten Informationen zu identifizieren. Auch wenn die Anforderungen an die Konkretisierung des Informationsverlangens nicht zu hoch angesetzt werden dürfen,[392] kann der Gesellschafter nur dann eine umfassende und detaillierte Auskunft erwarten, wenn er sein Informationsverlangen präzise formuliert und die begehrten Informationen genau bezeichnet.[393] Je allgemeiner das Auskunftsverlangen gehalten ist, desto weniger muss die Geschäftsführung bei der Beantwortung ins Detail gehen.[394] Der Verweis auf das allgemeine Auskunfts- und Einsichtsrecht führt daher dazu, dass gerade den besonders schutzbedürftigen Gesellschaftern der Zugang zu den benötigten Informationen erschwert wird. Dies ist für einen effektiven Minderheitenschutz problematisch, denn je niedriger die Hürden für die Informationserlangung sind, desto fundierter ist die Entscheidungsgrundlage der außenstehenden Gesellschafter. Durch die Erstattung eines Vertragsbericht kann hingegen gewährleistet werden, dass alle Gesellschafter eine einheitliche Informationsgrundlage haben, auf der sie ihr allgemeines Auskunfts- und Einsichtsrecht ausüben können, um weitergehende Informationen zu erlangen.[395]

bb. Verantwortung des Mehrheitsgesellschafters

Die Verlagerung der Initiativlast auf die außenstehenden Gesellschafter kann außerdem deshalb nicht überzeugen, da die Entscheidung über den Abschluss des Gewinnabführungsvertrags nicht von den außenstehenden Gesellschaftern, sondern in der Regel allein vom Mehrheitsgesellschafter getroffen wird. Verfügt dieser über die satzungsändernde Mehrheit, kann er die außenstehenden Gesellschafter bei der Entscheidung über den Gewinnabführungsvertrag übergehen und den Vertrag gegen den Willen der Minderheitsgesellschafter durchsetzen. Vor diesem Hintergrund erscheint es kontraintuitiv, allein die außenstehenden Gesellschafter bei der Informationsbeschaffung in die Verantwortung zu nehmen und sie auf die Ausübung ihres Auskunfts- und Einsichtsrechts zu verweisen. Überlässt man die Entscheidung über den Gewinnabführungsvertrag dem Mehrheitsgesellschafter und nimmt dadurch in Kauf, dass die außenstehenden Gesellschafter bei der Entscheidung übergangen werden, liegt es nahe, im Gegenzug die umfassende Information der außenstehenden Gesellschafter über die

392 *Schmidt*, in: Scholz, GmbHG, § 51a Rn. 18.

393 *Hillmann*, in: Münchener Kommentar zum GmbHG, § 51a Rn. 44; *Huesmann*, Entschädigung und Spruchverfahren, S. 87.

394 *Schmidt*, in: Scholz, GmbHG, § 51a Rn. 18; *Hillmann*, in: Münchener Kommentar zum GmbHG, § 51a Rn. 44.

395 *Wilde*, Beherrschungs- und Gewinnabführungsverträge, S. 145.

Hintergründe des Vertragsschlusses zur Bedingung für die Durchsetzung des Gewinnabführungsvertrags zu machen. Vor diesem Hintergrund erscheint es sachgerecht, den vom Mehrheitsgesellschafter eingesetzten Geschäftsführer in die Pflicht zu nehmen und den Vertragsschluss von der Erfüllung spezieller Informationspflichten gegenüber den Minderheitsgesellschaftern abhängig zu machen.

b. Vergleich zum Umwandlungsrecht

Für die Pflicht zur Erstattung eines Vertragsberichts spricht auch der Vergleich zur Rechtslage im Umwandlungsrecht, wo der Geschäftsführer bei der Verschmelzung einer GmbH gemäß § 8 Abs. 1 S. 1 UmwG ebenfalls zur Erstattung eines Berichts verpflichtet ist.[396] Die Pflicht zur Erstellung eines Berichts zur Information der außenstehenden Gesellschafter gilt über § 125 S. 1 UmwG auch im Rahmen einer Spaltung und gemäß § 192 Abs. 1 UmwG bei dem Formwechsel einer GmbH. Daran wird deutlich, dass die Berichtspflicht nicht auf die AG zugeschnitten ist, sondern auch bei der GmbH als wichtiges Schutzinstrument der Gesellschafterminderheit zum Tragen kommt. Zum anderen verdeutlicht der Vergleich zum Umwandlungsrecht, dass das allgemeine Auskunfts- und Einsichtsrecht nicht ausreicht, um den informationellen Schutz der Gesellschafter zu gewährleisten. Anderenfalls hätte der Gesetzgeber bei der Umwandlung einer GmbH auf die Berichtspflichten verzichten und die außenstehenden Gesellschafter auf ihr Auskunftsrecht verweisen können.

c. Wertungswidersprüche im Mischkonzern

aa. Berichtspflicht bei der als AG organisierten Obergesellschaft

Dass sich die Pflicht zur Erstattung eines Vertragsberichts nicht auf das Aktienkonzernrecht beschränken lässt, wird bei einem Blick auf den Fall deutlich, dass die Obergesellschaft in der Rechtsform einer AG und die Untergesellschaft in der Rechtsform einer GmbH organisiert ist. Auch diejenigen Stimmen, die einer Übertragung der Berichtspflicht in das GmbH-Konzernrecht kritisch gegenüberstehen, befürworten in diesem Fall eine Berichtspflicht auf der Ebene der als AG organisierten Obergesellschaft.[397] Dies erscheint sachgerecht, da es für

---

396 *Servatius*, in: BeckOK GmbHG, Systematische Darstellung KonzernR Rn. 101; *Wilde*, Beherrschungs- und Gewinnabführungsverträge, S. 143; *Hommelhoff/Freytag*, DStR, 1996, 1409 (1413).

397 *Link*, in: Hauschild/Kallrath/Wachter, Notarhandbuch, § 22 Rn. 51; *Koch*, AktG, § 293a Rn. 6; *Stephan*, Der Konzern 2015, 349 (353).

das Schutzbedürfnis der Aktionäre der Obergesellschaft nicht auf die Rechtsform der Untergesellschaft ankommt.[398] Im reinen Aktienkonzern wäre auf der Ebene beider Vertragsparteien zwingend ein Vertragsbericht zu erstatten, so dass im Fall eines Mischkonzerns mit einer als GmbH organisierten Untergesellschafts nichts anderes gelten kann.

bb. Kein Vertragsbericht auf der Ebene der als GmbH organisierten Untergesellschaft?

Geht man im Mischkonzern auf der Ebene der als AG organisierten Obergesellschaft von einer Berichtspflicht aus, muss konsequenterweise auch bei der abhängigen GmbH eine Berichtspflicht eingreifen. Anderenfalls müssten die außenstehenden GmbH-Gesellschafter sich die Informationen durch Ausübung ihres Auskunfts- und Einsichtsrechts selbst beschaffen und würden damit schlechter stehen als die Aktionäre der Obergesellschaft, die vom Vorstand in einem Vertragsbericht mit den relevanten Informationen versorgt werden.[399] Dies ruft Wertungswidersprüche hervor, da der Abschluss eines Gewinnabführungsvertrags auf der Seite der Untergesellschaft eine stärkere Beeinträchtigung für die Gesellschafter darstellt als für die Anteilsinhaber des anderen Vertragsteils. Da der Gewinnabführungsvertrag für die außenstehenden Gesellschafter der Untergesellschaft zu einem Ausschluss vom Gewinnbezug und damit zu einer erheblichen Beeinträchtigung ihrer Rechtsstellung führt, sind sie grundsätzlich schutzbedürftiger als die Anteilsinhaber der Obergesellschaft.[400] Damit ist es unvereinbar, die Aktionäre der herrschenden AG durch einen Vertragsbericht umfassend zu informieren und die Gesellschafter der abhängigen GmbH auf ihre Eigeninitiative zu verweisen. Auch diejenigen Stimmen, die einer analogen Anwendung der aktienkonzernrechtlichen Informationspflichten skeptisch gegenüberstehen, sehen an dieser Stelle einen Wertungswiderspruch und wollen die Regelung des § 293a AktG im Mischkonzern nicht nur auf die herrschende AG, sondern ausnahmsweise auch auf die abhängige GmbH anwenden, um für die Gesellschafter beider Rechtsträger ein einheitliches Schutzniveau zu gewährleisten.[401]

---

398 *Koch*, AktG, § 293a Rn. 6; *Stephan*, Der Konzern 2015, 349 (353).

399 *Beurskens*, in: Noack/Servatius/Haas, GmbHG, Anhang KonzernR Rn. 104.

400 Zu den rechtlichen und wirtschaftlichen Konsequenzen des Gewinnabführungsvertrags für die außenstehenden Gesellschafter der abhängigen GmbH siehe Teil 5 A. I.

401 *Emmerich*, in: Scholz, GmbHG, Anhang § 13 Rn. 203; *Beurskens*, in: Noack/Servatius/Haas, GmbHG, Anhang KonzernR Rn. 104.

cc. Stellungnahme

Diese Lösung kann kaum überzeugen, da sie keine klare Linie vorgibt, wann die Erstattung eines Vertragsberichts erforderlich ist und wann darauf verzichtet werden kann. Es ist nicht nachvollziehbar, warum die Gesellschafter nur dann von der Erstattung eines Vertragsberichts profitieren sollen, wenn es sich bei dem anderen Vertragsteil um eine AG handelt. Im reinen GmbH-Konzern sind die außenstehenden Gesellschafter ebenso schutzwürdig, da sie in beiden Fällen auf die Erteilung der relevanten Informationen angewiesen sind, um über den Gewinnabführungsvertrag und ihr Verbleiben in der Gesellschaft entscheiden zu können. Deshalb kann die Pflicht zur Erstattung eines Vertragsberichts und damit der informationelle Schutz der Gesellschafter nicht davon abhängig sein, in welcher Rechtsform die Obergesellschaft organisiert ist.[402] Um ein einheitliches Schutzniveau zu gewährleisten und eine rechtssichere Handhabung in der Praxis zu ermöglichen, muss die Pflicht zur Erstattung eines Vertragsberichts generell in das GmbH-Vertragskonzernrecht übertragen werden, so dass der Geschäftsführer einer gewinnabführungsverpflichteten Gesellschaft nicht nur im Mischkonzern, sondern auch im reinen GmbH-Konzern dazu verpflichtet ist, die außenstehenden Gesellschafter in einem Vertragsbericht umfassend zu informieren. Dadurch dass die Gegner einer Analogie für den Fall eines Mischkonzerns von ihrer Position abweichen und § 293a AktG ausnahmsweise auf die GmbH übertragen wollen, räumen auch sie indirekt ein, dass das durch § 51a GmbHG vermittelte Schutzniveau hinter dem des Vertragsberichts zurückbleibt. Schließlich wäre der Rückgriff auf § 293a AktG per se überflüssig, wenn die Minderheitsgesellschafter durch ihr Einsichts- und Auskunftsrecht genauso gut geschützt wären wie durch die Berichtspflicht.

d. Entlastung der Geschäftsführung

Ferner ist zu bedenken, dass die Erstattung eines Vertragsberichts nicht nur den Gesellschaftern zugutekommt, sondern auch die Geschäftsführung entlastet.[403] Wenn die Informationen den Gesellschaftern nicht in Form eines Vertragsberichts zur Verfügung gestellt werden, muss sich jeder Gesellschafter selbst um die Beschaffung der Informationen bemühen. Dabei ist damit zu rechnen, dass eine Vielzahl von Gesellschaftern ihr Auskunftsrecht ausüben und ein Informationsverlangen an die Geschäftsführung richten wird. Da der Geschäftsführer

---

402 *Wilde*, Beherrschungs- und Gewinnabführungsverträge, S. 141.

403 So auch *Maierhofer*, Schutz außenstehender Gesellschafter, S. 128.

dazu verpflichtet ist, ein Informationsverlangen unverzüglich[404] zu beantworten und die Gesellschafter im Fall des Abschlusses eines Gewinnabführungsvertrags auf die Informationen über den anderen Vertragsteil angewiesen sind, um über ihren Verbleib in der Gesellschaft zu entscheiden, kann die Beantwortung der Auskunftsverlangen den Geschäftsführer unter Zeitdruck setzen und dadurch die Fehleranfälligkeit der Informationserteilung erhöhen. Zwar nimmt auch die Anfertigung eines Vertragsberichts Zeit und Ressourcen in Anspruch, der Geschäftsführer kann den Aufwand jedoch vorher kalkulieren und ist nicht mit einer Vielzahl einzelner Auskunftsverlangen konfrontiert. Dies erleichtert es ihm, den Gesellschaftern die relevanten Informationen in angemessener Zeit und in verständlicher Form zugänglich zu machen. Auskunftsverlangen, die sich auf in dem Vertragsbericht bereits erteilte Informationen richten, müssen nicht mehr vom Geschäftsführer beantwortet werden.[405]

e. *Modifizierung des § 51a GmbHG durch aktienkonzernrechtliche Wertungen*

Als vermittelnde Lösung wird vorgeschlagen, die Wertungen der §§ 293a ff. AktG zur Konkretisierung des allgemeinen Auskunfts- und Einsichtsrechts heranzuziehen, ohne auf eine Analogie zu diesen Vorschriften zurückzugreifen.[406] So soll sichergestellt werden, dass die Gesellschafter sich die benötigten Informationen durch Ausübung ihres allgemeinen Auskunfts- und Einsichtsrechts selbst beschaffen können. Aus der Perspektive des Minderheitenschutzes ist diese Lösung schon deshalb problematisch, weil sie keine klaren Vorgaben dazu macht, wie sich

404 Zu dem Zeitrahmen, der einem Geschäftsführer für die Beantwortung von Auskunftsverlangen zur Verfügung steht *Schmidt*, in: Scholz, GmbHG, § 51a Rn. 22; *Bayer*, in: Lutter/Hommelhoff, GmbHG, § 51a Rn. 28.

405 OLG Jena, Beschluss vom 14.09.2004 – 6 W 417/04, NZG 2004, 1156; *Hillmann*, in: Münchener Kommentar zum GmbHG, § 51a Rn. 87; *Zöllner/Noack*, in: Noack/Servatius/Haas, GmbHG § 51a Rn. 27; *Schindler*, in: BeckOK GmbHG, § 51a Rn. 41; *Römermann*, in: Michalski, GmbHG, § 51a Rn. 133, 138; *Ganzer*, in: Rowedder/Pentz, GmbHG, § 51a Rn. 28; *Bayer*, in: Lutter/Hommelhoff, GmbHG, § 51 Rn. 37; *Schmidt*, in: Scholz, GmbHG, § 51a Rn. 37, nach dessen Ansicht das Informationsbedürfnis ungeschriebene Voraussetzung für die Ausübung des Auskunftsrechts ist; *Schneider*, GmbHR 2008, 638 (641).

406 *Liebscher*, in: Münchener Kommentar zum GmbHG, Anhang § 13 Rn. 790; in diese Richtung auch *Kort*, Beherrschungs- und Gewinnabführungsverträge, S. 128; *Huesmann*, Entschädigung und Spruchverfahren, S. 89, der die Berichtspflicht aus der Treuepflicht herleiten, bezüglich des Berichtsinhalts jedoch an § 293a AktG anknüpfen will.

die Wertungen der §§ 293a ff. AktG auf den Auskunftsanspruch auswirken und die Informationserlangung durch die Gesellschafter vereinfachen sollen. Auch den Bedenken gegenüber dem allgemeinen Auskunfts- und Einsichtsrecht wird durch die Heranziehung der Wertungen der §§ 293a ff. AktG nicht ausreichend Rechnung getragen, da der in der Verschiebung der Initiativlast auf die außenstehenden Gesellschafter liegende Nachteil von § 51a GmbHG bestehen bleibt. Um dies zu verhindern, müsste der Informationsanspruch bis zur Unkenntlichkeit verändert und zu einer Informationspflicht der Geschäftsführung umgestaltet werden. Statt den Anspruch aus § 51a GmbHG ins Prokrustesbett zu legen, erscheint es überzeugender, die Pflicht zur Erstattung eines Vertragsberichts durch analoge Anwendung des § 293a AktG auf die GmbH zu übertragen.[407]

f. Ergebnis

Angesichts der Schwächen des allgemeinen Auskunfts- und Einsichtsrechts und der Vorteile, die ein Vertragsbericht sowohl für die Information der Gesellschafter als auch für den Geschäftsführer bietet, ist die Regelung des § 293a AktG im GmbH-Konzernrecht analog anzuwenden. Der Geschäftsführer einer abhängigen GmbH ist daher vor Abschluss eines Gewinnabführungsvertrags zur Erstattung eines Vertragsberichts verpflichtet. Das gilt sowohl im reinen GmbH-Konzern als auch im Mischkonzern mit einer als AG organisierten Obergesellschaft.

2. Vertragsbericht auf der Ebene der Obergesellschaft

Im Aktienkonzernrecht verpflichtet § 293a Abs. 1 AktG nicht nur den Vorstand der abhängigen AG, sondern auch das Leitungsorgan der Obergesellschaft zur Erstattung eines Vertragsberichts. Fraglich ist, ob sich die Berichtspflicht auch im GmbH-Konzernrecht auf den anderen Vertragsteil erstreckt. Dagegen spricht auf den ersten Blick der Umstand, dass die außenstehenden Gesellschafter des anderen Vertragsteils durch den Abschluss des Gewinnabführungsvertrags weniger stark in ihrer Rechtsstellung beeinträchtigt werden als die außenstehenden Gesellschafter der gewinnabführungsverpflichteten GmbH. Schließlich erfahren die außenstehenden Gesellschafter des anderen Vertragsteils keinen Ausschluss vom Gewinnbezug und erhalten daher auch keine Ausgleichs- und Abfindungsansprüche, deren Angemessenheit sie überprüfen müssen und auf deren Grundlage sie eine Entscheidung über ihren Verbleib in der Gesellschaft treffen müssen. Dennoch haben auch die außenstehenden Gesellschafter des anderen

---

407 *Huesmann*, Entschädigung und Spruchverfahren, S. 87; *Wilde*, Beherrschungs- und Gewinnabführungsverträge, S. 144.

Vertragsteils ein berechtigtes Interesse an den Informationen über den Hintergrund des Vertragsschlusses, dessen Risiken und die Bemessung der Kompensationsansprüche. Denn auch für den anderen Vertragsteil ist der Abschluss des Gewinnabführungsvertrags mit wirtschaftlichen Risiken verbunden, die für die außenstehenden Gesellschafter Anlass sein können, aus der Gesellschaft auszutreten oder sich gerichtlich gegen den Vertragsschluss zur Wehr zu setzen.[408] Ferner haben die außenstehenden Gesellschafter des anderen Vertragsteils ein Interesse an den Informationen über die Ermittlung der in den Vertrag aufgenommenen Kompensationsregelungen, um sich ein Bild von deren Angemessenheit machen und erforderlichenfalls gegen die Festsetzung überhöhter Kompensationsansprüche vorgehen zu können. Gerade vor dem Hintergrund, dass eine Abfindung in Anteilen nach zutreffender Ansicht auch bei der GmbH möglich ist und für die Gesellschafter des anderen Vertragsteils gravierende Auswirkungen haben kann, müssen die außenstehenden Gesellschafter des anderen Vertragsteils frühzeitig über die Art der zu gewährenden Abfindung informiert werden.[409] Das allgemeine Auskunfts- und Einsichtsrecht bietet an dieser Stelle nur einen unzureichenden Schutz und vernachlässigt die geschäftlich unerfahrenen und daher besonders schutzbedürftigen Gesellschafter.[410] Ferner kann durch die Erstattung eines Vertragsberichts auf der Ebene des anderen Vertragsteils die Akzeptanz für den Vertrag erhöht und dem Risiko einer Überlastung der Geschäftsführung durch eine Vielzahl einzelner Auskunftsverlangen vorgebeugt werden. Vor allem ist jedoch zu bedenken, dass die Leitungsorgane der beteiligten Rechtsträger den Vertragsbericht in der Praxis ohnehin regelmäßig gemeinsam erstatten, so dass durch die Ausdehnung der Berichtspflicht auf den anderen Vertragsteil kein Mehraufwand entsteht.[411] Es wäre kaum nachvollziehbar, wenn der von den Leitungsorganen gemeinsam angefertigte Bericht nur den außenstehenden Gesellschaftern der gewinnabführungsverpflichteten Gesellschaft zugänglich gemacht würde, obwohl er ohne zusätzlichen Aufwand auch den Gesellschaftern des anderen Vertragsteils zur Verfügung gestellt werden kann. Es erscheint daher sachgerecht, die in § 293a Abs. 1 AktG angeordnete Verpflichtung des anderen Vertragsteils zur Erstattung eines Vertragsberichts in das GmbH-Konzernrecht zu übertragen.

---

408 Zu den wirtschaftlichen Risiken für den anderen Vertragsteil bereits unter Teil 2 B. II. 2. b. Zu der mit der Pflicht zur Abfindung in Anteilen verbundenen Beeinträchtigung für die Gesellschafter des anderen Vertragsteils siehe Teil 2 B. II. 2. c.

409 Zur Abfindung in Anteilen siehe Teil 5 B. III. 1.

410 Siehe Teil 3 B. II. 1. a.

411 *Bungert*, DB 1995, 1384 (1387).

III. Einzelheiten des Vertragsberichts

1. Inhalt

a. Hintergrund des Vertragsschlusses

Der Inhalt des Vertragsberichts orientiert sich weitgehend an den zum Aktienkonzernrecht entwickelten Grundsätzen. Um die Akzeptanz für den Gewinnabführungsvertrag zu erhöhen und den Gesellschaftern eine eigene Abwägung der Vor- und Nachteile zu ermöglichen, muss der Bericht zunächst Ausführungen zu den Beweggründen für den Vertragsschluss und den damit verbundenen Risiken enthalten.[412] Dabei muss der Geschäftsführer darlegen, welche Erwägungen den Vertragsschluss aus seiner Perspektive erforderlich erscheinen lassen und welche konkreten Ziele damit verfolgt werden.[413] Auf der anderen Seite müssen etwaige Nachteile und wirtschaftliche Risiken des Vertragsschlusses offengelegt und zu den Vorteilen ins Verhältnis gesetzt werden. In diesem Zusammenhang sind alternative Gestaltungsmöglichkeiten aufzuzeigen, mit denen die verfolgten Ziele ebenso erreichbar sind.[414] Im Hinblick auf die Risiken des Vertragsschlusses ist insbesondere auf die wirtschaftliche Situation des jeweiligen Vertragspartners einzugehen, damit die außenstehenden Gesellschafter in der Lage sind, sich ein Bild von dessen Leistungsfähigkeit zu machen.[415]

b. Vertragsinhalt und Auswirkungen auf die Rechtsstellung der Gesellschafter

Im zweiten Teil ist auf den Inhalt des Gewinnabführungsvertrags und seine Implikationen für die wirtschaftliche Selbständigkeit der Gesellschaft und die Rechtsstellung der Gesellschafter einzugehen.[416] Bei der Darstellung des Vertragsinhalts muss nicht jede Regelung der in der Praxis ohnehin knapp gehaltenen Verträge erläutert werden, sondern nur solche Bestimmungen, die den konkreten Vertrag

---

412 *Altmeppen*, in: Münchener Kommentar zum AktG, § 293a Rn. 39.

413 *Emmerich*, in: Emmerich/Habersack, Aktien-/GmbH-KonzernR, § 293a Rn. 20; *Schenk*, in: Bürgers/Körber/Lieder, AktG, § 293a Rn. 14; *Müller*, in: Wachter, AktG, § 293a Rn. 7.

414 *Langenbucher*, in: Schmidt/Lutter, AktG, § 293a Rn. 12; *Emmerich*, in: Emmerich/Habersack, Aktien-/GmbH-KonzernR, § 293a Rn. 20; *Müller*, in: Wachter, AktG, § 293a Rn. 7.

415 *Altmeppen*, in: Münchener Kommentar zum AktG, § 293a Rn. 40; *Emmerich*, in: Emmerich/Habersack, Aktien-/GmbH-KonzernR, § 293a Rn. 20.

416 *Emmerich*, in: Emmerich/Habersack, Aktien-/GmbH-KonzernR, § 293a Rn. 19.

von anderen Gewinnabführungsverträgen abheben.[417] Umso ausführlicher muss hingegen dargelegt werden, welche Folgen der Abschluss des Gewinnabführungsvertrags für die Rechtsstellung der außenstehenden Gesellschafter hat. Auch wenn sich diese Folgen bereits aus dem Gesetz ergeben, muss hier besonderer Wert auf die Verständlichkeit der Ausführungen gelegt werden, damit auch ein unbedarfter Gesellschafter einschätzen kann, welche Reichweite die Entscheidung über den Verbleib in der Gesellschaft für ihn hat.[418]

c. Bemessung der Kompensationsregelung

Der Schwerpunkt des Vertragsberichts liegt im dritten Teil, der Ausführungen zu den im Gewinnabführungsvertrag vorgesehenen Ausgleichs- und Abfindungsansprüchen enthält. Hier muss zunächst dargelegt werden, welche Art von Ausgleich und Abfindung der Gewinnabführungsvertrag enthält.[419] Ferner muss ausgeführt werden, wie die Geschäftsführung bei der Bestimmung des Unternehmenswerts vorgegangen ist. Dies setzt voraus, dass die Bewertungsmethode und die bei der Berechnung des Unternehmenswerts zugrunde gelegten Kennzahlen dargestellt und erläutert werden.[420] So sollen die außenstehenden Gesellschafter in die Lage versetzt werden, sich ein Bild von der Angemessenheit der angebotenen Kompensationsregelungen zu machen und diese einer Plausibilitätskontrolle zu unterziehen.[421] Ziel ist es, dass die außenstehenden Gesellschafter auf der Grundlage des Vertragsberichts entscheiden können, ob sie aufgrund von Zweifeln an der Angemessenheit der Ausgleichs- und Abfindungsansprüche eine Vertragsprüfung verlangen.[422]

---

417 *Langenbucher*, Schmidt/Lutter, AktG, § 293a Rn. 13.

418 *Altmeppen*, in: Münchener Kommentar zum AktG, § 293a Rn. 42, der zutreffend darauf hinweist, dass eine Wiederholung des Gesetzestexts in keinem Fall ausreicht.

419 *Emmerich*, in: Emmerich/Habersack, Aktien-/GmbH-KonzernR, § 293a Rn. 24; *Langenbucher*, Schmidt/Lutter, AktG, § 293a Rn. 15.

420 Bei der regelmäßig angewandten Ertragswertmethode gehören insbesondere die prognostizierten Erträge, der Kapitalisierungszinssatz und die nicht betriebsnotwendige Liquidität dazu, vgl. *Emmerich*, in: Emmerich/Habersack, Aktien-/GmbH-KonzernR, § 293a Rn. 26.

421 *Langenbucher*, in: Schmidt/Lutter, AktG, § 293a Rn. 16; *Altmeppen*, in: Münchener Kommentar zum AktG, § 293a Rn. 44; *Emmerich*, in: Emmerich/Habersack, Aktien-/GmbH-KonzernR, § 293a Rn. 25; *Schenk*, in: Bürgers/Körber/Lieder, AktG, § 293a Rn. 16; *Huesmann*, Entschädigung und Spruchverfahren, S. 90.

422 Zur Erforderlichkeit eines Prüfungsverlangens sogleich unter Teil 3 C. III.

d. Geheimhaltungsbedürftige Informationen

Tatsachen, die im Fall ihrer Veröffentlichung zu erheblichen Nachteilen der vertragsschließenden Unternehmen führen würden, müssen analog § 293a Abs. 2 AktG nicht in den Vertragsbericht aufgenommen werden. Grundsätzlich ist jedoch Zurückhaltung bei der Informationsverweigerung geboten, da der Vertragsbericht den außenstehenden Gesellschaftern die Möglichkeit bieten soll, die Unternehmensbewertung und die darauf beruhende Bestimmung der Ausgleichs- und Abfindungsansprüche nachzuvollziehen und seinen Zweck deshalb nur erfüllen kann, wenn er hinsichtlich der Vermögenslage der Gesellschaft und der zugrunde gelegten Ertragsprognose umfassende Informationen enthält. Um zu gewährleisten, dass die Geschäftsführung nicht vorschnell von ihrem Recht zur Informationsverweigerung Gebrauch macht, sind deshalb analog § 293a Abs. 2 S. 2 AktG die Gründe für eine Informationsverweigerung im Vertragsbericht anzugeben.[423]

2. Umfang

Hinsichtlich des Umfangs ist zu beachten, dass § 293a Abs. 1 S. 1 AktG einen ausführlichen Bericht voraussetzt.[424] Der Vertragsbericht darf sich daher nicht auf vage Andeutungen und knappe Erläuterungen beschränken, sondern muss so tief ins Detail gehen, dass die außenstehenden Gesellschafter die Folgen des Vertragsschlusses für ihre Beteiligung an der Gesellschaft einschätzen können und in der Lage sind, die Gründe für den Abschluss des Gewinnabführungsvertrags und die Vorgehensweise bei der Bemessung der Kompensationsregelung nachzuvollziehen.[425] Dabei darf er nicht ausufern und mit nebensächlichen Informationen überfrachtet werden, sondern muss die wichtigen Fakten übersichtlich und präzise darstellen, um seinem Informationszweck gerecht zu werden.[426] Maßstab für die Detailtiefe und Verständlichkeit der Ausführungen ist ein durchschnittlich vorgebildeter Gesellschafter, der über keine besonderen Kenntnisse im

---

423 *Bungert*, DB 1995, 1384 (1389).

424 Ebenso § 319 Abs. 3 S. 1 Nr. 3 AktG für den Eingliederungsbericht und § 8 Abs. 1 S. 1, 127, 192 UmwG für die im Umwandlungsrecht zu erstattenden Berichte. Beim Übertragungsbericht für den Ausschluss von Minderheitsaktionären im Wege des Squeeze-Out hat der Gesetzgeber hingegen auf das Wort „ausführlich" verzichtet, siehe § 327c Abs. 2 S. 1 AktG.

425 *Langenbucher*, in: Schmidt/Lutter, § 293a Rn. 11.

426 Zum Übertragungsbericht im Rahmen eines Squeeze-Out *Austmann*, in: Münchener Handbuch GesR, Band 4, § 71 Rn. 48.

Unternehmensvertrags- oder Konzernrecht verfügt.[427] Da der Vertragsbericht den außenstehenden Gesellschaftern lediglich eine Plausibilitätskontrolle und keine eigenständige Überprüfung ermöglichen soll,[428] ist es nicht erforderlich, in der Praxis jedoch üblich, die bei der Bemessung der Kompensationsregelung zugrunde gelegten Bewertungsgutachten als Anlage beizufügen.[429]

3. *Form*

a. *Erstellung eines schriftlichen Berichts*

Um den außenstehenden Gesellschaftern einen dauerhaften Zugriff auf die Informationen zu gewähren und ihnen eine eingehende Kenntnisnahme zu ermöglichen, ist der Vertragsbericht analog § 293a Abs. 1 S. 1 AktG schriftlich zu verfassen.[430] Eine andere Frage ist die, ob der Vertragsbericht von dem Geschäftsführer zu unterzeichnen ist. Obwohl es sich bei dem Bericht nicht um eine Willenserklärung handelt und die Vorschrift des § 126 Abs. 1 BGB daher keine Anwendung findet,[431] bedarf der Bericht nach zutreffender Ansicht der Unterzeichnung durch den Geschäftsführer.[432] Die Unterzeichnung führt nicht nur der Geschäftsführung vor Augen, dass sie für den Inhalt des Vertragsberichts die Verantwortung trägt, sondern bringt auch gegenüber den Gesellschaftern zum Ausdruck, dass der Geschäftsführer als Urheber des Berichts für dessen inhaltliche Richtigkeit einsteht.

---

427 *Emmerich*, in: Emmerich/Habersack, Aktien-/GmbH-KonzernR, § 293a Rn. 19.

428 Siehe dazu bereits unter Teil 3 B. III. 1. c.

429 *Emmerich*, in: Emmerich/Habersack, Aktien-/GmbH-KonzernR, § 293a Rn. 24.

430 Ebenso § 319 Abs. 3 S. 1 Nr. 3 AktG für den Eingliederungsbericht, § 327c Abs. 2 S. 1 AktG für den Übertragungsbericht im Rahmen eines Squeeze-Out, § 8 Abs. 1 S. 1 UmwG für den Verschmelzungsbericht, § 127 S. 1 für den Spaltungsbericht und § 192 Abs. 1 S. 1 UmwG für den Umwandlungsbericht im Rahmen eines Formwechsels.

431 KG Berlin, Urteil vom 25.10.2004 – 23 U 234/03 = ZIP 2005, 167 (168); *Drygala*, in: Lutter, UmwG, § 8 Rn. 6; *Fuhrmann*, AG 2004, 135 (136); aA OLG Stuttgart, Beschluss vom 03.12.2003 – 20 W 6/03 = AG 2004, 105 (106); LG Berlin, Urteil vom 08.09.2003 – 93 O 47/03 = AG 2003, 64.

432 Ausdrücklich für den Verschmelzungsbericht BGH, Beschluss vom 21.05.2007 – II ZR 266/04 = ZIP 2007, 1524; aA KG Berlin, Urteil vom 25.10.2004 – 23 U 234/03 = ZIP 2005, 167 (167 f.); *Fuhrmann*, AG 2004, 135 (140), der es für ausreichend hält, wenn der Bericht das Leitungsorgan als Aussteller erkennen lässt.

b. Unterzeichnung in vertretungsberechtigter Zahl

aa. Meinungsstand

Fraglich ist, ob der Vertragsbericht von allen Mitgliedern der Geschäftsführung unterzeichnet werden muss oder ob die Unterzeichnung in vertretungsberechtigter Zahl genügt. Die Frage stellt sich sowohl im Aktienkonzernrecht als auch beim Verschmelzungs-, Spaltungs- und Formwechselbericht im Umwandlungsrecht, sowie im Rahmen einer Eingliederung und beim Ausschluss von Minderheitsaktionären, wird jedoch nicht einheitlich beantwortet.[433] Seit sich der BGH im Umwandlungsrecht gegen die Unterzeichnung durch sämtliche Vorstandsmitglieder entschieden hat,[434] überwiegt auch im Unternehmensvertragsrecht die Ansicht, nach der eine Unterzeichnung durch die Vorstandsmitglieder in vertretungsberechtigter Zahl genügt.[435]

bb. Stellungnahme

Für die Unterzeichnung in vertretungsberechtigter Zahl spricht zunächst der Wortlaut des § 293a Abs. 1 S. 1 AktG, der für die Pflicht zur Erstattung des Vertragsberichts an das Gesamtorgan anknüpft und nicht dessen einzelne Mitglieder in die Pflicht nimmt. Aus dem gleichen Grund wird auch beim Nachgründungsbericht die Unterzeichnung durch den Aufsichtsratsvorsitzenden für ausreichend

---

433 Vgl. bspw. OLG Stuttgart, Beschluss vom 03.12.2003 – 20 W 6/03 = AG 2004, 105 (106), in dem das Gericht für den Übertragungsbericht im Rahmen eines Squeeze-Out die Unterzeichnung durch die Geschäftsführer in vertretungsberechtigter Zahl genügen ließ; dagegen das Urteil des LG Berlin vom 08.09.2003 – 93 O 47/03 = AG 2003, 64, in dem das Gericht einen Verschmelzungsbeschluss für anfechtbar hielt, weil der Verschmelzungsbericht nicht von allen Mitgliedern des Vorstands unterschrieben war.

434 BGH, Beschluss vom 21.05.2007 – II ZR 266/04 = ZIP 2007, 1524; so auch die überwiegende Literaturauffassung im Umwandlungsrecht, vgl. *Drygala*, in: Lutter, UmwG, § 8 Rn. 6; *Müller*, NJW 2000, 2001 (2002); *Fuhrmann*, AG 2004, 135 (136).

435 *Langenbucher*, in: Schmidt/Lutter, AktG, § 293a Rn. 8; *Veil/Walla*, BeckOGK AktG, § 293a Rn. 9; *Emmerich*, in: Emmerich/Habersack, Aktien-/GmbH-KonzernR, § 293a Rn. 18; *Koch*, AktG, § 293a Rn. 10; ähnlich *Altmeppen*, in: Münchener Kommentar zum AktG, § 293a Rn. 34, der die Unterzeichnung durch diejenigen Vorstandsmitglieder genügen lässt, die für die Erstellung des Berichts verantwortlich waren; aA *Schenk*, in: Bürgers/Körber/Lieder, AktG, § 293a Rn. 12, der eine Unterzeichnung durch alle Vorstandsmitglieder fordert.

erachtet.[436] Auch der Einwand, dass es sich bei dem Vertragsbericht nicht um eine Willenserklärung handele und die gesellschaftsvertragliche Vertretungsregelung daher keine Anwendung finde, steht dem nicht entgegen. Das wird schon an einem Vergleich zur Handelsregisteranmeldung deutlich,[437] bei der es sich ebenfalls nicht um eine Willenserklärung handelt und die trotzdem von den Geschäftsführern in vertretungsberechtigter Zahl vorgenommen werden kann.[438]

Hinzu kommt, dass die Unterzeichnung durch sämtliche Geschäftsführer Wertungswidersprüche hervorrufen würde, da der Gewinnabführungsvertrag selbst nicht die Unterschrift aller Organmitglieder erfordert, sondern von den Geschäftsführern in vertretungsberechtigter Zahl unterzeichnet werden kann. Da der Vertragsbericht in seiner Bedeutung hinter dem Gewinnabführungsvertrag zurücksteht, erscheint es nicht sachgerecht, hier eine strengere Form zu verlangen.[439] Der Vertragsbericht ist daher in Übereinstimmung mit der herrschenden Meinung im Aktienkonzern- und Umwandlungsrecht durch die Geschäftsführer in vertretungsberechtigter Zahl zu unterzeichnen.

IV. Ausnahmen von der Berichtspflicht

1. Verzichtserklärung

Im Aktienkonzernrecht sieht § 293 Abs. 3 AktG die Möglichkeit vor, dass die Aktionäre auf die Erstattung eines Vertragsberichts verzichten.[440] Ähnliche Regelun-

---

436 *Heidinger*, in: BeckOGK AktG, § 52 Rn. 66; *Hartmann/Barcaba*, AG 2001, 437 (443). Anders verhält es sich beim Gründungsbericht nach § 32 Abs. 1 AktG, zu dessen Erstellung jedes Gründungsmitglied persönlich verpflichtet ist und der deshalb im Fall einer gemeinsamen Berichterstattung durch alle Gründer zu unterzeichnen ist, siehe *Pentz*, in: Münchener Kommentar zum AktG, § 32 Rn. 7; *Polley*, in: Heidel, AktG, § 32 Rn. 2; *Vedder*, in: Grigoleit, AktG, § 32 Rn. 2; *Krafka*, Registerrecht, Teil 1 Rn. 1305. Nach umstrittener Ansicht soll dies auch für den Gründungsprüfungsbericht nach § 34 Abs. 2 S. 1 AktG gelten, vgl. *Bayer*, in: Schmidt/Lutter, AktG, § 34 Rn. 11; *Pentz*, in: Münchener Kommentar zum AktG, § 34 Rn. 18.

437 *Fuhrmann*, AG 2004, 135 (138).

438 Zur Vornahme der Handelsregisteranmeldung durch die Geschäftsführer siehe Teil 2 E. I. 2. a.

439 *Bungert*, DB 1995, 1384 (1389).

440 Auch im Rahmen einer Eingliederung und beim Squeeze-Out können die außenstehenden Gesellschafter auf die Erstattung eines Eingliederungs- bzw. Übertragungsberichts verzichten, siehe § 320 Abs. 3 S. 3 AktG und § 327c Abs. 2 S. 4 AktG, die auf die aktienkonzernrechtliche Verzichtsregelung des § 293 Abs. 3 AktG verweisen.

gen finden sich im Umwandlungsrecht für den Verschmelzungs-, Spaltungs- und Formwechselbericht.[441] Auch im GmbH-Konzernrecht besteht kein Zweifel, dass die Gesellschafter auf die Erstattung eines Vertragsberichts verzichten können.[442] Fraglich ist jedoch, welche Anforderungen an den Verzicht zu stellen sind.

a. *Verzicht durch die Gesellschafter eines Rechtsträgers*

aa. Kritik an den Regelungen im Aktienkonzern- und Umwandlungsrecht

Problematisch ist insbesondere die Frage, ob die Gesellschafter beider Rechtsträger auf die Erstattung eines Vertragsberichts verzichten müssen, wie es § 293 Abs. 3 AktG im Aktienkonzernrecht und § 8 Abs. 3 UmwG für den Verschmelzungsbericht voraussetzen, oder ob es genügt, dass die Anteilsinhaber eines Vertragsteils auf den ihnen zu erstattenden Bericht verzichten. In der umwandlungsrechtlichen Literatur wird ein einseitiger Verzicht unter Verweis auf den klaren Wortlaut des § 8 Abs. 3 UmwG[443] überwiegend abgelehnt.[444] Im Aktienkonzernrecht sind die hohen Anforderungen, die § 293 Abs. 3 AktG an einen wirksamen Verzicht stellt, jedoch Kritik ausgesetzt.[445] Schließlich wirkt sich der Verzicht der Gesellschafter des einen Rechtsträgers nicht auf die Rechtssphäre der Gesellschafter des anderen Rechtsträgers aus, da dessen Führungsorgan weiterhin zur Erstattung eines Vertragsberichts verpflichtet bleibt. Es erscheint kaum nachvollziehbar, warum den Gesellschaftern eines Rechtsträgers ein Vertragsbericht aufgedrängt werden soll, nur weil bei dem anderen Rechtsträger nicht alle Anteilsinhaber eine Verzichtserklärung abgeben.[446] Einige Stimmen plädieren deshalb

---

441 Siehe §§ 8 Abs. 3 S. 1, 127 S. 2, 192 Abs. 2 S. 1 UmwG.

442 *Servatius*, in: BeckOK GmbHG, Systematische Darstellung KonzernR Rn. 103.1, 383; *Göhmann/Winnen*, RNotZ 2015, 53 (55).

443 Auch die der Regelung zugrundeliegende Richtlinie (EU) 2017/1132 über bestimmte Aspekte des Gesellschaftsrechts vom 14.06.2017 setzt in Art. 95 Abs. 3 einen Verzicht durch die Aktionäre aller an der Verschmelzung beteiligten Rechtsträger voraus.

444 *Mayer*, in: Widmann/Mayer, UmwG, § 8 Rn. 57; *Gehling*, in: Semler/Stengel/Leonard, UmwG, § 8 Rn. 70; *Winter*, in: Schmitt/Hörtnagl, UmwG, § 8 Rn. 36.

445 *Koppensteiner*, in: Kölner Kommentar zum AktG, § 293a Rn. 40; *Schenk*, in: Bürgers/Körber/Lieder, AktG, § 293a Rn. 25; *Koch*, AktG, § 293a Rn. 21; *Altmeppen*, Münchener Kommentar zum AktG, § 293a Rn. 52; *ders.*, ZIP 1998, 1853 (1861 f.), der von einem gesetzgeberischen Missgeschick spricht; *Stephan*, Der Konzern 2015, 349 (352).

446 *Altmeppen*, ZIP 1998, 1853 (1861).

dafür, im Aktienkonzernrecht den einseitigen Verzicht durch die Anteilsinhaber eines Rechtsträgers ausreichen zu lassen.[447]

bb. Größeres Flexibilitätsbedürfnis bei der GmbH

Die Erwägungen lassen sich auf das GmbH-Konzernrecht übertragen und legen auch hier den Schluss nahe, dass der Verzicht durch die Gesellschafter eines Rechtsträgers genügt. Das gilt umso mehr, da der Gestaltungsfreiheit bei der GmbH als personalistisch geprägter Kapitalgesellschaft generell eine größere Bedeutung zukommt als im Aktienrecht.[448] Die Flexibilität beim Vertragsschluss wird durch die Übertragung der Berichtspflicht bereits stark eingeschränkt. Diese Einschränkung ist angemessen, soweit der Schutz der außenstehenden Gesellschafter sie erforderlich macht. Zur Gewährleistung eines effektiven Minderheitenschutzes ist es jedoch nicht erforderlich, den Verzicht unter allzu hohe Voraussetzungen zu stellen, indem man ihn von der Zustimmung der Gesellschafter beider Rechtsträger abhängig macht. Die außenstehenden Gesellschafter sind ausreichend dadurch geschützt, dass die Berichtspflicht nur dann entfällt, wenn alle Anteilsinhaber eines Rechtsträgers damit einverstanden sind. Durch die Reduzierung der Anforderungen an einen Verzicht kann die Flexibilität des Vertragsschlusses erhöht und der größeren Autonomie der GmbH-Gesellschafter Rechnung getragen werden. Die Pflicht zur Erstattung eines Vertragsberichts entfällt daher schon dann, wenn die Gesellschafter eines Rechtsträgers darauf verzichten. Die das Leitungsorgan des anderen Vertragsteils treffende Berichtspflicht bleibt dadurch unberührt.

b. Form des Verzichts

aa. Öffentlich beglaubigte Verzichtserklärung

Fraglich ist, in welcher Form die Verzichtserklärung abzugeben ist. In Betracht kommt auf der einen Seite eine analoge Anwendung der aktienkonzernrechtlichen Regelung des § 293a Abs. 3 AktG, wonach die Verzichtserklärung öffentlich zu beglaubigen ist. Auf der anderen Seite könnte man sich an der

447 *Koppensteiner*, in: Kölner Kommentar zum AktG, § 293a Rn. 40; *Altmeppen*, ZIP 1998, 1853 (1862).

448 *Zöllner*, ZGR 1992, 173 (197).

umwandlungsrechtlichen Parallelregelung des § 8 Abs. 3 S. 2 UmwG orientieren, die für den Verzicht auf den Verschmelzungsbericht die notarielle Beurkundung voraussetzt.[449]

Für das Erfordernis einer notariellen Beurkundung spricht die Schutzbedürftigkeit der außenstehenden Gesellschafter, die infolge des Verzichts möglicherweise nicht über die benötigten Informationen verfügen, um eine wohlüberlegte Entscheidung über den Gewinnabführungsvertrag und ihr Verbleiben in der Gesellschaft zu treffen. Durch das Erfordernis der notariellen Beurkundung ist gewährleistet, dass die Gesellschafter vor Abgabe der Verzichtserklärung über die rechtlichen Folgen belehrt werden und keine übereilte Entscheidung treffen.[450] Demgegenüber stehen die mit der notariellen Beurkundung verbundenen Nachteile eines hohen zeitlichen und finanziellen Aufwands.[451] Der Gesetzgeber ist bei der Übernahme der Informations- und Prüfungspflichten in das Aktienkonzernrecht bewusst von der strengen Regelung des § 8 Abs. 3 S. 2 UmwG abgewichen und hat sich aus Kostengründen gegen eine notarielle Beurkundung der Verzichtserklärung entschieden.[452] Ferner ist zu berücksichtigen, dass die Gesellschafter anders als im Aktienkonzernrecht über ein umfassendes Auskunfts- und Einsichtsrecht verfügen, so dass sie auch im Fall eines Verzichts nicht schutzlos gestellt sind und sich Informationen über den Vertragsschluss beschaffen können. Vor diesem Hintergrund wäre es widersprüchlich, eine notarielle Beurkundung der Verzichtserklärung vorauszusetzen und die Anforderungen an die Form damit höher anzusetzen als im Aktienkonzernrecht, wo die Aktionäre über einen deutlich schwächeren Auskunftsanspruch verfügen. Die Verzichtserklärung bedarf deshalb analog § 293a Abs. 3 AktG der öffentlichen Beglaubigung.[453]

---

449 Der Verzicht ist als Willenserklärung nach den §§ 8 ff. BeurkG durch Aufnahme in eine notarielle Niederschrift zu beurkunden, vgl. *Mayer*, in: Widmann/Mayer, UmwG, § 8 Rn. 58.

450 So zur Begründung des notariellen Beurkundungserfordernisses bei der Verzichtserklärung im Umwandlungsrecht *Gehling*, in: Semler/Stengel/Leonard, UmwG, § 8 Rn. 71.

451 Für die Beurkundung der Verzichtserklärung wird gemäß Nr. 21200 Anlage 1 GNotKG eine 1,0 Gebühr fällig. Der Geschäftswert bestimmt sich nach § 36 Abs. 1 GNotKG.

452 Begründung zum Regierungsentwurf vom 01.02.1994 (UmwBerG), BT-Drucksache 12/6699, S. 178.

453 So auch *Göhmann/Winnen*, RNotZ 2015, 53 (55).

bb. Gesellschafterbeschluss

Darüber hinaus stellt sich die Frage, ob der Verzicht auf die Erstattung eines Vertragsberichts auch durch notariell beurkundeten Gesellschafterbeschluss erfolgen kann. Im Umwandlungsrecht wird dies unter Verweis auf den eindeutigen Wortlaut des § 8 Abs. 3 UmwG abgelehnt.[454] Da bei der Beurkundung eines Gesellschafterbeschlusses keine individuelle Unterschrift der Anteilsinhaber erforderlich sei, könne dieser nicht die Abgabe einzelner Verzichtserklärungen ersetzen, da anderenfalls die mit der notariellen Form bezweckte Warnfunktion beeinträchtigt werde.[455] Im Aktienkonzernrecht wird der Verzicht durch einstimmigen und notariell beurkundeten Hauptversammlungsbeschluss hingegen für möglich gehalten.[456] Zur Begründung wird darauf verwiesen, dass die Einholung einer öffentlich beglaubigten Verzichtserklärung jedes außenstehenden Aktionärs bei einer börsennotierten AG mit hoher Streubesitzquote mit unverhältnismäßig großem Aufwand und hohen Kosten verbunden sei.[457]

Auch wenn die GmbH typischerweise einen kleineren Gesellschafterkreis aufweist und die Einholung von Verzichtserklärungen aller außenstehenden Gesellschafter deshalb mit geringerem Aufwand verbunden ist als bei der AG, erscheint die Verzichtsmöglichkeit durch Gesellschafterbeschluss vor dem Hintergrund des größeren Flexibilitätsbedürfnisses bei der GmbH sinnvoll. Da der Beschluss über den Verzicht in derselben Gesellschafterversammlung gefasst werden kann, die über die Zustimmung zum Gewinnabführungsvertrag beschließt,[458] bietet der Verzicht durch Gesellschafterbeschluss eine einfache und kostengünstige Möglichkeit zur Vermeidung der Berichtspflicht. Auch der Schutz der außenstehenden Gesellschafter wird dadurch nicht übermäßig beeinträchtigt, da der Gesellschafterbeschluss notariell zu beurkunden ist und insofern nicht die Gefahr eines übereilten Verzichts besteht.[459]

---

454 *Oppenhoff*, in: Kallmeyer, UmwG, § 8 Rn. 38; *Gehling*, in: Semler/Stengel/Leonard, UmwG, § 8 Rn. 70; *Winter*, in: Schmitt/Hörtnagl, UmwG, § 8 Rn. 38; *Mayer*, in: Widmann/Mayer, UmwG, § 8 Rn. 59.

455 *Winter*, in: Schmitt/Hörtnagl, UmwG, § 8 Rn. 38; *Oppenhoff*, in: Kallmeyer, UmwG, § 8 Rn. 38.

456 *Emmerich*, in: Emmerich/Habersack, Aktien-/GmbH-KonzernR, § 293a Rn. 35; *Koch*, AktG, § 293a Rn. 21; *Altmeppen*, ZIP 1998, 1853 (1862).

457 *Koch*, AktG, § 293a Rn. 21.

458 *Altmeppen*, in: Münchener Kommentar zum AktG, § 293a Rn. 59.

459 So zum Aktienkonzernrecht *Altmeppen*, ZIP 1998, 1853 (1862).

2. *Keine Berichtspflicht bei fehlender Beteiligung außenstehender Gesellschafter*

a. *Entbehrlichkeit des Vertragsberichts bei der Untergesellschaft*

aa. Fehlen einer Ausnahmeregelung im Aktienkonzernrecht

Fraglich ist, ob die Erstattung eines Vertragsberichts auch dann erforderlich ist, wenn keine außenstehenden Gesellschafter an der abhängigen GmbH beteiligt sind. Das Aktienkonzernrecht sieht für diesen Fall keine Ausnahme von der Berichtspflicht vor, so dass grundsätzlich nicht von der Erstattung eines Vertragsberichts abgesehen werden kann.[460] Dies verwundert, da § 8 Abs. 3 S. 1 UmwG den Verschmelzungsbericht im Umwandlungsrecht für entbehrlich erklärt, wenn alle Anteile des übertragenden Rechtsträgers in der Hand des übernehmenden Rechtsträgers liegen.[461] Ebenso dispensiert § 293b Abs. 1 AktG von der Durchführung einer Vertragsprüfung, wenn der andere Vertragsteil alleiniger Anteilsinhaber des übertragenden Rechtsträgers ist.[462] Dies erscheint sachgerecht, da die Vertragsprüfung ins Leere läuft, wenn keine außenstehenden Gesellschafter an der Untergesellschaft beteiligt sind. Schließlich enthält der Gewinnabführungsvertrag in diesem Fall keine Kompensationsregelung, die Gegenstand einer Vertragsprüfung sein könnte. Ähnliche Erwägungen gelten jedoch für den Vertragsbericht, da auch hier der Schwerpunkt auf der Darlegung und Begründung der in den Gewinnabführungsvertrag aufgenommenen Ausgleichs- und Abfindungsansprüche liegt.[463] Das Fehlen einer mit § 293b Abs. 1 AktG oder § 8 Abs. 3 S. 1 UmwG vergleichbaren Regelung, die die Geschäftsführung im Fall der Einpersonengesellschaft von der Erstattung eines Vertragsberichts befreit, ist deshalb schon im Aktienkonzernrecht auf berechtigte Kritik gestoßen.[464]

---

460 *Göhmann/Winnen*, RNotZ 2015, 53 (55).

461 Auch der Umwandlungsbericht im Rahmen eines Formwechsels ist bei einer Einpersonengesellschaft gemäß § 192 Abs. 2 S. 1 UmwG entbehrlich.

462 *Bungert*, DB 1995, 1384 (1388).

463 Begründung zum Regierungsentwurf vom 01.02.1994 (UmwBerG), BT-Drucksache 12/6699, S. 178; *Bungert*, DB 1995, 1384 (1388).

464 *Langenbucher*, in: Schmidt/Lutter, AktG, § 293a Rn. 24; *Koch*, AktG, § 293a Rn. 22; *Koppensteiner*, in: Kölner Kommentar zum AktG, § 293a Rn. 43; *Stephan*, Der Konzern 2015, 349 (352); *Bungert*, DB 1995, 1384 (1388).

bb. Übertragung auf die GmbH

Im GmbH-Konzernrecht greifen dieselben Bedenken. Es erscheint kaum nachvollziehbar, warum der Geschäftsführer zur Erstattung eines Vertragsberichts verpflichtet sein soll, wenn keine außenstehenden Gesellschafter an der gewinnabführungsverpflichteten Gesellschaft beteiligt sind, die anlässlich des Vertragsschlusses über ihren Verbleib in der Gesellschaft entscheiden und dazu über die mit dem Vertrag verbundenen Risiken und die aufgenommene Kompensationsregelung aufgeklärt werden müssen.

Der Einwand, dass der Gesetzgeber mit der Einführung der Berichtspflicht nicht nur den Schutz der außenstehenden Gesellschafter im Blick hatte, sondern auch die Entscheidungsgrundlage des Alleingesellschafters verbessern wollte, kann nicht überzeugen. Gerade mit Blick auf Konzernsachverhalte bestehen schon im Aktienkonzernrecht erhebliche Zweifel, ob die herrschende Gesellschaft auf die zusätzlichen Informationen durch einen Vertragsbericht angewiesen ist. Schließlich wird die Initiative für den Abschluss des Gewinnabführungsvertrags regelmäßig von der Mutter selbst ausgehen, so dass die Abwägung der damit verbundenen Vor- und Nachteile und die Erörterung möglicher Alternativen in der Regel schon lange vor der Erstattung des Vertragsberichts ihren Abschluss gefunden haben. Im GmbH-Konzernrecht tritt die fehlende Schutzbedürftigkeit des Alleingesellschafters besonders deutlich zu Tage, da dem Geschäftsführer anders als im Aktienrecht keine eigenverantwortliche Leitungsmacht zusteht, so dass der Alleingesellschafter einer GmbH eine wesentlich stärkere Stellung einnimmt. Das führt dazu, dass der Geschäftsführer bei grundlegenden unternehmerischen Entscheidungen nicht unabhängig agiert, sondern regelmäßig in Abstimmung mit dem Gesellschafter handelt, so dass dieser frühzeitig in die Entscheidung über den Vertragsschluss eingebunden wird und deshalb nicht auf die Erstattung eines Vertragsberichts angewiesen ist. Das der gesetzlichen Regelung zugrundeliegende Bild eines Gesellschafters, der nicht selbst in die Verhandlungen eingebunden ist und anschließend über den Gewinnabführungsvertrag und seine Zukunft in der Gesellschaft entscheiden soll, trifft bei der Einpersonengesellschaft nicht zu. Aufgrund seiner umfassenden Geschäftsführungsbefugnisse und des Weisungsrechts ist der Alleingesellschafter nicht auf die Erstattung eines Vertragsberichts angewiesen.[465]

---

465 Diese Wertung kommt auch in den §§ 41, 215 UmwG zum Ausdruck, wonach ein Verschmelzungs- bzw. Umwandlungsbericht immer dann entbehrlich ist, wenn bei einer verschmelzenden bzw. formwechselnden Personenhandelsgesellschaft alle

cc. Konkrete Ausgestaltung der Ausnahmeregelung

Im Hinblick auf die konkrete Ausgestaltung der Ausnahmeregelung liegt es nahe, sich an den §§ 293b Abs. 1 AktG, 8 Abs. 3 S. 1 UmwG zu orientieren. Danach ist die Durchführung einer Vertragsprüfung bzw. die Erstattung eines Verschmelzungsberichts entbehrlich, wenn es sich bei dem anderen Rechtsträger um den alleinigen Gesellschafter handelt. Bei näherer Betrachtung zeigt sich jedoch, dass diese Regelungen nicht weit genug gehen, da sie nicht alle Fälle erfassen, in denen die Erstattung eines Vertragsberichts entbehrlich ist. Dies zeigt sich am Fall der Mehrmütterorganschaft, wo der Gewinnabführungsvertrag mit mehreren Obergesellschaften oder mit einer zwischen den Müttern gebildeten GbR geschlossen wird.[466] Die Anteile an der Untergesellschaft liegen hier nicht in der Hand des anderen Vertragsteils, sondern in der Hand mehrerer anderer Vertragsteile bzw. in der Hand eines Dritten (der GbR), so dass die Ausnahmeregelung des § 293b Abs. 1 AktG ihrem Wortlaut nach nicht anwendbar ist. Das Gleiche gilt für den Fall, dass die Untergesellschaft neben dem anderen Vertragsteil über weitere Anteilsinhaber verfügt, die jedoch aufgrund ihrer Verbindung zum anderen Vertragsteil nicht als außenstehend einzuordnen sind.[467] Obwohl mangels außenstehender Gesellschafter in diesem Fall keine Ausgleichs- und Abfindungsansprüchen in den Gewinnabführungsvertrag aufzunehmen sind und daher kein Grund für die Erstattung eines Vertragsberichts besteht, findet die Ausnahmeregelung des § 293b Abs. 1 AktG keine Anwendung, da neben dem anderen Vertragsteil weitere Anteilsinhaber an der gewinnabführungsverpflichteten Gesellschaft beteiligt sind und der andere Vertragsteil daher nicht Alleingesellschafter ist. Daran wird deutlich, dass es für die Entbehrlichkeit der Berichterstattung nicht darauf ankommt, ob der Gewinnabführungsvertrag mit dem Alleingesellschafter geschlossen wird, sondern ob außenstehende Gesellschafter an der Untergesellschaft beteiligt sind. Die Erstattung eines Vertragsberichts kann deshalb unterbleiben, wenn die Untergesellschaft nicht über außenstehende Gesellschafter verfügt.

Gesellschafter zur Geschäftsführung berechtigt sind und sich die Informationen deshalb selbst beschaffen können.

466 *Bungert,* DB 1995, 1384 (1391).

467 Ausführlich zu der Frage, wann ein Anteilsinhaber trotz Minderheitsbeteiligung an der gewinnabführungsverpflichteten Gesellschaft nicht als außenstehend anzusehen ist unter Teil 5 A. II. 2.

b. Entbehrlichkeit des Vertragsberichts bei der Obergesellschaft

Ähnliche Erwägungen gelten für die Berichtspflicht auf der Ebene der Obergesellschaft. Auch hier kommt es maßgeblich darauf an, ob der andere Vertragsteil über außenstehende Gesellschafter verfügt, die auf die Information durch einen Vertragsbericht angewiesen sind. Sind auf der Ebene des anderen Vertragsteils keine außenstehenden Gesellschafter beteiligt, ist die Erstattung eines Vertragsberichts entbehrlich. Verfügt die Obergesellschaft hingegen über außenstehende Gesellschafter, sind diese in einem Vertragsbericht über die Umstände des Gewinnabführungsvertrags zu informieren.

Eine Besonderheit ist zu beachten, wenn nur die Obergesellschaft über außenstehende Gesellschafter verfügt. Da in diesem Fall keine Ausgleichs- und Abfindungsansprüche in den Vertrag aufzunehmen sind, fällt der Hauptbestandteil des Vertragsberichts weg. Auch die außenstehenden Gesellschafter des anderen Vertragsteils sind in diesem Fall weniger schutzbedürftig, da der Gewinnabführungsvertrag keine Abfindung in Anteilen vorsieht und deshalb keine Verringerung der Beteiligungsquote durch die Aufnahme neuer Gesellschafter droht. Die besseren Argumente sprechen daher dafür, die Geschäftsführung der Obergesellschaft in diesem Fall von der Pflicht zur Erstattung eines Vertragsberichts zu befreien. Möglich bleibt die freiwillige Erstattung eines Vertragsberichts, um die außenstehenden Gesellschafter über den Hintergrund und den Inhalt des Gewinnabführungsvertrags zu informieren und dadurch die Akzeptanz für den Vertragsschluss zu erhöhen und das Auskunftsverlangen der Gesellschafter zu antizipieren.

C. Vertragsprüfung

I. Vertragsprüfung auf der Ebene der Untergesellschaft

1. Einleitung

Für die AG ist eine Vertragsprüfung sowohl beim Abschluss eines Unternehmensvertrags als auch bei der Eingliederung sowie im Rahmen einer Verschmelzung obligatorischer Bestandteil der Beschlussvorbereitung.[468] Durch die Prüfung des der Strukturänderung zugrundeliegenden Vertragswerks soll die Angemessenheit der darin vorgesehenen Kompensationsregelung gewährleistet und die Akzeptanz

468 Siehe die §§ 293b, 320 Abs. 3 AktG sowie § 9 UmwG.

für den Vertragsschluss erhöht werden. Da die Kompensationsregelung den Hauptgegenstand der Prüfung bildet,[469] kommt die Vertragsprüfung in erster Linie den außenstehenden Gesellschaftern zugute, die in dem vom Vertragsprüfer zu erstattenden Bericht über die Angemessenheit der im Vertrag vorgesehenen Ausgleichs- und Abfindungsansprüche informiert werden. Da die Prüfung durch einen unabhängigen Wirtschaftsprüfer erfolgt,[470] gewährleistet sie eine objektive Kontrolle der in den Gewinnabführungsvertrag aufgenommenen Regelungen und stellt damit ein wichtiges Instrument des Minderheitenschutzes dar. Vor dem Hintergrund, dass Ausgleichs- und Abfindungsansprüche nach zutreffender Ansicht auch im GmbH-Konzernrecht Bestandteil des Gewinnabführungsvertrags sind, stellt sich die Frage, ob das Institut der Vertragsprüfung auch im GmbH-Konzernrecht Platz greift.

2. *Diskussion der Argumente*

a. *Schutzbedürfnis der außenstehenden Gesellschafter*

Für die Übertragung der Vertragsprüfung auf die GmbH spricht das Schutzbedürfnis der außenstehenden Gesellschafter, die ohne Durchführung einer Vertragsprüfung kaum in der Lage sind, die Angemessenheit der in den Vertrag aufgenommenen Ausgleichs- und Abfindungsansprüche zuverlässig zu beurteilen.[471] Dies ist darauf zurückzuführen, dass der Bemessung der Kompensationsansprüche in der überwiegenden Zahl der Fälle ein komplexes Bewertungsverfahren zugrunde liegt,[472] dessen Anwendung die betriebswirtschaftlichen Grundkenntnisse weit übersteigt und daher von dem durchschnittlich vorgebildeten

---

469 *Veil/Walla*, in: BeckOGK AktG, § 293a Rn. 18; *Bungert*, DB 1995, 1384 (1389).

470 § 293d Abs. 1 S. 1 AktG verweist auf die Regelung des 319 Abs. 1 S. 1 AktG, wonach nur Wirtschaftsprüfer und Wirtschaftsprüfungsgesellschaften als Abschlussprüfer in Betracht kommen.

471 *Hommelhoff/Freytag*, DStR 1996, 1409 (1413).

472 Weniger komplexe Bewertungsverfahren, wie das von der Finanzverwaltung mitunter angewandte vereinfachte Ertragswertverfahren, sind in den meisten Fällen ungeeignet, da sie mit großen Ungenauigkeiten verbunden sind und deshalb nur eine näherungsweise Bestimmung des Unternehmenswerts erlauben, zu Recht kritisch *Wollny*, DStR 2012, 1356; aA *Perwein*, DNotZ 2020, 505, der im vereinfachten Ertragswertverfahren zumindest für kleine und mittelständische Unternehmen eine schnelle und kostengünstige Möglichkeit der Unternehmenswertermittlung sieht.

Gesellschafter nicht ohne Weiteres überprüft werden kann.[473] Dies ist problematisch, da die außenstehenden Gesellschafter entscheiden müssen, ob sie gerichtlich gegen die Höhe der Kompensationsregelung vorgehen, indem sie einen Antrag auf Überprüfung im Spruchverfahren stellen.[474] Eine sachgerechte Entscheidung über die Einleitung eines Spruchverfahrens ist nur möglich, wenn die außenstehenden Gesellschafter einschätzen können, ob die in den Gewinnabführungsvertrag aufgenommenen Ausgleichs- und Abfindungsansprüche die zukünftige Ertragskraft des Unternehmens widerspiegeln oder ob sie hinter dem Unternehmenswert zurückbleiben. Den außenstehenden Gesellschaftern kann kaum zugemutet werden, auf eigenes Risiko ein teures Privatgutachten zur Bestimmung des Unternehmenswerts einzuholen, um die Angemessenheit der angebotenen Kompensation zu überprüfen. Ohne das Institut der Vertragsprüfung besteht daher die Gefahr, dass eine zu niedrig bemessene Kompensationsregelung nicht aufgedeckt wird und die außenstehenden Gesellschaftern die Möglichkeit zu einer Überprüfung im Spruchverfahren verstreichen lassen.

Dem kann nicht entgegengehalten werden, dass die benötigten Informationen den Gesellschaftern durch die Erstattung des Vertragsberichts zur Verfügung gestellt werden. Im Vertragsbericht werden die außenstehenden Gesellschafter zwar über die Vorgehensweise bei der Berechnung des Unternehmenswerts und das der Unternehmenswertermittlung zugrunde liegende Zahlenwerk in Kenntnis gesetzt. Die Ausführungen des Vertragsberichts ermöglichen jedoch lediglich eine Plausibilitätsprüfung und versetzen die außenstehenden Gesellschafter nicht in die Lage, die Angemessenheit der für die Bestimmung der einzelnen Bewertungsparameter getroffenen Annahmen zu kontrollieren. Dies erfordert besondere Sachkunde, über die die außenstehenden Gesellschafter in der Regel nicht verfügen. Der Vertragsbericht kann die Kontrolle durch einen unabhängigen Wirtschaftsprüfer daher nicht ersetzen.

b. Entlastung des Spruchverfahrens

Für die Durchführung einer Vertragsprüfung spricht ferner die damit einhergehende Entlastung des Spruchverfahrens. Wird die Angemessenheit der in den Gewinnabführungsvertrag aufgenommenen Ausgleichs- und Abfindungsansprüche durch einen unabhängigen Prüfer kontrolliert, kann im Rahmen des

---

473 Zu den Einzelheiten der Unternehmenswertermittlung und den in der Betriebswirtschaftslehre und der Rechtspraxis anerkannten Bewertungsverfahren unter Teil 5 B. III. 2. a.

474 Zur Anwendung des Spruchverfahrens im GmbH-Konzernrecht siehe Teil 6 B.

Spruchverfahrens auf eine Neubewertung des Unternehmens verzichtet und stattdessen auf die Ergebnisse der Vertragsprüfung zurückgegriffen werden.[475] Dieses Vorgehen hat dazu beigetragen, dass die durchschnittliche Dauer des Spruchverfahrens in den letzten Jahren erheblich zurückgegangen ist.[476] Auch im Hinblick auf die Verfahrenskosten wirkt sich der Rückgriff auf die Ergebnisse der Vertragsprüfung positiv aus, da die früher übliche, umfassende Neubewertung durch einen Sachverständigen hohe Kosten verursacht hat.[477] Das Spruchverfahren kann außerdem durch die Vertragsprüfung nicht nur entlastet, sondern in vielen Fällen sogar vermieden werden, da die unabhängige Prüfung des Gewinnabführungsvertrags die Akzeptanz für die vorgeschlagene Kompensationsregelung erhöht. Denn wenn der Vertragsprüfer zu dem Ergebnis kommt, dass die in den Gewinnabführungsvertrag aufgenommene Kompensationsregelung korrekt berechnet wurde und in seinem Prüfungsbericht ein entsprechendes Testat erteilt, können dadurch Zweifel der außenstehenden Gesellschafter an der Angemessenheit der angebotenen Ausgleichs- und Abfindungsansprüche ausgeräumt werden, so dass es gar nicht erst zu einer gerichtlichen Überprüfung im Spruchverfahren kommt.

3. *Stellungnahme*

Vor dem Hintergrund, dass die außenstehenden Gesellschaftern in vielen Fällen nicht über die Sachkunde verfügen, um die Angemessenheit der in den Gewinnabführungsvertrag aufgenommenen Ausgleichs- und Abfindungsansprüche einzuschätzen, sprechen die besseren Argumente dafür, das Institut der Vertragsprüfung in das GmbH-Konzernrecht zu übernehmen.[478] Dass die Vertragsprüfung nicht auf den Besonderheiten des Aktienrechts beruht, sondern auf die GmbH übertragbar ist, macht ein Vergleich zum Umwandlungsrecht deutlich, wo die Regelungen der §§ 9-12, 48 UmwG den GmbH-Gesellschaftern im Fall einer Verschmelzung ebenfalls die Durchführung einer Vertragsprüfung ermöglichen.[479]

---

475 Begründung zum Regierungsentwurf vom 29.01.2003 (Spruchverfahrensneuordnungsgesetz), BT-Drucksache 15/371, S. 18.

476 Zur Reduzierung der Verfahrensdauer durch die Reform des Spruchverfahrens siehe Teil 6 B. II. 4. a. dd.

477 *Land/Hennings*, AG 2005, 380 (382 f.).

478 Im Grundsatz ebenso *Servatius*, in: Michalski, GmbHG, Systematische Darstellung 4 Rn. 383, 101; *ders.*, in: BeckOK GmbHG, Systematische Darstellung KonzernR Rn. 100, 383; *Wilde*, Beherrschungs- und Gewinnabführungsverträge, S. 145; *Maierhofer*, Schutz außenstehender Gesellschafter, S. 132; *Humbeck*, BB 1995, 1893 (1893 f.); *Hommelhoff/Freytag*, DStR, 1996, 1409 (1413).

479 *Hommelhoff/Freytag*, DStR 1996, 1409 (1413).

Eine Vertragsprüfung erhöht zwar den organisatorischen und finanziellen Aufwand für die beteiligten Rechtsträger und schränkt die Flexibilität des Vertragsschlusses ein. Diesen Bedenken kann jedoch dadurch Rechnung getragen werden, dass die Vertragsprüfung, anders als im Aktienkonzernrecht, nicht in jedem Fall zwingend durchzuführen ist, sondern nur in den Fällen, in denen ein außenstehender Gesellschafter ein Prüfungsverlangen stellt.[480]

II. Vertragsprüfung auf der Ebene der Obergesellschaft

Im Aktienkonzernrecht schreibt § 293b AktG vor, dass sowohl bei der Untergesellschaft als auch auf der Ebene des anderen Vertragsteils eine Vertragsprüfung durchzuführen ist. Da auch die außenstehenden Gesellschafter der Obergesellschaft ein Interesse an einer unabhängigen Überprüfung der Ausgleichs- und Abfindungsansprüche haben, ist diese Regelung auf die GmbH zu übertragen, so dass auch hier grundsätzlich für jede vertragsschließende Gesellschaft eine Prüfung durchzuführen ist.[481] In der Praxis wird dies freilich selten relevant, da die beteiligten Rechtsträger in der Regel von der nunmehr ausdrücklich in § 293c Abs. 1 S. 2 AktG geregelten Möglichkeit Gebrauch machen,[482] einen gemeinsamen Vertragsprüfer zu bestellen.[483] Dass jede vertragsschließende Gesellschaft grundsätzlich zur Durchführung einer Vertragsprüfung verpflichtet ist, wird jedoch relevant, wenn nur auf der Ebene eines Rechtsträgers ein Prüfungsverlangen gestellt wird. In diesem Fall ist nur diese Gesellschaft zur Durchführung einer Vertragsprüfung verpflichtet.

III. Erforderlichkeit eines Prüfungsverlangens

1. Die umwandlungsrechtliche Regelung des § 48 UmwG

Fraglich ist jedoch, ob eine externe Prüfung des Gewinnabführungsvertrags in jedem Fall erforderlich ist, oder nur auf Verlangen eines Gesellschafters durchgeführt

480 Dazu sogleich unter Teil 3 C. III.

481 *Humbeck*, BB 1995, 1893 (1894).

482 In der ursprünglichen Fassung fehlte ein solcher Hinweis, was in der Literatur stark kritisiert und zum Teil als redaktioneller Fehler eingestuft wurde, vgl. *Bungert*, DB 1995, 1384 (1390).

483 Die gleiche Möglichkeit gewährt § 10 Abs. 1 S. 2 UmwG bei der Bestellung eines Verschmelzungsprüfers.

werden muss.[484] Im Umwandlungsrecht ist eine Verschmelzungsprüfung bei Beteiligung einer GmbH gemäß § 48 UmwG nur auf Verlangen eines Gesellschafters durchzuführen. Vor dem Hintergrund, dass auch die aktienkonzernrechtlichen Vorschriften der §§ 293a ff. AktG nach dem Vorbild des Umwandlungsrechts entstanden sind, kann die Wertung des § 48 UmwG für das Vertragskonzernrecht der GmbH nicht unberücksichtigt bleiben.[485] Dafür spricht insbesondere das größere Flexibilitätsbedürfnis im GmbH-Recht, das nur so weit einzuschränken ist, wie der Schutz der außenstehenden Gesellschafter es erfordert. Dem Minderheitenschutz ist dadurch Genüge getan, dass jeder außenstehende Gesellschafter die Möglichkeit hat, eine Vertragsprüfung zu verlangen, wenn er dies aufgrund von Zweifeln an der Angemessenheit der angebotenen Kompensationsregelungen für erforderlich hält. Die Entlastungsfunktion im Hinblick auf ein mögliches Spruchverfahren wird nicht übermäßig beeinträchtigt, da eine gerichtliche Auseinandersetzung in den Fällen, in denen kein außenstehender Gesellschafter die Durchführung einer Vertragsprüfung verlangt, ohnehin unwahrscheinlich ist. In den Fällen, in denen die außenstehenden Gesellschafter aufgrund eigener Sachkunde selbst in der Lage sind, die Angemessenheit der Kompensationsregelung zu beurteilen oder wenn die Ausgleichs- und Abfindungsansprüche so großzügig bemessen sind, dass kein Anlass zu Zweifeln an deren Angemessenheit besteht, würde die obligatorische Durchführung einer Vertragsprüfung den mit dem Abschluss des Gewinnabführungsvertrags verbundenen organisatorischen und finanziellen Aufwand unnötig in die Höhe treiben. Die Regelung des § 48 UmwG stellt insofern einen Interessenausgleich her, als sie auf der einen Seite den Parteien mehr Flexibilität einräumt als im Aktienkonzernrecht und damit den Besonderheiten der GmbH Rechnung trägt und auf der anderen Seite den Schutz der außenstehenden Gesellschafter gewährleistet, die ohne eigenes Kostenrisiko für eine Überprüfung der Kompensationsregelung sorgen können.[486] Eine externe Prüfung des Gewinnabführungsvertrags ist daher in analoger Anwendung des § 48 UmwG nur dann erforderlich, wenn ein außenstehender Gesellschafter dies einfordert.

---

484 So *Servatius*, in: Michalski, GmbHG, Systematische Darstellung 4 Rn. 383, 100; *ders.*, in: BeckOK GmbHG, Systematische Darstellung KonzernR Rn. 100, 383; *Maierhofer*, Schutz außenstehender Gesellschafter, S. 135; *Humbeck*, BB 1995, 1893 (1894); für generelle Prüfung *Koehler*, Der Gewinnabführungsvertrag, S. 48 f.

485 *Maierhofer*, Schutz außenstehender Gesellschafter, S. 133; *Humbeck*, BB 1995, 1893 (1894).

486 Dass die Kosten der Vertragsprüfung von der Gesellschaft getragen werden, hat der Gesetzgeber im Umwandlungsrecht in § 48 S. 2 UmwG explizit festgehalten.

2. *Keine obligatorische Prüfung des Barabfindungsangebots*

Überträgt man den Regelungsgehalt des § 48 UmwG in das GmbH-Konzernrecht, stellt sich auch die Frage nach der analogen Anwendung des § 30 Abs. 2 UmwG, wonach eine Verschmelzungsprüfung ausnahmsweise auch ohne Prüfungsverlangen erforderlich ist, wenn der Verschmelzungsvertrag ein Barabfindungsangebot enthält. Es handelt es sich insofern um eine Rückausnahme von der Regelung des § 48 UmwG, wonach die Durchführung einer Verschmelzungsprüfung von der Äußerung eines Prüfungsverlangens abhängt. Teilweise wird die Ansicht vertreten, dass die Regelung des § 30 Abs. 2 UmwG im GmbH-Konzernrecht analog anzuwenden sei.[487] Bei näherer Betrachtung zeigt sich jedoch, dass die besseren Argumente gegen eine Übertragung der Vorschrift in das GmbH-Konzernrecht sprechen. Denn anders als im Umwandlungsrecht, wo die Aufnahme einer Barabfindung nur in den Fällen des § 29 Abs. 1 UmwG erforderlich ist, ist eine Barabfindung beim Gewinnabführungsvertrag der Regelfall.[488] Im Vertragskonzernrecht würde § 30 Abs. 2 UmwG deshalb dazu führen, dass in nahezu allen Fällen eine Vertragsprüfung durchgeführt werden müsste, so dass der vom Gesetz vorgesehene Regelfall der Erforderlichkeit eines Prüfungsverlangens zur Ausnahme werden würde und die damit verbundenen Flexibilitätsvorteile wieder verloren gingen. Hinzu kommt, dass die Vorschrift des § 30 Abs. 2 UmwG schon im Umwandlungsrecht nicht recht überzeugend erscheint. Die Aufnahme dieser Vorschrift beruht auf dem Gedanken, dass die Gesellschafter beim Austritt besonders schutzbedürftig seien.[489] Es ist jedoch nicht nachvollziehbar, warum die Gesellschafter bei der Annahme eines Barabfindungsangebots ein größeres Schutzbedürfnis aufweisen sollen als bei der Abfindung in Anteilen oder dem Verbleib in der gewinnabführungsverpflichteten Gesellschaft gegen Zahlung eines Ausgleichs. Vor diesem Hintergrund ist § 30 Abs. 2 UmwG im GmbH-Konzernrecht nicht anzuwenden.

---

487 *Maierhofer*, Schutz außenstehender Gesellschafter, S. 134.

488 Eine ausschließliche Abfindung in Anteilen kommt aufgrund der analogen Anwendung des § 305 Abs. 2 AktG nur im Ausnahmefall vor, siehe dazu unter Teil 5 B. III. 1. e. cc.

489 Begründung zum Regierungsentwurf vom 01.02.1994 (UmwBerG), BT-Drucksache 12/6699, S. 95.

3. *Äußerung des Prüfungsverlangens*

a. *Form*

Im Umwandlungsrecht sieht § 48 S. 1 UmwG keine besondere Form für die Äußerung des Prüfungsverlangens vor. Es kann daher sowohl schriftlich als auch mündlich an die Geschäftsführung gerichtet werden.[490] Im GmbH-Konzernrecht besteht kein Anlass, strengere Anforderungen an die Form des Prüfungsverlangens zu stellen und dadurch die Durchführung einer Vertragsprüfung zu erschweren. In den meisten Fällen wird sich jedoch schon aus Gründen der Rechtssicherheit die schriftliche Äußerung des Prüfungsverlangens empfehlen.

b. *Frist*

Fraglich ist, wie viel Zeit die außenstehenden Gesellschafter haben, um ihr Prüfungsverlangen zu äußern. Im Umwandlungsrecht enthält § 48 S. 1 UmwG dazu seit dem zweiten Umwandlungsänderungsgesetz[491] eine ausdrückliche Regelung. Während das Prüfungsverlangen ursprünglich bis zum Zeitpunkt der Beschlussfassung über die Verschmelzung geäußert werden konnte,[492] gilt seit der Gesetzesänderung eine Frist von einer Woche ab Erhalt der Verschmelzungsunterlagen.

Die Wochenfrist erscheint auch bei Abschluss eines Gewinnabführungsvertrags stimmig, da die Einberufungsfrist im GmbH-Recht ebenfalls eine Woche beträgt und so gewährleistet werden kann, dass das Prüfungsverlangen in jedem Fall vor der Gesellschafterversammlung gestellt wird, in der über den Gewinnabführungsvertrag abgestimmt wird. Auch der Schutz der außenstehenden Gesellschafter wird durch die Wochenfrist nicht unzumutbar beeinträchtigt. Die außenstehenden Gesellschafter werden zwar unter Zeitdruck gesetzt, da ihnen nur eine Woche bleibt, um eine Entscheidung bezüglich der Vertragsprüfung zu treffen und gegebenenfalls ein Prüfungsverlangen an die Geschäftsführung zu richten. Sie haben es jedoch in der Hand, schon bei leichten Zweifeln bezüglich der Angemessenheit der angebotenen Kompensationsregelung eine Prüfung des Gewinnabführungsvertrags zu fordern. Sie können das Prüfungsverlangen bereits unmittelbar nach Erhalt des Gewinnabführungsvertrags an die Geschäftsführung

---

490 *Nießen*, in: Kölner Kommentar zum UmwG, § 48 Rn. 11; § 48 Rn. 7; *Lanfermann*, in: Kallmeyer, UmwG, § 48 Rn. 2; *Illert/Wilk*, in: Münchener Handbuch GesR, Band 8, § 10 Rn. 28.

491 Zweites Gesetz zur Änderung des Umwandlungsgesetzes vom 19.04.2007, BGBl. I S. 542.

492 Zur alten Rechtslage *Humbeck*, BB 1995, 1893 (1895).

richten, um sicherzustellen, dass die Frist des § 48 S. 1 UmwG gewahrt wird. Für die am Vertragsschluss beteiligten Rechtsträger bietet die kurze Frist Vorteile, da sie Planungssicherheit schafft. Schließlich kommt es durch die Vertragsprüfung zu einer erheblichen Verzögerung des zeitlichen Ablaufs, so dass die beteiligten Rechtsträger daran interessiert sind, frühzeitig von der Erforderlichkeit einer Vertragsprüfung zu erfahren, um den Zeitplan rechtzeitig anpassen zu können.

IV. Durchführung der Vertragsprüfung

1. Auswahl und Bestellung des Vertragsprüfers

a. Gerichtliche Bestellung

Die Bestellung des Vertragsprüfers ist im Aktienkonzernrecht in § 293c AktG geregelt. In seiner ursprünglichen Fassung sah § 293c Abs. 1 S. 1 AktG als Regelfall die Beauftragung des Vertragsprüfers durch den Vorstand der abhängigen Gesellschaft vor.[493] Die Regelung ist in der Literatur auf berechtigte Kritik gestoßen, da die Bestellung durch die Vertragsparteien Zweifel an der Unabhängigkeit des beauftragten Prüfers auslöst.[494] Der Gesetzgeber hat auf die Kritik reagiert und die Regelung im Zuge der Reform des Spruchverfahrens dahingehend geändert, dass der Vertragsprüfer auf Antrag der Parteien vom Gericht bestellt wird.[495] Dadurch soll nicht nur eine unabhängige Prüfung sichergestellt, sondern auch die Akzeptanz der Prüfungsergebnisse erhöht werden.[496] Denn nur wenn der Vertragsprüfer den Eindruck der Unparteilichkeit vermittelt, werden die außenstehenden Gesellschafter auf dessen Einschätzung vertrauen und gegebenenfalls von der Einleitung eines Spruchverfahrens absehen. Doch auch wenn es zu einer gerichtlichen Überprüfung im Spruchverfahren kommt, ist die objektive und unabhängige Durchführung der Vertragsprüfung von großer Bedeutung: Schließlich würde die beabsichtigte Entlastung des Spruchverfahrens ins Leere laufen, wenn

493 Vgl. die Fassung des § 293c Abs. 1 S. 1 AktG vom 28.10.1994.

494 *Bungert*, DB 1995, 1384 (1389); *Altmeppen*, ZIP 1998, 1853 (1863 ff.).

495 Parallel dazu wurde die Rechtslage auch im Umwandlungsrecht dahingehend geändert, dass der Verschmelzungsprüfer ausschließlich vom Gericht bestellt wird, siehe § 10 Abs. 1 S. 1 UmwG.

496 Begründung zum Regierungsentwurf vom 29.01.2003 (Spruchverfahrensneuordnungsgesetz), BT-Drucksache 15/371, S. 18; *Emmerich*, in: Emmerich/Habersack, Aktien-/GmbH-KonzernR, § 293c Rn. 3; zur Bestellung des Verschmelzungsprüfers im Umwandlungsrecht *Reichert*, in: Semler/Stengel/Leonard, UmwG, § 48 Rn. 18.

die Prüfungsergebnisse mangels hinreichender Objektivität unbrauchbar sind.[497] Die Qualität der Prüfungsergebnisse wird außerdem durch § 293d AktG gewährleistet, der Auswahl und Stellung des Vertragsprüfers näher regelt. Besondere Bedeutung kommt hier dem Verweis auf die Regelungen der §§ 319 ff. HGB zu, die den Kreis der als Vertragsprüfer geeigneten Personen auf Wirtschaftsprüfer und Wirtschaftsprüfungsgesellschaften begrenzen und bestimmte Ausschlussgründe für die Fälle einer zu befürchtenden Befangenheit vorsehen.

Da die Vertragsprüfung ihrem Zweck nur dann gerecht werden kann, wenn sie objektiv und unparteilich durchgeführt wird, spielt die Unabhängigkeit des beauftragten Prüfers im Vertragskonzernrecht der GmbH eine ebenso wichtige Rolle wie im Aktienkonzernrecht. Um zu gewährleisten, dass eine objektive Kontrolle des Gewinnabführungsvertrags stattfindet und um sicherzustellen, dass sich die außenstehenden Gesellschafter auf das Prüfungsergebnis verlassen können, sind die Regelungen der §§ 293c, 293d AktG auf die GmbH analog anzuwenden.

b. Vorschlagsrecht der Parteien

Wenngleich der Vertragsprüfer durch das Gericht bestellt wird, haben die Vertragsparteien die Möglichkeit, in ihrem Antrag eine oder mehrere[498] Personen als Vertragsprüfer vorzuschlagen.[499] Das Gleiche gilt im Umwandlungsrecht für den Antrag auf Bestellung des Verschmelzungsprüfers.[500] Im Aktienkonzernrecht besteht kein Zweifel, dass die Zuständigkeit für den Antrag und die Ausübung des Vorschlagsrechts beim Vorstand liegt.[501] Im Vertragskonzernrecht der GmbH wird dagegen nicht einheitlich beurteilt, wem das Vorschlagsrecht zugwiesen ist. Es erscheint zunächst naheliegend, dass das Vorschlagsrecht in den Kompetenzbereich des Geschäftsführers fällt, da dieser den Antrag ausarbeitet und insofern auch die Entscheidung über die darin vorzuschlagenden Prüfer treffen

---

497 Zur Entlastungsfunktion der Vertragsprüfung bereits unter Teil 3 C. I. 2. b.

498 Laut Begründung zum Regierungsentwurf vom 29.01.2003 (Spruchverfahrensneuordnungsgesetz), BT-Drucksache 15/371, S. 18 soll das Gericht möglichst unter mehreren Personen wählen können. Auch wenn die Vorstände der beteiligten Rechtsträger die Bestellung eines gemeinsamen Vertragsprüfers beantragen, werden regelmäßig mehrere Personen vorgeschlagen, so dass das Gericht eine Auswahl treffen kann; vgl. *Emmerich*, in: Emmerich/Habersack, Aktien-/GmbH-KonzernR, § 293c Rn. 5.

499 *Emmerich*, in: Emmerich/Habersack, Aktien-/GmbH-KonzernR, § 293c Rn. 4.

500 *Vetter*, in: Lutter, UmwG, § 48 Rn. 32; *Reichert*, in: Semler/Stengel/Leonard, UmwG, § 48 Rn. 19.

501 Statt aller *Altmeppen*, in: Münchener Kommentar zum AktG, § 293c Rn. 3.

kann. Da die Vertragsprüfung dem Schutz der Gesellschafter dient und diese bei der GmbH insgesamt eine stärkere Stellung einnehmen als die Aktionäre einer AG, kommt jedoch auch die Gesellschafterversammlung als entscheidungsbefugtes Organ in Betracht.[502] Dies könnte den Minderheitenschutz verbessern und der Akzeptanz der Prüfungsergebnisse zugutekommen, da die außenstehenden Gesellschafter so an der Entscheidung über die Ausübung des Vorschlagsrechts beteiligt werden und dadurch mittelbar Einfluss auf die Person des Vertragsprüfers nehmen können. Diese Argumentation wird indes dadurch entkräftet, dass sich die außenstehenden Gesellschafter ohnehin nicht gegen den Mehrheitsgesellschafter durchsetzen können, so dass sie trotz Entscheidungskompetenz der Gesellschafterversammlung kaum Einfluss auf die Ausübung des Vorschlagsrechts hätten. Für die Zuständigkeit des Geschäftsführers spricht dagegen der Vergleich zum Umwandlungsrecht, wo gemäß § 10 Abs. 1 S. 1 UmwG, unabhängig von der Rechtsform der Gesellschaft, das jeweilige Vertretungsorgan für die Antragstellung zuständig ist. Bei der GmbH liegt die Zuständigkeit für den Antrag auf Bestellung eines Vertragsprüfers und die Entscheidungskompetenz für den Vorschlag einer konkreten Person daher beim Geschäftsführer.

c. *Auswahl des Prüfers*

aa. Selbständige Auswahl durch das Gericht

Das Gericht ist nicht an den Vorschlag der vertragschließenden Parteien gebunden, sondern dazu berechtigt und verpflichtet, den Vertragsprüfer selbständig auszuwählen.[503] Auf den ersten Blick ist das Vorschlagsrecht der vertragsschließenden Unternehmen deshalb nicht geeignet, Zweifel an der Unabhängigkeit des bestellten Prüfers zu begründen. Trotzdem können die vertragsschließenden Unternehmen durch ihren Vorschlag erheblichen Einfluss auf die Prüferbestellung nehmen, da die Gerichte diesem Vorschlag in der Praxis üblicherweise folgen.[504]

---

502 So *Altmeppen*, ZIP 1998, 1853 (1864 Fn. 105).

503 Begründung zum Regierungsentwurf vom 29.01.2003 (Spruchverfahrensneuordnungsgesetz), BT-Drucksache 15/371, S. 18; *Emmerich*, in: Emmerich/Habersack, Aktien-/GmbH-KonzernR, § 293c Rn. 5; ebenso die Rechtslage bei der Bestellung des Verschmelzungsprüfers, siehe *Reichert*, in: Semler/Stengel/Leonard, UmwG, § 48 Rn. 19.

504 *Emmerich*, in: Emmerich/Habersack, Aktien-/GmbH-KonzernR, § 293c Rn. 5; *Lamb/Schluck-Amend*, DB 2003, 1259 (1261); *Engel/Puszkajler*, BB 2012, 1687 (1689), in deren Umfrage 60 % der befragten Gerichte angaben, dass sie grundsätzlich dem Unternehmensvorschlag folgen.

Die Entscheidung zugunsten einer der vorgeschlagenen Personen stellt im Grundsatz noch kein Problem dar, da das Gericht seiner Pflicht zur selbständigen Auswahl auch dann gerecht wird, wenn es die Vorschläge kritisch überprüft, eigene Erwägungen bezüglich der Eignung der vorgeschlagenen Personen anstellt und bei begründeten Zweifeln an deren Unabhängigkeit vom Vorschlag der beteiligten Rechtsträger abweicht.

bb. Abweichung von den vorgeschlagenen Prüfern

Trotzdem können Zweifel an der Unabhängigkeit des Vertragsprüfers aufkommen, wenn das Gericht seine Entscheidung nur zwischen den ihm vorgeschlagenen Personen trifft, da die beteiligten Rechtsträger es dadurch in der Hand haben, die Auswahl des Vertragsprüfers auf einen bestimmten Personenkreis zu begrenzen. Dies ist problematisch, da die Vertragsparteien in der Regel nur solche Prüfer vorschlagen, mit denen sie vorher bereits Gespräche geführt haben und von denen sie eine Bestätigung der vorgenommenen Unternehmenswertermittlung erwarten.[505] Auch wenn das Gericht zwischen den vorgeschlagenen Personen eine selbständige Auswahl trifft, besteht daher die Besorgnis der Befangenheit.

Um die Unabhängigkeit des Vertragsprüfers zu gewährleisten, muss sich das Gericht von den Vorschlägen der Vertragsparteien lösen und eigenständig einen geeigneten Prüfer auswählen.[506] Dies erhöht die Akzeptanz der Prüfungsergebnisse und gewährleistet, dass die in den Gewinnabführungsvertrag aufgenommenen Ausgleichs- und Abfindungsansprüche in jedem Fall einer objektiven Kontrolle unterzogen werden. Ferner kann dadurch von vornherein der Eindruck vermieden werden, dass der Vertragsprüfer im Lager der beteiligten Rechtsträger steht. Das Gesetz steht dem nicht entgegen, da das Gericht nicht dazu verpflichtet ist, sich bei der Auswahl des Vertragsprüfers an den Vorschlägen der beteiligten Rechtsträger zu orientieren.[507]

505 *Meilicke/Heidel*, DB 2003, 2267 (2272), die plakativ davon sprechen, dass das Ergebnis häufig schon vor der Prüfung feststehe.

506 *Lamb/Schluck-Amend*, DB 2003, 1259 (1261).

507 *Land/Hennings*, AG 2005, 380 (383).

2. *Gegenstand der Vertragsprüfung*

a. *Ausgleichs- und Abfindungsansprüche*

Den Hauptgegenstand der Prüfung bilden die Ausgleichs- und Abfindungsansprüche, die der Vertragsprüfer auf ihre Angemessenheit zu kontrollieren hat.[508] Dazu bedarf es einer Ermittlung des Unternehmenswerts bzw. im Fall der Anteilsabfindung der Ermittlung des Werts beider Unternehmen.[509]

b. *Inhalt des Gewinnabführungsvertrags*

Fraglich ist, ob auch der Inhalt des Gewinnabführungsvertrag zum Prüfungsgegenstand gehört. Im Umwandlungsrecht bezieht sich die Verschmelzungsprüfung neben der Angemessenheit des Umtauschverhältnisses auch auf die Vollständigkeit des Verschmelzungsvertrags.[510] Dabei kann der Prüfer auf den Katalog des § 5 Abs. 1 UmwG zurückgreifen, in dem die Angaben aufgelistet sind, die für den Verschmelzungsvertrag zwingend sind. Im Aktienkonzernrecht gestaltet sich die Prüfung der Vollständigkeit des Gewinnabführungsvertrags für den Vertragsprüfer schwieriger als im Umwandlungsrecht, da der Vertragsprüfer nicht auf einen gesetzlichen Katalog wie den des § 5 UmwG zurückgreifen kann. Allerdings ergeben sich die inhaltlichen Vorgaben für den Gewinnabführungsvertrag ohne Weiteres aus den §§ 291 ff. AktG, so dass der Vertragsprüfer überprüfen kann, ob die zwingenden gesetzlichen Vorgaben bezüglich des Vertragsinhalts beachtet wurden.

Handelt es sich bei der abhängigen Gesellschaft hingegen um eine GmbH, ist die Überprüfung der Vollständigkeit für den Vertragsprüfer mit größeren Schwierigkeiten verbunden, da die Anforderungen an den Inhalt des Gewinnabführungsvertrags mangels kodifizierten GmbH-Konzernrechts nicht dem Gesetz entnommen werden können. Eine inhaltliche Kontrolle des Gewinnabführungsvertrag wird ferner dadurch erschwert, dass das Unternehmensvertragsrecht der GmbH gerade im Hinblick auf die inhaltlichen Anforderungen an den Vertrag diverse offene Fragen aufweist. Da die Aufgabe des Vertragsprüfers vor allem darin liegt, die Bestimmung des Unternehmenswerts und die darauf beruhende Berechnung der Kompensationsansprüche betriebswirtschaftlich zu überprüfen,

---

508 *Humbeck*, BB 1995, 1893 (1896).

509 Ausführlich zur Bemessung der Ausgleichsansprüche anhand des Unternehmenswerts siehe Teil 5 B. II. 1. Zur Bemessung der Abfindungsansprüche siehe Teil 5 B. III. 2.

510 *Lanfermann*, in: Kallmeyer, UmwG, § 9 Rn. 12; *Bungert*, DB 1995, 1384 (1391).

kann von ihm nicht verlangt werden, Rechtsprechung und Kommentarliteratur zum Unternehmensvertragsrecht auszuwerten, um die komplexen rechtlichen Fragen des GmbH-Vertragskonzernrechts in seinem Prüfungsbericht zu beantworten. Im Hinblick auf die Vollständigkeit des Gewinnabführungsvertrags kann deshalb vom Vertragsprüfer nur eine Evidenzprüfung erwartet werden.

c. *Vertragsbericht als Gegenstand der Vertragsprüfung?*

Fraglich ist, ob sich die Prüfung auch auf den Inhalt des Vertragsberichts bezieht. Die Frage stellt sich gleichermaßen im Vertragskonzernrecht sowie bei der Verschmelzungsprüfung im Umwandlungsrecht und wird dort überwiegend abgelehnt.[511] Tatsächlich sprechen auch im GmbH-Konzernrecht die besseren Argumente dafür, zwischen Vertragsbericht und Vertragsprüfung streng zu differenzieren. Denn der Schwerpunkt der Vertragsprüfung liegt in der Überprüfung der Kompensationsregelung und der dazu erforderlichen Bestimmung des Unternehmenswerts. Die inhaltliche Kontrolle des Vertragsberichts würde den Prüfungsumfang überstrapazieren und die ohnehin hohen Kosten der Vertragsprüfung weiter in die Höhe treiben.[512] Auch der Schutz der außenstehenden Gesellschafter macht eine Überprüfung des Vertragsberichts durch den Vertragsprüfer nicht zwingend erforderlich. Denn durch die unabhängige Kontrolle der Ausgleichs- und Abfindungsansprüche ist gewährleistet, dass die außenstehenden Gesellschafter die Angemessenheit der angebotenen Kompensationsregelungen einschätzen und erforderlichenfalls ein Spruchverfahren einleiten können. Die Ausführungen des Vertragsberichts zum Hintergrund des Gewinnabführungsvertrags und seiner Vor- und Nachteile sind für die außenstehenden Gesellschafter dagegen von nachrangiger Bedeutung, da sie den Abschluss des Gewinnabführungsvertrags aufgrund ihres geringen Stimmgewichts ohnehin nicht verhindern können. Eine Überprüfung des Vertragsberichts würde sich darüber hinaus in Widerspruch setzen zu der herrschenden Auffassung, wonach die Zweckmäßigkeit des Gewinnabführungsvertrags gerade nicht zum Prüfprogramm gehört.[513] Denn der Vertragsbericht enthält zahlreiche Angaben zum geschäftspolitischen Hintergrund des Vertragsschlusses, die durch den Vertragsprüfer ohnehin kaum

511 *Lanfermann*, in: Kallmeyer, UmwG, § 9 Rn. 12; *Humbeck*, BB 1995, 1893 (1896); *Bungert*, DB 1995, 1384 (1390).

512 *Bungert*, DB 1995, 1384 (1390).

513 *Humbeck*, BB 1995, 1893 (1896); zum Vertragsbericht im Aktienkonzernrecht *Bungert*, DB 1995, 1384 (1390). Das Gleiche gilt für den Verschmelzungsbericht, siehe *Lanfermann*, in: Kallmeyer, UmwG, § 9 Rn. 11.

verifiziert werden können. Daher erscheint es vorzugswürdig, den Vertragsbericht von vornherein von der Vertragsprüfung auszuklammern.

3. *Prüfungsbericht*

Der Vertragsprüfer hat analog § 293e Abs. 1 S. 1 AktG einen schriftlichen Bericht zu erstatten, in dem er das Ergebnis der Vertragsprüfung darlegt und auf die angewandten Bewertungsmethoden und deren Angemessenheit eingeht.[514] Fraglich ist, ob der Prüfer darüber hinaus zu einzelnen Bewertungsschritten Stellung nehmen muss. Dies wird von der überwiegend vertretenen Ansicht mit dem Argument abgelehnt, dass das Gesetz dazu keine Vorgaben mache. Es handele sich vielmehr um einen reinen Ergebnisbericht, in dem der Vertragsprüfer lediglich die Erkenntnisse seiner Prüfungstätigkeit zusammenfassen müsse.[515] Dem wird zu Recht entgegengehalten, dass der Prüfungsbericht seinem Informationszweck nur gerecht werden kann, wenn er sich nicht auf die Feststellung der Angemessenheit der aufgenommenen Kompensationsregelung beschränkt, sondern in nachvollziehbarer Weise darlegt, inwieweit die bei der Unternehmensbewertung getroffenen Annahmen korrekt sind.[516] Der Bericht muss daher über die gesetzlichen Mindestangaben hinaus Erläuterungen zu den entscheidenden Weichenstellungen der konkreten Unternehmensbewertung enthalten.[517] Bei Anwendung der Ertragswertmethode gehören dazu insbesondere die für die Berechnung der zukünftigen Erträge zugrunde gelegten Planzahlen sowie die Bemessung der Risikoprämie als Bestandteil des Kapitalisierungszinssatzes, mit dem die zukünftigen Erträge abgezinst werden.[518] Der Bericht schließt in analoger Anwendung des § 293e Abs. 1 S. 2 AktG mit einer Erklärung, in der der Vertragsprüfer zur Angemessenheit der Ausgleichs- und Abfindungsansprüche abschließend Stellung nimmt.[519]

---

514 *Emmerich*, in: Emmerich/Habersack, Aktien-/GmbH-KonzernR, § 293e Rn. 7.

515 Vgl. mwN *Koch*, AktG, § 293e Rn. 6; *Wittgens*, BB 2007, 1070 (1071).

516 *Altmeppen*, in: Münchener Kommentar zum AktG, § 293e Rn. 13.

517 *Emmerich*, in: Emmerich/Habersack, Aktien-/GmbH-KonzernR, § 293e Rn. 16.

518 *Emmerich*, in: Emmerich/Habersack, Aktien-/GmbH-KonzernR, § 293e Rn. 10, nach dessen Ansicht diese Angaben schon aufgrund der gesetzlichen Anordnung des § 293e Abs. 1 S. 2 Nr. 1 AktG erforderlich sind, wonach der Vertragsprüfer in seinem Bericht auf die angewandten Bewertungsmethoden einzugehen hat.

519 *Emmerich*, in: Emmerich/Habersack, Aktien-/GmbH-KonzernR, § 293e Rn. 8; *Humbeck*, BB 1995, 1893 (1896).

4. *Parallelprüfung*

Die Vertragsprüfung wird heutzutage regelmäßig als sog. Parallelprüfung durchgeführt, bei der der Vertragsprüfer bereits während der von den Vertragsparteien in Auftrag gegebenen Unternehmenswertermittlung tätig wird und sich mit dem von den Vertragsparteien beauftragten Gutachter frühzeitig über die Angemessenheit einzelner Bewertungsschritte abstimmt.[520] Dadurch soll gewährleistet werden, dass der Vertragsprüfer Bedenken gegen einzelne Bewertungsschritte unmittelbar äußern kann, um späteren Beanstandungen vorzubeugen und die Beschlussvorbereitung zu beschleunigen.[521]

a. *Kritik an der parallelen Tätigkeit des Vertragsprüfers*

Die Praxis der Parallelprüfung ist in der Literatur zum Teil auf erhebliche Kritik gestoßen.[522] Die Vorgehensweise gefährde den Schutz der außenstehenden Gesellschafter, da der Vertragsprüfer aufgrund der Zusammenarbeit mit dem Privatgutachter nicht unabhängig agieren könne und deshalb keine objektive Überprüfung der Ausgleichs- und Abfindungsansprüche stattfinde.[523] Angesichts der engen Abstimmung bestehe das Risiko, dass der Vertragsprüfer nicht die notwendige Distanz zu der von den Vertragsparteien selbst in Auftrag gegebenen Unternehmensbewertung hätte.[524] Dies sei insbesondere dann problematisch, wenn das Gericht in einem späteren Spruchverfahren die Ergebnisse der Vertragsprüfung heranzieht und von einer erneuten Begutachtung durch einen unabhängigen Sachverständigen absieht. Dies könne zur Folge haben, dass die Angemessenheit der Kompensationsregelungen zu keinem Zeitpunkt einer objektiven Prüfung unterzogen wird.[525] Vor diesem Hintergrund wird eine Vertragsprüfung teilweise

---

520 *Altmeppen*, in: Münchener Kommentar zum AktG, § 293d Rn. 6; *Deilmann*, in: Hölters/Weber, AktG, § 293b Rn. 9; *Büchel*, NZG 2003, 793 (801); *Puszkajler*, ZIP 2003, 518 (521); *Leuering*, NZG 2004, 606 (607); *Land/Hennings*, AG 2005, 380 (383).

521 *Emmerich*, in: Emmerich/Habersack, Aktien-/GmbH-KonzernR, § 293b Rn. 19a; *Deilmann*, in: Hölters/Weber, AktG, § 293b Rn. 9.

522 *Puszkajler*, ZIP 2003, 518 (521); *Huesmann*, Entschädigung und Spruchverfahren, S. 91.

523 *Puszkajler*, ZIP 2003, 518 (521), der bei der Unternehmenswertermittlung überspitzt von einer „Teamleistung" spricht.

524 *Puszkajler*, ZIP 2003, 518 (521); *Huesmann*, Entschädigung und Spruchverfahren, S. 91.

525 *Huesmann*, Entschädigung und Spruchverfahren, S. 91.

abgelehnt und stattdessen dafür plädiert, die Überprüfung der Angemessenheit der Kompensationsregelungen vollständig ins Spruchverfahren zu verlagern.[526]

b. Stellungnahme

Die Bedenken gegen die Praxis der Parallelprüfung erscheinen überzogen. Der Vertragsprüfer steht nicht automatisch im Lager der Vertragsparteien, nur weil er bereits während der laufenden Unternehmenswertermittlung mit seiner Prüfung beginnt.[527] Das zeigt sich schon an einem Vergleich zur Rechtslage bei der Prüfung des Jahresabschlusses: Gemäß § 320 Abs. 2 S. 2 HGB kann auch der Abschlussprüfer schon vor der Aufstellung des Jahresabschlusses einzelne Prüfungshandlungen vornehmen, wenn dies nach seinem Ermessen zur Durchführung der Abschlussprüfung erforderlich ist. Die Regelung des § 293d Abs. 1 S. 1 AktG verweist auf § 320 Abs. 2 S. 2 HGB und bringt damit zum Ausdruck, dass eine frühzeitige Einleitung des Prüfungsverfahrens auch im Rahmen der Vertragsprüfung zulässig ist.[528]

Hinzu kommt, dass das Gericht schon *de lege lata* dazu verpflichtet ist, den Vertragsprüfer selbständig auszuwählen, um dessen Unabhängigkeit zu gewährleisten und die Akzeptanz der Prüfungsergebnisse zu erhöhen.[529] So kann sichergestellt werden, dass der Vertragsprüfer nicht im Lager der vertragsschließenden Unternehmen steht und zu einer unabhängigen Kontrolle der in den Gewinnabführungsvertrag aufgenommenen Kompensationsregelungen in der Lage ist. Es liegt demnach bereits jetzt in der Hand des Gerichts, durch Auswahl eines unabhängigen Prüfers sicherzustellen, dass eine objektive Kontrolle stattfindet. Auch in der Rechtsprechung bestehen deshalb im Hinblick auf die Praxis der Parallelprüfung keine generellen Bedenken gegen die Unabhängigkeit des Vertragsprüfers.[530] Vielmehr überwiegen die mit der Parallelprüfung verbundenen Vorteile im Hinblick auf die Vereinfachung und Beschleunigung des Bewertungsverfahrens.[531]

---

526 Ebenda.

527 So auch *Altmeppen*, in: Münchener Kommentar zum AktG, § 293d Rn. 6; *Büchel*, NZG 2003, 793 (801); *Leuering*, NZG 2004, 606 (607 ff.).

528 *Leuering*, NZG 2004, 606 (608).

529 Zur Bestellung des Vertragsprüfers durch das Gericht siehe Teil 3 C. IV. 1. a.

530 BGH, Urteil vom 18.09.2006 - II ZR 225/04 = ZIP 2006, 2080; OLG Düsseldorf, Urteil vom 14.01.2005 - 16 U 59/04 = NZG 2005, 347; OLG Stuttgart, Beschluss vom 03.12.2003 - 20 W 6/03 = AG 2004, 105 (107); OLG Stuttgart, Beschluss vom 26.10.2006 - 20 W 14/05 = NZG 2007, 112 (114).

531 *Deilmann*, in: Hölters/Weber, AktG, § 293b Rn. 9; *Land/Hennings*, AG 2005, 380 (383).

Nichtsdestotrotz darf die Abstimmung zwischen dem Privatgutachter und dem gerichtlich bestellten Vertragsprüfer nicht dazu führen, dass die Bemessung der Bewertungsparameter zwischen den Beteiligten im Stillen ausgehandelt wird und deshalb von den außenstehenden Gesellschaftern nicht mehr nachvollzogen werden kann, wie der ermittelte Unternehmenswert zustande gekommen ist. Dies wird indes schon dadurch verhindert, dass der Vertragsprüfer den außenstehenden Gesellschaftern einen Bericht über seine Prüfung vorzulegen hat, in dem er nicht nur das Ergebnis mitteilt, sondern darüber hinaus zu den problematischen Teilschritten der Unternehmensbewertung Stellung nimmt und die diskussionswürdigen Punkte aufzeigt.[532]

D. Unterrichtung der Gesellschafter

I. Vorfeld der Gesellschafterversammlung

Wendet man die Vorschriften zur Erstattung eines Vertragsberichts und zur Durchführung einer Vertragsprüfung auf die GmbH analog an, müssen die dadurch gewonnenen Informationen den Anteilsinhabern zugänglich gemacht werden, damit die Schutzinstrumente ihren Zweck erfüllen und die Entscheidungsgrundlage der außenstehenden Gesellschafter verbessern können.[533] Je niedriger die Hürden bei dem Zugriff auf den Vertrags- und Vertragsprüfungsbericht sowie die Jahresabschlüsse und Lageberichte der beteiligten Rechtsträger sind, desto eher wird der mit der Erstellung der Berichte verfolgte Informationszweck erreicht. Es ist deshalb konsequent, verbindliche Regeln aufzustellen, in welcher Form den Gesellschaftern der Zugriff auf die Unterlagen zu ermöglichen ist, anstatt die Gesellschafter auf ihre Eigeninitiative zu verweisen und den Zugang zu den Informationen von der Ausübung ihres Einsichtsrechts abhängig zu machen.[534] Dies wird auch an einem Vergleich zum Umwandlungsrecht deutlich, wo die Informationspflichten gegenüber den Gesellschaftern bei der Verschmelzung einer GmbH ebenfalls als Bringschuld ausgestaltet sind.[535]

---

532 Zum Umfang der Berichtspflicht bereits unter Teil 3 B. III. 2.

533 *Huesmann*, Entschädigung und Spruchverfahren, S. 92.

534 So jedoch *Hommelhoff/Freytag*, DStR, 1996, 1409 (1413).

535 Zur Ausgestaltung der umwandlungsrechtlichen Unterrichtungspflichten sogleich unter Teil 3 D. I. 1. a.

1. *Gewinnabführungsvertrag, Vertragsbericht und Prüfungsbericht*

a. *Auslage in den Räumlichkeiten der Gesellschaft oder Übersendung*

Fraglich ist, auf welchem Weg der Gewinnabführungsvertrag, der Vertragsbericht und gegebenenfalls der Prüfungsbericht den Gesellschaftern zugänglich zu machen sind. Im Aktienkonzernrecht sieht § 293f AktG vor, dass der Gewinnabführungsvertrag und die vom Vorstand und dem Vertragsprüfer erstatteten Berichte ab dem Zeitpunkt der Einberufung in den Räumlichkeiten der Gesellschaft auszulegen oder alternativ auf der Internetseite zugänglich zu machen sind. Entscheidet sich die Gesellschaft für die Auslage in ihren Räumlichkeiten, kann jeder Aktionär nach § 293f Abs. 2 AktG eine kostenlose Abschrift der Unterlagen verlangen, die ihm unverzüglich zuzusenden ist.[536] Alternativ zur entsprechenden Anwendung der aktienkonzernrechtlichen Regelung kommt eine Analogie zu § 47 UmwG in Betracht, wonach Gewinnabführungsvertrag, Vertragsbericht und Prüfungsbericht den Gesellschaftern persönlich zu übersenden sind.[537]

b. *Stellungnahme*

Vorzugswürdig erscheint die Analogie zu § 47 UmwG, da die aktienkonzernrechtliche Regelung des § 293f AktG auf die Struktur der AG zugeschnitten ist, bei der die persönliche Übersendung der Unterlagen aufgrund des größeren und in vielen Fällen anonymen Gesellschafterkreises ein Problem darstellt.[538] Da der Gesellschafterkreis einer GmbH typischerweise kleiner ist und sich die Adressen der Gesellschafter aus der Gesellschafterliste ergeben, stellt die persönliche Übersendung hier kein Problem dar.[539]

Auch im Hinblick auf den Schutz der außenstehenden Gesellschafter bietet die persönliche Übersendung Vorteile, da alle Gesellschafter unmittelbaren Zugriff auf die Unterlagen erhalten. Dadurch stehen die Informationen auch solchen

---

536 Trotz dem unklaren Wortlaut handelt es sich nach einhelliger Meinung um eine Schickschuld, siehe *Emmerich*, in: Emmerich/Habersack, Aktien-/GmbH-KonzernR, § 293f Rn. 10; *Altmeppen*, in: Münchener Kommentar zum AktG, § 293f Rn. 10; *Deilmann*, in: Hölters/Weber, AktG, § 293f Rn. 15; *Langenbucher*, in: Schmidt/Lutter, AktG, § 293f Rn. 12; *Schenk*, in: Bürgers/Körber/Lieder, AktG, § 293f Rn. 5; *Vetter*, in: Lutter, UmwG, § 49 Rn. 41; *Leuering*, ZIP 2000, 2053 (2055).

537 So *Servatius*, in: Michalski, GmbHG, Systematische Darstellung 4 Rn. 383, 105; *Heckschen/Kreußlein*, in: Heckschen/Heidinger, Die GmbH, Kap. 15 Rn. 62.

538 *Servatius*, in: Michalski, GmbHG, Systematische Darstellung 4 Rn. 383, 105.

539 *Wilde*, Beherrschungs- und Gewinnabführungsverträge, S. 146.

Gesellschaftern direkt zur Verfügung, die weiter entfernt wohnen und daher nicht ohne Weiteres vor Ort Einsicht nehmen können. Durch die aktienkonzernrechtliche Regelung werden solche Gesellschafter benachteiligt, die zunächst eine Abschrift verlangen müssen, um Zugriff auf die in den Unterlagen enthaltenen Informationen zu erhalten. Der Gewinnabführungsvertrag, der Vertragsbericht und der Prüfungsbericht sind den Gesellschaftern daher analog § 47 UmwG zu übersenden.[540]

2. *Jahresabschlüsse und Lageberichte*

Im Hinblick auf die Jahresabschlüsse und Lageberichte der letzten drei Geschäftsjahre treffen § 293f Abs. 1 Nr. 2 AktG und § 49 Abs. 2 UmwG ähnliche Regelungen und sehen die Auslage in den Geschäftsräumen der Gesellschaft vor. Dies erscheint jedoch wenig interessengerecht, da die Gesellschafter unter Umständen eine weite Anreise haben und die Einsichtnahme in die Geschäftsunterlagen deshalb für sie mit einem hohen zeitlichen und finanziellen Aufwand verbunden ist. Auch für die Gesellschaft ist die Auslage der Unterlagen umständlich, da sie zu diesem Zweck Räumlichkeiten bereitstellen und die Einsichtnahme organisieren muss. Die Übersendung der Unterlagen ist demgegenüber mit geringem Aufwand verbunden und bietet den Vorteil, dass alle Gesellschafter gleichzeitig Zugang zu den für den Vertragsschluss relevanten Unterlagen erhalten.[541]

Für die Übersendung der Unterlagen spricht ferner, dass dadurch ein Wertungswiderspruch zu § 293f Abs. 2 AktG und § 63 Abs. 3 UmwG vermieden wird, wo den Gesellschaftern ein Anspruch auf kostenlose Abschriften eingeräumt wird. Da eine vergleichbare Regelung in § 49 UmwG fehlt, sollen die Gesellschafter Abschriften der ausgelegten Unterlagen hier selbst und auf eigene Kosten machen müssen.[542] Dies kann kaum überzeugen, da die Gewährung kostenloser Abschriften bei einer GmbH mit typischerweise kleinerem Gesellschafterkreis einfacher zu bewerkstelligen ist als im Aktienrecht, so dass den Gesellschaftern hier erst recht kostenlose Abschriften zur Verfügung gestellt werden müssten. Das Problem stellt sich von vornherein nicht, wenn man richtigerweise davon ausgeht, dass die

---

540 Unter dem Vorbehalt abweichender Satzungsregelungen auch *Servatius*, in: Michalski, GmbHG, Systematische Darstellung 4 Rn. 383, 105; *Wilde*, Beherrschungs- und Gewinnabführungsverträge, S. 145 f.

541 Das gilt zumindest bei elektronischer Übersendung der Unterlagen. Zur Form der Übersendung sogleich unter Teil 3 D. I. 3. a.

542 *Reichert*, in: Semler/Stengel/Leonard, UmwG, § 49 Rn. 8; *Illert/König*, in: Münchener Handbuch GesR, Band 8, § 15 Rn. 187; *Missio*, in: Schmitt/Hörtnagl, UmwG, § 49 Rn. 6.

Jahresabschlüsse und Lageberichte der letzten drei Geschäftsjahre nicht in den Geschäftsräumen auszulegen, sondern den Gesellschaftern mit dem Vertrag und den dazu erstatteten Berichten zu übersenden sind.

3. *Einzelheiten der Übersendung*

a. *Form*

aa. Elektronische Übermittlung

Fraglich ist, ob die Unterlagen den Gesellschaftern postalisch zu übersenden sind oder ob eine elektronische Übermittlung möglich ist. Da das Gesetz insofern keine Vorgaben enthält, überwiegt im Umwandlungsrecht die Ansicht, nach der auch eine formlose elektronische Übermittlung den Anforderungen des § 47 UmwG genügt.[543] Die Ansicht überzeugt, da eine elektronische Übermittlung den Gesellschaftern unabhängig von deren Wohn- und Aufenthaltsort einen zeitnahen und unkomplizierten Zugriff auf die Unterlagen ermöglicht. Auch für die Gesellschaft bietet die elektronische Übermittlung Vorteile, da sie zu einer Reduzierung des finanziellen und organisatorischen Aufwands führt. Vor diesem Hintergrund sprechen die besseren Argumente dafür, keine allzu hohen Anforderungen an die Form der Übermittlung zu stellen und auch eine elektronische Übersendung ausreichen zu lassen.

Bei der Übersendung auf elektronischem Weg gilt es für die Gesellschaft jedoch zu beachten, dass erst der Zugang der Unterlagen die Wochenfrist für ein Prüfungsverlangen auslöst. Um das Verstreichen der Wochenfrist im Streitfall beweisen zu können, muss die Gesellschaft nachweisen können, dass die Unterlagen an den betreffenden Gesellschafter übersendet worden sind.[544] Das spricht jedoch nicht grundsätzlich gegen eine elektronische Übersendung, da der Nachweis auch dadurch geführt werden kann, dass die Gesellschaft sich den Empfang der Unterlagen durch die Gesellschafter bestätigen lässt.

---

543 Für die Möglichkeit der elektronischen Übersendung *Nießen*, in: Kölner Kommentar zum UmwG, § 47 Rn. 13; *Missio*, in: Schmitt/Hörtnagl, UmwG, § 49 Rn. 6; *Kleindiek*, in: Böttcher/Habighorst/Schulte, UmwG, § 47 Rn. 12; *Illert/König*, in: Münchener Handbuch GesR, Band 8, § 15 Rn. 184; aA *Reichert*, in: Semler/Stengel/Leonard, UmwG, § 47 Rn. 12, der davon ausgeht, dass die Form der Einberufung einzuhalten ist.

544 *Nießen*, in: Kölner Kommentar zum UmwG, § 47 Rn. 13; *Illert/König*, in: Münchener Handbuch GesR, Band 8, § 15 Rn. 184.

bb. Vorgaben für die Einberufung

Der Gewinnabführungsvertrag und die Berichte können den Gesellschaftern sowohl zusammen mit der Einberufung als auch gesondert übersendet werden.[545] Aus Gründen der Rechtssicherheit und der Praktikabilität bietet es sich jedoch in vielen Fällen an, die Unterlagen und die Einberufung der Gesellschafterversammlung in einem Schreiben an die Gesellschafter zu übermitteln. In diesem Fall sind zusätzlich die Vorgaben für die Einberufung der Gesellschafterversammlung zu beachten. Sind im Gesellschaftsvertrag keine Regelungen zur Einberufung getroffen, gelten die gesetzlichen Vorgaben des § 49 GmbHG, wonach die Einberufung durch eingeschriebenen Brief zu erfolgen hat. Sieht der Gesellschaftsvertrag eine Verschärfung vor, sind die strengeren Vorgaben des Gesellschaftsvertrags maßgeblich. Ist die Einberufung im Gesellschaftsvertrag hingegen an niedrigere Voraussetzungen geknüpft, ist zu beachten, dass § 47 UmwG in jedem Fall die postalische oder elektronische Übersendung verlangt. Eine Bekanntmachung in den Gesellschaftsblättern genügt dem nicht.[546]

b. Frist

Gemäß § 47 UmwG sind die Unterlagen den Gesellschaftern spätestens mit der Einberufung zu übersenden. Sofern der Gesellschaftsvertrag keine abweichende Regelung enthält, ist daher die in § 51 Abs. 1 S. 2 GmbHG für die Einberufung vorgesehene Wochenfrist maßgeblich.[547] Bei postalischer Übermittlung gelten für den Fristbeginn die für die Einberufung entwickelten Grundsätze, wonach der Tag maßgeblich ist, an dem unter normalen Umständen mit Zugang beim letzten Gesellschafter zu rechnen ist.[548] Dies ist bei postalischer Übermittlung im Inland grundsätzlich am übernächsten Werktag der Fall.[549]

---

545 So auch die herrschende Meinung im Umwandlungsrecht, vgl. *Missio*, in: Schmitt/Hörtnagl, UmwG, § 47 Rn. 1; *Kleindiek*, in: Böttcher/Habighorst/Schulte, UmwG, § 47 Rn. 12.

546 AA *Vetter*, in: Lutter, UmwG, § 47 Rn. 17.

547 So zum Umwandlungsrecht *Nießen*, in: Kölner Kommentar zum UmwG, § 47 Rn. 15; *Kleindiek*, in: Böttcher/Habighorst/Schulte, UmwG, § 47 Rn. 12.

548 BGH, Urteil vom 30.03.1987 – II ZR 180/86 = DNotZ 1988, 40 (42); OLG Naumburg, Urteil vom 17.12.1996 – 7 U 196/95 = DB 1997, 1813; OLG Hamm, Urteil vom 21.12.2015 – 8 U 67/15 = RNotZ 2016, 188 (193); *Liebscher*, in: Münchener Kommentar zum GmbHG, § 51 Rn. 32; *Seibt*, in: Scholz, GmbHG, § 51 Rn. 14; *Noack*, in: Noack/Servatius/Haas GmbHG, § 51 Rn. 19; *Altmeppen*, GmbHG, § 51 Rn. 3; aA *Loritz*, GmbHR 1992, 790 (791), der auf den Tag der Aufgabe zur Post abstellt.

549 *Liebscher*, in: Münchener Kommentar zum GmbHG, § 51 Rn. 33; *Bayer*, in: Lutter/Hommelhoff, GmbHG, § 51 Rn. 14; *Altmeppen*, GmbHG, § 51 Rn. 3; *Lutz*, GmbHR

Dass die Gesellschafter nur eine Woche Zeit haben, um die Unterlagen auszuwerten und sich auf die Gesellschafterversammlung vorzubereiten wird teilweise als nicht sachgerecht empfunden.[550] Zur Begründung wird der Vergleich zum Aktienkonzernrecht herangezogen, wo die Aktionäre für die Durchsicht der Unterlagen deutlich mehr Zeit haben, da § 293f AktG auf die aktienrechtliche Einberufungsfrist abstellt, die gemäß § 123 Abs. 1 S. 1 AktG 30 Tage beträgt. Dass den Aktionären einer AG deutlich mehr Zeit für die Vorbereitung auf die Hauptversammlung zur Verfügung steht, ist jedoch nicht auf die Situation bei der Entscheidung über einen Gewinnabführungsvertrag beschränkt, sondern ein grundsätzlicher Unterschied zwischen AG und GmbH, der als Entscheidung des Gesetzgebers zu respektieren ist.[551] Ferner ist zu bedenken, dass es bei der Auswertung des Vertragsberichts nur um eine Plausibilitätsprüfung und nicht darum geht, die Berechnung der Ausgleichs- und Abfindungsansprüche im Einzelnen nachzuvollziehen. Wenn bei der Lektüre des Vertragsberichts Zweifel an der Angemessenheit der angebotenen Kompensationsregelungen aufkommen, können die außenstehenden Gesellschafter eine Vertragsprüfung verlangen und sich so mehr Zeit für eine eingehendere Beschäftigung mit den im Vertragsbericht enthaltenen Angaben verschaffen. Die Übersendungsfrist beträgt daher analog § 47 UmwG iVm § 51 Abs. 1 S. 2 GmbHG eine Woche.

II. Unterrichtung während der Gesellschafterversammlung

1. Mündliche Erläuterung durch den Geschäftsführer

Fraglich ist, ob die Gesellschafter auch in der Gesellschafterversammlung über den Gewinnabführungsvertrag zu unterrichten sind.[552] Für die AG sieht § 293g AktG eine mündliche Erläuterung des Unternehmensvertrags in der Hauptver-

---

2016, 785 (787); aA BGH, Beschluss vom 21.10.2010 - IX ZB 73/10 = NJW 2011, 458 (459), der von einer regelmäßigen Postlaufzeit von einem Werktag ausgeht; ähnlich *Noack*, in: Noack/Servatius/Haas GmbHG, § 51 Rn. 19; differenzierend *Seibt*, in: Scholz, GmbHG, § 51 Rn. 14, nach dessen Ansicht nur dann von der Zustellung am nächsten Werktag ausgegangen werden könne, wenn das Schreiben bis 9 Uhr aufgegeben worden ist.

550 *Huesmann*, Entschädigung und Spruchverfahren, S. 93, der eine Frist von einem Monat befürwortet.

551 So zur parallelen Problematik im Umwandlungsrecht *Nießen*, in: Kölner Kommentar zum UmwG, § 47 Rn. 16.

552 *Servatius*, in: BeckOK GmbHG, Systematische Darstellung KonzernR Rn. 105.1, 383; *Servatius*, in: Michalski, GmbHG, Systematische Darstellung 4 Rn. 383, 105, der

sammlung vor. Auch im Umwandlungsrecht hat der Vorstand die Verschmelzung gemäß § 64 Abs. 1 S. 2 UmwG in der Hauptversammlung mündlich zu erläutern, bevor die Aktionäre über die Strukturmaßnahme abstimmen. Bei der Verschmelzung einer GmbH ist eine mündliche Erläuterung dagegen gerade nicht vorgesehen. Das spricht dafür, auch im GmbH-Konzernrecht auf eine mündliche Erläuterung durch den Geschäftsführer zu verzichten.[553] Vor dem Hintergrund, dass der Zustimmungsbeschluss zu einem Gewinnabführungsvertrag auch im schriftlichen Verfahren gefasst werden kann,[554] wäre eine mündliche Erläuterung durch den Geschäftsführer ohnehin nicht in allen Fällen möglich.[555] Zudem ist die mündliche Erläuterung zur Gewährleistung eines effektiven Minderheitenschutzes nicht zwingend erforderlich, da sich die Gesellschafter im Vorfeld der Gesellschafterversammlung durch den Vertrags- und den Prüfungsbericht umfassend informieren können und deshalb nicht auf eine zusätzliche Erläuterung in der Gesellschafterversammlung angewiesen sind. Dies gilt bei der GmbH umso mehr, da die Gesellschafter sich bei offenen Fragen zum Abschluss des Gewinnabführungsvertrags, jederzeit an die Geschäftsführung wenden und durch Ausübung ihres Auskunfts- und Einsichtsrechts weitere Erklärungen oder zusätzliche Informationen verlangen können. Die mündliche Erläuterung des Gewinnabführungsvertrags in der Gesellschafterversammlung ist bei der GmbH daher nicht erforderlich.

2. *Auslage der Unterlagen*

Außerdem stellt sich die Frage, ob der Gewinnabführungsvertrag, der Vertragsbericht und der Prüfungsbericht sowie die Jahresabschlüsse und Lageberichte in der Gesellschafterversammlung auszulegen sind. Für die AG sehen § 293g Abs. 1 AktG und § 64 Abs. 1 S. 1 UmwG eine solche Pflicht vor. Bei der Verschmelzung einer GmbH besteht dagegen nur eine eingeschränkte Pflicht zur Auslage von Unterlagen. Gemäß § 49 Abs. 2 UmwG sind die Jahresabschlüsse und Lageberichte

---

§ 293g AktG in den Fällen analog anwenden will, in denen der Zustimmungsbeschluss in einer Präsenzversammlung gefasst wird.

553 *Hommelhoff/Freytag*, DStR, 1996, 1409 (1413), die ebenfalls den Vergleich zur umwandlungsrechtlichen Rechtslage ziehen und darauf hinweisen, dass § 293g insoweit auf die Organisationsverfassung der AG zugeschnitten ist.

554 Zur Beschlussmodalität bei der Abstimmung über den Gewinnabführungsvertrag siehe Teil 2 B. III.

555 *Heckschen/Kreußlein*, in: Heckschen/Heidinger, Die GmbH, Kap. 15 Rn. 63; *Servatius*, in: BeckOK GmbHG, Systematische Darstellung KonzernR Rn. 105.1, 383; *ders.*, in: Michalski, GmbHG, Systematische Darstellung 4 Rn. 383, 105,

der letzten drei Geschäftsjahre bis zum Versammlungsende in den Geschäftsräumen der Gesellschaft auszulegen.[556]

Weder die Auslage in den Räumlichkeiten der Gesellschaft noch die Auslage bei der Gesellschafterversammlung erscheint erforderlich, um den informationellen Schutz der Gesellschafter zu gewährleisten, da sowohl der Gewinnabführungsvertrag und die dazu erstatteten Berichte als auch die Jahresabschlüsse und Lageberichte der beteiligten Rechtsträger den Gesellschaftern im Vorfeld der Beschlussfassung zu übersenden sind.[557] Die Gesellschafter sind deshalb ohne Weiteres in der Lage, diejenigen Unterlagen, auf die sie während der Gesellschafterversammlung zugreifen wollen, selbst mitzubringen. Die zusätzliche Auslage der Unterlagen in der Gesellschafterversammlung oder in den Geschäftsräumen ist kaum geeignet, den informationellen Schutz der außenstehenden Gesellschafter zu verbessern, da auf diesem Weg ohnehin nur eine begrenzte Zahl von Gesellschaftern gleichzeitig auf die Unterlagen zugreifen kann. Es ist deshalb nicht erforderlich, in der Gesellschafterversammlung Unterlagen zum Gewinnabführungsvertrag auszulegen. Erst recht haben die Gesellschafter keinen Anspruch darauf, während der Gesellschafterversammlung Abschriften der Unterlagen zu erhalten. Dies würde die Durchführung der Gesellschafterversammlung unnötig erschweren und ist zum Schutz der außenstehenden Gesellschafter nicht erforderlich, da alle relevanten Unterlagen vor der Gesellschafterversammlung übersendet werden. Eine Pflicht zur Auslage von Unterlagen oder zur Erteilung zusätzlicher Abschriften wäre ferner kaum mit der im GmbH-Recht möglichen Beschlussfassung im Umlaufverfahren oder der Durchführung einer virtuellen Gesellschafterversammlung vereinbar.[558]

3. *Auskunft über die Angelegenheiten des anderen Vertragsteils*

Fraglich ist, ob die Gesellschafter vor und während der Gesellschafterversammlung Auskunft über die Angelegenheiten des anderen Vertragsteils verlangen können. Dies erscheint auf den ersten Blick unproblematisch, da sich das Auskunftsrecht sowohl bei der AG als auch bei der GmbH auf die rechtlichen und geschäftlichen Beziehungen zu verbundenen Unternehmen erstreckt.[559] Da es sich

---

556 *Reichert*, in: Semler/Stengel, UmwG, § 49 Rn. 6.

557 Dazu soeben unter Teil 3 D. I. 1.

558 Zur Beschlussmodalität siehe Teil 2 B. III.

559 Siehe § 131 Abs. 1 S. 2 AktG; zur Reichweite des Auskunftsanspruchs bei verbundenen Unternehmen *Koch*, AktG, § 131 Rn. 15; im GmbH-Recht *Altmeppen*, GmbHG, § 51a Rn. 7.

bei dem anderen Vertragsteil regelmäßig um den Mehrheitsgesellschafter handelt, liegt eine Unternehmensverbindung auch schon vor Abschluss des Gewinnabführungsvertrags vor, so dass die Gesellschafter jederzeit Informationen über den anderen Vertragsteil verlangen können. Die Angelegenheiten des anderen Vertragsteils sind jedoch nicht in jedem Fall vom Auskunftsrecht umfasst, da der Gewinnabführungsvertrag auch mit einem Nichtgesellschafter abgeschlossen werden kann. Damit es in diesem Fall nicht zu einem Informationsdefizit kommt, sieht § 293g Abs. 3 AktG eine Sonderregelung vor, durch die das Auskunftsrecht der Aktionäre erweitert wird.[560] Vor dem Hintergrund des im GmbH-Recht deutlich weiter reichenden Einsichts- und Auskunftsanspruchs wird eine solche Erweiterung bei der GmbH teilweise für entbehrlich gehalten.[561] Dies vermag nicht zu überzeugen, da das Auskunftsrecht auch bei der GmbH auf die Angelegenheiten der Gesellschaft und die Angelegenheiten verbundener Unternehmen beschränkt ist, so dass der andere Vertragsteil nicht in jedem Fall erfasst ist. Im Umwandlungsrecht sieht § 49 Abs. 3 UmwG daher konsequenterweise auch für die Verschmelzung einer GmbH eine Erweiterung des Auskunftsrechts auf die Angelegenheiten des übernehmenden Rechtsträgers vor. Die Regelung des § 49 Abs. 3 UmwG ist im GmbH-Konzernrecht analog anzuwenden, so dass die Gesellschafter in jedem Fall Informationen zu den Angelegenheiten des anderen Vertragsteils von der Geschäftsführung verlangen können.[562]

560 Vergleichbare Regelungen finden sich in den §§ 295 Abs. 2, 319 Abs. 3 S. 5, 320 Abs. 4 S. 3, 326 AktG, 64 Abs. 2 UmwG.

561 *Huesmann*, Entschädigung und Spruchverfahren, S. 94.

562 *Humbeck*, BB 1995, 1893 (1894).

Teil 4: Sicherung der Gesellschaft und der Gläubiger

A. Grenzen der Gewinnabführung

I. Einführung

1. Vorbemerkung zum Aktienkonzernrecht

Beim Abschluss eines Gewinnabführungsvertrags haben die Vertragsparteien grundsätzlich einen Gestaltungsspielraum, den sie nutzen können, um den Gegenstand der Gewinnabführung im Vertrag näher zu bestimmen.[563] Dabei sind der Parteiautonomie allerdings enge Grenzen gesetzt, da ein Vertrag, der sich nur auf einen Teil des Jahresüberschusses bezieht, rechtlich als Teilgewinnabführungsvertrag zu qualifizieren ist, der nicht nur anderen rechtlichen Anforderungen unterliegt, sondern auch andere Rechtsfolgen auslöst und gerade keine steuerliche Organschaft ermöglicht.[564] Auf der anderen Seite sind die Grenzen des § 301 AktG zu beachten, wonach grundsätzlich nur der ohne den Gewinnabführungsvertrag entstehende Jahresüberschuss an den anderen Vertragsteil abgeführt werden darf.[565] Da Entnahmen aus Kapital- und Gewinnrücklagen in der Gewinn- und Verlustrechnung nach dem Jahresüberschuss auszuweisen sind und demnach nicht in dessen Berechnung einfließen,[566]

---

563 Begründung zum Regierungsentwurf vom 03.02.1962 (AktG), BT-Drucksache IV/171, S. 221; *Müller*, in: FS Goerdeler 1987, S. 377 (385); *Cahn/Simon*, Der Konzern 2003, 1 (5); *Wolf*, NZG 2007, 641 (644).

564 *Emmerich*, in: Scholz, GmbHG, Anhang § 13 Rn. 283; *Koppensteiner*, in: Kölner Kommentar zum AktG, § 291 Rn. 76; *Krieger*, DStR 1992, 432; *Schwarz*, MittRhNotK 1994, 50 (52); *Mues*, RNotZ 2005, 1 (10).

565 Die Formulierung erklärt sich dadurch, dass die Entstehung eines Jahresüberschusses bei Bestehen eines Gewinnabführungsvertrags rechtstechnisch ausgeschlossen ist, da der abzuführende Betrag in der Gewinn- und Verlustrechnung als Aufwendung verbucht wird, *Koppensteiner*, in: Kölner Kommentar zum AktG, § 301 Rn. 8; *Schenk*, in: Bürgers/Körber/Lieder, AktG, § 301 Rn. 6; *Egelhof*, Ausschüttungssperren in der Organschaft, S. 19 f.

566 Siehe dazu das Gliederungsschema des § 158 Abs. 1 S. 1 Nr. 2 und Nr. 3 AktG sowie die Regelung des § 275 Abs. 4 HGB, die ausdrücklich klarstellt, dass das

unterliegt ein über den Jahresüberschuss hinausgehender Bilanzgewinn nicht der Abführung an den anderen Vertragsteil.[567]

Die Begrenzung der Gewinnabführung dient der Erhaltung des bilanziellen Anfangsvermögens und schützt dadurch die Gläubiger der Untergesellschaft sowie deren außenstehende Gesellschafter vor einer Aushöhlung der Vermögenssubstanz der gewinnabführungsverpflichteten Gesellschaft.[568] Die Einhaltung der gesetzlichen Vorgaben zur Gewinnabführung ist von großer Bedeutung, da die Vorschrift des § 301 AktG aufgrund ihres Schutzzwecks zwingenden Charakter hat,[569] und ein Verstoß nicht nur steuerliche Konsequenzen mit sich bringt, sondern auch in gesellschaftsrechtlicher Hinsicht gravierende Folgen haben kann.[570] Denn die Abführung eines zu hohen Betrags begründet einen Schadensersatzanspruch der abhängigen Gesellschaft, der spätestens in der Insolvenz durch den Insolvenzverwalter oder im Fall eines Verkaufs der abhängigen Gesellschaft durch die neuen Eigentümer geltend gemacht wird.[571]

2. Meinungsstand zur Übertragung auf die GmbH

Fraglich ist, ob die Gewinnabführung auch bei der GmbH gesetzlichen Schranken unterliegt. Dafür spricht, dass der Entwurf eines GmbH-Konzernrechts aus dem Jahr 1973 eine der Vorschrift des § 301 AktG entsprechende Regelung enthielt.[572] Weite Teile der Literatur halten eine Begrenzung der Gewinnabführung dementsprechend für sinnvoll und wollen die Regelung des § 301 AktG im

---

Jahresergebnis durch Veränderungen der Kapital- und Gewinnrücklagen nicht beeinflusst wird.

567 *Koppensteiner*, in: Kölner Kommentar zum AktG, § 301 Rn. 14, 18; *Emmerich*, in: Emmerich/Habersack, Aktien-/GmbH-KonzernR, § 301 Rn. 27; *Cahn/Simon*, Der Konzern 2003, 1 (6).

568 Begründung zum Regierungsentwurf vom 03.02.1962 (AktG), BT-Drucksache IV/171, S. 221; *Sonnenschein*, ZGR 1981, 429 (441); *Brandes*, in: FS Kellermann 1991, S. 26; *Priester*, ZIP 2001, 725 (727) unter besonderer Betonung des doppelten Schutzzwecks im Hinblick auf Gläubiger und außenstehende Gesellschafter.

569 *Koch*, AktG, § 301 Rn. 1; *Häller*, in: Schmidt/Lutter, AktG, § 301 Rn. 8; *Müller*, in: Wachter, AktG § 301 Rn. 1; *Priester*, ZIP 2001, 725 (729).

570 Zu den Auswirkungen eines Verstoßes auf die Anerkennung der steuerlichen Organschaft Teil 4 A. I. 3. a.

571 Ausführlich zu den Rückgewähransprüchen der gewinnabführungsverpflichteten Gesellschaft *Gärtner*, AG 2014, 793 (796 ff.); *Kreidl/Riehl*, BB 2006, 1880; *Bünning/Stoll*, BB 2016, 555.

572 Regierungsentwurf, BT-Drucksache 7/253, S. 64.

GmbH-Konzernrecht analog anwenden.[573] Wie im Aktienkonzernrecht sei die Begrenzung der Gewinnabführung zwingend, so dass die Parteien im Gewinnabführungsvertrag keine abweichende Vereinbarung treffen können.[574]

Nach anderer Ansicht ist bei der GmbH kein Raum für eine Beschränkung der Gewinnabführung nach dem Vorbild des Aktienkonzernrechts.[575] Vor dem Hintergrund der schwächeren Kapitalbindung im GmbH-Recht und dem größeren Flexibilitätsbedürfnis sei die restriktive Regelung des § 301 AktG zu streng.[576] Die Vorschrift lasse keinen Raum für individuelle Vereinbarungen der Vertragsparteien und füge sich damit bei der AG in das starre Regelungskorsett des Aktiengesetzes ein, das an vielen Stellen zwingende Regelungen vorsieht und dadurch die Gestaltungsfreiheit einschränkt. Im GmbH-Recht sei dieser Eingriff in die Parteiautonomie jedoch nicht gerechtfertigt.[577]

3. Steuerrechtlicher Hintergrund

a. Beschränkung der Gewinnabführung als Voraussetzung der steuerlichen Organschaft

Verfolgen die Vertragsparteien mit dem Abschluss des Gewinnabführungsvertrags steuerliche Zwecke, ist die Regelung des § 301 AktG auch im Vertragskonzernrecht der GmbH zu beachten, da § 17 Abs. 1 S. 2 Nr. 1 KStG für die

---

573 *Schnorbus*, in: Rowedder/Pentz, GmbHG, Anhang § 52 Rn. 117; *Verse*, in: Henssler/Strohn, GmbHG, Anhang § 13 Rn. 91; *Servatius*, in: BeckOK GmbHG, Systematische Darstellung KonzernR Rn. 330; *ders.*, in: Michalski, GmbHG, Systematische Darstellung 4 Rn. 330; *Keßler*, Handbuch GmbH-Konzern, S. 91; *Stoll*, Garantiekapital, S. 155 f; *Egelhof*, Ausschüttungssperren in der Organschaft, S. 31; *Emmerich*, ZGR 1986 Sonderheft 6, 64 (80); *Kropff*, in: FS Semler 1993, S. 517 (530 f.); *Sünner*, AG 1989, 414 (418), der die Begrenzung jedoch unmittelbar aus dem Gewinnbegriff herleitet und nicht auf die Analogie zu § 301 AktG zurückgreift; *Krieger*, DStR 1992, 432 (433); *Hoffmann-Becking*, WiB 1994, 57 (61); *Priester*, ZIP 2001, 725 (729); *Theiselmann*, BB 2011, 2819 (2820); *Bünning/Stoll*, BB 2016, 555 (557).

574 *Servatius*, in: BeckOK GmbHG, Systematische Darstellung KonzernR Rn. 332; *ders.*, in: Michalski, GmbHG, Systematische Darstellung 4 Rn. 330; *Vogt*, in: Beck'sches Handbuch GmbH, § 21 Rn. 71.

575 *Leuschner*, in: Habersack/Casper/Löbbe, GmbHG, Anhang § 77 Rn. 210; *Beurskens*, in: Noack/Servatius/Haas, GmbHG, Anhang KonzernR Rn. 94; *Hüffer*, in: FS Schneider 2011, S. 559 (570), der die Grenze der Gewinnabführung nur im Gebot der Stammkapitalerhaltung sieht.

576 *Leuschner*, in: Habersack/Casper/Löbbe, GmbHG, Anhang § 77 Rn. 210.

577 Ebenda.

Bildung einer steuerlichen Organschaft die Einhaltung der von § 301 AktG vorgegebenen Grenzen voraussetzt. Wird unter Verstoß gegen die steuerrechtlichen Vorgaben ein zu hoher Betrag abgeführt, kann dies den rückwirkenden Verlust der steuerlichen Organschaft zur Folge haben,[578] so dass die Untergesellschaft als eigenständiges Steuersubjekt zu veranlagen und rückwirkend zur Abführung der Körperschaftssteuer verpflichtet ist.[579] Vor diesem Hintergrund ist die praktische Relevanz der analogen Anwendung von § 301 AktG im GmbH-Konzernrecht auf den ersten Blick gering, da ein Großteil der Gewinnabführungsverträge ohnehin unter Beachtung der Vorgaben des § 301 AktG geschlossen und durchgeführt wird.[580]

b. Unabhängigkeit der Gewinnabführungsbeschränkung von den steuerlichen Vorgaben

Der Frage, ob die Beschränkungen des § 301 AktG auf die GmbH zu übertragen sind, kann jedoch nicht allein davon abhängen, ob die beteiligten Rechtsträger den Gewinnabführungsvertrag mit dem Ziel der Begründung einer steuerlichen Organschaft schließen. Schließlich kommt der Beschränkung der Gewinnabführung besondere Bedeutung zu, wenn es darum geht, einen effektiven Schutz der Gesellschaft und ihrer außenstehenden Gesellschafter zu gewährleisten. Es erscheint wenig überzeugend, das Eingreifen von Schutzmechanismen davon abhängig zu machen, welche Zwecke die beteiligten Rechtsträger mit dem Gewinnabführungsvertrag verfolgen. Vielmehr erscheint es im Interesse der Rechtssicherheit geboten, im GmbH-Konzernrecht einheitliche Anforderungen für die Durchführung von Gewinnabführungsverträgen zu entwickeln, die nicht von der steuerrechtlichen Motivation der beteiligten Rechtsträger abhängig sind. Denn auch wenn der Gewinnabführungsvertrag ausnahmsweise nicht aus steuerlichen Gründen, sondern mit Blick auf das konzerninterne Finanzmanagement geschlossen wird,[581] sind die außenstehenden Gesellschafter und Gläubiger auf das Eingreifen gesetzlicher Schutzmechanismen angewiesen.

---

578 Die Voraussetzungen der steuerlichen Organschaft entfallen rückwirkend, wenn diese noch nicht seit fünf aufeinanderfolgenden Jahren besteht, siehe § 14 Abs. 1 S. 1 Nr. 3 S. 1 KStG.

579 *Kreidl/Riehl*, BB 2006, 1880.

580 *Altmeppen*, GmbHG, Anhang § 13 Rn. 122; *Emmerich*, in: Scholz, GmbHG, Anhang § 13 Rn. 290; *Verse*, in: Henssler/Strohn, GmbHG, Anhang § 13 Rn. 91; *Hentzen/Rau*, BB 2008, 713 (714).

581 Zur Erleichterung der konzerninternen Zahlungsströme durch Abschluss eines Gewinnabführungsvertrags bereits unter Teil 1 C. II.

Besonders deutlich werden die Friktionen vor dem Hintergrund, dass der Schutz der abhängigen Gesellschaft und ihrer Minderheitsgesellschafter zur ureigenen Aufgabe des Konzernrechts gehört.[582] Insofern erscheint es widersprüchlich, die dem Schutz der außenstehenden Gesellschafter und Gläubiger dienende Beschränkung der Gewinnabführung aus steuerrechtlichen Vorgaben herzuleiten, statt ihr eine konzernrechtliche Grundlage zu geben. Es stellt sich mithin die Frage, ob die Gewinnabführung im GmbH-Konzernrecht unabhängig von den steuerlichen Vorgaben einer Beschränkung unterliegt.

II. Minderung des abführbaren Jahresüberschusses um bestimmte Abzugsposten

1. Ausgleich eines Verlustvortrags

a. Rechtslage im Aktienkonzernrecht und Übertragung auf die GmbH

Im Aktienkonzernrecht sieht § 301 S. 1 AktG vor, dass der von der Untergesellschaft erwirtschaftete Gewinn zunächst zur Deckung eines Verlustvortrags einzusetzen ist, bevor eine Abführung an den anderen Vertragsteil in Betracht kommt. Dadurch soll gewährleistet werden, dass die Bilanz nicht dauerhaft mit einem Verlustvortrag belastet bleibt und die Untergesellschaft bei Beendigung des Gewinnabführungsvertrags eine solide Ausgangslage hat, um wieder auf eigenen Beinen zu stehen.[583] Fraglich ist, ob der abführbare Gewinn auch im GmbH-Konzernrecht um den Betrag zu mindern ist, der erforderlich ist, um einen in der Bilanz der Untergesellschaft gebildeten Verlustvortrag auszugleichen.[584]

aa. Vorvertraglicher Verlust

Gegen die Übertragung auf die GmbH spricht, dass die Regelung schon im Aktienkonzernrecht rechtspolitischen Zweifeln ausgesetzt ist, da die vorgetragenen

---

582 *Martens*, DB 1970, 813; *Hönle*, DB 1979, 485 (489), der betont, dass das Steuerrecht die Grundlage der staatlichen Einnahmenerzielung schafft und nicht dazu gedacht ist, gesellschaftsrechtliche Fragen zu lösen.

583 Vgl. *Altmeppen*, in: Münchener Kommentar zum AktG, § 301 Rn. 3, der in dem Ausgleich eines Verlustvortrags die Hauptbedeutung des § 301 AktG sieht.

584 So *Servatius*, in: BeckOK GmbHG, Systematische Darstellung KonzernR Rn. 330; *ders.*, in: Michalski, GmbHG, Systematische Darstellung 4 Rn. 331; *Keßler*, Handbuch GmbH-Konzern, S. 91; *Hoffmann-Becking*, WiB 1994, 57 (61); *Cahn/Simon*, Der Konzern 2003, 1 (11); *Emmerich*, ZGR 1986 Sonderheft 6, 64 (80).

Verluste aus der Zeit vor Abschluss des Gewinnabführungsvertrags herrühren. Schließlich kann während der Vertragslaufzeit aufgrund der Verlustausgleichspflicht des anderen Vertragsteils kein Jahresfehlbetrag entstehen und somit auch kein Verlustvortrag gebildet werden.[585] Dass der Verlustvortrag aus vorvertraglicher Zeit stammt, ist insofern problematisch, als der Gewinn, der zum Ausgleich des Verlustvortrags eingesetzt werden soll, aufgrund des Gewinnabführungsvertrags dem anderen Vertragsteil zusteht. Dies führt bei wirtschaftlicher Betrachtung dazu, dass der andere Vertragsteil für vorvertragliche Verluste der Untergesellschaft einsteht. Dies erscheint bedenklich, da der andere Vertragsteil das unternehmerische Risiko der Untergesellschaft erst mit Abschluss des Gewinnabführungsvertrags übernimmt und ihn daher für die vorvertraglichen Verluste der abhängigen Gesellschaft weder rechtlich noch wirtschaftlich eine Verantwortung trifft.[586]

Diese Überlegungen werden durch einen Vergleich zum Gewinnvortrag gestützt: Stammt der Gewinnvortrag aus der Zeit vor Abschluss des Gewinnabführungsvertrags unterliegt er einem Abführungsverbot und kommt nicht dem anderen Vertragsteil zugute.[587] Wenn der andere Vertragsteil nicht von den vorgetragenen Gewinnen profitiert, stellt sich jedoch die Frage, warum er zum Ausgleich vorgetragener Verluste verpflichtet sein soll.

bb. Finanzielle Stabilisierung der Untergesellschaft

Für eine Übertragung der Regelung auf die GmbH lässt sich indes anführen, dass der Ausgleich des Verlustvortrags zur finanziellen Stabilisierung der Untergesellschaft beiträgt und dadurch das Risiko einer Insolvenz nach Beendigung des Gewinnabführungsvertrags reduziert.[588] Schließlich wird die abhängige Gesellschaft durch Ausgleich des Verlustvortrags zu Beginn der Vertragslaufzeit in der kritischen Zeit nach Beendigung des Gewinnabführungsvertrags entlastet, da die Bilanz nicht mehr mit einem Verlustvortrag aus vorvertraglicher Zeit belastet ist. Dies ist umso wichtiger, da während der Vertragslaufzeit in aller Regel keine Rücklagen gebildet werden, so dass die abhängige Gesellschaft nach der

---

585 *Koppensteiner*, in: Kölner Kommentar zum AktG, § 301 Rn. 10; *Schenk*, in: Bürgers/Körber/Lieder, AktG, § 301 Rn. 7; *Kurz*, Gewinnabführungsvertrag im GmbH-Recht, S. 73; *Egelhof*, Ausschüttungssperren in der Organschaft, S. 32; *Hoffmann-Becking*, WiB 1994, 57 (61); *Cahn/Simon*, Der Konzern 2003, 1 (5 f.).

586 *Kurz*, Gewinnabführungsvertrag im GmbH-Recht, S. 72.

587 Zur Abführbarkeit eines Gewinnvortrags sogleich unter Teil 4 A. IV.

588 Vgl. zu diesem Gedanken die Begründung zum Regierungsentwurf vom 03.02.1962 (AktG), BT-Drucksache IV/171, S. 222.

Vertragsbeendigung keine Möglichkeit hat, einen vorvertraglichen Verlustvortrag auszugleichen, bevor sie selbst genug Gewinn erwirtschaftet.[589]

b. Stellungnahme

Angesichts des Schutzbedürfnisses der gewinnabführungsverpflichteten GmbH sprechen die besseren Argumente für eine Reduzierung des Jahresüberschusses um den Betrag, der erforderlich ist, um vorgetragene Verluste auszugleichen. Dass der andere Vertragsteil dadurch für vorvertragliche Verluste der Untergesellschaft aufkommen muss, erscheint hinnehmbar, da ein Ausgleich des Verlustvortrags nur dann stattfindet, wenn die Untergesellschaft während der Vertragslaufzeit einen Jahresüberschuss erzielt. Erwirtschaftet die Untergesellschaft keine Gewinne, ist der andere Vertragsteil nur zur Übernahme der während der Vertragslaufzeit angefallenen Verluste, nicht jedoch zum Ausgleich des Verlustvortrags verpflichtet.[590]

Hinzu kommt, dass der andere Vertragsteil durch die Verrechnung mit einem Verlustvortrag nicht übermäßig belastet wird, da der Verlustvortrag vor Abschluss des Gewinnabführungsvertrags aus der Bilanz ersichtlich ist und der andere Vertragsteil die Minderung des abführbaren Betrags dadurch von vornherein einkalkulieren kann. Vor diesem Hintergrund erscheint es sachgerecht den Jahresüberschuss auch im GmbH-Konzernrecht um einen in der Bilanz der Untergesellschaft gebildeten Verlustvortrag zu mindern.

2. Gesetzliche Rücklage

a. Keine Pflicht zur Rücklagenbildung bei der GmbH

Damit die abhängige AG während der Laufzeit des Gewinnabführungsvertrags ihre gesetzliche Rücklage auffüllen kann, sieht § 301 S. 1 AktG vor, dass sich der abführbare Jahresüberschuss um den in die gesetzliche Rücklage einzustellenden Betrag mindert. Anders als im Aktienrecht gibt es bei der GmbH jedoch

---

589 Vgl. *Koppensteiner*, in: Kölner Kommentar zum AktG, § 301 Rn. 10, der ähnliche Erwägungen für die abhängige AG anstellt.

590 *Emmerich*, in: Emmerich/Habersack, Aktien-/GmbH-KonzernR, § 302 Rn. 31; dazu auch *Kurz*, Gewinnabführungsvertrag im GmbH-Recht, S. 73, der dies jedoch als Argument für die Widersprüchlichkeit der gesetzlichen Regelung heranzieht.

grundsätzlich keine Pflicht zur Rücklagenbildung, so dass es an einer Grundlage für die Übertragung des § 301 S. 1 AktG fehlt.[591]

b. Sonderfall der UG

Mit der Einführung der UG im Zuge des MoMiG[592] hat der Gesetzgeber jedoch erstmals auch im GmbH-Recht eine gesetzliche Rücklage etabliert.[593] Obwohl es sich bei der UG um eine Variante der GmbH handelt,[594] die grundsätzlich den gleichen rechtlichen Anforderungen unterliegt wie eine herkömmliche GmbH,[595] sieht § 5a GmbHG ein Reihe von Spezialregelungen vor, die den Besonderheiten der UG Rechnung tragen. Dazu gehört insbesondere die Thesaurierungspflicht, wonach die Gesellschaft dazu verpflichtet ist, ein Viertel des

---

591 *Liebscher*, in: Münchener Kommentar zum GmbHG, Anhang § 13 Rn. 880; *Link*, in: Hauschild/Kallrath/Wachter, Notarhandbuch, § 22 Rn. 21; *Servatius*, in: Grigoleit, AktG, § 300 Rn. 1; *Beurskens*, in: Noack/Servatius/Haas, GmbHG, Anhang KonzernR Rn. 94; *Keßler*, Handbuch GmbH-Konzern, S. 92; *Stoll*, Garantiekapital, S. 155; *Kurz*, Gewinnabführungsvertrag im GmbH-Recht, S. 71; *Egelhof*, Ausschüttungssperren in der Organschaft, S. 30; *Priester*, ZGR 1986 Sonderheft 6, 151 (180); *Emmerich*, ZGR 1986 Sonderheft 6, 64 (80); *Hoffmann-Becking*, WiB 1994, 57 (61); *Cahn/Simon*, Der Konzern 2003, 1 (11); *Rubel*, GmbHR 2010, 470 (471 f.); *Hüffer*, in: FS Schneider 2011, S. 559 (563); *Stephan*, Der Konzern 2015, 349 (350 Fn. 21); aA *Mylich*, AG 2016, 529 (536 f.), der § 300 Nr. 3 AktG analog anwendet und daraus eine Pflicht zur Rücklagenbildung ableiten will.

592 Gesetz zur Modernisierung des GmbH-Rechts und zur Bekämpfung von Missbräuchen vom 23.10.2008 (MoMiG), BGBl. I S. 2026.

593 *Stenzel*, NZG 2009, 168, der in der Einführung der Thesaurierungspflicht eine Bereicherung des GmbH-Rechts sieht; kritisch hingegen *Veil*, GmbHR 2007, 1080 (1083), der die Thesaurierungspflicht als wenig innovativ bezeichnet; *ders.*, ZGR 2009, 623 (632).

594 Begründung zum Regierungsentwurf vom 25.07.2007 (MoMiG), BT-Drucksache 16/6140, S. 1, 31, in der auf den unverhältnismäßig großen Regulierungsaufwand verwiesen wird, der mit der Schaffung einer neuen Rechtsform verbunden gewesen wäre; *Schmidt*, in: Michalski, GmbHG, § 5a Rn. 1; *Servatius*, in: Noack/Servatius/Haas, GmbHG, § 5a Rn. 7; *Wälzholz*, GmbH-StB 2007, 319; *Veil*, GmbHR 2007, 1080 (1081); *ders.*, ZGR 2009, 623 (625); *Joost*, ZIP 2007, 2242 (2243); *Stenzel*, NZG 2009, 168; *Weber*, BB 2009, 842 (843); *Hennrichs*, NZG 2009, 921 (923); *Waldenberger/Sieber*, GmbHR 2009, 114; *Müller*, ZGR 2012, 81 (82).

595 Die Begründung zum Regierungsentwurf vom 25.07.2007 (MoMiG), BT-Drucksache 16/6140, S. 31 stellt klar, dass alle auf die GmbH anwendbaren Vorschriften auch für die UG gelten; ebenso *Rieder*, in: Münchener Kommentar zum GmbHG, § 5a Rn. 1; *Weber*, BB 2009, 842 (843); *Freitag/Riemenschneider*, ZIP 2007, 1485.

bereinigten Jahresüberschusses in die gesetzliche Rücklage einzustellen. Die Regelung korrespondiert mit dem niedrigeren Stammkapitalerfordernis bei der UG und soll die Eigenkapitalausstattung der Gesellschaft verbessern,[596] um perspektivisch die Umwandlung[597] in eine herkömmliche GmbH zu ermöglichen.[598]

aa. Verhältnis zwischen Gewinnabführungspflicht und Thesaurierungsgebot

Im Grundsatz herrscht Einigkeit darüber, dass auch die UG Unternehmensverträge schließen und in einen Konzern eingebunden werden kann.[599] Bei Abschluss eines Gewinnabführungsvertrags stellt sich jedoch die Frage nach dem Verhältnis zwischen der Gewinnabführungsverpflichtung und dem Thesaurierungsgebot. Auf den ersten Blick scheint ein Konflikt ausgeschlossen, da aufgrund des Gewinnabführungsvertrags kein Jahresüberschuss entsteht und es damit an einem Anknüpfungspunkt für die Thesaurierungspflicht fehlt, die ausweislich des Wortlauts von § 5a Abs. 3 S. 1 GmbHG nur im Fall eines Jahresüberschusses eingreift.[600] Die Überlagerung der Thesaurierungspflicht durch den

---

596 Begründung zum Regierungsentwurf vom 25.07.2007 (MoMiG), BT-Drucksache 16/6140, S. 32.

597 Der Terminus ist an dieser Stelle untechnisch zu verstehen. In der Begründung zum Regierungsentwurf vom 25.07.2007 (MoMiG), BT-Drucksache 16/6140, S. 32 wird zu Recht darauf hingewiesen, dass es keines Formwechsels nach dem Umwandlungsgesetz bedarf, da es sich bei der UG um eine Rechtsformvariante der GmbH handelt.

598 *Altmeppen*, GmbHG, § 5a Rn. 25; *Heckschen*, in: Heckschen/Heidinger, Die GmbH, Kap. 5 Rn. 66; *Wälzholz*, GmbH-StB 2007, 319 (321); *Joost*, ZIP 2007, 2242 (2245); *Hennrichs*, NZG 2009, 921 (924); *Römermann/Passarge*, ZIP 2009, 1497 (1502); *Rubel*, GmbHR 2010, 470 (471); *Weber*, BB 2009, 842 (843, 845), der die UG deshalb als „Übergangsrechtsform" bezeichnet; *Freitag/Riemenschneider*, ZIP 2007, 1485 (1492); *Veil*, ZGR 2009, 623 (624) und *Müller*, ZGR 2012, 81 (82 f.) sprechen insofern von einem „transitorischen" Charakter.

599 Zur Möglichkeit der Konzerneinbindung einer UG *Paura*, in: Habersack/Casper/Löbbe, GmbHG, § 5a Rn. 76; *Vogt*, in: Beck'sches Handbuch GmbH, § 22 Rn. 8; *Miras*, in: BeckOK GmbHG, § 5a Rn. 67b; *ders.*, Die neue UG, Rn. 400; *Rieder*, in: Münchener Kommentar zum GmbHG, § 5a Rn. 67; *Schmidt*, in: Michalski, GmbHG, § 5a Rn. 49; *Veil*, ZGR 2009, 623 (642); *Weber*, BB 2009, 842 (847); *Rubel*, GmbHR 2010, 470; *Wicke*, GWR 2010, 259 (262); *Spies*, Unternehmergesellschaft, S. 314 ff.; *Holzner*, Die Unternehmergesellschaft, S. 353; *Müller* ZGR 2012, 81 (109).

600 Vgl. *Raff*, in: Rowedder/Pentz, GmbHG, § 5a Rn. 84; *Altmeppen*, GmbHG, § 5a Rn. 26; *Schmidt*, in: Michalski, GmbHG, § 5a Rn. 25; *Servatius*, in: Noack/Servatius/Haas, GmbHG, § 5a Rn. 23; *Spies*, Unternehmergesellschaft, S. 319; *Egelhof*, Ausschüttungssperren in der Organschaft, S. 174.

Gewinnabführungsvertrag wird jedoch allgemein für nicht sachgerecht gehalten, da die Thesaurierungspflicht und der damit intendierte Schutz der Gesellschaft und ihrer Gläubiger auf diese Weise umgangen werden könnten.[601] Stattdessen soll die Thesaurierungspflicht auch bei Abschluss eines Gewinnabführungsvertrags Vorrang genießen.[602] Dafür spricht schon der Vergleich zum Aktienkonzernrecht, wo die gesetzliche Rücklage ebenfalls trotz Gewinnabführungsvertrag weiter aufzufüllen ist, um zu gewährleisten, dass die Untergesellschaft auch nach Beendigung des Gewinnabführungsvertrags über finanzielle Reserven verfügt.[603] Daran wird deutlich, dass der Thesaurierungspflicht als Gläubigerschutzinstrument gerade bei Bestehen eines Gewinnabführungsvertrags besondere Bedeutung zukommt und sie nicht ohne Weiteres durch den Gewinnabführungsvertrag verdrängt werden kann. Bei der UG besteht insofern eine vergleichbare Interessenlage, da die Thesaurierungspflicht hier ebenfalls dazu dient, die finanzielle Stabilität der Gesellschaft zu stärken und der Gläubigerschutz angesichts der geringeren Eigenkapitalausstattung eine noch größere Rolle spielt.[604] Deshalb liegt es nahe, auch bei der UG von einem Vorrang der Rücklagenbildung auszugehen.[605]

---

601 *Rieder*, in: Münchener Kommentar zum GmbHG, § 5a Rn. 67; *Servatius*, in: BeckOK GmbHG, Systematische Darstellung KonzernR Rn. 335a; *ders.*, in: Michalski, GmbHG, Systematische Darstellung 4 Rn. 335a; *Paura*, in: Habersack/Casper/Löbbe, GmbHG, § 5a Rn. 76; *Altmeppen*, GmbHG, § 5a Rn. 39; *Heckschen*, in: Heckschen/Heidinger, Die GmbH, Kap. 5 Rn. 84; *Raff*, in: Rowedder/Pentz, GmbHG, § 5a Rn. 84; *Miras*, in: BeckOK GmbHG, § 5a Rn. 67c; *ders.*, Die neue UG, Rn. 402 ff.; *Vogt*, in: Beck'sches Handbuch GmbH, § 22 Rn. 10; *Flore/Traut*, Die Unternehmergesellschaft, S. 127; *Stoll*, Garantiekapital, S. 148; *Egelhof*, Ausschüttungssperren in der Organschaft, S. 173 ff.; *Wälzholz*, GmbH-StB 2007, 319 (321); *Schwedhelm/Olbing/Binnewies*, GmbHR 2008, 1233 (1237); *Stenzel*, NZG 2009, 168 (171); *Weber*, BB 2009, 842 (847); *Veil*, ZGR 2009, 623 (642); *Römermann/Passarge*, ZIP 2009, 1497 (1503); *Wicke*, GWR 2010, 259 (262); aA nur *Spies*, Unternehmergesellschaft, S. 319, die die Gewinnabführungsverpflichtung für vorrangig hält.

602 *Rieder*, in: Münchener Kommentar zum GmbHG, § 5a Rn. 67; *Miras*, in: BeckOK GmbHG, § 5a Rn. 67c; *Servatius*, in: Michalski, GmbHG, Systematische Darstellung 4 Rn. 335a.

603 *Koppensteiner*, in: Kölner Kommentar zum AktG, § 300 Rn. 1; *Emmerich*, in: Emmerich/Habersack, Aktien-/GmbH-KonzernR, § 300 Rn. 1.

604 *Servatius*, in: Noack/Servatius/Haas, GmbHG, § 5a Rn. 5; zur Insolvenzanfälligkeit der UG *Rieder*, in: Münchener Kommentar zum GmbHG, § 5a Rn. 5.

605 *Paura*, in: Habersack/Casper/Löbbe, GmbHG, § 5a Rn. 76; *Altmeppen*, GmbHG, § 5a Rn. 39; *Raff*, in: Rowedder/Pentz, GmbHG, § 5a Rn. 84; *Rieder*, in: Münchener Kommentar zum GmbHG, § 5a Rn. 56; *Vogt*, in: Beck'sches Handbuch GmbH, § 22

bb. Keine Unzulässigkeit des Gewinnabführungsvertrags

(1) Beschränkte Gewinnabführung

Aus dem Vorrang der Thesaurierungspflicht wird teilweise der Schluss gezogen, dass der Abschluss eines Gewinnabführungsvertrags mit einer UG generell unzulässig sei.[606] Die Auffassung beruht auf dem Umstand, dass eine UG im Fall des Abschlusses eines Gewinnabführungsvertrags aufgrund der Thesaurierungspflicht lediglich drei Viertel des Jahresüberschusses an den anderen Vertragsteil abführen kann und nicht, wie in § 291 Abs. 1 S. 1 AktG vorgesehen, den gesamten erwirtschafteten Gewinn.[607] In Betracht komme deshalb lediglich der Abschluss eines Teilgewinnabführungsvertrags, der jedoch keine steuerliche Organschaft zu begründen vermag und daher in der Regel keine Alternative zum Abschluss eines Gewinnabführungsvertrags darstellt.[608]

(2) Stellungnahme

Nach zutreffender Ansicht steht die Thesaurierungspflicht dem Abschluss eines Gewinnabführungsvertrags mit einer UG nicht entgegen.[609] Schon der Vergleich zum Aktienkonzernrecht zeigt, dass die Pflicht zur Bildung einer gesetzlichen

Rn. 10; *Servatius*, in: Noack/Servatius/Haas, GmbHG, § 5a Rn. 25; *Römermann/Passarge*, ZIP 2009, 1497 (1503); *Stenzel*, NZG 2009, 168 (171); *Rubel*, GmbHR 2010, 470 (472); *Wicke*, GWR 2010, 259 (262); *Müller* ZGR 2012, 81 (110); *Miras*, Die neue UG, Rn. 402b; *derselbe*, in: BeckOK GmbHG, § 5a Rn. 67c.

606 *Weber*, BB 2009, 842 (847); *Holzner*, Die Unternehmergesellschaft, S. 355 f.; zweifelnd *Veil*, GmbHR 2007, 1080 (1084); *derselbe*, ZGR 2009, 623 (642); früher auch *Miras*, Die neue UG, Rn. 402a, der sich mittlerweile jedoch der Gegenansicht angeschlossen hat und den Abschluss eines Gewinnabführungsvertrags bei der UG nunmehr für zulässig hält, vgl. *ders.*, in: BeckOK GmbHG, § 5a Rn. 67c.

607 *Weber*, BB 2009, 842 (847); *Holzner*, Die Unternehmergesellschaft, S. 355 f.

608 *Rubel*, GmbHR 2010, 470 (471).

609 *Vogt*, in: Beck'sches Handbuch GmbH, § 22 Rn. 10; *Heckschen*, in: Heckschen/Heidinger, Die GmbH, Kap. 5 Rn. 84; *Rieder*, in: Münchener Kommentar zum GmbHG, § 5a Rn. 67; *Link*, in: Hauschild/Kallrath/Wachter, Notarhandbuch, § 22 Rn. 14; *Egelhof*, Ausschüttungssperren in der Organschaft, S. 173; *Flore/Traut*, Die Unternehmergesellschaft, S. 127; *Wälzholz*, GmbH-StB 2007, 319 (321); *Schwedhelm/Olbing/Binnewies*, GmbHR 2008, 1233 (1237); *Waldenberger/Sieber*, GmbHR 2009, 114 (119 f.); *Stenzel*, NZG 2009, 168 (171); *Römermann/Passarge*, ZIP 2009, 1497 (1503); *Rubel*, GmbHR 2010, 470 (471); *Müller*, ZGR 2012, 81 (110).

Rücklage nicht zur Unzulässigkeit eines Gewinnabführungsvertrags führt.[610] Schließlich ist auch die AG zur Bildung einer gesetzlichen Rücklage verpflichtet und kann trotzdem Partei eines Gewinnabführungsvertrags sein. Auch der Einwand, dass bei der UG ein deutlich größerer Teil des Jahresüberschusses in die gesetzliche Rücklage einzustellen ist, vermag nicht zu überzeugen. Zwar sind bei der AG grundsätzlich nur 5 % des bereinigten Jahresüberschusses in die gesetzliche Rücklage einzustellen, die Thesaurierungspflicht wird bei Bestehen eines Gewinnabführungsvertrags jedoch durch § 300 Nr. 1 AktG modifiziert und kann dadurch einen deutlich größeren Umfang annehmen. Denn gemäß § 300 Nr. 1 AktG ist die gesetzliche Rücklage innerhalb von fünf Jahren auf den zehnten Teil des Grundkapitals oder den in der Satzung bestimmten höheren Teil aufzufüllen. Das führt dazu, dass der in die gesetzliche Rücklage einzustellende Betrag die Höhe von 5 % deutlich übersteigen kann, wenn die Satzung der AG ein hohes Grundkapital ausweist oder die Gesellschaft bisher über keine Rücklagen verfügt. Dass die Anerkennung des Gewinnabführungsvertrags bei der AG dadurch nicht in Frage gestellt wird, macht deutlich, dass es für die Zulässigkeit des Gewinnabführungsvertrags nicht auf die Höhe der Thesaurierungspflicht ankommt. Die UG kann sich daher trotz der Pflicht zur Thesaurierung von einem Viertel des bereinigten Jahresüberschusses zur Gewinnabführung verpflichten.

cc. Ausgestaltung der Thesaurierungspflicht

(1) Beschränkung der Gewinnabführung nach Auffüllung der gesetzlichen Rücklage

Fraglich ist, ob der abführbare Betrag auch dann noch auf drei Viertel des Jahresüberschusses beschränkt bleibt, wenn das Stammkapital der UG und die gesetzliche Rücklage in der Summe einen Betrag von 25.000 Euro erreicht haben. In diesem Fall könnte man davon ausgehen, dass nunmehr der gesamte Jahresüberschuss abgeführt werden kann, da die UG jederzeit durch eine Kapitalerhöhung aus Gesellschaftsmitteln zur ordinären GmbH umgewandelt werden kann. Die Kapitalaufholung ist insoweit abgeschlossen und der dem Thesaurierungsgebot zugrundeliegende Zweck erreicht. Die Abführung des gesamten Jahresüberschusses hätte jedoch zur Folge, dass keine Beträge mehr in die gesetzliche Rücklage eingestellt werden können. Dies steht im Widerspruch zu § 5a Abs. 5 GmbHG,

610 Ebenso *Wälzholz*, GmbH-StB 2007, 319 (321); *Schwedhelm/Olbing/Binnewies*, GmbHR 2008, 1233 (1237); *Waldenberger/Sieber*, GmbHR 2009, 114 (120); *Römermann/Passarge*, ZIP 2009, 1497 (1503).

wonach die Thesaurierungspflicht bis zur Umwandlung der UG in eine ordinäre GmbH weiter fortbesteht und nicht vom Erreichen einer bestimmten Eigenkapitalausstattung abhängig ist.[611] Die Gesellschaft kann sich also gegen eine Kapitalerhöhung entscheiden und ihr Unternehmen stattdessen in der Rechtsform der UG weiterbetreiben,[612] wird in diesem Fall jedoch nicht von der Thesaurierungspflicht befreit.[613] Dadurch soll ein Anreiz geschaffen werden, die gesetzliche Rücklage in bilanziell stärker gebundenes Stammkapital umzuwandeln.[614] Dieser Zweck besteht auch bei Bestehen eines Gewinnabführungsvertrags, so dass kein Grund ersichtlich ist, die Gesellschaft hier durch eine vorzeitige Befreiung von der Thesaurierungspflicht zu privilegieren. Der abführbare Betrag ist daher auch dann auf drei Viertel des Jahresüberschusses beschränkt, wenn die gesetzliche Rücklage der UG zusammen mit dem in der Satzung ausgewiesenen Stammkapital einen Betrag von 25.000 Euro erreicht hat.[615]

(2) Keine schnellere Auffüllung der gesetzlichen Rücklage

Das Aktienkonzernrecht sieht bei Bestehen eines Gewinnabführungsvertrags eine beschleunigte Auffüllung der gesetzlichen Rücklage vor. Nach § 300 Nr. 1 AktG ist die gesetzliche Rücklage innerhalb von fünf Jahren auf ein den zehnten oder den in der Satzung bestimmten höheren Teil des Grundkapitals aufzufüllen.[616] In jedem Fall ist jedoch der in § 150 Abs. 2 AktG bestimmte Betrag zu thesaurieren, also 5 % des um einen Verlustvortrag aus dem Vorjahr geminderten

---

611 Begründung zum Regierungsentwurf vom 25.07.2007 (MoMiG), BT-Drucksache 16/6140, S. 32; *Altmeppen*, GmbHG, § 5a Rn. 26; *Müller*, ZGR 2012, 81 (88).

612 *Schmidt*, in: Michalski, GmbHG, § 5a Rn. 36; *Heckschen*, in: Heckschen/Heidinger, Die GmbH, Kap. 5 Rn. 66; kritisch zu dieser Regelung *Veil*, GmbHR 2007, 1080 (1082 f.); *ders.*, ZGR 2009, 623 (627) bezeichnet es als rätselhaft, warum der Gesetzgeber sich nicht für einen automatischen Übergang zur GmbH entschieden habe.

613 Begründung zum Regierungsentwurf vom 25.07.2007 (MoMiG), BT-Drucksache 16/6140, S. 32; *Miras*, in: BeckOK GmbHG, § 5a Rn. 67a; *Servatius*, in: Noack/Servatius/Haas, GmbHG, § 5a Rn. 21; *Altmeppen*, GmbHG, § 5a Rn. 26; *Heckschen*, in: Heckschen/Heidinger, Die GmbH, Kap. 5 Rn. 68; *Bormann*, GmbHR 2007, 897 (899); *Schwedhelm/Olbing/Binnewies*, GmbHR 2008, 1233 (1236); *Römermann/Passarge*, ZIP 2009, 1497 (1503); *Rubel*, GmbHR 2010, 470 (473); *Müller*, ZGR 2012, 81 (88).

614 *Altmeppen*, GmbHG, § 5a Rn. 26.

615 So auch *Rubel*, GmbHR 2010, 470 (473).

616 Zur Anwendbarkeit des § 300 Nr. 1 AktG auf isolierte Gewinnabführungsverträge *Emmerich*, in: Emmerich/Habersack, Aktien-/GmbH-KonzernR, § 300 Rn. 6; *Koch*, AktG, § 300 Rn. 2.

Jahresüberschusses. Die Befristung erklärt sich vor dem Hintergrund, dass Gewinnabführungsverträge aufgrund der steuerlichen Vorgaben aus § 14 Abs. 1 Nr. 3 KStG regelmäßig mit einer Laufzeit von fünf Jahren abgeschlossen werden und die Überlebensfähigkeit der Gesellschaft vor allem bei Beendigung des Gewinnabführungsvertrags auf eine kritische Probe gestellt wird.[617]

Bei näherer Betrachtung zeigt sich, dass die Regelung des § 300 Nr. 1 AktG nicht sachgerecht auf die UG übertragen werden kann.[618] Die Auffüllung der gesetzlichen Rücklage auf den zehnten Teil des Stammkapitals ergibt bei der UG keinen Sinn, da diese auf wenig kapitalintensive Existenzgründungen zugeschnitten ist, und daher regelmäßig nur über ein sehr niedriges Stammkapital verfügt.[619] Die Thesaurierung von 5 % des Jahresüberschusses überzeugt ebenso wenig, da die UG schon ohne Bestehen eines Gewinnabführungsvertrags 25 % des Jahresüberschusses in die gesetzliche Rücklage einstellen muss und eine Verringerung der Thesaurierungspflicht angesichts der mit dem Gewinnabführungsvertrag einhergehenden Risiken kaum sachgerecht erscheint.[620] Teilweise wird deshalb erwogen, nicht das statutarische Stammkapital, sondern das gesetzliche Mindestkapital der GmbH als Anknüpfungspunkt für die beschleunigte Rücklagenbildung heranzuziehen.[621] Die Vorschrift des § 300 Nr. 1 AktG ist nach dieser Ansicht so zu lesen, dass die gesetzliche Rücklage zusammen mit dem Stammkapital der Gesellschaft innerhalb von fünf Jahren nicht den zehnten Teil des Stammkapitals, sondern einen Betrag von 25.000 Euro erreichen muss. Bei näherer Betrachtung kann jedoch auch diese Lesart kaum überzeugen, da sie in der Praxis regelmäßig dazu führen würde, dass der gesamte Jahresüberschuss zu thesaurieren wäre und nichts verbleibt, was an den anderen Vertragsteil abgeführt werden kann. Gerade in den Anfangsjahren der Gesellschaft würde die Gewinnabführungsverpflichtung durch die schnellere Rücklagenbildung vollständig ins Leere laufen.[622] Bei einer

617 *Koppensteiner*, in: Kölner Kommentar zum AktG, § 300 Rn. 1; *Emmerich*, in: Emmerich/Habersack, Aktien-/GmbH-KonzernR, § 300 Rn. 1.

618 Ähnlich *Egelhof*, Ausschüttungssperren in der Organschaft, S. 175 f.; aA offenbar *Stenzel*, NZG 2009, 168 (172); *Rubel*, GmbHR 2010, 470 (472).

619 Begründung zum Regierungsentwurf vom 25.07.2007 (MoMiG), BT-Drucksache 16/6140, S. 29; *Servatius*, in: Noack/Servatius/Haas, GmbHG, § 5a Rn. 1; *Müller* ZGR 2012, 81 (82).

620 *Spies*, Unternehmergesellschaft, S. 322; *Müller*, ZGR 2012, 81 (110).

621 *Spies*, Unternehmergesellschaft, S. 322, die insofern von einer Fortschreibung des § 5a Abs. 3 S. 1 GmbHG spricht.

622 *Veil*, ZGR 2009, 623 (633 f.) hält eine Gewinnerzielung im ersten Geschäftsjahr zwar nicht für ausgeschlossen, hat aber doch erhebliche Zweifel, wie realitätsnah

mit dem gesetzlich vorgesehenen Mindestkapital von einem Euro gegründeten UG wären jährlich fast 5.000 Euro zu thesaurieren, um die gesetzliche Rücklage innerhalb von fünf Jahren aufzufüllen. Bei der AG besteht dieses Problem nicht, da die gesetzliche Rücklage hier nur bis zu einem Betrag in Höhe von 10 % des Grundkapitals aufzufüllen ist. Verfügt die AG über ein Grundkapital von 50.000 Euro sind in den ersten fünf Jahren des Gewinnabführungsvertrags also lediglich 1.000 Euro pro Jahr zu thesaurieren. Mangels vergleichbarer Interessenlage kann die Regelung zur beschleunigten Rücklagenauffüllung nicht auf die UG übertragen werden, so dass es auch bei Bestehen eines Gewinnabführungsvertrags bei der regulären Thesaurierungspflicht des § 5a Abs. 3 S. 1 GmbHG bleibt.[623]

dd. Ergebnis

Die UG kann hauptverpflichtete Partei eines Gewinnabführungsvertrags sein. Die Thesaurierungspflicht steht der Zulässigkeit des Vertragsschlusses nicht entgegen. Der Konflikt zwischen der Thesaurierungspflicht und dem Gewinnabführungsvertrag wird durch die analoge Anwendung des § 301 S. 1 AktG zugunsten der Rücklagenbildung aufgelöst.[624] Die Vorschrift ist dafür so zu lesen, dass sich der Jahresüberschuss um den Betrag reduziert, der nach § 5a Abs. 3 S. 1 GmbHG in die gesetzliche Rücklage einzustellen ist.[625] Eine schnellere Auffüllung der gesetzlichen Rücklage analog § 300 Nr. 1 AktG ist bei der UG nicht erforderlich.

3. *Ausschüttungsgesperrter Betrag*

Durch das im Jahr 2009 verabschiedete BilMoG[626] wurde das Verbot der Aktivierung selbst geschaffener Vermögenswerte des Anlagevermögens aufgegeben und durch ein Aktivierungswahlrecht der Gesellschaft ersetzt. Der neu eingeführte § 268 Abs. 8 HGB erlaubt in engen Grenzen die Bilanzierung selbst geschaffener immaterieller Vermögensgegenstände und enthält gleichzeitig einen Schutzmechanismus zur Sicherung der Kapitalerhaltung. Macht die Gesellschaft

---

diese Vorstellung ist; ähnlich *Müller*, ZGR 2012, 81 (111), der bemerkt, dass in der Gründungsphase häufig noch kein Gewinn erwirtschaftet wird.

623 Ebenso *Paura*, in: Habersack/Casper/Löbbe, GmbHG, § 5a Rn. 76; *Altmeppen*, GmbHG, § 5a Rn. 39; *Spies*, Unternehmergesellschaft, S. 322.

624 Teilweise wird die Regelung des § 300 AktG als Anknüpfungspunkt herangezogen, so bspw. *Rieder*, in: Münchener Kommentar zum GmbHG, §5a Rn. 67.

625 *Altmeppen*, GmbHG, § 5a Rn. 39; *Heckschen*, in: Heckschen/Heidinger, Die GmbH, Kap. 5 Rn. 84; *Vogt*, in: Beck'sches Handbuch GmbH, § 22 Rn. 10.

626 Gesetz zur Modernisierung des Bilanzrechts vom 25.05.2009 (Bilanzrechtsmodernisierungsgesetz), BGBl. I S. 1102.

von ihrem Aktivierungswahlrecht Gebrauch, muss sie unter Berücksichtigung von Gewinn- und Verlustvorträgen über Rücklagen in Höhe des aktivierten Betrags abzüglich der dafür gebildeten passiven latenten Steuern verfügen. Soweit die Rücklagen hinter diesem Betrag zurückbleiben, ist die Gewinnausschüttung gemäß § 268 Abs. 8 HGB gesperrt.

Da bei Bestehen eines Gewinnabführungsvertrags die Abführung des Jahresüberschusses an die Stelle der Gewinnausschüttung tritt, enthält § 301 S. 1 AktG eine Abführungssperre, um die Bildung von Rücklagen für selbst geschaffene immaterielle Vermögensgegenstände zu ermöglichen. Die Abführungssperre knüpft an das Ausschüttungsverbot an und setzt den § 268 Abs. 8 HGB zugrundeliegenden Rechtsgedanken konsequent fort: Da die Werthaltigkeit selbst geschaffener immaterieller Vermögensgegenstände oft nur schwer überprüfbar ist, birgt deren Aktivierung Gefahren im Hinblick auf die Erhaltung des Grund- bzw. Stammkapitals, denen durch die Bildung einer Rücklage in entsprechender Höhe begegnet werden soll.[627] Wie die rechtsformneutral ausgestaltete Regelung des § 268 Abs. 8 HGB verdeutlicht, bestehen im Hinblick auf die Aktivierung selbst geschaffener Vermögenswerte keine entscheidenden Unterschiede zwischen GmbH und AG, so dass es sachgerecht erscheint, die Abführungssperre des § 301 S. 1 AktG auf die GmbH zu übertragen.[628]

III. Abführung von Rücklagen

1. *Abführung vorvertraglicher Rücklagen*

a. *Mehrpersonengesellschaft*

Bei der Mehrpersonengesellschaft besteht weitgehend Einigkeit, dass sowohl Kapital- als auch Gewinnrücklagen, die vor Abschluss des Gewinnabführungsvertrags gebildet worden sind, nicht an den anderen Vertragsteil abgeführt werden können.[629] Teilweise wird jedoch vertreten, dass es den Parteien freistehe, im

---

627 Begründung des Regierungsentwurfs, BT-Drucksache 16/10067, S. 64.

628 *Koehler*, Der Gewinnabführungsvertrag, S. 56 f.

629 *Altmeppen*, GmbHG, Anhang § 13 Rn. 121; *Servatius*, in: BeckOK GmbHG, Systematische Darstellung KonzernR Rn. 332 f.; *ders.*, in: Michalski, GmbHG, Systematische Darstellung 4 Rn. 332; *Schnorbus*, in: Rowedder/Pentz, GmbHG, Anhang § 52 Rn. 117; *Emmerich*, in: Scholz, GmbHG, Anhang § 13 Rn. 293, der eine Ausnahme für den Fall zulassen will, dass alle Gesellschafter der Abführung zustimmen; *ders.*, ZGR 1986 Sonderheft 6, 64 (80); *Keßler*, Handbuch GmbH-Konzern, S. 92; *Kurz*,

Gewinnabführungsvertrag eine anderweitige Regelung zu treffen, wonach auch vorvertragliche Rücklagen zum Gegenstand der Gewinnabführung gehören.[630] Vereinzelt wird vertreten, dass die Abführung vorvertraglicher Rücklagen generell, also auch ohne eine Regelung im Gewinnabführungsvertrag, zulässig sei.[631]

aa. Schwächere Kapitalbindung

Das Hauptargument derjenigen Stimmen, die eine Abführung vorvertraglicher Rücklagen für zulässig halten oder sie zumindest der Disposition der Vertragsparteien aussetzen wollen, ist die schwächere Kapitalbindung bei der GmbH.[632] Anders als im Aktienrecht ist nicht das gesamte Gesellschaftsvermögen, sondern nur das zur Erhaltung des Stammkapitals erforderliche Vermögen vor dem Zugriff der Gesellschafter geschützt. Im Gegensatz zum Aktienrecht[633] können Rücklagen also jederzeit aufgelöst und an die Gesellschafter ausgeschüttet werden.[634] Das spricht dafür, den Vermögensschutz auch bei einer zur Gewinnabführung verpflichteten Gesellschaft auf das Stammkapital zu beschränken und die Abführung von Rücklagen zuzulassen.

Gewinnabführungsvertrag im GmbH-Recht, S. 72; *Brandes*, in: FS Kellermann 1991, S. 32; *Kropff*, in: FS Semler 1993, S. 517 (530); *Priester*, ZIP 2001, 725 (729); *Hentzen/Rau*, BB 2008, 713 (714); nicht zwischen ein- und mehrgliedrigen Gesellschaften differenzierend *Sünner*, AG 1989, 414 (417); *Kreidl/Riehl*, BB 2006, 1880 (1883); *Bünning/Stoll*, BB 2016, 555 (557). Gleicher Ansicht ist die Finanzverwaltung, vgl. schon das BMF-Schreiben vom 11.10.1990, abgedruckt in: GmbHR 1991, 46 (47).

630 *Verse*, in: Henssler/Strohn, GmbHG, Anhang § 13 Rn. 91.

631 *Leuschner*, in: Habersack/Casper/Löbbe, GmbHG, Anhang § 77 Rn. 210; *Hüffer*, in: FS Schneider 2011, S. 559 (570).

632 *Hüffer*, in: FS Schneider 2011, S. 559 (570); *Beurskens*, in: Noack/Servatius/Haas, GmbHG, Anhang KonzernR Rn. 94; *Morshäuser/Dietz-Vellmer*, NZG 2011, 1135 (1138).

633 Hier unterliegen die gesetzliche Rücklage sowie die Kapitalrücklagen nach § 272 Abs. 2 Nr. 1-3 AktG einer strengen Bindung, die verhindert, dass die Rücklagen zugunsten eines Bilanzgewinns aufgelöst werden. Gemäß § 150 Abs. 3 und Abs. 4 AktG dürfen die aus der Auflösung dieser Rücklagen stammenden Mittel nur zum Verlustausgleich verwendet werden, ausführlich zu diesem sog. Reservefonds *Freiherr von Falkenhausen*, NZG 2009, 1096.

634 *Sünner*, AG 1989, 414 (417); *Brandes*, in: FS Kellermann 1991, S. 32; *Priester*, ZIP 2001, 725 (726); *Hentzen/Rau*, BB 2008, 713 (714 ff.); *Bünning/Stoll*, BB 2016, 555 (556).

bb. Schutz der außenstehenden Gesellschafter

Der Abführung vorvertraglicher Rücklagen steht jedoch das Schutzbedürfnis der außenstehenden Gesellschafter entgegen.[635] Bei der Abführung von Rücklagen profitiert ausschließlich der andere Vertragsteil, während die außenstehenden Gesellschafter leer ausgehen. Dabei stehen die vor Abschluss des Gewinnabführungsvertrags zur Rücklagenbildung verwendeten Mittel allen Gesellschaftern gleichermaßen zu.[636] Durch die Einstellung in die Rücklage gehen die Mittel in das Gesellschaftsvermögen über, das allen Gesellschaftern entsprechend der Höhe ihrer Beteiligung zugeordnet ist.[637] Dies wird an der Regelung des § 57j GmbHG deutlich, wonach die neuen Geschäftsanteile bei einer Kapitalerhöhung aus Gesellschaftsmitteln den bisherigen Anteilsinhabern im Verhältnis ihrer Beteiligung zustehen.[638] Konsequenterweise müssen die aus der Auflösung solcher Rücklagen resultierenden Mittel deshalb unter Beachtung des Gleichbehandlungsgrundsatzes an alle Gesellschafter ausgeschüttet werden.[639]

Eine andere Beurteilung ergibt sich auch nicht aus dem Umstand, dass dem anderen Vertragsteil aufgrund des Gewinnabführungsvertrags eine besondere Stellung zukommt. Da der Gewinnabführungsvertrag erst später geschlossen worden ist, kann der andere Vertragsteil daraus keine Berechtigung an den für die Rücklagenbildung verwendeten Mitteln herleiten. Erst mit dem Abschluss des Gewinnabführungsvertrags hat der andere Vertragsteil die Verlustausgleichspflicht und damit das unternehmerische Risiko der Untergesellschaft übernommen und kann deshalb Anspruch auf die erwirtschafteten Gewinne erheben.[640] Vor dem Abschluss des Gewinnabführungsvertrags dotierte Rücklagen stehen daher nicht

---

635 BFH, Urteil vom 08.08.2001 – I R 25/00 = AG 2002, 680; FG Münster, Urteil vom 31.01.2000 – 9 K 6925-98 K = DStRE 2000, 593; *Kropff*, in: FS Semler 1993, S. 517 (530 f.); *Priester*, ZIP 2001, 725 (729); *Kreidl/Riehl*, BB 2006, 1880 (1883).

636 *Servatius*, in: BeckOK GmbHG, Systematische Darstellung KonzernR Rn. 332.1, der von einem phasengleichen Zusammenhang zwischen Vor- und Nachteil spricht; *Egelhof*, Ausschüttungssperren in der Organschaft, S. 26; *Priester*, ZIP 2001, 725 (727).

637 Vgl. *Priester*, ZIP 2001, 725 (728), der insoweit von beteiligungsproportionaler Rücklagenzuordnung spricht.

638 *Priester*, ZIP 2001, 725 (728).

639 *Egelhof*, Ausschüttungssperren in der Organschaft, S. 26; *Kropff*, in: FS Semler 1993, S. 517 (531).

640 FG Münster, Urteil vom 31.01.2000 – 9 K 6925/98 = EFG 2000, 396; *Servatius*, in: Grigoleit, AktG, § 302 Rn. 10, der von einem Zusammenhang zwischen unternehmerischen Chancen und Risiken spricht.

zur Disposition des anderen Vertragsteils und können nicht an diesen abgeführt werden.

b. Einpersonengesellschaft

Bei der Einpersonengesellschaft ist die Frage nach der Abführbarkeit vorvertraglicher Rücklagen umstritten. Während einige die Abführung vorvertraglicher Rücklagen auch bei der Einpersonengesellschaft für unzulässig halten,[641] wollen andere bei der Einpersonengesellschaft im Hinblick auf den Vermögensschutz weniger strenge Anforderungen stellen und die Abführung vorvertraglicher Rücklagen erlauben.[642]

aa. Schutz der Gesellschaftsgläubiger

Die Interessen der Gesellschaftsgläubiger stehen der Abführung vorvertraglicher Rücklagen insofern entgegen, als die vorhandenen Rücklagen zur finanziellen Stabilität der Gesellschaft beitragen und ihr Entzug das Ausfallrisiko für die Gläubiger erhöht. Hinzu kommt, dass die Abführung vorvertraglicher Rücklagen regelmäßig dazu führt, dass die Gesellschaft bei Beendigung des Gewinnabführungsvertrags über weniger Rücklagen verfügt als bei Vertragsschluss. Damit ist sie gerade zu dem Zeitpunkt, in dem es zur Nagelprobe für ihre Überlebensfähigkeit kommt, weil sie wieder selbständig am Wirtschaftsleben teilnehmen muss, besonders verletzlich.

bb. Entzug von Rücklagen im Wege der Gewinnausschüttung

Gegen das Gläubigerschutzargument wird eingewendet, dass der Alleingesellschafter die in die Rücklagen eingestellten Mittel auch im Wege der Gewinnausschüttung entziehen kann.[643] Dies ist ohne weiteres zulässig, da die Möglichkeit der

---

641 *Emmerich*, ZGR 1986 Sonderheft 6, 64 (80); *Priester*, ZIP 2001, 725 (729); *Hentzen/Rau*, BB 2008, 713 (714); *Stoll*, Garantiekapital, S. 156.

642 *Liebscher*, in: Münchener Kommentar zum GmbHG, Anhang § 13 Rn. 881; *Emmerich*, in: Scholz, GmbHG, Anhang § 13 Rn. 293; *Altmeppen*, GmbHG, Anhang § 13 Rn. 122; *Schnorbus*, in: Rowedder/Pentz, GmbHG, Anhang § 52 Rn. 117; *Keßler*, Handbuch GmbH-Konzern, S. 92; *Brandes*, in: FS Kellermann 1991, S. 32; *Kropff*, in: FS Semler 1993, S. 517 (531); weitergehend *Leuschner*, in: Habersack/Casper/Löbbe, GmbHG, Anhang § 77 Rn. 210, der auf eine Differenzierung zwischen ein- und mehrgliedrigen Gesellschaften verzichtet und die Abführung vorvertraglicher Rücklagen generell für zulässig hält.

643 *Priester*, ZIP 2001, 725 (726); *Hentzen/Rau*, BB 2008, 713 passim.

Gewinnausschüttung durch den Gewinnabführungsvertrag unberührt bleibt[644] und die Rücklagen der GmbH anders als im Aktienrecht keiner bilanziellen Bindung unterliegen.[645] Deshalb können auch aus vorvertraglichen Rücklagen ohne Weiteres Beträge entnommen und an den Alleingesellschafter ausgeschüttet werden.[646] Vor dem Hintergrund, dass der Alleingesellschafter es in der Hand hat, der Gesellschaft sämtliche Rücklagen im Wege der Gewinnausschüttung zu entziehen, liegt es nahe, auch deren Abführung zu erlauben. Dem lässt sich jedoch entgegenhalten, dass sich Abführung und Ausschüttung in rechtlicher Hinsicht deutlich voneinander unterscheiden und deshalb nicht notwendigerweise den gleichen Regeln unterliegen. Während die Ausschüttung an die Gesellschafter einen Ausschüttungsbeschluss voraussetzt, erfolgt die Abführung an den anderen Vertragsteil auf der Grundlage des Gewinnabführungsvertrags.[647] Dass sich hieraus Unterschiede für die Gefährdung des Gesellschaftsvermögens ergeben, wird beim Abschluss eines Gewinnabführungsvertrags mit einem Nichtgesellschafter deutlich. Denn dieser ist mangels unmittelbarer Beteiligung an der Untergesellschaft nicht in der Lage, einen Ausschüttungsbeschluss zu fassen, obwohl er aufgrund des Gewinnabführungsvertrags den ganzen Gewinn für sich vereinnahmen kann. Es besteht daher nicht zwingend ein Gleichlauf zwischen Gewinnabführung und Gewinnausschüttung.

---

644 BFH, Urteil vom 08.08.2001 – I R 25/00 = NZG 2002, 832 (834); *Cahn/Simon*, Der Konzern 2003, 1 (6); *Hentzen/Rau*, BB 2008, 713 (714); *Bünning/Stoll*, BB 2016, 555 (559); das Gleiche gilt im Aktienkonzernrecht: *Müller*, in: FS Goerdeler 1987, 375 (390); zur steuerrechtlichen Zulässigkeit: *Walter*, in: Bott/Walter, KStG, § 14 Rn. 666; *Rode*, in: Brandis/Heuermann, KStG, § 17 Rn. 20.

645 Ausnahmen gelten für die gesetzliche Rücklage bei der UG, die gemäß § 5a Abs. 3 S. 2 GmbHG einem Ausschüttungsverbot unterliegt, sowie für die infolge einer vereinfachten Kapitalherabsetzung in die Kapitalrücklage eingestellten Beträge, die gemäß § 58b Abs. 3 und § 58c S. 2 GmbHG nur zur Verlustdeckung und zur Kapitalerhöhung aus Gesellschaftsmitteln verwendet werden dürfen, vgl. *Priester*, ZIP 2001, 725 (726); *Bünning/Stoll*, BB 2016, 555 (556 Fn. 13).

646 *Cahn/Simon*, Der Konzern 2003, 1 (6); die Ausschüttung ist auch steuerrechtlich keinen Bedenken ausgesetzt und lässt die Anerkennung der steuerlichen Organschaft unberührt, siehe *Walter*, in: Bott/Walter, KStG, § 17 Rn. 6; *Rode*, in: Brandis/Heuermann, KStG, § 17 Rn. 20.

647 Zum grundsätzlichen Unterschied zwischen Ausschüttung und Abführung *Egelhof*, Ausschüttungssperren in der Organschaft, S. 4.

cc. Andere Sicherungsmechanismen

Gegen eine Begrenzung der Gewinnabführung wird ferner vorgebracht, dass die Gläubiger durch andere Sicherungsmechanismen hinreichend geschützt seien.[648] Hier wird auf die Verlustausgleichspflicht des anderen Vertragsteils und den Anspruch auf Sicherheitsleistung verwiesen, der die Gläubiger bei der Beendigung des Gewinnabführungsvertrags vor einem Forderungsausfall schützt.[649] Allerdings greifen diese Sicherungsmechanismen auch im Aktienkonzernrecht und kommen dort neben der Gewinnabführungsbeschränkung zur Anwendung. Daran wird deutlich, dass die Beschränkung der Gewinnabführung ein eigener Sicherungsmechanismus ist, der unabhängig von der Verlustausgleichspflicht und dem Anspruch auf Sicherheitsleistung dem Schutz der Gläubiger dient.

dd. Stellungnahme

Dass die Beschränkungen des § 301 AktG im Aktienkonzernrecht gleichermaßen für ein- und mehrgliedrige Gesellschaften gelten, spricht dafür, auch bei der GmbH auf eine Differenzierung zu verzichten.[650] Auch aus Gründen der Rechtssicherheit erscheint eine Lösung vorzugswürdig, die für die gewinnabführungsverpflichtete Gesellschaft ein einheitliches Schutzniveau vorsieht, unabhängig von der Zahl ihrer Gesellschafter. Vorvertragliche Rücklagen können deshalb weder bei der Mehrpersonengesellschaft noch bei der Einpersonengesellschaft an den anderen Vertragsteil abgeführt werden. Handelt es sich bei dem anderen Vertragsteil um den Alleingesellschafter, muss dieser den Umweg über eine Gewinnausschüttung in Kauf nehmen. Dass dies in manchen Fällen als unnötiger Formalismus erscheinen mag, ist zugunsten einer einheitlichen, der Rechtssicherheit dienenden Lösung hinzunehmen.

2. Abführung innervertraglicher Rücklagen

a. Innervertragliche Gewinnrücklagen

Im Hinblick auf freie Gewinnrücklagen, die während des Vertragszeitraums gebildet worden sind, besteht Einigkeit, dass eine Abführung an den anderen

---

648 *Emmerich*, in: Scholz, GmbHG, Anhang § 13 Rn. 293; *Keßler*, Handbuch GmbH-Konzern, S. 92; *Kropff*, in: FS Semler 1993, S. 517 (531).

649 Ausführlich zur Verlustausgleichspflicht im GmbH-Konzernrecht sogleich unter Teil 4 B.

650 So auch *Stoll*, Garantiekapital, S. 156; *Egelhof*, Ausschüttungssperren in der Organschaft, S. 33.

Vertragsteil möglich ist.[651] Dies entspricht der Rechtslage im Aktienkonzernrecht, wo § 301 S. 2 AktG die Abführung innervertraglicher Gewinnrücklagen erlaubt. Anders als bei vorvertraglichen Rücklagen stehen der Abführung innervertraglicher Gewinnrücklagen keine Bedenken entgegen, da diese aus Erträgen gebildet werden, die während der Vertragslaufzeit erwirtschaftet worden sind und deshalb aufgrund des Gewinnabführungsvertrags dem anderen Vertragsteil zustehen.[652] Es kann keinen Unterschied machen, ob die Gewinne unmittelbar an den anderen Vertragsteil abgeführt oder zunächst in die Gewinnrücklage eingestellt und später infolge der Auflösung dieser Rücklage abgeführt werden.[653] Durch den freiwilligen Verzicht auf einen Teil des abzuführenden Gewinns hat der andere Vertragsteil die Bildung der Gewinnrücklage erst ermöglicht,[654] weshalb es gerechtfertigt ist, die außenstehenden Gesellschafter bei der Auflösung der Rücklage auszuschließen und eine Rückführung an den anderen Vertragsteil zuzulassen. Der Gewinnabführungsvertrag kann zugunsten der Untergesellschaft von der Regelung des § 301 S. 2 AktG abweichen und auch die Abführung innervertraglicher Gewinnrücklagen ausschließen.[655]

b. Innervertragliche Kapitalrücklagen

Im Aktienkonzernrecht unterliegen Kapitalrücklagen unabhängig vom Zeitpunkt ihrer Bildung einem Abführungsverbot.[656] Dass sich das Abführungsverbot auch auf innvertragliche Kapitalrücklagen bezieht, ergibt sich aus einem Umkehrschluss zu § 301 S. 2 AktG, der nur für innervertragliche Gewinnrücklagen eine Ausnahme vorsieht. Dass Kapitalrücklagen nicht an den anderen Vertragsteil abgeführt werden können, erscheint jedoch auch in teleologischer Hinsicht überzeugend.[657] Denn während die Gewinnrücklage aus den Erträgen der Gesellschaft

---

651 *Servatius*, in: BeckOK GmbHG, Systematische Darstellung KonzernR Rn. 329 f.; *Hentzen/Rau*, BB 2008, 713 (714); zweifelnd noch *Sünner*, AG 1989, 414 (418).

652 *Egelhof*, Ausschüttungssperren in der Organschaft, S. 26.

653 *Richter*, GmbHR 2004, 79 (81).

654 Im Hinblick auf die steuerliche Anerkennung des Gewinnabführungsvertrags sind bei der Bildung innervertraglicher Gewinnrücklagen die Vorgaben des § 14 Abs. 1 S. 1 Nr. 4 KStG zu beachten, wonach die Rücklagenbildung bei vernünftiger kaufmännischer Betrachtung wirtschaftlich begründet sein muss, vgl. *Koppensteiner*, in: Kölner Kommentar zum AktG, § 301 Rn. 16; *Schenk*, in: Bürgers/Körber/Lieder, AktG, § 301 Rn. 12.

655 *Müller*, in: FS Goerdeler 1987, S. 375 (385).

656 AA *Hentzen/Rau*, BB 2008, 713 (716).

657 So auch *Egelhof*, Ausschüttungssperren in der Organschaft, S. 26.

gebildet wird, sind die zum Aufbau der Kapitalrücklage verwendeten Mittel nicht von der Gesellschaft selbst erwirtschaftet worden, sondern dieser von außen zugeflossen.[658] Durch den Gewinnabführungsvertrag erwirbt der andere Vertragsteil jedoch keine Berechtigung an sämtlichen der Gesellschaft zufließenden Mitteln, sondern an den von der Gesellschaft erwirtschafteten Erträgen. Die Kapitalrücklagen stehen deshalb allen Gesellschaftern im Verhältnis ihrer Kapitalbeteiligung zu und sind nicht dem anderen Vertragsteil vorbehalten.[659] Die aus der Auflösung dieser Rücklagen resultierenden Mittel sind im Wege der Gewinnausschüttung an die Gesellschafter auszukehren und können nicht an den anderen Vertragsteil abgeführt werden.

c. Kapitalrücklage nach § 272 Abs. 2 Nr. 4 HGB

Bei der Frage nach der Abführbarkeit innervertraglicher Kapitalrücklagen nimmt die nach § 272 Abs. 2 Nr. 4 HGB gebildete Kapitalrücklage eine Sonderstellung ein. Früher wurde die Abführung dieser Rücklage an den anderen Vertragsteil überwiegend für zulässig gehalten.[660] Durch das Urteil des BFH aus dem Jahr 2001[661] kam es jedoch zu einem Meinungsumschwung,[662] in dessen Folge sich nunmehr ein Teil der Literatur zu Recht gegen die Möglichkeit der Abführung ausspricht.[663]

aa. Zuzahlung der Gesellschafter

Für die Zulässigkeit der Abführung wird vorgebracht, dass sich die Kapitalrücklage nach § 272 Abs. 2 Nr. 4 HGB von den anderen Kapitalrücklagen dadurch

---

658 *Kliem/Meyer*, in: Beck'scher Bilanz-Kommentar, HGB, § 272 Rn. 160; *Richter*, GmbHR 2004, 79 (81).

659 *Egelhof*, Ausschüttungssperren in der Organschaft, S. 26.

660 OLG Frankfurt a.M., Urteil vom 29.06.1999 – 5 U 251/97 = NZG 2000, 603; *Hoffmann-Becking*, WiB 1994, 57 (61). Auch die Finanzverwaltung vertrat viele Jahre die Ansicht, dass die Abführung an den anderen Vertragsteil steuerrechtlich nicht zu beanstanden ist, vgl. BMF-Schreiben vom 11.10.1990, abgedruckt in GmbHR 1991, 46 (47).

661 BFH, Urteil vom 08.08.2001 – I R 25/00 = NZG 2002, 832.

662 Dazu *Hüffer*, in: FS Schneider 2011, S. 559 (563).

663 *Priester*, ZIP 2001, 725 (729); *Cahn/Simon*, Der Konzern 2001, 1 (8); zwischen ein- und mehrgliedrigen Gesellschaften differenzierend *Häller*, in: Schmidt/Lutter, AktG, § 301 Rn. 32; aA *Koppensteiner*, in: Kölner Kommentar zum AktG, § 301 Rn. 14; *Hüffer*, in: FS Schneider 2011, S. 559 (563). Infolge des BFH-Urteils vom 08.08.2001 hat auch die Finanzverwaltung ihre Ansicht revidiert, vgl. BMF-Schreiben vom 27.11.2003, abgedruckt in GmbHR 2004, 144.

unterscheide, dass die zur Bildung der Rücklage verwendeten Mittel nicht von gesellschaftsfremden Dritten, sondern von den Gesellschaftern selbst stammen, die freiwillige Zuzahlungen in das Eigenkapital der Gesellschaft leisten. In der Praxis werden die Zuzahlungen regelmäßig von dem als Mehrheitsgesellschafter an der Untergesellschaft beteiligten anderen Vertragsteil geleistet, der die Mittel der Gesellschaft freiwillig zur Verbesserung ihrer Eigenkapitalausstattung zur Verfügung stellt. Die Kapitalrücklage nach § 272 Abs. 2 Nr. 4 HGB sei insofern mit der innervertraglich gebildeten Gewinnrücklage vergleichbar, die ebenfalls aus Mitteln besteht, die der Gesellschaft durch den anderen Vertragsteil überlassen worden sind. Die Abführung der freiwilligen Zuzahlung sei daher analog § 301 S. 2 AktG zulässig.

Die Argumentation lässt außer Acht, dass auch außenstehende Gesellschafter eine Zuzahlung in das Eigenkapital der Gesellschaft leisten können, die in die Kapitalrücklage nach § 272 Abs. 2 Nr. 4 HGB eingestellt wird. Es wäre nicht zu rechtfertigen, wenn der andere Vertragsteil die Rücklage abführen und so die von den außenstehenden Gesellschaftern geleisteten Zahlungen für sich vereinnahmen könnte.[664] Dies erkennen auch die Gegner einer Abführungsbeschränkung und wollen die Möglichkeit der Abführung davon abhängig machen, wer die Zuzahlung in die Kapitalrücklage geleistet hat. Stammt die Zuzahlung vom anderen Vertragsteil, soll die Kapitalrücklage an diesen abgeführt werden können. Wenn die Zuzahlung hingegen von einem außenstehenden Gesellschafter geleistet worden ist, soll die Abführung an den anderen Vertragsteil ausgeschlossen sein und nur eine Entnahme im Wege der Gewinnausschüttung an alle Gesellschafter in Betracht kommen.[665] Dies hat jedoch ein erhebliches Maß an Rechtsunsicherheit zur Folge, da die Kapitalrücklage in der Bilanz nur nach den in § 272 Abs. 2 HGB aufgeführten Positionen aufgeschlüsselt ist und die einzelnen Zuzahlungen der Gesellschafter nicht separat ausgewiesen werden. Auch aus einem Vergleich mit der Bilanz des letzten Geschäftsjahrs ergibt sich lediglich, in welcher Höhe sich die Kapitalrücklage verändert hat, nicht jedoch die Person des Gesellschafters, der die Zuzahlung geleistet hat. Ließe man die Abführung bis zu einem bestimmten Betrag zu, könnte nicht gewährleistet werden, dass die von den außenstehenden Gesellschaftern geleisteten Zahlungen im Gesellschaftsvermögen verbleiben und vor der Abführung an den anderen Vertragsteil geschützt sind.

---

664 BFH, Urteil vom 08.08.2001 – I R 25/00 = NZG 2002, 832 (834); *Häller*, in: Schmidt/Lutter, AktG, § 301 Rn. 32; *Priester*, ZIP 2001, 725 (728).

665 *Hoffmann-Becking*, WiB 1994, 57.

bb. Vermeintlicher Irrtum des Gesetzgebers im Aktienkonzernrecht

Für die Abführbarkeit der Kapitalrücklage wird außerdem vorgebracht, dass das Abführungsverbot schon im Aktienkonzernrecht keine gesetzliche Grundlage habe, da der vermeintlich eindeutigen Regelung des § 301 S. 2 AktG ein Versehen des Gesetzgebers zugrundliege.[666] Denn vor der durch das BiRiLiG[667] im Jahr 1986 erfolgten Änderung des Wortlauts, konnten sämtliche freie Rücklagen abgeführt werden, wozu auch die durch freiwillige Zuzahlungen der Gesellschafter gebildete Kapitalrücklage gehörte.[668] Durch die Änderung des Wortlauts habe der Gesetzgeber lediglich das Ziel einer begrifflichen Anpassung verfolgt, jedoch nichts an der bestehenden Rechtslage ändern wollen.[669] Tatsächlich legt der Bericht des Rechtsausschusses nahe, dass dem Gesetzgeber die mit der begrifflichen Anpassung verbundene inhaltliche Veränderung nicht bewusst war.[670] Doch selbst wenn es sich insofern um ein Missgeschick handeln sollte, hätte der Gesetzgeber mittlerweile genug Zeit gehabt, den vermeintlichen Fehler zu korrigieren.[671] Durch seine Untätigkeit hat der Gesetzgeber das Abführungsverbot implizit bestätigt, so dass heute nicht mehr von einer unbeabsichtigten Regelung gesprochen werden kann.

cc. Anreiz für Rücklagenbildung

Für die Möglichkeit der Abführung lässt sich anführen, dass dadurch ein Anreiz für den anderen Vertragsteil gesetzt wird, Kapitalrücklagen zu bilden. Ohne die Möglichkeit der Abführung wird der andere Vertragsteil kaum dazu bereit sein, eine freiwillige Zuzahlung in das Eigenkapital der Gesellschaft zu leisten, wenn er den Betrag dann nicht mehr entnehmen kann, ohne ihn mit den außenstehenden Gesellschaftern teilen zu müssen.[672] Dem lässt sich entgegenhalten, dass der andere Vertragsteil der Gesellschaft auch auf anderem Weg finanzielle Mittel zur

---

666 *Hüffer*, in: FS Schneider 2011, S. 559 (567); dezidiert anderer Ansicht hingegen BFH, Urteil vom 08.08.2001 - I R 25/00 = NZG 2002, 832 (834).

667 Gesetz zur Durchführung der Vierten, Siebenten und Achten Richtlinie des Rates der Europäischen Gemeinschaften zur Koordinierung des Gesellschaftsrechts vom 19.12.1985, BGBl. I S. 2355.

668 Ausführlich zu den terminologischen Änderungen durch das BiRiLiG *Sünner*, AG 1989, 414 (415); *Hoffmann-Becking*, WiB 1994, 57 (61); *Hüffer*, in: FS Schneider 2011, S. 559 (561).

669 *Hoffmann-Becking*, WiB 1994, 57 (61); *Hüffer*, in: FS Schneider 2011, S. 559 (567).

670 Vgl. Beschlussempfehlung und Bericht des Rechtsausschusses, BT-Drucksache 10/4268, S. 128.

671 *Richter*, GmbHR 2004, 79 (81).

672 *Häller*, in: Schmidt/Lutter, AktG, § 301 Rn. 32.

Verfügung stellen kann, um die Eigenkapitalquote der Gesellschaft zu erhöhen und dadurch ihre finanzielle Stabilität zu stärken. So ist es dem anderen Vertragsteil unbenommen, die freiwillige Einlage als Ertragszuschuss zu leisten, der in der Gewinn- und Verlustrechnung als Ertrag verbucht wird und auf diesem Weg in die Gewinnrücklage eingestellt werden kann.[673] Der Rückführung an den anderen Vertragsteil stehen bei dieser Gestaltung keine Hindernisse im Weg, da für Entnahmen aus innervertraglich gebildeten Gewinnrücklagen die Ausnahmeregelung des § 301 S. 2 AktG eingreift.[674] Auch für die Anerkennung der steuerlichen Organschaft hat die Abführung des Ertragszuschusses keine negativen Folgen.[675] Insofern ist die Abführbarkeit innervertraglicher Kapitalrücklagen nicht erforderlich, um einen Anreiz zur Rücklagenbildung zu setzen.

dd. Ergebnis

Beträge aus Kapitalrücklagen können nur im Wege der Gewinnausschüttung entnommen und nicht an den anderen Vertragsteil abgeführt werden. Das gilt auch für Zuzahlungen in das Eigenkapital der Gesellschaft, die bilanziell als Kapitalrücklage nach § 272 Abs. 2 Nr. 4 HGB verbucht werden. Die Vorschrift des § 301 S. 2 AktG ist nur auf während der Vertragslaufzeit gebildete Gewinnrücklagen anwendbar. Es handelt es sich um eine Ausnahmeregelung, die vom grundsätzlichen Verbot der Rücklagenabführung abweicht und deren Anwendungsbereich nicht im Wege des Analogieschlusses auf Kapitalrücklagen ausgedehnt werden kann.

IV. Abführung eines Gewinnvortrags

1. Vorvertraglicher Gewinnvortrag

Der Abführung eines vorvertraglichen Gewinnvortrags stehen dieselben Bedenken entgegen, die eine Abführung vorvertraglich gebildeter Rücklagen verhindern, denn die vor Abschluss des Gewinnabführungsvertrags aufgebaute Vermögenssubstanz steht wirtschaftlich nicht dem anderen Vertragsteil, sondern sämtlichen Gesellschaftern entsprechend dem Verhältnis ihrer Kapitalbeteiligung zu. Durch die Abführung des Gewinnvortrags würde der andere Vertragsteil Mittel für sich vereinnahmen, an denen der Gewinnabführungsvertrag ihm keine

---

673 BFH, Urteil vom 08.08.2001 – I R 25/00 = NZG 2002, 832 (834); *Priester*, ZIP 2001, 725 (728); *Bünning/Stoll*, BB 2016, 555 (559); *Störk/Kliem/Meyer*, in: Beck'scher Bilanz-Kommentar, HGB, § 272 Rn. 196; *Richter*, GmbHR 2004, 79 (81).

674 *Priester*, ZIP 2001, 725 (728).

675 *Bünning/Stoll*, BB 2016, 555 (557).

Berechtigung verschafft. Ein vorvertraglicher Gewinnvortrag kann deshalb nicht an den anderen Vertragsteil abgeführt werden.[676] Im Aktienrecht haben diese Überlegungen eine ausdrückliche Regelung erfahren: Die Vorschrift des § 158 Abs. 1 S. 1 Nr. 1 AktG sieht vor, dass ein Gewinnvortrag in der Gewinn- und Verlustrechnung nach dem Jahresüberschuss auszuweisen ist. Der Gewinnvortrag erhöht daher nicht den abführbaren Jahresüberschuss und unterliegt deshalb nicht der Gewinnabführung.

Für die Einpersonengesellschaft gilt nichts anderes.[677] Obwohl es hier an außenstehenden Gesellschaftern fehlt und der andere Vertragsteil als Alleingesellschafter vollen Zugriff auf das Gesellschaftsvermögen hat, erscheint es aus Gründen der Rechtsklarheit vorzugswürdig, die Abführung von Mitteln aus vorvertraglicher Zeit von der Gewinnabführung auszuschließen. Dies gilt nicht nur für in der Zeit vor Abschluss des Gewinnabführungsvertrags gebildete Rücklagen, sondern auch für vorvertragliche Gewinnvorträge. Dem anderen Vertragsteil ist es jedoch unbenommen, die Mittel auf der Grundlage eines Ausschüttungsbeschlusses zu entnehmen.[678]

2. *Innervertraglicher Gewinnvortrag*

Anders verhält es sich bei einem während der Vertragslaufzeit gebildeten Gewinnvortrag, der nach allgemeiner Ansicht an den anderen Vertragsteil abgeführt werden kann.[679] Dies überzeugt, da die zur Bildung des Gewinnvortrags verwendeten Mittel bei wirtschaftlicher Betrachtung dem anderen Vertragsteil zustehen. Schließlich kann ein Gewinnvortrag während der Vertragslaufzeit nur entstehen, wenn der andere Vertragsteil auf einen Teil des abzuführenden Gewinns verzichtet und diesen der Gesellschaft zur Bildung eines Gewinnvortrags überlässt. Die Interessenlage ist daher mit der bei der Abführung innervertraglicher Gewinnrücklagen vergleichbar, deren Entstehung ebenfalls voraussetzt, dass der andere Vertragsteil einen Teil des Gewinns stehen lässt. Vor diesem Hintergrund

676 *Servatius*, in: BeckOK GmbHG, Systematische Darstellung KonzernR Rn. 332; *Kurz*, Gewinnabführungsvertrag im GmbH-Recht, S. 72; aA *Sünner*, AG 1989, 414 (417).

677 Zur Ausdehnung der Abführungssperre auf die Einpersonengesellschaft bereits unter Teil 4 A. III. 1. b.

678 Die Ausschüttung von Gewinnen ist auch bei Bestehen eines Gewinnabführungsvertrags möglich, siehe dazu bereits unter Teil 4 A. III. 1. b. bb.

679 *Emmerich*, in: Emmerich/Habersack, Aktien-/GmbH-KonzernR, § 301 Rn. 31; *Servatius*, in: BeckOK GmbHG, Systematische Darstellung KonzernR Rn. 332 f.; *ders.*, in: Michalski, GmbHG, Systematische Darstellung 4 Rn. 332; *Keßler*, Handbuch GmbH-Konzern, S. 92.

erscheint es sachgerecht, während der Vertragslaufzeit vorgetragene Gewinne in analoger Anwendung des § 301 S. 2 AktG der Gewinnabführung zu unterwerfen. Dies entspricht der Rechtslage im Aktienkonzernrecht, wo ebenfalls anerkannt ist, dass innervertragliche Gewinnvorträge an den anderen Vertragsteil abgeführt werden können.[680]

V. Abführung stiller Reserven

Erträge, die aus der Auflösung stiller Reserven resultieren, sind Teil des Jahresüberschusses und daher nach § 301 AktG nicht von der Gewinnabführung ausgeschlossen.[681] Dies gilt unabhängig davon, ob die aufgelösten stillen Reserven vor dem Abschluss oder während der Laufzeit des Gewinnabführungsvertrags gebildet worden sind.[682] Dass auf diesem Weg auch Erträge aus der Auflösung vorvertraglicher stiller Reserven als Gewinn an den anderen Vertragsteil abgeführt werden können, wird teilweise als unbefriedigend empfunden, da die Gewinnabführung grundsätzlich auf die während der Vertragslaufzeit erzielten Erträge beschränkt ist.[683] Da der andere Vertragsteil erst ab dem Zeitpunkt des Vertragsschlusses das unternehmerische Risiko der Untergesellschaft trägt und die davor erzielten Erträge allen Gesellschaftern entsprechend dem Verhältnis ihrer Kapitalbeteiligung zustehen, erscheint es auf den ersten Blick nicht sachgerecht, dass der andere Vertragsteil stille Reserven aus vorvertraglicher Zeit abführen und dadurch für sich vereinnahmen kann. Bei teleologischer Betrachtung ist dieses Ergebnis jedoch konsequent, da es bei der Beschränkung der Gewinnabführung um den Erhalt des bilanziellen Anfangsvermögens geht.[684] Dass stille Reserven an

680 *Häller*, in: Schmidt/Lutter, AktG, § 301 Rn. 29; *Koppensteiner*, in: Kölner Kommentar zum AktG, § 301 Rn. 19; *Koch*, AktG, § 301 Rn. 7.

681 BGH, Beschluss vom 20.05.1997 – II ZB 9/96 = ZIP 1997, 1193 (1194); *Stangl*, in: Kessler/Kröner/Köhler, Konzernsteuerrecht, § 3 Rn. 208; *Servatius*, in: BeckOK GmbHG, Systematische Darstellung KonzernR Rn. 332.2; *ders.*, in: Michalski, GmbHG, Systematische Darstellung 4 Rn. 332; *Altmeppen*, in: Münchener Kommentar zum AktG, § 301 Rn. 4, 35; *Koch*, AktG, § 301 Rn. 4; *Koppensteiner*, in: Kölner Kommentar zum AktG, § 301 Rn. 22; *Egelhof*, Ausschüttungssperren in der Organschaft, S. 26 Fn. 99; *Sonnenschein*, ZGR 1981, 429 (441); *Emmerich*, ZGR 1986 Sonderheft 6, 64 (81); *Müller*, in: FS Goerdeler 1987, S. 375 (389); *Priester*, ZIP 2001, 725 (727); *Mues*, RNotZ 2005, 1 (11).

682 *Koppensteiner*, in: Kölner Kommentar zum AktG, § 301 Rn. 22; *Priester*, ZGR 1986 Sonderheft 6, 151 (180); *Müller*, in: FS Goerdeler 1987, S. 375 (389); *Sonnenschein*, ZGR 1981, 429 (441 f.); *Mues*, RNotZ 2005, 1 (11).

683 *Koppensteiner*, in: Kölner Kommentar zum AktG, § 301 Rn. 22.

684 *Koch*, AktG, § 301 Rn. 4.

den anderen Vertragsteil abgeführt werden können, ist die logische Konsequenz ihrer bilanziellen Nichtberücksichtigung und steht daher nicht im Widerspruch zu den Beschränkungen des § 301 AktG. Dass der Gesetzgeber eine bilanzielle Betrachtungsweise anlegt, ist aus Gründen der Praktikabilität gerechtfertigt, da ein generelles Abführungsverbot für stille Reserven vor dem Hintergrund der vielfältigen Entstehungsmöglichkeiten stiller Reserven kaum justitiabel wäre.[685]

VI. Einfluss des anderen Vertragsteils auf die Ergebnisermittlung

1. Möglichkeit der Einflussnahme durch Ausübung des Weisungsrechts

Da es sich bei dem anderen Vertragsteil regelmäßig um den Mehrheitsgesellschafter handelt, ist dieser aufgrund des im GmbH-Recht bestehenden Weisungsrechts grundsätzlich in der Lage, die Ermittlung des Jahresergebnisses zu beeinflussen. So kann der andere Vertragsteil den Geschäftsführer zur Auflösung innervertraglicher Gewinnrücklagen und stiller Reserven anweisen oder Vorgaben zur Ausübung von Ansatz- und Bewertungswahlrechten und der Bildung von Rückstellungen machen und dadurch Einfluss auf die Ergebnisermittlung nehmen.

2. Gefahr der nachteiligen Einflussnahme

Bei Bestehen eines Gewinnabführungsvertrags ist dies problematisch, da der andere Vertragsteil ein großes Interesse daran hat, die Ergebnisermittlung dahingehend zu beeinflussen, dass sich ein abzuführender Gewinn erhöht bzw. ein auszugleichender Verlust verringert. Es besteht daher die Gefahr, dass sich der andere Vertragsteil bei der Einflussnahme auf die Ergebnisermittlung nicht am Wohl der gewinnabführungsverpflichteten Gesellschaft orientiert, sondern eigene Interessen verfolgt.

a. Mehrpersonengesellschaft

aa. Unzulässigkeit nachteiliger Weisungen

In der mehrgliedrigen Gesellschaft wird die nachteilige Einflussnahme auf die Ergebnisermittlung durch das Schädigungsverbot verhindert, das auch bei Bestehen eines Gewinnabführungsvertrags Anwendung findet und jeder Einflussnahme zum Nachteil der Untergesellschaft entgegensteht.[686] Nach zutreffender

685 *Müller*, in: FS Goerdeler 1987, S. 377 (389).

686 Zur Anwendbarkeit des Schädigungsverbots siehe Teil 1 C. I. 2.

Ansicht gilt das Schädigungsverbot auch für Weisungen im Hinblick auf die Ergebnisermittlung.[687] Das führt dazu, dass der andere Vertragsteil keine Möglichkeit hat, den abzuführenden Gewinn künstlich in die Höhe treiben oder den Verlust klein zu halten, indem er Einfluss auf die Bilanzierung bei der Untergesellschaft nimmt. Die Geltung des Schädigungsverbots für Maßnahmen der Ergebnisermittlung ergibt sich daraus, dass es sich bei der Entscheidung über die Auflösung von Rücklagen oder die Bildung von Rückstellungen um Maßnahmen handelt, die dem Bereich der Geschäftsführung zuzuordnen sind und auf die der andere Vertragsteil grundsätzlich nur bei Abschluss eines Beherrschungsvertrags nachteiligen Einfluss nehmen kann.[688]

bb. Abgrenzung nachteiliger Weisungen

Probleme wirft jedoch die Frage auf, wann eine Weisung zur Ausübung der Bilanzierungswahlrechte nachteilig und damit unzulässig ist. Denn eine verlustminimierende Vorgehensweise bei der Ergebnisermittlung kann auch der Untergesellschaft zugutekommen und muss nicht zwingend nur den Interessen des anderen Vertragsteils dienen.[689] Genauso wenig läuft eine gewinnoptimierende Ausübung von Bilanzierungswahlrechten in jedem Fall den Interessen der Untergesellschaft zuwider, weshalb eine entsprechende Weisung nicht per se als unzulässig angesehen werden kann.[690] Schließlich ist zu bedenken, dass Gewinnrücklagen und Gewinnvorträge in der Regel nur deshalb gebildet werden, weil der andere Vertragsteil die Mittel auf der Grundlage des Gewinnabführungsvertrags auch wieder abführen kann. Ist eine entsprechende Weisung jedoch unzulässig, hat der andere Vertragsteil keine Möglichkeit, für die Abführung der in die Rücklage eingestellten Mittel zu sorgen, so dass der Anreiz zur Bildung von Rücklagen entfallen würde.

cc. Regelung im Gewinnabführungsvertrag

Das Problem wird jedoch dadurch entschärft, dass die Ergebnisermittlung im Gewinnabführungsvertrag näher geregelt werden kann. Es steht den beteiligten Rechtsträgern frei, Regeln zur Ergebnisermittlung in den Vertrag aufzunehmen

---

687 *Servatius*, in: Michalski, GmbHG, Systematische Darstellung 4 Rn. 327; so auch die herrschende Ansicht im Aktienkonzernrecht, vgl. statt vieler *Altmeppen*, in: Münchener Kommentar zum AktG, § 301 Rn. 31.

688 *Altmeppen*, in: Münchener Kommentar zum AktG, § 301 Rn. 31; *Müller*, in: FS Goerdeler 1987, S. 377 (384).

689 *Müller*, in: FS Goerdeler 1987, S. 377 (385).

690 Ebenda.

und der Untergesellschaft dadurch einen festen Rahmen für die Ausübung der ihr zustehenden Ermessenspielräume bei der Bilanzierung zu geben.[691] Dabei kann allgemein auf die Bilanzierungsrichtlinien der Obergesellschaft verwiesen werden, um eine gleichmäßige Ausübung der Bilanzierungswahlrechte zu gewährleisten. Dem anderen Vertragsteil kann jedoch auch im Hinblick auf bestimmte Bilanzierungsentscheidungen ein Weisungsrecht eingeräumt werden, das in gewinnmaximierender bzw. verlustminimierender Weise ausgeübt werden kann.[692] Der andere Vertragsteil kann daher die Auflösung von innervertraglichen Gewinnrücklagen oder Gewinnvorträgen verlangen, wenn der Gewinnabführungsvertrag eine entsprechende Regelung enthält.[693]

b. Einpersonengesellschaft

Anders verhält es sich in der eingliedrigen Gesellschaft, wo das Schädigungsverbot keine Anwendung findet und einer nachteiligen Einflussnahme nicht entgegensteht.[694] Der Alleingesellschafter hat es daher in der Hand, auch nachteilige Weisungen zu erteilen und dem Geschäftsführer Vorgaben über die Auflösung innervertraglicher Rücklagen zu machen oder die Bildung von Rückstellungen zu verhindern, um den abführbaren Gewinn in die Höhe zu treiben.

VII. Ergebnis

Zum Schutz der abhängigen Gesellschaft müssen der Gewinnabführung sowohl im Aktien- als auch im GmbH-Konzernrecht Grenzen gesetzt werden. Die Beschränkung der Gewinnabführung stellt ein wichtiges Schutzinstrument dar, das die Erhaltung des bilanziellen Anfangsvermögens gewährleistet und dadurch die Chancen der Gesellschaft erhöht, nach Beendigung des Gewinnabführungsvertrags wieder selbständig am Wirtschaftsverkehr teilzunehmen. Es kann kaum zufriedenstellen, dass der Schutz der außenstehenden Gesellschafter und der Gläubiger vor einer Auszehrung der Vermögenssubstanz durch den anderen Vertragsteil nur über die Anwendung der steuerrechtlichen Vorschrift des § 17 KStG gewährleistet wird. Das Gesellschaftsvermögen der abhängigen Gesellschaft muss

---

691 Zur Gestaltungsfreiheit im Hinblick auf den Gegenstand der Gewinnabführung bereits unter Teil 4 A. I. 1.

692 *Müller*, in: FS Goerdeler 1987, S. 377 (386).

693 *Koppensteiner*, in: Kölner Kommentar zum AktG, § 301 Rn. 17; *Paschos*, in: Henssler/Strohn, AktG, § 301 Rn. 12.

694 Zur Nichtanwendbarkeit des Schädigungsverbots in der Einpersonengesellschaft siehe Teil 1 C. I. 2.

unabhängig von der steuerlichen Motivation der beteiligten Rechtsträger vor dem Zugriff des anderen Vertragsteils geschützt werden. Es erscheint daher sachgerecht, die Regelung des § 301 AktG auf die GmbH analog anzuwenden. Gerade vor dem Hintergrund, dass die von § 301 AktG vorgegebenen Grenzen aufgrund der steuerrechtlichen Vorgaben des § 17 KStG ohnehin in vielen Fällen Beachtung finden, führt die analoge Anwendung des § 301 AktG zu einer Vereinheitlichung der gesellschafts- und steuerrechtlichen Vorgaben und schafft dadurch Klarheit über die Grenzen der Gewinnabführung und erhöht die Rechtssicherheit bei der Durchführung von Gewinnabführungsverträgen mit einer abhängigen GmbH.

B. Verlustausgleichspflicht

I. Einführung

Den wichtigsten Schutzmechanismus des Vertragskonzernrechts stellt die das Bild des Gewinnabführungsvertrags prägende Verlustausgleichspflicht dar.[695] Gemäß § 302 AktG ist der andere Vertragsteil dazu verpflichtet, einen während der Vertragslaufzeit *sonst* entstehenden Fehlbetrag bei der gewinnabführungsverpflichteten Gesellschaft auszugleichen. Die Formulierung erklärt sich vor dem Hintergrund, dass etwaige Verluste durch die Aktivierung des Ausgleichsanspruchs in der Jahresbilanz neutralisiert werden, so dass es bei Bestehen eines Gewinnabführungsvertrags bilanztechnisch nicht zur Entstehung eines Jahresfehlbetrags kommen kann.[696]

1. Dogmatische Grundlage und Übertragung auf die GmbH

Im Hinblick auf die dogmatische Begründung der Verlustausgleichspflicht wird zum einen auf den Gedanken eines Zusammenhangs zwischen unternehmerischen Chancen und Risiken zurückgegriffen: Da der andere Vertragsteil bei einer positiven Geschäftsentwicklung von den Erträgen der Untergesellschaft profitiert, muss er im Fall einer schlechten Geschäftsentwicklung auch die entstandenen

695 Die mit dem Gewinnabführungsvertrag einhergehende Pflicht zum Verlustausgleich hat dazu geführt, dass teilweise von einem Ergebnisabführungsvertrag gesprochen wird; zu dieser nicht sehr überzeugenden Terminologie bereits unter Teil 1 A. V.

696 *Koppensteiner*, in: Kölner Kommentar zum AktG, § 302 Rn. 18.

Verluste tragen.[697] Die Verlustausgleichspflicht stellt nach diesem Ansatz das Korrelat zur Gewinnabführungsberechtigung dar.[698]

Auf der anderen Seite wird die Verlustausgleichspflicht mit der Suspendierung der Kapitalerhaltungsvorschriften begründet.[699] Die Verlustausgleichspflicht schließe die Schutzlücke, die dadurch entsteht, dass Vermögensabflüsse bei Bestehen eines Gewinnabführungsvertrags nicht am Grundsatz der Kapitalerhaltung zu messen sind.[700] Beide Begründungsansätze, die auch im Aktienkonzernrecht häufig miteinander kombiniert werden,[701] greifen unabhängig von der Rechtsform der gewinnabführungsverpflichteten Gesellschaft, so dass die Verlustausgleichspflicht auch im GmbH-Konzernrecht zur Anwendung kommen muss. Es besteht daher weitgehend Einigkeit, dass der andere Vertragsteil unabhängig von der Rechtsform der gewinnabführungsverpflichteten Gesellschaft zum Verlustausgleich verpflichtet ist.[702] Auch die Rechtsprechung

---

697 *Kleindiek*, ZGR 2001, 479 (489); *Koppensteiner*, in: Kölner Kommentar zum AktG, § 302 Rn. 5; *Altmeppen*, NZG 2010, 361 (366 f.).

698 Begründung zum Regierungsentwurf vom 03.02.1962 (AktG), BT-Drucksache IV/171, S. 222; beim Beherrschungsvertrag wird analog dazu auf den Zusammenhang zwischen Herrschaft und Haftung abgestellt, vgl. *Bitter*, ZIP 2001, 265 (270).

699 *Adenauer/Schubert*, in: Heidel, AktG, § 302 Rn. 1; *Servatius*, in: Grigoleit, AktG, § 302 Rn. 1; *Emmerich*, in: Emmerich/Habersack, Aktien-/GmbH-KonzernR, § 302 Rn. 3; *Koch*, AktG, § 302 Rn. 3; *Paschos*, in: Henssler/Strohn, AktG, § 302 Rn. 2; *Bitter*, ZHR 168 (2004), 302 (305); *Hentzen*, AG 2006, 133 (134); kritisch zu diesem Ansatz *Altmeppen*, in: Münchener Kommentar zum AktG, § 302 Rn. 10, *Priester*, BB 2005, 2483 (2484) und *Verse*, ZIP 2005, 1627 (1631), die auf die Entstehungsgeschichte der Verlustausgleichspflicht im Aktienkonzernrecht verweisen und darauf aufmerksam machen, dass diese in den Gesetzentwurf aufgenommen wurde, bevor die Suspendierung der Kapitalerhaltungsvorschriften feststand.

700 Die dem § 291 Abs. 3 AktG nachgebildete Regelung des § 30 Abs. 1 S. 2 GmbHG wurde durch das MoMiG in das GmbHG aufgenommen; vorher war hoch umstritten, ob § 291 Abs. 3 AktG im GmbH-Konzernrecht analog anzuwenden ist, vgl. dazu *Liebscher*, in: Münchener Kommentar zum GmbHG, Anhang § 13 Rn. 465.

701 So bspw. *Hommelhoff*, in: FS Goerdeler 1987, 221 (232).

702 *Servatius*, in: BeckOK GmbHG, Anhang KonzernR Rn. 192; *Altmeppen*, GmbHG, Anhang § 13 Rn. 71; *Emmerich*, in: Scholz, GmbHG, Anhang § 13 Rn. 291; *Kiefner*, Münchener Handbuch GesR, Band 3, § 70 Rn. 3; *Beurskens*, in: Noack/Servatius/Haas, GmbHG, Anhang Rn. 121; *Vogt*, in: Beck'sches Handbuch GmbH, § 21 Rn. 61; *Rehbinder*, in: FS Fleck, S. 253 (260); *Brandes*, in: FS Kellermann 1991, S. 32; *Stoll*, Garantiekapital, S. 155; *Kort*, Beherrschungs- und Gewinnabführungsverträge, S. 146; *Kurz*, Gewinnabführungsvertrag im GmbH-Recht, S. 67; *Skibbe*, GmbHR 1968, 245 (248); *Martens*, DB 1970, 813 (818); *Emmerich*, ZGR 1986 Sonderheft 6,

wendet die Regelung des § 302 AktG im Vertragskonzernrecht der GmbH seit langem analog an.[703]

2. *Steuerlicher Hintergrund*

Unabhängig von der gesellschaftsrechtlichen Geltung der Verlustausgleichspflicht, setzt § 17 KStG für die steuerliche Anerkennung des Gewinnabführungsvertrags einen dynamischen Verweis auf die Vorschrift des § 302 AktG voraus.[704] Damit stellt die Regelung des § 17 KStG einen der größten Fallstricke beim Abschluss eines Gewinnabführungsvertrags dar.[705] Vor dem Hintergrund, dass die Verlustausgleichspflicht sowohl im Aktienkonzernrecht[706] als auch im GmbH-

---

64 (81); *Priester*, ZGR 1986 Sonderheft 6, 151 (179); *Lutter*, ZGR 1986 Sonderheft 6, 192 (195); *Esch*, BB 1986, 272 (274); *Timm*, GmbHR 1987, 8 (12); *Kleindiek*, ZIP 1988, 613 (618); *Zöllner*, ZGR 1992, 173 (192); *Krieger*, DStR 1992, 432 (434); *Schwarz*, MittRhNotK 1994, 50 (52); *Hommelhoff/Freytag*, DStR 1996, 1409 (1411); *Bärwaldt/Schabacker*, AG 1998, 182 (184); *Zeidler*, NZG 1999, 692 (696); Walter, GmbHR 1999, 1017 (1018); *Kleindiek*, ZGR 2001, 479 (480); *Philippi/Neveling*, BB 2003, 1685 (1690); *Verse*, ZIP 2005, 1627; *Priester*, BB 2005, 2483 (2486); *Petersen*, GmbHR 2005, 1031 (1032 ff.); *Crezelius*, Ubg 2009, 733 (734); *Hohage/Willkommen*, BB 2010, 1119; *Beck*, GmbHR 2014, 1075 (1077); *Mylich*, AG 2016, 529 (531); *Schreiber*, GmbHR 2018, 1003 (1007), der die Verlustausgleichsanspruch jedoch nicht auf die Analogie zu § 302 AktG stützen, sondern aus auftragsrechtlichen Prinzipien herleiten will; aA *Bitter*, ZIP 2001, 265 (273); *Koehler*, GmbHR 2020, 185.

703 BGH, Urteil vom 14.12.1987 – II ZR 170/87 = NJW 1988, 1326 – *Familienheim*; Beschluss vom 24.10.1988 – II ZB 7/88 = NJW 1989, 295 (297) – *Supermarkt*; Urteil vom 11.11.1991 – II ZR 287/90 = GmbHR 1992, 34 (35) – *Stromlieferung/Hansa Feuerfest*; Urteil vom 11.10.1999 – II ZR 120/98 = NJW 2000, 210; Urteil vom 05.11.2001 – II ZR 119/00 = NJW 2002, 822 (823); Urteil vom 10.07.2006 – II ZR 238/04 = NJW 2006, 3279; Urteil vom 07.10.2014 – II ZR 361/13 = NZG 2014, 1340; OLG Jena, Urteil vom 21.09.2004 – 8 U 1187/03 = DStR 2005, 1372; OLG München, Urteil vom 20.11.2013 – 7 U 5025/11 = GmbHR 2014, 535.

704 *Stangl*, in: Kessler/Kröner/Köhler, Konzernsteuerrecht, § 3 Rn. 222. Vor der kleinen Organschaftsreform (Gesetz zur Änderung und Vereinfachung der Unternehmensbesteuerung und des steuerlichen Reisekostenrechts vom 20.02.2013, BGBl. I S. 285) war in § 17 KStG lediglich von der Vereinbarung einer Verlustausgleichspflicht die Rede. Schon damals entsprach es jedoch der herrschenden Auffassung, dass ein Verweis auf die Regelung des § 302 AktG erforderlich ist, siehe BFH, Urteil vom 29.03.2000 – I R 43/99 = GmbHR 2000, 949; *Hoffmann-Becking*, WiB 1994, 57 (62).

705 *Stangl*, in: Kessler/Kröner/Köhler, Konzernsteuerrecht, § 3 Rn. 222.

706 Begründung zum Regierungsentwurf vom 03.02.1962 (AktG), BT-Drucksache IV/171, S. 222; *Häller*, in: Schmidt/Lutter, AktG, § 302 Rn. 9; *Koch*, AktG, § 302

Konzernrecht[707] zwingend ist, erscheinen die strengen Vorgaben des Konzernsteuerrechts zur Aufnahme eines dynamischen Verweises kaum nachvollziehbar. Im Gesellschaftsrecht wird die Verlustausgleichspflicht allgemein als gesetzliches Schuldverhältnis angesehen, das keiner Aufnahme in den Gewinnabführungsvertrag bedarf. Es kommt daher gerade nicht darauf an, ob der Gewinnabführungsvertrag eine entsprechende Verpflichtung oder einen Verweis auf § 302 AktG enthält.[708] Da für eine abweichende Behandlung im Konzernsteuerrecht keine nachvollziehbaren Gründe erkennbar sind, kann die körperschaftsteuerrechtliche Regelung des § 17 Abs. 1 S. 2 Nr. 2 KStG als überflüssig angesehen und ersatzlos gestrichen werden.[709]

II. Keine Beschränkung auf das Stammkapital

1. Meinungsstand

Während im Aktienkonzernrecht Einigkeit herrscht, dass sämtliche Verluste vom anderen Vertragsteil auszugleichen sind, ist die Reichweite der Verlustausgleichspflicht im Fall einer abhängigen GmbH umstritten.[710] Einige Stimmen fordern eine Beschränkung der Verlustausgleichspflicht auf das Stammkapital, so dass der andere Vertragsteil nur soweit zum Ausgleich eines etwaigen Jahresfehlbetrags verpflichtet ist, wie das Gesellschaftsvermögen die Stammkapitalgrenze

---

Rn. 1; *Altmeppen*, in: Münchener Kommentar zum AktG, § 302 Rn. 3; *Paschos*, in: Henssler/Strohn, AktG § 302 Rn. 2; *Servatius*, in: Grigoleit, AktG, § 302 Rn. 4.

707 *Emmerich*, in: Scholz, GmbHG, Anhang § 13 Rn. 291; *Schnorbus*, in: Rowedder/Pentz, Anhang § 52 Rn. 97; *Servatius*, in: Michalski, GmbHG, Systematische Darstellung 4 Rn. 336; *Altmeppen*, GmbHG, Anhang § 13 Rn. 71; *Kort*, Beherrschungs- und Gewinnabführungsverträge, S. 148; *Emmerich*, ZGR 1986 Sonderheft 6, 64 (81); *Priester*, ZGR 1986 Sonderheft 6, 151 (179); *Krieger*, DStR 1992, 432 (434); *Zöllner*, ZGR 1992, 173 (192); *Schwarz*, MittRhNotK 1994, 50 (52).

708 *Servatius*, in: Grigoleit, AktG, § 302 Rn. 4; *Koch*, AktG, § 302 Rn. 4; *Paschos*, in: Henssler/Strohn, AktG § 302 Rn. 3; *Deilmann*, in: Hölters AktG, § 302 Rn. 1.

709 So auch *Simon/Leuering*, NJW-Spezial 2006, 363 (364).

710 Zum Meinungsstand *Emmerich*, in: Emmerich/Habersack, Aktien-/GmbH-KonzernR, § 302 AktG Rn. 30a, der zu Recht darauf hinweist, dass die praktische Bedeutung dieses Streits eher gering ist, da ein Großteil der Gewinnabführungsverträge aus steuerrechtlichen Gründen auf § 302 AktG verweist, so dass sämtliche Verluste von der Ausgleichspflicht erfasst sind; ähnlich *Zeidler*, NZG 1999, 692 (696).

unterschreitet.[711] Die überwiegend vertretene Ansicht lehnt dies jedoch ab und tritt dafür ein, dass jeder Verlust vom anderen Vertragsteil auszugleichen ist, unabhängig davon, ob das Stammkapital vom Gesellschaftsvermögen gedeckt ist.[712]

2. Diskussion der Argumente

a. Ersatz für Kapitalerhaltungsregeln

Für eine Beschränkung der Verlustausgleichspflicht spricht, dass die Verlustausgleichspflicht zumindest auch dem Zweck dient, die durch die Suspendierung der Kapitalerhaltungsregeln entstehende Schutzlücke zu schließen.[713] Daraus könnte man den Schluss ziehen, dass Verlustausgleichspflicht und Kapitalerhaltungsrecht gleichlaufen. Folgt man diesem Gedanken, liegt eine Beschränkung auf das Stammkapital nahe, da auch die Kapitalerhaltungsregeln nicht das gesamte Gesellschaftsvermögen, sondern nur das Stammkapital schützen.

b. Schutzinstrument sui generis

Die Argumentation kann jedoch nicht überzeugen, denn bei einem Vergleich zwischen der Verlustausgleichspflicht und dem Kapitalerhaltungsgrundsatz wird deutlich, dass es sich bei der Verlustausgleichspflicht um ein Schutzinstrument *sui generis* handelt, das eigenen Regeln folgt und nicht den gleichen Anforderungen unterliegt wie das kapitalerhaltungsrechtliche Verbot der Einlagenrückgewähr.[714] Denn das maßgebliche Charakteristikum des Kapitalerhaltungsrechts ist der Schutz des Gesellschaftsvermögens vor einem Zugriff durch die Gesellschafter.[715] Die Kapitalerhaltungsregeln greifen deshalb nur ein, soweit es um eine

---

711 *Leuschner*, in: Habersack/Casper/Löbbe, GmbHG, Anhang § 77 Rn. 211; *Koehler*, Der Gewinnabführungsvertrag, S. 134.

712 *Emmerich*, in: Emmerich/Habersack, Aktien-/GmbH-KonzernR, § 302 Rn. 30a; *Kort*, Beherrschungs- und Gewinnabführungsverträge, S. 146. Für eine beschränkte Verlustausgleichspflicht bei der Einpersonengesellschaft *Kropff*, in: FS Semler 1993, S. 517 (531); *Liebscher*, in: Münchener Kommentar zum GmbHG, Anhang § 13 Rn. 891; *Altmeppen*, GmbHG, Anhang § 13 Rn. 77; *Beurskens*, in: Noack/Servatius/Haas, GmbHG, Anhang Rn. 121; *Verse*, in: Henssler/Strohn, GmbHG, Anhang § 13 Rn. 103, der es für zulässig hält, eine entsprechende Beschränkung der Verlustausgleichspflicht im Gewinnabführungsvertrag zu vereinbaren.

713 Zum dogmatischen Hintergrund der Verlustausgleichspflicht siehe Teil 4 B. I. 1.

714 *Hentzen*, AG 2006, 133 (136).

715 *Ekkenga*, in: Münchener Kommentar zum GmbHG, § 30 Rn. 2; *Verse*, in: Scholz, GmbHG, § 30 Rn. 1; *Habersack*, in: Habersack/Casper/Löbbe, GmbHG, § 30 Rn. 1;

Vermögensverlagerung auf einen Gesellschafter geht. Die Verlustausgleichspflicht besteht hingegen bei jedem Jahresfehlbetrag und erfasst daher auch operative Verluste der Gesellschaft, die nicht auf einem Vermögensabfluss an die Gesellschafter beruhen.[716] Die Verlustausgleichspflicht findet ferner auch dann Anwendung, wenn der Gewinnabführungsvertrag mit einem Nichtgesellschafter geschlossen wird, wohingegen die Kapitalerhaltungsregeln in diesem Fall von vornherein nicht einschlägig sind. Daran wird deutlich, dass die Verlustausgleichspflicht und der Kapitalerhaltungsgrundsatz unterschiedliche Schutzinstrumente darstellen, zwischen denen nicht notwendigerweise ein Gleichlauf besteht.

c. *Konzerneinbindung*

Gegen eine Beschränkung der Verlustausgleichspflicht auf das Stammkapital spricht ferner, dass mit dem Vertragsschluss vielfältige Risiken einhergehen, die auch das ungebundene Gesellschaftsvermögen bedrohen. Der Gewinnabführungsvertrag geht in seinen Folgen für die Gesellschaft in der Regel weit über die unmittelbar mit dem Vertragsschluss verbundenen Rechtsfolgen hinaus. Am deutlichsten kommt dies bei einem Blick auf die integrationsverstärkende Wirkung des Gewinnabführungsvertrags zum Ausdruck.[717] Denn typischerweise wird der Abschluss des Gewinnabführungsvertrags dazu genutzt, die Untergesellschaft in das konzernweite Finanzmanagement einzubinden, um die Finanzreserven der Konzerngesellschaften zu bündeln und überschüssige Liquidität gezielt verteilen zu können. Für die Untergesellschaft geht von der umfassenden Einbindung in das zentrale Finanzmanagement jedoch das Risiko aus, dass ihr über die Gewinnabführungsverpflichtung hinaus Liquidität entzogen und zu ihren Ungunsten innerhalb des Konzerns umverteilt wird. Wenn sich dies auf die Geschäftstätigkeit auswirkt und zur Entstehung eines Jahresfehlbetrags führt, muss der andere Vertragsteil die Verluste unabhängig davon ausgleichen, ob das Stammkapital der Untergesellschaft gedeckt ist oder nicht.

Servatius, in: Noack/Servatius/Haas, GmbHG, § 30 Rn. 1; *Altmeppen*, GmbHG, § 30 Rn. 25; *Berkefeld*, in: Heckschen/Heidinger, Die GmbH, Kap. 16 Rn. 5, der von einem Staudamm gegen Rückflüsse an die Gesellschafter spricht; *Heidinger*, DNotZ 2005, 97 (110).

716 *Altmeppen*, in: Münchener Kommentar zum AktG, § 302 Rn. 10; *Priester*, BB 2005, 2483 (2484); *Verse*, ZIP 2005, 1627 (1631).

717 Zur integrationsverstärkenden Wirkung siehe Teil 1 C. II.

3. *Ergebnis*

Vor dem Hintergrund der vielfältigen Gefahren, die sich aus dem Abschluss des Gewinnabführungsvertrags für die Vermögenssubstanz der Untergesellschaft ergeben, erscheint es sachgerecht, die Verlustausgleichspflicht in vollem Umfang auf die GmbH zu übertragen und dadurch sowohl das gebundene als auch das ungebundene Gesellschaftsvermögen zu schützen. Dass die Verlustausgleichspflicht im Vertragskonzernrecht an die Stelle der Kapitalerhaltungsregeln tritt, steht dem nicht entgegen, da die Verlustausgleichspflicht als Schutzinstrument eigenen Regeln folgt und daher nicht zwingend auf den Schutz des Stammkapitals beschränkt werden muss.

III. Verlustverrechnung mit Rücklagen und Gewinnvorträgen

Fraglich ist, in welchem Umfang Rücklagen und Gewinnvorträge aufgelöst und zur Verlustdeckung eingesetzt werden können. Wertungsmäßig stellen sich an dieser Stelle dieselben Fragen, die im Rahmen der Diskussion um die Grenzen der Gewinnabführung virulent werden.[718] Um Wertungswidersprüche zu vermeiden, muss in beiden Fällen der gleiche Maßstab angelegt werden, so dass Rücklagen und Gewinnvorträge, die im Falle eines Jahresüberschusses nicht an den anderen Vertragsteil abgeführt werden können, im Fall eines Jahresfehlbetrags auch nicht zur Verlustdeckung eingesetzt werden dürfen.[719] Umgekehrt bestehen gegen die Verlustverrechnung keine Bedenken, wenn die entsprechenden Beträge im Fall eines Jahresüberschusses an den anderen Vertragsteil abgeführt werden könnten. Diese Wertung kommt auch im Aktienkonzernrecht zum Ausdruck, wo § 302 Abs. 1 AktG die Verrechnung mit Beträgen aus innervertraglich gebildeten Gewinnrücklagen erlaubt und damit das Gegenstück zu § 301 S. 2 AktG bildet, wonach innervertragliche Gewinnrücklagen an den anderen Vertragsteil abgeführt werden dürfen.[720]

Vor diesem Hintergrund können Beträge, die in vorvertraglicher Zeit in Rücklagen eingestellt worden sind, generell nicht zur Verlustdeckung eingesetzt

718 Ausführlich zur analogen Anwendung des § 301 AktG auf die GmbH und den daraus resultierenden Grenzen der Gewinnabführung Teil 4 A.

719 *Hüffer*, in: FS Schneider 2011, S. 559 (560).

720 Anschaulich zum Zusammenhang zwischen den beiden Regelungen *Hüffer*, in: FS Schneider 2011, S. 559 (560).

werden.[721] Das Gleiche gilt für vorvertragliche Gewinnvorträge.[722] Kapitalrücklagen können unabhängig vom Zeitpunkt ihrer Entstehung nicht mit Verlusten verrechnet werden.[723] Nur solche Beträge, die während der Vertragslaufzeit in die anderen Gewinnrücklagen eingestellt oder als Gewinnvortrag verbucht worden sind, können zugunsten des anderen Vertragsteils aufgelöst und mit entstandenen Verlusten verrechnet werden.[724]

IV. Einzelheiten des Verlustausgleichsanspruchs

1. Fälligkeit und Höhe

a. Meinungsstand

Seit langem umstritten ist die Frage, inwieweit Fälligkeit und Höhe des Verlustausgleichsanspruchs an die Feststellung des Jahresabschlusses gekoppelt sind.[725] Früher überwog die Ansicht, nach der der Verlustausgleichsanspruch erst mit der Feststellung des Jahresabschlusses fällig wird und sich in der Höhe nach dem darin ausgewiesenen Jahresfehlbetrag richtet.[726] Mit Urteil vom 11.10.1999 hat sich der BGH jedoch der Gegenansicht angeschlossen und damit einen grundlegenden Meinungsumschwung eingeleitet. In seinem Urteil entschied der Senat, dass der Verlustausgleichsanspruch mit Ablauf des Geschäftsjahres entsteht, zu diesem Zeitpunkt fällig wird und in seiner Höhe vom festgestellten Jahresabschluss

---

721 *Emmerich*, in: Emmerich/Habersack, Aktien-/GmbH-KonzernR, § 302 Rn. 36a; aA *Kleindiek*, ZGR 2001, 479 (480). Zum Abführungsverbot für vorvertragliche Rücklagen siehe Teil 4 A. III. 1.

722 Zur Unzulässigkeit der Abführung eines vorvertraglich gebildeten Gewinnvortrags siehe Teil 4 A. IV. 1.

723 Vgl. die Ausführungen zur Abführbarkeit von Kapitalrücklagen unter Teil 4 A. III. 2. b.

724 So auch *Emmerich*, in: Emmerich/Habersack, Aktien-/GmbH-KonzernR, § 302 Rn. 36a; *Egelhof*, Ausschüttungssperren in der Organschaft, S. 26. Zur entsprechenden Rechtslage bei der Abführung innervertraglich gebildeter Gewinnrücklagen und innervertraglicher Gewinnvorträge siehe Teil 4 A. III. 2. a und Teil 4 A. IV. 2.

725 Dazu ausführlich *Hennrichs*, ZHR 174 (2010), 683.

726 OLG Oldenburg, Urteil vom 23.03.2000 – 1 U 75/99 = NZG 2000, 1138 (1140); *Hoffmann-Becking*, WiB 1994, 57 (62).

unabhängig ist.[727] In der Folge hat sich ein Großteil der Literaturstimmen zu Recht der vom BGH eingeschlagenen Linie angeschlossen.[728]

b. Diskussion der Argumente

aa. Verhältnis zur Feststellung des Jahresabschlusses

Die früher vorherrschende Ansicht stützte ihre Auffassung darauf, dass der auszugleichende Jahresfehlbetrag erst mit der Feststellung des Jahresabschlusses verbindlich festgesetzt wird. Der andere Vertragsteil habe erst ab diesem Zeitpunkt Gewissheit über die Höhe der zu übernehmenden Verluste. Es sei deshalb sachgerecht, Entstehung und Fälligkeit des Verlustausgleichsanspruchs von der Feststellung des Jahresabschlusses abhängig zu machen.[729]

Die Argumentation lässt indes außer Acht, dass der auszugleichende Jahresfehlbetrag ohnehin in einer Vorbilanz ermittelt wird,[730] da der Verlustausgleichsanspruch in der Gewinn- und Verlustrechnung als Ertrag zu verbuchen ist.[731] Schon bei der Aufstellung des Jahresabschlusses herrscht daher in der Regel Klarheit über die Höhe der vom anderen Vertragsteil zu übernehmenden Verluste. Stellt sich heraus, dass der Jahresfehlbetrag unzutreffend ermittelt worden ist oder kommt es durch die Ausübung von Bilanzierungswahlrechten zu nachträglichen

---

727 BGH, Urteil vom 11.10.1999 – II ZR 120/98 = NJW 2000, 210; bestätigt durch das Urteil vom 14.02.2005 – II ZR 361/02 = NZG 2005, 481 (482).

728 *Heckschen/Kreußlein*, in: Heckschen/Heidinger, Die GmbH, Kap. 15 Rn. 72; *Link*, in: Hauschild/Kallrath/Wachter, Notarhandbuch, § 22 Rn. 27; *Peltzer*, GmbHR 1995, 15 (17); *Koehler*, Der Gewinnabführungsvertrag, S. 91; *Philippi/Neveling*, BB 2003, 1685 (1690); *Schockenhoff/Fiege*, ZIP 2002, 917 (925); *Spindler/Klöhn*, NZG 2005, 584 (585); *Schilmar*, ZIP 2006, 2346 (2347); *Nodoushani*, NZG 2017, 728 (729); zum Aktienkonzernrecht *Altmeppen*, in: Münchener Kommentar zum AktG, § 302 Rn. 73; *Koch*, AktG, § 302 Rn. 13; *Deilmann*, in: Hölters/Weber, AktG, § 302 Rn. 19; *Servatius*, in: Grigoleit, AktG, § 302 Rn. 13; aA *Kleindiek*, ZGR 2001, 479 (487), der noch immer den festgestellten Jahresabschluss für maßgeblich hält; ebenso *Krieger*, NZG 2005, 787; *Hennrichs*, ZHR 174 (2010), 683 (689); in diese Richtung auch *Egelhof*, Ausschüttungssperren in der Organschaft, S. 27.

729 *Hennrichs*, ZHR 174 (2010), 683 (689 f.), der den festgestellten Jahresabschluss als sicherste Berechnungsgrundlage bezeichnet.

730 *Kleindiek*, ZGR 2001, 479 (480); *Philippi/Neveling*, BB 2003, 1685 (1690).

731 Der Verlustausgleich ist in der Gewinn- und Verlustrechnung gemäß § 277 Abs. 3 S. 2 HGB gesondert auszuweisen.

Abweichungen von dem in der Vorbilanz ermittelten Jahresfehlbetrag, kann der andere Vertragsteil einen etwaig zu viel gezahlten Betrag zurückfordern.[732]

bb. Unterjährige Beendigung

Dass es für den Verlustausgleichsanspruch nicht auf die Feststellung des Jahresabschlusses ankommen kann, wird auch bei einem Blick auf den Fall der unterjährigen Beendigung deutlich. Obwohl eine vertragliche Aufhebung des Gewinnabführungsvertrags seit dem BGH-Urteil vom 16.06.2015 auch im GmbH-Konzernrecht nur noch zum Ende eines Geschäftsjahres möglich ist,[733] kann es bei verschiedenen Beendigungstatbeständen zu einer unterjährigen Beendigung des Gewinnabführungsvertrags kommen.[734] Im Fall einer unterjährigen Beendigung ist der bis dahin erwirtschaftete Fehlbetrag in einer Zwischenbilanz zu ermitteln.[735] Da die Zwischenbilanz nicht den strengen Vorgaben über die Jahresrechnungslegung unterliegt, bedarf es in diesem Fall keines Feststellungsbeschlusses, der als Anknüpfungspunkt für Fälligkeit und Höhe des Verlustausgleichsanspruchs herangezogen werden könnte. Stattdessen ist der Stichtag der Zwischenbilanz der maßgebliche Zeitpunkt für die Entstehung des Verlustausgleichsanspruchs.[736] Vor diesem Hintergrund erscheint es konsequent, für die Entstehung des Verlustausgleichsanspruchs generell auf den Bilanzstichtag abzustellen und die Frage damit einer einheitlichen Lösung zuzuführen.

---

732 *Heckschen/Kreußlein*, in: Heckschen/Heidinger, Die GmbH, Kap. 15 Rn. 72; *Emmerich*, in: Emmerich/Habersack, Aktien-/GmbH-KonzernR, § 302 Rn. 40a; *Kleindiek*, ZGR 2001, 479 (488).

733 BGH, Urteil vom 16.06.2015 – II ZR 384/13 = NZG 2015, 912; ausführlich zur analogen Anwendung des § 296 AktG im GmbH-Konzernrecht *Wittgens/Fischer*, DB 2015, 2315 (2316); *Wicke*, GmbHR 2017, 686 (688); kritisch *Priester*, NZG 2012, 641 (643).

734 Eine unterjährige Beendigung ist bspw. durch Kündigung, Verschmelzung der Untergesellschaft auf einen dritten Rechtsträger oder durch den nachträglichen Eintritt außenstehender Gesellschafter möglich, vgl. die Übersicht bei *Philippi/Neveling*, BB 2003, 1685; umstritten ist die Frage der automatischen Beendigung in den Fällen der Auflösung und der Insolvenz einer am Gewinnabführungsvertrag beteiligten Gesellschaft, zum Meinungsstand *Göhmann/Winnen*, RNotZ 2015, 53 (60 f.).

735 BGH, Urteil vom 05.11.2021 – II ZR 119/00 = ZIP 2002, 35 (37); *Emmerich*, in: Emmerich/Habersack, Aktien-/GmbH-KonzernR, § 302 Rn. 40.

736 *Emmerich*, in: Emmerich/Habersack, Aktien-/GmbH-KonzernR, § 302 Rn. 40; *Altmeppen*, DB 1999, 2453 (2455); *Philippi/Neveling*, BB 2003, 1685 (1691).

cc. Manipulationsgefahr

Für die Unabhängigkeit des Verlustausgleichsanspruchs vom festgestellten Jahresabschluss sprechen ferner Erwägungen des Minderheitenschutzes. Würde es für die Entstehung des Verlustausgleichsanspruchs auf die Feststellung des Jahresabschlusses ankommen, hätte dies zur Folge, dass der andere Vertragsteil die Entstehung des Verlustausgleichsanspruchs hinauszögern könnte, indem er als Mehrheitsgesellschafter die Feststellung des Jahresabschlusses blockiert.[737] Auch hinsichtlich der Höhe wäre der Verlustausgleichsanspruch der Manipulation durch den anderen Vertragsteil ausgesetzt, da dieser einen zu seinen Gunsten fehlerhaften Jahresabschluss feststellen könnte, um nicht die vollen Verluste tragen zu müssen.[738] Dadurch werden sowohl die Interessen der Gläubiger als auch die Interessen der außenstehenden Gesellschafter beeinträchtigt.[739]

c. Fazit

Da die Höhe des Verlustausgleichsanspruchs bereits in einer Vorbilanz ermittelt wird, ist die Feststellung des Jahresabschlusses keine zwingende Voraussetzung für die Fälligkeit des Verlustausgleichsanspruchs. Auch der Vergleich zum Fall der unterjährigen Beendigung legt nahe, dass es nicht auf die Feststellung des Jahresabschlusses ankommen kann. Da auch die Erwägungen zum Schutz der Minderheitsgesellschafter und Gläubiger gleichermaßen für AG und GmbH gelten, ist davon auszugehen, dass der Verlustausgleichsanspruch sowohl im Aktien- als auch im GmbH-Konzernrecht bereits mit Ablauf des Geschäftsjahres entsteht und sich in der Höhe allein nach den tatsächlich angefallenen Verlusten bemisst.

---

737 BGH, Urteil vom 11.10.1999 – II ZR 120/98 = NJW 2000, 210 (211); *Emmerich*, in: Emmerich/Habersack, Aktien-/GmbH-KonzernR, § 302 Rn. 40; *Philippi/Neveling*, BB 2003, 1685 (1691); *Nodoushani*, NZG 2017, 728 (729); zum Aktienkonzernrecht *Altmeppen*, in: Münchener Kommentar zum AktG, § 302 Rn. 74; *Koch*, AktG, § 302 Rn. 13.

738 BGH, Urteil vom 11.10.1999 – II ZR 120/98 = NJW 2000, 210 (211); *Nodoushani*, NZG 2017, 728 (729).

739 Auch das Anfechtungsrecht der außenstehenden Gesellschafter bietet insoweit nur unzureichenden Schutz, da den Gesellschaftern dadurch das Prozessrisiko aufgebürdet wird.

2. *Abschlagszahlungen auf den Verlustausgleichsanspruch*

a. *Schutz vor einem existenzbedrohenden Liquiditätsengpass*

Ob der andere Vertragsteil schon während des laufenden Geschäftsjahres dazu verpflichtet ist, einen Abschlag[740] auf den Verlustausgleichsanspruch zu zahlen, ist umstritten. Da § 302 AktG die Modalitäten des Verlustausgleichsanspruchs ausführlich regelt und keine Abschlagszahlungen vorsieht, spricht sich eine Mehrheit der Literaturstimmen gegen eine solche Pflicht aus.[741] Zu Recht gewinnt jedoch die Gegenansicht an Boden, nach der der andere Vertragsteil zumindest im Fall einer drohenden Zahlungsunfähigkeit dazu verpflichtet ist, die Untergesellschaft mit der benötigten Liquidität auszustatten, indem er einen Abschlag auf den Verlustausgleichsanspruch leistet.[742]

Dies erscheint mit Blick auf den Schutzzweck der Verlustausgleichspflicht überzeugend, der gerade darin besteht, die abhängige Gesellschaft während der Vertragslaufzeit vor der Insolvenz zu bewahren.[743] Mit der Wertung des § 302 AktG ist es nicht vereinbar, dass der andere Vertragsteil der abhängigen Gesellschaft im Fall eines existenzbedrohenden Liquiditätsengpasses die Unterstützung verweigern und sie dadurch sehenden Auges in die Insolvenz laufen lassen kann,

---

740 Kritisch zur Verwendung dieses Begriffs *Nodoushani*, NZG 2017, 728, der zutreffend darauf hinweist, dass sich Abschlagszahlungen durch ihren Zusammenhang mit bereits erbrachten Teilleistungen auszeichnen. Da dieser Zusammenhang bei einem Gewinnabführungsvertrag nicht gegeben ist, handelt es sich vielmehr um eine Vorauszahlung und nicht um eine Abschlagszahlung. Die Begriffe werden jedoch nicht immer trennscharf verwendet, was an § 59 AktG deutlich wird, der ebenfalls von einer Abschlagszahlung auf den Bilanzgewinn spricht, obwohl es sich inhaltlich um eine Vorauszahlung handelt. Da sich der Begriff der Abschlagszahlung im rechtswissenschaftlichen Diskurs etabliert hat, soll aus Gründen der besseren Verständlichkeit auch hier daran festgehalten werden.

741 *Krieger*, in: Münchener Handbuch GesR, Band 4, § 67 Rn. 75; *Deilmann*, in: Hölters/Weber, AktG, § 302 Rn. 23; *Servatius*, in: Grigoleit, AktG, § 302 Rn. 14, der darauf hinweist, dass der andere Vertragsteil regelmäßig ein eigenes Interesse daran habe, der in der Krise befindlichen Untergesellschaft finanziell unter die Arme zu greifen, so dass es keiner gesetzlichen Pflicht bedürfe; *Liebscher*, ZIP 2006, 1221 (1222).

742 *Emmerich*, in: Emmerich/Habersack, Aktien-/GmbH-KonzernR, § 302 Rn. 41; *Hommelhoff*, in: Lutter/Hommelhoff, GmbHG, Anhang § 13 Rn. 98; für das Aktienkonzernrecht: *Altmeppen*, in: Münchener Kommentar zum AktG, § 302 Rn. 38; *Veil/Walla*, in: BeckOGK AktG, § 302 Rn. 28; *Koch*, AktG, § 302 Rn. 13; *Schilmar*, ZIP 2006, 2346 (2347); *Nodoushani*, NZG 2017, 728.

743 *Veil/Walla*, in: BeckOGK AktG, § 302 Rn. 28.

wenn er am Ende des Geschäftsjahres ohnehin zum Ausgleich sämtlicher Verluste verpflichtet ist.[744] Wenn bei der abhängigen Gesellschaft ein Jahresfehlbetrag zu erwarten ist, muss der andere Vertragsteil deshalb auch schon unterjährig einen Abschlag leisten, um den Liquiditätsengpass zu beheben und den Eintritt der Zahlungsunfähigkeit zu verhindern. In den meisten Fällen eines existenzbedrohenden Liquiditätsengpasses wird der Nachweis eines zu erwartenden Jahresfehlbetrags der Untergesellschaft keine besonderen Schwierigkeiten bereiten, da die Gesellschaft in diesen Fällen ohnehin nicht profitabel wirtschaftet und ein Verlust daher bereits absehbar ist.

b. Allgemeiner Liquiditätsschutz?

aa. Meinungsstand

Fraglich ist, ob die Untergesellschaft auch dann einen Zahlungsanspruch gegen den anderen Vertragsteil hat, wenn kein Jahresfehlbetrag zu erwarten ist. Da es in diesem Fall nicht zur Entstehung eines Verlustausgleichsanspruchs kommt, kann von einer Abschlagszahlung keine Rede sein. Trotzdem wird ein Zahlungsanspruch der Untergesellschaft unter dem Stichwort eines allgemeinen Liquiditätsschutzes teilweise bejaht.[745] Die überwiegende Ansicht geht demgegenüber davon aus, dass die Untergesellschaft keinen generellen Anspruch auf Erhaltung ihrer Zahlungsfähigkeit hat und weist zu Recht darauf hin, dass ein so weitreichender Liquiditätsschutz keine Stütze im Gesetz findet.[746]

bb. Stellungnahme

Der Gesetzgeber hat im Vertragskonzernrecht mit der Gewinnabführungsbeschränkung, der Verlustausgleichspflicht und dem Anspruch auf Sicherheitsleistung verschiedene Schutzinstrumente vorgesehen, die in ihrem Zusammenspiel einen effektiven Gläubigerschutz gewährleisten.[747] Es besteht deshalb kein Anlass, über die gesetzlich vorgesehenen Schutzmechanismen hinaus und entgegen dem

---

744 *Emmerich*, in: Emmerich/Habersack, Aktien-/GmbH-KonzernR, § 302 Rn. 41; *Altmeppen*, in: Münchener Kommentar zum AktG, § 302 Rn. 38; *Schilmar*, ZIP 2006, 2346 (2347).

745 *Kleindiek*, ZGR 2001, 479 (494).

746 *Koppensteiner*, in: Kölner Kommentar zum AktG, § 302 Rn. 57; *Liebscher*, ZIP 2006, 1221 (1222).

747 *Liebscher*, ZIP 2006, 1221 (1222), der darauf hinweist, dass die Insolvenz der Untergesellschaft zur Beendigung des Gewinnabführungsvertrags führen und dadurch den Anspruch der Gläubiger auf Sicherheitsleistung auslösen würde.

Willen des Gesetzgebers einen allgemeinen Liquiditätsschutz während der Vertragslaufzeit zu etablieren. Außerdem würde ein allgemeiner Liquiditätsschutz zu einer Nivellierung der Unterschiede zwischen der Verlustausgleichspflicht und den Kapitalerhaltungsregeln führen. Denn während ein Verstoß gegen den Kapitalerhaltungsgrundsatz einen sofortigen Rückerstattungsanspruch auslöst, zeichnet sich die Verlustausgleichspflicht gerade dadurch aus, dass eine Abrechnung erst am Ende des Geschäftsjahres stattfindet.[748] Damit die kumulierte Abrechnung zum Ende des Geschäftsjahres weiterhin der Regelfall bleibt, kann ein Anspruch der Untergesellschaft nur im Ausnahmefall bejaht werden. Eine solche Ausnahme ist nur dann gerechtfertigt, wenn die Untergesellschaft nachweisen kann, dass am Ende des Geschäftsjahres ein Jahresfehlbetrag zu erwarten ist und dass ein akuter Liquiditätsbedarf die Zahlung eines Abschlags erfordert, um die Solvenz der Gesellschaft zu sichern.

3. *Verzinsung*

a. *Fälligkeitszinsen*

aa. Meinungsstand

Die Vorschrift des § 353 HGB enthält eine Ausnahmeregelung für den kaufmännischen Geschäftsverkehr, wonach Kaufleute untereinander bereits ab Fälligkeit der Forderung Zinsen verlangen können. Voraussetzung dafür ist, dass die Forderung aus einem beiderseitigen Handelsgeschäft resultiert. Nach Ansicht der Rechtsprechung[749] und der überwiegenden Literaturauffassung[750] handelt es sich bei dem Abschluss eines Gewinnabführungsvertrags um ein beiderseitiges Handelsgeschäft, so dass der Verlustausgleichsanspruch ab dem Zeitpunkt der Fälligkeit mit 5 Prozentpunkten über dem jeweiligen Basiszinssatz zu verzinsen

---

748 *Deilmann*, in: Hölters/Weber, AktG, § 302 Rn. 23; *Kleindiek*, ZGR 2001, 479 (493).

749 BGH, Urteil vom 11.10.1999 – II ZR 120/98 = NJW 2000, 210 (211); OLG Oldenburg, Urteil vom 23.03.2000 – 1 U 75/99 = NZG 2000, 1138 (1140).

750 *Emmerich*, in: Emmerich/Habersack, Aktien-/GmbH-KonzernR, § 302 Rn. 40b; *Servatius*, in: Grigoleit, AktG, § 302 Rn. 13; *Koppensteiner*, in: Kölner Kommentar zum AktG, § 302 Rn. 55; *Veil/Walla*, in: BeckOGK AktG, § 302 Rn. 27; *Philippi/Neveling*, BB 2003, 1685 (1691); *Schilmar*, ZIP 2006, 2346 (2347); *Gärtner*, AG 2014, 793 (803).

ist. Die Gegenansicht will die Vorschrift des § 353 HGB restriktiv auslegen und Gewinnabführungsverträge nicht in den Anwendungsbereich miteinbeziehen.[751]

bb. Diskussion der Argumente

(1) Ausnahmecharakter der Vorschrift

Da eine Forderung nach allgemeinen Grundsätzen erst ab Verzugseintritt zu verzinsen ist, handelt es sich bei § 353 S. 1 HGB um eine Vorschrift mit Ausnahmecharakter.[752] Das bürgerliche Recht kennt eine vergleichbare Ausnahme nur für Werklohnforderungen, die gemäß § 641 Abs. 4 BGB von der Abnahme des Werks an zu verzinsen sind. Die Vorschrift des § 353 S. 1 HGB ist deshalb grundsätzlich restriktiv auszulegen und kann nicht ohne weiteres auf ungeregelte Fälle übertragen werden.[753] Vor diesem Hintergrund erscheint fraglich, ob Gewinnabführungsverträge, die sich als gesellschaftsrechtliche Organisationsverträge grundlegend von den typischerweise unter § 353 HGB fallenden marktbezogenen Austauschgeschäften unterscheiden, in den Anwendungsbereich der Vorschrift fallen.

(2) Verlustausgleichsanspruch als gesetzliches Schuldverhältnis

Die besondere Rechtsnatur von Gewinnabführungsverträgen wirft bei der Anwendung des § 353 S. 1 HGB insofern Probleme auf, als die zu verzinsende Forderung aus dem Handelsgeschäft resultieren muss. Dies ist problematisch, da es sich bei der Verlustausgleichspflicht nicht um eine vertragliche, sondern um eine gesetzliche Rechtsfolge handelt.[754] Die Einbeziehung gesetzlicher Ansprüche in den Anwendungsbereich des § 353 S. 1 HGB ist hoch umstritten[755] und spätestens seit einem Urteil des BGH aus dem Jahr 2018 mit erheblichen Zweifeln verbunden.[756] Darin hat der Senat die Fälligkeitsverzinsung eines deliktischen Anspruchs abgelehnt, obwohl dieser im Zusammenhang mit einem beidersei-

751 *Thoß*, DB 2007, 206 (207).

752 *Paulus*, in: Ebenroth/Boujong, HGB, § 353 Rn. 1; *Maultzsch*, in: Münchener Kommentar zum HGB, § 353 Rn. 1.

753 BGH, Urteil vom 27.02.2018 – VI ZR 121/17 = NJW 2018, 2197 (2198).

754 Siehe Teil 4 B. I. 2.

755 Vgl. *Maultzsch*, in: Münchener Kommentar zum HGB, § 343 Rn. 6, der nur Ansprüche aus gesetzlichen Schuldverhältnissen mit rechtsgeschäftsähnlichem Charakter in den Anwendungsbereich des § 353 S. 1 HGB miteinbeziehen will; ähnlich *Gärtner*, AG 2014, 793 (803); aA *Paulus*, in: Ebenroth/Boujong, HGB, § 353 Rn. 9a.

756 BGH, Urteil vom 27.02.2018 – VI ZR 121/17 = NJW 2018, 2197.

tigen Handelsgeschäft entstanden war. Bei näherer Betrachtung kann daraus jedoch nicht der Schluss gezogen werden, dass der Verlustausgleichsanspruch vom Anwendungsbereich des § 353 S. 1 HGB ausgeschlossen ist. Denn anders als ein deliktischer Anspruch entsteht der Verlustausgleichsanspruch nicht durch ein tatsächliches Verhalten, sondern ist gesetzliche Folge des Abschlusses eines Gewinnabführungsvertrags und beruht daher mittelbar auf einem Rechtsgeschäft. Für die Anwendung des § 353 S. 1 HGB spricht ferner, dass die Vertragsparteien den Verlustausgleichsanspruch in den Gewinnabführungsvertrag aufnehmen und ihm damit eine vertragliche Grundlage geben können.[757] Daran wird deutlich, dass es sich bei der Verlustausgleichspflicht zwar um ein gesetzliches Schuldverhältnis handelt, das jedoch eng mit dem rechtsgeschäftlichen Abschluss des Gewinnabführungsvertrag verknüpft ist und daher nicht mit einem deliktischen Schadensersatzanspruch gleichgesetzt werden kann. Es ist daher davon auszugehen, dass die gesetzliche Natur des Verlustausgleichsanspruchs der Fälligkeitsverzinsung nicht entgegensteht.

(3) Liquiditätsschutz der abhängigen Gesellschaft

Für die Anwendung des § 353 S. 1 HGB auf den Verlustausgleichsanspruch spricht der Zweck der Vorschrift, der darin besteht, den kaufmännischen Schuldner zu einer raschen Erfüllung seiner geschäftlichen Verbindlichkeiten zu motivieren, um die Liquidität seiner Gläubiger nicht zu gefährden.[758] Diesem Gedanken kommt gerade bei Bestehen eines Gewinnabführungsvertrags besondere Bedeutung zu, da die Untergesellschaft regelmäßig über wenig Kapitalreserven verfügt und die Grenzen ihrer Zahlungsfähigkeit deshalb schneller erreicht sind, als bei einer unabhängigen Gesellschaft, die ein Rücklagenpolster aufgebaut hat und Liquiditätsengpässe dadurch einfacher kompensieren kann. Es erscheint daher sachgerecht, den anderen Vertragsteil durch eine Verzinsung ab dem Zeitpunkt der Fälligkeit zu einer raschen Erfüllung seiner Verlustausgleichspflicht zu motivieren.[759]

---

757 *Kusterer*, DStR 1996, 114 (117). Aufgrund der steuerlichen Vorgaben des § 17 KStG ist dies in der Praxis sogar der Regelfall, siehe Teil 4 B. I. 2.

758 *Maultzsch*, in: Münchener Kommentar zum HGB, § 353 Rn. 1.

759 *Koppensteiner*, in: Kölner Kommentar zum AktG, § 302 Rn. 55; *Gärtner*, AG 2014, 793 (803).

cc. Fazit

Die gesetzliche Rechtsnatur der Verlustausgleichspflicht steht der Anwendung des § 353 S. 1 HGB nicht entgegen, da die Verlustausgleichspflicht mit dem Gewinnabführungsvertrag zusammenhängt und daher mittelbar auf einem Rechtsgeschäft beruht. Die Fälligkeitsverzinsung schafft einen Anreiz für den anderen Vertragsteil, die bei der Untergesellschaft entstandenen Verluste zeitnah auszugleichen. Dadurch kann verhindert werden, dass der andere Vertragsteil die Erfüllung des Verlustausgleichsanspruchs hinauszögert und die Liquidität der Untergesellschaft dadurch einer zusätzlichen Bedrohung aussetzt. Die besseren Argumente sprechen deshalb dafür, die Regelung des § 353 S. 1 HGB auf Gewinnabführungsverträge anzuwenden, so dass die Verlustausgleichspflicht ab dem Zeitpunkt der Fälligkeit zu verzinsen ist.

b. Verzugszinsen

aa. Meinungsstand

Eine Verzinsung des Verlustausgleichsanspruchs kann sich ferner daraus ergeben, dass der andere Vertragsteil mit der Erfüllung des Verlustausgleichsanspruchs in Verzug gerät. Da es sich bei den Parteien des Gewinnabführungsvertrags nicht um Verbraucher handelt, ist der Verlustausgleichsanspruch in diesem Fall gemäß § 288 Abs. 2 BGB mit 9 Prozentpunkten über dem jeweiligen Basiszinssatz zu verzinsen.[760] Fraglich ist jedoch, wann der andere Vertragsteil in Verzug gerät. Umstritten sind insbesondere die Frage nach der Entbehrlichkeit einer Mahnung und das Verschuldenserfordernis. Teilweise wird vertreten, dass eine Mahnung entbehrlich sei, so dass der Verzug bereits mit Fälligkeit der Verlustausgleichsforderung eintritt.[761] Demgegenüber steht die Ansicht, nach der der andere Vertragsteil erst nach der Feststellung des Jahresabschlusses in Verzug geraten kann, da es vorher an einem Verschulden fehle.[762] Vorzugswürdig erscheint ein Mittelweg,

760 AA *Gärtner*, AG 2014, 793 (803), der in dem Verlustausgleichsanspruch keine Entgeltforderung sieht und § 288 Abs. 2 BGB deshalb für nicht anwendbar hält. Der Verzugszinssatz liegt nach dieser Ansicht bei fünf Prozentpunkten über dem jeweiligen Basiszinssatz.

761 *Emmerich*, in: Emmerich/Habersack, Aktien-/GmbH-KonzernR, § 302 Rn. 40c; *Servatius*, in: Grigoleit, AktG, § 302 Rn. 13.

762 BGH, Urteil vom 16.06.2015 – II ZR 384/13 = NZG 2015, 912 (914); *Thoß*, DB 2007, 206 (208).

bei dem sich der Zeitpunkt des Verzugseintritts allein nach den Maßgaben des § 286 BGB richtet.

bb. Erforderlichkeit einer Mahnung

Die Ansicht, nach der der andere Vertragsteil bereits mit Fälligkeit des Verlustausgleichsanspruchs in Verzug gerät, kann nicht überzeugen, da § 286 BGB für den Verzugseintritt die vorherige Mahnung voraussetzt. Der Ausnahmetatbestand des § 286 Abs. 2 Nr. 1 BGB ist nicht einschlägig, da der Gewinnabführungsvertrag regelmäßig keine zeitlichen Vorgaben zur Erfüllung des Verlustausgleichsanspruchs enthält und es damit an einer Bestimmung des Leistungszeitpunkts fehlt.[763] Ebenso wenig ergibt sich die Entbehrlichkeit der Mahnung aus § 286 Abs. 2 Nr. 4 BGB, da keine besonderen Gründe vorliegen, die den sofortigen Verzugseintritt rechtfertigen würden. Auch der BGH geht deshalb davon aus, dass grundsätzlich eine Mahnung durch die abhängige Gesellschaft erforderlich ist, um den anderen Vertragsteil in Verzug zu setzen.[764]

cc. Verschuldenserfordernis

Der Verzugseintritt setzt gemäß § 286 Abs. 4 BGB ein Verschulden des säumigen Schuldners voraus. Daran fehlt es, soweit die Leistung wegen einer durch den Schuldner nicht zu vertretenden Unsicherheit bezüglich der Höhe der fälligen Forderung unterbleibt. Teilweise wird vertreten, dass ein Verschulden vor der Feststellung des Jahresabschlusses nicht angenommen werden könne, da erst ab diesem Zeitpunkt die Höhe des auszugleichenden Fehlbetrags feststehe.[765] Die Argumentation erscheint jedoch wenig tragfähig, da sie außer Acht lässt, dass die Höhe des Jahresfehlbetrags in einer Vorbilanz ermittelt wird und daher bereits zum Zeitpunkt der Aufstellung des Jahresabschlusses feststeht. Auch wenn die verbindliche Entscheidung über die Billigung des vom Geschäftsführer aufgestellten Jahresabschlusses erst mit dem Feststellungsbeschluss erfolgt, ist der auszugleichende Fehlbetrag schon vorher klar beziffert. Es kann deshalb keine Rede davon sein, dass der andere Vertragsteil über die Höhe der Verlustausgleichspflicht im

---

763 *Thoß*, DB 2007, 206 (208).

764 BGH, Urteil vom 16.06.2015 – II ZR 384/13 = NZG 2015, 912 (914); so auch *Veil/Walla*, in: BeckOGK AktG, § 302 Rn. 27; *Krieger*, in: Münchener Handbuch GesR, Band 4, § 67 Rn. 75.

765 BGH, Urteil vom 16.06.2015 – II ZR 384/13 = NZG 2015, 912 (914); *Thoß*, DB 2007, 206 (208).

Unklaren sei. Ein Verschulden ist deshalb nicht per se ausgeschlossen, auch wenn der Jahresabschluss noch nicht festgestellt worden ist.[766]

4. Disposition über den Verlustausgleichsanspruch

a. Verzicht und Vergleich

aa. Beschränkungen des Aktienkonzernrechts

Verzicht[767] und Vergleich[768] unterliegen im Aktienkonzernrecht den Beschränkungen des § 302 Abs. 3 AktG und sind daher vom Ablauf einer Sperrfrist und einem Sonderbeschluss der außenstehenden Aktionäre abhängig.[769] Die Sperrfrist beträgt drei Jahre und beginnt erst, wenn die Beendigung des Gewinnabführungsvertrags eingetragen und bekanntgemacht worden ist.[770] Fraglich ist, ob die in § 302 Abs. 3 AktG aufgestellten Anforderungen für Verzicht und Vergleich auch im GmbH-Konzernrecht gelten. Teilweise wird vorgeschlagen, auf die Sperrfrist zu verzichten und nur das Erfordernis eines Sonderbeschlusses auf die GmbH zu übertragen.[771]

---

766 *Gärtner*, AG 2014, 793 (803).

767 Unter einem Verzicht ist insbesondere der Abschluss eines Erlassvertrags gemäß § 397 BGB zu verstehen; vgl. *Häller*, in: Schmidt/Lutter, AktG, § 302 Rn. 80; *Hoffmann/Theusinger*, NZG 2014, 1170 (1171).

768 Der Begriff des Vergleichs bezieht sich auf § 779 BGB und umfasst sowohl den materiell-rechtlichen als auch den prozessualen Vergleich, *Koppensteiner*, in: Kölner Kommentar zum AktG, § 302 Rn. 69.

769 Ähnliche Beschränkungen finden sich in den §§ 50, 93 Abs. 4 S. 3 AktG, wonach ein Verzicht auf Ersatzansprüche gegen die Gründer bzw. den Vorstand ebenfalls erst nach drei Jahren und auf der Grundlage eines Hauptversammlungsbeschlusses zulässig ist.

770 Eine Ausnahme von der Sperrfrist ist in § 302 Abs. 3 S. 2 AktG für den Fall vorgesehen, dass der andere Vertragsteil zahlungsunfähig ist und sich zur Abwendung eines Insolvenzverfahrens mit seinen Gläubigern vergleicht oder wenn die Ersatzpflicht der Obergesellschaft in einem Insolvenz- oder Restrukturierungsplan geregelt wird, vgl. dazu *Häller*, in: Schmidt/Lutter, AktG, § 302 Rn. 82.

771 *Liebscher*, in: Münchener Kommentar zum GmbHG, Anhang § 13 Rn. 931.

bb. Übertragung auf die GmbH

(1) Sperrfrist

Durch die Sperrfrist wird gewährleistet, dass die Untergesellschaft nicht vorschnell auf den für sie in vielen Fällen überlebenswichtigen Verlustausgleichsanspruch verzichtet.[772] Um das Überleben der gewinnabführungsverpflichteten Gesellschaft zu sichern, erscheint ein solcher Schutzmechanismus grundsätzlich auch im GmbH-Konzernrecht sinnvoll. Dagegen wird vorgebracht, dass auf der Seite der Untergesellschaft kein Schutzbedürfnis bestehe, das die Anwendung der Sperrfrist rechtfertige. Denn die Höhe des Jahresfehlbetrags stehe bereits zum Bilanzstichtag fest, so dass die wirtschaftliche Tragweite eines Verzichts schon zu diesem Zeitpunkt beurteilt werden könne.[773] Der Verzicht auf den Verlustausgleichsanspruchs unterscheidet sich insofern von den Fällen der §§ 50, 93 Abs. 4 AktG, wo es um die Disposition über Schadensersatzansprüche geht, deren genaue Höhe oft erst nach Ablauf einer gewissen Zeit zuverlässig beurteilt werden kann. Der Einwand vermag jedoch nicht zu überzeugen, denn auch wenn die Höhe des Verlustausgleichsanspruchs feststeht, kann sich spätestens durch die Beendigung des Gewinnabführungsvertrags eine andere Ausgangslage ergeben, durch die sich die Bedeutung des Verlustausgleichsanspruchs für die Untergesellschaft grundlegend verändert. Häufig wird erst nach einer gewissen Zeit deutlich, ob ein Verzicht auf den Verlustausgleichsanspruch wirtschaftlich verkraftbar ist.[774] Deshalb erscheint es sinnvoll, die Entscheidung über eine endgültige Aufgabe des Verlustausgleichsanspruchs auch im GmbH-Konzernrecht vom Verstreichen einer Sperrfrist abhängig zu machen.[775]

(2) Sonderbeschluss der außenstehenden Gesellschafter

Das Erfordernis eines Sonderbeschlusses der außenstehenden Gesellschafter ist hingegen kaum Bedenken ausgesetzt und erscheint auch im GmbH-Konzernrecht zweckmäßig. Das ergibt sich vor dem Hintergrund folgender Überlegung: Auch ohne das Erfordernis eines Sonderbeschlusses der außenstehenden Gesellschafter, wäre der andere Vertragsteil nicht an der Beschlussfassung über einen Verzicht beteiligt, da er nicht als Richter in eigener Sache über den gegen ihn gerichteten

772 *Emmerich*, in: Emmerich/Habersack, Aktien-/GmbH-KonzernR, § 302 Rn. 49.
773 *Liebscher*, in: Münchener Kommentar zum GmbHG, Anhang § 13 Rn. 931.
774 *Veil/Walla*, in: BeckOGK AktG, § 302 Rn. 53; *Koch*, AktG, § 302 Rn. 25.
775 *Koppensteiner*, in: Kölner Kommentar zum AktG, § 302 Rn. 12, der den Weiterbestand des Unternehmens als einzigen Grund für die Sperrfrist sieht.

Verlustausgleichsanspruch entscheiden kann und deshalb einem Stimmverbot unterliegt.[776] Die Entscheidung liegt daher ohnehin in der Hand der außenstehenden Gesellschafter, so dass die Anordnung eines Sonderbeschlusses konsequent erscheint.

cc. Fazit

Die Beschränkungen des § 302 Abs. 3 AktG sind sowohl hinsichtlich des Sonderbeschlusses als auch im Hinblick auf die dreijährige Sperrfrist auf die GmbH zu übertragen.[777] Eine durch die Untergesellschaft entgegen den Vorgaben des § 302 Abs. 3 AktG getroffene Disposition über den Verlustausgleichsanspruch ist gemäß § 134 BGB nichtig.[778]

b. Stundung und Stillhalteabkommen

Nach zutreffender Ansicht gelten die Beschränkungen des § 302 Abs. 3 AktG auch für die Stundung des Verlustausgleichsanspruchs, da sich die Stundung nicht von einem temporären Verzicht unterscheidet.[779] Fraglich ist jedoch, ob auch ein sog. Stillhalteabkommen in den Anwendungsbereich des § 302 Abs. 3 AktG fällt. Dies erscheint auf den ersten Blick kaum zweifelhaft, da das Stillhalteabkommen ebenso wie die Stundung dem Zweck dient, den Fälligkeitszeitpunkt des Verlustausgleichsanspruchs hinauszuzögern. Die überwiegende Ansicht geht deshalb davon aus, dass auch ein Stillhalteabkommen den Beschränkungen des § 302 Abs. 3 AktG unterliegt.[780] Die Gegenansicht will Stillhalteabkommen und Stundungsvereinbarung nicht gleichsetzen und betont, dass ein Stillhalteabkommen,

---

776 Zum Grundgedanken des § 47 Abs. 4 GmbHG *Schmidt/Bochmann*, in: Scholz, GmbHG, § 47 Rn. 100; *Drescher*, in: Münchener Kommentar zum GmbHG, § 47 Rn. 133.

777 *Heckschen/Kreußlein*, in: Heckschen/Heidinger, Die GmbH, Kap. 15 Rn. 73; *Hoffmann-Becking*, WiB 1994, 57 (62).

778 Zur Rechtsfolge der Nichtigkeit bei einem Verstoß gegen § 302 Abs. 3 AktG *Emmerich*, in: Emmerich/Habersack, Aktien-/GmbH-KonzernR, § 302 Rn. 49; *Koppensteiner*, in: Kölner Kommentar zum AktG, § 302 Rn. 71; *Koch*, AktG, § 302 Rn. 25.

779 *Liebscher*, in: Münchener Kommentar zum GmbHG, Anhang § 13 Rn. 929; *Heckschen/Kreußlein*, in: Heckschen/Heidinger, Die GmbH, Kap. 15 Rn. 73; *Emmerich*, in: Emmerich/Habersack, Aktien-/GmbH-KonzernR, § 302 Rn. 40d; *Deilmann*, in: Hölters/Weber, AktG, § 302 Rn. 20; *Hoffmann-Becking*, WiB 1994, 57 (62); kritisch *Koch*, AktG, § 302 Rn. 25, der den Ausschluss der Stundung nicht für zwingend hält; aA *Krieger*, in: Münchener Handbuch GesR, Band 4, § 67 Rn. 76, der eine Stundung für zulässig hält, wenn der Anspruch vollwertig ist.

780 *Emmerich*, in: Emmerich/Habersack, Aktien-/GmbH-KonzernR, § 302 Rn. 40d.

anders als die Stundung, den Fälligkeitszeitpunkt unberührt lasse und nur die Geltendmachung des Anspruchs betreffe.[781] Ferner bestehe ein großes praktisches Bedürfnis für den Abschluss eines Stillhalteabkommens, da sich die vom Gesetz vorgesehene sofortige Geltendmachung des Verlustausgleichsanspruchs zum Nachteil der Untergesellschaft auswirken könne, wenn dies zur Insolvenz des anderen Vertragsteils führt und dieser in der Folge nicht mehr in der Lage ist, den gesamten Jahresfehlbetrag auszugleichen.[782] Dem ist entgegenzuhalten, dass § 302 Abs. 3 S. 2 AktG eine für diesen Fall vorgesehene Ausnahmeregelung enthält, wonach der Abschluss eines Abwendungsvergleichs ohne Einhaltung der Sperrfrist zulässig ist. Dem Gesetzgeber war also bewusst, dass die Vertragsparteien im Fall einer drohenden Insolvenz auf zusätzliche Handlungsoptionen angewiesen sind, um die Erfüllung des Verlustausgleichsanspruchs zu gewährleisten. Trotzdem dispensiert § 302 Abs. 3 S. 2 AktG für den Abwendungsvergleich nur von der Einhaltung der Sperrfrist und lässt das Erfordernis eines Sonderbeschlusses unberührt. Diese gesetzgeberische Entscheidung darf nicht dadurch unterlaufen werden, dass man den Abschluss eines Stillhalteabkommens zulässt, das sich im Detail von der Stundung unterscheiden mag, im Grundsatz jedoch dieselbe Wirkung entfaltet und dadurch eine Umgehung der in § 302 Abs. 3 AktG vorgesehenen Einschränkungen ermöglicht.

c. *Erfüllungssurrogate*

Wenngleich Einigkeit besteht, dass der Verlustausgleichsanspruch grundsätzlich auf Zahlung eines Geldbetrags gerichtet ist,[783] kann er nach zutreffender Ansicht auch durch eine Leistung an Erfüllung statt zum Erlöschen gebracht werden.[784] Dabei sind jedoch die Vorgaben des im GmbH-Vertragskonzernrecht analog

781 *Hoffmann/Theusinger*, NZG 2014, 1170 (1171).

782 Ebenda.

783 OLG Jena, Urteil vom 21.09.2004 – 8 U 1187/03 = NZG 2005, 716 (717); *Emmerich*, in: Emmerich/Habersack, Aktien-/GmbH-KonzernR, § 302 Rn. 40f; *Paschos*, in: Henssler/Strohn, AktG, § 302 Rn. 16; *Veil/Walla*, BeckOGK AktG, § 302 Rn. 35; *Deilmann*, in: Hölters/Weber, AktG, § 302 Rn. 22; *Koch*, AktG, § 302 Rn. 13; *Verse*, ZIP 2005, 1627 (628); *Priester*, BB 2005, 2483 (2485); *Schilmar*, ZIP 2006, 2346 (2347); *Hoffmann/Theusinger*, NZG 2014, 1170 (1171).

784 BGH, Urteil vom 10.07.2006 – II ZR 238/04 = NJW 2006, 3279; *Hommelhoff*, in: Lutter/Hommelhoff, GmbHG, Anhang § 13 Rn. 98; *Emmerich*, in: Emmerich/Habersack, Aktien-/GmbH-KonzernR, § 302 Rn. 40f; *Veil/Walla*, BeckOGK AktG, § 302 Rn. 35; *Paschos*, in: Henssler/Strohn, AktG, § 302 Rn. 16; *Priester*, BB 2005, 2483 (2485); *Hoffmann/Theusinger*, NZG 2014, 1170 (1171).

anwendbaren § 302 Abs. 3 AktG zu beachten, die durch eine Annahme an Erfüllung statt nicht unterlaufen werden dürfen.[785] Eine Umgehung der Voraussetzungen des § 302 Abs. 3 AktG droht bei der Annahme eines nicht werthaltigen Erfüllungssurrogats, da dies einem Teilverzicht auf den Verlustausgleichsanspruch gleichkommt.[786] Ein solcher Teilverzicht unterliegt den Anforderungen des § 302 Abs. 3 AktG und ist daher nur auf der Grundlage eines Sonderbeschlusses der außenstehenden Gesellschafter und nach Ablauf der dreijährigen Sperrfrist zulässig. Liegen diese Voraussetzungen nicht vor, ist eine Annahme an Erfüllung statt nur dann wirksam, wenn die Untergesellschaft ein vollwertiges Äquivalent für den Verlustausgleichsanspruch erhält, da eine Gefährdung des bilanziellen Vermögens in diesem Fall ausgeschlossen ist.[787] Der Gedanke der Vollwertigkeit stammt aus dem Recht der Kapitalaufbringung und -erhaltung, wo die Zulässigkeit der Aufrechnung mit der Einlageforderung bzw. dem Rückzahlungsanspruch aus § 31 Abs. 1 GmbHG trotz Fehlen einer ausdrücklichen Regelung[788] nach allgemeiner Ansicht von der Vollwertigkeit der gegen die Gesellschaft gerichteten Hauptforderung abhängig ist.[789] Dadurch wird sichergestellt, dass die Gesellschaft für den

785 Zur analogen Anwendung des § 302 Abs. 3 AktG auf die GmbH soeben unter Teil 4 B. IV. 4. a. bb.

786 *Priester*, BB 2005, 2483 (2485); *Hentzen*, AG 2006, 133 (138).

787 *Altmeppen*, Münchener Kommentar zum AktG, § 302 Rn. 89; *Veil/Walla*, BeckOGK AktG, § 302 Rn. 35; *Priester*, BB 2005, 2483 (2485); *Hentzen*, AG 2006, 133 (138); *Hoffmann/Theusinger*, NZG 2014, 1170 (1171).

788 § 19 Abs. 2 S. 2 GmbHG regelt nur die Aufrechnung eines Gesellschafters gegen die Einlageforderung, vgl. *Ebbing*, in: Michalski, GmbHG, § 19 Rn. 86; *Altmeppen*, GmbHG, § 19 Rn. 38, der deshalb von einem einseitigen Aufrechnungsausschluss spricht.

789 BGH, Urteil vom 21.02.1994 – II ZR 60/93 = NJW 1994, 1477; *Casper*, Habersack/Casper/Löbbe, GmbHG, § 19 Rn. 89, § 31 Rn. 64; *Pentz*, in: Rowedder/Pentz, GmbHG, § 19 Rn. 80, § 31 Rn. 44; *Altmeppen*, GmbHG, § 19 Rn. 44, § 31 Rn. 32; *Servatius*, in: Noack/Servatius/Haas, GmbHG, § 19 Rn. 37, § 31 Rn. 26a; *Ebbing*, in: Michalski, GmbHG, § 19 Rn. 88, § 31 Rn. 87; *Ekkenga*, in: Münchener Kommentar zum GmbHG, § 31 Rn. 76; kritisch *Schwandtner*, in: Münchener Kommentar zum GmbHG, § 19 Rn. 98, der auf das Erfordernis der Vollwertigkeit verzichten will und zur Begründung auf den Schutz der Minderheitsgesellschafter hinweist, die durch eine unzulässige Aufrechnung seitens der Gesellschaft in die Gefahr gebracht werden, ihre Einlage später erneut leisten zu müssen. Die überwiegende Ansicht löst dieses Problem durch eine analoge Anwendung des § 19 Abs. 4 GmbHG, wonach der tatsächliche Wert der dem Gesellschafter zustehenden Forderung auf seine Einlageverpflichtung angerechnet wird, vgl. *Ebbing*, in: Michalski, GmbHG, § 19 Rn. 88.

Verlust ihrer Einlageforderung bzw. ihres Rückzahlungsanspruchs einen realen Vermögenzufluss verzeichnet.

d. Abtretung

Ähnliche Erwägungen gelten für die Abtretung des Verlustausgleichsanspruchs, die nach heute unbestrittener Ansicht ebenfalls zulässig ist.[790] Wie bei der Annahme eines Erfüllungssurrogats muss bei der Abtretung des Verlustausgleichsanspruchs gewährleistet sein, dass die Voraussetzungen des § 302 Abs. 3 AktG nicht unterlaufen werden. Diese Gefahr besteht, da die Veräußerung des Verlustausgleichsanspruchs ohne gleichwertige Gegenleistung einem Teilverzicht entspricht. Die überwiegend vertretene Ansicht geht deshalb davon aus, dass die Wirksamkeit der Abtretung von der Vollwertigkeit der empfangenen Gegenleistung abhängig ist.[791] Die gleichen Erwägungen gelten für ein Pfandrecht am Verlustausgleichsanspruch, dessen Begründung ebenfalls nur dann wirksam ist, wenn die Untergesellschaft eine adäquate Gegenleistung erhält.[792]

e. Aufrechnung

aa. Aufrechnung durch die Untergesellschaft

Es ist unstrittig, dass die Untergesellschaft mit dem Verlustausgleichsanspruch gegen eine Forderung des anderen Vertragsteils aufrechnen kann.[793] Fraglich ist jedoch, ob die Aufrechnung dem Gebot der Vollwertigkeit unterliegt. Auf den ersten Blick scheinen die oben angestellten Erwägungen einzugreifen, da die Aufrechnung gegen einen nicht werthaltigen Anspruch bei wirtschaftlicher Betrachtung zu einem Teilverzicht führt, der den hohen Anforderungen des § 302 Abs. 3 AktG unterliegt. Durch die Anwendung des Vollwertigkeitsprinzips kann

---

790 *Emmerich*, in: Emmerich/Habersack, Aktien-/GmbH-KonzernR, § 302 Rn. 44; *Altmeppen*, in: Münchener Kommentar zum AktG, § 302 Rn. 106; *Koch*, AktG, § 302 Rn. 15; *Paschos*, in: Henssler/Strohn, AktG, § 302 Rn. 17; *Goldschmidt/Laeger*, NZG 2012, 1201 (1204).

791 *Hentzen*, AG 2006, 133 (138); *Emmerich*, in: Emmerich/Habersack, Aktien-/GmbH-KonzernR, § 302 Rn. 44; *Altmeppen*, in: Münchener Kommentar zum AktG, § 302 Rn. 106; *Koch*, AktG, § 302 Rn. 15; *Paschos*, in: Henssler/Strohn, AktG, § 302 Rn. 17; *Goldschmidt/Laeger*, NZG 2012, 1201 (1204).

792 *Altmeppen*, Münchener Kommentar zum AktG, § 302 Rn. 106; *Koch*, AktG, § 302 Rn. 15.

793 *Emmerich*, in: Emmerich/Habersack, Aktien-/GmbH-KonzernR, § 302 Rn. 40f; *Paschos*, in: Henssler/Strohn, AktG, § 302 Rn. 16.

verhindert werden, dass diese Voraussetzungen bei der Aufrechnung durch die Gesellschaft unterlaufen werden. Die überwiegend vertretene Ansicht macht die Aufrechnung durch die Untergesellschaft daher von der Vollwertigkeit der gegen sie gerichteten Hauptforderung abhängig.[794]

(1) Bilanzielle Betrachtungsweise

Bei näherer Betrachtung zeigt sich jedoch, dass der Fall der Aufrechnung weder mit der Annahme eines Erfüllungssurrogats noch mit der Abtretung vergleichbar ist. Dies wird bei einem Blick auf die bilanziellen Auswirkungen der Aufrechnung deutlich. Da die Hauptforderung in der Bilanz der Untergesellschaft zum Nennwert passiviert ist und bei der Aufrechnung in dieser Höhe untergeht, bleibt das Eigenkapital der Untergesellschaft unberührt, auch wenn die Hauptforderung nicht vollwertig ist. Die Untergesellschaft erfährt daher bei bilanzieller Betrachtungsweise keinen Nachteil durch die Aufrechnung gegen eine nicht werthaltige Hauptforderung.[795] Anders verhält es sich bei der Annahme eines nicht werthaltigen Erfüllungssurrogats bzw. einer nicht werthaltigen Gegenleistung im Fall der Abtretung: Durch das Erlöschen des Verlustausgleichsanspruchs und die Aktivierung des als Gegenleistung empfangenen, nicht wertadäquaten Vermögensgegenstands, mindert sich das Eigenkapital.[796] Hier erscheint es daher sachgerecht, die Untergesellschaft durch Anwendung des Vollwertigkeitsgebots zu schützen.

(2) Überbewertung der passivierten Verbindlichkeit

Die Entbehrlichkeit des Vollwertigkeitserfordernisses wird durch eine weitere Überlegung gestützt: Ist die Hauptforderung tatsächlich nicht werthaltig, ist die damit korrespondierende Verbindlichkeit in der Bilanz der Untergesellschaft überbewertet. Wie bei einem überbewerteten Gegenstand des Aktivvermögens entsteht durch die überbewertete Verbindlichkeit eine stille Reserve auf der Passivseite. Da der andere Vertragsteil stille Reserven auf der Aktivseite auflösen und als Gewinn abführen kann,[797] erscheint es konsequent, auch die Auflösung einer stillen Reserve auf der Passivseite zuzulassen.[798]

794 MwN *Paschos*, in: Henssler/Strohn, AktG, § 302 Rn. 16.
795 *Hentzen*, AG 2006, 133 (138); *Schilmar*, ZIP 2006, 2346 (2350).
796 *Schilmar*, ZIP 2006, 2346 (2350).
797 Zur Möglichkeit der Abführung stiller Reserven siehe Teil 4 A. V.
798 *Hentzen*, AG 2006, 133 (138).

(3) Fazit

Da die Verlustausgleichspflicht der Erhaltung des bilanziellen Anfangsvermögens dient,[799] geht es bei der Erfüllung des Verlustausgleichsanspruchs lediglich um die bilanzielle Neutralisierung des in der Bilanz der Untergesellschaft ausgewiesenen Jahresfehlbetrags.[800] Bei der Aufrechnung wird dieses Ziel auch dann erreicht, wenn die gegen die Untergesellschaft gerichtete Hauptforderung nicht vollwertig ist, da sie als Verbindlichkeit in der Bilanz der Untergesellschaft zum Nennwert passiviert ist und durch die Aufrechnung in voller Höhe erlischt.

bb. Aufrechnung durch den anderen Vertragsteil

(1) Kein Aufrechnungsverbot im Vertragskonzernrecht

Neben der Aufrechnung durch die gewinnabführungsverpflichtete Gesellschaft stellt sich die Frage, ob der andere Vertragsteil gegen den Verlustausgleichsanspruch aufrechnen kann. Dies wird teilweise mit der Begründung in Abrede gestellt, dass die Verlustausgleichspflicht bei Bestehen eines Gewinnabführungsvertrags an die Stelle der Kapitalerhaltungsregeln trete und deshalb den gleichen Beschränkungen unterliegen müsse wie der Rückzahlungsanspruch aus § 31 Abs. 1 GmbHG.[801] Dazu gehöre insbesondere das nach allgemeiner Ansicht auch für den kapitalerhaltungsrechtlichen Rückzahlungsanspruch geltende Aufrechnungsverbot des § 19 Abs. 2 S. 2 GmbHG.[802]

Die Argumentation vermag jedoch nicht zu überzeugen, da die Verlustausgleichspflicht ein eigenständiges Schutzinstrument darstellt, das sich wesentlich von den Kapitalerhaltungsregeln unterscheidet und deshalb gerade nicht

---

799 *Kusterer*, DStR 1996, 114 (117).

800 *Hoffmann/Theusinger*, NZG 2014, 1170 (1171).

801 OLG Jena, Urteil vom 21.09.2004 - 8 U 1187/03 = NZG 2005, 716 (718); *Petersen*, GmbHR 2005, 1031 (1033).

802 Zur analogen Anwendung des § 19 Abs. 2 S. 2 GmbHG auf den kapitalerhaltungsrechtlichen Rückzahlungsanspruch BGH, Urteil vom 27.11.2000 - II ZR 83/00 = NZG 2001, 272; *Ekkenga*, in: Münchener Kommentar zum GmbHG, § 31 Rn. 77; *Habersack*, in: Habersack/Casper/Löbbe, GmbHG, § 31 Rn. 64; *Servatius*, in: Noack/Servatius/Haas, GmbHG, § 31 Rn. 26a; *Heidinger*, in: Michalski, GmbHG, § 31 Rn. 88; aA *Altmeppen*, GmbHG, § 31 Rn. 32, der eine Aufrechnung jedenfalls dann für zulässig hält, wenn die Gegenforderung des Gesellschafters werthaltig ist; *Lange*, NJW 2002, 2293, der die Regelung des § 19 Abs. 2 S. 2 GmbHG aufgrund ihres Ausnahmecharakters für nicht analogiefähig hält.

den Anforderungen des § 31 Abs. 1 GmbHG unterworfen werden kann.[803] Die gesetzgeberische Entscheidung, den Kapitalerhaltungsgrundsatz bei Bestehen eines Gewinnabführungsvertrags außer Kraft zu setzen, darf nicht durch die Übertragung der Kapitalerhaltungsregeln auf den Verlustausgleichsanspruch unterlaufen werden. Der BGH hat sich daher zu Recht für die Zulässigkeit der Aufrechnung entschieden.[804] Heute ist in Rechtsprechung und Literatur anerkannt, dass der Aufrechnung des anderen Vertragsteils keine prinzipiellen Bedenken entgegenstehen.[805]

(2) Werthaltigkeit der Gegenforderung

Die herrschende Ansicht macht jedoch eine entscheidende Einschränkung bei der Aufrechnung gegen den Verlustausgleichsanspruch und lässt diese nur unter der Voraussetzung zu, dass die Gegenforderung vollwertig ist.[806] Dadurch soll gewährleistet werden, dass der andere Vertragsteil sich nicht durch Aufrechnung von seiner Verlustausgleichspflicht befreien kann, wenn die Untergesellschaft in der Krise steckt und die gegen sie gerichtete Hauptforderung ohnehin nicht mehr hätte erfüllen können.[807]

---

803 *Liebscher*, in: Münchener Kommentar zum GmbHG, Anhang § 13 Rn. 910; *Priester*, BB 2005, 2483 (2487); *Grunewald*, NZG 2005, 781 (783); *Hentzen*, AG 2006, 133 (138); *Neyer/Schlepper*, BB 2007, 413 (414).

804 BGH, Urteil vom 10.07.2006 – II ZR 238/04 = NJW 2006, 3279; bestätigt durch das Urteil vom 16.06.2015 – II ZR 384/13 = NZG 2015, 912 (914).

805 OLG München, Urteil vom 20.11.2013 – 7 U 5025/11 = GmbHR 2014, 535; *Hommelhoff*, in: Lutter/Hommelhoff, GmbHG, Anhang § 13 Rn. 98; *Emmerich*, in: Emmerich/Habersack, Aktien-/GmbH-KonzernR, § 302 Rn. 40f; *Link*, in: Hauschild/Kallrath/Wachter, Notarhandbuch, § 22 Rn. 27; *Deilmann*, in: Hölters/Weber, AktG, § 302 Rn. 22; *Veil/Walla*, BeckOGK AktG, § 302 Rn. 35; *Egelhof*, Ausschüttungssperren in der Organschaft, S. 28; *Hentzen*, AG 2006, 133 (138); *Grunewald*, NZG 2005, 781 (782); *Priester*, BB 2005, 2483 (2485); *Reuter*, DB 2005, 2339 (2343); *Liebscher*, ZIP 2006, 1221 (1223); *Schilmar*, ZIP 2006, 2346 (2348); *Goldschmidt/Laeger*, NZG 2012, 1201 (1203).

806 BGH, Urteil vom 10.07.2006 – II ZR 238/04 = NJW 2006, 3279; bestätigt durch das Urteil vom 16.06.2015 – II ZR 384/13 = NZG 2015, 912 (914); *Emmerich*, in: Emmerich/Habersack, Aktien-/GmbH-KonzernR, § 302 Rn. 40f; *Veil/Walla*, BeckOGK AktG, § 302 Rn. 35; *Priester*, BB 2005, 2483 (2484); *Reuter*, DB 2005, 2339 (2343); *Goldschmidt/Laeger*, NZG 2012, 1201 (1203); aA *Grunewald*, NZG 2005, 781; *Hentzen*, AG 2006, 133 (138).

807 *Neyer/Schlepper*, BB 2007, 413 (416).

Nach zutreffender Ansicht spielt die Vollwertigkeit der Hauptforderung bei der Aufrechnung durch den anderen Vertragsteil indes keine Rolle.[808] Das ergibt sich aus den oben angestellten Erwägungen zu den bilanziellen Auswirkungen der Aufrechnung, die unabhängig davon gelten, welche Vertragspartei die Aufrechnung erklärt.[809] Denn sowohl bei der Aufrechnung durch den anderen Vertragsteil mit einer nicht werthaltigen Gegenforderung als auch bei der Aufrechnung durch die gewinnabführungsverpflichtete Gesellschaft gegen eine nicht vollwertige Hauptforderung, erleidet die Untergesellschaft bei bilanzieller Betrachtung keinen Nachteil, da sie von der zum Nennwert passivierten Verbindlichkeit gegenüber dem anderen Vertragsteil befreit wird.[810] Es kommt daher auch bei der Aufrechnung gegen den Verlustausgleichsanspruch nicht auf die wirtschaftliche Vollwertigkeit der gegen die Untergesellschaft gerichteten Hauptforderung an.

cc. Fazit

Der Aufrechnung mit dem Verlustausgleichanspruch durch die Untergesellschaft stehen ebenso wenig Bedenken entgegen wie der Aufrechnung durch den anderen Vertragsteil gegen den Verlustausgleichsanspruch. Da es bei der Verlustausgleichspflicht darum geht, die bilanzielle Vermögenssubstanz zu erhalten und vor dem Hintergrund, dass die gewinnabführungsverpflichtete Gesellschaft auch in den Fällen einer nicht werthaltigen Haupt- oder Gegenforderung keinen bilanziellen Nachteil erleidet, besteht kein Grund für eine Einschränkung der Aufrechnungsmöglichkeit. Sowohl die gewinnabführungsverpflichtete Gesellschaft als auch der andere Vertragsteil können daher mit dem bzw. gegen den Verlustausgleichsanspruch aufrechnen, ohne dass es auf die Werthaltigkeit der Haupt- bzw. Gegenforderung ankommt.

5. *Verjährung*

Früher unterlag der Verlustausgleichsanspruch der allgemeinen Verjährungsfrist von 30 Jahren.[811] Im Jahr 2001 wurde die allgemeine Verjährungsfrist im

---

808 So auch *Schilmar*, ZIP 2006, 2346 (2349 f.).

809 Vgl. die Ausführungen zur Aufrechnung durch die Untergesellschaft unter Teil 4 B. IV. 4. e. aa.

810 Dazu soeben unter Teil 4 B. IV. 4. e. aa. (1).

811 BGH, Urteil vom 05.11.2001 – II ZR 119/00 = ZIP 2002, 35 (37); OLG Oldenburg, Urteil vom 23.03.2000 – 1 U 75/99 = NZG 2000, 1138.

Zuge der Schuldrechtsreform[812] auf drei Jahre verkürzt.[813] Im Hinblick auf den Verlustausgleichsanspruch ergaben sich durch die kürzere Verjährungsfrist Widersprüche zur dreijährigen Sperrfrist des § 302 Abs. 3 S. 1 AktG.[814] Denn da die Verjährung bereits mit der Entstehung des Verlustausgleichsanspruchs, die Sperrfrist jedoch erst mit der Bekanntmachung der Eintragung zu laufen begann, konnte der Verlustausgleichsanspruch verjähren, bevor die Gesellschaft die Möglichkeit hatte, einen Vergleich abzuschließen. Auf die Kritik hat der Gesetzgeber im Jahr 2004 reagiert und in § 302 Abs. 4 AktG eine Verjährungsfrist von zehn Jahren geregelt.[815] Fristbeginn ist nicht die Entstehung des Anspruchs, sondern die Bekanntmachung der Eintragung der Beendigung des Gewinnabführungsvertrags. Die Regelung des § 302 Abs. 4 AktG ist im GmbH-Konzernrecht analog anzuwenden.[816]

812 Gesetz zur Modernisierung des Schuldrechts vom 26.11.2001, BGBl. I S. 3138.

813 *Schilmar*, ZIP 2006, 2346 (2348); ausführlich zur Neuregelung des Verjährungsrechts *Mansel*, NJW 2002, 89 (90).

814 *Liebscher*, in: Münchener Kommentar zum GmbHG, Anhang § 13 Rn. 933; *Koppensteiner*, in: Kölner Kommentar zum AktG, § 302 Rn. 75; *Schockenhoff/Fiege*, ZIP 2002, 917 (925).

815 Gesetz zur Anpassung von Verjährungsvorschriften an das Gesetz zur Modernisierung des Schuldrechts vom 09.12.2004, BGBl. I S. 3214.

816 *Liebscher*, in: Münchener Kommentar zum GmbHG, Anhang § 13 Rn. 934.

Teil 5: Sicherung der außenstehenden Gesellschafter

A. Verfassungsrechtliche Notwendigkeit einer Kompensation

I. Ausschluss vom Gewinnbezug und Wertverlust der Beteiligung

Da der Gewinnabführungsvertrag die Abführung des gesamten Jahresüberschusses zum Gegenstand hat,[817] verbleibt kein Gewinn, der unter den Gesellschaftern verteilt werden könnte. Für die außenstehenden Gesellschafter hat dies zur Folge, dass sie vollständig von dem Unternehmensgewinn ausgeschlossen werden. Daneben erhöht sich aufgrund der integrationsverstärkenden Wirkung des Gewinnabführungsvertrags das Risiko für die selbständige Überlebensfähigkeit der Gesellschaft bei Beendigung der Konzerneinbindung.[818] Da sich das höhere Risiko im Unternehmenswert widerspiegelt, hat der Abschluss des Gewinnabführungsvertrags für die außenstehenden Gesellschafter nicht nur den Ausschluss vom Gewinnbezug, sondern regelmäßig auch einen Wertverlust ihrer Beteiligung zur Folge.[819] Dies löst verfassungsrechtliche Implikationen aus, da die Beteiligung unter den Schutz der Eigentumsgarantie aus Art. 14 GG fällt.[820] Die Eigentumsgarantie steht dem Abschluss eines Gewinnabführungsvertrags gegen den Willen der außenstehenden Gesellschafter zwar nicht entgegen, führt jedoch dazu, dass die außenstehenden Gesellschafter für die mit dem Abschluss des Gewinnabführungsvertrags einhergehenden Beeinträchtigungen angemessen zu entschädigen sind.[821]

---

817 Zum Umfang der Gewinnabführung siehe Teil 4 A.

818 Begründung zum Regierungsentwurf vom 03.02.1962 (AktG), BT-Drucksache IV/171, S. 223; zur integrationsverstärkenden Wirkung des Gewinnabführungsvertrags siehe Teil 1 C. II.

819 *Liebscher*, in: Münchener Kommentar zum GmbHG, Anhang § 13 Rn. 944.

820 BVerfG, Urteil vom 07.08.1962 - 1 BvL 16/60 = NJW 1962, 1667; Beschluss vom 27.04.1999 - 1 BvR 1613/94 = NZG 1999, 931.

821 BVerfG, Urteil vom 07.08.1962 - 1 BvL 16/60 = NJW 1962, 1667 (1669); Beschluss vom 27.04.1999 - 1 BvR 1613/94 = NZG 1999, 931; *Liebscher*, in: Münchener Kommentar zum GmbHG, Anhang § 13 Rn. 944; *van Rossum*, in: Münchener Kommentar zum AktG, § 304 Rn. 9; *Baldamus*, ZGR 2007, 819 (820); *Hegemann*, GmbHR 2012, 315 (319).

II. Außenstehende Gesellschafter

1. Teleologische Begriffsbestimmung

Obwohl der Begriff der außenstehenden Gesellschafter in den Vorschriften des Aktienkonzernrechts eine zentrale Rolle spielt,[822] fehlt es an einer gesetzlichen Definition. Nach herrschender Ansicht bestimmt sich der Kreis der außenstehenden Gesellschafter daher maßgeblich nach dem Sinn und Zweck der konkreten Norm.[823] Im Rahmen der §§ 304, 305 AktG kommt es maßgeblich auf den Schutzzweck der den außenstehenden Gesellschaftern einzuräumenden Ausgleichs- und Abfindungsansprüche an.[824] Die Aufnahme von Kompensationsansprüchen dient der Entschädigung derjenigen Gesellschafter, deren Rechtsstellung durch den Abschluss des Gewinnabführungsvertrags beeinträchtigt wird. Konsequenterweise können deshalb nur solche Gesellschafter als außenstehend angesehen werden, die durch den Vertragsschluss tatsächlich Nachteile erleiden. Das ist grundsätzlich bei allen Minderheitsgesellschaftern der Fall.[825]

2. Ausschluss bestimmter Minderheitsgesellschafter

a. Meinungsstand

Nach überwiegend vertretener Ansicht handelt es sich jedoch nicht bei allen Minderheitsgesellschaftern um außenstehende Gesellschafter.[826] Vielmehr müssen

---

822 Siehe die §§ 295 Abs. 2, 296 Abs. 2, 297 Abs. 2, 302 Abs. 3 S. 3, 304 Abs. 1, 305 Abs. 1, 307 AktG. Darüber hinaus wird der Begriff des außenstehenden Gesellschafters im SpruchG verwendet, siehe § 1 Nr. 1 und Nr. 2, § 3 S. 1 Nr. 1 SpruchG.

823 *Koppensteiner*, in: Kölner Kommentar zum AktG, § 304 Rn. 40.

824 *Veil/Preisser*, in: BeckOGK AktG, § 304 Rn. 19; *Koppensteiner*, in: Kölner Kommentar zum AktG, § 304 Rn. 40. Anders im Rahmen des § 295 Abs. 2 AktG: Hier herrscht Einigkeit, dass zusätzlich solche Aktionäre aus dem Kreis der außenstehenden Gesellschafter auszuklammern sind, auf die der andere Vertragsteil beherrschenden Einfluss ausüben kann, da ansonsten die Gefahr besteht, dass der andere Vertragsteil die Fassung des Sonderbeschlusses zu seinen Gunsten beeinflusst, siehe statt aller *Paschos*, in: Henssler/Strohn, AktG, § 295 Rn. 12.

825 *Emmerich*, in: Emmerich/Habersack, Aktien-/GmbH-KonzernR, § 304 Rn. 18; *Veil/Preisser*, in: BeckOGK AktG, § 304 Rn. 18; *Krieger*, in: Münchener Handbuch GesR, Band 4, § 67 Rn. 80; *Koch*, AktG, § 304 Rn. 2; DNotI-Report 2017, 115.

826 BGH, Urteil vom 08.05.2006 – II ZR 27/05 = DB 2006, 1547 (1548); BFH, Urteil vom 04.03.2009 – I R 1/08 = DStR 2009, 1749 (1752); OLG Nürnberg, Urteil vom 17.01.1996 – 12 U 2801/91 = AG 1996, 228; *Emmerich*, in: Emmerich/Habersack,

bestimmte Minderheitsgesellschafter aus dem Kreis der außenstehenden Gesellschafter ausgeklammert werden, da sie aufgrund ihrer Verbindung zum anderen Vertragsteil ebenfalls von der Gewinnabführung profitieren und deshalb nicht schutzbedürftig sind.[827] Die Vertreter der Gegenansicht halten es aus Gründen der Rechtsklarheit für vorzugswürdig, sämtliche Minderheitsgesellschafter als außenstehend einzuordnen.[828] Auch wenn ein Minderheitsgesellschafter wirtschaftlich eng mit dem anderen Vertragsteil verbunden ist und tatsächlich keine Nachteile durch den Abschluss des Gewinnabführungsvertrags erleidet, soll er als außenstehend einzustufen sein und in den Genuss von Ausgleichs- und Abfindungsansprüchen kommen.[829]

b. Stellungnahme

Für die Gegenansicht spricht, dass sie Abgrenzungsschwierigkeiten vermeidet und eine einfache Bestimmung der außenstehenden Gesellschafter ermöglicht. Trotzdem vermag die pauschale Einordnung aller Minderheitsgesellschafter als außenstehend nicht zu überzeugen, da diese Vorgehensweise zu kaum nachvollziehbaren Ergebnissen führt. Die Verbindung zwischen dem anderen Vertragsteil und einem Minderheitsgesellschafter kann so eng sein, dass Letzterer ebenso wenig auf den Schutz durch Ausgleichs- und Abfindungsansprüche angewiesen ist wie der andere Vertragsteil selbst. Es erscheint kaum sachgerecht, in diesen Fällen die Aufnahme einer Kompensationsregelung zu verlangen und dadurch die Transaktionskosten und den organisatorischen Aufwand beim Abschluss des Gewinnabführungsvertrags in die Höhe zu treiben, obwohl es an einem entsprechenden Schutzbedürfnis fehlt. Vorzugswürdig ist deshalb die Ansicht, nach der neben dem anderen Vertragsteil auch bestimmte Minderheitsgesellschafter nicht unter den Begriff der außenstehenden Gesellschafter fallen.

Aktien-/GmbH-KonzernR, § 304 Rn. 18; *Servatius*, in: Grigoleit, AktG, § 304 Rn. 8; *Veil/Preisser*, in: BeckOGK AktG, § 304 Rn. 18; *Krieger*, in: Münchener Handbuch GesR, Band 4, § 67 Rn. 80; *Bayer*, ZIP, 2005, 1053 (1054); *Bilda*, NZG 2005, 375 (376); aus dem steuerrechtlichen Schrifttum *Neumann*, in: Gosch, KStG, § 16 Rn. 4.

827 BGH, Urteil vom 08.05.2006 – II ZR 27/05 = DB 2006, 1547 (1548); *Emmerich*, in: Emmerich/Habersack, Aktien-/GmbH-KonzernR, § 304 Rn. 18.

828 *Meilicke/Kleinertz*, in: Heidel, AktG, § 304 Rn. 21.

829 Ebenda.

3. *Abgrenzung zwischen außenstehenden und nicht außenstehenden Gesellschaftern*

Bei der Frage, ob ein Minderheitsgesellschafter als außenstehend anzusehen ist, kommt es maßgeblich darauf an, ob er durch den Gewinnabführungsvertrag in seiner Rechtsstellung beeinträchtigt wird und deshalb schutzbedürftig ist. Dieser Gedanke liegt auch der Formulierung des BGH zugrunde, in der es heißt, dass ein Minderheitsgesellschafter nicht als außenstehend anzusehen ist, wenn er aufgrund wirtschaftlicher Verknüpfung mit dem anderen Vertragsteil unmittelbar oder mittelbar von der Gewinnabführung profitiert.[830] Die Einordnung erweist sich insbesondere in den Fällen als problematisch, in denen es sich bei dem Minderheitsgesellschafter um eine andere Gesellschaft handelt, die mit dem anderen Vertragsteil gesellschaftsrechtlich verflochten ist. Hier hat sich eine Kasuistik herausgebildet, die die Einordnung in einigen Fällen erleichtert. Im GmbH-Konzernrecht gelten insofern die gleichen Maßgaben zur Eingrenzung des Kreises außenstehender Gesellschafter wie im Aktienkonzernrecht.[831]

a. 100 %-Beteiligung

aa. Minderheitsgesellschafterin ist Mutter des anderen Vertragsteils

Kaum Probleme wirft der Fall auf, dass der Gewinnabführungsvertrag zwischen Tochter- und Enkelgesellschaft geschlossen wird und die Mutter eine Minderheitsbeteiligung an der Enkelgesellschaft hält. Da die Mutter neben ihrer Minderheitsbeteiligung an der Enkelgesellschaft sämtliche Anteile an der gewinnabführungsberechtigten Tochter hält, profitiert sie mittelbar von dem Gewinnabführungsvertrag. Aufgrund ihrer Stellung als Alleingesellschafterin hat sie vollen Zugriff auf den an die Tochter abgeführten Gewinn und ist daher nicht auf die Einräumung von Ausgleichs- und Abfindungsansprüchen angewiesen.[832] Insofern herrscht Einigkeit, dass die Mutter trotz ihrer Minderheitsbeteiligung nicht als außenstehende Gesellschafterin der gewinnabführungsverpflichteten Enkelin anzusehen ist.[833] Das Gleiche gilt für den Fall, dass die Minderheitsge-

830 BGH, Urteil vom 08.05.2006 – II ZR 27/05 = DB 2006, 1547 (1548).

831 *Baldamus*, ZGR 2007, 819 (844).

832 *Koppensteiner*, in: Kölner Kommentar zum AktG, § 304 Rn. 42; *Baldamus*, ZGR 2007, 819 (822).

833 *Emmerich*, in: Emmerich/Habersack, Aktien-/GmbH-KonzernR, § 304 Rn. 19; *Koppensteiner*, in: Kölner Kommentar zum AktG, § 304 Rn. 42; *Veil/Preisser*, in: BeckOGK AktG, § 304 Rn. 21; *van Rossum*, in: Münchener Kommentar zum AktG,

sellschafterin und der andere Vertragsteil nicht unmittelbar, sondern über eine Kette von 100 %-Beteiligungen miteinander verbunden sind.[834]

bb. Minderheitsgesellschafterin ist Tochter des anderen Vertragsteils

Schwieriger ist es zu beurteilen, wenn der Gewinnabführungsvertrag zwischen Mutter- und Enkelgesellschaft geschlossen wird und eine Tochter als Minderheitsgesellschafterin an der gewinnabführungsverpflichteten Enkelin beteiligt ist. Da es sich bei der Minderheitsgesellschafterin um die Tochter des anderen Vertragsteils handelt, profitiert sie nur dann von der Gewinnabführung an die Mutter, wenn diese sie an den Gewinnen der Untergesellschaft teilhaben lässt. Dennoch herrscht Einigkeit, dass auch in diesen Fällen eine Einordnung als außenstehende Gesellschafterin ausscheidet.[835] Dies beruht auf der Überlegung, dass die eine Minderheitsbeteiligung an der gewinnabführungsverpflichteten Gesellschaft haltende Tochter mit dem anderen Vertragsteil eine wirtschaftliche Einheit bildet, wenn sie sich in dessen Alleinbesitz befindet.[836] Ausgleichszahlungen an die Minderheitsgesellschafterin könnten im Ergebnis wieder von dem anderen Vertragsteil vereinnahmt werden, da dieser als Alleingesellschafter vollen Zugriff auf das Vermögen der Minderheitsgesellschafterin hat.[837] Dies ist wiederum auf den Fall übertragbar, dass die Minderheitsgesellschafterin und der andere Vertragsteil über eine Kette von 100 %-Beteiligungen miteinander verbunden sind. Denn auch wenn es sich bei der Minderheitsgesellschafterin nicht um die Tochter, sondern um eine Enkelgesellschaft des anderen Vertragsteils handelt, bilden die Gesellschaften bei wirtschaftlicher Betrachtung eine Einheit.[838]

---

§ 304 Rn. 29; *Koch*, AktG, § 304 Rn. 3; *Servatius*, in: Grigoleit, AktG, § 304 Rn. 8; *Krieger*, in: Münchener Handbuch GesR, Band 4, § 67 Rn. 80; *Baldamus*, ZGR 2007, 819 (822).

834 *Krieger*, in: Münchener Handbuch GesR, Band 4, § 67 Rn. 80; *Emmerich*, in: Emmerich/Habersack, Aktien-/GmbH-KonzernR, § 304 Rn. 19; *Baldamus*, ZGR 2007, 819 (826).

835 *Emmerich*, in: Emmerich/Habersack, Aktien-/GmbH-KonzernR, § 304 Rn. 19; *Veil/Preisser*, in: BeckOGK AktG, § 304 Rn. 22; *van Rossum*, in: Münchener Kommentar zum AktG, § 304 Rn. 29; *Servatius*, in: Grigoleit, AktG, § 304 Rn. 8; *Krieger*, in: Münchener Handbuch GesR, Band 4, § 67 Rn. 80; *Koch*, AktG, § 304 Rn. 3; *Baldamus*, ZGR 2007, 819 (824).

836 KG, Beschluss vom 15.12.1970 – 1 W 2982/69 = OLGZ 1971, 260 (264); *van Rossum*, in: Münchener Kommentar zum AktG, § 304 Rn. 29; *Baldamus*, ZGR 2007, 819 (824).

837 *Veil/Preisser*, in: BeckOGK AktG, § 304 Rn. 22.

838 *Emmerich*, in: Emmerich/Habersack, Aktien-/GmbH-KonzernR, § 304 Rn. 19.

cc. Minderheitsgesellschafterin ist Schwester des anderen Vertragsteils

Die gleiche Argumentation kommt zum Tragen, wenn es um die Frage geht, ob eine Schwestergesellschaft des anderen Vertragsteils als außenstehend einzustufen ist. Auch hier scheidet die Einordnung als außenstehend aus, wenn der andere Vertragsteil und seine Schwester zu 100 % in der Hand einer gemeinsamen Mutter liegen und deshalb eine wirtschaftliche Einheit bilden.[839] Denn die gemeinsame Mutter könnte aufgrund der durch ihren Anteilsbesitz vermittelten Einflussmöglichkeit unmittelbar auf die an die Schwestergesellschaft geleisteten Ausgleichszahlungen zugreifen und diese für sich vereinnahmen.

b. Beherrschungs- oder Gewinnabführungsvertrag

aa. Minderheitsgesellschafterin als berechtigte Vertragspartei

Zweifel an der Einordnung als außenstehende Gesellschafterin ergeben sich ferner in dem Fall, dass die Minderheitsgesellschafterin und der andere Vertragsteil durch einen Beherrschungs- oder Gewinnabführungsvertrag miteinander verbunden sind. Handelt es sich bei dem anderen Vertragsteil um die hauptverpflichtete Partei und bei der Minderheitsgesellschafterin um die beherrschende bzw. gewinnabführungsberechtigte Partei des Unternehmensvertrags, kann die Minderheitsgesellschafterin nicht als außenstehend eingeordnet werden, da sie aufgrund ihres umfassenden Weisungsrechts bzw. ihrer Gewinnabführungsberechtigung unmittelbar auf den an den anderen Vertragsteil abgeführten Gewinn zugreifen kann und deshalb nicht schutzbedürftig ist.[840]

bb. Minderheitsgesellschafterin als verpflichtete Vertragspartei

Handelt es sich bei der Minderheitsgesellschafterin um die hauptverpflichtete Partei des Unternehmensvertrags, besteht keine vertragliche Zugriffsmöglichkeit auf den abgeführten Gewinn. Dennoch ist die Minderheitsgesellschafterin

---

839 *Krieger*, in: Münchener Handbuch GesR, Band 4, § 67 Rn. 80; *Baldamus*, ZGR 2007, 819 (826).

840 *Emmerich*, in: Emmerich/Habersack, Aktien-/GmbH-KonzernR, § 304 Rn. 19; *Koppensteiner*, in: Kölner Kommentar zum AktG, § 304 Rn. 42; *van Rossum*, in: Münchener Kommentar zum AktG, § 304 Rn. 29; *Servatius*, in: Grigoleit, AktG, § 304 Rn. 8; *Veil/Preisser*, in: BeckOGK AktG, § 304 Rn. 21; *Koch*, AktG, § 304 Rn. 3; *Baldamus*, ZGR 2007, 819 (827).

auch hier nicht als außenstehend einzuordnen.[841] Denn ähnlich wie im Fall der 100 %-Beteiligung würde ein an die Minderheitsgesellschafterin geleisteter Ausgleich letztlich dem anderen Vertragsteil zufließen. Schließlich ist die Obergesellschaft berechtigte Partei beider Unternehmensverträge und kann aufgrund ihres Weisungsrechts bzw. ihrer Gewinnabführungsberechtigung auch auf etwaige an die Minderheitsgesellschafterin geleistete Ausgleichszahlungen zugreifen. Insofern bilden beide Gesellschaften eine wirtschaftliche Einheit, die dazu führt, dass die Minderheitsgesellschafterin nicht als außenstehend anzusehen ist.

c. *Beteiligung unter 100 %*

aa. Problematik

Nach überwiegend vertretener Ansicht kann die Eigenschaft als außenstehend nur in den oben genannten Fällen der 100 %-Beteiligung und der Verbindung durch einen Beherrschungs- oder Gewinnabführungsvertrag abgelehnt werden.[842] Ist keiner dieser Fälle einschlägig, soll die Minderheitsgesellschafterin als außenstehend anzusehen sein. Dies soll auch dann gelten, wenn die Minderheitsgesellschafterin einen Großteil der Anteile am anderen Vertragsteil hält oder wenn dieser mit Mehrheit an der Minderheitsgesellschafterin beteiligt ist.[843] Für diese Ansicht spricht, dass sie eine trennscharfe Abgrenzung zwischen außenstehenden und nicht außenstehenden Minderheitsgesellschaftern ermöglicht und dadurch Rechtssicherheit bei Abschluss und Durchführung von Gewinnabführungsverträgen schafft.[844]

---

841 *Koppensteiner*, in: Kölner Kommentar zum AktG, § 304 Rn. 42; *Baldamus*, ZGR 2007, 819 (827).

842 *Emmerich*, in: Emmerich/Habersack, Aktien-/GmbH-KonzernR, § 304 Rn. 20; *van Rossum*, in: Münchener Kommentar zum AktG, § 304 Rn. 29; *Servatius*, in: Grigoleit, AktG, § 304 Rn. 8; *Veil/Preisser*, in: BeckOGK AktG, § 304 Rn. 24; *Koch*, AktG, § 304 Rn. 3; *Baldamus*, ZGR 2007, 819 (828). Im Aktienkonzernrecht ist eine Minderheitsgesellschafterin außerdem dann nicht als außenstehend anzusehen, wenn sie in den anderen Vertragsteil eingegliedert ist oder der andere Vertragsteil selbst eingegliederte Gesellschaft ist.

843 *Servatius*, in: Grigoleit, AktG, § 304 Rn. 8; *Veil/Preisser*, in: BeckOGK AktG, § 304 Rn. 25; *Emmerich*, in: Emmerich/Habersack, Aktien-/GmbH-KonzernR, § 304 Rn. 20.

844 *Van Rossum*, in: Münchener Kommentar zum AktG, § 304 Rn. 29; *Koch*, AktG, § 304 Rn. 3.

bb. Stellungnahme

(1) Beteiligung der Minderheitsgesellschafterin am anderen Vertragsteil

Zumindest in dem Fall, dass die Gesellschafterin neben ihrer Minderheitsbeteiligung an der gewinnabführungsverpflichteten Gesellschaft auch Anteile an dem anderen Vertragsteil hält, vermag die pauschale Einordnung als außenstehend nicht zu überzeugen.[845] Denn durch den Gewinnabführungsvertrag erhöht sich der auf ihre Beteiligung an dem anderen Vertragsteil entfallende Gewinn, so dass sie in vielen Fällen von dem Abschluss des Gewinnabführungsvertrags profitiert. Auch wenn das fehlende Schutzbedürfnis bei einer 100 %-Beteiligung besonders deutlich hervortritt, wäre es widersprüchlich, die Gesellschaft in den Fällen, in denen die Beteiligung diese Grenze nur knapp unterschreitet, als außenstehend anzusehen und sie durch Ausgleichs- und Abfindungsansprüche zusätzlich zu unterstützen.

Fraglich ist jedoch, ab welcher Beteiligungshöhe die Gesellschaft so stark von der Gewinnabführung an den anderen Vertragsteil profitiert, dass sie nicht auf die Einräumung von Ausgleichs- und Abfindungsansprüchen angewiesen ist. Da die Festlegung einer betragsmäßigen Grenze schwierig erscheint, wird teilweise darauf abgestellt, ob die Gesellschaft den anderen Vertragsteil beherrscht.[846] Wenn die Gesellschaft beherrschenden Einfluss auf den von der Gewinnabführung unmittelbar profitierenden anderen Vertragsteil ausüben könne, sei davon auszugehen, dass es keiner anderweitigen Kompensation bedürfe.[847]

Bei genauerer Betrachtung zeigt sich jedoch, dass diese Einschränkung nicht weit genug geht. Denn die Minderheitsgesellschafterin profitiert auch dann von der Gewinnabführung an den anderen Vertragsteil, wenn dieser nicht in einem Abhängigkeitsverhältnis zu ihr steht. Der Gewinnabführungsvertrag zwischen der Untergesellschaft und dem anderen Vertragsteil wirkt sich vielmehr immer dann zu Gunsten der Minderheitsgesellschafterin aus, wenn ihre Beteiligungsquote an dem anderen Vertragsteil höher ist als die an der gewinnabführungsverpflichteten Gesellschaft selbst.[848] Denn in diesen Fällen fließt der Gesellschaft letztlich ein größerer Teil des von der Untergesellschaft erwirtschafteten Gewinns zu als es nur aufgrund der Minderheitsbeteiligung der Fall gewesen wäre. Mit

---

845 Kritisch auch *Koppensteiner*, in: Kölner Kommentar zum AktG, § 304 Rn. 42; *Krieger*, in: Münchener Handbuch GesR, Band 4, § 67 Rn. 80.

846 *Krieger*, in: Münchener Handbuch GesR, Band 4, § 67 Rn. 80.

847 Ebenda.

848 So auch *Koppensteiner*, in: Kölner Kommentar zum AktG, § 304 Rn. 43.

anderen Worten steht die Minderheitsgesellschafterin in diesen Fällen durch den Abschluss des Gewinnabführungsvertrags zwischen der Untergesellschaft und dem anderen Vertragsteil besser als ohne diesen. Vor diesem Hintergrund wäre es widersprüchlich die Minderheitsgesellschafterin als außenstehend einzuordnen und sie damit in den Genuss von Ausgleichs- und Abfindungsansprüchen kommen zu lassen.[849] Maßgeblich ist deshalb ein Vergleich zwischen der Höhe der Beteiligung an der gewinnabführungsverpflichteten Gesellschaft und der Beteiligung am anderen Vertragsteil. Wenn die Beteiligung am anderen Vertragsteil höher ist als die Beteiligung an der gewinnabführungsverpflichteten Gesellschaft, ist die Minderheitsgesellschafterin nicht auf die Einräumung von Ausgleichs- und Abfindungsansprüchen angewiesen und kann deshalb nicht als außenstehend eingeordnet werden.[850]

(2) Beteiligung des anderen Vertragsteils an der Minderheitsgesellschafterin

Anders verhält es sich in den Fällen, in denen die Minderheitsgesellschafterin Tochter oder Schwester des anderen Vertragsteils ist. Liegt die Beteiligung des anderen Vertragsteils bzw. einer gemeinsamen Mutter an der Minderheitsgesellschafterin in diesen Fällen bei unter 100 %, ist die Minderheitsgesellschafterin als außenstehend anzusehen. Das ergibt sich aus der Überlegung, dass neben dem anderen Vertragsteil bzw. der gemeinsamen Mutter noch weitere Anteilsinhaber an der Minderheitsgesellschafterin beteiligt sind, deren Interessen durch einen Ausschluss der Ausgleichsberechtigung beeinträchtigt würden.[851] Schließlich wirkt es sich unmittelbar zu Lasten der Anteilsinhaber aus, wenn die Gesellschaft trotz ihrer Minderheitsbeteiligung an der gewinnabführungsverpflichteten Gesellschaft nicht in den Genuss einer angemessenen Kompensation kommt. Die Minderheitsgesellschafterin muss daher als außenstehend eingeordnet werden und eine angemessene Entschädigung für den Ausschluss vom Gewinnbezug erhalten.[852]

---

849 AA *Veil/Preisser*, in: BeckOGK AktG, § 304 Rn. 25, die davon ausgehen, dass das Gewinnbezugsrecht und der Ausgleichsanspruch in diesem Fall nebeneinanderstehen.

850 *Koppensteiner*, in: Kölner Kommentar zum AktG, § 304 Rn. 43.

851 *Meilicke/Kleinertz*, in: Heidel, AktG, § 304 Rn. 21.

852 AA *Krieger*, in: Münchener Handbuch GesR, Band 4, § 67 Rn. 80, der die Minderheitsgesellschafterin auch hier nicht als außenstehend einordnen will, sofern diese von dem anderen Vertragsteil beherrscht wird.

d. Fazit

Minderheitsgesellschafter sind grundsätzlich als außenstehend anzusehen. Ausnahmen sind jedoch in den Fällen angebracht, in denen es sich bei dem Anteilsinhaber um eine Gesellschaft handelt, deren Anteile zu 100 % in den Händen des anderen Vertragsteils oder einer gemeinsamen Mutter liegen oder wenn der Minderheitsgesellschafter sämtliche Anteile des anderen Vertragsteils hält oder mit diesem durch einen Beherrschungs- oder Gewinnabführungsvertrag verbunden ist. Ist der Minderheitsgesellschafter mit unter 100 % am anderen Vertragsteil beteiligt, kommt es für die Einordnung als außenstehender Gesellschafter darauf an, ob die Beteiligung am anderen Vertragsteil die Beteiligung an der gewinnabführungsverpflichteten Gesellschaft übersteigt. Nur wenn der Minderheitsgesellschafter in geringerem Umfang am anderen Vertragsteil beteiligt ist als an der gewinnabführungsverpflichteten Gesellschaft, besteht ein Schutzbedürfnis, das die Aufnahme von Ausgleichs- und Abfindungsansprüchen erforderlich macht und die Einordnung als außenstehend rechtfertigt.

B. Ausgleichs- und Abfindungsansprüche

Lässt man für den Abschluss des Gewinnabführungsvertrags einen mit qualifizierter Mehrheit gefassten Zustimmungsbeschluss genügen, besteht weithin Einigkeit, dass die verfassungsrechtlich gebotene Entschädigung durch gegen den anderen Vertragsteil gerichtete Ausgleichs- und Abfindungsansprüche zu gewährleisten ist.[853] Auch die Vertreter der Zustimmungslösung räumen ein, dass die außenstehenden Gesellschafter unter der Prämisse eines qualifizierten Mehrheitserfordernisses durch eine analoge Anwendung der §§ 304, 305 AktG zu schützen sind.[854] Einige Stimmen gehen darüber hinaus und wollen die aktienkonzernrechtlichen Regelungen zum Schutz der außenstehenden Gesellschafter sogar dann analog anwenden, wenn es für den Abschluss des Gewinnabführungsvertrag auf die Zustimmung aller Gesellschafter ankommt.[855] Dies ist darauf zurückzuführen, dass der Dualismus aus Ausgleichs- und Abfindungsansprüchen ein besonders hohes Schutzniveau gewährleistet, da den außenstehenden Gesellschaftern die

853 *Hommelhoff,* in: Lutter/Hommelhoff, GmbHG, Anhang § 13 Rn. 91; *Schnorbus,* in: Rowedder/Pentz, Anhang § 52 Rn. 98 f.; *Servatius,* in: Michalski, GmbHG, Systematische Darstellung 4 Rn. 337; *Hegemann*, GmbHR 2012, 315 (319).

854 *Emmerich*, in: Scholz, GmbHG, Anhang § 13 Rn. 287; *Martens*, DB 1970, 813 (818); *Hönle*, DB 1979, 485 (488).

855 *Priester*, ZGR 1986 Sonderheft 6, 151 (177 f.); wohl auch *Altmeppen*, GmbHG, Anhang § 13 Rn. 87.

Wahl verbleibt, ob sie ihre Beteiligung an der Gesellschaft fortsetzen oder gegen Zahlung einer Abfindung ausscheiden.[856]

I. Wahlrecht zwischen Verbleib und Ausscheiden

1. Verbleib in der Gesellschaft

Durch die Einräumung von Ausgleichsansprüchen erhalten die außenstehenden Gesellschafter die Möglichkeit, ihre Beteiligung an der gewinnabführungsverpflichteten Gesellschaft fortzusetzen. Ohne Ausgleichszahlungen wäre dies wirtschaftlich sinnlos, da die außenstehenden Gesellschafter aufgrund des Gewinnabführungsvertrags nicht am Unternehmensgewinn partizipieren und sich ihre Beteiligung daher nicht mehr rentieren würde. Die Möglichkeit des Verbleibs in der Gesellschaft ist jedoch nicht selbstverständlich. Der gescheiterte Reformentwurf eines GmbHG von 1972/1973 sah lediglich die Aufnahme von Barabfindungsansprüchen vor.[857] Dies wurde mit dem vermeintlich fehlenden Interesse der außenstehenden Gesellschafter begründet, ihre Beteiligung an der gewinnabführungsverpflichteten Gesellschaft fortzusetzen.[858] Dieser Ansatz ist in der Literatur auf berechtigte Kritik gestoßen,[859] denn bei näherer Betrachtung können die außenstehenden Gesellschafter sehr wohl ein Interesse am Fortbestand ihrer Beteiligung haben.[860] Trotz oder unter Umständen sogar aufgrund[861] der Einbindung in eine Unternehmensgruppe können die außenstehenden Gesellschafter auf eine positive Entwicklung der Ertragslage spekulieren und auf

---

856 *Hegemann*, GmbHR 2012, 315 (319).

857 Regierungsentwurf eines GmbHG vom 31.01.1972, BT-Drucksache, 6/3088, S. 65; Regierungsentwurf vom 26.02.1973, BT-Drucksache, 7/253, S. 65.

858 Begründung zum Regierungsentwurf eines GmbHG vom 31.01.1972, BT-Drucksache, 6/3088, S. 213; Begründung zum Regierungsentwurf vom 26.02.1973, BT-Drucksache, 7/253, S. 213.

859 *Martens*, DB 1970, 813 (817 f.); *Priester*, ZGR 1986 Sonderheft 6, 151 (178), *Hoffmann-Becking*, WiB 1994, 57 (59); *Wilde*, Beherrschungs- und Gewinnabführungsverträge, S. 109.

860 *Grauer*, Konzernbildungskontrolle im GmbH-Recht, S. 212; *Wilde*, Beherrschungs- und Gewinnabführungsverträge, S. 110.

861 *Esch*, BB 1986, 272 (274), der betont, dass der andere Vertragsteil aus Gründen der Gewinnmaximierung ein eigenes Interesse daran hat, die Untergesellschaft zu fördern und diese deshalb in vielen Fällen sachlich und personell unterstützt.

einen Wertzuwachs ihrer Beteiligung hoffen.[862] Gleichzeitig bietet der Verbleib in einer gewinnabführungsverpflichteten Gesellschaft insofern ein hohes Maß an Sicherheit, als die außenstehenden Gesellschafter regelmäßige Ausgleichszahlungen erhalten, die ihnen eine konstante Einnahmequelle verschaffen, während die Obergesellschaft aufgrund ihrer Verlustausgleichspflicht das unternehmerische Risiko trägt.[863] Die außenstehenden Gesellschafter können daher trotz Gewinnabführungsvertrag daran interessiert sein, ihre Beteiligung an der gewinnabführungsverpflichteten Gesellschaft fortzusetzen.[864]

2. *Ausscheiden aus der Gesellschaft*

a. *Vertragliches Austrittsrecht*

Die Möglichkeit des Ausscheidens gegen Zahlung einer Abfindung hat für den Schutz der außenstehenden Gesellschafter Bedeutung, da durch Ausgleichszahlungen nicht sämtliche Nachteile, die mit dem Abschluss des Gewinnabführungsvertrags verbunden sind, kompensiert werden können.[865] Durch die Ausgleichszahlungen werden die mit dem Ausschluss des Gewinnbezugsrechts verbundenen Vermögenseinbußen kompensiert, nicht jedoch die negativen Auswirkungen auf die wirtschaftliche Selbständigkeit der Gesellschaft, die sich langfristig aus der Konzerneinbindung ergeben und die Überlebensfähigkeit der Gesellschaft nach Beendigung des Gewinnabführungsvertrags gefährden.[866] Die außenstehenden Gesellschafter können deshalb trotz Ausgleichsansprüchen ein Interesse daran haben, gegen Zahlung einer angemessenen Abfindung aus der Gesellschaft auszuscheiden. Daher ist mittlerweile weitgehend anerkannt, dass

---

862 *Hoffmann-Becking*, WiB 1994, 57 (59); *Wilde*, Beherrschungs- und Gewinnabführungsverträge, S. 110.

863 *Esch*, BB 1986, 272 (274).

864 *Grauer*, Konzernbildungskontrolle im GmbH-Recht, S. 212; *Wilde*, Beherrschungs- und Gewinnabführungsverträge, S. 105; *Flume*, DB 1956, 455 (457); *Timm*, ZGR 1987, 403 (431); *Scharpf*, DB 1990, 296; *Richter/Stengel*, DB 1993, 1861 (1866); *Hoffmann-Becking*, WiB 1994, 57 (59 f.); *Humbeck*, BB 1995, 1893 (Fn. 7); *Hommelhoff/Freytag*, DStR 1996, 1409 (1412); *Koerfer/Selzner*, GmbHR 1997, 285 (290); *Halm*, NZG 2001, 728 (733); *Weber*, GmbHR 2003, 1347 (1348); *Hegemann*, GmbHR 2012, 315 (319); *Stephan*, Der Konzern 2015, 349 (353).

865 *Maierhofer*, Schutz außenstehender Gesellschafter, S. 170 ff.

866 Begründung zum Regierungsentwurf vom 03.02.1962 (AktG), BT-Drucksache IV/171, S. 225.

den außenstehenden Gesellschaftern in analoger Anwendung des § 305 Abs. 2 Nr. 3 AktG ein Barabfindungsanspruch einzuräumen ist.[867]

b. Gesetzliches Austrittsrecht

Fraglich ist jedoch, ob dem Barabfindungsangebot neben dem allgemeinen Austrittsrecht eigenständige Bedeutung zukommt. Seit dem grundlegenden Urteil[868] des BGH aus dem Jahr 1991 ist allgemein anerkannt, dass den Gesellschaftern einer GmbH ein Austrittsrecht aus wichtigem Grund zusteht.[869] Im Fall ihres Austritts haben sie einen Anspruch auf Zahlung einer Abfindung in Höhe des Verkehrswerts ihrer Beteiligung gegen die Gesellschaft. Der Abschluss eines Gewinnabführungsvertrags stellt aufgrund seiner gravierenden Auswirkungen auf die wirtschaftliche Selbständigkeit der Gesellschaft und der Suspendierung des Gewinnbezugsrechts einen wichtigen Grund dar, der die außenstehenden Gesellschafter dazu berechtigt, von ihrem Austrittsrecht Gebrauch zu machen und gegen Zahlung einer Abfindung aus der Gesellschaft auszuscheiden.[870] Teilweise

---

867 LG Dortmund, Beschluss vom 11.03.1998 – 20 AktE 4/97 = GmbHR 1998, 941; *Emmerich*, in: Scholz, GmbHG, Anhang § 13 Rn. 287; *Schnorbus*, in: Rowedder/Pentz, GmbHG, Anhang § 52 Rn. 99; *Servatius*, in: BeckOK GmbHG, Systematische Darstellung 4 Rn. 330; *Grauer*, Konzernbildungskontrolle im GmbH-Recht, S. 209; *Wilde*, Beherrschungs- und Gewinnabführungsverträge, S. 105; *Maierhofer*, Schutz außenstehender Gesellschafter, S. 182; *Richter/Stengel*, DB 1993, 1861 (1866); *Humbeck*, BB 1995, 1893 (Fn. 7); *Hommelhoff/Freytag*, DStR 1996, 1409 (1412); *Koerfer/Selzner*, GmbHR 1997, 285 (290); *Halm*, NZG 2001, 728 (733); *Hegemann*, GmbHR 2012, 315 (319); *Hermanns*, DNotZ 2013, 9 (12); *Stephan*, Der Konzern 2015, 349 (353).

868 Urteil vom 16.12.1991 – II ZR 58/91 = NJW 1992, 892; im Anschluss an ein *obiter dictum* vom 01.04.1953 – II ZR 235/52 = NJW 1953, 780 (781).

869 *Seibt*, in: Scholz, GmbHG, Anhang § 34 Rn. 6; *Görner*, in: Rowedder/Pentz, GmbHG, § 34 Rn. 80; *Altmeppen*, GmbHG, § 60 Rn. 61; *Sosnitza*, in: Michalski, GmbHG, Anhang § 34 Rn. 45; *Ulmer/Habersack*, in: Habersack/Casper/Löbbe, GmbHG, Anhang § 34 Rn. 46; *Kleindiek*, in: Lutter/Hommelhoff, GmbHG, § 34 Rn. 144; *Grauer*, Konzernbildungskontrolle im GmbH-Recht, S. 202 f.; *Maierhofer*, Schutz außenstehender Gesellschafter, S. 174; *Priester*, ZGR 1986 Sonderheft 6, 151 (177); *Wellhöfer*, GmbHR 1994, 212 (216); *Goette*, DStR 2001, 533 (540 f.); *Hülsmann*, GmbHR 2003, 198 passim; *Blath*, GmbHR 2012, 657; *Klöckner*, GmbHR 2012, 1325 (1329).

870 *Hommelhoff*, in: Lutter/Hommelhoff, GmbHG, Anhang § 13 Rn. 92; *Grauer*, Konzernbildungskontrolle im GmbH-Recht, S. 203; *Huesmann*, Entschädigung und Spruchverfahren, S. 75; *Maierhofer*, Schutz außenstehender Gesellschafter, S. 175 ff.; *Priester*, ZGR 1986 Sonderheft 6, 151 (177); *Timm*, ZGR 1987, 403 (430); *Zöllner*,

wird daraus der Schluss gezogen, dass die Aufnahme vertraglicher Abfindungsansprüche entbehrlich sei.[871]

Dieser Argumentation kann nicht gefolgt werden, da das Austrittsrecht aus wichtigem Grund gegen die gewinnabführungsverpflichtete Gesellschaft gerichtet ist und deshalb keinen adäquaten Ersatz für vertragliche Abfindungsansprüche gegen die Obergesellschaft bietet.[872] Da die Untergesellschaft regelmäßig schon vor Abschluss des Gewinnabführungsvertrags in einem Abhängigkeitsverhältnis steht, ist der gegen sie gerichtete Abfindungsanspruch weniger sicher als ein gegen den anderen Vertragsteil gerichteter Anspruch.[873] Ferner liegt die Initiativlast im Rahmen des allgemeinen Austrittsrechts bei dem Gesellschafter, wohingegen er bei analoger Anwendung des § 305 AktG auf die in den Gewinnabführungsvertrag aufgenommenen Abfindungsansprüche zurückgreifen kann.[874] Das allgemeine Austrittsrecht kann die Aufnahme vertraglicher Abfindungsansprüche in den Gewinnabführungsvertrag deshalb nicht ersetzen.

c. *Verhältnis zwischen vertraglichem und gesetzlichem Austrittsrecht*

Fraglich ist, in welchem Verhältnis das vertragliche Abfindungsangebot zum allgemeinen Austrittsrecht steht. Nach einer Ansicht stehen beide Austrittsrechte

---

ZGR 1992, 173 (201), der ein Austrittsrecht nur in dem Fall ablehnt, wenn der Gesellschafter dem Vertrag zugestimmt hat.

871 *Zöllner*, ZGR 1992, 173 (201).

872 *Liebscher*, in: Münchener Kommentar zum GmbHG, Anhang § 13 Rn. 945; *Hommelhoff*, in: Lutter/Hommelhoff, GmbHG, Anhang § 13 Rn. 92; *Schnorbus*, in: Rowedder/Pentz, GmbHG, Anhang § 52 Rn. 99; *Emmerich*, in: Emmerich/Habersack, Aktien-/GmbH-KonzernR, § 304 Rn. 11; *Servatius*, in: BeckOK GmbHG, Systematische Darstellung KonzernR Rn. 130.1; *Grauer*, Konzernbildungskontrolle im GmbH-Recht, S. 209; *Wilde*, Beherrschungs- und Gewinnabführungsverträge, S. 105 f.; *Koehler*, Der Gewinnabführungsvertrag, S. 50; *Maierhofer*, Schutz außenstehender Gesellschafter, S. 180; *Priester*, ZGR 1986 Sonderheft 6, 151 (177); *Hegemann*, GmbHR 2012, 315 (319).

873 *Emmerich*, in: Emmerich/Habersack, Aktien-/GmbH-KonzernR, § 304 Rn. 11; *Grauer*, Konzernbildungskontrolle im GmbH-Recht, S. 210; *Wilde*, Beherrschungs- und Gewinnabführungsverträge, S. 106; *Koehler*, Der Gewinnabführungsvertrag, S. 50; *Maierhofer*, Schutz außenstehender Gesellschafter, S. 179.

874 *Hommelhoff*, in: Lutter/Hommelhoff, GmbHG, Anhang § 13 Rn. 92; *Schnorbus*, in: Rowedder/Pentz, GmbHG, Anhang § 52 Rn. 99; *Liebscher*, in: Münchener Kommentar zum GmbHG, Anhang § 13 Rn. 945; *Grauer*, Konzernbildungskontrolle im GmbH-Recht, S. 210; *Wilde*, Beherrschungs- und Gewinnabführungsverträge, S. 106; *Maierhofer*, Schutz außenstehender Gesellschafter, S. 178; *Hegemann*, GmbHR 2012, 315 (319).

nebeneinander, so dass der außenstehende Gesellschafter wählen kann, von wem er die Abfindung verlangt.[875] Die besseren Argumente sprechen hingegen dafür, das allgemeine Austrittsrecht hinter den vertraglichen Abfindungsanspruch zurücktreten zu lassen.[876] Denn dieser konkretisiert das allgemeine Austrittsrecht im Fall des Abschlusses eines Gewinnabführungsvertrags und stellt damit die speziellere Regelung dar.[877] Dem allgemeinen Austrittsrecht kommt demgegenüber der Charakter einer Auffangregelung zu, die als *ultima ratio* gewährleisten soll, dass ein Gesellschafter bei Vorliegen eines wichtigen Grundes ohne erhebliche finanzielle Nachteile aus der Gesellschaft ausscheiden kann. Diese Möglichkeit haben die außenstehenden Gesellschafter jedoch bei Abschluss eines Gewinnabführungsvertrags schon aufgrund der vertraglichen Abfindungsregelung, so dass das allgemeine Austrittsrecht in diesem Fall nicht erforderlich ist, um den Gesellschaftern ein Ausscheiden zu angemessenen Konditionen zu ermöglichen. Wollen außenstehende Gesellschafter infolge des Abschlusses eines Gewinnabführungsvertrags aus der Gesellschaft ausscheiden, sind sie mithin auf das vertragliche Abfindungsangebot des anderen Vertragsteils verwiesen und können nicht unter Berufung auf ihr allgemeines Austrittsrecht die gewinnabführungsverpflichtete Gesellschaft auf Zahlung der Abfindung in Anspruch nehmen.

3. *Aufnahme in den Gewinnabführungsvertrag*

Im Aktienkonzernrecht besteht Einigkeit, dass die Ausgleichs- und Abfindungsansprüche in den Gewinnabführungsvertrag aufzunehmen sind.[878] Dies ergibt sich aus dem eindeutigen Wortlaut der §§ 304, 305 AktG, wo es heißt, dass der Gewinnabführungsvertrag einen Ausgleich „vorsehen" bzw. eine Abfindung „enthalten" muss. Wendet man die §§ 304, 305 AktG richtigerweise auf die GmbH analog an, liegt es nahe, auch im GmbH-Konzernrecht eine Aufnahme in den Gewinnabführungsvertrag zu fordern.[879] Die teilweise vertretene Gegenansicht, wo-

875 *Servatius*, in: Michalski, GmbHG, Systematische Darstellung 4 Rn. 397, 130; *Wilde*, Beherrschungs- und Gewinnabführungsverträge, S. 106.

876 *Grauer*, Konzernbildungskontrolle im GmbH-Recht, S. 210; *Maierhofer*, Schutz außenstehender Gesellschafter, S. 182.

877 So auch *Grauer*, Konzernbildungskontrolle im GmbH-Recht, S. 210.

878 *Koch*, AktG, § 305 Rn. 3; *Koppensteiner*, in: Kölner Kommentar zum AktG, § 305 Rn. 11, der zutreffend darauf hinweist, dass auch eine im Gewinnabführungsvertrag verankerte Verpflichtung zur Einräumung von Ausgleichs- und Abfindungsansprüchen den Vorgaben des Gesetzes nicht genügt.

879 *Heckschen/Kreußlein*, in: Heckschen/Heidinger, Die GmbH, Kap. 15 Rn. 41.

nach die Aufnahme in den Vertragstext bei der GmbH entbehrlich sei,[880] vermag nicht zu überzeugen. Die Ansicht wird darauf gestützt, dass die Vertragsparteien so eine größere Flexibilität hätten, um den außenstehenden Gesellschaftern eine angemessene Kompensation anzubieten.[881] Dem lässt sich jedoch entgegenhalten, dass bei der Frage nach der Kompensation kein besonderes Flexibilitätsbedürfnis besteht, da sich die inhaltliche Ausgestaltung der Ausgleichs- und Abfindungsansprüche nach den zwingenden Vorgaben der §§ 304, 305 AktG richtet.[882] Um sicherzustellen, dass Art und Höhe der angebotenen Kompensation eindeutig feststellbar sind und durch den Vertragsprüfer sowie das Gericht im Spruchverfahren überprüft werden können, sind die den außenstehenden Gesellschaftern einzuräumenden Kompensationsansprüche in den Gewinnabführungsvertrag aufzunehmen.[883]

II. Einzelheiten des Ausgleichsanspruchs

1. Art und Höhe des Ausgleichs

a. Fester Ausgleich

Der Gewinnabführungsvertrag kann analog § 304 Abs. 2 S. 1 AktG einen festen Ausgleich vorsehen. Darunter ist eine auf die Kapitalbeteiligung bezogene wiederkehrende Geldleistung zu verstehen, deren Höhe sich nach dem durchschnittlichen Bruttogewinnanteil richtet, der ohne Gewinnabführungsverpflichtung auf den einzelnen Gesellschafter entfallen würde.[884] Ziel der Regelung ist es, die außenstehenden Gesellschafter so zu stellen, wie sie stünden, wenn kein

880 *Zöllner*, ZGR 1992, 173 (197).

881 Ebenda.

882 *Servatius*, in: Michalski, GmbHG, Systematische Darstellung 4 Rn. 337 ff.; *ders.*, in: BeckOK GmbHG, Anhang KonzernR Rn. 123; *Hommelhoff*, in: Lutter/Hommelhoff, GmbHG, Anhang § 13 Rn. 91; *Wilde*, Beherrschungs- und Gewinnabführungsverträge, S. 110 f.; *Priester*, ZGR 1986 Sonderheft 6, 151 (178); *Weber*, GmbHR 2003, 1347 (1349).

883 *Hommelhoff*, in: Lutter/Hommelhoff, GmbHG, Anhang § 13 Rn. 91; *Grauer*, Konzernbildungskontrolle im GmbH-Recht, S. 216.

884 BGH, Beschluss vom 21.07.2003 – II ZB 17/01 = NZG 2003, 1017 (1019); *Maierhofer*, Schutz außenstehender Gesellschafter, S. 157; *Scharpf*, DB 1990, 296 (297); *Humbeck*, BB 1995, 1893 (1897); *Weber*, GmbHR 2003, 1347 (1349); *Hegemann*, GmbHR 2012, 315 (319).

Gewinnabführungsvertrag abgeschlossen worden wäre.[885] Bei der Berechnung des Ausgleichs sind daher in analoger Anwendung des § 304 Abs. 2 S. 1 AktG angemessene Abschreibungen und Wertberichtigungen zu berücksichtigen. Eine entscheidende Ausnahme gilt für andere Gewinnrücklagen, deren Bildung bei der Berechnung der Ausgleichshöhe außer Betracht bleibt.[886] Die Fiktion der Vollausschüttung ist in der Literatur teilweise Kritik ausgesetzt, da sie in der Praxis dazu führt, dass der Ausgleich höher sein kann als der ohne den Gewinnabführungsvertrag bestehende Gewinnanspruch.[887] Die Nichtberücksichtigung der Bildung anderer Gewinnrücklagen findet ihre Berechtigung jedoch in dem Umstand, dass bei der abhängigen Gesellschaft während des Gewinnabführungsvertrags ohnehin nicht mit der Bildung von Gewinnrücklagen gerechnet werden kann.[888] Aus dem Ziel, die außenstehenden Gesellschafter so zu stellen, wie sie ohne Gewinnabführungsvertrag stünden, folgt außerdem, dass sich die die Höhe des zu leistenden Ausgleichs an den Erträgen orientiert, die die Gesellschaft ohne Abschluss des Gewinnabführungsvertrags zukünftig erwirtschaftet hätte. Um diese zu ermitteln, bedarf es einer Analyse der bisherigen Ertragslage, bei der die zurückliegenden Jahresüberschüsse um außergewöhnliche Einflussfaktoren bereinigt und als Grundlage für die Schätzung[889] der zukünftigen Erträge herangezogen werden.[890]

aa. Zukünftige Entwicklungen

Maßgeblicher Stichtag für die Festsetzung der Ausgleichshöhe ist der Tag des Zustimmungsbeschlusses.[891] Ungewisse zukünftige Entwicklungen sind bei der Berechnung der Ausgleichshöhe grundsätzlich nicht zu berücksichtigen.[892] Sie sind nur soweit relevant, wie sie zum maßgeblichen Stichtag bereits angelegt und

885 *Emmerich*, in: Emmerich/Habersack, Aktien-/GmbH-KonzernR, § 304 Rn. 41.

886 *Maierhofer*, Schutz außenstehender Gesellschafter, S. 154.

887 *Emmerich*, in: Emmerich/Habersack, Aktien-/GmbH-KonzernR, § 304 Rn. 38.

888 Vgl. zu dieser Annahme die Begründung zum Regierungsentwurf vom 03.02.1962 (AktG), BT-Drucksache IV/171, S. 221.

889 Ausführlich zur Schätzung des Unternehmenswerts unter Anwendung des § 287 Abs. 2 ZPO, *Katzenstein*, AG 2018, 739.

890 BGH, Beschluss vom 21.07.2003 – II ZB 17/01 = NZG 2003, 1017 (1018); *Koppensteiner*, in: Kölner Kommentar zum AktG, § 304 Rn. 50; *Emmerich*, in: Emmerich/Habersack, Aktien-/GmbH-KonzernR, § 304 Rn. 40.

891 BGH, Beschluss vom 04.03.1998 – II ZB 5-97 = NJW 1998, 1866 (1867); *Emmerich*, in: Emmerich/Habersack, Aktien-/GmbH-KonzernR, § 304 Rn. 35.

892 *Maierhofer*, Schutz außenstehender Gesellschafter, S. 155.

insofern absehbar sind.[893] Ergeben sich unvorhergesehene Entwicklungen, die zu einer Verbesserung der Ertragslage führen, profitieren die außenstehenden Gesellschafter nicht von den Mehreinnahmen, sondern erhalten weiterhin den im Vertrag festgelegten Ausgleich.[894] Auf der anderen Seite bleibt es auch dann bei dem vertraglich zugesicherten Ausgleich, wenn sich im Nachhinein herausstellt, dass die Ertragsprognose zu optimistisch war und die Gesellschaft weniger Gewinn erwirtschaftet als zum Zeitpunkt des Vertragsschlusses prognostiziert. Die außenstehenden Gesellschafter werden durch eine feste Ausgleichsregelung mithin von den unternehmerischen Risiken befreit, partizipieren auf der anderen Seite jedoch auch nicht mehr an den wirtschaftlichen Chancen der gewinnabführungsverpflichteten Gesellschaft.

bb. Null-Ausgleich

(1) Meinungsstand

Wenn die gewinnabführungsverpflichtete Gesellschaft defizitär arbeitet, stellt sich die Frage, ob der Ausgleich mit null beziffert werden kann. Auf den ersten Blick erscheint dies problematisch, da sich ein solcher Ausgleich kaum von dem Fall unterscheidet, dass der Gewinnabführungsvertrag gar keine Ausgleichsansprüche enthält. Dennoch hält die überwiegende Ansicht einen Null-Ausgleich zu Recht für zulässig, wenn die Ertragsaussichten der Untergesellschaft auf absehbare Zeit negativ sind.[895] Dem wurde teilweise entgegengehalten, dass auch bei einer verlustbringenden Gesellschaft zumindest die Kapitalüberlassung durch die außenstehenden Gesellschafter abgegolten werden müsse.[896] Gerade wenn die

---

893 BGH, Beschluss vom 04.03.1998 – II ZB 5-97 = NJW 1998, 1866 (1867); BayObLG, Beschluss 11.09.2001 – 3Z BR 101/99 = NZG 2001, 1137 (1138); *Liebscher*, in: Münchener Kommentar zum GmbHG, Anhang § 13 Rn. 958.

894 *Emmerich*, in: Emmerich/Habersack, Aktien-/GmbH-KonzernR, § 304 Rn. 37, der deshalb eine Benachteiligung der außenstehenden Gesellschafter befürchtet und die Praxis der stichtagsbezogenen Prognose kritisch sieht.

895 BGH, Urteil vom 13.02.2006 – II ZR 392/03 = NJW-Spezial 2006, 222; BayObLG, Beschluss vom 31.05.1995 – 3Z BR 67/89 = DStR 1995, 1479; *Hommelhoff*, in: Lutter/Hommelhoff, GmbHG, Anhang § 13 Rn. 91; *Liebscher*, in: Münchener Kommentar zum GmbHG, Anhang § 13 Rn. 960; *Emmerich*, in: Emmerich/Habersack, Aktien-/GmbH-KonzernR, § 304 Rn. 46; *Krieger*, in: Münchener Handbuch GesR, Band 4, § 67 Rn. 89; *Maierhofer*, Schutz außenstehender Gesellschafter, S. 155; *Hegemann*, GmbHR 2012, 315 (319); *Hasbach*, DStR 2019, 81.

896 *Koppensteiner*, in: Kölner Kommentar zum AktG, § 304 Rn. 60.

Gesellschaft über ein hohes Maß an nicht betriebsnotwendiger Liquidität verfüge, bilde die marktübliche Verzinsung des Liquidationswerts die Untergrenze des zu leistenden Ausgleichs.

(2) Stellungnahme

Dass den außenstehenden Gesellschaftern im Fall negativer Ertragsaussichten keine Ausgleichsansprüche zustehen, leuchtet unmittelbar ein, wenn man sich die Funktion des Ausgleichs vor Augen führt. Da die Ausgleichsansprüche den Ausschluss vom Gewinnbezug kompensieren, muss die Zahlung eines Ausgleichs ausscheiden, wenn ohnehin kein Gewinn angefallen wäre, der unter den Gesellschaftern hätte verteilt werden können. Sind die außenstehenden Gesellschafter der Ansicht, dass die Festsetzung eines Null-Ausgleichs nicht die wahren Ertragsaussichten des Unternehmens widerspiegelt, können sie gerichtlich dagegen vorgehen. Nach zutreffender Ansicht ist dafür der Weg ins Spruchverfahren eröffnet,[897] das richtigerweise auch im Vertragskonzernrecht der GmbH zur Anwendung kommt.[898]

Einer Verzinsung des Liquidationswerts bedarf es nicht, da die Gesellschafter auch ohne Gewinnabführungsvertrag keine Garantie auf Verzinsung ihres eingesetzten Kapitals haben.[899] Bei den Gesellschaftern einer GmbH handelt es sich gerade nicht um Fremdkapitalgeber, die einen festen Zinsanspruch gegen die Gesellschaft haben, sondern um Eigenkapitalgeber, deren Rendite sich aus der Wertsteigerung des Unternehmens und den ausgeschütteten Gewinnen ergibt. Das kann im Fall einer schlechten Geschäftsentwicklung zur Folge haben, dass das in der Beteiligung gebundene Kapital keine oder nur eine geringe Rendite erwirtschaftet. Bei Bestehen eines Gewinnabführungsvertrags kann insofern nichts anderes gelten. Hinzu kommt, dass die außenstehenden Gesellschafter einer verlustbringenden Gesellschaft bereits dadurch vom Gewinnabführungsvertrag profitieren, dass der andere Vertragsteil die angefallenen Verluste ausgleicht und so die Existenz der Gesellschaft sichert. Eine zusätzliche Verzinsung des eingesetzten Kapitals würde die außenstehenden Gesellschafter Fremdkapitalgebern gleichstellen und insofern zu einer Überkompensation führen.

---

897 BGH, Urteil vom 13.02.2006 – II ZR 392/03 = DStR 2006, 768; zustimmend *Liebscher*, in: Münchener Kommentar zum GmbHG, Anhang § 13 Rn. 978; *Emmerich*, in: Emmerich/Habersack, Aktien-/GmbH-KonzernR, § 304 Rn. 46; *Hasbach*, DStR 2019, 81.

898 Zur Übertragung des Spruchverfahrens auf die GmbH sogleich unter Teil 6 B.

899 BGH, Urteil vom 13.02.2006 – II ZR 392/03 = NJW-Spezial 2006, 222; *Emmerich*, in: Emmerich/Habersack, Aktien-/GmbH-KonzernR, § 304 Rn. 46.

b. Variabler Ausgleich

aa. AG oder KGaA als Obergesellschaft

Wenn es sich bei dem anderen Vertragsteil um eine AG oder KGaA handelt, kann der Gewinnabführungsvertrag alternativ einen variablen Ausgleich vorsehen, bei dem sich die Höhe des Ausgleichsanspruchs gemäß § 304 Abs. 2 S. 2 AktG nach dem Gewinn des anderen Vertragsteils richtet.[900] Rechtstechnisch erfolgt dies durch Umrechnung der Beteiligung an der Untergesellschaft in Anteile am anderen Vertragsteil. Das Umtauschverhältnis richtet sich gemäß § 304 Abs. 2 S. 3 AktG nach der Verschmelzungswertrelation, die durch Ermittlung des Unternehmenswerts beider Vertragsparteien zu bestimmen ist.[901]

Ein variabler Ausgleich kann zu Konflikten führen, wenn der andere Vertragsteil große Teile seines Jahresüberschusses thesauriert und deshalb nur einen geringen Gewinn ausweist. Das hat zur Folge, dass der an den Gewinn des anderen Vertragsteils gekoppelte Ausgleichsanspruch der außenstehenden Gesellschafter niedrig gehalten wird. Im Aktienrecht wird der Konflikt zwischen dem Ausschüttungsinteresse der Gesellschafter und dem Thesaurierungsinteresse des anderen Vertragsteils durch § 58 AktG entschärft, der für die Bildung anderer Gewinnrücklagen Grenzen aufstellt und dadurch verhindert, dass der Ausgleichsanspruch der außenstehenden Gesellschafter ins Leere läuft.[902] Wenn es sich bei dem anderen Vertragsteil um eine AG oder KGaA handelt, bestehen daher auch im GmbH-Konzernrecht keine Bedenken gegen eine variable Ausgleichsregelung.[903]

bb. GmbH als Obergesellschaft

(1) Meinungsstand

Fraglich ist, ob ein variabler Ausgleich auch dann möglich ist, wenn es sich bei dem anderen Vertragsteil um eine GmbH handelt. Nach teilweise vertretener Auffassung scheidet ein variabler Ausgleich in diesem Fall aus.[904] Dies wird damit

---

900 *Liebscher*, in: Münchener Kommentar zum GmbHG, Anhang § 13 Rn. 962; *Maierhofer*, Schutz außenstehender Gesellschafter, S. 164; *Scharpf*, DB 1990, 296 (297); *Weber*, GmbHR 2003, 1347 (1349).

901 *Liebscher*, in: Münchener Kommentar zum GmbHG, Anhang § 13 Rn. 962.

902 Gemäß § 58 Abs. 1 S. 2 und Abs. 2 S. 1 AktG kann höchstens die Hälfte des Jahresüberschusses in andere Gewinnrücklagen eingestellt werden.

903 *Liebscher*, in: Münchener Kommentar zum GmbHG, Anhang § 13 Rn. 963.

904 *Hegemann*, GmbHR 2012, 315 (319).

begründet, dass bei der GmbH der gesamte Jahresüberschuss thesauriert werden kann,[905] so dass die Gefahr einer Benachteiligung der außenstehenden Gesellschafter durch übermäßige Rücklagenbildung noch größer ist als bei der AG, wo die Dividendenpolitik den Beschränkungen des § 58 AktG unterliegt. Nach anderer Ansicht ist eine variable Ausgleichsregelung auch bei einer als GmbH organisierten Obergesellschaft möglich.[906] Um eine übermäßige Gewinnthesaurierung zu verhindern, wird vorgeschlagen, den variablen Ausgleich nicht nach dem tatsächlich ausgeschütteten Gewinn, sondern nach dem bei der Obergesellschaft erwirtschafteten Jahresüberschuss zu bemessen.

(2) Stellungnahme

Die Möglichkeit der Aufnahme eines variablen Ausgleichs erscheint auch im GmbH-Konzernrecht sinnvoll. Dadurch wird zum einen die den Vertragsparteien zur Verfügung stehende Gestaltungsfreiheit erhöht und zum anderen kann sich den außenstehenden Gesellschaftern eine attraktive Form der Kompensation bieten. Denn anders als beim festen Ausgleich, dessen Höhe von vornherein festgelegt ist, partizipieren die außenstehenden Gesellschafter bei einem variablen Ausgleich weiterhin an den unternehmerischen Chancen und Risiken. Dass das Aktienkonzernrecht einen variablen Ausgleich nur für die Fälle vorsieht, in denen es sich bei dem anderen Vertragsteil um eine AG oder KGaA handelt, ist wohl vor allem darauf zurückzuführen, dass der Gesetzgeber zum Zeitpunkt der Einführung des Aktienkonzernrechts in erster Linie den reinen Aktienkonzern vor Augen hatte und ein Mischkonzern mit einer als GmbH organisierten Obergesellschaft auch heute noch der Ausnahmefall ist. Der Gewinnabführungsvertrag kann daher auch im reinen GmbH-Konzern einen variablen Ausgleich zugunsten der außenstehenden Gesellschafter vorsehen.

Fraglich ist, ob sich der variable Ausgleich wie im Aktienkonzernrecht nach dem bei der Obergesellschaft ausgeschütteten Gewinn richtet oder nach dem erzielten Jahresüberschuss. Für die Anknüpfung an den Jahresüberschuss spricht, dass der an die außenstehenden Gesellschafter zu leistende Ausgleich auf diese Weise nicht künstlich niedrig gehalten werden kann. Auf der anderen Seite ist jedoch zu bedenken, dass die Minderheitsgesellschafter einer GmbH auch ohne Abschluss eines Gewinnabführungsvertrags dem Risiko ausgesetzt sind, dass der Mehrheitsgesellschafter die erwirtschafteten Gewinne thesauriert und nur ein

---

905 Zum Fehlen eines gesetzlichen Schutzes gegen die übermäßige Gewinnthesaurierung durch den Mehrheitsgesellschafter, *Fleischer/Trinks*, NZG 2015, 289 (290).

906 *Maierhofer*, Schutz außenstehender Gesellschafter, S. 163 f.

kleiner Teil des Jahresüberschusses ausgeschüttet wird. Es handelt sich mithin um eine Gefahrenlage, die nicht speziell mit dem variablen Ausgleich beim Gewinnabführungsvertrag zusammenhängt, sondern auf die Entscheidung des Gesetzgebers zurückzuführen ist, im GmbH-Recht auf eine Begrenzung der Gewinnthesaurierung zu verzichten. Daher ist nicht ersichtlich, warum die außenstehenden Gesellschafter bei Bestehen eines Gewinnabführungsvertrags von diesem, der Minderheitsbeteiligung an einer GmbH inhärenten Risiko befreit werden sollen.

c. *Wahlrecht der Vertragsparteien*

Im Aktienkonzernrecht ist es den Vertragsparteien überlassen, ob sie eine feste oder eine variable Ausgleichsregelung in den Vertrag aufnehmen.[907] Diese Wertung des Gesetzgebers muss auch im Vertragskonzernrecht der GmbH Beachtung finden, so dass die Entscheidung zwischen festem und variablem Ausgleich hier ebenfalls bei den vertragschließenden Gesellschaften liegt.[908] Die außenstehenden Gesellschafter haben die Wahl, ob sie die Ausgleichsregelung annehmen oder gegen Zahlung einer Abfindung aus der Gesellschaft ausscheiden. Vor diesem Hintergrund stellt es keine unzumutbare Beeinträchtigung dar, wenn die Wahl der Ausgleichsart den am Vertragsschluss beteiligten Rechtsträgern überlassen bleibt.

2. *Entstehung und Fälligkeit*

Wie beim Gewinnbezugsrecht, das jedem Gesellschafter kraft seiner Mitgliedschaft zusteht, sich jedoch erst mit der Beschlussfassung über die Gewinnverwendung zu einem Auszahlungsanspruch verdichtet,[909] ist im Hinblick auf Entstehung und Fälligkeit des vertraglichen Ausgleichsanspruchs zwischen dem Stammrecht und dem konkreten Zahlungsanspruch zu differenzieren.[910] Das Stammrecht entsteht mit der Eintragung des Gewinnabführungsvertrags im Handelsregister, ein konkreter Zahlungsanspruch steht den außenstehenden Gesellschaftern zu diesem Zeitpunkt jedoch noch nicht zu.[911]

---

907 *Emmerich*, in: Emmerich/Habersack, Aktien-/GmbH-KonzernR, § 304 Rn. 68.

908 *Maierhofer*, Schutz außenstehender Gesellschafter, S. 165; aA *Martens*, DB 1970, 813 (818).

909 *Verse*, in: Scholz, GmbHG, § 29 Rn. 78; *Kersting*, in: Noack/Servatius/Haas, GmbHG, § 29 Rn. 49; *Ekkenga*, in: Münchener Kommentar zum GmbHG, § 29 Rn. 75.

910 OLG Frankfurt, AG 2010, 408 (409); *Häller*, in: Schmidt/Lutter, AktG, § 304 Rn. 53; *Tebben*, AG 2003, 600 (601).

911 *Koppensteiner*, in: Kölner Kommentar zum AktG, § 304 Rn. 9; *van Rossum*, in: Münchener Kommentar zum AktG, § 304 Rn. 105; *Häller*, in: Schmidt/Lutter, AktG, § 304 Rn. 53.

a. *Fester Ausgleich*

Fraglich ist, wann den außenstehenden Gesellschaftern im Fall einer festen Ausgleichsregelung ein konkreter Zahlungsanspruch zusteht. Da der Auszahlungsanspruch ohne Bestehen eines Gewinnabführungsvertrags erst mit der Entscheidung über die Gewinnverwendung fällig wird und vor dem Hintergrund, dass der Ausgleichsanspruch bei Bestehen eines Gewinnabführungsvertrags an die Stelle des Gewinnbezugsrechts tritt, liegt es nahe, auch hier auf den Gewinnverwendungsbeschluss abzustellen.[912] Anderenfalls würde das Bestehen des Gewinnabführungsvertrags zu einer ungerechtfertigten Besserstellung der außenstehenden Gesellschafter führen.[913] Da im Fall eines Gewinnabführungsvertrags jedoch mangels ausgewiesenen Gewinns kein Gewinnverwendungsbeschluss gefasst wird, kann nur auf den Zeitpunkt abgestellt werden, in dem normalerweise über die Gewinnverwendung entschieden worden wäre.[914] Da die Entscheidung über die Gewinnverwendung regelmäßig mit der Feststellung des Jahresabschlusses verbunden wird, kann für die Fälligkeit des Ausgleichsanspruchs auf das Ende der Gesellschafterversammlung im folgenden Geschäftsjahr abgestellt werden, in der über die Feststellung des Jahresabschlusses Beschluss gefasst wird.[915]

b. *Variabler Ausgleich*

Anders verhält es sich, wenn der Gewinnabführungsvertrag eine variable Ausgleichsregelung enthält. Da die Höhe des Ausgleichsanspruchs in diesem Fall von der Gewinnausschüttung auf der Ebene der Obergesellschaft abhängt, kann der Anspruch erst mit dem Gewinnverwendungsbeschluss des anderen Vertragsteils fällig werden.[916]

---

912 *Liebscher*, in: Münchener Kommentar zum GmbHG, Anhang § 13 Rn. 953; *Koppensteiner*, in: Kölner Kommentar zum AktG, § 304 Rn. 9.

913 *Van Rossum*, in: Münchener Kommentar zum AktG, § 304 Rn. 111.

914 *Veil/Preisser*, in: BeckOGK AktG, § 304 Rn. 35; *Servatius*, in: Grigoleit, AktG, § 304 Rn. 13; *van Rossum*, in: Münchener Kommentar zum AktG, § 304 Rn. 111.

915 *Hommelhoff*, in: Lutter/Hommelhoff, GmbHG, Anhang § 13 Rn. 91; *Koch*, AktG, § 304 Rn. 13; *Veil/Preisser*, in: BeckOGK AktG, § 304 Rn. 35; *van Rossum*, in: Münchener Kommentar zum AktG, § 304 Rn. 111.

916 *Servatius*, in: Grigoleit, AktG, § 304 Rn. 13; *van Rossum*, in: Münchener Kommentar zum AktG, § 304 Rn. 113; *Veil/Preisser*, in: BeckOGK AktG, § 304 Rn. 35; *Koppensteiner*, in: Kölner Kommentar zum AktG, § 304 Rn. 9; ähnlich *Krieger*, in: Münchener Handbuch GesR, Band 4, § 67 Rn. 86, der jedoch analog § 58 Abs. 4 S. 3 AktG auf den dritten Geschäftstag nach der Fassung des Gewinnverwendungsbeschlusses abstellen will.

III. Einzelheiten des Abfindungsanspruchs

1. *Abfindung in Anteilen*

a. Meinungsstand

Ungeklärt ist die Frage, ob den außenstehenden Gesellschaftern einer GmbH eine Abfindung in Anteilen am anderen Vertragsteil anzubieten ist, wie es § 305 AktG im Aktienkonzernrecht für bestimmte Fälle vorsieht. Der BGH ist in seinem Supermarkt-Beschluss davon ausgegangen, dass eine Abfindung in Anteilen im Vertragskonzernrecht der GmbH nicht in Frage kommt.[917] Dies entspricht der überwiegenden Ansicht in der Literatur.[918] Auch im Rahmen der Reformbemühungen zur Einführung eines GmbH-Konzernrechts in den Jahren 1972/1973 war keine Abfindung in Anteilen vorgesehen.[919]

Demgegenüber steht die Ansicht, nach der eine Abfindung in Anteilen auch im GmbH-Konzernrecht in Betracht kommt.[920] Dabei soll die Anteilsabfindung nach teilweise vertretener Ansicht jedoch auf solche Fälle beschränkt sein, in denen die Obergesellschaft in der Rechtsform einer AG oder KGaA organisiert

---

917 BGH, Beschluss vom 24.10.1988 – II ZB 7/88 = NJW 1989, 295 – *Supermarkt.*

918 *Grauer*, Konzernbildungskontrolle im GmbH-Recht im GmbH-Recht, S. 205 ff.; *Fleck*, ZGR 1988, 104 (134); *Kropff*, in: FS Semler 1993, S. 517 (525); *Priester*, ZGR 1986 Sonderheft 6, 151 (178); *Vetter*, AG 1994, 110 (114); *Schwarz*, MittRhNotK 1994, 50 (59), der die analoge Anwendung der §§ 304, 305 AktG generell ablehnt; *Mues*, RNotZ 2005, 2 (12); tendenziell ablehnend auch *Weigel*, in: FS Quack 1991, S. 505 (514 f.), der davon spricht, dass eine Abfindung in Anteilen jedenfalls in aller Regel nicht in Betracht kommt.

919 Regierungsentwurf eines GmbHG vom 26.02.1973, BT-Drucksache 7/253, S. 65.

920 *Hommelhoff*, in: Lutter/Hommelhoff, GmbHG, Anhang § 13 Rn. 93; *Servatius*, in: Michalski, GmbHG, Systematische Darstellung 4 Rn. 128; *Liebscher*, in: Münchener Kommentar zum GmbHG, Anhang § 13 Rn. 973; *Emmerich*, in: Scholz, GmbHG, Anhang § 13 Rn. 287; *Maierhofer*, Schutz außenstehender Gesellschafter, S. 194 ff.; *Timm*, GmbHR 1987, 8 (11); Timm, ZGR 1987, 403 (431 f.); *Humbeck*, BB 1995, 1893 (1896); *Hegemann*, GmbHR 2012, 315 (319); *Hermanns*, DNotZ 2013, 9 (12); tendenziell auch *Koerfer/Selzner*, GmbHR 1997, 285 (290 f.).

ist.[921] Andere halten eine Anteilsabfindung auch dann für möglich, wenn es sich bei der Obergesellschaft um eine kapitalistisch strukturierte GmbH handelt.[922]

b. GmbH als Obergesellschaft

aa. Fortsetzung der unternehmerischen Beteiligung

Wollen die außenstehenden Gesellschafter angesichts der Gefahren, die der Gewinnabführungsvertrag für die Überlebensfähigkeit der Gesellschaft begründet, aus der Gesellschaft ausscheiden, ermöglicht eine Abfindung in Anteilen die Fortsetzung der unternehmerischen Beteiligung an einer anderen Gesellschaft.[923] Barabfindungsansprüche berücksichtigen demgegenüber nur die Vermögensinteressen der außenstehenden Gesellschafter, nicht jedoch den Verlust der Mitgliedschaft und der damit verbundenen Verwaltungsrechte. Da die Verwaltungsrechte bei einer GmbH deutlich stärker ausgeprägt sind als im Aktienrecht, wiegt deren Verlust für die Gesellschafter schwerer als für die Aktionäre einer AG.[924] Das spricht dafür, den Gesellschaftern im GmbH-Konzernrecht erst recht eine Abfindung in Anteilen der Obergesellschaft anzubieten.

bb. Personalistische Struktur des anderen Vertragsteils

(1) Persönliche Verbundenheit der Gesellschafter

Bedenken gegen eine Abfindung in Anteilen ergeben sich jedoch daraus, dass die GmbH typischerweise einen kleineren Gesellschafterkreis aufweist und von der persönlichen Verbundenheit und dem unternehmerischen Engagement ihrer

---

921 *Altmeppen*, GmbHG, Anhang § 13 Rn. 90; *Emmerich*, in: Scholz, GmbHG, Anhang § 13 Rn. 287; *Verse*, in: Henssler/Strohn, GmbHG, Anhang § 13 Rn. 108; *Koehler*, Der Gewinnabführungsvertrag, S. 50; *Priester*, ZGR 1986 Sonderheft 6, 151 (178); *Hegemann*, GmbHR 2012, 315 (319).

922 *Liebscher*, in: Münchener Kommentar zum GmbHG, Anhang § 13 Rn. 973; *Hommelhoff*, in: Lutter/Hommelhoff, GmbHG, Anhang § 13 Rn. 93; *Wilde*, Beherrschungs- und Gewinnabführungsverträge, S. 111 ff.; *Lutter*, ZGR 1986 Sonderheft 6, 192 (198); *Humbeck*, BB 1995, 1893 (1896); *Halm*, NZG 2001, 728 (733).

923 *Priester*, ZGR 1986 Sonderheft 6, 151 (177 f.); *Timm*, GmbHR 1987, 8 (11); *Wilde*, Beherrschungs- und Gewinnabführungsverträge, S. 111.

924 *Grauer*, Konzernbildungskontrolle im GmbH-Recht, S. 204; *Maierhofer*, Schutz außenstehender Gesellschafter, S. 197.

Gesellschafter geprägt ist.[925] Da eine Abfindung in Anteilen nicht nur zu einer Umstrukturierung des Gesellschafterkreises führt, sondern auch eine Verschiebung der Beteiligungsverhältnisse zur Folge hat, stellt die Pflicht zur Abfindung in Anteilen für eine personalistisch strukturierte GmbH eine größere Hürde dar als für eine kapitalistisch strukturierte AG mit einer großen Zahl anonymer Kleinaktionäre.[926] Insofern könnte eine Pflicht zur Abfindung in Anteilen im GmbH-Konzernrecht dazu führen, dass ein wirtschaftlich sinnvoller Unternehmensvertragsschluss unterbleibt, nur um die damit verbundene Veränderung des Gesellschafterkreises zu vermeiden.

(2) Statutarische Gestaltungsfreiheit

Ferner erschwert die größere Gestaltungsfreiheit bei der GmbH die Gewährung einer gleichwertigen Beteiligung an der Obergesellschaft. Denn die Freiheit bei der Ausgestaltung des Gesellschaftsvertrags hat zur Folge, dass sich die Satzungen verschiedener Gesellschaften stark voneinander unterscheiden und die Beteiligungen deshalb weniger fungibel sind. Probleme entstehen vor allem dort, wo die Satzung der Obergesellschaft eine Vinkulierung vorsieht.[927] Wenn der Gesellschaftsvertrag der Untergesellschaft keine Einschränkungen hinsichtlich der Übertragbarkeit der Anteile enthält, erleiden die außenstehenden Gesellschafter durch die Anteilsabfindung empfindliche Nachteile, da sie ihre Beteiligung nicht mehr frei veräußern können, sondern auf die Zustimmung der Gesellschaft angewiesen sind.

cc. Keine Differenzierung nach der Realstruktur

Die oben genannten Probleme stellen sich nicht, wenn die GmbH kapitalistisch strukturiert ist und insofern dem gesetzlichen Leitbild einer AG entspricht. Aus diesem Grund wird teilweise vertreten, dass eine Anteilsabfindung nur in den Fällen einer kapitalistisch strukturierten GmbH in Betracht komme.[928] Dieser

---

925 *Martens*, DB 1970, 813 (817); *Grauer*, Konzernbildungskontrolle im GmbH-Recht, S. 207.

926 Begründung zum Regierungsentwurf eines GmbHG vom 31.01.1972, BT-Drucksache 6/3088, S. 214; Begründung zum Regierungsentwurf eines GmbHG vom 26.02.1973, BT-Drucksache 7/253, S. 214.

927 *Weller/Reichert*, in: Münchener Kommentar zum GmbHG, § 15 Rn. 361, die davon ausgehen, dass die überwiegende Zahl der Gesellschaftsverträge im GmbH-Recht eine Abtretungsbeschränkung enthält.

928 *Liebscher*, in: Münchener Kommentar zum GmbHG, Anhang § 13 Rn. 973; *Hommelhoff*, in: Lutter/Hommelhoff, GmbHG, Anhang § 13 Rn. 93.

Ansicht kann indes nicht gefolgt werden, da die Abgrenzung zwischen personalistisch und kapitalistisch strukturierten Gesellschaften angesichts der in der Praxis vorhandenen Typenvielfalt und aufgrund des Fehlens operationalisierbarer Abgrenzungskriterien kaum möglich ist und daher zu erheblicher Rechtsunsicherheit führen würde.[929] Um den Abschluss eines Gewinnabführungsvertrags für die Praxis rechtssicher handhabbar zu machen, muss im Voraus eindeutig feststellbar sein, ob den außenstehenden Gesellschaftern eine Abfindung in Anteilen oder nur eine Barabfindung anzubieten ist. Diese Feststellung würde erheblich erschwert, wenn es auf die konkrete Struktur der beteiligten Rechtsträger ankäme.

dd. Stellungnahme

Ein Vergleich zum Umwandlungsrecht zeigt, dass die personalistische Struktur der Obergesellschaft einer Abfindung in Anteilen nicht entgegensteht, denn die Verschmelzung auf eine GmbH setzt unabhängig von deren Realstruktur die Gewährung von Anteilen voraus. Will eine GmbH einen anderen Rechtsträger im Wege der Verschmelzung aufnehmen, muss sie bereit sein, dessen Anteilsinhabern eine Beteiligung anzubieten und damit eine Umstrukturierung ihres Gesellschafterkreises in Kauf nehmen. Der Gesetzgeber bringt im Umwandlungsrecht zum Ausdruck, dass er dies auch bei einer GmbH für zumutbar hält. Diese Wertung kann vor dem Hintergrund der wirtschaftlichen Vergleichbarkeit von Verschmelzung und Unternehmensvertragsschluss im Vertragskonzernrecht der GmbH nicht unberücksichtigt bleiben.[930]

Auch die statutarische Gestaltungsfreiheit bei der GmbH steht einer Anteilsabfindung nicht entgegen.[931] Denn der GmbH stehen insofern die gleichen Möglichkeiten zur Verfügung wie einer AG. Sie kann durch Kapitalerhöhung neue Anteile schaffen oder analog § 33 Abs. 3 GmbHG eigene Anteile erwerben, mit denen die außenstehenden Gesellschafter der Untergesellschaft abgefunden werden.[932] Auch wenn die Geschäftsanteile des anderen Vertragsteils vinkuliert sind, ist eine Abfindung in Anteilen nicht ausgeschlossen, denn in diesen Fällen kann den außenstehenden Gesellschaftern durch ein alternatives Barabfindungsangebot die Wahl gelassen werden, ob sie sich trotz Abtretungsbeschränkung am

929 Zu den Unsicherheiten, die eine Differenzierung nach der Realstruktur mit sich bringt, siehe Teil 2 B. I. 1. e.

930 Zur wirtschaftlichen Vergleichbarkeit von Verschmelzung und Unternehmensvertragsschluss bereits unter Teil 2 B. I. 1. c. cc. (2).

931 AA *Grauer*, Konzernbildungskontrolle im GmbH-Recht, S. 207.

932 *Maierhofer*, Schutz außenstehender Gesellschafter, S. 198.

anderen Vertragsteil beteiligen oder gegen Zahlung einer Barabfindung aus der Gesellschaft ausscheiden.[933]

Ferner ist zu berücksichtigen, dass die mit der Anteilsabfindung verbundene Beeinträchtigung für die Gesellschafter des anderen Vertragsteils dadurch abgemildert wird, dass die Pflicht zur Anteilsgewährung gemäß § 305 Abs. 2 AktG nur in bestimmten Fällen eingreift. Den außenstehenden Gesellschaftern ist nur dann zwingend eine Abfindung in Anteilen anzubieten, wenn es sich bei dem anderen Vertragsteil um eine unabhängige und nicht in Mehrheitsbesitz stehende Gesellschaft handelt. Überträgt man diese Einschränkung auf das GmbH-Konzernrecht, lässt sich ein Ausgleich zwischen den Interessen der Anteilsinhaber des anderen Vertragsteils am Fortbestand der personellen Zusammensetzung des Gesellschafterkreises und den Interessen der außenstehenden Gesellschafter der Untergesellschaft an einer adäquaten Kompensation für den Verlust ihrer Mitgliedschaft herstellen.[934] Vor diesem Hintergrund ist der Ansicht zuzustimmen, die eine Pflicht zur Abfindung in Anteilen grundsätzlich auch im reinen GmbH-Konzern für zumutbar hält.

c. *AG als Obergesellschaft*

Auch wenn die Obergesellschaft in der Rechtsform einer AG organisiert ist, kann der andere Vertragsteil dazu verpflichtet sein, den außenstehenden Gesellschaftern eine Abfindung in Anteilen anzubieten.[935] Auf der Seite der Aktionäre des anderen Vertragsteils besteht in diesem Fall kein besonderes Schutzbedürfnis, da diese auch bei einem Gewinnabführungsvertrag mit einer AG zur Aufnahme neuer Gesellschafter verpflichtet sind. Zweifel an der Anteilsabfindung könnten sich allenfalls daraus ergeben, dass sich die Beteiligung an einer AG stark von der Mitgliedschaft in der GmbH unterscheidet. Der Regelung des § 305 Abs. 2 AktG liegt jedoch gerade der Gedanke zugrunde, den Anteilsinhabern der abhängigen Gesellschaft eine gleichwertige Beteiligung anzubieten.[936]

Diese Bedenken stehen der Anteilsabfindung im Mischkonzern im Ergebnis nicht entgegen. Dies beweist ein Blick auf die Mischverschmelzung im Umwandlungsrecht, wo den Gesellschaftern der übertragenden GmbH ebenfalls Aktien der aufnehmenden AG gewährt werden, ohne dass dies der Verschmelzung im

---

933 Zum Erfordernis eines alternativen Barabfindungsangebots sogleich unter Teil 5 B. III. 1. d.

934 Zur analogen Anwendung des § 305 Abs. 2 AktG sogleich unter Teil 5 B. III. 1. e. cc.

935 *Lutter*, ZGR 1986 Sonderheft 6, 192 (198).

936 Begründung zum Regierungsentwurf vom 03.02.1962 (AktG), BT-Drucksache IV/171, S. 225.

Weg steht.[937] Dass die außenstehenden Gesellschafter trotz der Strukturunterschiede zwischen GmbH und AG ein adäquates Surrogat für ihre Beteiligung an der gewinnabführungsverpflichteten Gesellschaft erhalten, kann durch ein alternatives Barabfindungsangebot sichergestellt werden.[938]

d. Alternative Barabfindung

aa. Die umwandlungsrechtliche Regelung des § 29 Abs. 1 UmwG

Die Regelung des § 29 Abs. 1 UmwG ergänzt den Schutz der Anteilsinhaber des übertragenden Rechtsträgers, indem sie den übernehmenden Rechtsträger in den Fällen der Mischverschmelzung und bei Verfügungsbeschränkungen zu einem alternativen Barabfindungsangebot verpflichtet.[939] Dadurch wird gewährleistet, dass die Anteilsinhaber nicht gezwungen sind, eine Beteiligung am übernehmenden Rechtsträger als Entschädigung zu akzeptieren, wenn diese keinen adäquaten Ersatz für ihre Mitgliedschaft im übertragenden Rechtsträger darstellt.[940]

bb. Analoge Anwendung im GmbH-Konzernrecht

Im GmbH-Konzernrecht stellt sich eine ähnliche Problematik wie im Umwandlungsrecht. In den Fällen, in denen die außenstehenden Gesellschafter eine Abfindung in Anteilen erhalten, besteht die Gefahr, dass die Beteiligung am anderen Vertragsteil keinen adäquaten Ersatz für die Mitgliedschaft in der abhängigen GmbH darstellt. Insbesondere wenn es sich bei dem anderen Vertragsteil um eine AG handelt oder die Anteile des anderen Vertragsteils einer Abtretungsbeschränkung unterliegen, sind die außenstehenden Gesellschafter auf das Eingreifen zusätzlicher Schutzmechanismen angewiesen, um eine angemessene Kompensation zu erhalten. Mit der Regelung des § 29 Abs. 1 UmwG hat der Gesetzgeber im Umwandlungsrecht eine Lösung für die oben beschriebene Problematik vorgegeben, die in Anbetracht der wirtschaftlichen Vergleichbarkeit von Unternehmensvertragsschluss und Verschmelzung auch im Vertragskonzernrecht der GmbH fruchtbar gemacht werden kann. Der andere Vertragsteil hat den außenstehenden Gesellschaftern daher eine Barabfindung anzubieten, wenn die

---

937 Ebenso *Maierhofer,* Schutz außenstehender Gesellschafter, S. 186.

938 *Martens*, DB 1970, 813 (817).

939 Zum Schutzzweck der Vorschrift *Erkens/Thilo*, in: Kölner Kommentar zum UmwG, § 29 Rn. 2; *Rieder*, in: BeckOGK UmwG, § 29 Rn. 2; *Kalss*, in: Semler/Stengel/Leonard, UmwG, § 29 Rn. 1.

940 *Grunewald*, in: Lutter, UmwG, § 29 Rn. 1.

vertragsschließenden Unternehmen in unterschiedlicher Rechtsform organisiert sind oder die Anteile des anderen Vertragsteils einer Verfügungsbeschränkung unterliegen, insbesondere wenn die Satzung des anderen Vertragsteils eine Vinkulierungsklausel enthält.[941]

cc. Widerspruchserfordernis

Im Umwandlungsrecht steht den Gesellschaftern gemäß § 29 Abs. 1 UmwG nur dann ein Barabfindungsangebot zu, wenn sie in der Gesellschafterversammlung Widerspruch zur Niederschrift erklärt haben. Fraglich ist, ob das Widerspruchserfordernis auch im GmbH-Konzernrecht Anwendung findet.

(1) Planungssicherheit

Das Widerspruchserfordernis dient in erster Linie dazu, dem anderen Vertragsteil frühzeitig einen Eindruck davon zu vermitteln, wie hoch die zu zahlende Abfindung sein wird.[942] Das wird besonders relevant bei Gesellschaften mit großem Gesellschafterkreis, wo der Austritt vieler Gesellschafter zu einem erheblichen Liquiditätsabfluss führen und die Existenz des anderen Vertragsteils gefährden kann.[943] Bei kleineren Gesellschaften wie der typischerweise personalistisch geprägten GmbH kommt dem Widerspruchserfordernis in dieser Hinsicht geringere Bedeutung zu, da sich die beteiligten Rechtsträger aufgrund des kleineren Gesellschafterkreises schon vor der Beschlussfassung über den Gewinnabführungsvertrag ein Bild von der Stimmungslage unter den Minderheitsgesellschaftern machen und den Umfang der zu zahlenden Barabfindung einschätzen können. Nichtsdestotrotz trägt das Widerspruchserfordernis auch bei der GmbH dazu bei, Rechtssicherheit zu schaffen und spätere Verzögerungen durch nachträglich geäußerte Barabfindungsverlangen auszuschließen. Die Regelung des § 29 Abs. 1 UmwG differenziert daher nicht nach der Rechtsform des übertragenden Rechtsträgers und findet im Umwandlungsrecht sowohl auf die Verschmelzung einer

---

941 *Lutter*, ZGR 1986 Sonderheft 6, 192 (198); *Grauer*, Konzernbildungskontrolle im GmbH-Recht, S. 207; auch von den Vertretern der Zustimmungslösung wird diese Idee vorgebracht, vgl. *Emmerich*, in: Scholz, GmbHG, Anhang § 13 Rn. 213; *Martens*, DB 1970, 813 (817); teilweise wird ein alternatives Barabfindungsangebot in jedem Fall für erforderlich gehalten, siehe *Wilde*, Beherrschungs- und Gewinnabführungsverträge, S. 108; *Maierhofer*, Schutz außenstehender Gesellschafter, S. 200; *Hegemann*, GmbHR 2012, 315 (319).

942 *Kalss*, in: Semler/Stengel/Leonard, UmwG, § 29 Rn. 21.

943 *Winter*, in: Schmitt/Hörtnagl, UmwG, § 29 Rn. 15.

AG als auch auf die Verschmelzung einer GmbH Anwendung. Das spricht dafür, auch im GmbH-Konzernrecht von einem Widerspruchserfordernis auszugehen.

(2) Besonderheiten der vertragskonzernrechtlichen Abfindungsregelung

Das Widerspruchserfordernis führt jedoch mit Blick auf die in § 305 Abs. 4 S. 2 AktG für die Annahme des Abfindungsangebots vorgesehene Mindestfrist zu Friktionen. Die Regelung des § 305 Abs. 4 S. 2 AktG soll gewährleisten, dass die außenstehenden Gesellschafter auch nach der Beschlussfassung über den Gewinnabführungsvertrag die Möglichkeit haben, sich zwischen Ausgleich und Abfindung zu entscheiden und die für sie vorteilhaftere Art der Kompensation zu wählen.[944] Dies wäre bei einem Widerspruchserfordernis nicht gewährleistet, da die außenstehenden Gesellschafter ihre Entscheidung zwischen Ausgleich und Abfindung dann schon zum Zeitpunkt der Beschlussfassung treffen müssten, um sinnvoll von ihrem Widerspruchsrecht Gebrauch machen zu können. Ein Widerspruch ist schließlich nur dann erforderlich, wenn sich der Gesellschafter gegen einen Verbleib in der Gesellschaft entscheidet und gegen Zahlung einer Barabfindung ausscheiden will. Der Einwand, dass die außenstehenden Gesellschafter rein vorsorglich widersprechen können, erscheint wenig überzeugend, da ein nicht ernst gemeinter Widerspruch der Planungssicherheit abträglich ist und dadurch den Zweck des Widerspruchserfordernisses konterkariert.

Dass sich das Widerspruchserfordernis nicht bruchlos in das Vertragskonzernrecht der GmbH einfügen lässt, wird auch daran deutlich, dass § 29 Abs. 1 UmwG eine Erklärung des Widerspruchs in der Versammlung voraussetzt.[945] Dies ruft Friktionen hervor, da die Zustimmung zu einem Gewinnabführungsvertrag nicht zwingend in einer Gesellschafterversammlung, sondern auch im Umlaufverfahren oder in einer anderen im Gesellschaftsvertrag vorgesehenen Form der versammlungslosen Beschlussfassung erteilt werden kann.[946]

(3) Stellungnahme

Vor dem Hintergrund, dass den außenstehenden Gesellschaftern im Vertragskonzernrecht eine Frist von zwei Monaten eingeräumt wird, um eine Entscheidung

---

944 Zur analogen Anwendung des § 305 Abs. 4 S. 2 AktG im GmbH-Konzernrecht siehe Teil 5 B. III. 3. a. aa.

945 *Grunewald*, in: Lutter, UmwG, § 29 Rn. 13; *Kalss*, in: Semler/Stengel/Leonard, UmwG, § 29 Rn. 22; *Oppenhoff*, in: Kallmeyer, UmwG, § 29 Rn. 12.

946 Zur versammlungslosen Beschlussfassung über den Gewinnabführungsvertrag siehe Teil 2 B. III.

zwischen Ausgleich und Abfindung zu treffen, sprechen die besseren Argumente gegen eine Anwendung des Widerspruchserfordernisses. Schließlich kann der Gesellschafter kaum eine Wahl zwischen Anteils- und Barabfindung treffen, bevor er sich nicht entschieden hat, ob er überhaupt aus der Gesellschaft ausscheidet. Für diese Entscheidung soll er jedoch ausweislich der gesetzlichen Regelung auch nach der Beschlussfassung über den Gewinnabführungsvertrag ausreichend Bedenkzeit haben.

Aus den genannten Gründen kann die Barabfindungsberechtigung auch nicht davon abhängen, ob der jeweilige Gesellschafter bei der Beschlussfassung für oder gegen den Gewinnabführungsvertrag gestimmt hat.[947] Würde man das Abstimmungsverhalten für maßgeblich halten, müsste der außenstehende Gesellschafter, ähnlich wie bei einem Widerspruchserfordernis, schon zum Zeitpunkt der Beschlussfassung eine Entscheidung über seinen Verbleib in der Gesellschaft treffen oder vorsorglich gegen den Gewinnabführungsvertrag stimmen. Das hätte nicht nur zur Folge, dass der außenstehende Gesellschafter bei der Abstimmung über den Gewinnabführungsvertrag keine an sachlichen Erwägungen orientierte Entscheidung treffen kann, sondern würde auch zu einer unzulässigen Verkürzung der dem außenstehenden Gesellschafter einzuräumenden Entscheidungsfrist führen. Ferner ist zu bedenken, dass die Abstimmung über den Gewinnabführungsvertrag und die Wahl der Kompensation nicht zwingend von den gleichen Erwägungen getragen sein müssen und deshalb durchaus unterschiedlich ausfallen können. Schließlich kann ein außenstehender Gesellschafter den Gewinnabführungsvertrag für wirtschaftlich sinnvoll halten und trotzdem kein Interesse am Erwerb von Anteilen des anderen Vertragsteils haben. Sieht der Gewinnabführungsvertrag eine Anteilsabfindung vor, muss der außenstehende Gesellschafter daher unabhängig von seinem Stimmverhalten bei der Beschlussfassung über den Gewinnabführungsvertrag und der frühzeitigen Erklärung eines Widerspruchs bis zum Ablauf der in § 305 Abs. 4 S. 2 AktG bestimmten Frist die Möglichkeit haben, eine alternative Barabfindung zu verlangen.

---

947 Demgegenüber geht die herrschende Meinung im Umwandlungsrecht davon aus, dass die alternative Barabfindung nur von solchen Gesellschaftern gefordert werden kann, die bei der Beschlussfassung gegen den Umwandlungsvorgang gestimmt haben, siehe *Grunewald*, in: Lutter, UmwG, § 29 Rn. 11; *Erkens/Thilo*, in: Kölner Kommentar zum UmwG, § 29 Rn. 28; *Rieder*, in: BeckOGK UmwG, § 29 Rn. 21; *Winter*, in: Schmitt/Hörtnagl, UmwG, § 29 Rn. 15; *Kalss*, in: Semler/Stengel/Leonard, UmwG, § 29 Rn. 22; *Müller*, in: Henssler/Strohn, UmwG, § 29 Rn. 14; aA *Oppenhoff*, in: Kallmeyer, UmwG, § 29 Rn. 13.

e. *Einschränkungen der Anteilsabfindung*

Vor dem Hintergrund, dass eine Anteilsabfindung nach zutreffender Ansicht auch im GmbH-Konzernrecht möglich ist, stellt sich die Frage, in welchen konkreten Fällen der andere Vertragsteil dazu verpflichtet ist, den außenstehenden Gesellschaftern eine Abfindung in Anteilen anzubieten. In Betracht kommen sowohl eine generelle Pflicht zur Anteilsgewährung als auch eine Beschränkung der Anteilsabfindung auf bestimmte Fälle.

aa. Rechtslage im Aktienkonzern- und Umwandlungsrecht

Im Aktienkonzernrecht ist eine Abfindung in Anteilen nur in bestimmten Fällen obligatorisch. Nach § 305 Abs. 2 AktG sind den außenstehenden Gesellschaftern nur dann Anteile am anderen Vertragsteil anzubieten, wenn es sich bei diesem um eine unabhängige und nicht in Mehrheitsbesitz stehende Gesellschaft handelt. In allen anderen Fällen haben die am Gewinnabführungsvertrag beteiligten Rechtsträger den außenstehenden Gesellschaftern eine Barabfindung oder, wenn es sich bei dem die Obergesellschaft beherrschenden Unternehmen um eine unabhängige und nicht in Mehrheitsbesitz stehende Gesellschaft handelt, wahlweise eine Abfindung in Anteilen an dieser Gesellschaft oder eine Barabfindung anzubieten. Im Umwandlungsrecht gilt dagegen der Grundsatz der Anteilsgewährung, wonach die Anteilsinhaber des übertragenden Rechtsträgers in jedem Fall durch eine Beteiligung am übernehmenden Rechtsträger für den Verlust ihrer Mitgliedschaft zu entschädigen sind. Gemäß § 20 Abs. 1 Nr. 3 S. 1 UmwG werden die Anteilsinhaber des übertragenden Rechtsträgers mit der Eintragung der Verschmelzung *ipso iure* zu Gesellschaftern des übernehmenden Rechtsträgers, ohne dass es eines weiteren Übertragungsakts bedarf.[948] Auch bei der Eingliederung durch Mehrheitsbeschluss ist den ausgeschiedenen Aktionären gemäß § 320b Abs. 1 S. 2 AktG zwingend eine Abfindung in Anteilen der Hauptgesellschaft und nur in bestimmten Fällen zusätzlich eine Barabfindung anzubieten.[949] Anders als im Umwandlungsrecht gehen die Anteile an der Hauptgesellschaft jedoch nicht *ipso iure* auf die ausgeschiedenen Gesellschafter der eingegliederten AG über, sondern müssen durch einen gesonderten Rechtsakt auf diese übertragen werden.

---

948 *Grunewald*, in: Lutter, UmwG, § 20 Rn. 61; *Oppenhoff*, in: Kallmeyer, UmwG, § 20 Rn. 29.

949 Siehe dazu *Ziemons*, in: Schmidt/Lutter, AktG, § 320b Rn. 5; *Habersack*, in: Emmerich/Habersack, Aktien-/GmbH-KonzernR, § 320b Rn. 5.

bb. Keine generelle Anteilsgewährungspflicht im Unternehmensvertragsrecht

Dass das Unternehmensvertragsrecht keine generelle Pflicht zur Abfindung in Anteilen vorsieht, erscheint sachgerecht, da die außenstehenden Gesellschafter anders als bei der Eingliederung und der Verschmelzung die zusätzliche Möglichkeit des Verbleibs in der abhängigen Gesellschaft haben. Im Rahmen einer Verschmelzung geht der übertragende Rechtsträger unter, was für die Minderheitsgesellschafter zwangsläufig zu einem Verlust ihrer Mitgliedschaft führt.[950] Ähnlich verhält es sich bei der Mehrheitseingliederung: Obwohl die eingegliederte Gesellschaft ihre rechtliche Selbständigkeit behält, führt die Eingliederung gemäß § 320a S. 1 AktG dazu, dass sämtliche Aktien mit der Eintragung der Eingliederung kraft Gesetzes auf die Hauptgesellschaft übergehen, was einen Ausschluss der Minderheitsaktionäre zur Folge hat.[951] Da die Minderheitsgesellschafter trotz Fortbestand des eingegliederten Rechtsträgers nicht die Möglichkeit haben, ihre Beteiligung an diesem fortsetzen, sind sie durch Anteile an der Hauptgesellschaft zu entschädigen.

Im Unternehmensvertragsrecht stellt sich die Ausgangslage anders dar, weil die Untergesellschaft bei Abschluss eines Gewinnabführungsvertrags ihre rechtliche Selbständigkeit behält und die Eintragung im Handelsregister nicht zum Ausschluss der Minderheitsgesellschafter führt. Dadurch bietet sich den außenstehenden Gesellschaftern die Möglichkeit, ihre Beteiligung an der Untergesellschaft fortzusetzen. Da die außenstehenden Gesellschafter zwischen Ausgleich und Abfindung frei wählen können, stehen ihnen von vornherein mehr Handlungsoptionen zur Verfügung als im Rahmen einer Verschmelzung oder einer Eingliederung. Im Unternehmensvertragsrecht ist es deshalb nicht erforderlich, den außenstehenden Gesellschaftern in jedem Fall eine Abfindung in Anteilen anzubieten.

cc. Analoge Anwendung des § 305 Abs. 2 AktG

Wann den außenstehenden Gesellschaftern bei Abschluss eines Gewinnabführungsvertrags eine Abfindung in Anteilen anzubieten ist, hat der Gesetzgeber im

---

950 Die Anteile am übertragenden Rechtsträger gehen mit der Eintragung der Verschmelzung unter, siehe *Leonard/Simon*, in: Semler/Stengel/Leonard, UmwG, § 20 Rn. 73a.

951 Zum Übergang der Aktien auf die Hauptgesellschaft *Grunewald*, in: Münchener Kommentar zum AktG, § 320a Rn. 2; *Habersack*, in: Emmerich/Habersack, Aktien-/GmbH-KonzernR, § 320a Rn. 2.

Aktienkonzernrecht in § 305 Abs. 2 AktG geregelt. Danach ist eine Abfindung in Anteilen nur in dem Fall zwingend vorgesehen, dass es sich bei dem anderen Vertragsteil um eine unabhängige und nicht in Mehrheitsbesitz stehende Gesellschaft handelt. Ist der andere Vertragsteil abhängig oder steht er in Mehrheitsbesitz, haben die Vertragsparteien die Wahl, ob sie den außenstehenden Gesellschaftern eine Abfindung in Anteilen oder eine Barabfindung anbieten. Die Anteilsabfindung bezieht sich in diesem Fall jedoch auf eine Beteiligung an dem die Obergesellschaft beherrschenden bzw. mit Mehrheit beteiligten Rechtsträger.

Die Regelung erscheint sachgerecht, da sie die Interessen der außenstehenden Gesellschafter mit denen der Anteilsinhaber des anderen Vertragsteils in einen Ausgleich bringt. Im Fall einer unabhängigen und nicht in Mehrheitsbesitz stehenden Obergesellschaft ist ein Umtauschangebot für die außenstehenden Gesellschafter der gewinnabführungsverpflichteten Gesellschaft besonders attraktiv, weshalb eine zwingende Anteilsabfindung zum Schutz der außenstehenden Gesellschafter sinnvoll erscheint. Auf der anderen Seite haben die Anteilsinhaber einer abhängigen oder in Mehrheitsbesitz stehenden Gesellschaft häufig ein besonderes Interesse daran, einen Gewinnabführungsvertrag abzuschließen, ohne zur Aufnahme neuer Minderheitsgesellschafter verpflichtet zu sein. Dem trägt die Regelung des § 305 Abs. 2 AktG dadurch Rechnung, dass die Vertragsparteien zwischen der Abfindung in Anteilen des die Obergesellschaft beherrschenden Unternehmens und einer Barabfindung wählen können. Die Frage, in welchen Fällen den außenstehenden Gesellschaftern ein Umtauschangebot zu unterbreiten ist und die Anteilsinhaber des anderen Vertragsteils eine Veränderung in der personellen Zusammensetzung des Gesellschafterkreises hinzunehmen haben und in welchen Fällen die Barabfindung als Kompensation genügt, hat der Gesetzgeber in § 305 Abs. 2 AktG einer interessengerechten Lösung zugeführt. Diese gesetzgeberische Wertung muss auch im GmbH-Vertragskonzernrecht Geltung beanspruchen.[952] Den außenstehenden Gesellschaftern sind deshalb in analoger Anwendung des § 305 Abs. 2 Nr. 1 AktG Anteile der Obergesellschaft als Abfindung anzubieten, wenn es sich bei dieser um eine unabhängige und nicht in Mehrheitsbesitz stehende Gesellschaft handelt. Ist der andere Vertragsteil nicht in der Rechtsform einer GmbH organisiert, ist analog § 29 Abs. 1 S. 1 UmwG zusätzlich ein Barabfindungsangebot zu unterbreiten. Handelt es sich bei dem

952 *Liebscher*, in: Münchener Kommentar zum GmbHG, Anhang § 13 Rn. 973 ff.; *Hegemann*, GmbHR 2012, 315 (319), der das Angebot einer Anteilsabfindung jedoch nur bei einer als AG oder KGaA organisierten Obergesellschaft für erforderlich hält; aA *Timm*, ZGR 1987, 403 (432), der eine Abfindung in Anteilen der Obergesellschaft in jedem Fall für erforderlich hält.

anderen Vertragsteil um eine abhängige oder in Mehrheitsbesitz stehende Gesellschaft, so haben die vertragsschließenden Rechtsträger die Wahl, ob sie den außenstehenden Gesellschaftern eine Barabfindung oder Anteile des die Obergesellschaft beherrschenden bzw. mit Mehrheit beteiligten Rechtsträgers anbieten. Entscheiden sie sich für die Abfindung in Anteilen und handelt es sich bei dem die Obergesellschaft beherrschenden bzw. mit Mehrheit beteiligten Rechtsträger nicht um eine GmbH, ist wiederrum analog § 29 Abs. 1 S. 1 UmwG ein alternatives Barabfindungsangebot aufzunehmen. In allen anderen Fällen genügt das Angebot einer Barabfindung.

2. Höhe der Abfindung

a. Gebot der vollen wirtschaftlichen Entschädigung

Die Höhe der Abfindung muss dem Gebot der vollen wirtschaftlichen Entschädigung genügen, damit sie eine angemessene Kompensation für den Verlust der Mitgliedschaft in der gewinnabführungsverpflichteten Gesellschaft darstellt. Eine angemessene Entschädigung für die mit Abschluss des Gewinnabführungsvertrags verbundenen Nachteile liegt nur vor, wenn die angebotene Abfindung ihrer Höhe nach dem wirklichen Wert der Beteiligung entspricht. Um diesen zu ermitteln, bedarf es einer Bewertung des von der Gesellschaft betriebenen Unternehmens nach einer in der Betriebswirtschaft anerkannten Bewertungsmethode.[953] In der Praxis wird regelmäßig das auf der Ertragswertmethode beruhende IDW S1-Verfahren gewählt,[954] bei dem sich der Unternehmenswert maßgeblich nach den zukünftigen Ertragsaussichten richtet.[955] Dabei werden die zukünftigen Erträge anhand einer detaillierten Unternehmensplanung geschätzt und anschließend mit einem das spezifische Unternehmensrisiko berücksichtigenden

953 OLG Stuttgart, Beschluss vom 05.06.2013 – 20 W 6/10, AG 2013, 724; *Liebscher*, in: Münchener Kommentar zum GmbHG, Anhang § 13 Rn. 956; *Koppensteiner*, in: Kölner Kommentar zum AktG, § 305 Rn. 70; *Katzenstein*, AG 2018, 739 (740).

954 *Liebscher*, in: Münchener Kommentar zum GmbHG, Anhang § 13 Rn. 956; *Knoll*, ZIP 2003, 2329 (2330); *Katzenstein*, AG 2018, 739 (742).

955 Bei internationalen Transaktionen stellt heutzutage das Discounted Cashflow Verfahren den betriebswirtschaftlichen Standard zur Unternehmenswertermittlung dar. Dabei handelt es sich um eine Spielart des Ertragswertverfahrens, bei dem die zukünftigen Kapitalflüsse auf den Barwert abgezinst werden, siehe dazu *Koppensteiner*, in: Kölner Kommentar zum AktG, § 305 Rn. 87.

Kapitalisierungszinssatz auf den Barwert abgezinst.[956] Die Summe der diskontierten Erträge bildet den Ausgangspunkt für die Bestimmung des Unternehmenswerts. Maßgeblicher Bewertungsstichtag ist analog § 305 Abs. 3 S. 2 AktG der Tag, an dem die Gesellschafterversammlung den Zustimmungsbeschluss zum Gewinnabführungsvertrag fasst. Eine Besonderheit bei der Unternehmenswertermittlung im GmbH-Konzernrecht ergibt sich daraus, dass die im Aktienkonzernrecht hoch umstrittene Frage nach der Berücksichtigung des Börsenwerts keine Rolle spielt.[957]

Auch bei der Abfindung in Anteilen gilt das Gebot der vollen wirtschaftlichen Entschädigung.[958] Den außenstehenden Gesellschaftern sind deshalb so viele Anteile zu gewähren, dass ihre Beteiligung am anderen Vertragsteil wertmäßig der bisherigen Beteiligung an der Untergesellschaft entspricht. Um dies zu gewährleisten, ist ein Umtauschverhältnis zu ermitteln, das sich analog § 305 Abs. 1 S. 1 AktG nach der Verschmelzungswertrelation richtet.[959] Um diese zu bestimmen, muss auf der Ebene beider Rechtsträger der Unternehmenswert ermittelt und zueinander ins Verhältnis gesetzt werden.[960]

b. Statutarische Abfindungsbeschränkungen

aa. Zulässigkeit gesellschaftsvertraglicher Einschränkungen des Abfindungsanspruchs

Im GmbH-Recht finden sich in vielen Gesellschaftsverträgen Klauseln, die die einem ausscheidenden Gesellschafter zu gewährende Abfindung der Höhe nach beschränken.[961] Dadurch soll verhindert werden, dass die Gesellschaft in

956 Zur konkreten Anwendung des Ertragswertverfahrens *Häller*, in: Schmidt/Lutter, AktG, § 305 Rn. 64 ff.; *Koppensteiner*, in: Kölner Kommentar zum AktG, § 305 Rn. 76 ff.

957 Zum Einfluss des Börsenkurses auf die Höhe des Unternehmenswerts einer börsennotierten AG *Häller*, in: Schmidt/Lutter, AktG, § 305 Rn. 89 ff.

958 *Koppensteiner*, in: Kölner Kommentar zum AktG, § 305 Rn. 50; *van Rossum*, in: Münchener Kommentar zum AktG, § 305 Rn. 78.

959 *Humbeck*, BB 1995, 1893 (1897).

960 *Van Rossum*, in: Münchener Kommentar zum AktG, § 305 Rn. 79; *Humbeck*, BB 1995, 1893 (1897).

961 *Ulmer/Habersack*, in: Habersack/Casper/Löbbe, GmbHG, § 34 Rn. 81. Beispielhaft genannt seien sog. Buchwertklauseln, bei denen die Abfindung nach den in der Bilanz angesetzten Werten bestimmt wird, ohne dass stille Reserven oder der Geschäftswert Berücksichtigung finden, vgl. *Kersting*, in: Noack/Servatius/Haas, GmbHG, § 34 Rn. 35; *Görner*, in: Rowedder/Pentz, GmbHG, § 34 Rn. 41; *Ulmer/*

Folge des Ausscheidens eines Gesellschafters und der daraus resultierenden Verpflichtung zur Zahlung einer Abfindung in eine wirtschaftliche Schieflage gerät.[962] Zum anderen verfolgen Abfindungsklauseln den Zweck, die Berechnung der zu zahlenden Abfindung angesichts der Kosten einer aufwändigen Unternehmenswertermittlung zu vereinfachen.[963] Aufgrund der im GmbH-Recht geltenden Satzungsautonomie besteht im Grundsatz Einigkeit über die Zulässigkeit derartiger Klauseln.[964] Da eine Reduzierung der Abfindung für den ausscheidenden Gesellschafter jedoch eine erhebliche wirtschaftliche Beeinträchtigung zur Folge haben kann und gleichzeitig den Interessen seiner Gläubiger zuwiderläuft, wurden die Anforderungen an die Zulässigkeit von Abfindungsbeschränkungen stetig verschärft.[965] Der BGH hält eine Beschränkung nur dann für zulässig, wenn die herabgesetzte Abfindung nicht außer Verhältnis zum wahren Wert der Beteiligung steht.[966] Auch in der Literatur besteht Einigkeit, dass eine Abfindungsbeschränkung unbeachtlich ist, wenn zwischen der dem ausscheidenden Gesellschafter zu zahlenden Abfindung und dem wirtschaftlichen Wert seiner Beteiligung ein grobes Missverhältnis besteht.[967]

Habersack, in: Habersack/Casper/Löbbe, GmbHG, § 34 Rn. 85; *Westermann/Seibt*, in: Scholz, GmbHG, § 34 Rn. 73.

962 BGH, Urteil vom 16.12.1991 – II ZR 58/91 = NJW 1992, 892 (894); ausführlich zum Gedanken des Bestandsschutzes *Strohn*, in: Münchener Kommentar zum GmbHG, § 34 Rn. 234; *Ulmer/Habersack*, in: Habersack/Casper/Löbbe, GmbHG, § 34 Rn. 83; *Kersting*, in: Noack/Servatius/Haas, GmbHG, § 34 Rn. 25; *Westermann/Seibt*, in: Scholz, GmbHG, § 34 Rn. 73.

963 *Ulmer/Habersack*, in: Habersack/Casper/Löbbe, GmbHG, § 34 Rn. 83; *Westermann/Seibt*, in: Scholz, GmbHG, § 34 Rn. 73.

964 BGH, Beschluss vom 12.06.1975 – II ZB 12/73 = NJW 1975, 1835; Urteil vom 09.05.2005 – II ZR 29/03 = NZG 2005, 722 (726); *Westermann/Seibt*, in: Scholz, GmbHG, § 34 Rn. 73; *Ulmer/Habersack*, in: Habersack/Casper/Löbbe, GmbHG, § 34 Rn. 89; *Sosnitza*, in: Michalski, GmbHG, § 34 Rn. 58; *Kersting*, in: Noack/Servatius/Haas, GmbHG, § 34 Rn. 25; *Görner*, in: Rowedder/Pentz, GmbHG, § 34 Rn. 40.

965 Kritisch zu den von der Rechtsprechung angewendeten Kontrollkriterien *Hülsmann*, NJW 2002, 1673.

966 BGH, Urteil vom 29.05.1978 – II ZR 52/77 = NJW 1979, 104; Urteil vom 16.12.1991 – II ZR 58/91 = NJW 1992, 892; Urteil vom 29.04.2014 – II ZR 216/13 = NZG 2014, 820 (821).

967 *Strohn*, in: Münchener Kommentar zum GmbHG, § 34 Rn. 240; *Sosnitza*, in: Michalski, GmbHG, § 34 Rn. 60; *Kersting*, in: Noack/Servatius/Haas, GmbHG, § 34 Rn. 27; *Görner*, in: Rowedder/Pentz, GmbHG, § 34 Rn. 46.

bb. Problemstellung

Fraglich ist, ob eine statutarische Abfindungsbeschränkung bei der Bemessung der gewinnabführungsvertraglichen Abfindungsansprüche zu berücksichtigen ist. Die Problematik stellt sich schon im Zeitpunkt des Abschlusses des Gewinnabführungsvertrags, wenn es darum geht, wie die in den Vertrag aufzunehmenden Abfindungsansprüche ausgestaltet werden. Hier gilt es zu klären, ob die Abfindungsansprüche im Gewinnabführungsvertrag von vornherein den gleichen Beschränkungen unterworfen werden können, die in der Satzung für eine Abfindung vorgesehen sind. Das Problem wird jedoch auch dann virulent, wenn der Gewinnabführungsvertrag unbeschränkte Abfindungsansprüche enthält, während die Satzung der Untergesellschaft eine Abfindungsbeschränkung vorsieht. Hier stellt sich die Frage, ob die statutarische Abfindungsbeschränkung auf die in den Gewinnabführungsvertrag aufgenommenen Abfindungsansprüche durchschlägt und diese modifiziert. In beiden Fällen geht es um das Verhältnis zwischen den gesellschaftsvertraglichen Regelungen und den Vorgaben des Unternehmensvertragsrechts zum Schutz der außenstehenden Gesellschafter.

(1) Methodische Bedenken

Teilweise wird die Berücksichtigung einer statutarischen Abfindungsbeschränkung schon deshalb abgelehnt, weil der Gewinnabführungsvertrag satzungsüberlagernde Wirkung entfalte und deshalb Anwendungsvorrang gegenüber dem Gesellschaftsvertrag genieße. Etwaige statutarische Abfindungsbeschränkungen seien deshalb für die Ausgestaltung der in den Gewinnabführungsvertrag aufzunehmenden Ansprüche irrelevant.[968]

Bei näherer Betrachtung erweist sich diese Argumentation als zirkelschlüssig und kann deshalb kaum überzeugen. Ob der Gewinnabführungsvertrag an dieser Stelle die Regelungen des Gesellschaftsvertrags überlagert oder ob nicht vielmehr andersherum der Gesellschaftsvertrag maßgebliche Vorgaben für die Ausgestaltung der Abfindungsansprüche enthält, ist gerade Gegenstand der Untersuchung und kann deshalb nicht als Prämisse vorangestellt werden. Da die Satzung die rechtliche Grundlage der Gesellschaft darstellt, erscheint es denkbar, darin vorgesehenen Abfindungsbeschränkungen bei der Ausgestaltung der gewinnabführungsvertraglichen Abfindungsansprüche Beachtung beizumessen.

---

968 *Maierhofer*, Schutz außenstehender Gesellschafter, S. 207.

(2) Praktische Relevanz

Die Frage, ob sich eine statutarische Abfindungsbeschränkung auf den gewinnabführungsvertraglichen Abfindungsanspruch auswirkt, wird sich in vielen Fällen von vornherein nicht stellen. Das liegt daran, dass statutarische Abfindungsbeschränkungen aufgrund der strengen Vorgaben zur Zulässigkeit solcher Beschränkungen häufig auf bestimmte Fälle beschränkt werden. Wenn die Abfindungsbeschränkung beispielsweise nur im Rahmen der Zwangseinziehung und der Ausschließung aus wichtigem Grund eingreift oder ausdrücklich ein bestimmtes Fehlverhalten voraussetzt, scheidet eine Übertragung auf den gewinnabführungsvertraglichen Abfindungsanspruch regelmäßig aus. Das Ausscheiden und der daraus resultierende Anspruch auf Zahlung einer Abfindung beruhen hier schließlich allein auf dem Abschluss des Gewinnabführungsvertrags und stehen nicht in Zusammenhang mit einer Zwangseinziehung oder einem Ausschluss aus wichtigem Grund. Relevant wird eine gesellschaftsvertragliche Beschränkung der Abfindung jedoch, wenn diese allgemein gefasst ist und deshalb für alle Fälle des Ausscheidens einzelner Gesellschafter oder bestimmter Gruppen von Gesellschaftern gilt.[969] Dann stellt sich die Frage, ob die Satzungsregelung Auswirkungen auf die gewinnabführungsvertraglichen Abfindungsansprüche hat.

cc. Diskussion der Argumente

(1) Übervorteilung einzelner Gesellschafter

Für die Berücksichtigung statutarischer Abfindungsbeschränkungen spricht in erster Linie, dass ansonsten einzelne Gesellschafter, denen nach dem Gesellschaftsvertrag im Fall ihres Austritts nur eine reduzierte Abfindung zustehen würde, durch die volle Abfindung übervorteilt werden. Beruht die Beteiligung eines Minderheitsgesellschafters beispielsweise darauf, dass dieser als Mitglied der Geschäftsführung oder als Mitarbeiter im Rahmen eines Beteiligungsprogramms zu besonders vorteilhaften Konditionen Geschäftsanteile erworben hat,[970] kann der Gesellschaftsvertrag zulässigerweise eine Beschränkung der im Fall des

969 Nur für eine bestimmte Gruppe von Gesellschaftern gilt bspw. ein Abfindungsausschluss bei Mitarbeiterbeteiligungsmodellen, siehe *Kersting*, in: Noack/Servatius/Haas, GmbHG, § 34 Rn. 34a.

970 Gerade an der Beteiligung von Geschäftsführern an der von ihnen geleiteten Gesellschaft besteht in der Praxis ein Interesse, um langfristige Anreize für eine erfolgreiche Unternehmensführung zu setzen und einen Interessengleichlauf mit den Gesellschaftern herzustellen, siehe dazu *Kowalski/Bormann*, GmbHR 2004, 1438 (1442).

Ausscheidens zu zahlenden Abfindung vorsehen.[971] Es erscheint unbillig, dass dieser Gesellschafter durch Abschluss des Gewinnabführungsvertrags einen vollen Abfindungsanspruch gegen den anderen Vertragsteil erwirbt, obwohl er von vornherein nur mit der gemäß dem Gesellschaftsvertrag herabgesetzten Abfindung rechnen konnte.

(2) Zweck der Abfindungsbeschränkung

Dem lässt sich entgegenhalten, dass es bei Abfindungsbeschränkungen in erster Linie darum geht, das Gesellschaftsvermögen gegen einen übermäßigen Liquiditätsabfluss zu schützen, um den Bestand der Gesellschaft zu sichern und die Fortführung des Unternehmens zu ermöglichen.[972] Bei Abschluss eines Gewinnabführungsvertrags läuft diese Schutzfunktion jedoch ins Leere, da der andere Vertragsteil Schuldner des Abfindungsanspruchs ist, so dass das Vermögen der Untergesellschaft und damit die Fortführung des von ihr betriebenen Unternehmens durch die Abfindungszahlung ohnehin keiner Gefahr ausgesetzt ist. Für die Untergesellschaft spielt es keine Rolle, ob der andere Vertragsteil die volle oder nur eine gemäß dem Gesellschaftsvertrag geminderte Abfindung an die außenstehenden Gesellschafter zahlt. Dies spricht dafür, die in den Gewinnabführungsvertrag aufzunehmenden Abfindungsansprüche nach dem Verkehrswert der jeweiligen Beteiligung zu bemessen und etwaige Einschränkungen des Gesellschaftsvertrags außer Acht zu lassen.

(3) Ausscheiden aus wichtigem Grund

Gegen eine Berücksichtigung statutarischer Abfindungsbeschränkungen spricht ferner der Vergleich zum Austrittsrecht aus wichtigem Grund. Der dem ausscheidenden Gesellschafter im Fall eines Austritts aus wichtigem Grund zustehende Abfindungsanspruch kann zwar durch eine im Gesellschaftsvertrag vorgesehene Abfindungsbeschränkung reduziert werden,[973] die Abfindungsbeschränkung findet jedoch dann keine Anwendung, wenn der zum Austritt berechtigende Grund

---

971 BGH, Urteil vom 19.09.2005 – II ZR 173/04 = NJW 2005, 3641; Urteil vom 19.09.2005 – II ZR 342/03 = NZG 2005, 971; *Ulmer/Habersack*, in: Habersack/Casper/Löbbe, GmbHG, § 34 Rn. 90a; *Kowalski/Bormann*, GmbHR 2004, 1438 (1443); *Verse/Habersack*, ZGR 2005, 451 (475 ff.).

972 Zum Zweck statutarischer Abfindungsbeschränkungen siehe Teil 5 B. III. 2. b. aa.

973 BGH, Urteil vom 16.12.1991 – II ZR 58/91 = NJW 1992, 892; *Maierhofer*, Schutz außenstehender Gesellschafter, S. 206.

durch die Mitgesellschafter herbeigeführt worden ist.[974] Dies ist jedoch bei einem Gewinnabführungsvertrags der Fall, da dieser in der Regel auf der Initiative des Mehrheitsgesellschafters beruht und ohne Mitwirkung der außenstehenden Gesellschafter geschlossen wird. Würden die außenstehenden Gesellschafter also ihr Austrittsrecht aus wichtigem Grund ausüben, stünde ihnen ein voller Abfindungsanspruch gegen die Untergesellschaft zu. Wenn der gegen die Gesellschaft selbst gerichtete Abfindungsanspruch nicht den im Gesellschaftsvertrag vorgesehenen Beschränkungen unterliegt, muss dies erst recht für die gegen den anderen Vertragsteil gerichteten Abfindungsansprüche gelten, die die außenstehenden Gesellschafter durch den Gewinnabführungsvertrag erwerben.

dd. Fazit

Da der Bestandsschutz der Gesellschaft durch eine vom anderen Vertragsteil geschuldete Abfindung nicht berührt wird und die Annahme des gewinnabführungsvertraglichen Abfindungsangebots mit einem Austritt aus wichtigem Grund vergleichbar ist, sprechen die besseren Argumente gegen eine Berücksichtigung statutarischer Abfindungsbeschränkungen. Gesellschaftsvertragliche Regelungen zur Reduzierung der den Gesellschaftern im Fall ihres Ausscheidens zustehenden Abfindung sind daher für die Berechnung der in den Gewinnabführungsvertrag aufzunehmenden Abfindungsansprüche unbeachtlich. Die Bemessung der vertraglichen Abfindungsansprüche richtet sich ausschließlich nach den gesetzlichen Vorgaben. Dies wird durch einen Vergleich zur Rechtslage bei der Verschmelzung bestätigt, wo der nach § 29 UmwG einzuräumende Barabfindungsanspruch ebenfalls nicht aufgrund statutarischer Abfindungsbeschränkungen reduziert werden kann.[975]

3. Anspruchsentstehung und Fälligkeit

a. Annahme des Abfindungsangebots

Der Abfindungsanspruch entsteht mit der Annahme des in den Gewinnabführungsvertrag aufgenommenen Abfindungsangebots.[976] Mit Zugang der Annah-

---

974 *Seibt*, in: Scholz, GmbHG, Anhang § 34 Rn. 24, der die Berufung auf die Abfindungsbeschränkung in diesem Fall für rechtsmissbräuchlich hält; *Ebenroth/Müller*, BB 1993, 1153 (1160); *Schöne*, GmbHR 1995, 325 (329).

975 *Schöne*, GmbHR 1995, 325 (329); *Schaub*, NZG 1998, 626 (628 f.).

976 *Emmerich*, in: Emmerich/Habersack, Aktien-/GmbH-KonzernR, § 305 Rn. 33; *Koppensteiner*, in: Kölner Kommentar zum AktG, § 305 Rn. 12; *Koch*, AktG, § 305 Rn. 10; *Bayer*, ZIP, 2005, 1053 (1056).

meerklärung kommt ein Anteilskaufvertrag mit der Obergesellschaft zustande, der den ausscheidenden Gesellschafter zur Abtretung seines Geschäftsanteils an die Obergesellschaft und diese zur Zahlung der Abfindung verpflichtet.[977] Im Fall der Anteilsabfindung handelt es sich um einen Tauschvertrag, bei dem sich die Obergesellschaft zur Gewährung von Anteilen an den außenstehenden Gesellschafter verpflichtet.[978]

aa. Annahmefrist

(1) Regelung im Gewinnabführungsvertrag

Das Abfindungsangebot kann grundsätzlich bis zur Beendigung des Gewinnabführungsvertrags angenommen werden.[979] Im Aktienkonzernrecht räumt § 305 Abs. 4 S. 1 AktG den Vertragsparteien jedoch die Möglichkeit ein, die Annahme durch eine Regelung im Gewinnabführungsvertrag zu befristen.[980] Die Vereinbarung einer Annahmefrist bietet den Vorteil, dass sie Rechtssicherheit schafft und der andere Vertragsteil das für die Abfindungszahlungen vorgehaltene Kapital nach Ablauf der Frist einer anderweitigen Verwendung zuführen kann. Vor diesem Hintergrund bestimmen Gewinnabführungsverträge in der Praxis häufig eine Frist für die Annahme des Abfindungsangebots.[981] Auch im GmbH-Konzernrecht bestehen keine Bedenken gegen die Regelung einer Annahmefrist.[982] Damit den außenstehenden Gesellschaftern ausreichend Bedenkzeit bleibt, darf die Annahmefrist in analoger Anwendung des § 305 Abs. 4 S. 2 AktG frühestens zwei Monate nach der Bekanntmachung der Eintragung des Gewinnabführungsvertrags im Handelsregister ablaufen.[983] Diese Wertung kommt nicht nur im Aktienkonzernrecht, sondern auch in § 31 S. 1 UmwG zum Ausdruck, der für die

---

977 *Emmerich*, in: Emmerich/Habersack, Aktien-/GmbH-KonzernR, § 305 Rn. 33.

978 *Emmerich*, in: Emmerich/Habersack, Aktien-/GmbH-KonzernR, § 305 Rn. 33; *Koppensteiner*, in: Kölner Kommentar zum AktG, § 305 Rn. 12.

979 *Emmerich*, in: Emmerich/Habersack, Aktien-/GmbH-KonzernR, § 305 Rn. 34; *Liebscher*, in: Münchener Kommentar zum GmbHG, Anhang § 13 Rn. 967.

980 Siehe dazu *Koppensteiner*, in: Kölner Kommentar zum AktG, § 305 Rn. 13; *Koch*, AktG, § 305 Rn. 55; *Häller*, in: Schmidt/Lutter, AktG, § 305 Rn. 119.

981 *Emmerich*, in: Emmerich/Habersack, Aktien-/GmbH-KonzernR, § 305 Rn. 33.

982 *Liebscher*, in: Münchener Kommentar zum GmbHG, Anhang § 13 Rn. 968; *Grauer*, Konzernbildungskontrolle im GmbH-Recht, S. 211; *Hegemann*, GmbHR 2012, 315 (319).

983 *Liebscher*, in: Münchener Kommentar zum GmbHG, Anhang § 13 Rn. 968; *Grauer*, Konzernbildungskontrolle im GmbH-Recht, S. 211.

Annahme des Barabfindungsangebots im Rahmen einer Verschmelzung ebenfalls eine Frist von zwei Monaten vorsieht.

(2) Fristverlängerung bei Überprüfung im Spruchverfahren

Werden Ausgleich oder Abfindung im Spruchverfahren überprüft, bedarf es einer Verlängerung der Annahmefrist, da die außenstehenden Gesellschafter erst mit dem Abschluss des Verfahrens über alle Informationen verfügen, die sie benötigen, um eine Entscheidung zwischen Ausgleich und Abfindung treffen zu können.[984] Der Fristbeginn verschiebt sich daher in analoger Anwendung des § 305 Abs. 4 S. 3 AktG auf den Tag, an dem die Entscheidung über den zuletzt beschiedenen Antrag im Bundesanzeiger bekanntgemacht wird.[985]

Fraglich ist, was in den Fällen gilt, in denen das Spruchverfahren nicht durch gerichtliche Entscheidung, sondern durch Vergleich oder Antragsrücknahme beendet wird. Hier fehlt es an dem in § 305 Abs. 4 S. 3 AktG vorgesehenen Anknüpfungspunkt für den Beginn der Annahmefrist. Nichtsdestotrotz muss auch in diesen Fällen eine Verlängerung der Annahmefrist eingreifen, da die außenstehenden Gesellschafter anderenfalls während des laufenden Spruchverfahrens unter Entscheidungsdruck gesetzt würden.[986] Für die Schutzwürdigkeit der außenstehenden Gesellschafter macht es insofern keinen Unterschied, ob das Spruchverfahren durch gerichtliche Entscheidung oder auf andere Weise beendet wird.[987] Die Regelung des § 305 Abs. 4 S. 2 AktG ist daher so zu lesen, dass die Annahmefrist im Fall der Durchführung eines Spruchverfahrens frühestens mit der Beendigung des Verfahrens zu laufen beginnt.[988]

bb. Form der Annahme

Im Aktienkonzernrecht bedarf die Annahmeerklärung keiner besonderen Form und kann daher auch mündlich abgegeben oder in Textform an die

---

984 *Koppensteiner*, in: Kölner Kommentar zum AktG, § 305 Rn. 15.

985 So auch die Regelung des § 31 S. 2 UmwG.

986 BGH, Urteil vom 29.10.1990 – II ZR 226/89 = ZIP 1991, 100; *Koppensteiner*, in: Kölner Kommentar zum AktG, § 305 Rn. 15; *Koch*, AktG, § 305 Rn. 55.

987 BGH, Urteil vom 29.10.1990 – II ZR 226/89 = ZIP 1991, 100 (101).

988 In seinem Urteil vom 29.10.1990 musste der BGH zu der Frage des konkreten Fristbeginns nicht Stellung nehmen, da das Spruchverfahren im konkreten Fall durch Vergleich beendet worden war, der im Bundesanzeiger veröffentlicht wurde. Insofern konnte für den Beginn der Annahmefrist auf die Veröffentlichung des Vergleichs abgestellt werden.

Obergesellschaft übermittelt werden.[989] Im GmbH-Konzernrecht kann die Annahme demgegenüber nicht formlos erklärt werden, sondern bedarf der notariellen Beurkundung. Das Erfordernis der notariellen Beurkundung ergibt sich aus dem Umstand, dass sich die außenstehenden Gesellschafter durch Annahme des Abfindungsangebots zur Übertragung der von ihnen gehaltenen Geschäftsanteile verpflichten. Die Annahmeerklärung bedarf deshalb, anders als im Aktienkonzernrecht, gemäß § 15 Abs. 4 S. 1 GmbHG der notariellen Beurkundung.

b. Fälligkeit

Nicht einheitlich beurteilt wird die Frage, wann der Abfindungsanspruch fällig wird. Nach überwiegend vertretener Ansicht tritt Fälligkeit erst ein, wenn der außenstehende Gesellschafter die durch Annahme des Abfindungsangebots entstehende Verpflichtung zur Abtretung seiner Geschäftsanteile an die Obergesellschaft erfüllt.[990] Zur Begründung wird darauf verwiesen, dass nur so zweifelsfrei feststellbar sei, an wen die Abfindung zu leisten ist.[991] Im Aktienrecht mag dies zutreffen, im GmbH-Recht lässt sich die Gesellschafterstellung und damit die Abfindungsberechtigung jedoch aufgrund der Angaben in der Gesellschafterliste deutlich einfacher feststellen. Es besteht daher kein Grund, von einer Vorleistungspflicht der außenstehenden Gesellschafter auszugehen. Im GmbH-Konzernrecht ist vielmehr der Ansicht zu folgen, nach der der Abfindungsanspruch bereits mit Ausübung des Austrittsrechts fällig wird.[992] Das führt dazu, dass die Verpflichtung des außenstehenden Gesellschafters zur Abtretung seiner Geschäftsanteile an den anderen Vertragsteil und dessen Pflicht zur Zahlung der Abfindung zeitgleich mit der Annahme des Abfindungsangebots fällig werden und Zug um Zug zu erfüllen sind.

---

989 *Emmerich*, in: Emmerich/Habersack, Aktien-/GmbH-KonzernR, § 305 Rn. 33.

990 BGH, Urteil vom 02.06.2003 – II ZR 85/02 = NJW-RR 2003, 1541 (1543); *Emmerich*, in: Emmerich/Habersack, Aktien-/GmbH-KonzernR, § 305 Rn. 39; *Koch*, AktG, § 305 Rn. 11; *Krieger*, in: Münchener Handbuch GesR, Band 4, § 67 Rn. 115; *van Rossum*, in: Münchener Kommentar zum AktG, § 305 Rn. 30; *Maierhofer*, Schutz außenstehender Gesellschafter, S. 210; *Bayer*, ZIP, 2005, 1053 (1056).

991 *Koch*, AktG, § 305 Rn. 11.

992 *Liebscher*, in: Münchener Kommentar zum GmbHG, Anhang § 13 Rn. 970; *Hegemann*, GmbHR 2012, 315 (319).

4. *Verzinsung*

a. *Barabfindung*

Der Abfindungsanspruch ist analog § 305 Abs. 3 S. 3 AktG ab dem Tag nach Eintragung des Gewinnabführungsvertrags mit fünf Prozentpunkten über dem Basiszinssatz zu verzinsen. Durch die Verzinsung der Abfindung soll gewährleistet werden, dass die außenstehenden Gesellschafter bei der Durchführung eines Spruchverfahrens keine Nachteile erleiden, wenn sie erst den Ausgang des Verfahrens abwarten, bevor sie das Abfindungsangebot annehmen.[993] Durch die Verzinsung wird außerdem gewährleistet, dass die Abfindung im Fall des Austritts zügig geleistet wird und der andere Vertragsteil die Auszahlung der Abfindung nicht hinauszögert.[994] Die früher geäußerten Bedenken gegen eine Verzinsung stützten sich vor allem darauf, dass die außenstehenden Gesellschafter bis zur Annahme des Abfindungsangebots in den Genuss der im Gewinnabführungsvertrag vorgesehenen Ausgleichszahlungen kommen.[995] Heute wird eine Überkompensation der außenstehenden Gesellschafter jedoch dadurch verhindert, dass die Ausgleichszahlungen mit dem Zinsanspruch verrechnet werden.[996]

b. *Anteilsabfindung*

Fraglich ist, ob die außenstehenden Gesellschafter auch im Fall einer Anteilsabfindung einen Anspruch auf Verzinsung haben. Die herrschende Ansicht lehnt dies ab mit der Begründung, dass sich die Regelung des § 305 Abs. 3 S. 3 AktG nur auf die Barabfindung und nicht auf die Anteilsabfindung bezieht.[997] Dies erscheint systematisch korrekt, da sich die Regelung zur Verzinsung unmittelbar auf § 305 Abs. 3 S. 2 AktG bezieht, der nur die Barabfindung betrifft. Doch auch inhaltlich bestehen keine Bedenken gegen die fehlende Verzinsung der Anteilsabfindung, da die außenstehenden Gesellschafter bis zur Annahme des Abfindungsangebots in den Genuss der Ausgleichszahlungen kommen und deshalb nicht schutzbedürftig sind.

---

993 *Bilda*, NZG 2000, 296 (301).

994 Begründung zum Regierungsentwurf vom 01.02.1994 (UmwBerG), BT-Drucksache 12/6699, S. 88.

995 Zu Recht kritisch *Koppensteiner*, in: Kölner Kommentar zum AktG, § 305 Rn. 116.

996 Ausführlich zur Verrechnung der empfangenen Ausgleichsleistungen mit den Zinsen des Abfindungsanspruchs sogleich unter Teil 5 B. III. 4. c.

997 *Emmerich*, in: Emmerich/Habersack, Aktien-/GmbH-KonzernR, § 305 Rn. 40; *Krieger*, in: Münchener Handbuch GesR, Band 4, § 67 Rn. 115.

c. *Anrechnung empfangener Ausgleichsleistungen*

aa. Problematik und Meinungsstand

Machen außenstehende Gesellschafter erst nach einer gewissen Zeit von ihrem Austrittsrecht Gebrauch, stellt sich die Frage nach dem Schicksal der bis dahin bezogenen Ausgleichsleistungen. Weitgehende Einigkeit herrscht darüber, dass die bis zur Annahme des Abfindungsangebots geleisteten Ausgleichszahlungen den außenstehenden Gesellschaftern nicht kumulativ mit dem verzinsten Barabfindungsanspruch zustehen.[998] Unklar war jedoch lange, ob die geleisteten Ausgleichszahlungen mit dem Abfindungsanspruch oder nur mit den Zinsen zu verrechnen sind.[999] Im Jahr 2002 hat sich der BGH der Ansicht angeschlossen, nach der empfangene Ausgleichsleistungen nur auf den Zinsanspruch anzurechnen sind.[1000] Das führt dazu, dass die außenstehenden Gesellschafter empfangene Ausgleichszahlungen behalten dürfen, soweit diese den Zinsanspruch übersteigen.

---

998 BayObLG, Beschluss vom 11.12.1995 - 3Z BR 36/91 = AG 1996, 176 (180); OLG Düsseldorf, Beschluss vom 02.04.1998 - 19 W 3/93 AktE = AG 1999, 89 (92); OLG Stuttgart, Beschluss vom 04.02.2000 - 4 W 15/98 = AG 2000, 428 (432); *Emmerich*, in: Emmerich/Habersack, Aktien-/GmbH-KonzernR, § 305 Rn. 43; *Koppensteiner*, in: Kölner Kommentar zum AktG, § 305 Rn. 121; *Meilicke*, AG 1999, 103 (107); *Bilda*, NZG 2000, 296 (301); *Jungmann*, BB 2002, 1549 (1550); *Bayer*, ZIP, 2005, 1053 (1056); grundlegend aA *Knoll*, ZIP 2003, 2329 (2332), der die nach alter Rechtslage vorgesehene Verzinsung mit zwei Prozentpunkten über dem Basiszinssatz für deutlich zu niedrig hielt und das Problem daher nicht in einer Über-, sondern in einer Unterkompensation der außenstehenden Gesellschafter sah. Durch die Kumulation von Abfindungszinsen und Ausgleichszahlungen könne zumindest annähernd eine volle Entschädigung erreicht werden; siehe dazu auch *ders.*, BB 2004, 1727 (1731). Die Ansicht dürfte jedoch mittlerweile überholt sein, da der in § 305 Abs. 3 S. 3 AktG vorgesehene Zinssatz vom Gesetzgeber im Zuge des ARUG deutlich angehoben wurde (auf 5 Prozentpunkte über dem Basiszinssatz).

999 In der obergerichtlichen Rechtsprechung war keine einheitliche Linie erkennbar. Für die Verrechnung mit der Barabfindung BayObLG, Beschluss vom 11.12.1995 - 3Z BR 36/91 = AG 1996, 176 (180); OLG München, Urteil vom 12.11.1997 - 7 U 4229/97 = AG 1998, 239 (240); OLG Hamburg, Urteil vom 29.01.2002 - 11 U 37/01 = ZIP 2002, 754; für die Verrechnung nur mit dem Zinsanspruch OLG Düsseldorf, Beschluss vom 02.04.1998 - 19 W 3/93 AktE = AG 1999, 89 (92); OLG Stuttgart, Beschluss vom 04.02.2000 - 4 W 15/98 = AG 2000, 428 (432); OLG Hamm, Urteil vom 17.09.2001 - 8 U 11/01 = ZIP 2001, 2003. Nach anderer Ansicht soll der Zinsanspruch bis zur Ausübung des Austrittsrechts ruhen, OLG Celle, Beschluss vom 31.07.1998 - 9 W 128/97 = AG 1999, 128 (131).

1000 BGH, Urteil vom 19.06.2002 - II ZR 284/01 = DStR 2002, 1955.

Bleiben die Ausgleichszahlungen hingegen hinter dem Zinsanspruch zurück, ist der Differenzbetrag nachzuzahlen.[1001] In der Literatur ist das Meinungsbild gespalten. Während einige Stimmen die Verrechnung mit dem Zinsanspruch für sachgerecht halten,[1002] befürworten andere eine Anrechnung auf den gesamten Barabfindungsanspruch.[1003]

bb. Stellungnahme

Für eine volle Verrechnung mit dem Abfindungsanspruch spricht, dass die Annahmefrist für das Abfindungsangebot erst nach Beendigung eines etwaigen Spruchverfahrens abläuft,[1004] so dass außenstehende Gesellschafter über Jahre hinweg Ausgleichsleistungen empfangen können, bevor sie von seinem Austrittsrecht Gebrauch machen. Dies erscheint unbillig vor dem Hintergrund, dass die außenstehenden Gesellschafter in diesem Schwebezustand jederzeit durch Annahme des Abfindungsangebots aus der Gesellschaft austreten können und daher in diesem Zeitraum keinerlei unternehmerisches Risiko tragen. Ein solches Vorgehen, bei dem die Annahme des Abfindungsangebots bewusst hinausgezögert wird, erlangt zusätzliche Attraktivität, wenn die empfangenen Ausgleichszahlungen nicht mit dem Abfindungsanspruch verrechnet werden, so dass die außenstehenden Gesellschafter am Ende in den Genuss von Ausgleich und Abfindung kommen.

Gegen die Verrechnung empfangener Ausgleichszahlungen mit dem Abfindungsanspruch spricht jedoch der Vergleich zur Anteilsabfindung. Würden die empfangenen Ausgleichszahlungen auf den Barabfindungsanspruch angerechnet, stünden die außenstehenden Gesellschafter schlechter als bei der Abfindung in Anteilen. Denn bei der Anteilsabfindung scheidet eine Verrechnung aufgrund der fehlenden Gleichartigkeit von vornherein aus, so dass die außenstehenden

---

1001 *Koppensteiner*, in: Kölner Kommentar zum AktG, § 305 Rn. 121; *Bilda*, NZG 2000, 296 (301).

1002 *Emmerich*, in: Emmerich/Habersack, Aktien-/GmbH-KonzernR, § 305 Rn. 43; *van Rossum*, in: Münchener Kommentar zum AktG, § 305 Rn. 192; *Koppensteiner*, in: Kölner Kommentar zum AktG, § 305 Rn. 121; *Maierhofer*, Schutz außenstehender Gesellschafter, S. 210; *Bilda*, NZG 2000, 296 (301).

1003 *Krieger*, in: Münchener Handbuch GesR, Band 4, § 71 Rn. 117; *Meilicke*, AG 1999, 103 (107); in diese Richtung auch *Jungmann*, BB 2002, 1549 (1554), der darüber hinaus eine Verzinsung der von den außenstehenden Gesellschaftern empfangenen Ausgleichsleistungen fordert.

1004 Zur Verlängerung der im Gewinnabführungsvertrag vorgesehenen Annahmefrist im Fall der Durchführung eines Spruchverfahrens siehe Teil 5 B. III. 3. a. aa. (2).

Gesellschafter empfangene Ausgleichszahlungen behalten können.[1005] Um in den Fällen der Barabfindung und der Anteilsabfindung ein ähnliches Schutzniveau zu gewährleisten, erscheint es daher vorzugswürdig, die empfangenen Ausgleichszahlungen grundsätzlich nur auf den Zinsanspruch anzurechnen. Dadurch können die außenstehenden Gesellschafter die empfangenen Ausgleichszahlungen sowohl bei der Bar- als auch bei der Anteilsabfindung behalten und haben daneben einen Anspruch auf die volle Abfindung.[1006]

IV. Ausnahmen von der Kompensationspflicht

1. Keine außenstehenden Gesellschafter

Da die Aufnahme von Ausgleichs- und Abfindungsansprüchen ausschließlich dem Schutz der außenstehenden Gesellschafter dient und den Zweck hat, die Gesellschafter für den Eingriff in ihre mitgliedschaftliche Rechtsposition zu entschädigen, fällt die Pflicht zur Aufnahme einer Kompensationsregelung weg, wenn keine außenstehenden Gesellschafter an der GmbH beteiligt sind.[1007] Maßgeblicher Zeitpunkt für das Vorhandensein außenstehender Gesellschafter ist die Beschlussfassung über den Gewinnabführungsvertrag in der Gesellschafterversammlung der gewinnabführungsverpflichteten Gesellschaft. Dies ergibt sich aus § 304 Abs. 1 S. 3 AktG, der für die Pflicht zur Aufnahme von Ausgleichs- und Abfindungsansprüchen auf die Fassung des Zustimmungsbeschlusses abstellt und im GmbH-Konzernrecht analoge Anwendung findet.[1008]

2. Verzicht auf Kompensationsansprüche

a. Meinungsstand

Fraglich ist, ob die außenstehenden Gesellschafter in der Weise auf Ausgleich und Abfindung verzichten können, dass die beteiligten Rechtsträger nicht zur Aufnahme einer Kompensationsregelung verpflichtet sind. Der BGH hat sich bisher nicht

---

1005 *Bilda*, NZG 2000, 296 (301).

1006 Im Ergebnis ebenso *Koppensteiner*, in: Kölner Kommentar zum AktG, § 305 Rn. 122.

1007 *Servatius*, in: Michalski, GmbHG, Systematische Darstellung 4 Rn. 337; *ders.*, in: BeckOK GmbHG, Systematische Darstellung KonzernR Rn. 337; *Schnorbus*, in: Rowedder/Pentz, GmbHG, Anhang § 52 Rn. 98; *Weber*, GmbHR 2003, 1347 (1348 f.); *Stephan*, Der Konzern 2015, 349 (353); *Göhmann/Winnen*, RNotZ 2015, 53 (54).

1008 *Servatius*, in: Michalski, GmbHG, Systematische Darstellung 4 Rn. 110, 329; *Schnorbus*, in: Rowedder/Pentz, GmbHG, Anhang § 52 Rn. 98.

eindeutig zur Möglichkeit eines Verzichts geäußert.[1009] In der aktienkonzernrechtlichen Literatur wird die Pflicht zur Aufnahme einer Kompensationsregelung bei Beteiligung außenstehender Aktionäre überwiegend für indisponibel gehalten.[1010] Die außenstehenden Gesellschafter hätten nur die Möglichkeit, die ihnen im Gewinnabführungsvertrag eingeräumten Ausgleichs- und Abfindungsansprüche gemäß § 333 BGB zurückzuweisen.[1011] Bei der Zurückweisung geht es jedoch lediglich um die nachträgliche Disposition über den Kompensationsanspruch. Die Vertragsparteien werden dadurch nicht von der Aufnahme einer Kompensationsregelung entbunden. Im GmbH-Konzernrecht wird ein Verzicht hingegen von der überwiegenden Ansicht für zulässig gehalten.[1012]

b. Diskussion der Argumente

aa. Schutz der außenstehenden Gesellschafter

Gegen die Möglichkeit eines Verzichts wird eingewendet, dass dies den Schutz der außenstehenden Gesellschafter beeinträchtige, da der andere Vertragsteil alles daransetzen werde, die Aufnahme von Ausgleichs- und Abfindungsansprüchen zu vermeiden.[1013] Die von einer Verzichtsmöglichkeit ausgehende Gefahr für den Schutz der Minderheit kommt auch in der fehlenden Disponibilität der aktienkonzernrechtlichen Regelungen zum Ausdruck. Sind außenstehende Gesellschafter beteiligt, sehen die §§ 304, 305 AktG zwingend die Aufnahme von Ausgleichs- und Abfindungsansprüchen vor und lassen keinen Raum für abweichende vertragliche Vereinbarungen.

1009 Entgegen teilweise vertretener Auffassung kann den Ausführungen des BGH in seinem Urteil vom 31.05.2011 – II ZR 109/10 = NZG 2011, 902 (904) keine Stellungnahme zur Möglichkeit eines Verzichts entnommen werden, ebenso *Peters/Hecker*, DStR 2012, 86 (88); aA DNotI-Report 2017, 115 (116).

1010 *Veil/Preisser*, in: BeckOGK AktG, § 304 Rn. 8; *Koch*, AktG, § 304 Rn. 2; *Emmerich*, in: Emmerich/Habersack, Aktien-/GmbH-KonzernR, § 304 Rn. 41; aA *Baldamus*, ZGR 2007, 819 (837 f.), der vorschlägt, die Ausgleichsberechtigten im Fall eines Verzichts nicht als außenstehende Gesellschafter einzuordnen.

1011 *Emmerich*, in: Emmerich/Habersack, Aktien-/GmbH-KonzernR, § 304 Rn. 41.

1012 LG Dortmund, Beschluss vom 11.03.1998 – 20 AktE 4/97 = GmbHR 1998, 941; *Servatius*, in: BeckOK GmbHG, Anhang KonzernR Rn. 122; *Verse*, in: Henssler/Strohn, GmbHG, Anhang § 13 Rn. 107; *Zöllner*, ZGR 1992, 173 (197); *Hegemann*, GmbHR 2012, 315 (320); DNotI-Report 2017, 115 (117); aA *Weber*, GmbHR 2003, 1347 (1348).

1013 *Emmerich*, in: Scholz, GmbHG, Anhang § 13 Rn. 216.

bb. Flexibilitätsbedürfnis

Für die Möglichkeit eines Verzichts spricht hingegen das Interesse der Parteien an einer flexiblen Einzelfallregelung. Neben den gesetzlich vorgesehen Ausgleichs- und Abfindungsansprüchen sind auch andere Regelungen denkbar, durch die der Ausschluss des Gewinnbezugsrechts kompensiert wird. In solchen Konstellationen ist die Aufnahme von Ausgleichsansprüchen nicht erforderlich, um den Schutz der außenstehenden Gesellschafter zu gewährleisten. Die Pflicht zur Aufnahme von Ausgleichsansprüchen in den Gewinnabführungsvertrag führt in diesen Fällen zu einer unnötigen Verkomplizierung des Vertragsschlusses.[1014]

cc. Stellungnahme

Vor dem Hintergrund, dass der Gestaltungsfreiheit bei der GmbH im Vergleich zum Aktienrecht grundsätzlich ein höherer Stellenwert beizumessen ist,[1015] kommt der Möglichkeit des Verzichts besondere Bedeutung zu. Diese schafft zusätzlichen Gestaltungsspielraum, mit dem eine Lösung erzielt werden kann, die den Parteiinteressen entspricht und gleichzeitig den Schutz der außenstehenden Gesellschafter gewährleistet. Auch wenn die aktienkonzernrechtlichen Vorschriften indisponibel ausgestaltet sind, sollte im GmbH-Konzernrecht Raum für eine flexible Vereinbarung zwischen den Parteien gelassen werden. Dem Schutzbedürfnis der außenstehenden Gesellschafter kann dabei durch besondere Anforderungen an die Form eines Verzichts Rechnung getragen werden.

c. Form des Verzichts

Lässt man den Verzicht auf eine vertragliche Kompensationsregelung zu, muss gewährleistet sein, dass die außenstehenden Gesellschafter sich der wirtschaftlichen Bedeutung ihrer Entscheidung bewusst sind und nicht übereilt auf die Aufnahme von Ausgleichsansprüchen verzichten oder von den Vertragsparteien unter Druck gesetzt werden. Dies kann durch eine notarielle Beurkundung der Verzichtserklärung gewährleistet werden. Dadurch wird sichergestellt, dass die außenstehenden Gesellschafter vor dem Verzicht über die Konsequenzen aufgeklärt werden und keine vorschnelle Entscheidung treffen. Für diese Lösung spricht auch der Vergleich zur Regelung für den Vertragsbericht, auf dessen Erstattung die Anteilsinhaber durch öffentlich beglaubigte Erklärung verzichten können.[1016]

1014 *Baldamus*, ZGR 2007, 819 (837).

1015 *Zöllner*, ZGR 1992, 173 (197); *Stephan*, Der Konzern 2015, 349 (353).

1016 Zur Möglichkeit des Verzichts auf die Erstattung eines Vertragsberichts siehe Teil 3 B. IV. 1.

Angesichts der größeren wirtschaftlichen Bedeutung, die der Verzicht auf eine Kompensationsregelung für die außenstehenden Gesellschafter hat, erscheint es geboten, hier strengere Anforderungen zu stellen als beim Verzicht auf die Erstattung eines Vertragsberichts. Die Wirksamkeit des Verzichts ist daher von der notariellen Beurkundung der Verzichtserklärung abhängig. Die Zustimmung bei der Beschlussfassung über den Gewinnabführungsvertrag kann hingegen nicht als Verzicht ausgelegt werden.[1017]

C. Nachträglicher Eintritt außenstehender Gesellschafter

I. Gewinnabführungsvertrag enthält Kompensationsregelung

1. Problematik

Treten nachträglich Gesellschafter in die gewinnabführungsverpflichtete Gesellschaft ein, stellt sich die Frage, ob sie die vertraglich vorgesehenen Ausgleichsansprüche erwerben. Der Abfindungsanspruch spielt in diesem Zusammenhang keine Rolle, da sich der nachträglich eintretende Gesellschafter in Kenntnis des Gewinnabführungsvertrags für den Anteilserwerb entschieden hat und daher in der Regel nicht am Austritt interessiert ist.[1018] Probleme ergeben sich vor allem in den Fällen, in denen der Hinzutretende den Geschäftsanteil von einem Gesellschafter erwirbt, der nicht als außenstehend anzusehen ist und dem deshalb selbst kein Anspruch auf Ausgleichszahlungen zusteht.

2. Originärer oder derivativer Erwerb der Kompensationsansprüche

Mittlerweile herrscht Einigkeit, dass es für den Erwerb der Ausgleichsansprüche nicht darauf ankommt, ob der außenstehende Gesellschafter schon zum Zeitpunkt des Vertragsschlusses, der Beschlussfassung über den Gewinnabführungsvertrag oder der Eintragung des Vertrags im Handelsregister an der Gesellschaft beteiligt war.[1019] Vielmehr kann ein Gesellschafter die Ausgleichsberechtigung auch

---

1017 Vgl. dazu die Argumentation unter Teil 5 B. III. 1. d. cc. (3); aA LG Dortmund, Beschluss vom 11.03.1998 – 20 AktE 4/97 = GmbHR 1998, 941; DNotI-Report 2017, 115 (117); *Verse*, in: Henssler/Strohn, GmbHG, Anhang § 13 Rn. 107.

1018 Anders verhält es sich nur im Fall des Statuswechsels, dazu sogleich unter Teil 5 C. II. 3.

1019 *Koppensteiner*, in: Kölner Kommentar zum AktG, § 304 Rn. 17; *Emmerich*, in: Emmerich/Habersack, Aktien-/GmbH-KonzernR, § 304 Rn. 23.

nachträglich erwerben, wenn er zu irgendeinem Zeitpunkt vor Beendigung des Gewinnabführungsvertrags Anteilsinhaber wird.[1020] Umstritten ist hingegen, wie der nachträglich eintretende Gesellschafter die Ausgleichsberechtigung erwirbt. In Betracht kommen zwei Wege: Zum einen kann der Schutz des hinzutretenden Gesellschafters dadurch gewährleistet werden, dass eine beim Veräußerer begründete Ausgleichsberechtigung mit dem Geschäftsanteil auf ihn übergeht (derivativer Erwerb).[1021] Zum anderen besteht die Möglichkeit, dass die Ausgleichs- und Abfindungsansprüche mit dem Anteilserwerb in der Person des nachträglich eintretenden Gesellschafters neu entstehen (originärer Erwerb).[1022] Der BGH hat sich im Jahr 2006 der Ansicht angeschlossen, die von einem originären Erwerb durch Eintritt in die gewinnabführungsverpflichtete Gesellschaft ausgeht.[1023]

a. Dogmatischer Hintergrund

Beiden Ansichten liegt ein unterschiedliches dogmatisches Verständnis der Kompensationsansprüche zugrunde: Während erstere Ansicht den Standpunkt einnimmt, dass die Ausgleichs- und Abfindungsansprüche ähnlich wie das Gewinnbezugsrecht im Geschäftsanteil verkörpert sind und ihren Ursprung in der Mitgliedschaft haben, geht letztere Ansicht davon aus, dass es sich um schuldrechtliche Ansprüche aus dem Gewinnabführungsvertrag handelt.[1024] Dieser Ansatz erscheint vorzugswürdig, da die Ausgleichs- und Abfindungsansprüche mit dem Abschluss des Gewinnabführungsvertrags entstehen und im Vertragstext selbst verankert sind.[1025] Die von der Gegenansicht gezogene Parallele zum Gewinnbezugsrecht vermag kaum zu überzeugen, da die Ausgleichs- und Abfindungsansprüche, anders als das Gewinnbezugsrecht, nicht gegen die Gesellschaft, sondern gegen den anderen Vertragsteil gerichtet sind. Vor diesem Hintergrund erscheint es näherliegend, den Vertrag selbst als rechtliche Grundlage der

---

1020 *Emmerich*, in: Emmerich/Habersack, Aktien-/GmbH-KonzernR, § 304 Rn. 23.

1021 OLG Jena, Urteil vom 22.12.2004 – 7 U 391/03 = AG 2005, 619; *Servatius*, in: Grigoleit, AktG, § 304 Rn. 9; *Stimpel*, AG 1998, 259 (263); *Bilda*, NZG 2005, 375 (377 f.); *Bilda*, AG 2008, 641 (644).

1022 *Tebben*, AG 2003, 600 (602); *Bayer*, ZIP, 2005, 1053 (1058); *Lehmann*, ZIP 2005, 1489 (1449); *Ruoff*, BB 2005, 2201 (2203); *Luttermann*, NZG 2006, 816 (817).

1023 BGH, Urteil vom 08.05.2006 – II ZR 27/05 = NZG 2006, 623.

1024 *Bayer*, ZIP, 2005, 1053 (1057 f.); *Luttermann*, NZG 2006, 816 (817).

1025 Zur obligatorischen Aufnahme der Ausgleichs- und Abfindungsansprüche in den Gewinnabführungsvertrag siehe Teil 5 B. I. 3.

Kompensationsansprüche zu betrachten.[1026] Nach zutreffendem Verständnis handelt es sich daher bei dem Gewinnabführungsvertrag um einen echten Vertrag zugunsten Dritter,[1027] der den außenstehenden Gesellschaftern unabhängig vom Zeitpunkt ihres Eintritts schuldrechtliche Kompensationsansprüche verschafft und daher zu einem originären Erwerb der Ausgleichsberechtigung führt.[1028]

b. Fallgruppenbetrachtung

Die Frage, ob die Kompensationsansprüche mit dem Geschäftsanteil auf den Erwerber übergehen oder mit dessen Eintritt in die Gesellschaft neu entstehen, ist nicht nur von dogmatischem Interesse, sondern hat praktische Konsequenzen, da die Annahme eines derivativen Erwerbs zu erheblichen Schutzlücken führt. Ein Blick auf die problematischen Fallgruppen verdeutlicht, warum die Annahme eines originären Erwerbs vorzugswürdig ist.

aa. Fälle des rechtsgeschäftlichen Anteilserwerbs

(1) Anteilserwerb von außenstehendem Gesellschafter

Erwirbt ein außenstehender Gesellschafter den Geschäftsanteil von einem anderen außenstehenden Gesellschafter besteht kein Schutzdefizit. Der Eintretende erwirbt die Kompensationsansprüche entweder originär oder sie gehen mit dem Geschäftsanteil auf ihn über. Die Lehre vom derivativen Erwerb ruft jedoch Wertungswidersprüche hervor, wenn es um den Erwerb durch einen nicht außenstehenden Gesellschafter geht. Die Lehre vom derivativen Erwerb müsste in diesem Fall konsequenterweise dazu führen, dass der den Geschäftsanteil erwerbende Gesellschafter durch den Anteilserwerb in den Genuss von Ausgleichsansprüchen kommt. Dass dies angesichts des fehlenden Schutzbedürfnisses kaum zu überzeugen vermag, räumen auch die Befürworter eines derivativen Erwerbs

---

1026 *Koppensteiner*, in: Kölner Kommentar zum AktG, § 305 Rn. 11; dies räumen zum Teil auch die Vertreter der Gegenansicht ein, siehe bspw. *Bilda*, NZG 2005, 375 (376), der den Gewinnabführungsvertrag als Rechtsgrund der Kompensationsansprüche ansieht und dennoch von deren Akzessorietät zum Geschäftsanteil ausgeht.

1027 BGH, Beschluss vom 20.05.1997 – II ZB 9/96 = NJW 1997, 2242 (2243); *Koppensteiner*, in: Kölner Kommentar zum AktG, § 305 Rn. 12; *Koch*, AktG, § 305 Rn. 3; *Bayer*, ZIP, 2005, 1053 (1056); DNotI-Report 2017, 115 (116); aA *Luttermann*, NZG 2006, 816 (817), der diese Terminologie für unpassend hält und den Gewinnabführungsvertrag angesichts des damit einhergehenden Eingriffs in die Rechte der außenstehenden Gesellschafter als Vertrag zu Lasten Dritter bezeichnet.

1028 *Bayer*, ZIP, 2005, 1053 (1058).

ein und lehnen für diesen Fall einen Übergang der Kompensationsansprüche ab, ohne dies dogmatisch überzeugend begründen zu können.[1029]

(2) Anteilserwerb von nicht außenstehendem Gesellschafter

Der derivative Erwerb der Ausgleichsansprüche wirft ferner Probleme auf, wenn ein außenstehender Gesellschafter von einem nicht außenstehenden Gesellschafter Anteile erwirbt.[1030] Da dem Veräußerer keine Kompensationsansprüche zustehen, können diese konsequenterweise auch nicht auf den Erwerber übergehen, obwohl es sich bei diesem um einen außenstehenden Gesellschafter handelt, dem eine Entschädigung für den Ausschluss des Gewinnbezugsrechts von Verfassungs wegen zusteht. Folgt man hingegen der Ansicht, nach der die Ausgleichsansprüche in der Person des Erwerbers neu entstehen, kommt es nicht zu einem Schutzdefizit bei dem neu eintretenden Gesellschafter, da dieser mit seinem Eintritt originär die im Gewinnabführungsvertrag vorgesehenen Kompensationsansprüche erwirbt. Auch in dem Fall, dass ein außenstehender Gesellschafter Anteile von der gewinnabführungsverpflichteten Gesellschaft selbst erwirbt, lässt die Lehre vom derivativen Erwerb Schutzlücken offen. Denn da die Gesellschaft nicht ausgleichs- und abfindungsberechtigt ist, können Geschäftsanteile, die von der Gesellschaft als eigene Anteile gehalten wurden, dem Erwerber ebenfalls keine Kompensationsansprüche vermitteln.

bb. Statusänderung

Auch in dem Fall, dass ein bereits zum Zeitpunkt der Beschlussfassung über den Gewinnabführungsvertrag an der abhängigen GmbH beteiligter Anteilsinhaber nachträglich die Eigenschaft eines außenstehenden Gesellschafters erwirbt, also durch Statusänderung zum außenstehenden Gesellschafter wird,[1031] kann der Schutz dieses Gesellschafters nicht durch einen derivativen Erwerb der Ausgleichsansprüche gewährleistet werden, da es an einem Erwerbsvorgang fehlt. Geht man hingegen davon aus, dass die Ausgleichsansprüche in der Person des hinzutretenden Gesellschafters neu entstehen, ist dessen Schutz auch im Fall der Statusänderung gewährleistet.

1029 *Bilda*, NZG 2005, 375 (378). Mit dem Argument der Konfusion kann der Untergang der Ausgleichs- und Abfindungsansprüche nur dann erklärt werden, wenn der andere Vertragsteil selbst Geschäftsanteile von einem außenstehenden Gesellschafter erwirbt, vgl. *Bayer*, ZIP, 2005, 1053 (1058).

1030 *Bayer*, ZIP, 2005, 1053 (1058).

1031 Näher zu den Fällen des Statuswechsels sogleich unter Teil 5 C. II. 3.

3. *Fazit*

Durch den nachträglichen Eintritt eines außenstehenden Gesellschafters kommt es zum originären Erwerb der Ausgleichsberechtigung. Die Ansicht, nach der die Ausgleichsberechtigung derivativ mit der Übertragung des Geschäftsanteils übergeht, vermag nicht zu überzeugen, da sie zur Entstehung von Schutzlücken führt und Wertungswidersprüche hervorruft.

II. Gewinnabführungsvertrag enthält keine Kompensationsregelung

1. *Vorbemerkung zum Aktienkonzernrecht*

Wenn zum Zeitpunkt der Beschlussfassung über den Gewinnabführungsvertrag keine außenstehenden Aktionäre an der Untergesellschaft beteiligt sind, ist die Aufnahme von Ausgleichs- und Abfindungsansprüchen entbehrlich.[1032] Treten nun nachträglich außenstehende Aktionäre in die Gesellschaft ein, stehen ihnen mangels Kompensationsregelung keine Ausgleichs- und Abfindungsansprüche zu. Gleichzeitig können sie aufgrund der in den meisten Fällen bereits abgelaufenen Antragsfrist kein Spruchverfahren mehr einleiten.[1033] An dieser Stelle sieht das Aktienkonzernrecht die Regelung des § 307 AktG vor, wonach der Gewinnabführungsvertrag automatisch zum Ende des Geschäftsjahres ausläuft, in dem ein außenstehender Aktionär in die Gesellschaft eintritt.[1034] Die Regelung zielt darauf ab, die Vertragsparteien zum Abschluss eines neuen Gewinnabführungsvertrags zu veranlassen, der eine Kompensationsregelung zugunsten des nachträglich eingetretenen Gesellschafters enthält.[1035]

1032 Siehe dazu Teil 5 B. IV. 1.

1033 Die Antragfrist endet gemäß § 4 Abs. 1 Nr. 1 SpruchG drei Monate nachdem die Eintragung des Gewinnabführungsvertrags im Handelsregister bekanntgemacht worden ist.

1034 In § 327 Abs. 1 Nr. 3 AktG findet sich eine Parallelregelung für die Eingliederung.

1035 *Veil/Walla*, in: BeckOGK AktG, § 307 Rn. 3; *Emmerich*, in: Emmerich/Habersack, Aktien-/GmbH-KonzernR, § 307 Rn. 2; *van Rossum*, in: Münchener Kommentar zum AktG, § 307 Rn. 1; *Koppensteiner*, in: Kölner Kommentar zum AktG, § 307 Rn. 1; *Schenk*, in: Bürgers/Körber/Lieder, AktG, § 307 Rn. 1; *Schwarz*, MittRhNotK 1994, 49 (72); *Pluskat*, Der Konzern 2004, 525 (529).

2. *Analoge Anwendung des § 307 AktG im GmbH-Konzernrecht*

a. Meinungsstand

Umstritten ist, ob der nachträgliche Eintritt außenstehender Gesellschafter auch bei der GmbH zur Beendigung des Gewinnabführungsvertrags führt. In der Literatur ist das Meinungsbild gespalten. Einige Stimmen plädieren für eine analoge Anwendung des § 307 AktG.[1036] Andere lehnen eine Übertragung der Norm auf die GmbH ab.[1037] Nach vereinzelter Ansicht soll die Anwendung des § 307 AktG davon abhängig sein, ob der eintretende Gesellschafter von dem Bestehen des Gewinnabführungsvertrags Kenntnis hatte.[1038]

b. Diskussion der Argumente

aa. Geringeres Schutzbedürfnis

Gegen die analoge Anwendung des § 307 AktG spricht, dass das Schutzbedürfnis nachträglich eintretender Gesellschafter im GmbH-Konzernrecht in vielen Fällen deutlich geringer ist als bei der AG. Dies ist vor allem darauf zurückzuführen, dass der Erwerber eines Geschäftsanteils aufgrund der das GmbH-Recht prägenden Gestaltungsfreiheit mit einer individuellen Satzungsgestaltung rechnen muss und deshalb die rechtlichen Verhältnisse der Zielgesellschaft im Vorfeld des Anteilserwerbs umfassend prüft. Da das Bestehen des Gewinnabführungsvertrags im Handelsregister eingetragen wird, erlangt der Erwerber spätestens im Rahmen seiner Prüfung Kenntnis vom Gewinnabführungsvertrag und ist dadurch in die Lage, den Ausschluss des Gewinnbezugsrechts bereits in den Kaufpreisverhandlungen zu berücksichtigen.[1039] Enthält der Gewinnabführungsvertrag keine Ausgleichs- und Abfindungsansprüche, wird der Erwerber einen entsprechend herabgesetzten Kaufpreis für den Geschäftsanteil zahlen und ist deshalb nicht auf das Eingreifen

---

1036 *Emmerich*, in: Emmerich/Habersack, Aktien-/GmbH-KonzernR, § 307 Rn. 3; *Ulrich*, GmbHR 2004, 1000 (1004); *Bredow/Liebscher*, BB 2003, 393 (394).

1037 *Heckschen/Kreußlein*, in: Heckschen/Heidinger, Die GmbH, Kap. 15 Rn. 98; *Link*, in: Hauschild/Kallrath/Wachter, Notarhandbuch, § 22 Rn. 78; *Egelhof*, Ausschüttungssperren in der Organschaft, S. 31; *Priester*, in: FS Peltzer 2001, S. 327 (331); *Katschinski*, in: FS Reuter 2010, 1043 (1049 f.); *Schwarz*, MittRhNotK 1994, 49 (75); *Mues*, RNotZ 2005, 1 (29 f.); *Göhmann/Winnen*, RNotZ 2015, 53 (64).

1038 *Krieger/Janott*, DStR 1995, 1473 (1476).

1039 *Link*, in: Hauschild/Kallrath/Wachter, Notarhandbuch, § 22 Rn. 78; *Priester*, in: FS Peltzer 2001, S. 327 (333); *Katschinski*, in: FS Reuter 2010, S. 1043 (1051).

gesetzlicher Schutzmechanismen angewiesen. Damit unterscheidet sich die Interessenlage deutlich von der im Aktienrecht, wo aufgrund der höheren Fungibilität der Anteile nicht davon ausgegangen werden kann, dass sich ein Erwerber stets umfassend über die rechtlichen Verhältnisse der Zielgesellschaft informiert.

bb. Erfordernis der notariellen Beurkundung

Ein weiterer Unterschied zum Aktienrecht besteht in dem Erfordernis der notariellen Beurkundung, durch das nachträglich eintretende Gesellschafter im GmbH-Recht zusätzlich geschützt sind. Durch die zwingende Mitwirkung eines Notars ist gewährleistet, dass das Bestehen des Gewinnabführungsvertrags nicht unentdeckt bleibt. Außerdem wird durch die notarielle Belehrung sichergestellt, dass der Erwerber sich der Auswirkungen des Gewinnabführungsvertrags auf seine Rechtsstellung als Gesellschafter bewusst ist und keine übereilte Entscheidung trifft.[1040] Im Aktienrecht unterliegt der Anteilserwerb dagegen keinerlei formellen Anforderungen, so dass das Risiko für nachträglich eintretende Gesellschafter deutlich höher ist.[1041]

cc. Gewährleistungsrechte

Bleibt das Bestehen des Gewinnabführungsvertrags dennoch unerkannt, hat der nachträglich eintretende Gesellschafter ferner die Möglichkeit, Gewährleistungsrechte gegen den Verkäufer des Geschäftsanteils geltend zu machen.[1042] Denn der faktische Ausschluss des Gewinnbezugsrechts stellt einen Rechtsmangel dar, der den Erwerber dazu berechtigt, Schadensersatz zu verlangen.[1043] Wenn der Veräußerer das Bestehen des Gewinnabführungsvertrags arglistig verschwiegen hat, kann der neu hinzugetretene Gesellschafter sich außerdem durch Anfechtung vom Kaufvertrag lösen und den Kaufpreis über das Bereicherungsrecht herausverlangen.[1044]

1040 *Pluskat*, Der Konzern 2004, 525 (530); *Göhmann/Winnen*, RNotZ 2015, 53 (64).

1041 *Katschinski*, in: FS Reuter 2010, S. 1043 (1051); *Pluskat*, Der Konzern 2004, 525 (530); *Mues*, RNotZ 2005, 1 (30); *Göhmann/Winnen*, RNotZ 2015, 53 (64).

1042 *Katschinski*, in: FS Reuter 2010, S. 1043 (1051); *Priester*, in: FS Peltzer 2001, S. 327 (334); *Pluskat*, Der Konzern 2004, 525 (530).

1043 *Priester*, in: FS Peltzer 2001, S. 327 (334).

1044 *Katschinski*, in: FS Reuter 2010, S. 1043 (1053).

dd. Überschießende Tendenz

Gegen die analoge Anwendung des § 307 AktG spricht außerdem dessen starre Rechtsfolge. Die zwingende Beendigung des Gewinnabführungsvertrags entspricht in der Regel nicht dem Interesse der Parteien, für die das Auslaufen des Gewinnabführungsvertrags einen Verlust der steuerlichen Vorteile der Organschaft zur Folge hat. Vor dem Hintergrund der immensen wirtschaftlichen Folgen einer vorzeitigen Beendigung der Organschaft, erscheint die zwingende Beendigung des Gewinnabführungsvertrags als Rechtsfolge überzogen.[1045] Eine Verzichtsmöglichkeit sieht die Regelung des § 307 AktG nicht vor,[1046] so dass auf diesem Weg keine flexible Einzelfalllösung erreicht werden kann. Den beteiligten Rechtsträgern bleiben damit kaum Gestaltungsoptionen, um zu einer Fortführung der steuerlichen Organschaft zu gelangen.

(1) Abschluss eines neuen Gewinnabführungsvertrags

Um die steuerliche Organschaft fortzuführen, steht den Vertragsparteien die Möglichkeit offen, einen neuen Gewinnabführungsvertrag abzuschließen, der Ausgleichs- und Abfindungsansprüche zugunsten der außenstehenden Gesellschafter enthält.[1047] Den neuen Gewinnabführungsvertrag können die beteiligten Rechtsträger noch während der Laufzeit des aktuellen Vertrags mit Wirkung zum Beginn des nächsten Geschäftsjahres schließen, um einen nahtlosen Übergang zu gewährleisten.[1048] Der Neuabschluss ist jedoch mit einem hohen organisatorischen Aufwand verbunden und kann außerdem die Anerkennung der steuerlichen Organschaft gefährden. Denn auch wenn der neue Gewinnabführungsvertrag zeitlich unmittelbar an den alten Vertrag anknüpft, ändert dies nichts an dem Umstand, dass der vorher bestehende Gewinnabführungsvertrag beendet wird. Geschieht dies vor Ablauf der fünfjährigen Durchführungsfrist, droht ein rückwirkender Verlust der durch die Organschaft gewonnenen Steuervorteile.[1049]

1045 *Katschinski*, in: FS Reuter 2010, 1043 (1050); *Mues*, RNotZ 2005, 1 (30); in dieselbe Richtung auch *van Rossum*, in: Münchener Kommentar zum AktG, § 307 Rn. 5.

1046 *Emmerich*, in: Emmerich/Habersack, Aktien-/GmbH-KonzernR, § 307 Rn. 7; *Deilmann*, in: Hölters AktG, § 307 Rn. 7.

1047 *Müller*, in: Wachter, AktG, § 307 AktG Rn. 4; *Bredow/Liebscher*, BB 2003, 393 (394).

1048 *Van Rossum*, in: Münchener Kommentar zum AktG, § 307 Rn. 13; *Koch*, AktG § 307 Rn. 3; *Deilmann*, in: Hölters/Weber, AktG, § 307 Rn. 8; *Servatius*, in: Grigoleit, AktG, § 307 Rn. 3; *Paschos*, in: Henssler/Strohn, AktG, § 307 Rn. 3; *Bredow/Liebscher*, BB 2003, 393 (394); *Pluskat*, Der Konzern 2004, 525 (529).

1049 Siehe zum Erfordernis der fünfjährigen Durchführung des Gewinnabführungsvertrags *Prinz*, in: FS Seibert 2019, S. 681 (686).

Der Abschluss eines neuen Gewinnabführungsvertrags ist für die beteiligten Rechtsträger daher mit erheblichen Risiken verbunden und stellt insofern keine attraktive Gestaltungsoption dar.

(2) Vertragsänderung

Aus der Beendigung des Gewinnabführungsvertrags resultierende Probleme mit der Anerkennung der steuerlichen Organschaft können dadurch vermieden werden, dass die Parteien im Wege der Vertragsänderung Ausgleichs- und Abfindungsansprüche in den Gewinnabführungsvertrag aufnehmen.[1050] Gegen die Möglichkeit der Vertragsänderung spricht zwar der Wortlaut des § 307 AktG, wonach der Gewinnabführungsvertrag zum Ende des Geschäftsjahres zwingend endet und eine Ausnahme für den Fall der Vertragsänderung nicht vorgesehen ist. Ein Blick auf die Voraussetzungen der Vertragsänderung zeigt jedoch, dass die außenstehenden Gesellschafter auch in diesem Fall hinreichend geschützt sind. Da für eine Änderung des Gewinnabführungsvertrags analog § 295 Abs. 1 AktG die Vorschriften über den Abschluss gelten,[1051] beginnt die Antragsfrist des § 4 SpruchG mit der Eintragung der Änderung erneut zu laufen, so dass eine Überprüfung der Ausgleichs- und Abfindungsansprüche im Spruchverfahren möglich ist. Die Vertragsparteien haben daher die Möglichkeit, die Beendigung des Gewinnabführungsvertrags durch die Aufnahme von Kompensationsansprüchen im Wege der Vertragsänderung zu verhindern.[1052]

Da für die Vertragsänderung die gleichen Voraussetzungen gelten wie für den Neuabschluss des Gewinnabführungsvertrags, führt jedoch auch die Aufnahme einer Kompensationsregelung durch Änderung des Gewinnabführungsvertrags zu einem erheblichen organisatorischen und finanziellen Aufwand für die beteiligten Rechtsträger. Im Ergebnis ist daher auch die Möglichkeit der Vertragsänderung nicht geeignet, die im GmbH-Recht erforderliche Flexibilität zu gewährleisten und die starre Rechtsfolge des § 307 AktG abzumildern.

ee. Missbrauchsgefahr

Zweifel an der analogen Anwendung des § 307 AktG ruft außerdem die mit der Rechtsfolge der automatischen Beendigung verbundene Missbrauchsgefahr

---

1050 So *Bredow/Liebscher*, BB 2003, 393 (396).

1051 Statt aller *Beurskens*, in: Noack/Servatius/Haas, GmbHG, Anhang KonzernR Rn. 124, der allerdings auf die Analogie zu § 295 AktG verzichtet.

1052 Zum Aktienkonzernrecht *van Rossum*, in: Münchener Kommentar zum AktG, § 307 Rn. 1.

hervor. Da der nachträgliche Eintritt eines außenstehenden Gesellschafters *ipso iure* zur Beendigung des Gewinnabführungsvertrags führt, kann sich der andere Vertragsteil durch den gezielten Verkauf von Anteilen an einen Dritten vom Vertrag lösen und dadurch seiner Verlustausgleichspflicht entziehen.[1053] Die Rechtsfolge des § 307 AktG bietet dem anderen Vertragsteil insofern die Gelegenheit, sich auch dann von dem Gewinnabführungsvertrag zu lösen, wenn die Voraussetzungen einer Kündigung nicht gegeben sind. Dadurch werden nicht nur die gesetzlichen Beendigungstatbestände unterlaufen,[1054] sondern auch die Wertung des § 299 AktG ausgehebelt, der Weisungen zur Beendigung des Gewinnabführungsvertrags ausschließt und dadurch gerade verhindern will, dass sich die Obergesellschaft willkürlich von ihren vertraglichen Verpflichtungen löst.[1055]

Dem lässt sich entgegenhalten, dass der gezielte Verkauf von Aktien an einen außenstehenden Dritten als Gestaltungsmittel zur Beendigung des Gewinnabführungsvertrags in der Praxis wenig Beachtung findet.[1056] Dies mag darauf zurückzuführen sein, dass der Vertrag beim nachträglichen Eintritt eines außenstehenden Gesellschafters erst zum Ende des Geschäftsjahres ausläuft. So lange wird der andere Vertragsteil in der Regel nicht warten können, wenn es ihm darum geht, den Gewinnabführungsvertrag zur Durchführung einer Transaktion zeitnah zu beenden.[1057] Als flexibleres Gestaltungsinstrument steht daher die Kündigung im Vordergrund, die auch zu einer unterjährigen Beendigung des Gewinnabführungsvertrags eingesetzt werden kann.[1058] Nichtsdestotrotz bestärkt die Gefahr einer Umgehung der gesetzlichen Beendigungstatbestände den Eindruck, dass die Regelung des § 307 AktG rechtspolitisch wenig geglückt

---

1053 *Veil/Walla*, in: BeckOGK AktG, § 307 Rn. 3; *van Rossum*, in: Münchener Kommentar zum AktG, § 307 Rn. 3; *Paschos*, in: Henssler/Strohn, AktG, § 307 Rn. 2; *Emmerich*, in: Emmerich/Habersack, Aktien-/GmbH-KonzernR, § 307 Rn. 2a; *Priester*, in: FS Peltzer 2001, S. 327 (330); *Katschinski*, in: FS Reuter 2010, S. 1043 (1047).

1054 *Van Rossum*, in: Münchener Kommentar zum AktG, § 307 Rn. 3; *Meilicke/Kleinertz*, in: Heidel, AktG, § 307 Rn. 7.

1055 *Emmerich*, in: Emmerich/Habersack, Aktien-/GmbH-KonzernR, § 307 Rn. 2a.

1056 *Deilmann*, NZG 2015, 460; *Boor*, RNotZ 2017, 65 (83).

1057 Zu alternativen Gestaltungsoptionen bei der Beendigung eines Gewinnabführungsvertrags *Deilmann*, NZG 2015, 460.

1058 BGH, Urteil vom 05.04.1993 – II ZR 238/91 = NJW 1993, 1976 (1980); *Emmerich*, in: Emmerich/Habersack, Aktien-/GmbH-KonzernR, § 297 Rn. 12; *Altmeppen*, Münchener Kommentar zum AktG, § 297 Rn. 79; *Koch*, AktG, § 297 Rn. 16; *Göhmann/Winnen*, RNotZ 2015, 53 (58); aA *Koppensteiner*, in: Kölner Kommentar zum AktG, § 297 Rn. 5, der eine Kündigung nur zum Ende des Geschäftsjahres für zulässig hält und die Vorschrift des § 296 Abs. 1 S. 1 AktG insofern analog anwenden will.

ist und in ihrem Anwendungsbereich daher nicht auf das GmbH-Konzernrecht ausgedehnt werden sollte.

c. *Fazit*

Da potentielle Erwerber das Bestehen des Gewinnabführungsvertrags bei ihrem Einstieg in die Gesellschaft berücksichtigen können und dabei durch das Erfordernis der notariellen Beurkundung geschützt sind, besteht beim nachträglichen Eintritt in eine GmbH grundsätzlich ein geringeres Schutzbedürfnis als im Aktienrecht. Auch die starre Rechtsfolge des § 307 AktG, der zwingend die Beendigung des Gewinnabführungsvertrags zur Folge hat und keinen Raum für eine Vereinbarung zwischen den Parteien lässt, erscheint kaum mit dem GmbH-rechtlichen Flexibilitätsbedürfnis vereinbar. Vor diesem Hintergrund muss eine breitflächige Übertragung des § 307 AktG auf die GmbH ausscheiden.

3. *Sonderfall der Statusänderung*

a. *Nachträglicher Erwerb der Eigenschaft als außenstehender Gesellschafter*

Zum nachträglichen Eintritt eines außenstehenden Gesellschafters kann es nicht nur durch Anteilserwerb kommen, sondern auch indem ein bereits an der gewinnabführungsverpflichteten Gesellschaft beteiligter Anteilsinhaber nachträglich die Eigenschaft eines außenstehenden Gesellschafters erwirbt. Dies ist möglich, wenn ein Minderheitsgesellschafter aufgrund gesellschaftsrechtlicher Verflechtungen mit dem anderen Vertragsteil zunächst nicht als außenstehend anzusehen ist,[1059] jedoch nachträglich durch eine Änderung der Beteiligungsverhältnisse zum außenstehenden Gesellschaftern wird.[1060] Ist neben dem anderen Vertragsteil beispielsweise auch dessen 100 %-Tochter als Minderheitsgesellschafterin an der gewinnabführungsverpflichteten Gesellschaft beteiligt, ist die Tochter nicht als außenstehend anzusehen, da sie mit dem anderen Vertragsteil wirtschaftlich eine Einheit bildet.[1061] Veräußert der andere Vertragsteil nun jedoch Anteile an seiner Tochter, nimmt diese den Status einer außenstehenden Gesellschafterin an. Zu einer ähnlichen Situation kann es kommen, wenn die Verbindung

---

1059 Zu den Voraussetzungen, unter denen Minderheitsgesellschafter aufgrund ihrer Verbindung zum anderen Vertragsteil nicht als außenstehend anzusehen sind bereits unter Teil 5 A. II. 3.

1060 *Van Rossum*, in: Münchener Kommentar zum AktG, § 307 Rn. 10; *Krieger*, in: Münchener Handbuch GesR, Band 4, § 67 Rn. 205.

1061 Dazu bereits unter Teil 5 A. II. 3. a. bb.

zwischen dem anderen Vertragsteil und dem Minderheitsgesellschafter auf einem Beherrschungs- oder Gewinnabführungsvertrag beruht und dieser beendet wird.[1062] Der Minderheitsgesellschafter profitiert in der Folge nicht mehr von der Gewinnabführung an den anderen Vertragsteil bzw. bildet keine wirtschaftliche Einheit mehr mit diesem und hat daher Anspruch auf eine Kompensation durch Ausgleichs- und Abfindungsansprüche. Obwohl der Anteilsinhaber schon vor Abschluss des Gewinnabführungsvertrags an der Untergesellschaft beteiligt war, besteht in der aktienkonzernrechtlichen Literatur Einigkeit, dass der Fall des Statuswechsels dem nachträglichen Eintritt außenstehender Gesellschafter gleichzustellen ist und daher in den Anwendungsbereich des § 307 AktG fällt.[1063]

b. Schutzbedürfnis

Anders als beim Eintritt eines außenstehenden Gesellschafters im Wege des käuflichen Anteilserwerbs kann die Schutzbedürftigkeit des außenstehenden Gesellschafters im Fall des Statuswechsels nicht mit Verweis auf dessen Eigenverantwortung abgelehnt werden. Denn der Anteilsinhaber hat im Fall des Statuswechsel gerade nicht die Wahl, ob er sich als außenstehender Gesellschafter an einem zur Gewinnabführung verpflichteten Unternehmen beteiligt, da sich die Statusänderung häufig außerhalb seines Einflussbereichs vollzieht. Dies wird in den oben geschilderten Beispielen der Anteilsveräußerung durch die Mutter und der Beendigung eines Beherrschungs- oder Gewinnabführungsvertrags deutlich, bei denen der Minderheitsgesellschafter in die Rolle des Außenstehenden hineingedrängt wird und keine Möglichkeit hat, den Statuswechsel zu verhindern. Darüber hinaus wird der Gesellschafter beim Statuswechsel mangels Erwerbsvorgangs auch nicht durch das Beurkundungserfordernis des § 15 Abs. 3 GmbHG geschützt und hat keine Möglichkeit, das Bestehen des Gewinnabführungsvertrags durch einen niedrigeren Kaufpreis auszugleichen oder im Nachhinein Gewährleistungsrechte geltend zu machen.

1062 Siehe Teil 5 A. II. 3. b.

1063 *Koppensteiner*, in: Kölner Kommentar zum AktG, § 307 Rn. 2; *Häller*, in: Schmidt/Lutter, AktG, § 307 Rn. 5; *van Rossum*, in: Münchener Kommentar zum AktG, § 307 Rn. 10; *Schenk*, in: Bürgers/Körber/Lieder, AktG, § 307 Rn. 3; *Paschos*, in: Henssler/Strohn, AktG, § 307 Rn. 2; *Koch*, AktG § 307 Rn. 2; *Deilmann*, in: Hölters/Weber, AktG, § 307 Rn. 5.

c. *Fazit*

Mangels entsprechenden Schutzbedürfnisses findet die aktienkonzernrechtliche Regelung des § 307 AktG im Fall des nachträglichen Eintritts außenstehender Gesellschafter in eine gewinnabführungsverpflichtete GmbH grundsätzlich keine analoge Anwendung. Etwas anderes gilt nur für den Fall des Statuswechsels: Wird ein Anteilsinhaber nachträglich zum außenstehenden Gesellschafter, ist er auf das Eingreifen gesetzlicher Schutzmechanismen angewiesen. Denn in diesem Fall besteht für den hinzutretenden Gesellschafter häufig keine Möglichkeit, sich gegen den Erwerb der Rechtsstellung als außenstehender Gesellschafter zur Wehr zu setzen oder den Ausschluss des Gewinnbezugsrechts auf andere Weise zu kompensieren. Die Regelung des § 307 AktG ist in diesen Fällen daher analog anzuwenden.

Teil 6: Rechtsschutz

A. Anfechtungs- und Nichtigkeitsklage

I. Analogie zum aktienrechtlichen Beschlussmängelrecht

Das aktienrechtliche Beschlussmängelrecht ist nach ständiger Rechtsprechung[1064] und überwiegend vertretener Ansicht in der Literatur[1065] in weiten Teilen[1066] auf die GmbH zu übertragen.[1067] Außenstehende Gesellschafter können sich daher

1064 Zur Übertragung des aktienrechtlichen Beschlussmängelrechts auf die GmbH schon das Reichsgericht in seinem Urteil vom 20.01.1941 – II 96/40 = RGZ 166, 129; fortgeführt vom BGH mit Urteil vom 16.12.1953 – II ZR 167/52 = BGHZ 11, 231; aus jüngerer Zeit BGH, Urteil vom 25.11.2002 – II ZR 69/01 = NZG 2003, 127.

1065 *Raiser/Schäfer*, in: Habersack/Casper/Löbbe, GmbHG, Anhang § 47 Rn. 4; *Bayer*, in: Lutter/Hommelhoff, Anhang § 47 Rn. 3; *Wertenbruch*, in: Münchener Kommentar zum GmbHG, Anhang § 47 Rn. 1; *Römermann*, in: Michalski, GmbHG, Anhang § 47 Rn. 17; *Drescher*, in: Henssler/Strohn, AktG, § 241 Rn. 3; *Hüffer*, ZGR 2001, 833 (863); *Hoffmann/Köster*, GmbHR 2003, 1327; *Harbarth*, GmbHR 2005, 966 (968); *Fleischer*, GmbHR 2008, 673 (679); *Bayer/Lieder*, NZG 2011, 1170 (1171). Kritisch zur Übernahme des aktienrechtlichen Anfechtungsklagerfordernisses *Zöllner/Noack*, ZGR 1989, 525 (532); *Casper*, ZHR 163 (1999), 54, der eine Anfechtungsklage nur bei eintragungsbedürftigen Beschlüssen für erforderlich hält und in den übrigen Fällen eine Anfechtungserklärung gegenüber der Gesellschaft genügen lassen will; *Meuer*, GmbHR 2013, 729 (730); *Fehrenbach*, Der fehlerhafte Gesellschafterbeschluss, S. 321; *Buddenberg*, Nichtigkeits- und Anfechtungsgründe, S. 156, die nur bei der UG auf das Anfechtungsklageerfordernis verzichten will.

1066 Eine Gesamtanalogie scheidet aufgrund der rechtsformspezifischen Unterschiede zwischen GmbH und AG aus, ausführlich dazu *Fehrenbach*, Der fehlerhafte Gesellschafterbeschluss, S. 117 ff.; Modifikationen sind insbesondere bei der Anfechtungsfrist und der Klagebefugnis geboten, übersichtlich zu den Abweichungen vom aktienrechtlichen Beschlussmängelrecht *Raiser/Schäfer*, in: Habersack/Casper/Löbbe, GmbHG, Anhang § 47 Rn. 7 ff.; *Hüffer*, ZGR 2001, 833 (863 ff.).

1067 Zur wünschenswerten Kodifikation des entwickelten Rechtsstands *Bayer/Möller*, NZG 2018, 801 (807).

bei besonders gravierenden Mängeln[1068] durch Nichtigkeitsklage[1069] und bei sonstigen Verstößen gegen gesetzliche oder gesellschaftsvertragliche Vorgaben durch Anfechtung des Zustimmungsbeschlusses gegen den Abschluss des Gewinnabführungsvertrags zur Wehr setzen.[1070] Als Rechtsbehelf zur Geltendmachung von Beschlussmängeln steht sowohl im Aktien- als auch im GmbH-Konzernrecht die Anfechtungsklage im Vordergrund.

II. Konzernrechtsrelevante Einschränkungen des Anfechtungsrechts

Im Aktienkonzernrecht sind mit dem Spruchverfahren und dem Freigabeverfahren besondere Mechanismen zur Einschränkung des Anfechtungsrechts vorgesehen, die bei der Geltendmachung von (bestimmten) Mängeln des Gewinnabführungsvertrags oder des zugrundeliegenden Zustimmungsbeschlusses zur Anwendung kommen und dafür sorgen, dass der Gewinnabführungsvertrag ungeachtet des Fehlers eingetragen wird.[1071] In diesen Fällen überwiegt das Eintragungsinteresse der Gesellschaft das Legalitätsinteresse der Minderheitsgesellschafter. Fraglich ist, ob das Spruch- und das Freigabeverfahren auch im GmbH-Konzernrecht zur Anwendung kommen. Dabei kommt es maßgeblich auf die Abwägung zwischen dem Legalitätsinteresse der Minderheitsgesellschafter und dem Eintragungsinteresse der Gesellschaft an. Fraglich ist, ob diese Abwägung im GmbH-Recht genauso ausfällt wie im Aktienrecht, so dass die Einschränkungen des Anfechtungsrechts auf die GmbH zu übertragen sind oder ob die rechtsformspezifischen Unterschiede dazu führen, dass dem Legalitätsinteresse der Minderheitsgesellschafter bei der GmbH eine größere Bedeutung beizumessen

---

1068 Aus Gründen der Rechtssicherheit sind die zur Nichtigkeit führenden Rechtsverstöße in dem auch für die GmbH maßgeblichen Katalog des § 241 AktG abschließend aufgezählt, *Wertenbruch*, in: Anhang § 47 Rn. 18; *Römermann*, in: Michalski, GmbHG, Anhang § 47 Rn. 61; *Bayer*, in: Lutter/Hommelhoff, Anhang § 47 Rn. 9; *Ganzer*, in: Rowedder/Pentz, GmbHG, Anhang § 47 Rn. 4. Spezielle Nichtigkeitsgründe finden sich in den §§ 250, 253, 256 AktG und den §§ 57j S. 2 und S. 3, 57n Abs. 2 S. 4 GmbHG.

1069 Die daneben zur Verfügung stehende allgemeine Feststellungsklage nach § 256 ZPO kommt als Rechtsbehelf regelmäßig nicht in Betracht, da sie nur *inter partes* wirkt, *Bayer*, in: Lutter/Hommelhoff, Anhang § 47 Rn. 30a.

1070 *Heckschen/Weitbrecht*, in: Heckschen/Heidinger, Die GmbH, Kap. 8 Rn. 337; *Wertenbruch*, in: Anhang § 47 Rn. 153; *Bayer*, in: Lutter/Hommelhoff, Anhang § 47 Rn. 1; *Schmidt/Bochmann*, in: Scholz, GmbHG, § 45 Rn. 195; *Römermann*, in: Michalski, GmbHG, Anhang § 47 Rn. 258.

1071 Zum Verhältnis zwischen Spruchverfahren und Freigabeverfahren *Vetter*, ZHR 168 (2004), 8 (15).

ist, so dass eine Einschränkung des Anfechtungsrechts hier zu einem tieferen Eingriff in die mitgliedschaftliche Rechtsposition führt. Die Untersuchung wird zeigen, dass es einer differenzierten Betrachtung bedarf, die den Unterschieden zwischen Spruch- und Freigabeverfahren Rechnung trägt. Im Ergebnis ist das Spruchverfahren auf die GmbH zu übertragen, während das Freigabeverfahren auf das Aktienrecht beschränkt bleibt.

B. Anwendung des Spruchverfahrens im GmbH-Konzernrecht

I. Vorbemerkung zum Spruchverfahren

Das Spruchverfahren ist ein für Bewertungsstreitigkeiten konzipiertes Verfahren, dessen Regelungen ursprünglich über das Aktien- und Umwandlungsrecht verstreut waren und die im Jahr 2003 durch das Spruchverfahrensneuordnungsgesetz[1072] vereinheitlicht und in einem eigenen Gesetz zusammengefasst wurden.[1073] Es kommt im Rahmen verschiedener Strukturmaßnahmen zur Anwendung, bei denen das Gesetz zur Entschädigung der außenstehenden Gesellschafter einen Ausgleich, eine Abfindung oder eine Zuzahlung vorsieht.[1074] Das Spruchverfahren dient dem Ziel, eine gerichtliche Überprüfung der von den an der Strukturmaßnahme beteiligten Rechtsträgern in Auftrag gegebenen Unternehmenswertermittlung zu ermöglichen und den außenstehenden Gesellschafter einen Rechtsbehelf zur Verfügung zu stellen, mit dem sie gegen die Unangemessenheit einer angebotenen Kompensationsregelung vorgehen können.[1075] Dabei bietet das Spruchverfahren zahlreiche verfahrenstechnische Vorteile, die zum einen dem Schutz der Minderheitsgesellschafter zugutekommen und zum anderen die Interessen der an der Strukturmaßnahme beteiligten Rechtsträger berücksichtigen.[1076] Für Letztere gewinnt das Spruchverfahren vor allem durch den damit verbundenen Ausschluss des Anfechtungsrechts an Attraktivität.[1077]

1072 Gesetz zur Neuordnung des gesellschaftsrechtlichen Spruchverfahrens vom 12.06.2003 (Spruchverfahrensneuordnungsgesetz), BGBl. I S. 838 (841).

1073 *Emmerich*, in: Emmerich/Habersack, Aktien-/GmbH-KonzernR, Vorbemerkung § 1 SpruchG Rn. 1.

1074 Eine Auflistung der Fälle, in denen das Gesetz eine solche im Spruchverfahren überprüfbare Form der Kompensation vorsieht findet sich in § 1 SpruchG.

1075 *Drescher*, in: BeckOGK SpruchG, § 1 Rn. 2.

1076 Zu den verfahrenstechnischen Vorteilen sogleich unter Teil 6 B. II. 4. a.

1077 *Kubis*, in: Münchener Kommentar zum AktG, § 1 SpruchG Rn. 3, der insoweit von verfahrensrechtlicher Exklusivität spricht. Zum Anfechtungsausschluss als

II. Überprüfung der Kompensationsregelung

1. Meinungsstand

Im Aktienkonzernrecht kommt dem Spruchverfahren vor allem bei der Überprüfung von Ausgleichs- und Abfindungsansprüchen besondere Bedeutung zu. Halten außenstehende Aktionäre die in den Gewinnabführungsvertrag aufgenommene Kompensationsregelung für unangemessen, schließen die §§ 304 Abs. 3 AktG, 305 Abs. 5 AktG die Anfechtung des Zustimmungsbeschlusses aus und ordnen stattdessen die Durchführung eines Spruchverfahrens an. Vor diesem Hintergrund stellt sich auch im Vertragskonzernrecht der GmbH die Frage nach der Anwendung des Spruchverfahrens, wenn es um die Überprüfung einer in den Gewinnabführungsvertrag aufgenommenen Kompensationsregelung geht.

Bei der GmbH wurde die Überprüfung der Ausgleichs- und Abfindungsansprüche im Spruchverfahren lange Zeit unter Verweis auf die vermeintlich fehlende Analogiefähigkeit von Verfahrensvorschriften[1078] und später mit der Begründung abgelehnt, dass den Gesellschaftern die Anfechtungsklage als Rechtsbehelf zur Verfügung stehe und deshalb kein Raum für eine Anwendung des Spruchverfahrens sei.[1079] Zu Recht setzt sich jedoch zunehmend die Ansicht durch, dass das Spruchverfahren auch im Vertragskonzernrecht der GmbH anwendbar ist.[1080]

Kernelement der spruchverfahrensrechtlichen Systematik siehe auch unter Teil 6 B. II. 3. a.

1078 *Koerfer/Selzner*, GmbHR 1997, 285 (291), die stattdessen eine kautelarjuristische Lösung empfehlen, nach der etwaige Streitigkeiten über die Angemessenheit der aufgenommenen Ausgleichsregelung in einem Schiedsverfahren geklärt werden sollen; *Zeidler*, NZG 1999, 692 (693).

1079 *Wasmann*, in: Kölner Kommentar zum AktG, § 1 SpruchG Rn. 23; *Drescher*, in: BeckOGK SpruchG, § 1 Rn. 28; *Kort*, Beherrschungs- und Gewinnabführungsverträge, S. 163; *Grauer*, Konzernbildungskontrolle im GmbH-Recht, S. 221; *Wittgens*, Spruchverfahrensgesetz, S. 47; *Richter/Stengel*, DB 1993, 1861 (1863); *Weber*, GmbHR 2003, 1347 (1349 Fn. 23); tendenziell ablehnend auch *Mues*, RNotZ 2005, 1 (12).

1080 *Hommelhoff*, in: Lutter/Hommelhoff, GmbHG, Anhang § 13 Rn. 95; *Simon*, in: Simon, SpruchG, § 1 Rn. 40; *Servatius*, in: Michalski, GmbHG, Systematische Darstellung 4 Rn. 338a; *ders.*, in: BeckOK GmbHG, Anhang KonzernR Rn. 123; *Liebscher*, in: Münchener Kommentar zum GmbHG, Anhang § 13 Rn. 983; *Verse*, in: Henssler/Strohn, GmbHG, Anhang § 13 Rn. 108; *Emmerich*, in: Emmerich/Habersack, Aktien-/GmbH-KonzernR, SpruchG § 1 Rn. 10; *ders.*, in: Scholz, GmbHG, Anhang § 13 Rn. 218; *Böttcher*, in: Böttcher/Habighorst/Schulte, UmwG, SpruchG § 1 Rn. 16; *Wilde*, Beherrschungs- und Gewinnabführungsverträge, S. 115; *Huesmann*,

2. *Übertragbarkeit des Spruchverfahrens auf ungeregelte Fälle*

a. *Kein abschließender Anwendungsbereich des SpruchG*

Eine Übertragung des Spruchverfahrens könnte an der Regelung des § 1 SpruchG scheitern, der die Fälle auflistet, in denen das Spruchverfahren statthaft ist und den Anwendungsbereich der spruchverfahrensrechtlichen Vorschriften scheinbar abschließend bestimmt. Aus der Gesetzesbegründung geht jedoch eindeutig hervor, dass der Gesetzgeber der Regelung des § 1 SpruchG nur eine klarstellende Funktion beimessen wollte und für die Eröffnung des Anwendungsbereichs stattdessen die materiell-rechtlichen Bestimmungen des AktG und des UmwG für maßgeblich hielt.[1081] In der Literatur herrscht deshalb zu Recht Einigkeit, dass die Auflistung des § 1 SpruchG der Übertragung des Spruchverfahrens auf ungeregelte Fälle nicht entgegensteht.[1082] Dies kommt unmissverständlich auch in der Beschlussempfehlung des Rechtsausschusses bei der Neuordnung des Spruchverfahrens zum Ausdruck, wo es heißt, dass die analoge Anwendung der spruchverfahrensrechtlichen Normen auf ungeregelte Fälle nicht im Widerspruch zu § 1 SpruchG steht.[1083]

b. *Rechtsprechung des BGH*

Auch der BGH geht in seiner Rechtsprechung davon aus, dass das Spruchverfahren auf ungeregelte Fälle übertragen werden kann. In seinem Macroton-Urteil[1084] hat der BGH das Spruchverfahren auf den Fall des Delistings angewendet und damit deutlich gemacht, dass die Vorschriften des Spruchverfahrens nicht

---

Entschädigung und Spruchverfahren, S. 173, 178; *Koehler*, Der Gewinnabführungsvertrag, S. 51; *Wulff*, Analoge Anwendung des Spruchverfahrens, S. 305; *Maierhofer*, Schutz außenstehender Gesellschafter, S. 234; *Hegemann*, GmbHR 2012, 315 (321); *Stephan*, Der Konzern 2015, 349 (353).

1081 Begründung zum Regierungsentwurf vom 29.01.2003 (Spruchverfahrensneuordnungsgesetz), BT-Drucksache 15/371, S. 12; wiederholt in der Begründung zum Regierungsentwurf vom 14.03.2005 (UMAG), BT-Drucksache 15/5092, S. 26.

1082 *Emmerich*, in: Scholz, GmbHG, Anhang § 13 Rn. 218; *Holler*, Anfechtungsklage und Spruchverfahren, S. 34 Fn. 68; *Huesmann*, Entschädigung und Spruchverfahren, S. 112; *Wulff*, Analoge Anwendung des Spruchverfahrens, S. 27; *Bungert/Mennicke*, BB 2003, 2021 (2022); *Schütz*, DB 2004, 419 (420); *Bayer/Möller*, NZG 2018, 801 (806), die *de lege ferenda* für eine Ausweitung des Spruchverfahrens plädieren.

1083 Beschlussempfehlung und Bericht des Rechtsausschusses, BT-Drucksache 15/838, S. 16.

1084 BGH, Urteil vom 25.11.2002 – II ZR 133/01 = NJW 2003, 1032.

auf die gesetzlich geregelten Fälle beschränkt sind. Daran hat sich durch die Frosta-Entscheidung[1085] nichts geändert, in der lediglich die im Macroton-Urteil aufgestellten Grundätze zur Barabfindungspflicht aufgrund der zwischenzeitlich ergangenen Entscheidung des BVerfG[1086] wieder aufgegeben wurden.

Auch der Einwand, dass die vom BGH im Macroton-Urteil angestellten Erwägungen heute keine Gültigkeit mehr besitzen, weil sie aus der Zeit vor der Reform des Spruchverfahrens stammen,[1087] kann nicht überzeugen.[1088] Mit der Reform des Spruchverfahrens bezweckte der Gesetzgeber insbesondere eine Verbesserung der Übersichtlichkeit und eine Reduzierung der als zu lang empfundenen Verfahrensdauer. Dazu sollten die bestehenden Mängel durch punktuelle Nachbesserungen beseitigt werden, ohne dass es zu einer vollständigen Umgestaltung des Verfahrens kommt.[1089] Eine Veränderung des Anwendungsbereichs war mit der Reform hingegen nicht beabsichtigt. Insofern kann die vom BGH vorgenommene Ausdehnung des Anwendungsbereichs auf den Fall des Delistings auch heute noch als Argument für die Analogiefähigkeit des Spruchverfahrens angeführt werden.[1090]

c. *Methodische Grundlage der Übertragung*

Fraglich ist, wie die Übertragung des Spruchverfahrens methodisch zu bewerkstelligen ist. Eine Einzelanalogie zu den verschiedenen Regelungen des SpruchG scheidet schon deshalb aus, weil es sich dabei um eine geschlossene Verfahrensordnung handelt, die nur als Ganzes auf die GmbH übertragen werden kann.[1091] Auch eine Gesamtanalogie zu den Vorschriften des SpruchG kann kaum überzeugen, da das SpruchG lediglich die prozessualen Regelungen zum Ablauf des Spruchverfahrens enthält, während es für die Eröffnung des Anwendungsbereichs auf das Vorliegen einer materiell-rechtlichen Verweisungsnorm ankommt.[1092] Das

---

1085 BGH, Beschluss vom 08.10.2013 – II ZB 26/12 = ZIP 2013, 2254.

1086 BVerfG, Urteil vom 11.07.2012 – I BvR 3142/07 und I BvR 1569/08 = AG 2012, 557, in dem das Gericht festgestellt hat, dass die im Wege der richterlichen Rechtsfortbildung entwickelte Barabfindungspflicht im Fall des freiwilligen Delistings nicht auf eine Verletzung des Art. 14 GG gestützt werden kann.

1087 So *Hoffmann*, in: FS Stilz 2014, S. 267 (271).

1088 *Liebscher*, in: Münchener Kommentar zum GmbHG, Anhang § 13 Rn. 982; *Wilde*, Beherrschungs- und Gewinnabführungsverträge, S. 115.

1089 Begründung zum Regierungsentwurf vom 29.01.2003 (Spruchverfahrensneuordnungsgesetz), BT-Drucksache 15/371, S. 11 f.

1090 *Hommelhoff*, in: Lutter/Hommelhoff, GmbHG, Anhang § 13 Rn. 95.

1091 *Hoffmann*, in: FS Stilz 2014, S. 267 (269 f.).

1092 *Simon*, in: Simon, SpruchG, § 1 Rn. 2; *Huesmann*, Entschädigung und Spruchverfahren, S. 112.

spricht dafür, den Anwendungsbereich des Spruchverfahrens nicht durch eine Analogie zu den spruchverfahrensrechtlichen Vorschriften zu erweitern, sondern auf die entsprechende Anwendung einer Verweisungsnorm zurückzugreifen.[1093] Im Aktienkonzernrecht enthalten die §§ 304 Abs. 3 S. 3, 305 Abs. 5 S. 2 AktG einen solchen Verweis auf die Vorschriften des SpruchG, der es den außenstehenden Aktionären ermöglicht, die Angemessenheit der Kompensationsregelung im Spruchverfahren überprüfen zu lassen. Es liegt nahe, eine Analogie zu diesen Regelungen als Grundlage für eine Übertragung des Spruchverfahrens in das Vertragskonzernrecht der GmbH heranzuziehen.

3. *Systematische Erwägungen*

a. *Beeinträchtigung des Legalitätsinteresses*

Gegen die Übertragung des Spruchverfahrens könnte der damit verbundene Ausschluss des Anfechtungsrechts sprechen, der in allen ausdrücklich normierten Anwendungsfällen des Spruchverfahrens eingreift und ein Kernelement der spruchverfahrensrechtlichen Systematik darstellt.[1094] Der Ausschluss des Anfechtungsrechts hat eine Beeinträchtigung des Legalitätsinteresses zur Folge, da er den Gesellschaftern die Möglichkeit nimmt, den Zustimmungsbeschluss zu einem mangelbehafteten Gewinnabführungsvertrag zu beseitigen und sie stattdessen dazu zwingt, ihr Recht auf eine angemessene Kompensation im Spruchverfahren zu verfolgen.

aa. Bedeutung des Legalitätsinteresses im GmbH-Recht

Dies ist besonders problematisch vor dem Hintergrund der größeren Bedeutung, die dem Legalitätsinteresse der Gesellschafter im GmbH-Recht zukommt.[1095] Die Beeinträchtigung des Legalitätsinteresses wiegt hier schwerer, da es sich dem gesetzlichen Leitbild nach um eine personalistisch geprägte Kapitalgesellschaft handelt, bei der die Beteiligung nicht nur eine Vermögensanlage darstellt, sondern mit unternehmerischem Engagement und persönlichem Einsatz verbunden

---

1093 Nach *Hoffmann*, in: FS Stilz 2014, S. 267 (270) stehen Gesamtanalogie und analoge Anwendung einer Verweisungsnorm gleichberechtigt nebeneinander.

1094 *Holler*, Anfechtungsklage und Spruchverfahren, S. 47, der von einer untrennbar verknüpften Regelungseinheit spricht; *Wulff*, Analoge Anwendung des Spruchverfahrens, S. 34; *Vetter*, ZHR 168 (2004), 8 (13).

1095 *Harbarth*, GmbHR 2005, 966 (971); *Fleischer*, DB 2011, 2132 (2135 f.).

ist.[1096] Je stärker die Gesellschafter in die innergesellschaftliche Willensbildung eingebunden sind, desto schwerer wiegt die Verantwortung des Einzelnen für den Inhalt der gemeinsam gefassten Beschlüsse und desto größer ist sein Interesse an deren Rechtmäßigkeit. Der Gesellschafter muss daher grundsätzlich die Möglichkeit haben, einen Beschluss, der gegen Gesetz oder Satzung verstößt, im Wege der Anfechtungsklage zu beseitigen.[1097]

Das Gegenbeispiel bildet eine börsennotierte AG mit hoher Streubesitzquote, bei der die Einflussmöglichkeiten der Aktionäre auf die innergesellschaftliche Willensbildung stark eingeschränkt sind, so dass die Verantwortung des Einzelnen für einen mangelhaften Beschluss regelrecht diffundiert und dadurch wesentlich geringer ist als bei einer personalistisch strukturierten GmbH. Die mit dem Anfechtungsausschluss verbundene Beeinträchtigung des Legalitätsinteresses stellt bei der GmbH daher einen gravierenderen Eingriff dar als im Aktienrecht und könnte einer das Anfechtungsrecht ausschließenden Übertragung des Spruchverfahrens entgegenstehen.[1098]

bb. Stellungnahme

Das Anfechtungsrecht ist ein wichtiges Rechtsinstrument, das bei dem Schutz der Minderheitsgesellschafter und der Richtigkeitsgewähr der innergesellschaftlichen Willensbildung eine entscheidende Rolle spielt und daher nur in engen Grenzen eingeschränkt werden kann. Dies ist bei der Übertragung des Spruchverfahrens jedoch gewährleistet, da der Anwendungsbereich des Spruchverfahrens auf Bewertungsfehler beschränkt und damit eng umgrenzt ist. Im Spruchverfahren können nur solche Mängel angegriffen werden, die sich auf die Bemessung der in den Gewinnabführungsvertrag aufgenommen Ausgleichs- und Abfindungsansprüche beziehen. Für inhaltliche Fehler des Gewinnabführungsvertrags oder Mängel bei der Beschlussfassung ist das Spruchverfahren nicht statthaft, so dass eine Anfechtung des Zustimmungsbeschlusses in diesen Bereichen weiterhin möglich bleibt.[1099] Zudem ist zu beachten, dass der Mangel im Spruchverfahren selbst korrigiert wird, da das Gericht im Fall zu niedrig bemessener Ausgleichs-

---

1096 Zur personalistischen Prägung der GmbH bereits unter Teil 1 D. II. 2. b. bb.

1097 Zur Bedeutung der Anfechtungsklage als Instrument der individuellen Rechtmäßigkeitskontrolle *Zöllner*, AG 2000, 145 (146).

1098 *Tebben*, in: Scholz, GmbHG, § 57 Rn. 50; *Meuer*, GmbHR 2013, 729 (735).

1099 OLG Stuttgart, Beschluss vom 05.06.2013 – 20 W 6/10, AG 2013, 724 (725). Eine Ausnahme gilt für bewertungsbezogene Informationsmängel, die nach zutreffender Ansicht ebenfalls im Spruchverfahren geltend zu machen sind, dazu sogleich unter Teil 6 B. IV.

und Abfindungsansprüche eine angemessene Kompensation festsetzt. Dadurch ist gewährleistet, dass sich die Gesellschafter nicht mit einem mangelhaften Beschluss abfinden müssen.[1100] Die Beeinträchtigung des Legalitätsinteresses der Gesellschafter steht der Übertragung des Spruchverfahrens auf das GmbH-Konzernrecht daher nicht entgegen.

b. Präventionswirkung

Die Übertragung des Spruchverfahrens auf die GmbH führt ferner zu einem Verlust der mit dem Anfechtungsrecht verbundenen Präventionswirkung.[1101] Die bei Erhebung einer Anfechtungsklage drohende Registersperre sorgt dafür, dass die Gesellschaft ein erhebliches Eigeninteresse daran hat, die Position der Minderheitsgesellschafter angemessen zu berücksichtigen und sie in den Willensbildungsprozess einzubinden, um der Erhebung einer Anfechtungsklage vorzubeugen. Durch den Ausschluss des Anfechtungsrechts spielt das Risiko einer faktischen Registersperre für die Gesellschaft keine Rolle mehr, so dass die Gefahr besteht, dass die Interessen der Minderheitsgesellschafter von vornherein weniger Beachtung finden. Dass auch der Gesetzgeber die Anfechtungsklage als wichtiges Instrument zum Schutz der Minderheitsgesellschafter ansieht, das nur maßvoll eingeschränkt werden darf, kommt auch in der Gesetzesbegründung zum UMAG[1102] zum Ausdruck, wo explizit auf die Bedeutung der mit der Anfechtung verbundenen Präventionswirkung hingewiesen wird.[1103] Vor diesem Hintergrund erscheint es problematisch, den Anwendungsbereich des Spruchverfahrens zulasten des Anfechtungsrechts auf das Vertragskonzernrecht der GmbH auszuweiten.

Die Argumentation verkennt jedoch, dass auch die Überprüfung der Ausgleichs- und Abfindungsansprüche im Spruchverfahren Abschreckungswirkung entfaltet. Die ist vor allem darauf zurückzuführen, dass es im Spruchverfahren überdurchschnittlich oft zu einer Erhöhung der in den Gewinnabführungsvertrag aufgenommen Ausgleichs- und Abfindungsansprüche kommt und die Prozesskosten in der Regel den beteiligten Rechtsträgern auferlegt werden.[1104] Die Parteien des

---

1100 Anders verhält es sich beim Freigabeverfahren, wo der mangelhafte Beschluss durch die Eintragung in Bestandskraft erwächst, dazu sogleich unter Teil 6 C. II. 4. d.

1101 *Hirte*, DB 1989, 267; *Holler*, Anfechtungsklage und Spruchverfahren, S. 52.

1102 Gesetz zur Unternehmensintegrität und Modernisierung des Anfechtungsrechts vom 22.09.2005, BGBl. I, S. 2802.

1103 Begründung zum Regierungsentwurf vom 14.03.2005 (UMAG), BT-Drucksache 15/5092, S. 29.

1104 Zu diesem Ergebnis kommen schon *Dörfler/Gahler/Unterstraßer/Wirichs*, BB 1994, 156 (159); *Huesmann*, Spruchverfahren, S. 147. Zur Verteilung der Kostenlast im

Gewinnabführungsvertrags haben daher trotz Ausschluss des Anfechtungsrechts ein Interesse daran, den außenstehenden Gesellschaftern eine dem wahren Unternehmenswert entsprechende Kompensation anzubieten, um eine gerichtliche Auseinandersetzung um die Angemessenheit der Ausgleichs- und Abfindungsansprüche zu vermeiden. Insofern geht auch vom Spruchverfahren eine Präventionswirkung aus.

c. *Gemeinsamer Vertreter*

Gegen das Vorliegen einer vergleichbaren Interessenlage wird eingewendet, dass das Spruchverfahren auf die AG als kapitalistisch strukturierte Gesellschaft mit größerem Gesellschafterkreis zugeschnitten sei und deshalb nicht zur typischerweise kleineren, personalistisch geprägten GmbH passe.[1105] Dies wird vor allem an der speziell für das Spruchverfahren entwickelten und in § 6 SpruchG geregelten Figur des gemeinsamen Vertreters festgemacht.

Tatsächlich kommt dem gemeinsamen Vertreter in Verfahren mit einer Vielzahl von Gesellschaftern besondere Bedeutung zu, da die gemeinsame Vertretung hier zu einer Vereinfachung des Verfahrens beiträgt und gewährleistet, dass auch die Interessen derjenigen Gesellschafter gewahrt werden, die mangels eigenen Antrags nicht unmittelbar am Verfahren beteiligt sind.[1106] Daraus kann jedoch nicht geschlossen werden, dass das Spruchverfahren auf kleinere Gesellschaften mit personalistischer Struktur nicht anwendbar sei. Das wird an der Vorschrift des § 6 Abs. 1 S. 3 SpruchG deutlich, die eine auf Gesellschaften mit kleinerem Gesellschafterkreis zugeschnittene Ausnahmeregelung enthält, nach der von der Bestellung eines gemeinsamen Vertreters abgesehen werden kann, wenn die Wahrung der Rechte der Antragsberechtigten auf andere Weise sichergestellt ist. Das ist der Fall, wenn alle außenstehenden Gesellschafter einen Antrag auf Überprüfung der Ausgleichsregelung stellen und dadurch selbst am Verfahren beteiligt sind.[1107] Eines gemeinsamen Vertreters bedarf es auch dann nicht, wenn alle Antragsberechtigten darauf verzichten[1108] oder sich außergerichtlich mit der Gesellschaft auf

Spruchverfahren siehe Teil 6 B. II. 4. a. bb.

1105 *Wasmann*, in: Kölner Kommentar zum AktG, § 1 SpruchG Rn. 23.

1106 Drescher, in: BeckOGK SpruchG, § 6 Rn. 2; *Kubis*, in: Münchener Kommentar zum AktG, § 6 SpruchG Rn. 1; *Emmerich*, in: Emmerich/Habersack, Aktien-/GmbH-KonzernR, § 6 SpruchG Rn. 1.

1107 *Wasmann*, in: Kölner Kommentar zum AktG, § 6 SpruchG Rn. 23; *Hörtnagl*, in: Schmitt/Hörtnagl, UmwG, § 6 SpruchG Rn. 5.

1108 *Drescher*, in: BeckOGK SpruchG, § 6 Rn. 7; *Emmerich*, in: Emmerich/Habersack, Aktien-/GmbH-KonzernR, § 6 SpruchG Rn. 8; *Kubis*, in: Münchener Kommentar

eine Anpassung der Kompensationsregelung einigen.[1109] Zudem können sich die Gesellschafter durch einen oder mehrere Antragsteller vertreten lassen und so die Bestellung eines gemeinsamen Vertreters entbehrlich machen.[1110] Insbesondere bei personalistisch geprägten Gesellschaften mit überschaubarem Gesellschafterkreis und namentlich bekannten Anteilsinhabern ermöglicht die Regelung des § 6 Abs. 1 S. 3 SpruchG eine flexible Vorgehensweise, bei der auf die Bestellung eines gemeinsamen Vertreters verzichtet werden kann.[1111] Dies zeigt, dass der Gesetzgeber beim Anwendungsbereich des Spruchverfahrens nicht nur kapitalistisch strukturierte Aktiengesellschaften mit großem Gesellschafterkreis vor Augen hatte, sondern auch kleinere Gesellschaften mit personalistischer Prägung.[1112]

d. Vergleich zum Umwandlungsrecht

Dass das Spruchverfahren nicht nur auf die AG ausgelegt ist, bestätigt der Vergleich zum Umwandlungsrecht.[1113] Denn auch im Rahmen einer Verschmelzung oder Spaltung ist für die Gesellschafter einer an der Strukturmaßnahme beteiligten GmbH der Weg ins Spruchverfahren eröffnet, wenn sie Zweifel an der Angemessenheit des Umtauschverhältnisses oder der Höhe einer angebotenen Barabfindung haben. Gemäß den §§ 14 Abs. 2, 32 UmwG ist eine Klage gegen den Verschmelzungsbeschluss ausgeschlossen, soweit es um die Überprüfung des Umtauschverhältnisses oder die Höhe des Barabfindungsangebots geht.[1114]

---

zum AktG, § 6 SpruchG Rn. 12; *Hörtnagl*, in: Schmitt/Hörtnagl, UmwG, § 6 SpruchG Rn. 5.

1109 *Hörtnagl*, in: Schmitt/Hörtnagl, UmwG, § 6 SpruchG Rn. 5; *Drescher*, in: BeckOGK SpruchG, § 6 Rn. 7; *Simons*, in: Hölters/Weber, AktG, § 6 SpruchG Rn. 17.

1110 *Emmerich*, in: Emmerich/Habersack, Aktien-/GmbH-KonzernR, § 6 SpruchG Rn. 8; *Kubis*, in: Münchener Kommentar zum AktG, § 6 SpruchG Rn. 12; *Hörtnagl*, in: Schmitt/Hörtnagl, UmwG, § 6 SpruchG Rn. 5; *Simons*, in: Hölters/Weber, AktG, § 6 SpruchG Rn. 17.

1111 *Hörtnagl*, in: Schmitt/Hörtnagl, UmwG, SpruchG, § 6 Rn. 5. Zu den strengen Anforderungen, denen die Ausnahmeregelung des § 6 Abs. 1 S. 3 SpruchG unterliegt *Wasmann/Mielke*, WM 2005, 822 (824); *Wasmann*, in: Kölner Kommentar zum AktG, § 1 SpruchG Rn. 23, der davon ausgeht, dass die Voraussetzungen bei der AG aufgrund des größeren Gesellschafterkreises selten erfüllt sein werden.

1112 Ähnlich *Huesmann*, Entschädigung und Spruchverfahren, S. 155 f.

1113 *Simon*, in: Simon, SpruchG, § 1 Rn. 41; *Huesmann*, Entschädigung und Spruchverfahren, S. 156; *Hoffmann*, in: FS Stilz 2014, S. 267 (282); *Wulff*, Analoge Anwendung des Spruchverfahrens, S. 302.

1114 Zum Ausschluss der Anfechtungsklage *Gehling*, in: Semler/Stengel/Leonard, UmwG, § 14 Rn. 30.

Das Gleiche gilt über § 125 UmwG für die Klage gegen einen Spaltungsbeschluss. Stattdessen bestimmen die §§ 15 Abs. 1 S. 2, 34 UmwG, dass die angemessene Zuzahlung bzw. die Barabfindung durch das Gericht im Spruchverfahren bestimmt wird.[1115] Eine Differenzierung nach der Realstruktur der Gesellschaft oder nach der Größe des Gesellschafterkreises ist nicht vorgesehen. Auch die Gesellschafter einer personalistisch strukturierten GmbH sind auf die Einleitung eines Spruchverfahrens verwiesen und haben nicht die Möglichkeit, den Verschmelzungs- bzw. Spaltungsbeschluss anzufechten, wenn sie sich gegen ein ihrer Ansicht nach unangemessenes Umtauschverhältnis oder eine zu niedrig bemessene Barabfindung zur Wehr setzen wollen. Daran wird deutlich, dass das Spruchverfahren nicht speziell auf die kapitalistisch strukturierte AG zugeschnitten ist, sondern auch im GmbH-Recht zur Anwendung kommen kann.

4. Teleologische Erwägungen

a. Verfahrenstechnische Vorteile des Spruchverfahrens

Das Spruchverfahren ist als spezieller Rechtsbehelf für die Überprüfung von Bewertungsfehlern konzipiert worden. Insofern weist das Spruchverfahren eine Reihe verfahrenstechnischer Besonderheiten auf, die zum einen die Prozessökonomie fördern und zum anderen die Antragsteller im Vergleich zum Anfechtungsprozess entlasten. Diese Vorteile sprechen dafür, die Kompensationsregelung auch im GmbH-Konzernrecht im Spruchverfahren zu überprüfen und die Anfechtungsklage daneben als Rechtsbehelf auszuschließen.

aa. Rechtsschutzbegehren

Ist der Antrag im Spruchverfahren zulässig und begründet, kann das Gericht im Spruchverfahren die zu niedrig bemessene Kompensationsregelung korrigieren, indem es angemessene Ausgleichs- und Abfindungsansprüche festsetzt.[1116] Die außenstehenden Gesellschafter haben es daher selbst in der Hand, durch die Einleitung eines Spruchverfahrens für eine Korrektur der Kompensationsregelung

1115 Vgl. zum Anwendungsbereich des Spruchverfahrens im Rahmen von Strukturmaßnahmen nach dem UmwG die Regelung des § 1 Nr. 4 SpruchG.

1116 *Hommelhoff*, in: Lutter/Hommelhoff, GmbHG, Anhang § 13 Rn. 95; *Noack*, Das Spruchverfahren, S. 35; *Huesmann*, Entschädigung und Spruchverfahren, S. 145; *Holler*, Anfechtungsklage und Spruchverfahren, S. 36; *Hoffmann*, in: FS Stilz 2014, S. 267 (268); *Hegemann*, GmbHR 2012, 315 (320); zum umwandlungsrechtlichen Spruchverfahren *Martens*, AG 2000, 301 (303).

zu sorgen und müssen nicht abwarten, dass der andere Vertragsteil die in den Gewinnabführungsvertrag aufgenommene Kompensationsregelung nachbessert. Aufgrund des Verschlechterungsverbots besteht nicht das Risiko, dass es infolge der gerichtlichen Überprüfung zu einer Herabsetzung der Kompensation kommt. Selbst bei einem ungünstigen Verfahrensausgang bleibt es bei der vorhandenen Kompensationsregelung.[1117] Das Spruchverfahren trägt damit dem Rechtsschutzinteresse der außenstehenden Gesellschafter Rechnung, die den Abschluss des Gewinnabführungsvertrags ohnehin nicht dauerhaft verhindern können und deshalb in erster Linie das Ziel einer angemessenen Kompensation verfolgen.[1118]

Im Anfechtungsprozess kann das Gericht demgegenüber nur den Zustimmungsbeschluss für nichtig erklären, nicht jedoch eine angemessene Kompensation festsetzen.[1119] Durch die Anfechtung können die außenstehenden Gesellschafter zwar verhindern, dass der Gewinnabführungsvertrag mit zu niedrig bemessener Ausgleichsregelung in Kraft tritt, sie können jedoch nicht für die Aufnahme angemessener Ausgleichs- und Abfindungsansprüche sorgen.[1120] Das läuft nicht nur dem Rechtsschutzziel der außenstehenden Gesellschafter zuwider, sondern führt auch dort zu Widersprüchen, wo außenstehende Gesellschafter den Abschluss des Gewinnabführungsvertrags im Grundsatz befürworten und nur die angebotene Kompensation für zu niedrig halten.[1121] Aufgrund seiner kassatorischen Wirkung weist das Anfechtungsurteil insofern eine überschießende Tendenz auf und wird dem Interesse der außenstehenden Gesellschafter weniger gerecht als das Spruchverfahren, das eine Anpassung der zu niedrig bemessenen Kompensationsregelung erlaubt.[1122]

1117 BayObLG, Beschluss vom 19.10.1995 – 3Z BR 17/90 = BB 1996, 259; *Wittgens*, in: Schmidt/Lutter, AktG, § 11 SpruchG Rn. 2; *Mennicke*, in: Lutter, UmwG, § 11 SpruchG Rn. 2; *Emmerich*, in: Emmerich/Habersack, Aktien-/GmbH-KonzernR, § 11 SpruchG Rn. 3; *Dorn*, in: Kölner Kommentar zum AktG, § 11 SpruchG Rn. 10; *Simons*, in: Hölters/Weber, AktG, § 11 SpruchG Rn. 4; *Kubis*, in: Münchener Kommentar zum AktG, § 11 SpruchG Rn. 6; *Hörtnagl*, in: Schmitt/Hörtnagl, UmwG, § 11 SpruchG Rn. 5; *Noack*, Das Spruchverfahren, S. 37; *Wulff*, Analoge Anwendung des Spruchverfahrens, S. 37.

1118 *Koerfer/Selzner*, GmbHR 1997, 285 (291).

1119 Siehe § 248 AktG; zur Wirkung des Anfechtungsurteils auch *Schäfer*, in: Münchener Kommentar zum AktG, § 248 Rn. 12.

1120 *Koerfer/Selzner*, GmbHR 1997, 285 (291); *Martens*, AG 2000, 301 (303); *Holler*, Anfechtungsklage und Spruchverfahren, S. 37; *Wulff*, Analoge Anwendung des Spruchverfahrens, S. 40.

1121 *Noack*, Das Spruchverfahren, S. 35.

1122 So auch *Wulff*, Analoge Anwendung des Spruchverfahrens, S. 40.

bb. Verteilung der Kostenlast

(1) Gerichtskosten

Ein weiterer verfahrenstechnischer Vorteil für die außenstehenden Gesellschafter besteht darin, dass die Gerichtskosten im Spruchverfahren grundsätzlich von dem anderen Vertragsteil zu tragen sind.[1123] Die Kosten können zwar gemäß § 15 Abs. 1 SpruchG unter Billigkeitsgesichtspunkten ganz oder zum Teil den außenstehenden Gesellschaftern auferlegt werden, die Regelung ist jedoch nach allgemeiner Ansicht eng auszulegen, so dass die bloße Erfolglosigkeit des Antrags in keinem Fall eine Kostentragung rechtfertigt.[1124] Eine Anwendung des § 15 Abs. 1 SpruchG kommt vielmehr nur in den Fällen in Betracht, in denen ein Missbrauch des Antragsrechts naheliegt oder das Spruchverfahren aufgrund eines evident unzulässigen oder unbegründeten Antrags offensichtlich keine Aussicht auf Erfolg hat.[1125] Das ist beispielsweise der Fall, wenn der Antrag nach Ablauf der Antragsfrist gestellt wird oder überhaupt keine Begründung enthält.[1126] In der Praxis führt dies dazu, dass die außenstehenden Gesellschafter regelmäßig nicht mit den Gerichtskosten belastet werden.[1127]

1123 Siehe § 23 Nr. 14 GNotKG, wonach der Antragsgegner im Spruchverfahren grundsätzlich der alleinige Kostenschuldner ist, vgl. *Rosskopf*, in: Kölner Kommentar zum AktG, § 15 SpruchG Rn. 37; *Kubis*, in: Münchener Kommentar zum AktG, § 15 SpruchG Rn. 17; *Hörtnagl*, in: Schmitt/Hörtnagl, UmwG, § 15 SpruchG Rn. 12; *Goslar/Wilsing*, in: Böttcher/Habighorst/Schulte, UmwG, § 15 SpruchG Rn. 9; *Emmerich*, in: Emmerich/Habersack, Aktien-/GmbH-KonzernR, § 15 SpruchG Rn. 3; *Mennicke*, in: Lutter, UmwG, § 15 SpruchG Rn. 10; *Tomson/Hammerschmitt*, NJW 2003, 2572 (2575); *Noack*, NZG 2017, 653 (654).

1124 *Rosskopf*, in: Kölner Kommentar zum AktG, § 15 SpruchG Rn. 42; *Goslar/Wilsing*, in: Böttcher/Habighorst/Schulte, UmwG, § 15 SpruchG Rn. 9; *Hörtnagl*, in: Schmitt/Hörtnagl, UmwG, § 15 SpruchG Rn. 13; *Mennicke*, in: Lutter, UmwG, § 15 SpruchG Rn. 10; *Kubis*, in: Münchener Kommentar zum AktG, § 15 SpruchG Rn. 18; *Emmerich*, in: Emmerich/Habersack, Aktien-/GmbH-KonzernR, § 15 SpruchG Rn. 21.

1125 OLG Düsseldorf, Beschluss vom 29.09.1995 – 19 W 4/95 AktE = AG 1996, 88; *Emmerich*, in: Emmerich/Habersack, Aktien-/GmbH-KonzernR, SpruchG § 15 Rn. 21; *Mennicke*, in: Lutter, UmwG, § 15 SpruchG Rn. 10; *Kubis*, in: Münchener Kommentar zum AktG, § 15 SpruchG Rn. 18; *Hörtnagl*, in: Schmitt/Hörtnagl, UmwG, § 15 SpruchG Rn. 13; *Goslar/Wilsing*, in: Böttcher/Habighorst/Schulte, UmwG, § 15 SpruchG Rn. 9.

1126 *Kubis*, in: Münchener Kommentar zum AktG, § 15 SpruchG Rn. 18.

1127 *Simon*, in: Simon, SpruchG, § 1 Rn. 40; kritisch *Wasmann*, AG 2021, 179 (186).

(2) Außergerichtliche Kosten

Nach früherer Regelung waren auch die außergerichtlichen Kosten im Spruchverfahren fast ausschließlich vom Antragsgegner zu tragen.[1128] Dies wurde jedoch zu Recht kritisiert, da den Antragstellern dadurch jegliches Kostenrisiko abgenommen wurde, was einer missbräuchlichen Antragstellung Vorschub leistete.[1129] Auf die Kritik hat der Gesetzgeber reagiert und die Kostenregelung im Zuge der Reform des Spruchverfahrens überarbeitet. Die Rechtsverfolgungskosten sind nunmehr grundsätzlich von jeder Partei selbst zu tragen.[1130]

Nichtsdestotrotz werden die außenstehenden Gesellschafter auch bei der Verteilung der außergerichtlichen Kosten noch immer privilegiert. Dies wird an der Regelung des § 15 Abs. 2 SpruchG deutlich, wonach die außergerichtlichen Kosten der außenstehenden Gesellschafter weiterhin dem Antragsgegner auferlegt werden können, wenn dies der Billigkeit entspricht.[1131] Wann das der Fall ist, bemisst sich maßgeblich nach dem Ausgang des Verfahrens. Hat der Antrag keinen Erfolg, haben die außenstehenden Gesellschafter ihre Rechtsverfolgungskosten selbst zu tragen.[1132] Ist der Antrag hingegen erfolgreich, kommt es für die Verteilung der außergerichtlichen Kosten darauf an, wie weit die im Gewinnabführungsvertrag vorgesehene Kompensationsregelung hinter dem wahren Unternehmenswert zurückbleibt.[1133] Jedenfalls in den Fällen, in denen die Kompensationsregelung deutlich zu niedrig bemessen ist und deshalb spürbar erhöht werden muss,

---

1128 Vgl. § 306 Abs. 7 S. 7 AktG a.F., dazu *Bilda*, NZG 2000, 296 (297).

1129 Begründung zum Regierungsentwurf vom 29.01.2003 (Spruchverfahrensneuordnungsgesetz), BT-Drucksache 15/371, S. 17; *Rosskopf*, in: Kölner Kommentar zum AktG, § 15 SpruchG Rn. 50.

1130 *Simons*, in: Hölters/Weber, AktG, § 15 SpruchG Rn. 17; *Rosskopf*, in: Kölner Kommentar zum AktG, § 15 SpruchG Rn. 48; *Wittgens*, in: Schmidt/Lutter, AktG, § 15 SpruchG Rn. 17; *Kubis*, in: Münchener Kommentar zum AktG, § 15 SpruchG Rn. 21; *Goslar/Wilsing*, in: Böttcher/Habighorst/Schulte, UmwG, § 15 SpruchG Rn. 10; *Noack*, NZG 2017, 653 (654); *Wasmann*, AG 2021, 179 (186).

1131 § 15 Abs. 2 SpruchG verdrängt die allgemeinere Regelung des § 81 FamFG.

1132 *Kubis*, in: Münchener Kommentar zum AktG, § 15 SpruchG Rn. 22; *Rosskopf*, in: Kölner Kommentar zum AktG, § 15 SpruchG Rn. 51; *Tomson/Hammerschmitt*, NJW 2003, 2572 (2575); kritisch *Emmerich*, in: Emmerich/Habersack, Aktien-/GmbH-KonzernR, § 15 SpruchG Rn. 34, der an der früheren Rechtslage festhalten will, wonach die außergerichtlichen Kosten grundsätzlich vom Antragsgegner zu tragen sind.

1133 *Hörtnagl*, in: Schmitt/Hörtnagl, UmwG, § 15 SpruchG Rn. 16; *Goslar/Wilsing*, in: Böttcher/Habighorst/Schulte, UmwG, § 15 SpruchG Rn. 10; *Simons*, in: Hölters/Weber, AktG, § 15 SpruchG Rn. 17; *Tomson/Hammerschmitt*, NJW 2003, 2572 (2575).

erscheint es gerechtfertigt, dem Antragsgegner die außergerichtlichen Kosten der außenstehenden Gesellschafter aufzuerlegen.[1134]

Andersherum ist eine Verlagerung der außergerichtlichen Kosten der Gesellschaft auf die Antragsteller nach Ansicht von Rechtsprechung[1135] und Literatur[1136] ausgeschlossen. Zur Begründung wird zutreffend darauf verwiesen, dass § 15 SpruchG insoweit eine abschließende Regelung enthält. Das führt dazu, dass die außenstehenden Gesellschafter zumindest im erstinstanzlichen Verfahren nicht dem Risiko ausgesetzt sind, im Fall einer Niederlage die Rechtsverfolgungskosten der Gesellschaft erstatten zu müssen.[1137]

(3) Fazit

Die Anwendung des Spruchverfahrens wirkt sich aufgrund der für die Antragsteller günstigen Kostenregelung zugunsten der außenstehenden Gesellschafter aus. Denn auch wenn das Spruchverfahren nicht zu dem gewünschten Erfolg führt und das Gericht die Kompensationsregelung für angemessen hält, werden

---

1134 *Kubis*, in: Münchener Kommentar zum AktG, § 15 SpruchG Rn. 22, der die Grenze bei einer Erhöhung von 15-20 % zieht; zustimmend *Goslar/Wilsing*, in: Böttcher/Habighorst/Schulte, UmwG, § 15 SpruchG Rn. 10; *Rosskopf*, in: Kölner Kommentar zum AktG, § 15 SpruchG Rn. 51; *Hörtnagl*, in: Schmitt/Hörtnagl, UmwG, § 15 SpruchG Rn. 16; aA *Lamb/Schluck-Amend*, DB 2003, 1259 (1262), nach deren Ansicht die außergerichtlichen Kosten immer dem Antragsgegner aufzuerlegen sind, wenn sich im Spruchverfahren herausstellt, dass die Ausgleichs- und Abfindungsansprüche im Gewinnabführungsvertrag zu niedrig bemessen worden sind.

1135 BGH, Beschluss vom 13.12.2011 – II ZB 12/11 = NZG 2012, 191.

1136 *Wittgens*, in: Schmidt/Lutter, AktG, § 15 SpruchG Rn. 21; *Emmerich*, in: Emmerich/Habersack, Aktien-/GmbH-KonzernR, § 15 SpruchG Rn. 22; *Simons*, in: Hölters/Weber, AktG, § 15 SpruchG Rn. 18; *Goslar/Wilsing*, in: Böttcher/Habighorst/Schulte, UmwG, § 15 SpruchG Rn. 13; *Hörtnagl*, in: Schmitt/Hörtnagl, UmwG, § 15 SpruchG Rn. 15; *Meilicke/Heidel*, DB 2003, 2267 (2275).

1137 In der Beschwerdeinstanz ist umstritten, ob die außenstehenden Gesellschafter im Fall einer Prozessniederlage mit den außergerichtlichen Kosten der Gesellschaft belastet werden können, dafür OLG Hamburg, Beschluss vom 09.06.2005 – 11 W 30/05OLG Düsseldorf, Beschluss vom 28.01.2009 – I-26 W 7/07 = AG 2009, 667; OLG München, Beschluss vom 13.12.2016 – 31 Wx 186/16 = NZG 2017, 467; *Goslar/Wilsing*, in: Böttcher/Habighorst/Schulte, UmwG, § 15 SpruchG Rn. 13; *Noack*, NZG 2017, 653 (654); aA *Emmerich*, in: Emmerich/Habersack, Aktien-/GmbH-KonzernR, § 15 SpruchG Rn. 22, der eine Kostentragung der Antragsteller in jedem Fall ausschließt; ebenso *Simons*, in: Hölters/Weber, AktG, § 15 SpruchG Rn. 19; *Rosskopf*, in: Kölner Kommentar zum AktG, § 15 SpruchG Rn. 55; *Hörtnagl*, in: Schmitt/Hörtnagl, UmwG, § 15 SpruchG Rn. 15.

die Gerichtskosten im Regelfall dem Antragsgegner auferlegt und sind nur im Ausnahmefall von den außenstehenden Gesellschaftern zu tragen. Noch deutlicher wird die Privilegierung der außenstehenden Gesellschafter mit Blick auf die außergerichtlichen Kosten des Antragsgegners, die in keinem Fall den außenstehenden Gesellschaftern auferlegt werden können. Wie groß der Vorteil für die außenstehenden Gesellschafter ist, wird bei einem Vergleich zum Anfechtungsprozess deutlich, wo die Verteilung der Verfahrenskosten den allgemeinen zivilprozessualen Regeln der §§ 91 ff. ZPO folgt, nach denen das Obsiegen in der Hauptsache über die Kostentragung entscheidet.[1138] Die außenstehenden Gesellschafter tragen bei der Anfechtung des Zustimmungsbeschlusses daher das Risiko, im Fall einer Niederlage nicht nur die Gerichtskosten, sondern auch die außergerichtlichen Rechtsverfolgungskosten der Gesellschaft erstatten zu müssen. Das birgt die Gefahr, dass die außenstehenden Gesellschafter angesichts des mit der Klageerhebung verbundenen Kostenrisikos von der Anfechtung absehen und eine Überprüfung der Kompensationsregelung trotz begründeter Zweifel an deren Angemessenheit unterbleibt.[1139] Diese Gefahr besteht im Spruchverfahren nicht, da die Verfahrenskosten hier nach dem Billigkeitsprinzip auf die Parteien verteilt werden und das Gericht dabei die stärkere wirtschaftliche Position der Gesellschaft und die strukturelle Unterlegenheit der Antragsteller angemessen berücksichtigen kann.[1140]

cc. Darlegungs- und Beweislast

(1) Amtsermittlung im Spruchverfahren

Ein weiterer Vorteil des Spruchverfahrens könnte in der Geltung des Amtsermittlungsgrundsatzes und der damit einhergehenden Entlastung der Antragsteller liegen. Das Spruchverfahren stellt ein echtes Streitverfahren der freiwilligen Gerichtsbarkeit dar,[1141] für das grundsätzlich der in § 26 FamFG normierte Amts-

---

1138 Zur Unterliegenshaftung als tragendem Grundsatz des zivilprozessualen Kostenrechts *Gehle*, in: Anders/Gehle, ZPO, Vorbemerkung § 91 Rn. 2.

1139 *Rosskopf*, in: Kölner Kommentar zum AktG, § 15 SpruchG Rn. 37; *Wulff*, Analoge Anwendung des Spruchverfahrens, S. 41, der von einer Abschreckungswirkung des hohen Kostenrisikos spricht.

1140 Vgl. *Wulff*, Analoge Anwendung des Spruchverfahrens, S. 29.

1141 BGH, Beschluss vom 28.01.2014 – II ZB 13/13 = NZG 2014, 352 (353); BayObLG, Beschluss vom 19.10.1995 – 3Z BR 17/90 = BB 1996, 259; OLG Stuttgart, Beschluss vom 26.10.2006 – 20 W 25/05 = NZG 2007, 237; OLG Schleswig, Beschluss vom 27.08.2008 – 2 W 160/05 = NZG 2008, 868 (876); *Kubis*, in: Münchener Kommentar

ermittlungsgrundsatz gilt.[1142] Der Amtsermittlungsgrundsatz verpflichtet das Gericht nicht nur dazu, den Sachverhalt aufzuklären, sondern erstreckt sich auch auf die Überprüfung der Richtigkeit der ermittelten Tatsachengrundlage.[1143] Dabei haben die Verfahrensbeteiligten an der Aufklärung des Sachverhalts mitzuwirken, indem sie auf relevante Tatsachen hinweisen und geeignete Beweismittel benennen.[1144] Auch wenn die Amtsermittlungspflicht des Gerichts die Antragsteller nicht von jeder Mitwirkung befreit, führt sie doch zu einer erheblichen Entlastung im Hinblick auf die Ermittlung des entscheidungserheblichen Tatsachenstoffs.

(2) Einschränkung des Amtsermittlungsgrundsatzes

Fraglich ist jedoch, ob und in welchem Umfang der Amtsermittlungsgrundsatz nach der Reform des Spruchverfahrens weiterhin Anwendung findet. Da in der Sachverhaltsaufklärung durch das Gericht und der damit einhergehenden Passivität der Beteiligten ein wesentlicher Grund für die lange Verfahrensdauer gesehen wurde,[1145] entschied sich der Gesetzgeber dazu, die Parteipflichten im Zuge der Neuordnung des Spruchverfahrens erheblich zu erweitern.[1146] Die wichtigste Änderung findet sich in § 4 Abs. 2 Nr. 4 SpruchG, wonach der Antragsteller dazu verpflichtet ist, seine Zweifel an der Angemessenheit der eingeräumten Ausgleichs- und Abfindungsansprüche zu begründen, indem er konkrete Einwendungen gegen die Bemessung der Kompensationsregelung vorbringt.[1147] Fehlt es an

---

zum AktG, § 17 SpruchG Rn. 1; *Emmerich*, in: Emmerich/Habersack, Aktien-/GmbH-KonzernR, § 17 SpruchG Rn. 3; *Drescher*, in: BeckOGK SpruchG, § 17 Rn. 1.

1142 *Kubis*, in: Münchener Kommentar zum AktG, § 17 SpruchG Rn. 1; *Emmerich*, in: Emmerich/Habersack, Aktien-/GmbH-KonzernR, § 17 SpruchG Rn. 3; *Wulff*, Analoge Anwendung des Spruchverfahrens, S. 31; *Zimmer/Meese*, NZG 2004, 201 (202).

1143 *Ulrici*, in: Münchener Kommentar zum FamFG, § 26 Rn. 6.

1144 OLG Brandenburg, Beschluss vom 06.03.2000 – 8 Wx 595/99 = NJW-RR 2001, 176 (178); BayObLG, Beschluss vom 21.11.2001 – 1Z BR 47/01 = NJW-RR 2002, 726 (727); LG Dortmund, Beschluss vom 11.08.1999 – 20 AktE 15/94 = AG 2000, 84; *Ulrici*, in: Münchener Kommentar zum FamFG, § 26 Rn. 20; *Sternal*, in: Sternal, FamFG, § 26 Rn. 21; *Wulff*, Analoge Anwendung des Spruchverfahrens, S. 30 f.

1145 Begründung zum Regierungsentwurf vom 29.01.2003 (Spruchverfahrensneuordnungsgesetz), BT-Drucksache 15/371, S. 12; *van Kann/Hirschmann*, DStR 2003, 1488.

1146 Der Gesetzgeber spricht insofern von einer Rückführung des Amtsermittlungsgrundsatzes, siehe die Begründung zum Regierungsentwurf vom 29.01.2003 (Spruchverfahrensneuordnungsgesetz), BT-Drucksache 15/371, S. 12.

1147 KG, Beschluss vom 26.07.2012 – 2 W 44/12 = NZG 2012, 1427; ausführlich zum Begründungserfordernis *Land/Hennings*, AG 2005, 380 (382); *Lamb/Schluck-Amend*,

einer hinreichend substantiierten Begründung, ist der Antrag als unzulässig abzuweisen.[1148] In § 7 Abs. 2, Abs. 4 und Abs. 5 SpruchG finden sich darüber hinaus Darlegungspflichten zur Vorbereitung der mündlichen Verhandlung, wozu insbesondere eine Regelung zur Replik gehört, nach der die Antragsteller innerhalb einer vom Gericht gesetzten Frist ihre Einwendungen gegen die Stellungnahme des Antragsgegners vorbringen müssen. In § 9 Abs. 1 SpruchG ist eine allgemeine Verfahrensförderungspflicht normiert, die entsprechend § 282 ZPO die Parteien zum rechtzeitigen Vorbringen ihrer Angriffs- und Verteidigungsmittel verpflichtet. Die Obliegenheit zur Verfahrensförderung steht im Zusammenhang mit der Präklusionsvorschrift des § 10 SpruchG, nach der ein verspätetes Vorbringen vom Gericht zurückgewiesen werden kann. Die Änderungen haben gemeinsam, dass sich in ihnen Elemente des zivilprozessualen Beibringungsgrundsatzes widerspiegeln, durch die der Gesetzgeber eine aktive Mitwirkung der Parteien sicherstellen und für eine Beschleunigung des Verfahrens sorgen wollte.[1149] In der Literatur wird daraus teilweise der Schluss gezogen, dass der Amtsermittlungsgrundsatz durch den Beibringungsgrundsatz ersetzt worden ist.[1150]

(3) Stellungnahme

Tatsächlich wurde der Amtsermittlungsgrundsatz nicht aufgehoben, sondern lediglich eingeschränkt.[1151] Angesichts der ausdrücklichen Verweisung des § 17

DB 2003, 1259 (1261); *van Kann/Hirschmann*, DStR 2003, 1488 (1491); *Wulff*, Analoge Anwendung des Spruchverfahrens, S. 32 f.; kritisch *Emmerich*, in: Emmerich/Habersack, Aktien-/GmbH-KonzernR, § 4 SpruchG Rn. 22 f., der sich gegen eine strenge Auslegung des Begründungserfordernisses ausspricht und konkrete Bewertungsrügen nur im Ausnahmefall für erforderlich hält.

1148 OLG Stuttgart, Beschluss vom 13.09.2004 – 20 W 13/04 = NZG 2004, 1162 (1163); OLG Frankfurt a.M., Beschluss vom 06.03.2007 – 20 W 494/06 = NZG 2007, 873; OLG München, Beschluss vom 11.12.2008 – 31 Wx 85/08 = NZG 2009, 190; *Emmerich*, in: Emmerich/Habersack, Aktien-/GmbH-KonzernR, § 4 SpruchG Rn. 15; *Büchel*, NZG 2003, 793 (795); *van Kann/Hirschmann*, DStR 2003, 1488 (1491); *Lamb/Schluck-Amend*, DB 2003, 1259 (1261); *Land/Hennings*, AG 2005, 380 (382); *Wulff*, Analoge Anwendung des Spruchverfahrens, S. 33.

1149 Begründung zum Regierungsentwurf vom 29.01.2003 (Spruchverfahrensneuordnungsgesetz), BT-Drucksache 15/371, S. 16.

1150 *Büchel*, NZG 2003, 793 (798 f.); *Winter/Nießen*, NZG 2007, 13 (15); *Wittgens*, NZG 2007, 853.

1151 So auch *Kubis*, in: Münchener Kommentar zum AktG, § 17 SpruchG Rn. 1; *Emmerich*, in: Emmerich/Habersack, Aktien-/GmbH-KonzernR, § 17 SpruchG Rn. 3; *Bungert/Mennicke*, BB 2003, 2021 (2023); *Wulff*, Analoge Anwendung des Spruchverfahrens,

SpruchG auf das FamFG bleibt der Amtsermittlungsgrundsatz trotz der Einschränkung durch das Spruchverfahrensneuordnungsgesetz noch immer anwendbar.[1152] Auch wenn die Antragsteller nun an zahlreichen Stellen zur Mitwirkung verpflichtet sind und sich die Unterschiede zum zivilprozessualen Beibringungsgrundsatz spürbar verringert haben,[1153] ist das Gericht zur Unterstützung der darlegungs- und beweisbelasteten Partei verpflichtet. Das Spruchverfahren bietet daher Vorteile gegenüber dem Anfechtungsprozess, wo den klagenden Gesellschafter aufgrund des Beibringungsgrundsatzes die volle Darlegungs- und Beweislast trifft, ohne dass er von einer Sachverhaltsaufklärung durch das Gericht profitiert.[1154] Vor dem Hintergrund, dass der Beweis über die Unangemessenheit der in den Gewinnabführungsvertrag aufgenommenen Ausgleich- und Abfindungsansprüche den Anfechtungskläger regelmäßig vor nicht zu unterschätzende Probleme stellen wird, erweist sich das Spruchverfahren aufgrund der grundsätzlichen Geltung des Amtsermittlungsgrundsatzes und der deshalb vom Gericht zu erwartenden Unterstützung bei der Sachverhaltsaufklärung als der rechtsschutzintensivere Rechtsbehelf.

dd. Sachkompetenz des Gerichts; Verfahrensdauer und Prozesskosten

Ein weiterer Vorteil des Spruchverfahrens liegt darin, dass die zuständigen Gerichte auf die Fragen der Unternehmensbewertung spezialisiert sind und deshalb eine besondere Sachkompetenz aufweisen.[1155] Gerade bei einer komplexen Materie wie der Unternehmensbewertung kommt den Spezialkenntnissen des Gerichts entscheidende Bedeutung zu, wenn es darum geht, die Verfahren in angemessener Zeit und ohne ausufernde Sachverständigenkosten zu führen. In der Vergangenheit lagen genau hier Defizite, die dazu führten, dass die mit den Verfahren betrauten Gerichte häufig überfordert waren. Dies äußerte sich darin, dass die Gerichte in vielen Fällen dazu tendierten, den Sachverständigen

---

S. 32, der von einer beschränkten Suspendierung des Amtsermittlungsgrundsatzes spricht; *Zimmer/Meese*, NZG 2004, 201 (202), die von der grundsätzlichen Geltung des Amtsermittlungsgrundsatzes ausgehen.

1152 *Liebscher*, in: Münchener Kommentar zum GmbHG, Anhang § 13 Rn. 986.

1153 Die Aufweichung des Amtsermittlungsgrundsatzes wird insbesondere an den Darlegungspflichten und der für den Beibringungsgrundsatz charakteristischen allgemeinen Verfahrensförderungspflicht deutlich.

1154 *Ganzer*, in: Rowedder/Pentz, GmbHG, Anhang § 47 Rn. 60, der zutreffend darauf hinweist, dass im Anfechtungsprozess die allgemeinen zivilprozessualen Verfahrensgrundsätze gelten; *Wulff*, Analoge Anwendung des Spruchverfahrens, S. 42.

1155 *Wasmann*, AG 2021, 179 (182).

mit einer vollständigen Neubewertung zu beauftragen, anstatt die in den vorhandenen Bewertungsgutachten getroffenen Feststellungen zu überprüfen und sich auf die problematischen Punkte zu konzentrieren. Dies hat zu erheblichen Verzögerungen geführt[1156] und die Verfahren in einigen Fällen so stark in die Länge gezogen, dass teilweise die Gewährleistung effektiven Rechtsschutzes in Frage gestellt wurde.[1157] Doch auch für den Antragsgegner war die gerichtliche Praxis mit erheblichen Nachteilen verbunden, da mit der Länge des Verfahrens und der Erstellung umfangreicher Gutachten[1158] auch die von der Gesellschaft zu tragenden Verfahrenskosten in die Höhe getrieben wurden.[1159]

Durch die Reform des Spruchverfahrens hat sich das Problem der überlangen Verfahrensdauer und der hohen Verfahrenskosten jedoch deutlich entschärft.[1160] Im Zuge der Reform des Spruchverfahrens hat der Gesetzgeber an mehreren Stellen entscheidende Änderungen vorgenommen, deren Hauptziel eine deutliche Verkürzung des Spruchverfahrens und eine Reduktion der Verfahrenskosten war.[1161] Aktuelle Untersuchungen legen nahe, dass die Bemühungen des Gesetzgebers Früchte tragen. Im Rahmen einer umfangreichen Analyse von über 250 Spruchverfahren, die im Zeitraum von 2002 bis 2015 beendeten wurden, konnte eine Reduzierung der durchschnittlichen Verfahrensdauer auf vier Jahre festgestellt werden.[1162]

Der Rückgang der Verfahrensdauer kann darauf zurückgeführt werden, dass die Gerichte im Spruchverfahren nur noch selten eine vollständige Neubewertung des Unternehmens verlangen und stattdessen auf die bei der Vertragsprüfung

---

1156 *Meilicke/Heidel*, DB 2003, 2267 (Fn. 4); *Land/Hennings*, AG 2005, 380 (382); *Sturm/Stottmann*, NZG 2020, 974.

1157 Ausführlich zum Problem der langen Verfahrensdauer *Bilda*, NZG 2000, 296; *van Kann/Hirschmann*, DStR 2003, 1488.

1158 Die Sachverständigenvergütung bemisst sich nach der Regelung des § 9 Abs. 1 S. 1 JVEG iVm Anlage 1, wo unter Punkt 6.1 ein Stundensatz von 135 Euro vorgesehen ist. Die tatsächliche Vergütung kann diesen Stundensatz jedoch deutlich überschreiten, wenn die Parteien gemäß § 13 Abs. 1 S. 1 JVEG ihre Zustimmung erteilen. Dazu sind sie in vielen Fällen gezwungen, wenn anderenfalls keine geeigneten Sachverständigen mit der Begutachtung beauftragt werden können.

1159 *Simon*, in: Simon, SpruchG, § 1 Rn. 40.

1160 *Rosskopf*, in: Kölner Kommentar zum AktG, Vorbemerkung § 7-11 Rn. 59; *Lorenz*, AG 2012, 284 (286); *Engel/Puszkajler*, BB 2012, 1687 (1691); *Wasmann*, AG 2021, 179 (182).

1161 Begründung zum Regierungsentwurf vom 29.01.2003 (Spruchverfahrensneuordnungsgesetz), BT-Drucksache 15/371, S. 11; *Land/Hennings*, AG 2005, 380 (382).

1162 Siehe die Untersuchung von *Puszkajler/Sekera-Terplan*, NZG 2015, 1055 (1056).

gewonnenen Erkenntnisse zurückgreifen, indem sie den Vertragsprüfer in der mündlichen Verhandlung anhören oder diesen zum Sachverständigen bestellen.[1163] Durch die Zuständigkeitskonzentration beim LG und OLG hat der Gesetzgeber außerdem dafür gesorgt, dass sich die zuständigen Richter wesentlich intensiver mit der Überprüfung von Kompensationsregelungen auseinandersetzen können und dadurch mittlerweile mehr Routine im Umgang mit den betriebswirtschaftlichen Fragen der Unternehmenswertermittlung haben.[1164] Sie sind deshalb in der Lage, die Verfahren in kürzerer Zeit und mit geringerem Kostenaufwand für die Beteiligten zu führen, was sich sowohl zugunsten der Antragsteller als auch zugunsten des Antragsgegners auswirkt und die Attraktivität des Spruchverfahrens als speziellem Rechtsbehelf für Bewertungsstreitigkeiten weiter erhöht.

b. Reduzierung des Missbrauchspotentials

aa. Problem der faktischen Registersperre

Ein wesentlicher Vorteil des Spruchverfahrens liegt ferner darin, dass der Gewinnabführungsvertrag trotz der gerichtlichen Überprüfung der Kompensationsregelung bereits eingetragen und umgesetzt werden kann. Anders verhält es sich bei der Anfechtungsklage, die eine faktische Registersperre auslöst, durch die die Eintragung des Gewinnabführungsvertrags blockiert wird.[1165] Zur Registersperre kommt es, weil das Eintragungsverfahren angesichts der gegen den Zustimmungsbeschluss gerichteten Klage gemäß § 21 Abs. 1 S. 1 FamFG ausgesetzt wird, bis in der Hauptsache über die Wirksamkeit des Zustimmungsbeschlusses

---

1163 OLG Stuttgart, Beschluss vom 05.06.2013 – 20 W 6/10, AG 2013, 724 (725); *Lorenz*, AG 2012, 284 (286); *Engel/Puszkajler*, BB 2012, 1687 (1690).

1164 *Wasmann*, AG 2021, 179 (182).

1165 Man spricht von einer faktischen Registersperre, weil die Anfechtungsklage der Eintragung des Gewinnabführungsvertrags rechtlich nicht entgegensteht, BGH, Urteil vom 05.04.1993 – II ZR 238/91 = ZIP 1993, 751 (755). Anders verhält es sich im Umwandlungsrecht, wo die Eintragung der Strukturmaßnahme eine sog. Negativerklärung voraussetzt, in der die Geschäftsleiter der beteiligten Rechtsträger versichern, dass keine Anfechtungsklage gegen die Zustimmungsbeschlüsse erhoben worden ist. Im Fall der Anfechtung kann die Negativerklärung nicht abgeben werden, so dass der Registerrichter von Rechts wegen an der Eintragung gehindert ist, dazu *Schütz*, DB 2004, 419 (422).

entschieden ist.[1166] Der Grund für die Aussetzung des Verfahrens liegt darin, dass der Registerrichter bei der Eintragung nicht in den Genuss des Spruchrichterprivilegs aus § 839 Abs. 2 BGB kommt und daher angesichts des erhöhten Haftungsrisikos den Ausgang des Anfechtungsprozesses abwartet.[1167] Die Aussetzung des Eintragungsverfahrens löst im Hinblick auf die Umsetzung der Strukturmaßnahme einen Schwebezustand aus, der bis zur Entscheidung im Hauptsacheverfahren anhält und sich über viele Jahre erstrecken kann. Das führt dazu, dass die mit dem Gewinnabführungsvertrag verfolgten Ziele, insbesondere die Begründung einer steuerlichen Organschaft, erst sehr viel später verwirklicht werden können, was für die beteiligten Rechtsträger häufig einen erheblichen wirtschaftlichen Schaden zur Folge hat.[1168] Die Blockade der Eintragung ist in vielen Fällen mit so hohen finanziellen Einbußen verbunden, dass auf Seiten der Gesellschaft ein großes Interesse an einer zügigen Beendigung des Anfechtungsprozesses besteht, um den Gewinnabführungsvertrag schnellstmöglich zur Eintragung zu bringen.[1169] Daraus ergibt sich ein Erpressungspotential, das den Geschäftsführer dazu zwingen kann, auf überzogene Forderungen der Kläger einzugehen, um die Blockade der Eintragung aufzuheben und weiteren Schaden von der Gesellschaft abzuwenden.[1170]

bb. Kein professionalisierter Missbrauch im GmbH-Recht

Dem wird entgegengehalten, dass der professionalisierte Missbrauch des Anfechtungsrechts bei der GmbH im Vergleich zum Aktienrecht kaum eine Rolle spielt. Bei der AG ist die systematische Blockade von Strukturmaßnahmen durch querulatorische Minderheitsaktionäre schon lange als Problem bekannt und hat in der Vergangenheit zu bizarren Entwicklungen geführt.[1171] Seinen Höhepunkt nahm der Missbrauch der Anfechtungsklage im Aktienrecht um die

---

1166 *Heinrich*, Missbrauch der Anfechtungsklage, S. 120; *Hegemann*, GmbHR 2012, 315 (321); *Rubner/Leuering*, NJW-Spezial 2019, 527.

1167 *Buchta*, DB 2008, 913 (917); *Geißler*, GmbHR 2009, 128 (129).

1168 *Holler*, Anfechtungsklage und Spruchverfahren, S. 42.

1169 *Ehmann*, ZIP 2008, 584 (585), der die faktische Registersperre zu Recht als Kern des Problems ausmacht.

1170 Ausführlich zur Missbrauchsanfälligkeit der Anfechtungsklage *Heinrich*, Missbrauch der Anfechtungsklage, S. 117 ff.

1171 Ausführlich zur Bekämpfung der missbräuchlichen Ausübung des Anfechtungsrechts *Heinrich*, Missbrauch der Anfechtungsklage; dazu auch schon *Götz*, DB 1989, 261, der jedoch zu Recht darauf hinweist, dass nicht jeder auf einen formellen Beschlussmangel gestützten Anfechtungsklage durch einen Minderheitsgesellschafter der Vorwurf der Rechtsmissbräuchlichkeit gemacht werden kann.

Jahrtausendwende, als die querulatorische Ausübung des Anfechtungsrechts zur Entstehung einer Klageindustrie führte, die noch heute unter dem Schlagwort der „räuberischen Aktionäre“ diskutiert wird.[1172] Darunter sind Aktionäre zu verstehen, die die missbräuchliche Erhebung von Anfechtungsklagen zum Zwecke der Erpressung von Aktiengesellschaften zum Geschäftsmodell[1173] gemacht und damit vor allem in der Vergangenheit große Summen erwirtschaftet haben.[1174] Eine solche Entwicklung war jedoch nur bei der AG festzustellen und konnte bei der GmbH nie belegt werden.[1175] Das ist darauf zurückzuführen, dass es den Berufsklägern[1176] gerade bei börsennotierten Gesellschaften ohne weiteres möglich ist, Anteile an den Zielgesellschaften zu erwerben, um an der Hauptversammlung teilzunehmen und dort gefasste Beschlüsse mit der Anfechtungsklage anzugreifen.[1177] Zudem führt die große Regelungsdichte beim Ablauf der Hauptversammlung zu einer hohen Fehleranfälligkeit, die den Klägern viele Angriffspunkte bietet. Bei der GmbH ist ein derartiger professionalisierter Missbrauch schon deshalb weniger verbreitet, weil die Geschäftsanteile nicht an der Börse gehandelt werden und häufig vinkuliert sind, so dass es Berufskläger schwerer

---

1172 Der Begriff wurde eingeführt durch *Lutter*, JZ 2000, 837; geläufig ist auch die Bezeichnung als *Berufskläger*, vgl. die Begründung zum Regierungsentwurf vom 21.01.2009 (ARUG), BT-Drucksache 16/11642, S. 53; kritisch zu dieser Terminologie *Assmann*, AG 2008, 208, der den Begriff des *Berufsklägers* für euphemistisch hält und betreffende Aktionäre stattdessen als *Trojaner* bezeichnen will; zur Entwicklung der Terminologie *Schmidt*, ZIP 2020, 2494.

1173 Vom Geschäftsmodell der Berufskläger ist auch in der Begründung zum Regierungsentwurf vom 21.01.2009 (ARUG), BT-Drucksache 16/11642, S. 54 die Rede.

1174 *Baums/Keinath/Gajek*, ZIP 2007, 1629 (1646), die zu dem Ergebnis kommen, dass der Vergleichswert bei den „fleißigsten“ Berufsklägern häufig bei über 500.000 Euro liegt. Infolge der Verschärfung durch das ARUG konnte das Problem räuberischer Anfechtungsklagen mittlerweile zumindest eingedämmt werden, vgl. *Baums/Keinath/Gajek*, ZIP 2007, 1629; *Baums/Drinhausen/Keinath*, ZIP 2011, 2329, die zu dem Ergebnis kommen, dass die ergriffenen Maßnahmen Wirkung zeigen, jedoch weitere Reformen des Beschlussmängelrechts erforderlich sind.

1175 *Raiser/Schäfer*, in: Habersack/Casper/Löbbe, GmbHG, Anhang § 47 Rn. 10; *Noack*, in: Noack/Servatius/Haas, GmbHG, § 54 Rn. 28; *Lieder*, in: Münchener Kommentar zum GmbHG, § 57 Rn. 66; *Wolff*, in: Münchener Handbuch GesR, Band 3, § 40 Rn. 50a; *Nietsch*, Freigabeverfahren, S. 39; *Tebben*, in: Scholz, GmbHG, § 57 Rn. 50, der von einer allenfalls marginalen Bedeutung spricht; *Geißler*, GmbHR 2009, 128 (132); *Fleischer*, DB 2011, 2132 (2135); *Meuer*, GmbHR 2013, 729 (734).

1176 Zur Definition dieses Begriffs *Baums/Drinhausen/Keinath*, ZIP 2011, 2329 (2335).

1177 *Wertenbruch*, in: Münchener Kommentar zum GmbHG, Anhang § 47 Rn. 281; *Fleischer*, DB 2011, 2132 (2135).

haben, in den Gesellschafterkreis zu gelangen.[1178] Zudem ist das Verfahren der Gesellschafterversammlung im GmbH-Recht weniger formalisiert, so dass der Raum für anfechtungsrelevante Fehler von vornherein kleiner ist.

cc. Abstrakte Missbrauchsgefahr

Doch auch wenn das Phänomen räuberischer Gesellschafter, die ihren Lebensunterhalt mit der Erhebung von Beschlussmängelklagen bestreiten, im GmbH-Recht kaum eine Rolle spielt, schafft die Anfechtungsklage auch hier Raum für die Blockade von Strukturmaßnahmen.[1179] Allein die Möglichkeit einer durch die Anfechtung ausgelösten jahrelangen Verzögerung bei der Umsetzung der Strukturmaßnahme verschiebt das Kräfteverhältnis zugunsten der anfechtungsberechtigten Minderheitsgesellschafter und begründet die Gefahr, dass die Leitungsorgane von einer geplanten Strukturmaßnahme Abstand nehmen oder sich gezwungen sehen, eine über die volle wirtschaftliche Entschädigung hinausgehende Kompensation zu gewähren, um das Risiko einer gerichtlichen Auseinandersetzung zu minimieren. Dies läuft der Intention des Konzernrechts zuwider, auf der einen Seite den Schutz der außenstehenden Gesellschafter zu gewährleisten und auf der anderen Seite den Abschluss eines Unternehmensvertrags dort zu ermöglichen, wo es wirtschaftlich sinnvoll ist.[1180] Um dem organisationsrechtlichen Gedanken des Konzernrechts Rechnung zu tragen und den am Abschluss eines Gewinnabführungsvertrags interessierten Rechtsträgern bei der Bildung einer steuerlichen Organschaft keine Steine in den Weg zu legen, darf das Risiko einer gerichtlichen Auseinandersetzung mit den Minderheitsgesellschaftern nicht dazu führen, dass der Vertragsschluss selbst gefährdet wird.

dd. Missbrauchspotential des Spruchverfahrens

Auch im Spruchverfahren besteht jedoch die Gefahr einer missbräuchlichen Antragstellung.[1181] In jüngerer Zeit mehren sich die Anhaltspunkte dafür, dass viele Spruchverfahren nur mit dem Ziel eingeleitet werden, einen gewinnbringenden Vergleich abzuschließen. Darauf deuten vor allem die hohe Vergleichsquote,[1182] das wiederholte Auftauchen derselben Antragsteller mit geringfügiger

1178 *Jocksch*, Freigabeverfahren im System des einstweiligen Rechtsschutzes, S. 85.

1179 *Bayer/Lieder*, NZG 2011, 1170 (1172).

1180 Zum Gedanken der Konzernermöglichung bereits unter Teil 2 B. I. 1. d. bb. (1).

1181 *Noack*, NZG 2014, 92; *Wasmann*, AG 2021, 179.

1182 *Gotthardt/Krengel*, AG 2018, 875; *Lorenz*, AG 2012, 284 (287), der bei einer Untersuchung der Spruchverfahren im Zeitraum zwischen 2009 und 2011 zu einer Vergleichsquote von 47 % kommt.

Beteiligung[1183] und sich wiederholende Argumentationsmuster in den Antragsschriften hin.[1184] Insofern deutet sich eine Verlagerung der Missbrauchsproblematik auf das Spruchverfahren an.[1185] Das Erpressungspotential erwächst im Spruchverfahren in erster Linie aus der für den Antragsgegner ungünstigen Kostenverteilung. Da die außenstehenden Gesellschafter regelmäßig nur ihre außergerichtlichen Kosten zu tragen haben und durch das Verschlechterungsverbot vor einer Herabsetzung der Kompensationsregelung geschützt sind, ist die Einleitung eines Spruchverfahrens für sie mit geringen Risiken verbunden.[1186] Die Gesellschaft muss hingegen nicht nur für ihre eigenen Rechtsverfolgungskosten, sondern grundsätzlich auch für die durch die Hinzuziehung von Sachverständigen stark ansteigenden Gerichtskosten aufkommen.[1187] Hinzu kommt, dass die Gesellschaft im Fall einer Erhöhung der Ausgleich- oder Abfindungsansprüche aufgrund der *inter-omnes*-Wirkung der gerichtlichen Entscheidung gegenüber allen außenstehenden Gesellschaftern zur Nachzahlung des Differenzbetrags verpflichtet ist,[1188] der mit 5 %-Punkten über dem Basiszinssatz zu verzinsen ist.[1189] Vor diesem Hintergrund hat die Gesellschaft ein Interesse an einer schnellen Verfahrensbeendigung, was von den außenstehenden Gesellschaftern in den Vergleichsverhandlungen gegen die Gesellschaft eingesetzt werden kann. Das Missbrauchspotential führt zu einem Anstieg der Zahl eingeleiteter Spruchverfahren und verstärkt dadurch die Überlastung der ohnehin stark beanspruchten Gerichte. Das weckt Zweifel daran, ob das Missbrauchspotential durch eine Übertragung des Spruchverfahrens tatsächlich verringert werden kann.[1190]

1183 *Wasmann*, AG 2021, 179 (179 f.).

1184 *Gotthardt/Krengel*, AG 2018, 875; *Wasmann*, AG 2021, 179 (180).

1185 *Wasmann*, AG 2021, 179, der von einer Flucht ins Spruchverfahren spricht.

1186 Dazu bereits unter Teil 6 B. II. 4. a. bb. (2).

1187 Zur Verteilung der Gerichtskosten siehe Teil 6 B. II. 4. a. bb. (1).

1188 Auch die bereits gegen Zahlung der ursprünglich im Gewinnabführungsvertrag vorgesehenen Abfindung ausgeschiedenen Gesellschafter haben im Fall der Nachbesserung einen sog. Abfindungsergänzungsanspruch, siehe dazu *Wittgens*, in: Schmidt/Lutter, AktG, § 13 SpruchG Rn. 4 f.; *Emmerich*, in: Emmerich/Habersack, Aktien-/GmbH-KonzernR, § 13 SpruchG Rn. 11; *Kubis*, in: Münchener Kommentar zum AktG, § 13 SpruchG Rn. 3; *Drescher*, in: BeckOGK SpruchG, § 13 Rn. 7.

1189 Zur Verzinsung des Nachzahlungsanspruchs *Noack*, NZG 2014, 92.

1190 *Gotthardt/Krengel*, AG 2018, 875 (876 f.), die davor warnen, dass das Spruchverfahren zu einer Farce verkommt.

ee. Stellungnahme

Sowohl die Anfechtungsklage als auch das Spruchverfahren bieten Raum für missbräuchliches Verhalten. Aufgrund der durch die Anfechtungsklage ausgelösten faktischen Registersperre und der damit einhergehenden Blockade der Eintragung, ist das Missbrauchspotential bei der Anfechtungsklage jedoch deutlich größer. Auch wenn bei der GmbH im Gegensatz zum Aktienrecht kein professionalisierter Missbrauch des Anfechtungsrechts stattfindet, kann das Ausmaß der den beteiligten Rechtsträgern durch die Eintragungsblockade drohenden Schäden zu einem Hemmnis für den wirtschaftlich sinnvollen und von der Gesellschaftermehrheit getragenen Abschluss eines Gewinnabführungsvertrags führen.

Der Nachteil der Anfechtungsklage wird insbesondere daran deutlich, dass die mit der Klageerhebung verbundenen Nachteile unabhängig davon entstehen, ob die den außenstehenden Gesellschaftern angebotene Kompensationsregelung zu niedrig bemessen ist. Auch wenn die Höhe der in den Gewinnabführungsvertrag aufgenommenen Ausgleichs- und Abfindungsansprüche dem wahren Unternehmenswert entspricht, drohen den beteiligten Rechtsträgern durch die Verzögerung der Eintragung erhebliche wirtschaftliche Schäden. Im Spruchverfahren stellt sich die Situation anders dar, weil die Umsetzung der Strukturmaßnahme durch die Einleitung des Spruchverfahrens nicht blockiert wird. Zwar ist der Antragsgegner aufgrund der für ihn ungünstigen Kostenregelung auch im Spruchverfahren einer finanziellen Belastung ausgesetzt. Die beteiligten Rechtsträger haben es hier jedoch selbst in der Hand haben, die durch den Rechtsstreit entstehenden Kosten niedrig zu halten, indem sie von vornherein eine angemessene Kompensationsregelung in den Gewinnabführungsvertrag aufnehmen. Denn in diesem Fall haben die antragstellenden Gesellschafter ihre außergerichtlichen Kosten selbst zu tragen.[1191] Darüber hinaus können die Gerichtskosten ganz oder zum Teil den Antragstellern auferlegt werden, wenn die Ausgleichs- und Abfindungsansprüche angemessen sind und sich die Einleitung des Spruchverfahrens als missbräuchlich darstellt.[1192] Im Vergleich dazu hat die Gesellschaft bei der Anfechtungsklage kaum eine Möglichkeit, die wirtschaftlichen Nachteile durch eine Verzögerung der Eintragung zu verhindern, da bereits die Klageerhebung unabhängig von der Angemessenheit der aufgenommenen Kompensationsregelung eine faktische Registersperre auslöst. Das Spruchverfahren bietet deshalb auch unter dem Gesichtspunkt des Missbrauchspotentials Vorteile gegenüber der Anfechtungsklage.

1191 Siehe dazu Teil 6 B. II. 4. a. bb. (2).

1192 Siehe zur Verteilung der Gerichtskosten Teil 6 B. II. 4. a. bb. (1).

III. Fehlen einer Kompensationsregelung

Das Spruchverfahren hat seine größte Bedeutung bei der Überprüfung der Höhe einer in den Gewinnabführungsvertrag aufgenommenen Kompensationsregelung. Im Unternehmensvertragsrecht der AG ist es jedoch nicht auf diesen Anwendungsbereich beschränkt, sondern greift gemäß § 305 Abs. 5 S. 2 AktG auch dann ein, wenn der Gewinnabführungsvertrag überhaupt keine Abfindungsansprüche vorsieht. Fraglich ist, ob das Fehlen einer Kompensationsregelung auch im GmbH-Konzernrecht zur Anwendung des Spruchverfahrens führt.

a. Fehlen von Abfindungsansprüchen

Nach zutreffender Ansicht ist das Spruchverfahren im Vertragskonzernrecht der GmbH auch dann einschlägig, wenn der Gewinnabführungsvertrag unter Verstoß gegen die Vorgaben des § 305 AktG keine Abfindungsansprüche enthält.[1193] Für die Anwendung des Spruchverfahrens spricht, dass bei fehlenden Abfindungsansprüchen, wie auch bei der Überprüfung einer vorhandenen Kompensationsregelung, die korrekte Berechnung des Unternehmenswerts im Mittelpunkt steht und das Spruchverfahren speziell für diese Materie konzipiert ist. Im Gegensatz zur Anfechtungsklage, mit der sich aufgrund der kassatorischen Wirkung des Anfechtungsurteils nur der Zustimmungsbeschluss beseitigen lässt, ermöglicht das Spruchverfahren nicht nur die Festsetzung angemessener Abfindungsansprüche, sondern bringt außerdem die Interessen der außenstehenden Gesellschafter mit denen der am Gewinnabführungsvertrag beteiligten Rechtsträger in einen gerechten Ausgleich.[1194] Nach dem Vorbild des Aktienkonzernrechts ist daher das Spruchverfahren eröffnet, wenn der Gewinnabführungsvertrag mit einer GmbH unter Verstoß gegen die Regelung des § 305 AktG keine Abfindungsansprüche enthält.

1193 *Servatius*, in: Beck OK GmbHG, Systematische Darstellung 4 Rn. 133; *ders.*, in: BeckOK GmbHG, Systematische Darstellung KonzernR Rn. 338; *Verse*, in: Henssler/Strohn, GmbHG, Anhang § 13 Rn. 108; *Huesmann*, Entschädigung und Spruchverfahren, S. 176; *Maierhofer*, Schutz außenstehender Gesellschafter, S. 200 Fn. 630; *Hegemann*, GmbHR 2012, 315 (321); aA *Liebscher*, in: Münchener Kommentar zum GmbHG, Anhang § 13 Rn. 979, der das Anfechtungsrecht für ausreichend hält und eine Anwendung des Spruchverfahrens ablehnt.

1194 Ausführlich zu den Vorteilen des Spruchverfahrens bereits unter Teil 6 B. II. 4.

b. Fehlen von Ausgleichsansprüchen

aa. Meinungsstand

Schwieriger ist die Frage nach der Rechtsfolge im Fall fehlender Ausgleichsansprüche zu beantworten, da das Aktienkonzernrecht hier keine Eröffnung des Spruchverfahrens, sondern die Nichtigkeit des Gewinnabführungsvertrags vorsieht.[1195] Teilweise wird in Übereinstimmung mit der aktienkonzernrechtlichen Regelung davon ausgegangen, dass der Gewinnabführungsvertrag auch im GmbH-Konzernrecht nichtig ist, wenn die Parteien gegen die Pflicht zur Aufnahme einer Ausgleichsregelung verstoßen.[1196] Nach anderer Ansicht lässt das Fehlen einer Ausgleichsregelung die Wirksamkeit des Vertrags unberührt und hat stattdessen die Anfechtbarkeit des Zustimmungsbeschlusses zur Folge.[1197] Auch der BGH ist in einem Urteil aus dem Jahr 2011 von der Wirksamkeit des Gewinnabführungsvertrags ausgegangen, obwohl dieser im konkreten Fall keine Ausgleichsregelung vorsah.[1198]

1195 Siehe § 304 Abs. 3 S. 1 AktG.

1196 LG Dortmund, Beschluss vom 11.03.1998 – 20 AktE 4/97 = GmbHR 1998, 941; *Servatius*, in: Michalski, GmbHG, Systematische Darstellung 4 Rn. 337; *ders.*, in: BeckOK GmbHG, Systematische Darstellung KonzernR Rn. 337a.1; *Emmerich*, in: Emmerich/Habersack, Aktien-/GmbH-KonzernR, § 304 Rn. 105; *ders.*, in: Scholz, GmbHG, Anhang § 13 Rn. 217; *Verse*, in: Henssler/Strohn, GmbHG, Anhang § 13 Rn. 108; *Wilde*, Beherrschungs- und Gewinnabführungsverträge, S. 114; *Maierhofer*, Schutz außenstehender Gesellschafter, S. 153; *Hönle*, DB 1979, 485 (488); *Weber*, GmbHR 2003, 1347 (1348).

1197 *Schnorbus*, in: Rowedder/Pentz, GmbHG, Anhang § 52 Rn. 98; *Liebscher*, in: Münchener Kommentar zum GmbHG, Anhang § 13 Rn. 977, der eine Ausnahme für kapitalistisch strukturierte Gesellschaften befürwortet (Rn. 978); *Grauer*, Konzernbildungskontrolle im GmbH-Recht, S. 220; *Huesmann*, Entschädigung und Spruchverfahren, S. 171; *Koehler*, Der Gewinnabführungsvertrag, S. 50; *Priester*, ZGR 1986 Sonderheft 6, 151 (178); *Rottnauer*, NZG 1999, 337 (339); *Baldamus*, ZGR 2007, 819 (844); *Stephan*, Der Konzern 2015, 349 (353).

1198 BGH, Urteil vom 31.05.2011 – II ZR 109/10 = BB 2011, 2066; aus dem Umstand, dass das Urteil die fehlende Ausgleichsregelung nur am Rand erwähnt, wird teilweise der Schluss gezogen, dass der Senat die Frage nach den Rechtsfolgen einer fehlenden Ausgleichsregelung nicht wirklich entscheiden wollte, siehe *Maierhofer*, Schutz außenstehender Gesellschafter, S. 152 f.

bb. Ablehnung der Nichtigkeitsfolge

(1) Schutz der außenstehenden Gesellschafter

Die Befürworter der Nichtigkeitsfolge verweisen darauf, dass von der Nichtigkeit des Gewinnabführungsvertrags eine besondere Abschreckungswirkung ausgehe, durch die gewährleistet sei, dass die Vertragsparteien unter keinen Umständen auf die Aufnahme einer Ausgleichsregelung verzichten.[1199] Das ist insoweit zutreffend, als die drohende Nichtigkeit die Wahrscheinlichkeit erhöht, dass die Vertragsparteien Ausgleichsansprüche aufnehmen, um die gravierenden steuerlichen Konsequenzen einer Unwirksamkeit des Gewinnabführungsvertrags zu vermeiden. Zu bedenken ist jedoch, dass die Nichtigkeitsfolge nicht die Angemessenheit der aufgenommenen Ausgleichsansprüche gewährleisten kann und dass ein viel zu niedrig bemessener Ausgleichsanspruch für die außenstehenden Gesellschafter nicht viel mehr wert ist als eine fehlende Ausgleichsregelung. Ferner ist zweifelhaft, ob die Vertragsparteien durch die Nichtigkeitsanordnung überhaupt diszipliniert werden müssen. Die Annahme, dass die Vertragsparteien bewusst auf die Aufnahme von Ausgleichsansprüchen verzichten, um die Unerfahrenheit der außenstehenden Gesellschafter auszunutzen, erscheint vor dem Hintergrund der Schutzinstrumente des Vertragsberichts und der Vertragsprüfung wenig tragfähig. Die Leitungsorgane der beteiligten Rechtsträger müssen in jedem Fall damit rechnen, dass die außenstehenden Gesellschafter im Fall einer fehlenden Ausgleichsregelung auf ihre Ansprüche bestehen und gerichtlich gegen den Gewinnabführungsvertrag vorgehen. Insofern erscheint es zum Schutz der außenstehenden Gesellschafter nicht zwingend erforderlich, die Nichtigkeitsfolge auf die GmbH zu übertragen.

(2) Nachträglich eintretende Gesellschafter

Teilweise wird vorgebracht, dass der Schutz nachträglich eintretender Gesellschafter die Anwendung der Nichtigkeitsfolge erforderlich mache.[1200] Denn nachträglich hinzutretende Gesellschafter haben aufgrund der abgelaufenen Anfechtungsfrist nicht die Möglichkeit den Zustimmungsbeschluss im Wege der Anfechtungsklage anzugreifen. Da die Nichtigkeitsklage jedoch nicht fristgebunden ist und daher auch viele Jahre nach der Eintragung des Gewinnabführungsvertrags erhoben werden kann, seien nachträglich eintretende Gesellschafter auf diesen Rechtsbehelf angewiesen.

1199 *Maierhofer,* Schutz außenstehender Gesellschafter, S. 150.
1200 *Maierhofer,* Schutz außenstehender Gesellschafter, S. 151.

Der Argumentation kann schon deshalb nicht gefolgt werden, weil nachträglich eintretende Gesellschafter im GmbH-Recht ein deutlich geringeres Schutzbedürfnis aufweisen als bei der AG, da sie das Bestehen des Gewinnabführungsvertrags bei der Bemessung des Kaufpreises berücksichtigen können und durch das Erfordernis der notariellen Beurkundung zusätzlich geschützt sind.[1201]

(3) Rechtsunsicherheit als Folge der Nichtigkeit

Gegen die Nichtigkeit des Gewinnabführungsvertrags spricht die damit verbundene Rechtsunsicherheit.[1202] Vor dem Hintergrund, dass eine Heilung des Mangels analog § 242 Abs. 2 S. 1 AktG frühestens drei Jahre nach Eintragung des Gewinnabführungsvertrags in Betracht kommt,[1203] besteht bis dahin die Gefahr, dass ein bereits in Vollzug gesetzter Gewinnabführungsvertrag durch Nichtigkeitsklage zu Fall gebracht wird und erhebliche Rückabwicklungsprobleme auslöst.[1204] Die Problematik wird zwar grundsätzlich durch die Lehre vom fehlerhaften Unternehmensvertrag entschärft,[1205] wonach ein durchgeführter Gewinnabführungsvertrag trotz Nichtigkeitsgrund für die Vergangenheit als wirksam zu behandeln ist.[1206] Es ist jedoch unklar, ob diese Grundsätze auf den Fall einer fehlenden Aus-

---

1201 Zum geringeren Schutzbedürfnis nachträglich eintretender Gesellschafter im GmbH-Konzernrecht bereits unter Teil 5 C. II. 2. b. aa.

1202 *Kort*, Beherrschungs- und Gewinnabführungsverträge, S. 162; *Baldamus*, ZGR 2007, 819 (845).

1203 Zur analogen Anwendung des § 242 AktG auf Strukturmaßnahmen im GmbH-Recht *Leuschner*, in: Habersack/Casper/Löbbe, GmbHG, Anhang § 77 Rn. 183.

1204 *Liebscher*, in: Münchener Kommentar zum GmbHG, Anhang § 13 Rn. 732.

1205 Die Lehre vom fehlerhaften Unternehmensvertrag hat sich aus den Grundsätzen der fehlerhaften Gesellschaft entwickelt, die mittlerweile auf eine Vielzahl gesellschaftsrechtlicher Maßnahmen übertragen werden, um die mit der Nichtigkeit verbundenen Rückabwicklungsprobleme zu vermeiden und das Vertrauen des Rechtsverkehrs in den Bestand eingetragener Tatsachen zu schützen, vgl. *Lieder*, DNotZ 2022, 252 (254); grundlegend zur Übertragung auf fehlerhafte Kapitalmaßnahmen *Zöllner*, AG 1993, 68.

1206 BGH, Urteil vom 14.12.1987 – II ZR 170/87 = NJW 1988, 1326 – *Familienheim*; Urteil vom 05.11.2001 – II ZR 119/00 = JuS 2002, 501; OLG Oldenburg, Urteil vom 23.03.2000 – 1 U 75/99 = NZG 2000, 1138; *Liebscher*, in: Münchener Kommentar zum GmbHG, Anhang § 13 Rn. 731 ff.; *Schnorbus*, in: Rowedder/Pentz, GmbHG, Anhang § 52 Rn. 109; *Timm*, GmbHR 1987, 8 (12); zurückhaltend noch *Kleindiek*, ZIP 1988, 613, der nach den verschiedenen Unwirksamkeitsgründen differenziert, fehlerhafte Unternehmensverträge jedoch grundsätzlich als wirksam behandeln will, wenn die Gesellschafter zugestimmt haben; aus dem aktienkonzernrechtlichen Schrifttum *Altmeppen*, in: Münchener Kommentar zum AktG, § 291 Rn. 205.

gleichsregelung überhaupt anwendbar sind, da dies dazu führen würde, dass die minderheitsschützende Nichtigkeitsfolge unterlaufen wird.[1207] Doch auch wenn die Lehre vom fehlerhaften Unternehmensvertrag Anwendung findet und eine Rückabwicklung verhindert, führt die Nichtigkeit des Gewinnabführungsvertrags zu erheblichen steuerlichen Problemen für die beteiligten Rechtsträger, da fehlerhafte Gewinnabführungsverträge von der Finanzverwaltung nicht als Grundlage einer steuerlichen Organschaft anerkannt werden.[1208] Vor dem Hintergrund, dass die Nichtigkeitsfolge zum Schutz der außenstehenden Gesellschafter nicht zwingend erforderlich ist, sprechen die besseren Argumente daher gegen eine Übertragung der Nichtigkeitsfolge auf die GmbH.

cc. Anfechtungsklage oder Spruchverfahren

(1) Schutzbedürfnis der außenstehenden Gesellschafter bei fehlender Ausgleichsregelung

Damit ist die Frage aufgeworfen, ob der Rechtsschutz der außenstehenden Gesellschafter durch Anfechtung des Zustimmungsbeschlusses oder durch Einleitung eines Spruchverfahrens zu gewährleisten ist. Für die Statthaftigkeit der Anfechtungsklage wird vor allem das Schutzbedürfnis der außenstehenden Gesellschafter angeführt. Denn wenn der Gewinnabführungsvertrag ohne Ausgleichsregelung wirksam wird, sind die außenstehenden Gesellschafter vom Unternehmensgewinn ausgeschlossen, ohne dafür eine Kompensation zu erhalten. Das kann bei der Einleitung eines langwierigen Spruchverfahrens zu Problemen führen, da die außenstehenden Gesellschafter während der gesamten Dauer des Spruchverfahrens keine Ausgleichszahlungen erhalten.[1209] Durch die Anfechtung des Zustimmungsbeschlusses könnten die außenstehenden Gesellschafter dagegen verhindern, dass der Gewinnabführungsvertrag ohne Ausgleichsregelung in Kraft tritt.[1210]

1207 *Schnorbus*, in: Rowedder/Pentz, GmbHG, Anhang § 52 Rn. 110, der die Grundsätze über fehlerhafte Unternehmensverträge bei materiellen Mängeln nicht ohne Weiteres für anwendbar hält; auch im Aktienkonzernrecht besteht zu dieser Frage noch kein einheitliches Meinungsbild, vgl. *Veil/Walla*, BeckOGK AktG, § 291 Rn. 137.

1208 BFH, Urteil vom 30.07.1997 – I R 7/97 = GmbHR 1998, 53; *Mues*, RNotZ 2005, 2 (29); kritisch zur Rechtsprechung des BFH *Liebscher*, in: Münchener Kommentar zum GmbHG, Anhang § 13 Rn. 740, 1438.

1209 *Huesmann*, Entschädigung und Spruchverfahren, S. 170.

1210 Zu der durch die Anfechtungsklage ausgelösten faktischen Registersperre bereits unter Teil 6 B. II. 4. b. aa.

(2) Überprüfung eines Null-Ausgleichs im Spruchverfahren

Für die Anwendung des Spruchverfahrens spricht hingegen, dass sich das Fehlen einer Ausgleichsregelung kaum von einer falsch bemessenen Ausgleichsregelung unterscheiden lässt. Das wird daran deutlich, dass sich der Ausgleichsanspruch bei fehlender Ertragskraft der gewinnabführungsverpflichteten Gesellschaft auf null reduzieren kann.[1211] Wie der BGH festgestellt hat, können die außenstehenden Gesellschafter in diesem Fall die Ausgleichsregelung im Spruchverfahren überprüfen lassen.[1212] Wenn im Fall eines Null-Ausgleichs das Spruchverfahren statthaft ist, stellt sich die Frage, warum das gänzliche Fehlen einer Ausgleichsregelung zur Anfechtbarkeit des Zustimmungsbeschlusses führen soll, da sich beide Fälle inhaltlich kaum voneinander unterscheiden. Für die außenstehenden Gesellschafter macht es schließlich keinen Unterschied, ob der Gewinnabführungsvertrag überhaupt keine Ausgleichsregelung vorsieht oder der Ausgleichsanspruch mit null beziffert ist.

(3) Stellungnahme

Da es auch im Fall einer fehlenden Ausgleichsregelung um eine Bestimmung des Unternehmenswerts und die Festsetzung einer angemessenen Kompensation geht, liegt es nahe das für Bewertungsfragen konzipierte Spruchverfahren anzuwenden. Die fehlende Kompensation während der Dauer des Spruchverfahrens steht dem nicht entgegen, da der Schutz der außenstehenden Gesellschafter durch die Möglichkeiten des einstweiligen Rechtsschutzes sichergestellt ist. Wenn die Rechtswidrigkeit der fehlenden Ausgleichsregelung auf der Hand liegt und ein außenstehender Gesellschafter während des Spruchverfahrens zur Deckung seines Lebensunterhalts auf Ausgleichszahlungen angewiesen ist, kann das Gericht über § 17 Abs. 1 SpruchG iVm den §§ 49 ff. FamFG vorläufige Maßnahmen zum Schutz des außenstehenden Gesellschafters treffen.[1213] Vor dem Hintergrund, dass auch im Fall einer fehlenden Abfindungsregelung das Spruchverfahren statthaft ist und angesichts der Wertungswidersprüche zum Null-Ausgleich sprechen die besseren Argumente dafür, das Spruchverfahren auch auf den Fall einer fehlenden

---

1211 Zur Zulässigkeit des Null-Ausgleichs siehe Teil 5 B. II. 1. a. bb.

1212 BGH, Urteil vom 13.02.2006 – II ZR 392/03 = DStR 2006, 768; zustimmend *Liebscher*, in: Münchener Kommentar zum GmbHG, Anhang § 13 Rn. 978; *Emmerich*, in: Emmerich/Habersack, Aktien-/GmbH-KonzernR, § 304 Rn. 46; *Hasbach*, DStR 2019, 81.

1213 Zur Möglichkeit der einstweiligen Anordnung im Spruchverfahren *Dorn*, in: Kölner Kommentar zum AktG, § 11 SpruchG Rn. 26.

Ausgleichsregelung anzuwenden und damit einen einheitlichen Rechtsbehelf für sämtliche Fälle einer unzureichenden Kompensationsregelung vorzusehen.[1214]

IV. Bewertungsbezogene Informationsmängel

1. Anfechtungsausschluss im Aktienkonzern- und Umwandlungsrecht

Ursprünglich war das Spruchverfahren sowohl im Aktienkonzern- als auch im Umwandlungsrecht nur für Bewertungsrügen vorgesehen. Informationsmängel, die aus einer fehlerhaften Auskunftserteilung oder einem mangelhaften Vertragsbericht resultierten, konnten dagegen mit der Anfechtungsklage geltend gemacht werden.[1215] Vor dem Hintergrund, dass klagewillige Gesellschafter vor der Jahrtausendwende zunehmend dazu übergingen, Strukturbeschlüsse nicht mehr wegen Bewertungsfehlern, sondern wegen abfindungswertbezogener Informationsmängel anzugreifen, nahm der BGH zwei Entscheidungen zum Formwechsel einer AG in eine GmbH zum Anlass, um das Anfechtungsrecht auch im Bereich der Informationsmängel einzuschränken.[1216] Dazu übertrug der BGH den in § 210 UmwG für Bewertungsrügen vorgesehenen Anfechtungsausschluss auf bewertungsbezogene Informationsmängel und erklärte insoweit das Spruchverfahren für statthaft. Ein bewertungsbezogener Informationsmangel wurde insbesondere in den Fällen angenommen, in denen die Angaben zur Berechnung der Abfindungshöhe fehlerhaft oder unzureichend waren oder die Abfindungshöhe nicht hinreichend plausibel begründet wurde.[1217]

Die Entscheidung des BGH erfuhr in der rechtswissenschaftlichen Literatur viel Zustimmung[1218] und entfachte eine Diskussion um die Frage, ob das Anfech-

---

1214 So auch *Hegemann*, GmbHR 2012, 315 (321); in diese Richtung bereits *Kort*, Beherrschungs- und Gewinnabführungsverträge, S. 162 f., der sich ebenfalls gegen die Nichtigkeit des Gewinnabführungsvertrags und gegen die Anfechtbarkeit des Zustimmungsbeschlusses ausspricht und den außenstehenden Gesellschaftern stattdessen einen gesetzlichen Ausgleichsanspruch einräumen will, der mittels Leistungsklage geltend gemacht werden kann.

1215 *Kleindiek*, NZG 2001, 552

1216 BGH, Urteil vom 18.12.2000 – II ZR 1/99 = NJW 2001, 1425 – *MEZ*; Urteil vom 29.01.2001 – II ZR 368/98 = NJW 2001, 1428 – *Aqua Butzke*.

1217 BGH, Urteil vom 18.12.2000 – II ZR 1/99 = NJW 2001, 1425 – *MEZ*.

1218 *Hüffer*, ZGR 2001, 833 (860); *Kleindiek*, NZG 2001, 552 (555); *Hirte*, ZHR 167 (2003), 8 (10); *Veil*, AG 2005, 567 (569); grundsätzlich auch *Kallmeyer*, GmbHR 2001, 200 (204), der das Urteil des BGH insgesamt für lobenswert hält, jedoch den methodischen Ansatz kritisiert.

tungsrecht wegen bewertungsbezogener Informationsmängel auch an anderen Stellen zugunsten des Spruchverfahrens einzuschränken sei.[1219] Diese Idee griff der Gesetzgeber schließlich im UMAG auf, indem er die zuvor vom BGH zum Umwandlungsrecht entwickelten Grundsätze auf das Aktienrecht ausdehnte und mit § 243 Abs. 4 S. 2 AktG eine gesetzliche Grundlage für die Einschränkung des Anfechtungsrechts schuf.[1220] Danach können bewertungsbezogene Informationsmängel nicht mit der Anfechtungsklage geltend gemacht werden, soweit für Bewertungsrügen das Spruchverfahren vorgesehen ist.

2. *Informationserteilung in der Gesellschafterversammlung*

a. *Meinungsstand zur Übertragung auf die GmbH*

Fraglich ist, ob bewertungsbezogene Informationsmängel, die aus einer fehlerhaften oder unzureichenden Auskunftserteilung in der Gesellschafterversammlung resultieren, im GmbH-Konzernrecht ebenfalls im Spruchverfahren geltend zu machen sind oder ob hier die Anfechtungsklage statthaft ist. Soweit im Schrifttum eine Übertragung des Spruchverfahrens auf die GmbH im Grundsatz befürwortet wird, plädieren die Autoren zu Recht dafür, auch bewertungsbezogene Informationsmängel in den Anwendungsbereich miteinzubeziehen.[1221]

b. *Diskussion der Argumente*

aa. Vergleich zur Rechtslage bei fehlender Kompensationsregelung

Für die Anwendung des Spruchverfahrens auf den Fall bewertungsbezogener Informationsmängel spricht der Vergleich zur Rechtslage bei fehlender Kompensationsregelung. Wenn der Gewinnabführungsvertrag keine Kompensationsregelung enthält, können den Gesellschaftern in der Gesellschafterversammlung überhaupt

---

1219 *Henze*, ZIP 2002, 97 (106 ff.); *Hirte*, ZHR 167 (2003), 8 (25); zur Übertragung auf den Squeeze-Out *Vetter*, AG 2002, 176 (189); *Kleindiek*, NZG 2001, 552 (555), der sich *de lege ferenda* für eine Ausweitung des Anfechtungsausschlusses ausspricht.

1220 Ausführlich zur Entstehung der Vorschrift *Schütz*, DB 2004, 419 (420 f.); mit kritischem Fazit *Noack/Zetsche*, ZHR 170 (2006), 218.

1221 *Bayer*, in: Lutter/Hommelhoff, GmbHG, Anhang § 47 Rn. 52; *Wulff*, Analoge Anwendung des Spruchverfahrens, S. 304 f.; *Huesmann*, Entschädigung und Spruchverfahren, S. 204; *Maierhofer*, Schutz außenstehender Gesellschafter, S. 261; tendenziell auch *Noack/Zetsche*, ZHR 170 (2006), 218 (245), die grundsätzlich keine Bedenken gegen eine Übertragung des § 243 Abs. 4 AktG auf die GmbH haben, ohne sich jedoch zur Anwendbarkeit des Spruchverfahrens zu äußern.

keine bewertungsbezogenen Informationen erteilt werden. Der Geschäftsführer kann bei einem entsprechenden Auskunftsverlangen lediglich darauf hinweisen, dass die Aufnahme einer Kompensationsregelung vergessen oder bewusst unterlassen wurde. Eine Verletzung der Pflicht zur Aufnahme von Ausgleichs- und Abfindungsansprüchen geht daher zwangsläufig mit der Verletzung bewertungsbezogener Informationspflichten einher.[1222] Die unzureichende oder fehlerhafte Informationserteilung allein stellt demgegenüber ein Minus dar. Daraus lässt sich *a maiore ad minus* schließen, dass das Anfechtungsrecht bei einem bewertungsbezogenen Informationsmangel, dem weniger schwerwiegenden Verstoß, erst recht ausgeschlossen sein muss.[1223] Denn es wäre widersprüchlich, für diesen Mangel die Anfechtung des Zustimmungsbeschlusses zuzulassen, während ein Verstoß gegen die Pflicht zur Aufnahme von Ausgleichs- und Abfindungsansprüchen im Spruchverfahren geltend zu machen ist.[1224]

bb. Sachzusammenhang und Prozessökonomie

Die Eröffnung des Spruchverfahrens bietet sich im Bereich bewertungsbezogener Informationsmängel auch deshalb an, weil die Rüge bewertungsbezogener Informationsmängel in vielen Fällen die Grundlage für einen Angriff gegen die Höhe der Kompensation bietet.[1225] Aus prozessökonomischer Perspektive ist die Statthaftigkeit des Spruchverfahrens für bewertungsbezogene Informationsmängel insofern naheliegend, da dasselbe Gericht erst über den Informationsmangel und anschließend über die damit in Zusammenhang stehende Bewertungsrüge entscheiden kann. Dies bietet Vorteile, da die Beantwortung der Frage nach einer fehlerhaften Auskunftserteilung in vielen Fällen voraussetzt, dass das Gericht die von den beteiligten Rechtsträgern in Auftrag gegebene Unternehmenswertermittlung überprüft. Die nachvollziehbare Bestimmung des Unternehmenswerts ist jedoch nicht nur für die Verletzung bewertungsbezogener Informationspflichten relevant, sondern auch und vor allem für die Frage nach der Angemessenheit der angebotenen Kompensationsregelung. Durch die Konzentration bei dem für das Spruchverfahren zuständigen Gericht wird gewährleistet, dass die bei

---

1222 BGH, Urteil vom 29.01.2001 – II ZR 368/98 = NJW 2001, 1428 (1429) – *Aqua Butzke*.

1223 So der zentrale Begründungsansatz des BGH in seinem Urteil vom 18.12.2000 – II ZR 1/99 = NJW 2001, 1425 (1427 f.) – *MEZ*; Urteil vom 29.01.2001 – II ZR 368/98 = NJW 2001, 1428 (1429) – *Aqua Butzke*.

1224 *Noack/Zetzsche*, in: Kölner Kommentar zum AktG, § 243 Rn. 688; *Schwab*, NZG 2007, 521.

1225 BGH, Urteil vom 18.12.2000 – II ZR 1/99 = NJW 2001, 1425 (1425 f.) – *MEZ*; *Veil*, AG 2005, 567 (570).

der Überprüfung der Unternehmenswertermittlung gewonnenen Erkenntnisse sowohl bei der Frage nach dem Vorliegen einer Informationspflichtverletzung als auch bei der Überprüfung der Kompensationsregelung fruchtbar gemacht werden können. Die Überprüfung in unterschiedlichen Prozessen würde dagegen den zeitlichen und finanziellen Aufwand unnötig in die Höhe treiben und dazu führen, dass unmittelbar miteinander verknüpfte Problemkreise auseinandergerissen werden.

cc. Verlagerung der Missbrauchsgefahr

Für die Anwendung des Spruchverfahrens spricht ferner, dass sich die mit der Anfechtungsklage verbundene Missbrauchsgefahr ansonsten auf den Bereich der Informationsmängel zu verlagern droht. Denn sowohl Bewertungsmängel als auch bewertungsbezogene Informationsmängel bieten querulatorischen Gesellschaftern die Möglichkeit, den Gewinnabführungsvertrag mit einer Anfechtungsklage anzugreifen.[1226] In beiden Fällen besteht häufig ein erhebliches Missverhältnis zwischen der Schwere des Mangels und den wirtschaftlichen Nachteilen, die den beteiligten Rechtsträgern durch die Verzögerung der Eintragung drohen. Das zeigt sich nicht nur am Beispiel einer geringfügig zu niedrig bemessenen Kompensationsregelung, sondern auch bei geringfügigen Informationsfehlern, die angesichts der übrigen Informationsinstrumente (Vertragsbericht und Vertragsprüfung) kaum zu einem gravierenden Informationsdefizit führen.[1227] Da eine auf die fehlerhafte Auskunftserteilung gestützte Anfechtungsklage für die beteiligten Rechtsträger gleichwohl erhebliche wirtschaftliche Konsequenzen hat, ergibt sich häufig ein Missverhältnis zwischen den Nachteilen, die den außenstehenden Gesellschaftern durch den Informationsmangel entstehen und den wirtschaftlichen Schäden, die aus einer Verzögerung der Eintragung resultieren. Da das Problem eines solchen Missverhältnisses schon im Bereich der Bewertungsfehler durch einen Ausschluss des Anfechtungsrechts und den Verweis ins Spruchverfahren gelöst wird, sprechen gute Argumente dafür, das Spruchverfahren auch auf bewertungsbezogene Informationsmängel anzuwenden, um eine Verlagerung des Missbrauchspotentials zu verhindern.

1226 *Veil*, AG 2005, 567 (570).

1227 Nach zutreffender Ansicht ist der informationelle Schutz der außenstehenden Gesellschafter durch analoge Anwendung der §§ 293a ff. AktG zu gewährleisten, siehe dazu Teil 3.

dd. Totalverweigerung

Der Anfechtungsausschluss für bewertungsbezogene Informationsmängel führt auch deshalb nicht zu einer unzumutbaren Beeinträchtigung für die Gesellschafter, da diese in Extremfällen weiterhin berechtigt sind, den Zustimmungsbeschluss mit der Anfechtungsklage anzugreifen. Das ist insbesondere dann der Fall, wenn die Geschäftsführung trotz eines berechtigten Auskunftsverlangens überhaupt keine Informationen erteilt.[1228] Ein solcher Fall der Totalverweigerung soll der Gesetzesbegründung zufolge nicht vom Anfechtungsausschluss erfasst sein, um den Schutz der Gesellschafter nicht übermäßig stark einzuschränken.[1229] Dies erscheint sachgerecht, da die Gesellschaft nicht schutzwürdig ist, wenn der Geschäftsführer jegliche Auskunft verweigert und den außenstehenden Gesellschaftern damit absichtlich Informationen vorenthält.[1230] Dem wird teilweise entgegengehalten, dass die Ausnahme für den Fall der Totalverweigerung zu erheblichen Abgrenzungsschwierigkeiten führe, wenn der Geschäftsführer ein Auskunftsverlangen grob unvollständig beantworte.[1231] Diese Abgrenzungsprobleme lassen sich jedoch vermeiden, wenn man eine Totalverweigerung richtigerweise nur in den Fällen annimmt, in denen die Geschäftsführung absichtlich überhaupt keine Angaben macht.[1232]

c. *Fazit*

Da die Frage nach der Verletzung bewertungsbezogener Informationspflichten eng mit der Überprüfung der Angemessenheit der in den Gewinnabführungsvertrag aufgenommenen Ausgleichs- und Abfindungsansprüche zusammenhängt und vor dem Hintergrund, dass die außenstehenden Gesellschafter durch die

---

1228 *Schäfer*, in: Münchener Kommentar zum AktG, § 243 Rn. 124; *Drescher*, in: BeckOGK AktG, § 243 Rn. 156; *Spindler*, NZG 2005, 825 (829); *Leuering/Simon*, NJW-Spezial 2005, 315.

1229 Begründung zum Regierungsentwurf vom 14.03.2005 (UMAG), BT-Drucksache 15/5092, S. 26.

1230 Zu dieser Einschätzung kommen auch *Heinrich/Theusinger*, BB 2006, 449 (451).

1231 DAV-Stellungnahme zum RefE UMAG, NZG 2004, 555 (563); DAV-Stellungnahme zum RegE UMAG, ZIP 2005, 774 (779); *Spindler*, NZG 2005, 825 (829).

1232 *Noack/Zetzsche*, in: Kölner Kommentar zum AktG, § 243 Rn. 699, die zu Recht darauf hinweisen, dass das Übersehen einer Frage keine Totalverweigerung darstellt; *Schäfer*, in: Münchener Kommentar zum AktG, § 243 Rn. 124; aA *Drescher*, in: BeckOGK AktG, § 243 Rn. 156, der eine zur Anfechtung berechtigende Totalverweigerung auch in den Fällen annehmen will, in denen ein Auskunftsverlangen nur mit leeren Worthülsen beantwortet wird.

Instrumente des Vertragsberichts und der Vertragsprüfung hinreichend geschützt sind, erscheint es sachgerecht, die Regelung des § 243 Abs. 4 S. 2 AktG im Vertragskonzernrecht der GmbH analog anzuwenden und sämtliche mit der Unternehmensbewertung in Zusammenhang stehende Rügen im Spruchverfahren zu klären. Eine Anfechtungsklage kann daher nicht darauf gestützt werden, dass ein auf Bewertungsfragen bezogenes Auskunftsverlangen in der Gesellschafterversammlung unzureichend oder fehlerhaft beantwortet worden ist.

3. *Informationserteilung im Vorfeld der Gesellschafterversammlung*

a. *Beschränkter Anwendungsbereich des § 243 Abs. 4 S. 2 AktG*

Im Aktienkonzernrecht ist der Anfechtungsausschluss des § 243 Abs. 4 S. 2 AktG ausweislich seines eindeutigen Wortlauts auf bewertungsbezogene Informationsmängel in der Hauptversammlung beschränkt.[1233] Bewertungsbezogene Mängel des im Vorfeld der Hauptversammlung erstatteten Vertragsberichts können daher mit der Anfechtungsklage geltend gemacht werden.[1234] Der BGH hatte dies in seinen Entscheidungen zum Umwandlungsrecht noch anders gesehen und die Anfechtung des Zustimmungsbeschlusses auch bei bewertungsbezogenen Informationsmängeln des Verschmelzungsberichts ausgeschlossen.[1235] Auch der Referentenentwurf zum UMAG sah in Übereinstimmung mit der vorausgegangenen Entscheidung des BGH einen Anfechtungsausschluss für alle bewertungsbezogenen Informationsmängel vor, unabhängig davon, ob sie auf einer fehlerhaften Auskunftserteilung in der Hauptversammlung oder einem Mangel des im Vorfeld erstatteten Vertragsberichts beruhen.[1236] Nichtsdestotrotz entschied sich der Gesetzgeber im Rahmen des UMAG dafür, den Anwendungsbereich des § 243

1233 *Drescher*, in: BeckOGK AktG, § 243 Rn. 149; *Englisch*, in: Hölters/Weber, AktG, § 243 Rn. 91; *Schäfer*, in: Münchener Kommentar zum AktG, § 243 Rn. 124; *Leuering/Simon*, NJW-Spezial 2005, 315; *Schütz*, NZG 2005, 5 (10); *Schwab*, NZG 2007, 521 (522).

1234 Begründung zum Regierungsentwurf vom 14.03.2005 (UMAG), BT-Drucksache 15/5092, S. 26; *Schäfer*, in: Münchener Kommentar zum AktG, § 243 Rn. 124; *Drescher*, in: BeckOGK AktG, § 243 Rn. 149; *Noack/Zetzsche*, in: Kölner Kommentar zum AktG, § 243 Rn. 718; *Spindler*, NZG 2005, 825 (829).

1235 BGH, Urteil vom 18.12.2000 - II ZR 1/99 = NJW 2001, 1425 - *MEZ*; Urteil vom 29.01.2001 - II ZR 368/98 = NJW 2001, 1428 - *Aqua Butzke*.

1236 Referentenentwurf vom 19.01.2004 (UMAG), S. 8.

Abs. 4 S. 2 AktG auf die Hauptversammlung zu beschränken.[1237] Die vorher von der Rechtsprechung etablierten Grundsätze sind daher nicht mehr anwendbar.[1238] Vor diesem Hintergrund erscheint fraglich, ob der Anfechtungsausschluss im GmbH-Konzernrecht auf die Verletzung bewertungsbezogener Informationspflichten im Vorfeld der Gesellschafterversammlung ausgedehnt werden kann.[1239]

b. Kritik an der Entscheidung des Gesetzgebers

Die Entscheidung des Gesetzgebers, bei bewertungsbezogenen Informationsmängeln des Vertragsberichts weiterhin die Anfechtungsklage zuzulassen, ist in der Literatur auf Kritik gestoßen.[1240] Um das Risiko einer missbräuchlichen Beschlussanfechtung zu reduzieren, müsse die Anfechtungsklage bei sämtlichen bewertungsbezogenen Informationsmängeln ausgeschlossen werden. Außerdem rufe die unterschiedliche Behandlung der verschiedenen Informationsmängel Widersprüche hervor, da bewertungsbezogene Mängel des Vertragsberichts genauso wie andere bewertungsbezogene Informationsmängel in einem unmittelbaren sachlichen Zusammenhang zur Unternehmensbewertung stünden. Insofern erscheint es naheliegend, im Spruchverfahren nicht nur die Bewertungsfragen, sondern auch sämtliche damit zusammenhängende Informationspflichtverletzungen zu überprüfen.[1241]

1237 Vgl. die Begründung zum Regierungsentwurf vom 14.03.2005 (UMAG), BT-Drucksache 15/5092, S. 26.

1238 *Schwab*, NZG 2007, 521 (522); *Englisch*, in: Hölters/Weber, AktG, § 243 Rn. 92; *Maierhofer*, Schutz außenstehender Gesellschafter, S. 256. Die Gegenansicht will die von der Rechtsprechung entwickelten Grundsätze weiterhin anwenden und argumentiert wenig überzeugend, dass der Gesetzgeber im Zuge des UMAG keine Entscheidung über bewertungsbezogene Informationsmängel im Vorfeld der Hauptversammlung habe treffen wollen, vgl. *Drescher*, in: BeckOGK AktG, § 243 Rn. 151; *Noack/Zetzsche*, in: Kölner Kommentar zum AktG, § 243 Rn. 731 ff.; *Weißhaupt*, ZIP 2005, 1766 (1772); *Leuering/Simon*, NJW-Spezial 2005, 315; DAV-Stellungnahme zum RegE UMAG, ZIP 2005, 774 (779).

1239 Dafür *Huesmann*, Entschädigung und Spruchverfahren, S. 205; für eine andere Form der Einschränkung *Bayer*, in: Lutter/Hommelhoff, GmbHG, Anhang § 47 Rn. 52, nach dessen Ansicht eine Anfechtungsklage nur dann auf eine fehlerhafte Auskunftserteilung im Vorfeld der Gesellschafterversammlung gestützt werden kann, wenn der Gesellschafter auch in der Gesellschafterversammlung ein entsprechendes Informationsverlangen gestellt hat und dieses nicht erfüllt worden ist.

1240 *Veil*, AG 2005, 567 (570); *Heinrich/Theusinger*, BB 2006, 449 (451); *Spindler*, NZG 2005, 825 (829 Fn. 76); tendenziell kritisch auch *Schwab*, NZG 2007, 521 (522).

1241 *Veil*, AG 2005, 567 (570).

c. *Besondere Bedeutung des Vertragsberichts*

Für die Zulassung der Anfechtungsklage spricht hingegen die besondere Bedeutung, die dem Vertragsbericht für den informationellen Schutz der Gesellschafter zukommt.[1242] Die durch eine Anfechtungsklage drohenden finanziellen Nachteile schaffen für die beteiligten Rechtsträger einen zusätzlichen Anreiz, den Vertragsbericht ausführlich und verständlich zu gestalten.[1243] Droht bei Mängeln hingegen keine Anfechtungsklage, könnte die Gesellschaft dazu geneigt sein, den Vertragsbericht weniger ausführlich zu gestalten oder gar auf die Erstattung zu verzichten. Dies hätte gravierende Folgen für den informationellen Schutz der außenstehenden Gesellschafter, da der Vertragsbericht wichtige Informationen enthält, die die außenstehenden Gesellschafter zur Beurteilung der Angemessenheit der angebotenen Kompensationsregelung benötigen.[1244] Schließlich müssen die außenstehenden Gesellschafter auf dieser Basis nicht nur entscheiden, ob sie ihre Beteiligung an der Gesellschaft fortsetzen oder gegen Zahlung einer Abfindung ausscheiden, sondern sie benötigen die Informationen auch für die Frage, ob sie die Durchführung einer Vertragsprüfung verlangen und gegebenenfalls gerichtlich gegen den Gewinnabführungsvertrag vorgehen.

d. *Stellungnahme*

Tatsächlich erscheint es konstruiert, zwischen Informationsmängeln während der Gesellschafterversammlung und Informationsmängeln aus dem Vorfeld der Gesellschafterversammlung zu differenzieren. Bei sämtlichen bewertungsbezogenen Informationsmängeln kommen die oben angeführten Argumente zum Tragen, die gegen die Möglichkeit der Anfechtung und für die einheitliche Überprüfung im Spruchverfahren sprechen.[1245] Soweit es um bewertungsbezogene Mängel geht, stehen die vermögensrechtlichen Interessen der außenstehenden Gesellschafter an einer angemessenen Kompensation im Vordergrund, so dass es naheliegt, das Spruchverfahren als für Bewertungsfragen konzipierten Rechtsbehelf anzuwenden und die Anfechtung des Zustimmungsbeschlusses auszuschließen.

Die Ungleichbehandlung von Informationsmängel im Vorfeld der Gesellschafterversammlung kann auch nicht mit der besonderen Bedeutung des Vertragsberichts und der Gefahr gerechtfertigt werden, dass die Vertragsparteien

---

1242 DAV-Stellungnahme zum RefE UMAG, NZG 2004, 555 (563).
1243 *Schwab*, NZG 2007, 521 (522).
1244 Zur Bedeutung des Vertragsberichts bereits unter Teil 3 B. I.
1245 Vgl. die soeben genannten Argumente unter Teil 6 B. IV. 2. b.

sonst auf die Berichterstattung verzichten. Denn die unterlassene Berichterstattung ist als Totalverweigerung anzusehen, so dass die Beschlussanfechtung in diesem Fall weiterhin möglich bleibt.[1246] Auch die Sorge um eine Minderung der Berichtsqualität erscheint unbegründet, da auch das Spruchverfahren aufgrund der für die Gesellschaft nachteiligen Kostenregelung Abschreckungswirkung entfaltet.[1247]

Problematisch könnte jedoch der Umstand sein, dass der Ausschluss des Anfechtungsrechts bei bewertungsbezogenen Informationsmängeln im Vorfeld der Gesellschafterversammlung zu einem Auseinanderfallen der Rechtslage bei AG und GmbH führt. Schließlich ist die Regelung des § 243 Abs. 4 S. 2 AktG im Aktienrecht auf die Hauptversammlung beschränkt und kann angesichts des eindeutigen Wortlauts nicht auf Informationsmängel des Vertragsberichts ausgedehnt werden. Die unterschiedliche Reichweite des Anfechtungsausschlusses lässt sich jedoch mit der unterschiedlichen Ausgestaltung des Auskunftsrechts rechtfertigen. Denn anders als im Aktienrecht können Auskunftsverlangen bei der GmbH auch im Vorfeld der Gesellschafterversammlung gestellt werden. Es wäre kaum nachvollziehbar, warum eine fehlerhafte Auskunftserteilung im Vorfeld der Gesellschafterversammlung die Anfechtung des Zustimmungsbeschlusses ermöglichen soll, während für eine fehlerhafte Auskunftserteilung in der Gesellschafterversammlung das Spruchverfahren eröffnet ist.[1248] Insofern müssen bei der GmbH auch bewertungsbezogene Informationsmängel im Vorfeld der Gesellschafterversammlung vom Anfechtungsausschluss erfasst sein. Aus Gründen der Rechtsklarheit erstreckt sich der Anfechtungsausschluss dabei sowohl auf bewertungsbezogene Informationsmängel, die aus einem mangelhaften Vertragsbericht resultieren als auch auf solche bewertungsbezogenen Informationsmängel, die auf einer unzureichenden oder fehlerhaften Auskunftserteilung beruhen.[1249]

V. Ergebnis

Das Spruchverfahren stellt einen auf Bewertungsstreitigkeiten zugeschnittenen Rechtsbehelf dar, der die widerstreitenden Interessen der außenstehenden

1246 *Drescher*, in: BeckOGK AktG, § 243 Rn. 156.

1247 Zur Präventionswirkung des Spruchverfahrens bereits unter Teil 6 B. II. 3. b.

1248 Ebenso *Maierhofer*, Schutz außenstehender Gesellschafter, S. 263.

1249 AA *Maierhofer*, Schutz außenstehender Gesellschafter, S. 263, der weiter zwischen bewertungsbezogenen Informationsmängeln des Vertragsberichts und fehlerhafter Auskunftserteilung differenzieren will.

Gesellschafter und der beteiligten Rechtsträger in einen gerechten Ausgleich bringt und deshalb im Bereich der Bewertungsmängel der Anfechtungsklage vorzuziehen ist. Die außenstehenden Gesellschafter profitieren insbesondere von der für sie günstigen Kostenverteilung, der Geltung des Amtsermittlungsgrundsatzes, der längeren Antragsfrist und dem Umstand, dass das Gericht eine zu niedrig bemessene Kompensationsregelung unmittelbar korrigieren kann, indem es angemessene Ausgleichs- und Abfindungsansprüche festsetzt. Den Interessen der am Gewinnabführungsvertrag beteiligten Rechtsträger wird demgegenüber durch die schnelle Eintragung und die damit einhergehende Verringerung des Missbrauchspotentials Rechnung getragen. Die wesentlichen Nachteile der langen Verfahrensdauer und der hohen Verfahrenskosten wurden durch die Reform des Spruchverfahrens deutlich entschärft und stehen einer Ausdehnung des Anwendungsbereichs auf die GmbH nicht entgegen. Für die Überprüfung der Höhe der in den Gewinnabführungsvertrag aufgenommenen Kompensationsregelung ist daher wie im Aktienkonzernrecht das Spruchverfahren statthaft.

Angesichts der Vorteile, die das Spruchverfahren im Bereich der Bewertungsstreitigkeiten bietet, erscheint es sachgerecht, die außenstehenden Gesellschafter einer gewinnabführungsverpflichteten GmbH auch im Fall einer fehlenden Kompensationsregelung auf das Spruchverfahren zu verweisen. Aus Gründen der Rechtsklarheit erscheint es vorzugswürdig, dabei nicht zwischen dem Fehlen einer Ausgleichsregelung und dem Fehlen einer Abfindungsregelung zu differenzieren, so dass die außenstehenden Gesellschafter bei sämtlichen Bewertungsrügen auf den Rechtsbehelf des Spruchverfahrens zurückgreifen können. Aufgrund des sachlichen Zusammenhangs zwischen Bewertungsrügen und bewertungsbezogenen Informationsmängeln sind auch Informationspflichtverletzungen, die sich auf die Bemessung der den außenstehenden Gesellschaftern einzuräumenden Ausgleichs- und Abfindungsansprüche beziehen, im Spruchverfahren geltend zu machen. Anders als im Aktienrecht kommt es dabei nicht darauf an, ob es sich um einen Informationsmangel des Vertragsberichts oder eine unzureichende Auskunftserteilung in der Gesellschafterversammlung handelt.

C. Keine Übertragung des Freigabeverfahrens auf die GmbH

I. Meinungsstand

Wird der Zustimmungsbeschluss angefochten, kann sich die Gesellschaft im Aktienrecht durch Einleitung eines Freigabeverfahrens gegen die Blockade der Eintragung zur Wehr setzen. Das Verfahren ermöglicht eine Überwindung der faktischen Registersperre und stellt damit ein effektives Instrument zur Bekämpfung missbräuchlicher Anfechtungsklagen dar.[1250] Fraglich ist, ob das Freigabeverfahren auf die GmbH übertragen werden kann. In der Literatur ist das Meinungsbild gespalten: Nach der Einführung des Freigabeverfahrens im Jahr 2005 durch das UMAG standen viele Stimmen einer Übertragung auf die GmbH zunächst aufgeschlossen gegenüber.[1251] Seit der Verschärfung[1252] durch das ARUG[1253] überwiegt zu Recht die Ansicht, nach der eine Anwendung des Freigabeverfahrens im GmbH-Konzernrecht ausscheidet.[1254] In jüngerer Zeit deutet sich jedoch eine Trendumkehr an, da einige Stimmen in der Kommentarliteratur neuerdings für eine Übertragung des Freigabeverfahrens plädieren.[1255]

1250 *Schäfer*, in: Münchener Kommentar zum AktG, § 246a Rn. 2; *Rubner/Leuering*, NJW-Spezial 2019, 527 (528).

1251 *Leinekugel*, BeckOK GmbHG, Stand: 01.03.2009, Systematische Darstellung Beschlussanfechtung, Rn. 233; *Harbarth*, GmbHR 2005, 966; *Geißler*, GmbHR 2009, 128 (133).

1252 Zu den im Rahmen des ARUG vorgenommenen Änderungen *Bosse*, NZG 2009, 807 (810 ff.); *Verse*, NZG 2009, 1127; *Lorenz/Pospiech*, BB 2010, 2515 (2516).

1253 Gesetz zur Umsetzung der Aktionärsrechterichtlinie vom 30.07.2009, BGBl. I S. 2479.

1254 KG, Beschluss vom 23.06.2011 – 23 AktG 1/11 = NZG 2011, 1068; *Wertenbruch*, in: Münchener Kommentar zum GmbHG, Anhang § 47 Rn. 281; *Noack*, in: Noack/Servatius/Haas, GmbHG, § 54 Rn. 28; *Tebben*, in: Scholz, GmbHG, § 57 Rn. 50; *Emmerich*, in: Emmerich/Habersack, Aktien-/GmbH-KonzernR, § 293 Rn. 61; *Raiser/Schäfer*, in: Habersack/Casper/Löbbe, GmbHG, Anhang § 47 Rn. 10; *Trölitzsch*, in: BeckOK GmbHG, § 54 Rn. 13; *Ziemons*, in: BeckOK GmbHG, § 57 Rn. 60; *Jocksch*, Freigabeverfahren im System des einstweiligen Rechtsschutzes, S. 85; *Nietsch*, Freigabeverfahren, S. 40; *Sauerbruch*, GmbHR 2007, 189; *Fleischer*, DB 2011, 2132 (2137); *Wicke*, MittBayNot 2011, 23 (26); *Meuer*, GmbHG 2013, 729; aus dem aktienrechtlichen Schrifttum *Noack/Zetsche*, in: Kölner Kommentar zum AktG, § 246a Rn. 25, 44; *Koch*, in: AktG, § 246a Rn. 3; *Drescher*, in: Henssler/Strohn, AktG, § 246a Rn. 3; *Ehmann*, in: Grigoleit, AktG, § 246a Rn. 2; *Göz*, in: Bürgers/Körber/Lieder, AktG, Rn. 2.

1255 *Ulmer/Casper*, in: Habersack/Casper/Löbbe, GmbHG, § 54 Rn. 56; *Lieder*, in: Münchener Kommentar zum GmbHG, § 57 Rn. 66; *Schnorbus*, in: Rowedder/Pentz, GmbHG, Anhang § 52 Rn. 104; *Bayer*, in: Lutter/Hommelhoff, GmbHG, § 57 Rn. 25b; *Wicke*, GmbHG, Anhang § 47 Rn. 17; *Wolff*, in: Münchener Handbuch GesR, Band 3, § 40 Rn. 50a; *Bayer/Lieder*, NZG 2011, 1170, so auch *Huesmann*, Entschädigung und Spruchverfahren, S. 151.

II. Diskussion der Argumente

1. Wille des Gesetzgebers

Die Übertragbarkeit des Freigabeverfahrens auf die GmbH wird teilweise mit dem Argument bestritten, dass es an einer planwidrigen Regelungslücke fehle. Der Gesetzgeber habe die Gelegenheit zu einer ausdrücklichen Regelung bei der GmbH im Zuge des MoMiG bewusst ungenutzt gelassen.[1256] Daraus kann jedoch nicht geschlossen werden, dass der Wille des Gesetzgebers einer Übertragung des Freigabeverfahrens auf die GmbH entgegensteht. Das wird schon daran deutlich, dass auch die anderen Vorschriften des aktienrechtlichen Beschlussmängelrechts in weiten Teilen auf die GmbH übertragen werden, obwohl der Gesetzgeber hier ebenso wenig eine ausdrückliche Regelung getroffen hat. Es ist nicht ersichtlich, warum die Untätigkeit des Gesetzgebers gerade im Hinblick auf § 246a AktG einer Übertragung auf die GmbH entgegenstehen soll.[1257] Hinzu kommt, dass sich die durch das MoMiG umgesetzte Reform des GmbH-Rechts auf andere Regelungsbereiche konzentriert hat und die Normierung eines Freigabeverfahrens von vornherein nicht zur Debatte stand.[1258] In dem Unterlassen des Gesetzgebers kann daher keine Entscheidung gegen eine analoge Anwendung des § 246a AktG gesehen werden.[1259] Näherliegend erscheint die Vermutung, dass der Gesetzgeber die Aufnahme einer ausdrücklichen Regelung unterlassen hat, weil er die Frage nach einer Übertragung des Freigabeverfahrens auf die GmbH Rechtsprechung und Literatur überlassen und die Entwicklung des rechtswissenschaftlichen Diskurses nicht unterbrechen wollte.

1256 KG, Beschluss vom 23.06.2011 – 23 AktG 1/11 = NZG 2011, 1068 (1069); *Meuer*, GmbHR 2013, 729 (734); kritisch zu dieser Argumentation *Fleischer*, DB 2011, 2132 (2133), der zu Recht darauf hinweist, dass eine derartige Interpretation leicht die Grenze zur Spekulation überschreitet; ähnlich *Nietsch*, Freigabeverfahren, S. 38.

1257 *Wertenbruch*, in: Münchener Kommentar zum GmbHG, Anhang § 47 Rn. 281; *Wolff*, in: Münchener Handbuch GesR, Band 3, § 40 Rn. 50a; *Fleischer*, DB 2011, 2132 (2134).

1258 Hauptanliegen der Reform waren die Erleichterung der Gründung, die Bekämpfung von Missbräuchen in der Insolvenz und vor allem die unter dem Wettbewerbsdruck ausländischer Rechtsformen erforderlich gewordene allgemeine Deregulierung des GmbH-Rechts, vgl. die Begründung zum Regierungsentwurf vom 25.07.2007 (MoMiG), BT-Drucksache 16/6140; übersichtlich zu den durch das MoMiG bewirkten Änderungen *Körber/Kliebisch*, JuS 2008, 1041; aus notarieller Perspektive *Wälzholz*, MittBayNot 2008, 425.

1259 *Nietsch*, Freigabeverfahren, S. 38.

2. *Vergleich zum Umwandlungsrecht*

Dass der Übertragung des Freigabeverfahrens auf die GmbH keine grundsätzlichen Bedenken entgegenstehen, wird an einem Vergleich zum Umwandlungsrecht deutlich, wo § 16 Abs. 3 UmwG ebenfalls ein Freigabeverfahren vorsieht, das rechtsformneutral ausgestaltet ist und daher auch den Gesellschaftern einer an der Strukturmaßnahme beteiligten GmbH zur Verfügung steht.[1260] Daran wird deutlich, dass das Freigabeverfahren nicht nur für die kapitalistisch strukturierte AG konzipiert ist, sondern auch auf die GmbH übertragen werden kann.[1261] Teilweise wird der Vergleich zum Umwandlungsrecht mit dem Einwand relativiert, dass das in § 16 Abs. 3 UmwG vorgesehene Freigabeverfahren strukturelle Unterschiede zu dem des Aktienrechts aufweise, da hier eine gesetzliche Registersperre vorgesehen sei, bei der die Freigabeentscheidung an die Stelle der von den Leitungsorganen abzugebenden Negativerklärung trete, während es sich im Aktienrecht lediglich um eine faktische Registersperre handele.[1262] Dem Einwand kann nicht gefolgt werden, da sich die faktische Registersperre zwar rechtstechnisch von der im Umwandlungsrecht vorgesehenen gesetzlichen Registersperre unterscheidet, in ihren Auswirkungen auf die Gesellschaft jedoch zu demselben Ergebnis führt, da sie gleichermaßen die Eintragung in das Handelsregister blockiert und dadurch die Umsetzung der Strukturmaßnahme verzögert.[1263] Für die Frage der Übertragung auf die GmbH spielt es insofern keine Rolle, ob die Registersperre faktischer oder gesetzlicher Natur ist.

3. *Missbrauchspotential*

a. *Freigabeverfahren als Verteidigungsmittel der Gesellschaft*

Das Hauptargument für eine Übertragung des Freigabeverfahrens liegt in der Verringerung des Missbrauchspotentials der Anfechtungsklage. Auch wenn bei der GmbH kein professionalisierter Missbrauch der Anfechtungsklage zu beobachten

---

1260 *Lieder*, in: Münchener Kommentar zum GmbHG, § 57 Rn. 66; *Nietsch*, Freigabeverfahren, S. 37; *Geißler*, GmbHR 2009, 128 (133); *Bayer/Lieder*, NZG 2011, 1170 (1172).

1261 So auch *Fleischer*, DB 2011, 2132 (2134), der sich im Ergebnis jedoch zu Recht gegen eine analoge Anwendung auf die GmbH entscheidet.

1262 *Fleischer*, DB 2011, 2132 (2134).

1263 Zu den Auswirkungen der faktischen Registersperre und den Unterschieden zu der im Umwandlungsrecht vorgesehenen gesetzlichen Registersperre bereits unter Teil 6 B. II. 4. b. aa.

ist,[1264] kann die aufgrund der Erhebung einer Anfechtungsklage drohende Verzögerung und die damit verbundenen wirtschaftlichen Schäden ein Hindernis beim Abschluss eines Gewinnabführungsvertrags darstellen.[1265] Durch die Anwendung des Freigabeverfahrens kann dem entgegengewirkt werden, da die Gesellschaft damit ein Instrument in der Hand hat, mit dem sie die faktische Registersperre überwinden und sich gegen Anfechtungsklagen verteidigen kann.

b. Zweck des Freigabeverfahrens

Der dagegen gerichtete Einwand, dass das Freigabeverfahren ausschließlich zur Bekämpfung des professionalisierten Missbrauchs der Anfechtungsklage eingeführt worden sei und nicht der Eindämmung abstrakter Missbrauchsrisiken diene, vermag nicht zu überzeugen. Denn in der Gesetzesbegründung zum UMAG heißt es lediglich, dass das Freigabeverfahren die missbräuchliche Ausnutzung des Anfechtungsrechts unterbinden soll.[1266] Von der Bekämpfung des professionalisierten Missbrauchs und der Geschäftspraxis räuberischer Aktionäre ist keine Rede.[1267] Stattdessen wird ausdrücklich klargestellt, dass es um alle Fälle geht, in denen die von einem Minderheitsgesellschafter erhobene Anfechtungsklage die Handlungsfähigkeit der Gesellschaft einschränkt und dadurch einen betriebswirtschaftlich nicht zu vertretenden Schaden verursacht.[1268] Auch wenn im rechtswissenschaftlichen Diskurs die Bekämpfung des professionalisierten Klagemissbrauchs im Zentrum der Aufmerksamkeit stand,[1269] spiegelt sich dieses Verständnis in der Gesetzesbegründung nicht wider. Wenngleich der Gesetzgeber ursprünglich die Problematik der Berufskläger vor Augen hatte, deutet

1264 Siehe Teil 6 B. II. 4. b. bb.

1265 *Lieder*, in: Münchener Kommentar zum GmbHG, § 57 Rn. 66; *Jocksch*, Freigabeverfahren im System des einstweiligen Rechtsschutzes, S. 85; *Harbarth*, GmbHR 2005, 966 (969); *Meuer*, GmbHR 2013, 729 (734).

1266 Begründung zum Regierungsentwurf vom 14.03.2005 (UMAG), BT-Drucksache 15/5092, S. 1 f.

1267 Darauf geht der Gesetzgeber erst in der Gesetzesbegründung zum ARUG ein, BT-Drucksache 16/11642, S. 53 f.

1268 Begründung zum Regierungsentwurf vom 14.03.2005 (UMAG), BT-Drucksache 15/5092, S. 1.

1269 *Schäfer*, in: Münchener Kommentar zum AktG, § 246a Rn. 2; *Schatz*, in: Heidel, AktG, § 246a Rn. 2; *Vatter*, in: BeckOK, AktG, § 246a Rn. 5; *Tebben*, in: Scholz, GmbHG, § 57 Rn. 50; *Schütz*, DB 2004, 419; *Veil*, AG 2005, 567; *Spindler*, NZG 2005, 825 (829); *Koch/Wackerbeck*, ZIP 2009, 1603 (1604); *Habersack/Stilz*, ZGR 2010, 710 (713); *Kläsener/Wasse*, AG 2010, 202; *Lorenz/Pospiech*, BB 2010, 2515; *Wicke*, MittBayNot 2011, 23 (26); *Meuer*, GmbHG 2013, 729.

die Gesetzesbegründung darauf hin, dass das Freigabeverfahren nicht auf diesen Bereich beschränkt werden sollte, sondern als Reaktion auf die abstrakte Missbrauchsgefahr von Anfechtungsklagen durch Minderheitsgesellschafter gedacht war.[1270] Der Zweck des Freigabeverfahrens steht einer Anwendung auf die GmbH daher nicht entgegen.

4. *Entwertung des Anfechtungsrechts*

a. *Aufhebung der faktischen Registersperre*

Entscheidend gegen eine Übertragung des Freigabeverfahrens spricht jedoch die damit verbundene Entwertung des Anfechtungsrechts. Auch wenn das Freigabeverfahren das Anfechtungsrecht der Gesellschafter formal unberührt lässt und erst nach Erhebung einer Anfechtungsklage zur Anwendung kommt, wirkt sich das Freigabeverfahren erheblich auf das mit der Anfechtung verbundene Drohpotential aus, da es die Aufhebung der faktischen Registersperre ermöglicht. Die Freigabe führt dazu, dass der Registerrichter zur Eintragung des Gewinnabführungsvertrags verpflichtet ist, obwohl angesichts der gegen den Zustimmungsbeschluss erhobenen Anfechtungsklage berechtigte Zweifel an dessen Mangelfreiheit bestehen. Die Anwendung des Freigabeverfahrens führt insofern dazu, dass die Anfechtungsklage als schärfstes Schwert der Minderheitsgesellschafter erheblich an Schlagkraft verliert.[1271]

b. *Wirtschaftliche Interessenabwägung*

Über den Erfolg des Freigabeverfahrens entscheidet häufig die in § 246a Abs. 2 Nr. 3 AktG vorgesehene Interessenabwägung, bei der das Interesse der antragstellenden Gesellschaft an der Eintragung des Gewinnabführungsvertrags dem Interesse des klagenden Minderheitsgesellschafters an der Aussetzung des Eintragungsverfahrens gegenübergestellt wird.[1272] Als problematisch erweist sich dabei der Umstand, dass die Abwägung ausschließlich auf wirtschaftliche Gesichtspunkte

1270 *Ulmer/Casper*, in: Habersack/Casper/Löbbe, GmbHG, § 54 Rn. 56; *Nietsch*, Freigabeverfahren, S. 38; zur Differenzierung zwischen dem nicht notwendigerweise deckungsgleichen Anlass eines Gesetzes und seinem Zweck, *Fleischer*, DB 2011, 2132 (2133).

1271 *Veil*, AG 2005, 567 (576), der von einem schwerwiegenden Eingriff in die Mitgliedschaftsrechte spricht.

1272 *Schäfer*, in: Münchener Kommentar zum AktG, § 246a Rn. 26; *Verse*, NZG 2009, 1127 (1130).

beschränkt ist.[1273] Dies benachteiligt die außenstehenden Gesellschafter, da es für die Gesellschaft häufig kein Problem darstellt, erhebliche finanzielle Einbußen durch die Verzögerung der Eintragung nachzuweisen.[1274] Die von den Minderheitsgesellschaftern gerügte Beeinträchtigung ihres Legalitätsinteresses findet dagegen keine Berücksichtigung. Das hat zur Folge, dass die Abwägung zwischen dem Vollzugsinteresse der Gesellschaft und dem Aussetzungsinteresse der klagenden Gesellschafter in nahezu allen Fällen zugunsten der Gesellschaft ausfällt und dadurch die Eintragung des Gewinnabführungsvertrags ermöglicht.[1275] Selbst bei wahrscheinlicher Begründetheit der Anfechtungsklage kommt es zur Eintragung, wenn die der Gesellschaft drohenden Nachteile die Interessen der Anfechtungskläger wirtschaftlich überwiegen.[1276] Daran wird deutlich, dass die Gesellschaft im Freigabeverfahren eine deutlich stärkere Ausgangsposition hat als die gegen den Zustimmungsbeschluss klagenden Minderheitsgesellschafter.

c. Eintragung trotz schwerer Mängel

Da die Interessenabwägung auf wirtschaftliche Erwägungen beschränkt ist und die Schwere des Rechtsverstoßes sowie die Erfolgsaussichten der Anfechtungsklage kaum eine Rolle spielen, kann das Freigabeverfahren auch dann zur Eintragung des Gewinnabführungsvertrags führen, wenn der Zustimmungsbeschluss an offensichtlichen Mängeln leidet.[1277] Das Gesetz sieht zwar eine Ausnahme für besonders schwere Rechtsverstöße vor, die gem. § 246a Abs. 2 Nr. 3 AktG der Eintragung entgegenstehen. Die Ausnahmeregelung wird jedoch eng ausgelegt und greift daher nur in wenigen Fällen ein.[1278] Durch die Anpassungen im Rahmen

---

1273 Zur rein wirtschaftlichen Natur der Interessenabwägung siehe die Beschlussempfehlung und den Bericht des Rechtsausschusses zum ARUG, BT-Drucksache 16/13098, S. 42; KG Berlin, Beschluss vom 12.03.2010 – 14 AktG 1/09 = AG 2010, 497 (498); KG Berlin, Beschluss vom 18.05.2010 – 14 AktG 1/10 = AG 2010, 494.

1274 Der Nachweis für die Gesellschaft wird dadurch erleichtert, dass „alle nicht vernachlässigbaren Nachteile“ in die Abwägung einzubeziehen sind, siehe dazu die Beschlussempfehlung und den Bericht des Rechtsausschusses zum ARUG, BT-Drucksache 16/13098, S. 42.

1275 *Verse*, NZG 2009, 1127 (1130); *Rubner/Leuering*, NJW-Spezial 2019, 527 (528); ähnlich *Schäfer*, in: Münchener Kommentar zum AktG, § 246a Rn. 26, der die Freigabe aufgrund überwiegenden Vollzugsinteresses der Gesellschaft als Standardfall bezeichnet.

1276 *Vatter*, in: BeckOGK AktG, § 246a Rn. 35; *Rubel*, DB 2009, 2027 (2030).

1277 *Vatter*, in: BeckOGK AktG, § 246a Rn. 31; *Raiser/Schäfer*, in: Habersack/Casper/Löbbe, GmbHG, Anhang § 47 Rn. 10.

1278 *Schäfer*, in: Münchener Kommentar zum AktG, § 246a Rn. 27.

des ARUG wurde das Problem weiter verschärft, da der Ausnahmetatbestand für die der Eintragung entgegenstehenden, besonders schweren Rechtsverstöße ausweislich der Gesetzesbegründung noch restriktiver gehandhabt werden soll. Während ein besonders schwerer Rechtsverstoß vorher schon bei einer „massiven Verletzung elementarer Aktionärsrechte" vorlag,[1279] wurde dies durch das ARUG insofern eingeschränkt, als es für die Annahme eines besonders schweren Rechtsverstoßes nun auch darauf ankommen soll, ob der dem Anfechtungskläger drohende Nachteil durch Schadensersatzansprüche kompensiert werden kann.[1280] Das Vorliegen eines Nichtigkeitsgrundes genügt keinesfalls für die Annahme eines besonders schweren Rechtsverstoßes, stattdessen muss die Eintragung und Umsetzung der angegriffenen Maßnahme „für die Rechtsordnung unerträglich" sein.[1281] Angesichts der hohen Anforderungen an das Vorliegen eines besonders schweren Rechtsverstoßes und vor dem Hintergrund, dass die Darlegungs- und Beweislast beim Antragsgegner liegt,[1282] besteht das Risiko, dass es auch bei gravierenden Beschlussmängeln zur Eintragung des Gewinnabführungsvertrags kommt.[1283]

d. Bestandsschutz des eingetragenen Gewinnabführungsvertrags

Der Eingriff in die Rechtsstellung der Minderheitsgesellschafter gewinnt ferner dadurch an Intensität, dass die Maßnahme durch ihre Eintragung in Bestandskraft erwächst.[1284] Gemäß § 246a Abs. 4 S. 2 AktG lassen Mängel die Durchführung des Beschlusses unberührt, wenn er infolge der Freigabe im Handelsregister eingetragen worden ist. Das führt zu einer erheblichen Beeinträchtigung des Legalitätsinteresses, da die Minderheitsgesellschafter nur noch Schadensersatz verlangen können, anstatt den Zustimmungsbeschluss zu beseitigen und die Maßnahme

---

1279 Begründung zum Regierungsentwurf vom 14.03.2005 (UMAG), BT-Drucksache 15/5092, S. 29.

1280 Begründung zum Regierungsentwurf vom 21.01.2009 (ARUG), BT-Drucksache 16/11642, S. 41.

1281 Beschlussempfehlung und Bericht des Rechtsausschusses zum ARUG, BT-Drucksache 16/13098, S. 42; KG Berlin, Beschluss vom 12.03.2010 - 14 AktG 1/09 = AG 2010, 497 (500); KG Berlin, Beschluss vom 18.05.2010 - 14 AktG 1/10 = AG 2010, 494 (495).

1282 *Vatter*, in: BeckOGK AktG, § 246a Rn. 30; *Schäfer*, in: Münchener Kommentar zum AktG, § 246a Rn. 28; *Lorenz/Pospiech*, BB 2010, 2515 (2520).

1283 *Meuer*, GmbHR 2013, 729 (734).

1284 Zu Recht kritisch *Raiser/Schäfer*, in: Habersack/Casper/Löbbe, GmbHG, Anhang § 47 Rn. 10; zu den Folgen der Bestandskraft des Zustimmungsbeschlusses für die Anfechtungsklage *Schütz*, DB 2004, 419 (422).

rückgängig zu machen.[1285] Zwar besteht auch bei der GmbH ein Interesse am Bestand eingetragener Gesellschafterbeschlüsse, dieses ist jedoch geringer als bei der AG, da sich die Heilung durch erneute Beschlussfassung analog § 244 AktG bei kleineren Gesellschaften einfacher gestaltet als bei kapitalistisch strukturierten Aktiengesellschaften mit einer großen Anzahl von Kleinaktionären.[1286]

III. Stellungnahme

Die Anwendung des Freigabeverfahrens führt zu einer erheblichen Beeinträchtigung des Legalitätsinteresses, da der Gewinnabführungsvertrag aufgrund der Aufhebung der faktischen Registersperre nicht nur eingetragen wird, sondern trotz vorhandener Mängel in Bestandskraft erwächst. Anders als das Spruchverfahren, das ebenfalls zu einer Beeinträchtigung des Legalitätsinteresses führt, ist das Freigabeverfahren nicht auf bestimmte Mängel beschränkt und ermöglicht daher auf breiter Fläche sowie bei besonders schwerwiegenden Fehlern die Eintragung mangelhafter Gesellschafterbeschlüsse. Dabei ist das Freigabeverfahren aufgrund der dort vorgesehenen rein wirtschaftlichen Interessenabwägung zum Vorteil der Gesellschaft ausgestaltet, was in vielen Fällen zur Folge hat, dass das Aussetzungsinteresse der klagenden Gesellschafter hintanstehen muss. Diese Beeinträchtigung des Legalitätsinteresses wird nicht durch andere Vorteile kompensiert, wie sie das Spruchverfahren zum Schutz der Minderheitsgesellschafter vorsieht. Während der Bewertungsmangel im Spruchverfahren durch die gerichtliche Festsetzung einer angemessenen Kompensation unmittelbar behoben wird, findet im Freigabeverfahren keine solche Korrektur des vom klagenden Gesellschafter gerügten Mangels statt. Vielmehr wird eine Korrektur durch die Bestandskraft der aufgrund einer Freigabeentscheidung eingetragenen Maßnahme nachhaltig verhindert.

Angesichts der größeren Bedeutung, die dem Legalitätsinteresse der GmbH-Gesellschafter im Vergleich zur AG zukommt, kann eine so weitgehende Beeinträchtigung des Anfechtungsrechts nicht allein durch das mit der Anfechtungsklage verbundene abstrakte Missbrauchspotential gerechtfertigt werden. Auch die Vorschläge, das unstreitig nicht zur GmbH passende Mindestquorum

---

1285 *Meuer*, GmbHR 2013, 729 (734).

1286 *Nietsch*, Freigabeverfahren, S. 39; *Jocksch*, Freigabeverfahren im System des einstweiligen Rechtsschutzes, S. 86; *Sauerbruch*, GmbHR 2011, 189 (192); *Fleischer*, DB 2011, 2132 (2135).

außer Acht zu lassen,[1287] die größere Bedeutung des Legalitätsinteresses im Rahmen der Interessenabwägungsklausel zu berücksichtigen,[1288] oder die Freigabe bei wahrscheinlicher Begründetheit der Anfechtungsklage auszuschließen,[1289] erscheinen wenig überzeugend, da sie der gesetzgeberischen Konzeption des Freigabeverfahrens zuwiderlaufen. Statt das Freigabeverfahren ins Prokrustesbett zu zwängen, sollte auf eine Übertragung in das Vertragskonzernrecht der GmbH verzichtet werden.[1290] Der Gefahr missbräuchlicher Anfechtungsklagen kann durch die Übertragung des Spruchverfahrens begegnet werden, das bei den besonders anfechtungsrelevanten Bewertungsmängeln Anwendung findet und das Risiko querulatorischer Beschlussmängelklagen in diesem Bereich ausschließt. Dehnt man den Anwendungsbereich des Spruchverfahrens richtigerweise auf bewertungsbezogene Informationsmängel aus, kann ein Großteil der abstrakten Anfechtungsrisiken eliminiert werden, so dass kein Bedarf für eine Übertragung des Freigabeverfahrens besteht.

1287 So *Bayer/Lieder*, NZG 2011, 1170 (1174), die einräumen, dass das Mindestquorum auf die AG zugeschnitten ist und daher nicht auf die GmbH übertragen werden kann; vgl. dazu auch *Noack*, in: Noack/Servatius/Haas, GmbHG, § 54 Rn. 28; *Trölitzsch*, in: BeckOK GmbHG, § 54 Rn. 13; *Wicke*, MittBayNot 2011, 23 (26); *Meuer*, GmbHR 2013, 729 (734).

1288 *Harbarth*, GmbHR 2005, 966 (971); *Bayer/Lieder*, NZG 2011, 1170 (1174).

1289 *Huesmann*, Entschädigung und Spruchverfahren, S. 149.

1290 Ebenso *Nietsch*, Freigabeverfahren, S. 40.

Teil 7: Schluss

A. Zusammenfassung der wesentlichen Ergebnisse

I. Abschluss des Gewinnabführungsvertrags

In Anlehnung an das aktienkonzernrechtliche Regelungskonzept bedarf der Gewinnabführungsvertrag mit einer GmbH auf der Ebene beider Vertragsparteien eines konstitutiven Zustimmungsbeschlusses der Gesellschafter, mit dem diese ihr Einverständnis zum Vertragsschluss erteilen. Hinsichtlich der Form der Zustimmungserteilung ist zu beachten, dass der Zustimmungsbeschluss der gewinnabführungsverpflichteten Gesellschaft der notariellen Beurkundung bedarf, während für den Zustimmungsbeschluss des anderen Vertragsteils die Schriftform genügt. Die Zustimmungsbeschlüsse können sowohl auf der Ebene des anderen Vertragsteils als auch bei der gewinnabführungsverpflichteten Gesellschaft im Umlaufverfahren, in einer virtuellen Gesellschafterversammlung oder in einer anderen im Gesellschaftsvertrag vorgesehenen Form gefasst werden. Das Erfordernis der notariellen Beurkundung steht der Beschlussfassung außerhalb einer Gesellschafterversammlung nicht entgegen.

Der Gewinnabführungsvertrag selbst bedarf in analoger Anwendung des § 293 Abs. 3 AktG grundsätzlich nur der Schriftform. Etwas anderes gilt, wenn der Vertrag eine Abfindung in Anteilen vorsieht und es sich bei dem anderen Vertragsteil um eine GmbH handelt. In diesem Fall unterliegt der Gewinnabführungsvertrag aufgrund der Anteilsabfindung und der damit einhergehenden Verpflichtung zur Übertragung von Geschäftsanteilen dem Beurkundungserfordernis aus § 15 Abs. 4 S. 1 GmbHG. Wie im Aktienkonzernrecht wird der Gewinnabführungsvertrag erst mit seiner Eintragung im Handelsregister der Untergesellschaft wirksam. Daneben kann der Gewinnabführungsvertrags mit deklaratorischer Wirkung im Handelsregister des anderen Vertragsteils eingetragen werden.

II. Vertragsbericht und Vertragsprüfung

Die Informations- und Prüfungspflichten der §§ 293a ff. AktG finden bei der GmbH in weiten Teilen analoge Anwendung. Die Geschäftsführer der beteiligten Rechtsträger sind wie im Aktienkonzernrecht zur Erstattung eines Vertragsberichts verpflichtet, in dem sie die wirtschaftliche Situation der beteiligten Rechtsträger, die Chancen und Risiken des Vertragsschlusses, die rechtlichen Folgen des Gewinnabführungsvertrags für die Beteiligung der außenstehenden

Gesellschafter und die Vorgehensweise bei der Ermittlung der Ausgleichs- und Abfindungsansprüche darstellen und erläutern. Um die Angemessenheit der in den Gewinnabführungsvertrag aufzunehmenden Kompensationsregelung zu gewährleisten und einer gerichtlichen Auseinandersetzung über die Höhe der angebotenen Ausgleichs- und Abfindungsansprüche vorzubeugen, sind auch die Vorschriften über die Vertragsprüfung auf die GmbH zu übertragen. In analoger Anwendung des § 48 UmwG sind die beteiligten Rechtsträger jedoch nur dann zur Durchführung einer Vertragsprüfung verpflichtet, wenn ein außenstehender Gesellschafter ein entsprechendes Prüfungsverlangen stellt. Um den außenstehenden Gesellschaftern die Möglichkeit zu geben, sich frühzeitig über den Hintergrund und die Beweggründe des Vertragsschlusses, sowie die wirtschaftliche Lage der beteiligten Rechtsträger zu informieren und die Angemessenheit der Kompensationsregelung einzuschätzen, sind der Gewinnabführungsvertrag, der Vertragsbericht sowie gegebenenfalls der Vertragsprüfungsbericht den Gesellschaftern vor der Gesellschafterversammlung zusammen mit den Jahresabschlüssen und Lageberichten der letzten drei Geschäftsjahre zu übersenden.

III. Schutz der Gesellschaft und ihrer Gläubiger

1. Beschränkung der Gewinnabführung

Auch hinsichtlich der Durchführung des Gewinnabführungsvertrags sind die aktienkonzernrechtlichen Vorgaben zu beachten. Der abführbare Gewinn unterliegt daher unabhängig von der steuerlichen Motivation der beteiligten Rechtsträger den Beschränkungen des § 301 AktG. Daraus folgt, dass grundsätzlich nur der hypothetische Jahresüberschuss, abzüglich des zum Ausgleich eines vorvertraglichen Verlustvortrags erforderlichen und des nach § 268 Abs. 8 HGB ausschüttungsgesperrten Betrags an den anderen Vertragsteil abgeführt werden kann. Nicht der Abführung unterliegen vorvertragliche Rücklagen und Gewinnvorträge, da die zur Bildung dieser Bilanzpositionen verwendeten Mittel nicht dem anderen Vertragsteil, sondern sämtlichen Gesellschaftern entsprechend der Höhe ihrer Kapitalbeteiligung zustehen. Das gilt sowohl für Gewinn- als auch für Kapitalrücklagen. In analoger Anwendung des § 301 S. 2 AktG können lediglich freie innervertragliche Gewinnrücklagen und während der Vertragslaufzeit gebildete Gewinnvorträge an den anderen Vertragsteil abgeführt werden.

Auch in der Einpersonengesellschaft ist die Abführung vorvertraglicher Rücklagen unzulässig. Obwohl es hier an schutzwürdigen Minderheitsgesellschaftern fehlt und der Alleingesellschafter ohnehin vollen Zugriff auf das Gesellschaftsvermögen hat, stehen der Abführung vorvertraglicher Rücklagen systematische

Bedenken entgegen, da der andere Vertragsteil erst ab dem Zeitpunkt des Vertragsschlusses die wirtschaftliche Berechtigung an den von der Untergesellschaft erwirtschafteten Gewinnen erwirbt. Die Befugnis des Alleingesellschafters, durch Gesellschafterbeschluss Beträge aus vorvertraglichen Rücklagen zu entnehmen, bleibt dadurch unberührt.

Da es bei der GmbH an einer Thesaurierungspflicht fehlt, findet die in § 301 S. 1 AktG vorgesehene Regelung zur Auffüllung der gesetzlichen Rücklage im GmbH-Konzernrecht grundsätzlich keine Anwendung. Eine Ausnahme bildet die UG, für die § 5a Abs. 3 GmbHG die Bildung einer gesetzlichen Rücklage vorsieht und bei der die Thesaurierungspflicht mit der durch Abschluss eines Gewinnabführungsvertrags begründeten Pflicht zur Abführung des gesamten Gewinns kollidiert. Da die Interessenlage insofern der des Aktienrechts entspricht und die Bildung der gesetzlichen Rücklage nicht durch den Abschluss eines Gewinnabführungsvertrags unterlaufen werden darf, ist der abführbare Gewinn bei der UG um den nach § 5a Abs. 3 GmbHG in die gesetzliche Rücklage einzustellenden Betrag zu mindern.

2. *Verlustausgleichspflicht*

Der andere Vertragsteil ist analog § 302 AktG dazu verpflichtet, einen etwaigen Jahresfehlbetrag der gewinnabführungsverpflichteten Gesellschaft am Ende des Geschäftsjahres auszugleichen. Obwohl bei der GmbH nur das Stammkapital bilanziell gebunden ist und Rücklagen grundsätzlich frei an die Gesellschafter ausgeschüttet werden können, haben die Gewinnabführungsbeschränkung und die Verlustausgleichspflicht die gleiche Reichweite wie im Aktienkonzernrecht und sind nicht auf das zur Erhaltung des Stammkapitals erforderliche Vermögen beschränkt.

Der Verlustausgleichsanspruch wird am Bilanzstichtag fällig und ist nicht von der Feststellung des Jahresabschlusses abhängig. Eine Ausnahme gilt für den Fall, dass die Existenz der gewinnabführungsverpflichteten Gesellschaft aufgrund eines Liquiditätsengpasses akut gefährdet und angesichts der wirtschaftlichen Situation mit der Entstehung eines Jahresfehlbetrags zu rechnen ist. In diesem Fall ist der andere Vertragsteil zur Zahlung eines Abschlags auf den Verlustausgleichsanspruch verpflichtet, um das Überleben der gewinnabführungsverpflichteten Gesellschaft zu sichern. Hinsichtlich der Disposition über den Verlustausgleichsanspruch gelten die gleichen Einschränkungen wie im Aktienkonzernrecht, so dass Verzicht und Vergleich den Ablauf einer dreijährigen Sperrfrist und einen Sonderbeschluss der außenstehenden Gesellschafter voraussetzen. Weniger streng sind die Vorgaben bei der Aufrechnung: Sowohl der andere Vertragsteil als auch die gewinnabführungsverpflichtete Gesellschaft können gegen bzw. mit dem Verlustausgleichsanspruch aufrechnen, ohne dass es auf die Werthaltigkeit der Gegen- bzw. Hauptforderung ankommt.

IV. Schutz der außenstehenden Gesellschafter

1. Ausgleichs- und Abfindungsansprüche

Die beteiligten Rechtsträger sind von Verfassungs wegen dazu verpflichtet, die außenstehenden Gesellschafter für die mit dem Gewinnabführungsvertrag verbundene Beeinträchtigung ihrer Rechtsstellung angemessen zu entschädigen. Dazu sind in analoger Anwendung der §§ 304, 305 AktG Ausgleichs- und Abfindungsansprüche in den Vertrag aufzunehmen, durch die den außenstehenden Gesellschaftern ein Wahlrecht zwischen dem Verbleib in der Gesellschaft und dem Ausscheiden gegen Zahlung einer Abfindung eingeräumt wird. Der Gewinnabführungsvertrag kann entweder einen festen oder einen variablen Ausgleich vorsehen. Die Höhe des festen Ausgleichs bestimmt sich nach den zukünftigen Ertragsaussichten der Untergesellschaft, während die Höhe des variablen Ausgleichs vom Gewinn des anderen Vertragsteils abhängig ist. Statutarische Beschränkungen der Abfindungshöhe finden bei der Bemessung der Abfindungsansprüche keine Berücksichtigung, da der Abfindungsanspruch nicht gegen die Gesellschaft, sondern gegen den anderen Vertragsteil gerichtet ist und die außenstehenden Gesellschafter beim Abschluss eines Gewinnabführungsvertrag nicht schlechter stehen sollen als beim Austritt aus einem wichtigen, von ihnen nicht zu vertretenden Grund.

Wie im Aktienkonzernrecht ist den außenstehenden Gesellschaftern analog § 305 Abs. 1 AktG in den dort vorgesehenen Fällen eine Abfindung in Anteilen der Obergesellschaft anzubieten. Das gilt unabhängig davon, ob es sich bei der Obergesellschaft um eine AG oder eine GmbH handelt. Wenn die Satzung des anderen Vertragsteils Abtretungsbeschränkungen enthält oder Ober- und Untergesellschaft in unterschiedlicher Rechtsform organisiert sind, ist den außenstehenden Gesellschaftern analog § 29 UmwG neben der Anteilsabfindung eine alternative Barabfindung anzubieten, um zu gewährleisten, dass die Gesellschafter für die Beeinträchtigung ihrer Rechtsstellung angemessen entschädigt werden. Der Aufnahme von Ausgleichs- und Abfindungsansprüchen bedarf es nur dann nicht, wenn zum Zeitpunkt der Beschlussfassung keine außenstehenden Gesellschafter an der gewinnabführungsverpflichteten Gesellschaft beteiligt sind oder wenn die außenstehenden Gesellschafter die Vertragsparteien durch notariell beurkundete Verzichtserklärung von der Kompensationspflicht befreien.

2. *Nachträglicher Eintritt außenstehender Gesellschafter*

Treten nachträglich außenstehende Gesellschafter ein, kommt es zu einem originären Erwerb der im Gewinnabführungsvertrag vorgesehenen Ausgleichs- und Abfindungsansprüche. Ob der Veräußerer des Geschäftsanteils selbst außenstehender Gesellschafter war und daher Anspruch auf eine Kompensation hatte, ist insoweit irrelevant. Aus der vertraglichen Natur der Kompensationsansprüche folgt jedoch auch, dass ein Erwerb von Ausgleichs- und Abfindungsansprüchen ausscheidet, wenn der Gewinnabführungsvertrag keine Kompensationsregelung enthält. Obwohl nachträglich eintretende Gesellschafter in diesem Fall keine Entschädigung vom anderen Vertragsteil erhalten, scheidet eine analoge Anwendung der im Aktienrecht vorgesehenen Regelung des § 307 AktG aus, da die nachträglich eintretenden Gesellschafter das Bestehen des Gewinnabführungsvertrags bei der Bemessung des Kaufpreises berücksichtigen können und durch das Erfordernis der notariellen Beurkundung zusätzlich geschützt sind. Insofern besteht keine vergleichbare Interessenlage zum Aktienrecht, die eine Analogie zu § 307 AktG erlauben würde. Eine Ausnahme bildet der Fall des Statuswechsels, bei dem ein bereits bei Abschluss des Gewinnabführungsvertrags an der Untergesellschaft beteiligter Anteils-inhaber nachträglich die Eigenschaft eines außenstehenden Gesellschafters erwirbt. Da der Anteilsinhaber beim Statuswechsel häufig gegen seinen Willen zum außenstehenden Gesellschafter wird, besteht ein mit dem Aktienrecht vergleichbares Schutzbedürfnis, das die analoge Anwendung des § 307 AktG rechtfertigt.

V. Rechtsschutz

Haben die außenstehenden Gesellschafter Zweifel an der Angemessenheit der angebotenen Ausgleichs- und Abfindungsansprüche, können sie die Kompensationsregelung im Spruchverfahren überprüfen lassen. Der Anwendungsbereich des Spruchverfahrens ist nicht auf die in § 1 SpruchG aufgelisteten Fälle beschränkt und kann im Wege des Analogieschlusses auf das GmbH-Konzernrecht ausgeweitet werden. Das Spruchverfahren ist nicht nur statthaft, wenn es um die Überprüfung einer vorhandenen Kompensationsregelung geht, sondern findet auch in dem Fall einer fehlenden Kompensationsregelung Anwendung. Das gilt sowohl bei fehlender Ausgleichs- als auch bei fehlender Abfindungsregelung, da es in beiden Fällen der Festsetzung einer angemessenen Kompensation bedarf und das Spruchverfahren als auf Bewertungsfehler zugeschnittener Rechtsbehelf entscheidende Vorteile gegenüber der Anfechtungsklage bietet.

Sonstige Mängel der Beschlussvorbereitung und Beschlussfassung können grundsätzlich durch Anfechtungs- bzw. Nichtigkeitsklage geltend gemacht werden. Eine Ausnahme bilden jedoch bewertungsbezogene Informationsmängel, für die analog § 243 Abs. 4 S. 2 AktG ebenfalls das Spruchverfahren statthaft ist. Anders als im Aktienrecht erfasst der Anfechtungsausschluss bei der GmbH nicht nur die fehlerhafte oder unzureichende Auskunftserteilung in der Gesellschafterversammlung, sondern auch bewertungsbezogene Informationsmängel, die auf einem fehlerhaften Vertragsbericht beruhen und damit bereits im Vorfeld der Gesellschafterversammlung entstanden sind.

Das Freigabeverfahren ist demgegenüber nicht auf die GmbH anwendbar, da es zu einer übermäßigen Beeinträchtigung des Legalitätsinteresses der Gesellschafter führt und vor dem Hintergrund des geringeren Missbrauchspotentials im GmbH-Recht nicht erforderlich ist, um die Gesellschaft vor einer missbräuchlichen Anfechtung des Zustimmungsbeschlusses zu schützen.

B. Fazit

Die Untersuchung hat gezeigt, dass die gesellschaftsrechtlichen Maßgaben für den Abschluss eines Gewinnabführungsvertrags im GmbH-Konzernrecht weitgehend den aktienkonzernrechtlichen Vorschriften entnommen werden können. Sowohl im Hinblick auf den Abschluss des Gewinnabführungsvertrags, als auch hinsichtlich seiner Durchführung geben die Vorschriften der §§ 291 ff. AktG Leitlinien vor, die in weiten Teilen auf die GmbH übertragen werden können. Besonders deutlich wird dies im Hinblick auf den Schutz der außenstehenden Gesellschafter und die Erhaltung des Gesellschaftsvermögens. Hier bietet das Aktienrecht mit den Ausgleichs- und Abfindungsansprüchen, der Beschränkung der Gewinnabführung und der Verlustausgleichspflicht ein ausdifferenziertes Schutzsystem, dessen Wertungen auch im Vertragskonzernrecht der GmbH heranzuziehen sind, um die Interessen der außenstehenden Gesellschafter und Gläubiger mit denen der am Gewinnabführungsvertrag beteiligten Rechtsträger in einen Ausgleich zu bringen. Das im Aktiengesetz normierte Unternehmensvertragsrecht lässt sich daher als rechtsformübergreifendes vertragskonzernrechtliches Gesamtkonzept begreifen, das auch bei Beteiligung einer GmbH als Grundlage für den Abschluss und die Durchführung eines Gewinnabführungsvertrags herangezogen werden kann.

An den Stellen, an denen die analoge Anwendung der vertragskonzernrechtlichen Regelungen des Aktiengesetzes an den rechtsformspezifischen Unterschieden zwischen GmbH und AG scheitert, sind die entstehenden Lücken durch den Rückgriff auf die Vorschriften des Umwandlungsrechts zu schließen. Die

Untersuchung hat gezeigt, dass sich insbesondere die Regelungen zur Verschmelzung einer GmbH für die analoge Anwendung im Vertragskonzernrecht eignen, da sich aus diesen Vorschriften aufgrund der wirtschaftlichen Vergleichbarkeit von Unternehmensvertragsschluss und Verschmelzung grundlegende Wertungen ableiten lassen, die im Vertragskonzernrecht fruchtbar gemacht werden können. Anleihen im Umwandlungsrecht bieten sich insbesondere im Hinblick auf den Abschluss des Gewinnabführungsvertrags an: Mit der Übersendung des Verschmelzungsberichts, der fakultativen Verschmelzungsprüfung, dem der Gesellschafterversammlung zugewiesenen Vorschlagsrecht für den Vertragsprüfer und dem erweiterten Auskunftsrecht gewährleisten die umwandlungsrechtlichen Vorschriften eine angemessene Information der außenstehenden Gesellschafter vor und während der über den Verschmelzungsvertrag entscheidenden Gesellschafterversammlung und schaffen dadurch einen Interessenausgleich zwischen dem Schutzbedürfnis der Minderheitsgesellschafter und dem Abschlussinteresse des Mehrheitsgesellschafters. Bei der konkreten Ausgestaltung der Sicherungsmechanismen des Vertragsberichts und der Vertragsprüfung ist der Blick daher auch auf die umwandlungsrechtlichen Parallelvorschriften zu richten.

Der Anwendung der Satzungsänderungsvorschriften stehen demgegenüber erhebliche Bedenken entgegen. Angesichts der grundlegenden Unterschiede zwischen dem Abschluss eines Gewinnabführungsvertrags und einer Änderung des Gesellschaftsvertrags erscheint es kaum sachgerecht, die Vorschriften über Satzungsänderungen für die Ausgestaltung des Vertragskonzernrechts heranzuziehen. In Zukunft sollte daher bei Abschluss eines Gewinnabführungsvertrags gänzlich auf die (analoge) Anwendung der §§ 53, 54 GmbHG verzichtet werden.

Literaturverzeichnis

Altmeppen, Holger	Zu Formfragen bei Beherrschungs- und Gewinnabführungsverträgen der GmbH, DB 1994, 1273
Ders.	Zum richtigen Verständnis der neuen §§ 293a – 293g AktG zu Bericht und Prüfung beim Unternehmensvertrag, ZIP 1998, 1853
Ders.	Zur Entstehung, Fälligkeit und Höhe des Verlustausgleichsanspruchs nach § 302 AktG, DB 1999, 2453
Ders.	Cash Pooling und Kapitalerhaltung bei bestehendem Beherrschungs- oder Gewinnabführungsvertrag, NZG 2010, 361
Ders.	In-sich-Geschäfte der Geschäftsführer in der GmbH, NZG 2013, 401
Ders.	Gesetz betreffend die Gesellschaften mit beschränkter Haftung, 11. Auflage, München 2023 (zitiert als: *Altmeppen*, GmbHG)
Anders, Monika/ Gehle, Burkhard	Zivilprozessordnung, 82. Auflage, München 2024 (zitiert als: *Bearbeiter*, in: Anders/Gehle, ZPO)
Assmann, Heinz-Dieter	Trojaner (vulgo: Räuberische Aktionäre) ohne Ende?, AG 2008, 208
Baetzgen, Oliver	Insichgeschäfte im Gesellschaftsrecht, RNotZ 2005, 193
Baldamus, Ernst-August	An wen ist beim Gewinnabführungsvertrag Ausgleich zu zahlen?, ZGR 2007, 819
Ballerstedt, Kurt	Handels- und gesellschaftsrechtliche Probleme der Organschaft, DB 1956, 837

Bärwaldt, Roman/Schabacker, Joachim Wirksamkeitserfordernisse grenzüberschreitender Unternehmensverträge i.S.d. § 291 AktG, AG 1998, 182

Baums, Theodor/Drinhausen, Florian/Keinath, Astrid Anfechtungsklagen und Freigabeverfahren. Eine empirische Studie, ZIP 2011, 2329

Baums, Theodor/Keinath, Astrid/Gajek, Daniel Fortschritte bei Klagen gegen Hauptversammlungsbeschlüsse? Eine empirische Studie, ZIP 2007, 1629

Bayer, Walter/Hoffmann, Thomas Gesellschafterstrukturen deutscher GmbH, GmbHR 2014, 12

Bayer, Walter/Hommelhoff, Peter/Kleindiek, Detlef GmbHG Kommentar, 21. Auflage, Köln 2023 (zitiert als: *Bearbeiter*, in: Lutter/Hommelhoff, GmbHG)

Bayer, Walter/Lieder, Jan Das aktienrechtliche Freigabeverfahren für die GmbH, NZG 2011, 1170

Bayer, Walter/Lieder, Jan/Hoffmann, Thomas Übertragung des gesamten Gesellschaftsvermögens nach § 179a AktG, AG 2017, 717

Bayer, Walter/Möller, Sven Beschlussmängelklagen de lege lata und de lege ferenda, NZG 2018, 801

Bayer, Walter/Vetter, Jochen Lutter, Umwandlungsgesetz, 7. Auflage, Köln 2024 (zitiert als: *Bearbeiter*, in: Lutter, UmwG)

Beck, Lukas Stimmverbot des herrschenden GmbH-Gesellschafters bei Kündigung eines Unternehmensvertrags, GmbHR 2012, 777

Ders. Notarielle Beurkundung der Beschlüsse zu Unternehmensverträgen in der GmbH, DNotZ 2013, 90

Ders. Haftungsvermeidende Unternehmensorganisation innerhalb und außerhalb des Gesellschaftsrechts, AG 2017, 726

Ders. Regelungsgehalt und Behandlung von Abschluss und (unterjähriger) Beendigung von Unternehmensverträgen im GmbH-Konzern, GmbHR 2014, 1075

Bergmann, Alfred/ Hoffmann-Becking, Michael/Noack, Ulrich Festschrift für Ulrich Seibert zum 65. Geburtstag, Köln 2019 (zitiert als: *Bearbeiter*, in: FS Seibert 2019)

Beuthien, Volker/ Müller, Klaus Gemischte Gesamtvertretung und unechte Gesamtprokura, DB 1995, 461

Bierich, Marcus/ Hommelhoff, Peter/ Kropff, Bruno Festschrift für Johannes Semler zum 70. Geburtstag, Berlin 1993 (zitiert als: *Bearbeiter*, in: FS Semler 1993)

Bilda, Klaus Zur Dauer der Spruchstellenverfahren, NZG 2000, 296

Ders. Abfindungsansprüche bei vertragsüberlebenden Spruchverfahren, NZG 2005, 375

Ders. Erwerb der Ausgleichs- und Abfindungsrechte außenstehender Aktionäre, AG 2008, 641

Bitter, Georg Das „TBB"-Urteil und das immer noch vergessene GmbH-Vertragskonzernrecht – Zur Unmöglichkeit von Beherrschungsverträgen mit einer 100%igen Tochter-GmbH oder Tochter-GmbH & Co. KG, ZIP 2001, 265

Ders. Gesellschafterschutz vor „verdeckten Gewinnausschüttungen" bei Kapital- und Personengesellschaften, ZHR 168 (2004), 302

Blasche, Sebastian Praxisfragen und Gestaltungsmöglichkeiten bei der Beschlussfassung ohne Gesellschafterversammlung, GmbHR 2011, 232

Blath, Simon Der Vollzug des Ausscheidens aus der GmbH – dogmatische und praktische Fragen, GmbHR 2012, 657

Ders. — Das Mehrheitsprinzip im GmbH-Recht – Grundlegendes und Gestaltungsfragen, RNotZ 2017, 218

Bochmann, Christian — § 48 I 2 GmbHG-E des DiREG-Referentenentwurfs als Digitalisierungsbremse im Recht der GmbH-Gesellschafterversammlung, NZG 2022, 531

Boor, Julian — Gewinnabführungs- und Beherrschungsverträge in der notariellen Praxis, RNotZ 2017, 65

Bormann, Michael — Die Kapitalaufbringung nach dem Gesetzentwurf der Bundesregierung des MoMiG, GmbHR 2007, 897

Bosse, Christian — Grünes Licht für das ARUG: das Aktienrecht geht online, NZG 2009, 807

Bott, Harald/Walter, Wolfgang — Körperschaftsteuergesetz, 178. Ergänzungslieferung, Bonn 2024 (zitiert als: *Bearbeiter*, in: Bott/Walter, KStG)

Böttcher, Lars/Habighorst, Oliver/Schulte, Christian — Umwandlungsrecht, 3. Auflage, Baden-Baden 2023 (zitiert als: *Bearbeiter*, in: Böttcher/Habighorst/Schulte, UmwG)

Braunfels, Florian — Gesetzliche Stimmverbote bei der GmbH, AG und Personengesellschaft, MittRhNotK 1994, 233

Bredow, Günther/Liebscher, Finn-Michael — Erhalt des steuerlichen Querverbundes bei Teilprivatisierungen durch Änderung von Unternehmensverträgen im GmbH-Konzern, BB 2003, 393

Bredthauer, Jürgen — Zum Anwendungsbereich des § 179a AktG, NZG 2008, 816

Büchel, Helmut — Neuordnung des Spruchverfahrens, NZG 2003, 793

Buchta, Jens — Einstweiliger Rechtsschutz gegen Fassung und Ausführung von Gesellschafterbeschlüssen, DB 2008, 913

Buddenberg, Bettina Nichtigkeits- und Anfechtungsgründe bei GmbH-Beschlüssen, Frankfurt am Main 2016 (zitiert als: *Buddenberg*, Nichtigkeits- und Anfechtungsgründe)

Bungert, Hartwin Unternehmensvertragsbericht und Unternehmensvertragsprüfung gemäß §§ 293a ff. AktG (Teil I), DB 1995, 1384

Ders. Unternehmensvertragsbericht und Unternehmensvertragsprüfung gemäß §§ 293a ff. AktG (Teil II), DB 1995, 1449

Bungert, Hartwin/ Mennicke, Petra BB-Gesetzgebungsreport: Das Spruchverfahrensneuordnungsgesetz, BB 2003, 2021

Bünning, Martin/ Stoll, Thomas Bildung und Auflösung von Kapitalrücklagen bei bestehenden Gewinnabführungsverträgen, BB 2016, 555

Burgard, Ulrich/ Hadding, Walther/ Mülbert, Peter O./ Nietsch, Michael/ Welter, Reinhard Festschrift für Uwe H. Schneider zum 70. Geburtstag, Köln 2011 (zitiert als: *Bearbeiter*, in: FS Schneider 2011)

Bürgers, Tobias/ Körber, Torsten/ Lieder, Jan Aktiengesetz, 5. Auflage, Heidelberg 2021 (zitiert als: *Bearbeiter*, in: Bürgers/Körber/Lieder, AktG)

Cahn, Andreas/ Simon, Stefan Isolierte Gewinnabführungsverträge, Der Konzern 2003, 1

Casper, Matthias Das Anfechtungsklageerfordernis im GmbH-Beschlussmängelrecht, ZHR 163 (1999), 54

Crezelius, Georg Zum Verweis auf § 302 AktG in § 17 KStG, Ubg 2009, 733

Dauner-Lieb, Barbara/Leuering, Dieter/Wilsing, Hans-Ulrich Kölner Kommentar zum UmwG, 2. Auflage, Köln 2024 (zitiert als: *Bearbeiter*, in: Kölner Kommentar zum UmwG)

Deilmann, Barbara	Abgrenzung der Überwachungsbefugnisse von Gesellschafterversammlung und Aufsichtsrat einer GmbH unter besonderer Berücksichtigung des mitbestimmten Aufsichtsrats, BB 2004, 2253
Dies.	Die Beendigung des Beherrschungs- und/oder Gewinnabführungsvertrags in der M&A-Transaktion, NZG 2015, 460
Demleitner, Andreas	Cash Pooling im Konzern, München 2020 (zitiert als: *Demleitner*, Cash Pooling im Konzern)
Deutscher Anwaltverein	Stellungnahme zum RegE UMAG, ZIP 2005, 774
Deutsches Notarinstitut	Anwendbarkeit von §§ 304, 305 AktG auf Beherrschungs- und Gewinnabführungsverträge mit einer abhängigen GmbH, DNotI-Report 2017, 115
Dörfler, Wolfgang/ Gahler, Wolfgang/ Unterstraßer, Stefan/ Wirichs, Robert	Probleme bei der Wertermittlung von Abfindungsangeboten, BB 1994, 156
Drescher, Ingo/ Fleischer, Holger/ Schmidt, Karsten	Münchener Kommentar zum Handelsgesetzbuch, Band 5, 5. Auflage, München 2021 (zitiert als: *Bearbeiter*, in: Münchener Kommentar zum HGB)
Ebenroth, Carsten Thomas/Müller, Andreas	Kündigung, Heilung und Mitwirkungspflichten bei fehlerhaften Organschaftsverhältnissen im GmbH-Konzernrecht, BB 1991, 358
Dies.	Die Abfindungsklausel im Recht der Personengesellschaften und der GmbH-Grenzen privatautonomer Gestaltung, BB 1993, 1153
Ebenroth, Carsten Thomas/Parche, Ulrich	Konzernrechtliche Beschränkungen der Umstrukturierung des Vertragskonzerns, BB 1989, 637
Ebert, Sabine	Folgepflicht und Haftung des GmbH-Geschäftsführers beim Erhalt und bei der Ausführung von Weisungen, GmbHR 2003, 444

Egelhof, Julian — Ausschüttungssperren in der Organschaft, Tübingen 2020 (zitiert als: *Egelhof*, Ausschüttungssperren in der Organschaft)

Ehmann, Erik — Sanktion gegen missbräuchliche Anfechtungsklagen „räuberischer Aktionäre“: Rückforderung der Rechtsanwaltsgebühren, ZIP 2008, 584

Eickelberg, Jan/ Mühlen, Fabian — Versteckte Vorgaben für Unternehmenskäufe mit einer GmbH als Veräußerin, NJW 2011, 2476

Emmerich, Volker — Bestandsschutz im GmbH-Vertragskonzern ZGR 1986 Sonderheft 6, 64

Emmerich, Volker/ Habersack, Mathias — Aktien- und GmbH-Konzernrecht, 10. Auflage, München 2022 (zitiert als: *Bearbeiter*, in: Emmerich/ Habersack, Aktien-/GmbH-KonzernR)

Enders, Germar — Die Eintragung eines Unternehmensvertrags beim herrschenden Unternehmen, NZG 2015, 623

Engel, Achim/ Puszkajler, Karl Peter — Bewährung des Spruchgesetzes in der Praxis, BB 2012, 1687

Engelhardt, Helmut/ Sternal, Werner — FamFG, Kommentar, 21. Auflage, München 2023 (zitiert als: *Bearbeiter*, in: Sternal, FamFG)

Esch, Günter — Die Wirksamkeit von Ergebnisabführungsverträgen im Recht der GmbH, BB 1986, 272

Fehrenbach, Markus — Der fehlerhafte Gesellschafterbeschluss in der GmbH, Köln 2011 (zitiert als: *Fehrenbach*, Der fehlerhafte Gesellschafterbeschluss)

Fette, Kerstin — Mehrheitserfordernis bei der nachträglichen Vinkulierung von GmbH-Geschäftsanteilen, GmbHR 1986, 73

Finken, Manfred/ Weitbrecht, Andreas — Zum gegenwärtigen Stand des Europäischen Gesellschaftsrechts, ZIP 1990, 959

Fleck, Hans-Joachim Schuldrechtliche Verpflichtungen einer GmbH im Entscheidungsbereich der Gesellschafter, ZGR 1988, 104

Fleischer, Holger Zur ergänzenden Anwendung von Aktienrecht auf die GmbH, GmbHR 2008, 673

Ders. Zur (Nicht-)Anwendbarkeit des Freigabeverfahrens nach § 246a AktG im GmbH-Recht, DB 2011, 2132

Ders. Internationale Trends und Reformen im Recht der geschlossenen Kapitalgesellschaft, NZG 2014, 1081

Fleischer, Holger/Goette, Wulf Münchener Kommentar zum GmbHG, Band 1 und 3, 4. Auflage, München 2022 (zitiert als: *Bearbeiter*, in: Münchener Kommentar zum GmbHG)

Dies. Münchener Kommentar zum GmbHG, Band 2, 4. Auflage, München 2023 (zitiert als: *Bearbeiter*, in: Münchener Kommentar zum GmbHG)

Fleischer, Holger/Trinks, Jennifer Minderheitenschutz bei der Gewinnthesaurierung in der GmbH, NZG 2015, 289

Flore, Ingo/Traut, Ulrike Die Unternehmergesellschaft, 1. Auflage, Stuttgart 2009 (zitiert als: *Flore/Traut*, Die Unternehmergesellschaft)

Flume, Werner Die Organschaft im Körperschaftssteuerrecht, DB 1956, 455

Ders. Der Gewinn- und Verlustübernahmevertrag im GmbH-Recht, DB 1989, 665

Fonk, Hans-Joachim Zustimmungsvorbehalte des AG-Aufsichtsrats, ZGR 2006, 841

Freiherr von Falkenhausen, Joachim Ausschüttungssperren für die Kapitalrücklage – Eine rechtspolitische Betrachtung von § 150 III und IV AktG, NZG 2009, 1096

Freitag, Robert/ Riemenschneider, Markus	Die Unternehmergesellschaft – „GmbH light" als Konkurrenz für die Limited?, ZIP 2007, 1485
Frey, Johannes/Sälzer, Marc	Die deutsche Konzernbesteuerung im Umbruch, BB 2012, 294
Fuhrmann, Lambertus	Gesetzliche Formerfordernisse von Vorstandsberichten, AG 2004, 135
Gäbelein, Wolfgang	Unternehmensverträge mit abhängigen GmbH, GmbHR 1989, 502
Gärtner, Matthias	Rückabwicklung überhöhter Gewinnabführung, AG 2014, 793
Gaul, Björn/Otto, Björn	Auswirkungen des TransPuG auf GmbH-Geschäftsführung und Aufsichtsrat, GmbHR 2003, 6
Geißler, Markus	Einstweiliger Rechtsschutz gegen die Registersperre bei eintragungspflichtigen Gesellschafterbeschlüssen, GmbHR 2008, 128
Ders.	Die Klassifizierung und rechtliche Behandlung fehlerhafter Beschlüsse des GmbH-Aufsichtsrats, GmbHR 2019, 861
Goerdeler, Reinhard/ Hommelhoff, Peter/ Lutter, Marcus/ Odersky, Walter/ Wiedemann, Herbert	Festschrift für Alfred Kellermann zum 70. Geburtstag, Berlin/New York 1991 (zitiert als: *Bearbeiter*, in: FS Kellermann 1991)
Goerdeler, Reinhard/ Hommelhoff, Peter/ Lutter, Marcus/ Wiedemann, Herbert	Festschrift für Hans-Joachim Fleck zum 70. Geburtstag, Berlin/New York 1988 (zitiert als: *Bearbeiter*, in: FS Fleck 1988)
Goette, Wulf	Ausschließung und Austritt aus der GmbH in der Rechtsprechung des Bundesgerichtshofs, DStR 2001, 533

Goette, Wulf/ Habersack, Mathias	Münchener Kommentar zum Aktiengesetz, Band 1, 6. Auflage, München 2024 (zitiert als: *Bearbeiter*, in: Münchener Kommentar zum AktG)
Dies.	Münchener Kommentar zum Aktiengesetz, Band 2, 6. Auflage, München 2023 (zitiert als: *Bearbeiter*, in: Münchener Kommentar zum AktG)
Dies.	Münchener Kommentar zum Aktiengesetz, Band 3, 5. Auflage, München 2022 (zitiert als: *Bearbeiter*, in: Münchener Kommentar zum AktG)
Dies.	Münchener Kommentar zum Aktiengesetz, Band 4, 5. Auflage, München 2021 (zitiert als: *Bearbeiter*, in: Münchener Kommentar zum AktG)
Dies.	Münchener Kommentar zum Aktiengesetz, Band 5, 6. Auflage, München 2023 (zitiert als: *Bearbeiter*, in: Münchener Kommentar zum AktG)
Göhmann, Lars/ Winnen, Armin	Anforderungen an die Beendigung von Unternehmensverträgen mit einer abhängigen GmbH, RNotZ 2015, 53
Goldschmidt, Christof-Ulrich/ Laeger, Lars	Risiken aus der Beendigung von Unternehmensverträgen beim Verkauf der Untergesellschaft, NZG 2012, 1201
Gosch, Dietmar	Körperschaftsteuergesetz, 4. Auflage, München 2020 (zitiert als: *Bearbeiter*, in: Gosch, KStG)
Gotthard, Jens Eric/ Krengel, Marcel	Reformbedürftigkeit des Spruchverfahrens, AG 2018, 875
Götz, Hans Norbert	Zum Missbrauch aktienrechtlicher Anfechtungsklagen, DB 1989, 261
Grauer, Wolfram	Konzernbildungskontrolle im GmbH-Recht, Konstanz 1991 (zitiert als: *Grauer*, Konzernbildungskontrolle im GmbH-Recht)

Grewer, Christoph Rückwirkung von Ergebnisabführungsverträgen, DStR 1997, 745

Grigoleit, Hans Christoph Aktiengesetz Kommentar, 2. Auflage, München 2020 (zitiert als: *Bearbeiter*, in: Grigoleit, AktG)

Grottel, Bernd/ Justenhofen, Petra/ Schubert, Wolfgang/ Störk, Ulrich Beck'scher Bilanz-Kommentar, 14. Auflage, München 2024 (zitiert als: *Bearbeiter*, in: Beck'scher Bilanz-Kommentar)

Grunewald, Barbara Verlustausgleich nach § 302 AktG und reale Kapitalaufbringung, NZG 2005, 781

Grunewald, Barbara/ Koch, Jens/Tielmann, Jörgen Festschrift für Eberhard Vetter zum 70. Geburtstag, Köln 2019 (zitiert als: *Bearbeiter*, in: FS Vetter 2019)

Günkel, Manfred/ Wagner, Thomas Ertragsteuerliche Organschaft bei Wegfall des Gewinnabführungsvertrags – Überlegungen zu einer neuen Gruppenbesteuerung, Ubg 2010, 603

Habersack, Mathias/ Casper, Matthias/ Löbbe, Marc Gesetz betreffend die Gesellschaften mit beschränkter Haftung Großkommentar, Band 1, 3. Auflage, Tübingen 2019 (zitiert als: *Bearbeiter*, in: Habersack/Casper/Löbbe, GmbHG)

Dies. Gesetz betreffend die Gesellschaften mit beschränkter Haftung Großkommentar, Band 2, 3. Auflage, Tübingen 2020 (zitiert als: *Bearbeiter*, in: Habersack/Casper/Löbbe, GmbHG)

Dies. Gesetz betreffend die Gesellschaften mit beschränkter Haftung Großkommentar, Band 3, 3. Auflage, Tübingen 2021 (zitiert als: *Bearbeiter*, in: Habersack/Casper/Löbbe, GmbHG)

Habersack, Mathias/ Henssler, Martin Mitbestimmungsrecht, 4. Auflage, München 2018 (zitiert als: *Bearbeiter*, in: Habersack/Henssler)

Habersack, Mathias/ Huber, Karl/Spindler, Gerald Festschrift für Eberhard Stilz zum 65. Geburtstag, München 2014 (zitiert als: *Bearbeiter*, in: FS Stilz 2014)

Habersack, Mathias/ Stilz, Eberhard — Zur Reform des Beschlussmängelrechts, ZGR 2010, 710

Habersack, Mathias/ Wicke, Hartmut — Beck-Online Großkommentar UmwG, München 2024 (zitiert als: *Bearbeiter*, in: BeckOGK UmwG)

Halm, Dirk — Aktuelle Zweifelsfragen bei der Begründung und Beendigung von Unternehmensverträgen mit der GmbH als Untergesellschaft, NZG 2001, 728

Handelsrechtsausschuss des Deutschen Anwaltvereins — Stellungnahme zum Referentenentwurf eines Gesetzes zur Unternehmensintegrität und Modernisierung des Anfechtungsrechts, NZG 2004, 555

Harbarth, Stephan — Freigabeverfahren für strukturändernde Gesellschafterbeschlüsse in der GmbH, GmbHR 2005, 966

Hartmann, Uwe/ Barcaba, Dirk — Die Anforderungen an den Bericht des Aufsichtsrats im Nachgründungsverfahren, AG 2001, 437

Hasbach, Alexander — Ausgleichszahlungen an außenstehende Gesellschafter, DStR 2019, 81

Hauschild, Armin/ Kallrath, Jürgen/ Wachter, Thomas — Notarhandbuch Gesellschafts- und Unternehmensrecht, 3. Auflage, München 2022 (zitiert als: *Bearbeiter*, in: Hauschild/Kallrath/ Wachter, Notarhandbuch)

Haußleiter, Martin — FamFG Kommentar, 2. Auflage, München 2017 (zitiert als: *Bearbeiter*, in: Haußleiter, FamFG)

Havermann, Hans — Festschrift für Reinhard Goerdeler zum 65. Geburtstag, Düsseldorf 1987 (zitiert als: *Bearbeiter*, in: FS Goerdeler 1987)

Heckschen, Heribert — Gelöste und ungelöste Fragen des GmbH-Konzernrechts, DB 1989, 29

Heckschen, Heribert/ Heidinger, Andreas — Die GmbH in der Gestaltungs- und Beratungspraxis, 5. Auflage, Köln 2023 (zitiert als: *Bearbeiter*, in: Heckschen/Heidinger, Die GmbH)

Hegemann, Mike Außenseiter im GmbH-Konzern: Der außenstehende GmbH-Gesellschafter, GmbHR 2012, 315

Heidel, Thomas Aktienrecht und Kapitalmarktrecht, 6. Auflage Baden-Baden 2024 (zitiert als: *Bearbeiter*, in: Heidel)

Heidinger, Andreas Der Kapitalschutz der GmbH auf dem Prüfstand, DNotZ 2005, 97

Heidinger, Andreas/ Leible, Stefan/ Schmidt, Jessica Kommentar zum Gesetz betreffend die Gesellschaften mit beschränkter Haftung, Band 1 und 2, 4. Auflage, München 2023 (zitiert als: *Bearbeiter*, in: Michalski, GmbHG)

Heinrich, Erbo Die Abwehr des Missbrauchs der aktienrechtlichen Anfechtungsklage durch Einschränkung des Klagerechts, Hamburg 2008 (zitiert als: *Heinrich*, Missbrauch der Anfechtungsklage)

Heinrich, Erbo/ Theusinger, Ingo Anfechtung wegen Informationsmängeln und Anfechtung nach dem UMAG – ein ungeklärtes Verhältnis, BB 2006, 449

Hennrichs, Joachim Kapitalschutz bei GmbH, UG (haftungsbeschränkt) und SPE, NZG 2009, 921

Ders. Gewinnabführung und Verlustausgleich im Vertragskonzern – Zur Bedeutung des Jahresabschlusses der Tochtergesellschaft für die Ergebnisermittlung nach §§ 291, 302 AktG, ZHR 174 (2010), 683

Henssler, Martin/ Strohn, Lutz Gesellschaftsrecht, 6. Auflage, München 2024 (zitiert als: *Bearbeiter*, in: Henssler/Strohn)

Hentzen, Matthias Zulässigkeit der Verrechnung des Verlustausgleichsanspruchs aus § 302 Abs. 1 AktG im Cash Pool, AG 2006, 133

Hentzen, Matthias/ Rau, Thomas Bildung und Auflösung von Rücklagen bei GmbH und AG als Kriterien für Rechtsformwahl und Vertragskonzern, BB 2008, 713

Henze, Hartwig — Aspekte und Entwicklungstendenzen der aktienrechtlichen Anfechtungsklage in der Rechtsprechung des BGH, ZIP 2002, 97

Hermanns, Marc — Beurkundungspflichten, Beurkundungsverfahren und Beurkundungsmängel unter besonderer Berücksichtigung des Unternehmenskaufvertrages, DNotZ 2013, 9

Ders. — Die notarielle Beurkundung von Beherrschungs- und Ergebnisabführungsverträgen, RNotZ 2015, 632

Herzig, Norbert — CCCTB-Projekt und die Zukunft der Konzernbesteuerung (III), FR 2009, 1037

Ders. — Die Organschaft im Umbruch, DStR-Beihefter 2010, 61

Herzig, Norbert/Wagner, Thomas — Zukunft der Organschaft im EG-Binnenmarkt, DB 2005, 1

Heuermann, Bernd/Brandis, Peter — Ertragsteuerrecht, Band 4, 172. Ergänzungslieferung, München 2024 (zitiert als: *Bearbeiter*, in: Brandis/Heuermann)

Heurung, Rainer/Oblau, Markus/Röker, Julia — Neufassung der Tatbestandsvoraussetzungen der ertragsteuerlichen Organschaft durch das UntStFG und das StVBG, GmbHR 2002, 620

Hirte, Heribert — Missbrauch von Aktionärsklagen – allgemeine Abwägung oder konkrete Definition?, DB 1989, 267

Ders. — Informationsmängel und Spruchverfahren, ZHR 167 (2003), 8

Hitzel, Andreas — Die Beurkundung satzungsändernder Beschlüsse bei der GmbH, NZG 2020, 1174

Hoffmann-Becking, Michael — Gelöste und ungelöste Fragen zum Unternehmensvertrag der GmbH, WiB 1994, 57

Hoffmann-Becking, Michael/Austmann, Andreas — Münchener Handbuch des Gesellschaftsrechts, Band 4, 6. Auflage, München 2024 (zitiert: *Bearbeiter*, in: Münchener Handbuch GesR, Band 4)

Hoffmann, Jochen/ Bartlitz, David	Vermögensübertragung und Missbrauch der Vertretungsmacht im GmbH-Recht, DB 2019, 1833
Hoffmann, Jochen/ Köster, Jan	Beschlussfeststellung und Anfechtungsklageerfordernis im GmbH-Recht, GmbHR 2003, 1327
Hoffmann, Thomas/ Theusinger, Ingo	Die Behandlung des Verlustausgleichsanspruchs gemäß § 302 Abs. 1 AktG, NZG 2014, 1170
Hohage, Uwe/ Willkommen, Christa	Zu Art und Umfang der Bezugnahme auf § 302 AktG im Gewinnabführungsvertrag, BB 2010, 1119
Holler, Lorenz	Das Verhältnis von Anfechtungsklage und Spruchverfahren, Frankfurt am Main 2006 (zitiert als: *Holler*, Anfechtungsklage und Spruchverfahren)
Hölters, Wolfgang/ Weber, Markus	Aktiengesetz, 4. Auflage, München 2022 (zitiert als: *Bearbeiter*, in: Hölters/Weber, AktG)
Holzner, Stefan	Die Unternehmergesellschaft (haftungsbeschränkt) im Wettbewerb der Gesellschaftsrechtsformen, Hamburg 2011 (zitiert als: *Holzner*, Die Unternehmergesellschaft)
Hommelhoff, Lutter	Förder- und Schutzrecht für den faktischen GmbH-Konzern, ZGR 2012, 535
Hommelhoff, Peter/ Freytag, Lars	Wechselseitige Einflüsse von GmbH- und Aktienrecht – (Teil II), DStR, 1996, 1409
Hönle, Bernd Michael	Der außeraktienrechtliche Gewinnabführungsvertrag in gesellschaftsrechtlicher und körperschaftsteuerlicher Sicht, DB 1979, 485
Hopt, Klaus	Handelsgesetzbuch, 43. Auflage, München 2024 (zitiert als: *Bearbeiter*, in: Hopt, HGB)
Hopt, Klaus/ Wiedemann, Herbert	Aktiengesetz Großkommentar, Band 8, 4. Auflage, Berlin 2013 (zitiert als: (*Bearbeiter*, in: Großkomm. zum AktG)

Hörnle, Jacob — Gesellschaftsrechtliche Maßgaben für eine Gruppenbesteuerung ohne Gewinnabführungsvertrag, Baden-Baden 2019 (zitiert als: *Hörnle*, Gruppenbesteuerung ohne Gewinnabführungsvertrag)

Huesmann, Timo — Entschädigung und Spruchverfahren im GmbH-Vertragskonzern, Taunusstein 2008 (zitiert als: *Huesmann*, Entschädigung und Spruchverfahren)

Hüffer, Uwe — Beschlussmängel im Aktienrecht und im Recht der GmbH – eine Bestandsaufnahme unter Berücksichtigung der Beschlüsse von Leitungs- und Überwachungsorganen, ZGR 2001, 833

Hülsmann, Christoph — Abfindungsklauseln: Kontrollkriterien der Rechtsprechung, NJW 2002, 1673

Ders. — Rechtspraktische Probleme beim Austritt von Gesellschaftern aus der GmbH, GmbHR 2003, 198

Humbeck, Jochen — Die Prüfung der Unternehmensverträge nach neuem Recht, BB 1995, 1893

Hüren, Dominik — Gesamtvermögensgeschäfte im Gesellschaftsrecht, RNotZ 2014, 77

Ising, Peter — Handelsregisteranmeldungen durch den beurkundenden Notar, NZG 2012, 289

Ismer, Roland — Gruppenbesteuerung statt Organschaft im Ertragsteuerrecht, DStR 2012, 821

Jochum, Heike — Organschaft versus Gruppenbesteuerung: Ist der Ergebnisabführungsvertrag als Organschaftsvoraussetzung bei der Körperschaftsteuer verzichtbar?, FR 2005, 577

Jocksch, Christian — Das Freigabeverfahren gemäß § 246a AktG im System der einstweiligen Rechtsschutzes, Tübingen 2013 (zitiert als: *Jocksch*, Freigabeverfahren im System des einstweiligen Rechtsschutzes)

Joost, Detlev Unternehmergesellschaft, Unterbilanz und Verlustanzeige, ZIP 2007, 2242

Joost, Detlev/Strohn, Lutz/Poelzig, Dörte/Sander, Volker Handelsgesetzbuch, Band 2, 5. Auflage, München 2024 (zitiert als: *Bearbeiter*, in: Ebenroth/Boujong, HGB)

Jungmann, Carsten Die Anrechnung von erhaltenen Ausgleichsleistungen auf den Abfindungsanspruch nach § 305 AktG, BB 2002, 1549

Kallmeyer, Harald Umwandlungsgesetz, 8. Auflage, Köln 2024 (zitiert als: *Bearbeiter*, in: Kallmeyer, UmwG)

Ders. Anmerkung zum Urteil des BGH vom 18.12.2000 – II ZR 1/99, GmbHR 2001, 200

Katzenstein, Matthias Schätzung des Unternehmenswerts nach Maßgabe von § 287 Abs. 2 ZPO im Spruchverfahren, AG 2018, 739

Kerkhoff, Helmut Abschluss und Beendigung von GmbH-Beherrschungs- und Gewinnabführungsverträgen, GmbHR 1999, 226

Keßler, Jürgen Handbuch des GmbH-Konzerns, Herne/Berlin 2004 (zitiert als: *Keßler*, Handbuch GmbH-Konzern)

Kessler, Wolfgang/Kröner, Michael/Köhler, Stefan Konzernsteuerrecht, 3. Auflage, München 2018 (zitiert als: *Bearbeiter*, in: Kessler/Kröner/Köhler, Konzernsteuerrecht)

Kessler, Wolfgang/Philipp, Moritz Von der Organschaft zur Gruppenbesteuerung – Plädoyer für einen dogmatischen Neuanfang, Ubg 2010, 867

Kiel, Heinrich/Lunk, Stefan/Oetker, Hartmut Münchener Handbuch zum Arbeitsrecht, Band 4, 5. Auflage, München 2022 (zitiert als: *Bearbeiter*, in: Münchener Handbuch zum Arbeitsrecht)

Kläsener, Boris/Wasse, Norman Erste Freigabebeschlüsse nach dem ARUG – Erkenntnisse, Probleme und Konsequenzen für die Praxis, AG 2010, 202

Kleindiek, Detlef Fehlerhafte Unternehmensverträge im GmbH-Recht, ZIP 1988, 613

Ders. Abfindungsbezogene Informationsmängel und Anfechtungsausschluss, NZG 2001, 552

Kleinert, Jens/Lahl, Joachim Sind Zustimmungsbeschlüsse zu Unternehmensverträgen zwingend zu beurkunden?, GmbHR 2003, 698

Klöckner, Stefan Aktuelle Praxisfragen zum Ausscheiden eines GmbH-Gesellschafters, GmbHR 2012, 1325

Knepper, Karl Heinz Wirksamkeit von Unternehmensverträgen – Phasenverschiebung zwischen Zivilrecht und Steuerrecht, DStR 1994, 377

Knoll, Leonard Unternehmensverträge und der BGH: Volle Entschädigung der außenstehenden Aktionäre?, ZIP 2003, 2329

Ders. Gesetzliche Verzinsung von Spruchverfahrensansprüchen: Legislativer Wille und verfassungswidrige Wirklichkeit, BB 2004, 1727

Koch, Jens Aktiengesetz, 18. Auflage, München 2024 (zitiert als: *Koch*, AktG)

Koch, Raphael/ Wackerbeck, Matthias Der Schutz vor räuberischen Aktionäre durch die Neuregelungen des ARUG, ZIP 2009, 1603

Koehler, Christian Verlustausgleichsanspruch kraft Auftrags? Weshalb ein Gewinnabführungsvertrag mit einer GmbH keinen Verlustausgleichsanspruch auslöst, GmbHR 2020, 185

Ders. Der Gewinnabführungsvertrag in der GmbH, 2016 (zitiert als: *Koehler*, Der Gewinnabführungsvertrag)

Koerfer, Rolf/Selzner, Harald Minderheitenschutz beim Abschluss von GmbH-Beherrschungsverträgen, GmbHR 1997, 285

Köhl, Dietmar — Der Prokurist in der unechten Gesamtvertretung, NZG 2005, 197

Körber, Torsten/Kliebisch, René — Das neue GmbH-Recht, JuS 2008, 1041

Kornblum, Udo — Bundesweite Rechtstatsachen zum Unternehmens- und Gesellschaftsrecht, GmbHR 2016, 691

Kornblum, Udo/Hampf, Thorsten/Naß, Nicole — Neue württembergische Rechtstatsachen zum Unternehmens- und Gesellschaftsrecht, GmbHR 2000, 1240

Kort, Michael — Der Abschluss von Beherrschungs- und Gewinnabführungsverträgen im GmbH-Recht, Köln 1986 (zitiert als: *Kort*, Beherrschungs- und Gewinnabführungsverträge)

Kowalski, André/Bormann, Michael — (Manager-)Beteiligung auf Zeit – ein Fall der Sittenwidrigkeit?, GmbHR 2004, 1438

Krafka, Alexander — Registerrecht, Handbuch der Rechtspraxis, Band 7, 12. Auflage München 2024 (zitiert als: *Krafka*, Registerrecht)

Krebs, Peter — Ungeschriebene Prinzipien der handelsrechtlichen Stellvertretung als Schranken der Rechtsfortbildung – speziell für Gesamtvertretungsmacht und Generalvollmacht, ZHR 159 (1995), 635

Krebühl, Hans-Herbert — Reform der körperschaftsteuerlichen und gewerbesteuerlichen Organschaft, DB 1995, 743

Ders. — Zur Reform und Reformnotwendigkeit der deutschen Konzernbesteuerung, DStR 2001, 1730

Ders. — Besteuerung der Organschaft im neuen Unternehmenssteuerrecht, DStR 2002, 1241

Kreidl, Christine/Riehl, Christian — Tatsächliche Durchführung des Gewinnabführungsvertrags – Gibt es eine Möglichkeit, die „vergessene“ Verlustausgleichsverpflichtung nach § 301 AktG zu heilen?, BB 2006, 1880

Krieger, Gerd — Inhalt und Zustandekommen von Beherrschungs- und Gewinnabführungsverträgen im Aktien- und GmbH-Recht, DStR 1992, 432

Ders. — Verlustausgleich und Jahresabschluss, NZG 2005, 787

Krieger, Gerd/Janott, Dirk — Änderung und Beendigung von Beherrschungs- und Gewinnabführungsverträgen im Aktien- und GmbH-Recht, DStR 1995, 1473

Kurz, Jürgen — Der Gewinnabführungsvertrag im GmbH-Recht aus konzernverfassungsrechtlicher Sicht, Baden-Baden 1992 (zitiert als: *Kurz*, Gewinnabführungsvertrag im GmbH-Recht)

Kusterer, Stefan — Passivierung von Drohverlustrückstellungen bei Gewinnabführungsverträgen, DStR 1996, 114

Lamb, Jochen/Schluck-Amend, Alexandra — Die Neuregelung des Spruchverfahrens durch das Spruchverfahrensneuordnungsgesetz, DB 2003, 1259

Land, Volker/Hennings, Frank — Aktuelle Probleme von Spruchverfahren nach gesellschaftsrechtlichen Strukturmaßnahmen, AG 2005, 380

Lange, Oliver — Das Verbot der Aufrechnung gegen den Erstattungsanspruch aus § 31 Abs. 1 GmbHG, NJW 2002, 2293

Lehmann, Matthias — Pflicht zu gesonderter Kennzeichnung von Wertpapieren bei Unternehmensverträgen, ZIP 2005, 1489

Leitzen, Mario — Die analoge Anwendung von § 179a AktG auf Gesellschaften mit beschränkter Haftung und Personengesellschaften in der Praxis, NZG 2012, 491

Leuering, Dieter — Die Erteilung von Abschriften an Aktionäre, ZIP 2000, 2053

Ders. — Die parallele Angemessenheitsprüfung durch den gerichtlich bestellten Prüfer, NZG 2004, 606

Leuering, Dieter/ Simon, Stefan Aktienrechtsreform erfasst auch laufende Anfechtungsklagen, NJW-Spezial 2005, 315

Liebscher, Thomas Die Erfüllung des Verlustausgleichsanspruchs nach § 302 AktG, ZIP 2006, 1221

Lieder, Jan Die Lehre vom fehlerhaften Organisationsakt, DNotZ 2022, 252

Lieder, Jan/Wilk, Cornelius/Ghassemi-Tabar, Nima Münchener Handbuch des Gesellschaftsrechts, Band 8, 5. Auflage, München 2018 (zitiert: *Bearbeiter*, in: Münchener Handbuch GesR, Band 8)

Lorenz, Dirk Das Spruchverfahren – Dickes Ende oder nur viel Lärm um nichts?, AG 2012, 284

Lorenz, Dirk/ Pospiech, Lutz Ein Jahr Freigabeverfahren nach dem ARUG – Zeit für einen Blick auf Entscheidungen, Entwicklungstrends und ungeklärte Rechtsfragen, BB 2010, 2515

Loritz, Karl-Georg Die Berechnung der Einberufungsfrist bei Gesellschafterversammlungen der GmbH, GmbHR 1992, 790

Ders. Rechtsfragen der notariellen Beurkundung bei Verkauf und Abtretung von GmbH-Geschäftsanteilen, DNotZ 2000, 90

Lüdicke, Jochen/ Sistermann, Christian Unternehmensteuerrecht, 2. Auflage, München 2018 (zitiert als: *Bearbeiter*, in: Lüdicke/Sistermann, Unternehmensteuerrecht)

Lutter, Marcus Das System des deutschen GmbH-Konzernrechts, ZGR 1986 Sonderheft 6, 192

Lutter, Marcus/ Hommelhoff, Peter Formerfordernisse für Unternehmensverträge im GmbH-Recht, NJW 1988, 1240

Lutter, Marcus/Scholz, Manfred/Sigle, Walter Festschrift für Martin Peltzer zum 70. Geburtstag, Köln 2001 (zitiert als: *Bearbeiter*, in: FS Peltzer 2001)

Lutter, Marcus/ Ulmer, Peter/Zöllner, Wolfgang	Festschrift 100 Jahre GmbH-Gesetz, Köln 1992 (zitiert als: *Bearbeiter*, in: FS 100 Jahre GmbHG 1992)
Luttermann, Claus	Rechtsnatur und Praxis des Abfindungsanspruchs (§ 305 AktG) als gesetzliches Schuldverhältnis, NZG 2006, 816
Lutz, Reinhard	Welche Fehler bei der Einberufung von Gesellschafterversammlungen führen zur Beschlussunwirksamkeit?, GmbHR 2016, 785
Maierhofer, Bernhard	Schutz außenstehender Gesellschafter im GmbH-Vertragskonzern, Baden-Baden 2018 (zitiert als: *Maierhofer*, Schutz außenstehender Gesellschafter)
Mansel, Heinz-Peter	Die Neuregelung des Verjährungsrechts, NJW 2002, 89
Martens, Klaus-Peter	Das Konzernrecht nach dem Referentenentwurf eines GmbH-Gesetzes (I), DB 1970, 813
Ders.	Verschmelzung, Spruchverfahren und Anfechtungsklage in Fällen eines unrichtigen Umtauschverhältnisses, AG 2000, 301
Martinek, Michael/ Rawert, Peter/ Weitemeyer, Birgit	Festschrift für Dieter Reuter zum 70. Geburtstag, Berlin 2010 (zitiert als: *Bearbeiter*, in: FS Reuter 2010)
Maulbetsch, Hans-Christoph/ Klumpp, Axel/Rose, Klaus-Dieter	Umwandlungsgesetz, 2. Auflage 2017 (zitiert als: *Bearbeiter*, in: Maulbetsch/Klumpp/Rose, UmwG)
Meilicke, Wienand	Zum Verhältnis von Ausgleichs- und Abfindungsansprüchen nach §§ 304, 305 AktG, AG 1999, 103
Meilicke, Wienand/ Heidel, Thomas	Das neue Spruchverfahren in der gerichtlichen Praxis, DB 2003, 2267
Melchior, Robin	Vollmachten bei Umwandlungsvorgängen – Vertretungshindernisse und Interessenkollisionen, GmbHR 1999, 520

Mennicke, Petra Zum Weisungsrecht der Gesellschafter und der Folgepflicht des GF in der mitbestimmungsfreien GmbH, NZG 2000, 622

Meuer, Björn Keine Übertragbarkeit des aktienrechtlichen Freigabeverfahrens (§246a AktG) auf die GmbH, GmbHR 2013, 729

Meyer-Sparenberg, Wolfgang/Jäckle, Christof Beck'sches M&A-Handbuch, 2. Auflage, München 2022 (zitiert als: *Bearbeiter*, in: Meyer-Sparenberg/Jäckle, Beck'sches M&A-Handbuch)

Miller, Matthias/Nehring-Köppl, Jan Die präsenzlose Beschlussfassung in der GmbH, WM 2020, 911

Miras, Antonio Die neue Unternehmergesellschaft, 2. Auflage, München 2010 (zitiert als: *Miras*, Die neue UG)

Morshäuser, Ralf/Dietz-Vellmer, Fabian Formelle und inhaltliche Anforderungen bei stiller Beteiligung an einer GmbH, NZG 2011, 1135

Mues, Jochen Gewinnabführungs- und Beherrschungsverträge mit einer hauptverpflichteten GmbH aus handels- und steuerrechtlicher Sicht, RNotZ 2005, 1

Mühl, Thomas/Wagenseil, Andreas Der Gewinnabführungsvertrag – gesellschafts- und steuerrechtliche Aspekte, NZG 2009, 1253

Mülbert, Peter Unternehmensbegriff und Konzernorganisationsrechtliche Bemerkungen zum BGH-Beschluss vom 17.03.1997 – II ZB 3/96 (VW/Niedersachsen), ZHR 163 (1999), 1

Müller-Eising, Karsten/Schmitt, Daniela Mitwirkung der Gesellschafterversammlung der beherrschten GmbH bei der Beendigung von Beherrschungs- und Gewinnabführungsverträgen, NZG 2011, 1100

Müller, Hans-Friedrich Die gesetzliche Rücklage bei der Unternehmergesellschaft, ZGR 2012, 81

Müller, Klaus Unterzeichnung des Verschmelzungsberichts, NJW 2000, 2001

Ders. Reichweite der Vertretungsmacht des GmbH-Geschäftsführers bei der Veräußerung des gesamten Gesellschaftsvermögens, NZG 2019, 807

Neumayer, Jochen/Imschweiler, Christoph Aktuelle Rechtsfragen zur Gestaltung und Durchführung von Gewinnabführungsverträgen, GmbHR 2011, 57

Neun, Josef Berichts- und Prüfungspflichten bei Abschluss und Änderung von Unternehmensverträgen, 2000 (zitiert als: *Neun*, Berichts- und Prüfungspflichten)

Neyer, Wolfgang/Schlepper, Lisa Zivilrechtliches Verbot der Aufrechnung gegen einen Verlustausgleichsanspruch – Gefahr für die Anerkennung einer ertragsteuerlichen Organschaft?, BB 2007, 413

Nietsch, Michael Freigabeverfahren, Tübingen 2013 (zitiert als: *Nietsch*, Freigabeverfahren)

Noack, Max Das Spruchverfahren nach dem Spruchverfahrensgesetz, Berlin 2014 (zitiert als: *Noack*, Das Spruchverfahren)

Ders. Missbrauchsbekämpfung im Spruchverfahren durch Einführung eines qualifizierten Mehrheitsvergleichs, NZG 2014, 92

Ders. Erstattung außergerichtlicher Kosten des Antragsgegners im Spruchverfahren, NZG 2017, 653

Noack, Ulrich/Servatius, Wolfgang/Haas, Ulrich Gesetz betreffend die Gesellschaften mit beschränkter Haftung, 23. Auflage, München 2022 (zitiert als: *Bearbeiter*, in: Noack/Servatius/Haas, GmbHG)

Noack, Ulrich/Zetsche, Dirk Kölner Kommentar zum AktG, Band 23, 4. Auflage, Köln 2022 (zitiert: *Bearbeiter*, in: Kölner Kommentar zum AktG)

Dies. Die Informationsanfechtung nach der Neufassung des § 243 Abs. 4 AktG, ZHR 170 (2006), 218

Nodoushani, Manuel	Abschlagszahlungen unter einem BGAV, NZG 2017, 728
Oetker, Hartmut	Weisungsrecht der Gesellschafterversammlung und Zustimmungsvorbehalt des Aufsichtsrats in der mitbestimmten GmbH, ZIP 2015, 1461
Pache, Sven	Spätlese – Die Rechtsentwicklung nach dem „Supermarkt"-Beschluß des BGH, GmbHR 1995, 90
Peltzer, Martin	Besicherte Darlehen von Dritten an Konzerngesellschaften und Kapitalerhaltungsvorschriften, GmbHR 1995, 15
Pentz, Andreas	Gesetz betreffend die Gesellschaften mit beschränkter Haftung, 7. Auflage, München 2022 (zitiert als: *Bearbeiter*, in: Rowedder/Pentz, GmbHG)
Perwein, Sigmund	Abfindungsklausel bei der GmbH – Vor- und Nachteile des vereinfachten Ertragswertverfahrens, DNotZ 2020, 505
Peters, Marc/Hecker, Andreas	Die Kündigung von Beherrschungs- und Gewinnabführungsverträgen im GmbH-Konzern, DStR 2012, 86
Petersen, Jens	Aufrechnungsverbot gegenüber Verlustausgleichsanspruch im GmbH-Konzern, GmbHR 2005, 1031
Philippi, Ulrich/ Neveling, Anjella	Unterjährige Beendigung von Gewinnabführungsverträgen im GmbH-Konzern – Beendigungsgründe und Rechtsfolgen, BB 2003, 1685
Pluskat, Sorika	Auswirkungen der Teilveräußerung einer Beteiligung an einer abhängigen GmbH auf den Unternehmensvertrag – zur analogen Anwendung des § 307 AktG, Der Konzern 2004, 525
Priester, Hans-Joachim	Bildung und Auflösung des GmbH-Vertragskonzerns, ZGR 1986, Sonderheft 6, 151

Ders. Bestimmungen zum Unternehmensvertrag in der Satzung der GmbH, DB 1989, 1013

Ders. Rücklagenauskehrung beim Gewinnabführungsvertrag – Zur Reichweite von § 301 Satz 2 AktG, ZIP 2001, 725

Ders. Verlustausgleich nach § 302 – zwingend in Geld?, BB 2005, 2483

Ders. Unterjährige Aufhebung des Unternehmensvertrags im GmbH-Konzern, NZG 2012, 641

Ders. Eintragung des Unternehmensvertrags im Handelsregister der herrschenden GmbH, GmbHR 2015, 169

Prinz, Ulrich/Winkeljohann, Norbert Beck'sches Handbuch der GmbH, 6. Auflage, München 2021 (zitiert als: *Bearbeiter*, in: Beck'sches Handbuch GmbH)

Puszkajler, Karl Peter Diagnose und Therapie von aktienrechtlichen Spruchverfahren, ZIP 2003, 518

Rauscher, Thomas Münchener Kommentar zum FamFG, Band 1, 3. Auflage, München 2018 (zitiert als: *Bearbeiter*, in: Münchener Kommentar zum FamFG)

Rech, Christian Systemwechsel bei der Körperschaftsteuer – vom Anrechnungsverfahren zum Halbeinkünfte- bzw. Freistellungsverfahren, BC 2000, 219

Reuter, Alexander Keine Erfüllung des Verlustausgleichsanspruch aus § 302 AktG durch Aufrechnung?, DB 2005, 2339

Richter, Lutz Die Auflösung von in organschaftlicher Zeit gebildeten Kapitalrücklagen, GmbHR 2004, 79

Richter, Wolfgang/Stengel, Arndt Anforderungen an die Zustimmung der Gesellschafter einer abhängigen GmbH zum Abschluss eines Beherrschungs- und/oder Gewinnabführungsvertrags – Genügt die satzungsändernde Mehrheit?, DB 1993, 1861

Rödder, Thomas Perspektiven der Konzernbesteuerung, ZHR 171 (2007), 380

Römermann, Volker/ Passarge, Malte Die GmbH & Co. KG ist tot – es lebe die UG & Co. KG!, ZIP 2009, 1497

Rottnauer, Achim Kompetenzielle Schranken der Leitungsmacht im GmbH-Vertragskonzernrecht, NZG 1999, 337

Rubel, Jörgen Die Interessenabwägungsklausel in Freigabeverfahren nach dem ARUG – Bestandsaufnahme und Anwendungshinweise, DB 2009, 2027

Ders. Konzerneinbindung einer UG (haftungsbeschränkt) durch Gewinnabführungsverträge, GmbHR 2010, 470

Rubner, Daniel/ Leuering, Dieter Das aktienrechtliche Freigabeverfahren, NJW-Spezial 2019, 527

Ruoff, Michael Das Schicksal des Abfindungsrechts bei vertragsüberlebenden Spruchverfahren, BB 2005, 2201

Sauerbruch, Florens Kein Freigabeverfahren für strukturändernde Gesellschafterbeschlüsse in der GmbH, GmbHR 2007, 189

Schäfer, Franz/Wind, Martina/Mager, Martin Beendigung und Begründung von Organschaften beim Unternehmenskauf, DStR 2013, 2399

Scharpf, Peter Variable Ausgleichszahlungen bei Gewinnabführungsvertrag mit einer GmbH, DB 1990, 296

Schaub, Bernhard Das Abfindungsangebot nach § 29 UmwG, NZG 1998, 626

Ders. Stellvertretung bei Handelsregisteranmeldungen, DStR 1999, 1699

Schilling, Wolfgang Entwicklungstendenzen im Konzernrecht, ZHR 140 (1976), 528

Schilmar, Boris Verlustausgleich im GmbH-Vertragskonzern, ZIP 2006, 2346

Schlögell, Christian Die Beendigung von Unternehmensverträgen im GmbH-Konzern, GmbHR 1995, 401

Schmidt, Karsten Gesellschaftsrecht, 4. Auflage, Köln 2002 (zitiert als: Schmidt, Gesellschaftsrecht)

Ders. „Räuberische Aktionäre", ZIP 2020, 2494

Schmidt, Karsten/ Lutter, Marcus Aktiengesetz, 5. Auflage, Köln 2024 (zitiert: *Bearbeiter*, in: Schmidt/Lutter, AktG)

Schmitt, Joachim/ Hörtnagl, Robert Umwandlungsgesetz/Umwandlungssteuergesetz, 10. Auflage, München 2024 (zitiert als: *Bearbeiter*, in: Schmitt/Hörtnagl, UmwG)

Schneider, Birgit Informationsrechte von GmbH-Gesellschaftern – Inhalt und Grenzen, GmbHR 2008, 638

Schnorbus, York/ Ganzer, Felix Zustimmungsvorbehalte des Aufsichtsrats – Rechte, Pflichten und Haftungsrisiken von Vorstand und Aufsichtsrat – Teil I, BB 2020, 386

Dies. Zustimmungsvorbehalte des Aufsichtsrats – Rechte, Pflichten und Haftungsrisiken von Vorstand und Aufsichtsrat – Teil II, BB 2020, 451

Schockenhoff, Martin/ Fiege, Carsten Neue Verjährungsfragen im Kapitalgesellschaftsrecht, ZIP 2002, 917

Scholz, Franz (Begr.) Scholz GmbHG, Band 1, 13. Auflage, Köln 2022 (zitiert als: *Bearbeiter*, in: Scholz, GmbHG)

Ders. Scholz GmbHG, Band 2, 13. Auflage, Köln 2024 (zitiert als: *Bearbeiter*, in: Scholz, GmbHG)

Ders. Scholz GmbHG, Band 3, 13. Auflage, Köln 2025 (zitiert als: *Bearbeiter*, in: Scholz, GmbHG)

Schön, Wolfgang Abschied vom Vertragskonzern?, ZHR 168 (2004), 629

Schöne, Torsten	Das Aktienrecht als „Maß aller Dinge" im neuen Umwandlungsrecht?, GmbHR 1995, 325
Schöning, Pascal/ Steininger, Andreas	Zustimmungsquote bei Beherrschungs- und Gewinnabführungsverträgen einer GmbH als Konzernuntergesellschaft, NZG 2022, 253
Schreiber, Christoph	Konzernrechtsfreie Kontrolle, Tübingen 2017 (zitiert als: *Schreiber*, Konzernrechtsfreie Kontrolle)
Ders.	Beherrschungsvertrag und Verlustausgleich im GmbH-Konzern, GmbHR 2018, 1003
Schütz, Carsten	Neuerungen im Anfechtungsrecht durch den Referentenentwurf des Gesetzes zur Unternehmensintegrität und Modernisierung des Anfechtungsrechts (UMAG), DB 2004, 419
Ders.	UMAG Reloaded – Der Regierungsentwurf eines Gesetzes zur Unternehmensintegrität und Modernisierung des Anfechtungsrechts (UMAG) vom 17.11.2004, NZG 2005, 5
Schwab, Martin	Zum intertemporalen Anwendungsbereich des § 243 IV 2 AktG – Zugleich ein Beitrag zur rechtsdogmatischen Einordnung der Vorschrift, NZG 2007, 521
Schwarz, Oliver	Änderung und Beendigung von Unternehmensverträgen – insbesondere in handelsrechtlicher Sicht, MittRhNotK 1994, 50
Schwedhelm, Rolf/ Olbing, Klaus/ Binnewies, Burkhard	Aktuelles zum Jahreswechsel 2008/2009 rund um die GmbH, GmbHR 2008, 1233
Seer, Roman	Die unternehmensteuerlichen Pläne der Bundesregierung, GmbHR 2014, 505
Servatius, Wolfgang	Zur Eintragung organschaftlicher Vertretungsmacht ins Handelsregister, NZG 2002, 456
Simon, Stefan	Spruchverfahrensgesetz, München 2007 (zitiert als: *Bearbeiter*, in: Simon, SpruchG)

Ders. Steuerumlagen im Konzern, ZGR 2007, 71

Skibbe, Manfred Gesellschaftsrechtliche Aspekte des Ergebnisabführungsvertrags bei einer GmbH, GmbHR 1968, 245

Sonnenschein, Jürgen Der aktienrechtliche Vertragskonzern im Unternehmensrecht, ZGR 1981, 429

Spies, Melanie Unternehmergesellschaft (haftungsbeschränkt), Berlin 2010 (zitiert als: *Spies*, Unternehmergesellschaft)

Spindler, Gerald Die Reform der Hauptversammlung und der Anfechtungsklage durch das UMAG, NZG 2005, 825

Spindler, Gerald/ Klöhn, Lars Verlustausgleichspflicht und Jahresfehlbetrag (§ 302 AktG), NZG 2005, 584

Stengel, Arndt/ Leonard, Nina Umwandlungsgesetz, 5. Auflage, München 2021 (zitiert als: *Bearbeiter*, in: Semler/Stengel/Leonard, UmwG)

Stenzel, Igor Die Pflicht zur Bildung einer gesetzlichen Rücklage bei der UG (haftungsbeschränkt) und die Folgen für die Wirksamkeit des Gesellschaftsvertrags einer UG (haftungsbeschränkt) & Co. KG, NZG 2009, 168

Stephan, Klaus-Dieter Die Anwendung aktienrechtlicher Vorschriften auf GmbH-Unternehmensverträge, Der Konzern 2015, 349

Stilz, Eberhard/ Rüdiger, Veil Beck-Online Großkommentar SpruchG, München 2024 (zitiert als: *Bearbeiter*, in: BeckOGK SpruchG)

Dies. Beck-Online Großkommentar AktG, München 2024 (zitiert als: *Bearbeiter*, in: BeckOGK AktG)

Stimpel, Walter Zum Verhältnis von Ausgleichs- und Barabfindungsansprüchen nach §§ 304, 305 AktG, AG 1998, 259

Stoll, Andreas Garantiekapital und konzernspezifischer Gläubigerschutz, Köln 2007 (zitiert als: *Stoll*, Garantiekapital)

Streicher, René Zustimmungsvorbehalte in der mitbestimmten GmbH, GmbHR 2014, 1188

Streyl, Annedore/ Schaper, Martin Die Grenzen des Zustimmungsvorbehalts bei Beschlüssen nach § 83 AktG und damit zusammenhängende Haftungsfragen, ZIP 2017, 410

Sturm, Wolfgang/ Stottmann, Dennis Der sachverständige Prüfer im Spruchverfahren und das Gehörsrecht der Beteiligten, NZG 2020, 974

Sünner, Eckart Grenzen der Gewinnabführung von AG und GmbH aufgrund Gewinnabführungsvertrag nach dem Inkrafttreten des Bilanzrichtlinien-Gesetzes, AG 1989, 414

Tebben, Joachim Ausgleichszahlungen bei Aktienübergang, AG 2003, 600

Teichmann, Christoph Europäisches Konzernrecht: Vom Schutzrecht zum Enabling Law, AG 2013, 184

Theiselmann, Rüdiger Der Stimmrechtsausschluss für GmbH-Gesellschafter nach § 47 Abs. 4 GmbHG in der Konzernpraxis (§ 47 Abs. 4 GmbHG), BB 2011, 2819

Thoß, Stefan Verzinsung des Verlustausgleichs- und Gewinnabführungsanspruchs im Vertragskonzern, DB 2007, 206

Timm, Wolfram Minderheitenschutz im GmbH-Verschmelzungsrecht, AG 1982, 93

Ders. Zur Sachkontrolle von Mehrheitsentscheidungen im Kapitalgesellschaftsrecht, ZGR 1987, 403

Ders. Unternehmensverträge im GmbH-Recht, GmbHR 1989, 11

Tomson, Christian/ Hammerschmitt, Susanne Aus alt mach neu? Betrachtungen zum Spruchverfahrensneuordnungsgesetz, NJW 2003, 2572

Ulrich, Stephan — Gewinnabführungsverträge im GmbH-Konzern, GmbHR 2004, 1000

van Kann, Jürgen/ Hirschmann, Jörn — Das neue Spruchverfahrensgesetz – Konzentration und Beschleunigung einer bewährten Institution, DStR 2003, 1488

Van Venrooy, Gerd — Isolierte Unternehmensverträge, BB 1986, 612

Veil, Rüdiger — Unternehmensverträge, Tübingen 2003 (zitiert als: *Veil*, Unternehmensverträge)

Ders. — Klagemöglichkeiten bei Beschlussmängeln der Hauptversammlung nach dem UMAG, AG 2005, 567

Ders. — Die Unternehmergesellschaft nach dem Regierungsentwurf des MoMiG, GmbHR 2007, 1080

Ders. — Die Unternehmergesellschaft im System der Kapitalgesellschaften, ZGR 2009, 623

Veith, Alexander/ Schmid, Simon — Abschluss und Beendigung von Beherrschungs- und Gewinnabführungsverträgen im GmbH-Konzern, DB 2012, 728

Verse, Dirk — Aufrechnung gegen Verlustausgleichsansprüche im Vertragskonzern, ZIP 2005, 1627

Ders. — Das Beschlussmängelrecht nach dem ARUG, NZG 2009, 1127

Verse, Dirk/ Habersack, Mathias — Rechtsfragen der Mitarbeiterbeteiligung im Spiegel der neueren Rechtsprechung, ZGR 2005, 451

Vetter, Eberhard — Die Geltung von § 293 Abs. 2 AktG beim Unternehmensvertrag zwischen herrschender AG und abhängiger GmbH, AG 1993, 168

Ders. — Eintragung des Unternehmensvertrages im Handelsregister des herrschenden Unternehmens?, AG 1994, 110

Ders. Squeeze-out – Der Ausschluss der Minderheitsgesellschafter aus der Aktiengesellschaft nach den §§ 327a-327f AktG, AG 2002, 176

Ders. Corporate Governance in der GmbH – Aufgaben des Aufsichtsrats in der GmbH, GmbHR 2011, 449

Vetter, Jochen Ausweitung des Spruchverfahrens – Überlegungen de lege lata und de lege ferenda, ZHR 168 (2004), 8

Wachter, Thomas Aktiengesetz, 4. Auflage, Köln 2022 (zitiert als: *Bearbeiter*, in: Wachter, AktG)

Ders. Keine Eintragung eines EAV im Handelsregister des Organträgers, DB 2023, 1058

Waldenberger, Arthur/ Sieber, Dorotheé Die Unternehmergesellschaft (haftungsbeschränkt) jenseits der „Existenzgründer", GmbHR 2009, 114

Walter, Wolfgang Die Verlustübernahme im Gewinnabführungsvertrag, GmbHR 1999, 1017

Wälzholz, Eckard Die „Unternehmergesellschaft (haftungsbeschränkt)" als Alternative zur GmbH?, GmbH-StB 2007, 319

Ders. Die Reform des GmbH-Rechts, MittBayNot 2008, 425

Wasmann, Dirk Zur Evaluation des Spruchverfahrens: Kein Abschaffungs- und überschaubarer Änderungsbedarf – Die Richter können es richten, AG 2021, 179

Wasmann, Dirk/ Mielke, Hendrik Der gemeinsame Vertreter nach § 6 SpruchG, WM 2005, 822

Weber, Helge Ausgleichsanspruch analog § 304 AktG an die Minderheitsgesellschafter einer GmbH-Organgesellschaft?, GmbHR 2003, 1347

Weber, Jörg-Andreas Die Unternehmergesellschaft (haftungsbeschränkt), BB 2009, 842

Wellhöfer, Werner Ausscheiden eines GmbH-Gesellschafters in der Gesellschaftspraxis, GmbHR 1994, 212

Wertenbruch, Johannes	Formfreie Veräußerung von GbR-Anteilen bei Halten von GmbH-Anteilen oder Grundstücken, NZG 2008, 454
Westermann, Harm Peter/Rosener, Wolfgang	Festschrift für Karl-Heinz Quack zum 65. Geburtstag, Berlin 1991 (zitiert als: *Bearbeiter*, in: FS Quack 1991)
Wicke, Hartmut	Praktische Verwendung und Kapitalbildung der Unternehmergesellschaft (haftungsbeschränkt), GWR 2010, 259
Ders.	Kontinuität und Wandel im Recht der GmbH, MittBayNot 2011, 23
Ders.	Praxisfragen der Aufhebung von Unternehmensverträgen, GmbHR 2017, 686
Ders.	Gesetz betreffend die Gesellschaften mit beschränkter Haftung, 5. Auflage, München 2024 (zitiert als: *Wicke*, GmbHG)
Wicke, Hartmut/ Bachmann, Gregor	Münchener Handbuch des Gesellschaftsrechts, Band 3, 6. Auflage, München 2023 (zitiert: *Bearbeiter*, in: Münchener Handbuch GesR, Band 3)
Widmann, Siegfried/ Mayer, Dieter	Umwandlungsrecht, 214. Ergänzungslieferung, Bonn 2024 (zitiert als: *Bearbeiter*, in: Widmann/ Mayer, UmwG)
Wiedemann, Herbert	Aufstieg und Krise des GmbH-Konzernrechts, GmbHR 2011, 1009
Wilde, Christiane	Abschluss und Änderung von Beherrschungs- und Gewinnabführungsverträgen im GmbH-Konzernrecht, Berlin 2011 (zitiert als: *Wilde*, Beherrschungs- und Gewinnabführungsverträge)
Winter, Michael/ Nießen, Tobias	Amtsermittlung und Beibringung im Spruchverfahren, NZG 2007, 13
Wittgens, Jonas	Das Spruchverfahrensgesetz, Berlin 2005 (zitiert als: *Wittgens*, Spruchverfahrensgesetz)

Ders. Prüfungsumfang des gerichtlich bestellten sachverständigen Prüfers eines Unternehmensvertrags – Wella, BB 2007, 1069

Ders. Begründung des Antrags auf Einleitung eines Spruchverfahrens, NZG 2007, 853

Wittgens, Jonas/ Fischer, Jan-Benedikt Unterjährige Aufhebung von Unternehmensverträgen mit abhängiger GmbH, DB 2015, 2315

Wolf, Martin Inhalt und Fälligkeit des Gewinnabführungsanspruchs im Vertragskonzern, NZG 2007, 641

Wollny, Christoph Vereinfachtes Ertragswertverfahren – Anmerkung zur Verletzung der Steueräquivalenz, DStR 2012, 1356

Wulff, Alexander Die Anwendung des Spruchverfahrens auf gesetzlich nicht geregelte Fälle, Berlin 2016 (zitiert als: *Wulff*, Analoge Anwendung des Spruchverfahrens)

Zeidler, Finn Ausgewählte Probleme des GmbH-Vertragskonzernrechts, NZG 1999, 692

Ziemons, Hildegard/ Jaeger, Carsten/ Pöschke, Moritz BeckOK GmbHG, 61. Edition, München 2024 (zitiert als: *Bearbeiter*, in: BeckOK GmbHG)

Zimmer, Lutz/ Meese, Jon Marcus Vergleiche im Spruchverfahren und bei Anfechtungsklagen, NZG 2004, 201

Zöllner, Wolfgang Inhalt und Wirkungen eines Beherrschungsvertrags bei der GmbH, ZGR 1992, 173

Ders. Folgen der Nichtigerklärung durchgeführter Kapitalerhöhungsbeschlüsse, AG 1993, 68

Ders. Zur Problematik der aktienrechtlichen Anfechtungsklage, AG 2000, 145

Zöllner, Wolfgang/ Noack, Ulrich — Kölner Kommentar zum AktG, Band 5, 3. Auflage, Köln 2010 (zitiert: *Bearbeiter*, in: Kölner Kommentar zum AktG)

Dies. — Kölner Kommentar zum AktG, Band 6, 3. Auflage, Köln 2012 (zitiert: *Bearbeiter*, in: Kölner Kommentar zum AktG)

Dies. — Geltendmachung von Beschlussmängeln im GmbH-Recht, ZGR 1989, 525

www.ingramcontent.com/pod-product-compliance
Ingram Content Group UK Ltd.
Pitfield, Milton Keynes, MK11 3LW, UK
UKHW021925290926
8980IPUK00016B/1466

9 783631 929469